中卫年鉴

2023

中卫市地方志编审委员会办公室　编

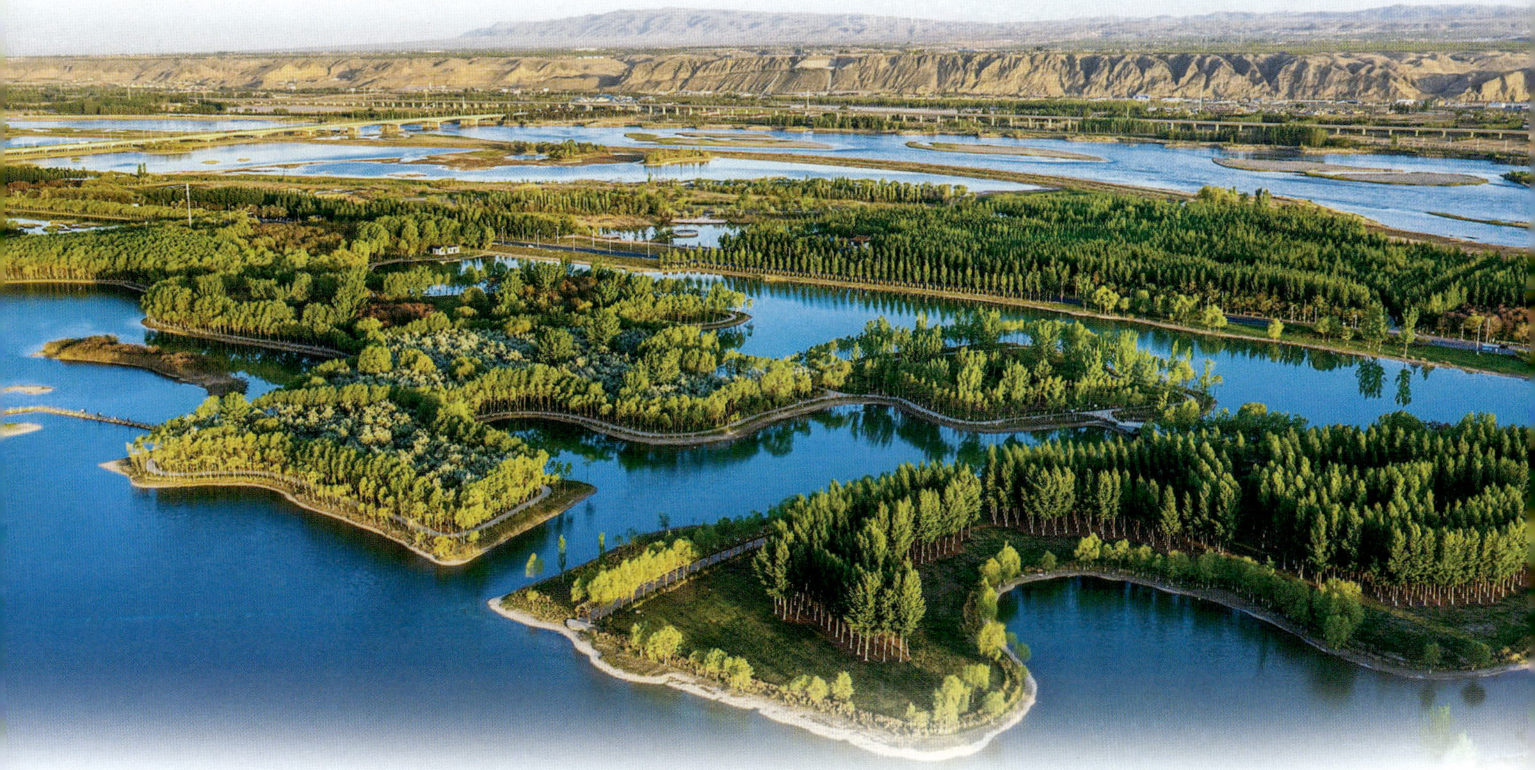

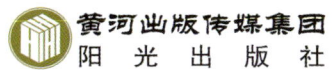

图书在版编目（CIP）数据

中卫年鉴. 2023 / 中卫市地方志编审委员会办公室编. -- 银川：阳光出版社，2023.11
ISBN 978-7-5525-7207-0

Ⅰ. ①中… Ⅱ. ①中… Ⅲ. ①中卫市－2023－年鉴 Ⅳ. ①Z524.34

中国国家版本馆CIP数据核字(2024)第025688号

中卫年鉴2023
ZHONGWEI NIANJIAN 2023　　　　中卫市地方志编审委员会办公室　编

责任编辑　赵维娟
封面设计　邵士雷
责任印制　岳建宁

黄河出版传媒集团
阳光出版社　出版发行

出 版 人	薛文斌
地　　址	宁夏银川市北京东路139号出版大厦（750001）
网　　址	http://www.ygchbs.com
网上书店	http://shop129132959.taobao.com
电子信箱	yangguangchubanshe@163.com
邮购电话	0951-5047283
经　　销	全国新华书店
印刷装订	宁夏精捷彩色印务有限公司
印刷委托书号	（宁）0028364

开　　本	880 mm×1230 mm　1/16
印　　张	16.5
字　　数	500千字
版　　次	2023年11月第1版
印　　次	2023年11月第1次印刷
书　　号	ISBN 978-7-5525-7207-0
定　　价	298.00元

版权所有　翻印必究

《中卫年鉴2023》
编辑部

主　编　　杨莉丽

编　辑　　杨莉丽　李佳慧

编　务　　黄　敏　张　玮

编辑说明

一、《中卫年鉴2023》是中卫市地方志编审委员会办公室组织编写的大型综合性资料文献，主要记载2022年度中卫市政治、经济、文化、社会概貌和发展情况，旨在为各级党政机关、社会各界了解、研究中卫提供较全面、系统的信息资料。

二、《中卫年鉴2023》以马列主义、毛泽东思想、邓小平理论、"三个代表"重要思想、科学发展观、习近平新时代中国特色社会主义思想为指导，坚持辩证唯物主义和历史唯物主义的科学观和方法论，遵循地方志、年鉴编纂的有关规定，广征博采，深度挖掘，存真求实，服务现实，垂鉴后世。

三、《中卫年鉴2023》所刊载的资料由各县（区）、市直各部门（单位），以及中央、自治区驻中卫的单位及企业、集团公司等提供，并经本部门（单位）领导审核。所载内容均保留供稿人员或供稿单位信息。部分资料来源于《中卫日报》等媒体。宏观数据以《中卫统计年鉴》为准，行业数据以各有关部门（单位）提供的数据为依据。

四、《中卫年鉴2023》采取分类编辑法，以类目、分目、条目组成框架结构的主体部分，个别分目中增设子分目。全书条目标题统一用黑体字加【】表示。

五、《中卫年鉴2023》篇目设置遵循科学分类和社会分工相结合的原则，在2022卷的基础上进行调整，调整后的《中卫年鉴2023》设特载、大事记、中卫综览、中国共产党中卫市委员会、中卫市人民代表大会、中卫市人民政府、政协中卫市委员会、纪委监委、民主党派工商联、群众团体、法治、军事、经济管理、工业与园区建设、云计算和大数据产业、农业水利、住房和城乡建设、交通邮政通信、生态环境保护、商贸流通、旅游、金融、教育科学、文化体育广电、卫生健康、社会管理、人物荣誉、附录共28个类目。

六、《中卫年鉴2023》收录人物为辖区时限范围内获得省部级以上表彰奖励的先进模范人物、新闻人物等。先进名录所收录的先进集体和先进个人名单依据市委、市政府表彰决定录入，获市级以上表彰奖励者的名单由各部门（单位）提供，部分来自《宁夏日报》等公开媒体。

七、《中卫年鉴2023》除特载、附录内容保留原文表述方式外，其他篇目采用第三人称记述。

八、《中卫年鉴2023》所入编的文字资料、图片资料，截止时间为2022年12月31日，个别内容为反映其发生、发展的全过程作适当上溯或下延。

鼓楼夜色(李旭竹摄)

美丽中卫(曾国福摄)

中卫年鉴2023

黄河黑山峡雄姿(陈学仁摄)

沙漠水城(中卫市新闻传媒中心供图)

生态中卫城(中卫市新闻传媒中心供图)

美丽中卫

香山湖国家级湿地公园（陈学仁摄）

海原县西安镇白吉村梯田（马国俊摄）

海原城区图(中卫市新闻传媒中心供图)

中宁城区图(中卫市新闻传媒中心供图)

海原县郑旗乡丹霞地貌（马国俊摄）

生态宜居乡村美（中卫市新闻传媒中心供图）

第十二届丝绸之路大漠黄河国际文化旅游节开幕式（中卫市新闻传媒中心供图）

中宁县第二届乡村旅游暨枸杞饮食文化节（中卫市新闻传媒中心供图）

"千车自驾游中卫"活动（中卫市新闻传媒中心供图）

旅游

文明旅游志愿服务站（中卫市新闻传媒中心供图）

"中国旅游日"主题活动（中卫市新闻传媒中心供图）

游客体验羊皮筏子（中卫市新闻传媒中心供图）

中卫年鉴 2023

冬日腾格里湖（李旭竹摄）

黄河宿集（中卫市旅游和文体广电局供图）

南长滩（中卫市旅游和文化体育广电局供图）

沙坡头国际滑沙中心（中卫市新闻传媒中心供图）

中卫年鉴2023

星星酒店（中卫市新闻传媒中心供图）

中卫市沙坡头大漠星空剧场（曾国福摄）

旅游

高庙（中卫市新闻传媒中心供图）

金沙海（中卫市委宣传部供图）

沙坡头新镇（中卫市新闻传媒中心供图）

水镇（中卫市委宣传部供图）

寺口子（中卫市新闻传媒中心供图）

丰安屯（中卫市新闻传媒中心供图）

华宝枸杞健康体验馆（中卫市旅游和文化体育广电局供图）

黄羊古落（中卫市新闻传媒中心供图）

漠贝酒庄（中卫市新闻传媒中心供图）

中宁县新堡特色农业观光产业园（中卫市新闻传媒中心供图）

9月16日上午,首届西部数谷算力产业大会第五届"云天大会"在中卫星星酒店星空剧场开幕(中卫市新闻传媒中心供图)

航天驭星商业卫星测控指挥中心(中卫市新闻传媒中心供图)

宁夏中关村科技产业园中卫云中心全景图(中卫市新闻传媒中心供图)

首届西部数谷算力产业大会(中卫市云计算和大数据局供图)

西部云基地(中卫市新闻传媒中心供图)

云展馆内景(中卫市新闻传媒中心供图)

中国联通中卫云数据中心(中卫市新闻传媒中心供图)

中卫年鉴 2023

中卫工业园区(中卫市新闻传媒中心供图)

光伏发电(陈学仁摄)

中宁工业园区(中卫市新闻传媒中心供图)

中宁县石空工业园区100万吨高纯硫酸锰项目建设现场(中卫市新闻传媒中心供图)

闽宁科技园卡立方智能科技有限公司员工在操作台制作门禁卡(中卫市新闻传媒中心供图)

宁夏亨通肉食品有限公司车间(中卫市新闻传媒中心供图)

宁夏华宝枸杞产业有限公司枸杞加工生产车间（中卫市新闻传媒中心供图）

宁夏江南好枸杞产业集团有限公司工人们正在封装枸杞（中卫市新闻传媒中心供图）

宁夏今飞轮毂有限公司生产车间工人正在进行轮毂打磨去毛刺工作（中卫市新闻传媒中心供图）

宁夏科豪陶瓷有限公司生产线（中卫市新闻传媒中心供图）

宁夏铭岛铝业有限公司高精铝带生产车间（中卫市新闻传媒中心供图）

宁夏宁创新材料科技有限公司电解铝车间(中卫市新闻传媒中心供图)

宁夏三元中泰冶金有限公司硅铁矿热炉前工人正进行捣炉作业(中卫市新闻传媒中心供图)

宁夏协鑫光伏5GW颗粒N型单晶示范项目建设现场(中卫市新闻传媒中心供图)

宁夏中盛新科技有限公司清洁高效工艺（中卫市新闻传媒中心供图）

宁夏紫光天化蛋氨酸有限责任公司包装车间（中卫市新闻传媒中心供图）

工 业

宁夏红枸杞产业有限公司葡萄酒酒庄生产车间（中卫市新闻传媒中心供图）

中石油管道二公司西气东输三线中段（中卫—吉安）项目施工现场（中卫市新闻传媒中心供图）

2022年全市第一批重大项目集中开工现场推进会(中卫市新闻传媒中心供图)

海原县第一批重大项目集中开工(中卫市新闻传媒中心供图)

全国规模最大的沙漠光伏基地——腾格里沙漠3GW新能源基地光伏复合项目开工仪式(中卫市新闻传媒中心供图)

沙坡头区2022年第一批重大项目集中开工（中卫市新闻传媒中心供图）

中宁县第一批重大项目集中开工（中卫市新闻传媒中心供图）

"大地之子"
(李旭竹摄)

海原县关庄乡梯田马铃薯(马国俊摄)

海原县西安镇茴香花海(中卫市新闻传媒中心供图)

贾塘乡辣椒基地(中卫市新闻传媒中心供图)

沙坡头区镇罗镇富硒蔬菜新品种新技术试验示范基地(中卫市新闻传媒中心供图)

中宁县新堡镇盖湾村麒麟瓜育苗拱棚(中卫市新闻传媒中心供图)

海原县首家生态农业小杂粮加工厂在贾塘乡王塘村投入运营（中卫市新闻传媒中心供图）

沙坡头区镇罗镇净菜加工配送中心（中卫市新闻传媒中心供图）

中宁县收获菊花场景（万如刚摄）

第五届枸杞产业博览会——枸杞鲜果采摘直销节在玺赞生态枸杞庄园成功举办（中卫市新闻传媒中心供图）

规模化、标准化枸杞种植基地（中卫市新闻传媒中心供图）

中卫沙漠边缘1000余亩酿酒葡萄种植基地(中卫市新闻传媒中心供图)

中卫市南山台苹果丰收(褚晓玲摄)

海原县曹洼乡的中国（宁夏）良种牛繁育中心项目建设现场（中卫市新闻传媒中心供图）

奶牛智能养殖（中卫市新闻传媒中心供图）

中宁县舟塔乡潘营村（中卫市新闻传媒中心供图）

沙坡头区迎水桥镇沙坡头村（中卫市新闻传媒中心供图）

沙坡头区迎水桥镇鸣沙村(中卫市新闻传媒中心供图)

海原县郑旗乡美丽新农村(中卫市新闻传媒中心供图)

海原县九彩乡（马国俊摄）

沙坡头区永康镇永乐村（曾国福摄）

沙坡头区迎水桥镇鸣沙村民族团结广场（中卫市新闻传媒中心供图）

沙坡头区迎水桥镇何滩村（中卫市新闻传媒中心供图）

沙坡头区迎水桥镇姚滩村广场（李旭竹摄）

"开往希望的班列"(中卫市新闻传媒中心供图)

"韵律"(曾国福摄)

交 通

银兰高铁中兰段完成全线拉通试验(中卫市新闻传媒中心供图)

银兰高铁全线贯通运营(中卫市新闻传媒中心供图)

航空物流（中卫市新闻传媒中心供图）

南通至中卫旅游包机正式开通（中卫市新闻传媒中心供图）

同海高速公路（中卫市新闻传媒中心供图）

中卫—武汉—厦门航线正式启航（中卫市新闻传媒中心供图）

利民桥(中卫市新闻传媒中心供图)

沙坡头黄河大桥(中卫市新闻传媒中心供图)

卫民黄河大桥(中卫市新闻传媒中心供图)

交 通

乌玛高速公路红卫互通立交（中卫市新闻传媒中心供图）

中卫黄河公路大桥（中卫市新闻传媒中心供图）

中卫下河沿黄河公路特大桥主桥顺利合龙（中卫市新闻传媒中心供图）

"科学家精神"主题宣讲活动走进校园(中卫市新闻传媒中心供图)

中卫四中成功创建"互联网+教育"智慧校园三星级学校(中卫市新闻传媒中心供图)

劳动教育实践课(中卫市新闻传媒中心供图)

中卫市职业技术学校举办校园技能文化节（中卫市新闻传媒中心供图）

中卫五中举办校园剪纸艺术作品展（中卫市新闻传媒中心供图）

中卫中学举办第三届师生书画展（中卫市新闻传媒中心供图）

动手能力培育（中卫市新闻传媒中心供图）

青年志愿者为留守儿童上课（中卫市新闻传媒中心供图）

暑期公益培训班（中卫市新闻传媒中心供图）

中宁县轮滑队训练现场(中卫市新闻传媒中心供图)

中卫九小数学文化艺术节(中卫市新闻传媒中心供图)

中卫六小"云"厨房(中卫市新闻传媒中心供图)

假日美食街（褚晓玲摄）

中卫市妇联在沙坡头区迎水桥镇何滩村开展"美丽庭院"建设推进会（中卫市妇联供图）

中卫市文化馆"送文化进军营"慰问演出（褚晓玲摄）

群众观看廉洁文化主题宣传展（褚晓玲摄）

中卫市离退休老干部"喜迎二十大,建功新时代"书画摄影展(褚晓玲摄)

中卫市廉洁文化主题宣传文艺演出——诗朗诵《纪检监察人之歌》(褚晓玲摄)

文化宣传

端午节龙舟比赛
（褚晓玲摄）

放风筝比赛
（刘鸿强摄）

梨园投壶
（刘鸿强摄）

永乐村新时代文明实践活动（李旭竹摄）

"爱耳日"宣传活动（中卫市新闻传媒中心供图）

"老年健康宣传周"义诊活动（中卫市新闻传媒中心供图）

目　录

特　载

闽宁协作助推多领域纵深发展 …………………… (1)
深耕"三农"沃土，保障粮食安全
　　——十八大以来中卫市粮食生产形势稳定
　　………………………………………………… (3)
银兰高铁中兰段正式通车 …………………… (6)

大事记

1月 ……………………………………………… (7)
2月 ……………………………………………… (7)
3月 ……………………………………………… (7)
4月 ……………………………………………… (8)
5月 ……………………………………………… (8)
6月 ……………………………………………… (8)
7月 ……………………………………………… (9)
8月 …………………………………………… (10)
9月 …………………………………………… (10)
10月 …………………………………………… (10)
11月 …………………………………………… (11)
12月 …………………………………………… (11)

中卫综览

综述 …………………………………………… (12)
行政区划 ……………………………………… (12)
生产总值 ……………………………………… (12)
人口发展 ……………………………………… (12)
农业农村 ……………………………………… (12)
工业和建筑业 ………………………………… (13)
服务业 ………………………………………… (13)
商业贸易 ……………………………………… (13)
固定资产投资 ………………………………… (14)
财税金融 ……………………………………… (14)
居民收入消费 ………………………………… (14)
社会保障 ……………………………………… (14)
科学技术和教育 ……………………………… (15)
文化旅游和体育 ……………………………… (15)
卫生健康 ……………………………………… (15)
资源和环境 …………………………………… (15)
应急管理 ……………………………………… (15)
沙坡头区 ……………………………………… (15)
概况 …………………………………………… (15)
人口发展 ……………………………………… (15)
内源性经济 …………………………………… (15)
居民收入 ……………………………………… (16)
招商引资 ……………………………………… (16)
投资发展 ……………………………………… (16)
项目建设 ……………………………………… (16)
工业经济 ……………………………………… (16)
现代农业 ……………………………………… (16)
服务业 ………………………………………… (17)
城市建设 ……………………………………… (17)
美丽乡村建设 ………………………………… (17)
深化改革 ……………………………………… (17)
"能耗双控" …………………………………… (17)
生态环保 ……………………………………… (17)

民生保障	(17)
教育	(17)
医疗卫生	(18)
退役军人事务	(18)
乡村振兴	(18)
社会治理	(18)
政府建设	(18)
中宁县	(18)
概况	(18)
人口发展	(19)
工业经济	(19)
现代农业	(19)
第三产业	(19)
城乡建设	(19)
生态建设	(19)
社会保障	(19)
教育	(19)
医疗卫生	(20)
乡村振兴	(20)
改革创新	(20)
社会治理	(20)
第五届枸杞产业博览会	(20)
海原县	(21)
概况	(21)
农业农村	(21)
乡村振兴	(22)
城乡建设	(22)
工业企业	(22)
环境保护	(22)
文化旅游	(22)
教育	(23)
卫生健康	(24)
深化改革	(24)
社会治理	(24)
作风建设	(25)
海兴开发区	(25)
概况	(25)
经济发展	(25)
财政金融	(25)
规划建设	(25)
社会事务	(26)
安全生产	(26)
生态环境	(26)

中国共产党中卫市委员会

重要活动	(27)
中卫市"光荣在党50年"纪念章颁发仪式	(27)
中卫市广泛开展"大学习、大讨论、大宣传、大实践"活动动员部署会	(27)
重要会议	(27)
中卫市党史学习教育总结会议	(27)
中共中卫市委五届二次全会	(27)
中共中卫市委五届三次全会	(27)
中国共产党中卫市代表会议	(27)
中卫市创建全国文明城市推进会	(27)
中共中卫市委五届四次全会	(27)
中卫市传达贯彻党的二十大精神会议	(27)
中共中卫市委五届六次全会	(27)
中共中卫市委常委会会议	(27)
组织工作	(31)
基层组织	(31)
干部队伍	(32)
人才队伍	(32)
新业态党建	(32)
人才引育	(32)
干部培育	(32)
基层治理	(33)
中卫市年轻干部座谈会	(33)
中卫市组织暨人才工作会议	(33)
中卫市驻村第一书记和工作队座谈会	(33)
宣传工作	(33)
理论武装	(33)
新闻宣传	(33)
文明创建	(33)
文化文艺	(34)
"扫黄打非"工作	(34)
网络综合治理	(34)
队伍建设	(34)
统战工作	(34)
政治引领	(34)
多党合作	(34)
民族工作	(35)
民营经济领域统战工作	(35)
社会阶层人士统战工作	(35)
港澳台侨统战工作	(35)

中共中卫市委民营企业家座谈会 …………… (35)
中共中卫市委统一战线工作领导小组2022年第1次
　　会议 ……………………………………… (35)
中卫市建设铸牢中华民族共同体意识示范市第1次
　　推进会 …………………………………… (35)
中卫市民族团结进步表彰大会 ………………… (35)
政策研究 ……………………………………… (35)
概况 ……………………………………………… (35)
政研工作 ………………………………………… (35)
改革工作 ………………………………………… (36)
网络安全和信息化 …………………………… (36)
网络治理 ………………………………………… (36)
网络安全 ………………………………………… (36)
网络宣传 ………………………………………… (36)
中共中卫市委网络安全和信息化委员会第四次会议
　　……………………………………………… (36)
机构编制 ……………………………………… (37)
概况 ……………………………………………… (37)
机构编制法治化建设 …………………………… (37)
执法改革 ………………………………………… (37)
市区管理体制机制调整 ………………………… (37)
专项体制改革 …………………………………… (37)
机构编制资源配置 ……………………………… (37)
机构编制实名制管理 …………………………… (37)
机构编制监督检查 ……………………………… (38)
事业单位登记管理 ……………………………… (38)
中卫市直机关工委工作 ……………………… (38)
概况 ……………………………………………… (38)
理论武装 ………………………………………… (38)
政治建设 ………………………………………… (38)
组织建设 ………………………………………… (38)
作风建设 ………………………………………… (38)
模范机关创建 …………………………………… (38)
老干部工作 …………………………………… (39)
概况 ……………………………………………… (39)
思想政治建设 …………………………………… (39)
党的建设 ………………………………………… (39)
服务管理 ………………………………………… (39)
主题活动 ………………………………………… (40)
党校工作 ……………………………………… (40)
政治建设 ………………………………………… (40)
干部队伍建设 …………………………………… (40)
理论宣讲 ………………………………………… (40)

教育质量评估 …………………………………… (40)
干部培训 ………………………………………… (40)
教学科研 ………………………………………… (41)
中卫市党校工作座谈会 ………………………… (41)
档案管理 ……………………………………… (41)
概况 ……………………………………………… (41)
资源优化建设 …………………………………… (41)
利用服务 ………………………………………… (41)
信息化建设 ……………………………………… (41)
安全管理 ………………………………………… (41)
党史研究 ……………………………………… (41)
概况 ……………………………………………… (41)
党史宣传教育 …………………………………… (42)

中卫市人民代表大会

综述 …………………………………………… (43)
概况 ……………………………………………… (43)
立法工作 ………………………………………… (43)
监督工作 ………………………………………… (43)
人事任免 ………………………………………… (43)
视察检查调查 …………………………………… (43)
重要会议 ……………………………………… (44)
中卫市五届人大常委会第一次会议 …………… (44)
中卫市五届人大常委会第二次会议 …………… (44)
中卫市五届人大常委会第三次会议 …………… (44)
中卫市五届人大常委会第四次会议 …………… (44)
中卫市五届人大常委会第五次会议 …………… (45)
中卫市五届人大常委会第六次会议 …………… (45)
中卫市五届人大常委会第七次会议 …………… (45)
代表工作 ……………………………………… (45)
代表服务保障 …………………………………… (45)
代表履职渠道拓展 ……………………………… (45)
代表议案建议办理 ……………………………… (46)
工作委员会 …………………………………… (46)
法制工作委员会 ………………………………… (46)
财政经济工作委员会 …………………………… (46)
农业与环境资源保护工作委员会 ……………… (47)
教育科学文化卫生民族宗教工作委员会 ……… (47)
人事代表联络与选举工作委员会 ……………… (47)
监察和司法工作委员会 ………………………… (48)

中卫市人民政府

重要会议 …… (49)
中卫市政府第一次全体(扩大)会议 …… (49)
中卫市政府廉政工作会议 …… (49)
中卫市政府常务会议 …… (50)
重要活动 …… (53)
中卫市2022年第一批重大项目集中开工 …… (53)
中卫市2022年第二批重大项目集中开工 …… (53)
政府督查 …… (53)
概况 …… (53)
综合性督查 …… (53)
专项督查 …… (53)
民生督查 …… (54)
政府信息公开 …… (54)
概况 …… (54)
依申请公开办理 …… (54)
政府信息管理 …… (54)
平台建设 …… (54)
监督保障 …… (54)
审批服务管理 …… (54)
概况 …… (54)
"放管服"改革 …… (54)
政务服务 …… (55)
审批监管 …… (56)
信访 …… (56)
概况 …… (56)
治理重复信访化解信访积案专项行动 …… (56)
信访治理 …… (56)
方志编纂 …… (56)
方志编修 …… (56)
年鉴编修 …… (57)
方志宣传 …… (57)

政协中卫市委员会

重要会议 …… (58)
政协中卫市五届二次会议 …… (58)
中卫市政协五届一次常委会会议 …… (58)
中卫市政协五届二次常委会会议 …… (58)
中卫市政协五届三次常委会会议 …… (58)
中卫市政协五届四次常委会会议 …… (58)
中卫市政协五届五次常委会会议 …… (58)
中卫市政协五届六次常委会会议 …… (58)
重要活动 …… (59)
党史学习教育专题民主生活会 …… (59)
"委员讲堂""委员党课"活动 …… (59)
"大学习、大讨论、大宣传、大实践"活动 …… (59)
委员学习培训班 …… (59)
"学理论提素质、学业务提效能"活动 …… (59)
视察调研 …… (59)
新能源产业高质量发展专题协商 …… (59)
人才队伍建设情况专题协商 …… (59)
实施"能耗双控"行动调研 …… (59)
全域创建"食品药品安全区"工作视察 …… (60)
"双节点"城市建设调研 …… (60)
"六大提升行动"调研 …… (60)
"六权"改革调研 …… (60)
建设铸牢中华民族共同体意识示范市视察
…… (60)
专门委员会 …… (60)
提案委员会 …… (60)
经济委员会 …… (61)
农业和农村委员会 …… (61)
教科卫体委员会 …… (61)
社会和法制委员会 …… (61)
民族宗教和港澳台侨委员会 …… (61)
文化文史和学习委员会 …… (61)

纪委 监委

综述 …… (63)
概况 …… (63)
纠治"四风" …… (63)
协助职责和监督责任 …… (63)
群众切身利益维护 …… (63)
巡察工作 …… (64)
自身建设 …… (64)
中共中卫市委五届纪律检查委员会第二次全体会议
…… (64)
中卫市领导干部警示教育大会 …… (64)
中卫市警示教育大会 …… (64)
中卫市党风廉政建设和反腐败工作领导小组2022年
第2次会议 …… (64)
监督检查 …… (65)

政治监督	(65)
日常监督	(65)
专项监督	(65)

民主党派　工商联

民革中卫市委会 (66)
概况 (66)
思想建设 (66)
组织建设 (66)
参政议政 (66)
社会服务 (67)
民盟中卫市委会 (67)
概况 (67)
思想建设 (67)
组织建设 (67)
参政议政 (67)
社会服务 (68)
民建中卫市总支委员会 (68)
概况 (68)
思想建设 (68)
参政议政 (68)
社会服务 (68)
民进中卫市委会 (69)
概况 (69)
思想建设 (69)
组织建设 (69)
参政议政 (69)
社会服务 (69)
创先争优 (69)
农工党中卫市总支委员会 (70)
概况 (70)
思想建设 (70)
参政议政 (70)
社会服务 (70)
九三学社中卫市总支社委员会 (70)
概况 (70)
思想建设 (71)
组织建设 (71)
参政议政 (71)
社会服务 (71)
中卫市工商联合会 (71)
思想建设 (71)

服务非公经济 (71)
招商引资 (72)
商会组织建设 (72)
帮扶工作 (72)

群众团体

中卫市总工会 (73)
宣传教育活动 (73)
职工素质提升 (73)
劳模管理服务 (73)
协调劳动关系 (73)
困难职工帮扶 (73)
基层组织建设 (74)
女职工工作 (74)
财务经审工作 (74)
共青团中卫市委员会 (74)
概况 (74)
团干部素质教育建设 (74)
新媒体运用 (75)
基层团组织建设 (75)
服务青年就业创业 (75)
关爱帮扶 (75)
青少年维权工作 (75)
青少年志愿服务工作 (75)
保护母亲河行动 (75)
中卫市妇女联合会 (75)
思想引领 (75)
创业发展 (76)
文明家庭创建 (76)
妇女儿童维权关爱 (76)
妇女组织建设 (76)
中卫市文学艺术界联合会 (76)
中卫市文联第二次代表大会 (76)
"喜迎二十大　奋进新征程"系列文艺活动 (77)
廉洁文化书画展 (77)
"喜迎二十大　奋进新征程"书法、美术、摄影作品
　网络展 (77)
戏曲艺术交流 (77)
文艺志愿服务活动 (77)
中卫建筑彩绘传承技艺培训 (77)
长篇小说《黄河儿女》研讨活动 (77)
采风写生交流活动 (77)

文艺创作成果 (77)	维护社会稳定 (87)

中卫市科学技术协会 (78)　　公安改革 (87)
全民科学素质工作 (78)　　高质量服务 (87)
主题科普活动 (78)　　基层基础建设 (88)
科技助力行动 (79)　　队伍建设 (88)
科技工作者服务 (79)　**检察** (88)
中卫市残疾人联合会 (79)　　服务发展大局 (88)
概况 (79)　　司法为民 (89)
社会保障 (79)　　法律监督 (89)
致富帮扶 (80)　**法院** (89)
康复服务 (80)　　概况 (89)
教育就业 (80)　　刑事审判 (89)
无障碍改造 (80)　　民事审判 (89)
0~3岁残疾儿童早期干预试点工作 (80)　　行政审判 (90)
残疾儿童家长培训试点工作 (80)　　环境资源审判 (90)
中卫市红十字会 (80)　　执行工作 (90)
概况 (80)　　溯源治理 (90)
"三救三献" (80)　　司法改革 (90)
宣传工作 (81)　　司法为民 (90)
　　阳光司法 (90)
司法行政 (90)
　　全面依法治市 (90)

法　治

　　行政立法 (90)
政法工作及综合治理 (82)　　规范性文件监管 (90)
　社会治理能力 (82)　　行政执法 (91)
　法治中卫建设 (82)　　行政复议 (91)
　公共法律服务 (82)　　行政应诉 (91)
　政法队伍建设 (83)　　法律顾问 (91)
扫黑除恶斗争 (83)　　社区矫正 (91)
　概况 (83)　　人民调解 (91)
　依法严惩 (83)　　法治宣传 (91)
　综合治理 (84)　　公共法律服务 (92)
　整改提升 (84)
　宣传活动 (84)

军　事

平安中卫建设 (84)
　概况 (84)
　责任落实 (85)　**中卫军分区** (93)
　风险隐患防范化解 (85)　　思想政治建设 (93)
　难点堵点问题解决 (86)　　国防动员 (93)
打击整治养老诈骗专项行动 (86)　　基层建设 (93)
　概况 (86)　　双拥共建 (93)
　老年群体反诈意识提升 (86)　　队伍建设 (93)
　养老领域行业乱象整治 (87)　**中卫军分区党委五届二次全体（扩大）会议** (94)
公安 (87)

人民防空	(94)
队伍建设	(94)
人防演练	(94)
人防宣传	(94)

经济管理

发展和改革	(95)
经济发展	(95)
有效投资	(95)
市场消费	(95)
产业发展	(95)
人居与生态环境	(96)
深化改革与对外开放	(96)
民生、医疗与教育	(96)
物价管理与调控	(96)
全国农产品成本调查	(97)
国有资产管理	(97)
国资监管	(97)
国企改革	(97)
中卫市建设投资有限责任公司(宁夏沙坡头旅游产业集团有限责任公司)	(97)
高新技术产业开发集团	(98)
应理城乡市政产业(集团)公司	(98)
中卫市林草集团股份有限公司	(98)
财政	(99)
概况	(99)
财政收支	(99)
民生改善	(99)
重点保障	(99)
财政改革	(99)
亮点工作	(100)
政府采购	(100)
财政统发工资	(100)
国库集中支付	(100)
税务	(100)
概况	(100)
组织收入	(100)
退税减税降费	(100)
税收治理	(100)
纳税服务	(101)
队伍建设	(101)
审计	(101)
概况	(101)
财政预算执行审计	(101)
经济责任、自然资源资产离任审计	(101)
专项资金审计和审计调查	(101)
政策执行跟踪审计	(102)
政府投资项目跟踪审计	(102)
统计	(102)
统计基础	(102)
统计调查	(102)
统计分析	(102)
统计服务	(102)
统计法治	(102)
统计宣传	(103)
统计普查	(103)
自然资源管理	(103)
规划管理	(103)
耕地保护	(103)
土地利用	(103)
矿产资源管理	(103)
产权登记	(103)
生态建设	(103)
功能农业	(103)
深化改革	(104)
执法监察	(104)
公共资源交易	(104)
交易数据	(104)
亮点工作	(104)
平台建设	(104)
场内管理	(105)
服务举措	(105)
市场监督管理	(105)
机构设置	(105)
优化营商环境	(105)
食品安全监管	(105)
药品监管	(106)
特种设备监管	(106)
工业产品监管	(106)
质量体系建设	(106)
知识产权保护	(106)
商标品牌培育	(106)
市场秩序整顿	(106)
打击整治养老诈骗专项行动	(106)
医疗器械唯一标识试点工作	(107)

监管机制完善	(107)
海关	(107)
概况	(107)
进出境动植物检疫	(107)
危险货物安全监管	(107)
原产地签证管理	(107)
通关管理	(107)
营商环境优化	(107)

工业与园区建设

综述	(109)
县、区规模以上工业	(109)
项目建设	(109)
惠企服务	(109)
节能降耗	(109)
信息化工作	(109)
创新驱动	(109)
中卫市工信系统防范电信网络诈骗培训会	(110)
电力	(110)
电网概况	(110)
电力供需	(110)
中卫电网负荷特性	(110)
安全生产	(110)
电网建设	(110)
经营服务	(111)
创新创效	(111)
改革改制	(111)
重大活动保电	(111)
电力供应	(112)
"宁电入湘"工程	(112)
"东数西算"宁夏枢纽建设	(112)
驻点帮扶	(112)
宁夏中卫瑞泰科技110千伏供电工程	(112)
宁夏中卫协鑫110千伏送出工程	(112)
中卫工业园区	(112)
概况	(112)
项目建设	(112)
招商引资	(112)
安全生产	(113)
科技创新	(113)
深化改革	(113)
腾格里沙漠3GW新能源基地光伏复合项目开工	(113)
中卫工业园区实现工业产值388.9亿元	(113)
中宁工业园区	(113)
概况	(113)
招商引资	(113)
"能耗双控"	(114)
安全环保	(114)
体制机制改革	(114)

云计算和大数据产业

云计算产业	(115)
西部云基地	(115)
互联网交换中心建设	(115)
"云天中卫"建设	(115)
2022"云天大会"	(116)
数据中心	(116)
概况	(116)
中卫大数据中心市建设	(116)
数据中心产业集聚效应	(117)
数字产业发展	(117)
营商环境优化	(117)
云计算项目	(117)
亚马逊云计算中卫合作项目一期	(117)
美利云数据中心项目	(117)
中国移动数据中心项目	(118)
中国大脑绿色数据中心项目	(118)
中国电信数据中心项目	(118)
宁夏中卫云计算中心项目	(118)
中国联通数据中心项目	(118)

农业 水利

农业农村	(119)
概况	(119)
产业融合	(119)
农村改革工作	(119)
种植业	(120)
概况	(120)
蔬菜产业	(120)
畜牧业	(120)
概况	(120)

标准化养殖场建设 …………………………… (120)	
畜牧品种改良 ………………………………… (120)	
惠农政策 ……………………………………… (120)	
项目建设 ……………………………………… (120)	
畜禽养殖污染治理 …………………………… (120)	
饲料监管 ……………………………………… (120)	
动物疫病免疫 ………………………………… (121)	
动物疫病监测 ………………………………… (121)	
动物检疫管理 ………………………………… (121)	
畜禽产品质量安全监管 ……………………… (121)	
生物安全管理 ………………………………… (121)	
无害化处理体系建设 ………………………… (121)	
兽医技术服务 ………………………………… (122)	
动物疫病区域化管理 ………………………… (122)	
动物防疫体系建设 …………………………… (122)	

水产业 ……………………………………… (122)
概况 …………………………………………… (122)
渔业绿色发展 ………………………………… (122)
渔业安全生产 ………………………………… (122)
渔业行政执法 ………………………………… (122)

农业产业化 ………………………………… (123)
农产品加工业 ………………………………… (123)
新型农业经营主体培育 ……………………… (123)

农业机械化 ………………………………… (123)
概况 …………………………………………… (123)
农机购置补贴 ………………………………… (123)
农机社会化服务体系建设 …………………… (123)
农机安全监理 ………………………………… (123)
农机市场监管 ………………………………… (123)

农业行政执法及农产品质量安全监管 …… (123)
农产品质量安全宣传 ………………………… (123)
安全监管 ……………………………………… (124)
农产品认证 …………………………………… (124)

水利水保 …………………………………… (124)
水利工程建设 ………………………………… (124)
农业灌溉 ……………………………………… (124)
河湖长制 ……………………………………… (124)
水资源管理 …………………………………… (125)
水利行业监管 ………………………………… (125)
节水型社会建设 ……………………………… (125)
水旱灾害防御 ………………………………… (125)
水土保持 ……………………………………… (125)
水利改革 ……………………………………… (125)

住房和城乡建设

综述 ………………………………………… (126)
概况 …………………………………………… (126)
城市建设融资 ………………………………… (126)
乡村建设 ……………………………………… (126)

重点工程建设 ……………………………… (126)
棚户区改造项目 ……………………………… (126)
市政设施建设项目 …………………………… (126)
道路建设及改造工程 ………………………… (126)
保障性住房工程 ……………………………… (126)
老旧小区改造提升工程 ……………………… (127)

行业管理 …………………………………… (127)
行政审批 ……………………………………… (127)
建筑市场管理 ………………………………… (127)
房地产市场管理 ……………………………… (127)
公共设施管理 ………………………………… (127)
招投标监督管理 ……………………………… (128)

住房公积金管理 …………………………… (128)
概况 …………………………………………… (128)
政策宣传 ……………………………………… (129)
政策落实 ……………………………………… (129)
制度建设 ……………………………………… (129)
资金安全 ……………………………………… (129)
资金收益 ……………………………………… (129)
信息化建设 …………………………………… (129)

交通 邮政 通信

交通运输 …………………………………… (130)
概况 …………………………………………… (130)
公路及桥梁建设 ……………………………… (130)
铁路建设 ……………………………………… (130)
水运建设 ……………………………………… (130)
客运建设 ……………………………………… (130)
农村公路管养 ………………………………… (130)
交通运输安全监管 …………………………… (131)
运政执法 ……………………………………… (131)
路政管理 ……………………………………… (131)
治超治撒 ……………………………………… (131)

公路管理 …………………………………… (131)
概况 …………………………………………… (131)

养护工程项目建设 …………………… (131)
日常养护 ……………………………… (131)
科技成果应用 …………………………… (132)
安全生产 ……………………………… (132)
邮政管理 ……………………………… (132)
概况 …………………………………… (132)
快递业务发展 …………………………… (132)
基础设施建设 …………………………… (132)
行业安全监管 …………………………… (133)
服务现代农业 …………………………… (133)
市场秩序规范 …………………………… (133)
邮政普遍服务 …………………………… (133)
行业绿色治理 …………………………… (133)
快递员权益保障 ………………………… (133)
通信管理 ……………………………… (133)
电信 …………………………………… (133)
移动 …………………………………… (134)
联通 …………………………………… (134)
铁塔 …………………………………… (135)

生态环境保护

综述 …………………………………… (136)
生态环境质量 …………………………… (136)
污染物排放量 …………………………… (136)
依法行政管理 …………………………… (136)
环评项目管理 …………………………… (136)
大气污染防治 …………………………… (137)
水污染防治 …………………………… (137)
土壤污染防治 …………………………… (137)
危废安全处置 …………………………… (137)
噪声污染防治 …………………………… (138)
生态环境监测 …………………………… (138)
生态环境执法 …………………………… (138)
生态示范区建设 ………………………… (138)
社会帮扶 ……………………………… (138)
环保科普 ……………………………… (138)
中卫沙坡头国家级自然保护区 ………… (139)
概况 …………………………………… (139)
资源管护 ……………………………… (139)
科研监测 ……………………………… (139)
科普宣教 ……………………………… (139)
安全生产 ……………………………… (139)

南华山国家级自然保护区 ……………… (140)
概况 …………………………………… (140)
基础设施改造 …………………………… (140)
安全生产和森林草原防火 ……………… (140)
林长制工作 …………………………… (140)
生态修复 ……………………………… (140)
森林病虫害监测与防治 ………………… (141)

商贸流通

综述 …………………………………… (142)
概况 …………………………………… (142)
促消费活动 …………………………… (142)
消费领域提质升级 ……………………… (142)
夜间经济 ……………………………… (142)
电子商务 ……………………………… (142)
现代物流建设 …………………………… (143)
经贸合作 ……………………………… (143)
招商引资 ……………………………… (143)
概况 …………………………………… (143)
招商活动 ……………………………… (143)
重点项目落实 …………………………… (143)
会展博览产业 …………………………… (143)
供销合作 ……………………………… (143)
机构概况 ……………………………… (143)
服务"三农" …………………………… (144)
项目建设 ……………………………… (144)
国企改革 ……………………………… (144)
粮食和物资储备 ……………………… (144)
粮食安全 ……………………………… (144)
粮食宏观调控 …………………………… (144)
粮食保供 ……………………………… (144)
粮食流通监管 …………………………… (145)
节粮减损 ……………………………… (145)
粮食产业高质量发展 …………………… (145)
粮食安全生产 …………………………… (145)
粮油质量检验检测 ……………………… (145)
中卫市粮食安全宣传教育基地 ………… (145)
烟草管理 ……………………………… (145)
经济运行 ……………………………… (145)
专卖管理 ……………………………… (146)
企业治理 ……………………………… (146)
法治建设 ……………………………… (146)

社会活动 …… (146)	沙坡头旅游景区 …… (151)
盐业 …… (146)	南华山景区 …… (151)
概况 …… (146)	丰安屯旅游度假区 …… (151)
盐品营销 …… (146)	黄羊古落 …… (152)
食盐安全管理 …… (146)	漠贝酒庄 …… (152)
辅助服务 …… (147)	沙坡头星星酒店 …… (152)
石油供应 …… (147)	南岸半岛·黄河宿集 …… (152)
概况 …… (147)	大漠星河旅游度假区 …… (152)
市场环境 …… (147)	大漠味集·向阳街 …… (152)
经营效益 …… (147)	66号公路 …… (152)
	卫民黄河大桥 …… (152)

旅　游

综述 …… (148)
概况 …… (148)
旅游接待收入 …… (148)
全域旅游创建 …… (148)
旅游项目建设 …… (148)
新业态发展 …… (148)
旅游市场治理 …… (148)
"五一"黄金周旅游 …… (148)
旅游营销推介与培训 …… (148)
概况 …… (148)
8条精品旅游路线 …… (149)
旅游市场复苏 …… (149)
迎新春冬季旅游活动 …… (149)
中国宁夏（沙坡头）第十二届丝绸之路大漠黄河国际
　　文化旅游节 …… (149)
千车自驾游中卫 …… (150)
"美丽中国·神奇宁夏"文旅资源推介会 …… (150)
2022丝绸之路城市文化和旅游发展国际论坛
　　 …… (150)
"台青黄河游记"主题采访活动 …… (150)
首届中卫房车文化节 …… (150)
2022年宁夏黄河流域非遗讲解大赛 …… (150)
第25届全国推广普通话宣传周活动 …… (150)
沙坡头盛典 …… (151)
乡村旅游 …… (151)
乡村旅游发展 …… (151)
乡村旅游节事活动 …… (151)
中卫市三村一镇入选宁夏特色旅游村镇 …… (151)
"红梅杏"采摘节 …… (151)
景区景点选介 …… (151)

金　融

金融监管 …… (153)
概况 …… (153)
金融服务质效 …… (153)
金融综合改革 …… (153)
助力乡村振兴 …… (153)
助力民企纾困 …… (154)
打击非法金融活动 …… (154)
重点领域风险处置 …… (154)
银保监管 …… (154)
概况 …… (154)
金融服务 …… (154)
风险防控 …… (154)
金融改革 …… (154)
银行 …… (154)
中国人民银行中卫市分行 …… (154)
工商银行中卫支行 …… (155)
建设银行中卫分行 …… (155)
中国银行中卫分行 …… (156)
农业银行中卫分行 …… (156)
农发行中卫支行 …… (156)
邮储银行中卫分行 …… (157)
中卫农村商业银行 …… (157)
宁夏银行中卫分行 …… (157)
石嘴山银行中卫分行 …… (157)
保险 …… (157)
人保财险 …… (157)
人寿保险 …… (158)

教育　科技

教育 …………………………………… (159)
　概况 …………………………………… (159)
　思想政治工作 ………………………… (159)
　办学条件改善 ………………………… (159)
　教师队伍建设 ………………………… (159)
　教育教学 ……………………………… (160)
　职业教育 ……………………………… (160)
　校园安全防控体系建设 ……………… (160)
　教育综合改革 ………………………… (160)
　学生资助 ……………………………… (160)
学校选介 ……………………………… (160)
　宁夏大学中卫校区 …………………… (160)
　中卫市职业技术学校（中卫市高级技工学校）
　　………………………………………… (161)
　中卫中学 ……………………………… (161)
　中卫市第三中学 ……………………… (161)
　中卫市第六小学 ……………………… (161)
科技 …………………………………… (162)
　全社会研发投入 ……………………… (162)
　科技项目建设 ………………………… (162)
　科技型企业 …………………………… (162)
　科技创新平台 ………………………… (162)
　东西部科技合作 ……………………… (162)
　科技金融 ……………………………… (162)
　科技发展规划 ………………………… (162)
　科技人才 ……………………………… (162)
　科技助力乡村振兴 …………………… (162)
　科技服务 ……………………………… (163)
气象 …………………………………… (163)
　概况 …………………………………… (163)
　气象服务 ……………………………… (163)
　人工影响天气 ………………………… (163)

文化　体育　广电

文化 …………………………………… (164)
　文化惠民 ……………………………… (164)
　群众文化 ……………………………… (164)
　精品创作 ……………………………… (164)
　公共图书 ……………………………… (164)
　文化市场监管 ………………………… (164)
　文化设施建设 ………………………… (164)
　中卫市博物馆 ………………………… (164)
　文化遗产保护与传承 ………………… (165)
体育 …………………………………… (165)
　自治区第十六届运动会筹备 ………… (165)
　体育设施建设 ………………………… (165)
　群众体育活动 ………………………… (165)
　中卫市青少年体育比赛 ……………… (165)
　体教融合工作 ………………………… (165)
　国民体质监测工作 …………………… (165)
广播电视 ……………………………… (165)
　广播电视安全播出 …………………… (165)
　农村数字电影放映 …………………… (165)
广电网络 ……………………………… (165)
　概况 …………………………………… (165)
　网络规划建设 ………………………… (166)
　业务发展 ……………………………… (166)
　安全保障 ……………………………… (166)
传媒中心 ……………………………… (166)
　概况 …………………………………… (166)
　新闻宣传 ……………………………… (166)
　产业经营 ……………………………… (166)
　设备升级改造 ………………………… (167)

卫生健康

综述 …………………………………… (168)
　医疗卫生机构 ………………………… (168)
　卫生技术人员 ………………………… (168)
　病床设置及诊疗量 …………………… (168)
　主要卫生健康指标 …………………… (168)
　医政医改 ……………………………… (168)
　医疗管理 ……………………………… (168)
　行政审批 ……………………………… (169)
疾病预防控制 ………………………… (169)
　疾病防控 ……………………………… (169)
　慢性病防治管理 ……………………… (169)
　疾病预防控制重大事件及重要成果 … (170)
妇幼保健及老年人健康服务 ………… (170)
　妇幼保健 ……………………………… (170)
　老年人健康服务 ……………………… (170)
　妇幼保健重大举措 …………………… (170)

中医中药 ……………………………………… (170)	崇军行动 ……………………………………… (177)
概况 …………………………………………… (170)	**医疗保障** ……………………………………… (177)
中医药发展和科研 …………………………… (171)	参保征缴 ……………………………………… (177)
卫生监督 ……………………………………… (171)	DIP医保支付方式改革 ……………………… (177)
概况 …………………………………………… (171)	医保基金监管 ………………………………… (177)
医疗服务监督 ………………………………… (171)	全市医疗保障基金监管警示教育会议 ……… (178)
公共卫生监督 ………………………………… (172)	集中宣传月活动 ……………………………… (178)
职业卫生监督 ………………………………… (172)	定点医药机构信用评价 ……………………… (178)
医疗信息化建设 ……………………………… (172)	药品耗材集采 ………………………………… (178)
爱国卫生 ……………………………………… (172)	医疗收入结构调整 …………………………… (178)
概况 …………………………………………… (172)	经办服务 ……………………………………… (178)
健康教育与健康促进 ………………………… (172)	**民政** …………………………………………… (179)
	救助服务 ……………………………………… (179)
	项目建设 ……………………………………… (179)

社会管理

	服务管理 ……………………………………… (179)
创业就业 ……………………………………… (174)	培育监管 ……………………………………… (179)
概况 …………………………………………… (174)	社会事务 ……………………………………… (179)
稳岗政策 ……………………………………… (174)	地名工作 ……………………………………… (180)
重点群体就业 ………………………………… (174)	**乡村振兴** ……………………………………… (180)
就业服务 ……………………………………… (174)	责任落实 ……………………………………… (180)
失业保障 ……………………………………… (174)	防返贫动态监测和帮扶 ……………………… (180)
居民收入 ……………………………………… (174)	移民致富提升 ………………………………… (180)
社会保险 ……………………………………… (174)	产业培育 ……………………………………… (180)
概况 …………………………………………… (174)	就业帮扶 ……………………………………… (180)
养老保险调增 ………………………………… (174)	金融支撑 ……………………………………… (181)
被征地农民参加养老保险 …………………… (175)	资金监管 ……………………………………… (181)
代缴社会保险费 ……………………………… (175)	闽宁协作 ……………………………………… (181)
人才与人事管理 ……………………………… (175)	社会帮扶 ……………………………………… (181)
专业技术人才队伍建设 ……………………… (175)	**应急管理** ……………………………………… (181)
技能人才队伍建设 …………………………… (175)	·综述·
表彰奖励工作 ………………………………… (175)	概况 …………………………………………… (181)
劳动维权 ……………………………………… (175)	应急管理体制机制建设 ……………………… (181)
根治欠薪工作 ………………………………… (175)	安全生产专项整治 …………………………… (181)
和谐劳动关系 ………………………………… (175)	安全生产能力建设 …………………………… (181)
劳动保障监察执法 …………………………… (175)	应急救援体系建设 …………………………… (182)
劳动争议调解仲裁 …………………………… (176)	地震监测及跟踪 ……………………………… (182)
电子劳动合同 ………………………………… (176)	自然灾害风险普查试点 ……………………… (182)
退役军人事务 ………………………………… (176)	·消防救援·
思想政治教育 ………………………………… (176)	接警出动和火灾情况 ………………………… (182)
双拥创建 ……………………………………… (176)	消防工作责任 ………………………………… (182)
就业安置 ……………………………………… (176)	消防安全治理 ………………………………… (182)
服务保障体系建设 …………………………… (177)	志愿服务保障 ………………………………… (182)
依法治理 ……………………………………… (177)	执勤备战工作 ………………………………… (182)

装备基础建设 …………………………… (182)
统计调查 ………………………………… (183)
统计业务 ………………………………… (183)
统计调查服务 …………………………… (183)
统计法治建设 …………………………… (183)
城镇居民可支配收入 …………………… (183)
农村居民可支配收入 …………………… (183)
粮食面积产量 …………………………… (184)
主要畜禽监测 …………………………… (184)
居民消费价格 …………………………… (184)

人物 荣誉

个人荣誉简介 ……………………………… (185)
马永庆 …………………………………… (185)
马小平 …………………………………… (185)
赵丹 ……………………………………… (185)
马涛 ……………………………………… (185)
郭美玉 …………………………………… (185)
乔栋 ……………………………………… (186)
集体荣誉简介 ……………………………… (186)
宁夏科豪陶瓷有限公司第六生产线 …… (186)
顺丰速运(宁夏)有限公司中宁中转场 …… (187)
人物名录 ………………………………… (187)
集体名录 ………………………………… (193)

附 录

重要文献 …………………………………… (199)
市委常委会工作报告
——2022年12月12日在中共中卫市委五届六次
全体会议上 …………………………… (199)
政府工作报告
——2022年12月16日在中卫市第五届人民代表
大会第二次会议上 …………………… (205)
中卫市2022年国民经济和社会发展统计公报
………………………………………… (215)
组织机构和领导人 ………………………… (223)
中国共产党中卫市委员会 ……………… (223)
中卫市人民代表大会常务委员会 ……… (223)
中卫市人民政府 ………………………… (224)
中国人民政治协商会议中卫市委员会 … (224)
中国共产党中卫市纪律检查委员会 …… (224)
中卫市监察委员会 ……………………… (225)
中卫市法检两院 ………………………… (225)
中卫市委工作部门 ……………………… (225)
中卫市委及部门直属事业单位 ………… (226)
中卫市政府工作部门 …………………… (226)
中卫市政府及其部门直属事业单位 …… (229)
中卫市属国有企业 ……………………… (230)
中卫市群团组织 ………………………… (230)
沙坡头区四套班子及法检两院 ………… (231)
中宁县四套班子及法检两院 …………… (231)
海原县四套班子及法检两院 …………… (232)
市委、市政府管理、派出机构 ………… (233)
中央、自治区驻卫单位 ………………… (233)
文献辑录 …………………………………… (237)
中卫市人民政府工作规则 ……………… (237)
发文目录 …………………………………… (245)
2022年中共中卫市委发文目录 ………… (245)
2022年中共中卫市委办公室发文目录 …… (246)
2022年中卫市政府发文目录 …………… (247)
2022年中卫市政府办公室发文目录 …… (248)

特 载

闽宁协作助推多领域纵深发展

中卫市乡村振兴局

2022年，中卫市深入贯彻落实中央和自治区关于东西部协作的重要指示精神和闽宁对口协作第26次联席会议精神，聚焦巩固拓展脱贫攻坚成果，严格落实"四个不摘"要求，积极应对疫情影响，与漳州市、漳浦县紧密对接、有力协作，全面落实闽宁对口协作"22106"发展规划，持续推进项目帮扶、劳务协作、产业合作、人才交流、消费帮扶等重点工作。

一是周密部署统筹推进。市委和市政府主要领导高度重视闽宁协作工作，9月14日召开五届市委2022年第45次常委会（扩大）会议，传达学习了福建党政代表团赴宁夏考察并召开闽宁协作第26次联席会议精神，听取了我市闽宁协作工作情况汇报，就下一步中卫—漳州协作重点工作做了安排部署，提出了目标要求。海原县委常委会会议、政府常务会议、县委农村工作领导小组会议先后多次专题研究闽宁协作工作，制定出台《海原县2022年闽宁协作工作方案》，制定明确标准，提出严格要求。二是强化多领域交流互访。中卫市、海原县与漳州市、漳浦县交流互访7批次74人次，海原、漳浦两县互派2名党政领导挂职交流，共召开联席会、座谈会4次，深化合作、共谋发展思路进一步明晰。漳浦县17个乡镇34个村与海原县17个乡镇34个村结对帮扶，漳浦县3家企业、2家社会组织分别与海原县5个村结对帮扶。漳州通过发动社会企业，筹集社会帮扶资金1500万元，重点推动海原县产业培育、济困救助、公益事业等方面。三是加强人才交流互促。深入开展支医支教培训等活动，推动中卫市医疗和教育领域在组织管理、知识更新、人才培养等方面向更高水平发展。福建组织19名研究生赴海原县开展支教活动，中卫、漳州两地选派112名专业技术人员开展交流学习，重点围绕基层党建、乡村振兴、产业培育、劳务协作、爱心帮扶等方面开展"组团式"帮扶。"9·20"疫情以来，漳浦县积极筹集资金12万元，带动多家闽籍企业为海原县捐赠抗疫物资，为海原县开展疫情防控提供了及时有力的支持。四是全面拓展产业协作。争取闽宁协作资金7100万元，实施闽宁项目5类26个。中卫市组织"8+4"专题招商小组赴福建省开展小分队招商13次，考察企业38家，实施福建籍企业投资项目10个，实际到位资金1.44亿元。7月10日至12日，自治区党政代表团在厦门市召开了福建·宁夏经贸合作暨企业家恳谈会，会上签约8个合作项目，签约金额114.62亿元。7月13日，"山海情深·共享共赢"沙坡头区招商引资推介会在厦门市顺利举行，共有4个合作项目签约，签约金额55.33亿元。海原县动员组织近百家企业积极申报纳入国家扶贫企业和产品目录，动员东部企业与海原企业（合作社）合作开办农产品展销馆，2022年海原县农特产品共销售2.02亿元，形成了"产地直销""西货东卖"消费帮扶新模式。五是大力促进劳务协作。建立海原驻福建漳浦劳务服务中心，建立就业创业服务体系，培育劳务经纪人796名、劳务中介组织19家。推动宁夏鼎泰合人力资源有限公司与厦门天马微电子有限公司签订《闽宁协作劳务人员推荐服务协议》，计划至2025年为厦门天马微电子有限公司提供宁夏籍务工人员2000名，预计收入1.2亿元，

2022年已输送务工人员500人,创收3000万元。通过包车、乘机等"点对点"向福建输送务工人员572人。在福建漳州科技学院开展基层劳务工作人员巩固拓展脱贫攻坚成果同乡村振兴有效衔接素质提升培训班2期72人。六是推动文化旅游互融。持续落实《中卫市　漳州市文化旅游合作框架协议》,在中卫电视台《文旅中卫》栏目投放漳州文旅宣传片,通过资源互换、互推互送等形式强化两地文化和旅游协作。深化打造"夏游中卫·冬游漳州"旅游品牌,中卫市各景区对漳州游客实行免门票政策,对福建游客实行门票半价优惠政策,继续实施《中卫市旅行社送团奖励办法》,对来卫旅游包机、切位包机、旅游专列给予政策奖励。组织全市各景区前往厦门市开展文旅资源推介活动,并针对福建省游客发放了500万元文旅惠民消费券。7月20日至7月底,思明、湖里两区联手策划了2022"百团万人游宁夏"首发系列团活动,输送游客100余人。邀请福建漳州文化旅游主管部门领导和相关旅行社负责人参加了2022中国宁夏(沙坡头)·第十二届丝绸之路大漠黄河国际文化旅游节开幕式,以"闽宁情深""沙坡奇缘"为主题制作闽宁宣传片两部。以"闽宁协作漳海情　不忘初心再扬帆"为主题的漳浦·海原文化艺术交流活动于5月、7月先后在漳浦、海原举行,展示了漳浦、海原两地闽宁文化协作取得的成果。

2023年,中卫市将坚持认真学习贯彻党的二十大精神和习近平总书记关于东西部协作的重要论述,深入贯彻落实闽宁协作第26次联席会议精神,紧扣《〈闽宁协作第二十六次联席会议纪要〉任务分工方案》,聚焦巩固拓展脱贫攻坚成果同乡村振兴有效衔接,树牢以协作促发展的鲜明导向,持续加强产业合作、资源互补、劳务对接、人才交流,推进中卫—漳州、海原—漳浦两地协作再上新台阶,共同谱写新时代对口协作新篇章。

深耕"三农"沃土,保障粮食安全

——十八大以来中卫市粮食生产形势稳定

国家统计局中卫调查队

党的十八大以来,中卫市以习近平新时代中国特色社会主义思想为指导,认真贯彻落实党中央、国务院和习近平总书记关于粮食安全工作的决策部署,确保粮食基本自给,口粮绝对安全,牢牢守住国家粮食安全的生命线,实施最严格的耕地保护制度,科学合理利用耕地资源,采取有力举措防止耕地"非粮化",着力稳政策、稳面积、稳产量,不断巩固提升粮食综合生产能力。

一、党的十八大以来中卫市粮食"稳面积保产量"成效突出

(一)"稳面积"扛起粮食安全责任

党的十八大以来,中卫市坚决贯彻党中央和自治区党委关于保障粮食安全的部署要求,深入实施"藏粮于地、藏粮于技"战略,坚决遏制耕地"非农化"、基本农田"非粮化",切实守好耕地保护红线。粮食作物播种面积虽有所下降,但在2014年后基本保持稳定,始终稳定在12万公顷以上,在五市中仅次于固原、吴忠,排在第三位,"稳面积"任务成效显著,有力扛起粮食安全责任。

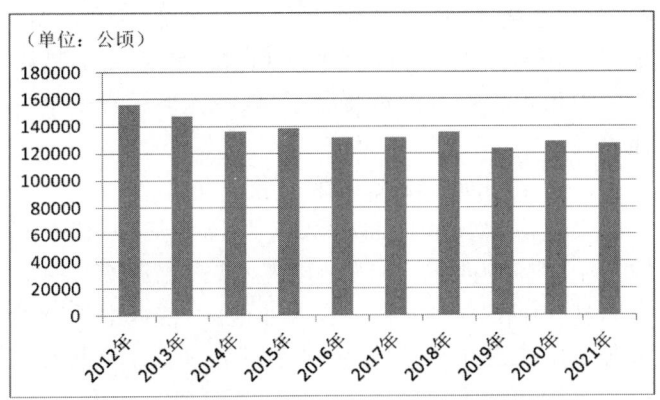

图1 中卫市2012—2021年粮食播种面积走势

(二)"保产量"筑牢粮食"压舱石"作用

中卫市毫不放松抓好粮食生产,全面加强粮食生产功能区建设,大力推进农业科技创新,坚持不懈向科技要产出、要效益,着力提升粮食综合生产能力。十年来,面对特色农业、经济作物"与粮争地"的不利局面,通过单产水平的提升,保证了粮食总产始终保持在65万吨以上,很好地完成了保产量任务,为保障粮食安全作出了"中卫贡献"。

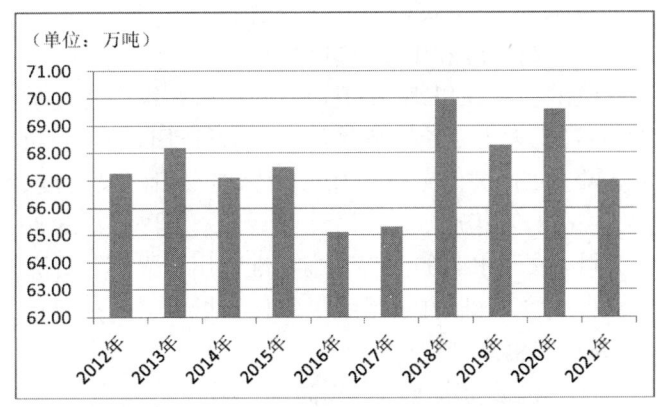

图2 中卫市2012—2021年粮食产量走势

(三)"提单产"让农民挑上"金扁担"

中卫市大力推进土地综合整治、低质农田改良和农田水利建设,通过农业技术手段进一步涵养土地、培肥地力、建设高标准基本农田,持续提升耕地质量,有效促进良田生"金"长"银"。同时,通过推广绿色高产品种,配套机械深松、秸秆还田、激光平地、增施有机肥、精量穴直播、节水控灌、利用飞防进行病虫害绿色防控等技术措施,真正落实"藏粮于技",助力群众端牢"饭碗"。十年来,粮食单产稳步提升,由2012年的4313.36公斤/公顷,增加到2021年的5271.93公斤/公顷,增长22.2%。其中,2019年单产最高,达到5536.88公斤/公顷,2020年、2021年受旱灾影响,单产有所下降。

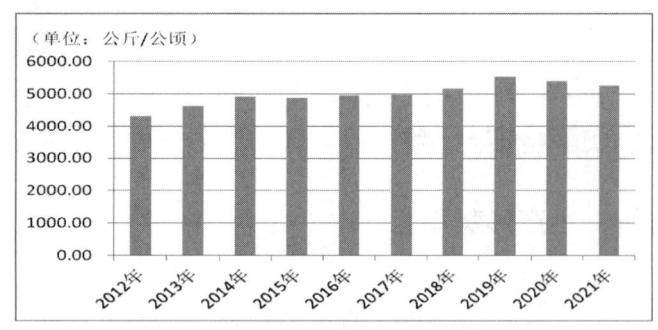

图3 中卫市2012—2021年粮食单产走势

二、党的十八大以来中卫市粮食生产保障体系不断健全

（一）农田水利建设不断加强

党的十八大以来，中卫市坚持把抓农田水利基本建设作为推进发展现代农业的主要举措，坚持不懈地大搞农田水利基本建设，按照"扬黄灌区引水、引黄灌区节水"的思路，在引黄灌区推广激光平地及滴灌喷灌高效节水技术，在扬黄灌区推广膜下喷灌、滴灌等节灌技术，夯实了农村水利基础设施。

（二）高标准农田建设进程加快

党的十八大以来，中卫市以提高农业综合生产能力为目标，大力实施以机械深翻、秸秆还田、增施有机肥为重点的"沃土工程"，加大高标准农田建设力度，截至2021年年底，全市累计建设高标准农田13.86万公顷。农田水利的改善和高标准农田建设有效完善了农业生产基础设施，增强了农作物抵御旱涝灾害能力，确保粮食高产稳产。

（三）机械化程度全面提高

党的十八大以来，中卫市依托农机购置补贴、农机综合保险、农机免费管理等政策，培育粮食农机农艺融合全程机械化服务组织44个，农业机械总动力达到103.79万千瓦。全市农作物农机化耕、种、收综合水平达80.16%，其中机耕作业水平达到93.3%，机播作业水平达到81.5%，机收作业水平为61.3%。沙坡头区和中宁县已成为主要农作物生产全程机械化示范县区，机械化水平的提高为农业插上了腾飞的翅膀。

（四）农业新型经营主体成为粮食产业化发展生力军

党的十八大以来，中卫市通过推进代耕代种、土地托管等农业生产社会化服务，共扶持培育农民合作社1401家、家庭农场1056家，土地流转面积达到4.56万公顷。为有效遏制"非粮化"倾向，采取多种措施激励家庭农场、农民合作社等新型经营主体发展粮食适度规模经营，扶持壮大种粮主体。一是加大国家绿色高质高效创建补贴、耕地地力保护补贴、农机具购置补贴等粮食生产扶持政策落实力度，实现所有粮食生产主体的补贴全覆盖；二是在马铃薯产业的原种发放、生产基地建设等方面进行补贴，累计补贴金额12亿元；三是扩大农业保险覆盖面，对粮食作物保险进行"提标、扩面、增品"，小麦、水稻、玉米等纳入政策性农业补贴险种，财政给予保费补贴。

三、存在的问题

（一）农户种粮积极性不高

在大力发展劳务经济的大背景下，农村青壮年劳动力大量外出务工，农村"不富余"的劳动力也一起转移，部分留守人员劳动力比较低；受市场影响肥料、种子、农药等农资涨幅过快，粮食生产成本增加，粮食价格上涨不能冲抵种植成本增加带来的影响，与外出打工相比传统农业生产效益较低，农民获利较小，导致农民种粮积极性不高。

（二）产业结构调整和稳定粮食生产冲突仍然存在，稳定粮食生产面积压力较大

在大粮食观的发展背景下，既要保障蔬菜、肉、蛋、奶市场供应比例，又要稳定粮食种植面积，还要种植经济作物提高农民收入，有限的耕地面积保证粮食种植面积压力较大，履行指导种植业结构调整职责有差距，存在"人畜争粮"现象，影响口粮安全。一是粮食种植结构不平衡。玉米占总产量的75%，主要口粮小麦、水稻分别仅占总产量的3%和5%。随着玉米价格上涨，受比较经济效益影响，种植结构不平衡的趋势将进一步扩大。二是供需矛盾较为突出。2020年主要口粮小麦、水稻的需求量分别在12万吨和9.5万吨，小麦、水稻生产量分别占需求量的17.5%和42.1%。82.5%的小麦和57.9%的水稻需从其他省市购入，口粮对外依存度高；结构不平衡和供需矛盾突出是影响中卫市粮食安全的重要因素，保障区域粮食安全责任重大。

（三）旱作面积较大，粮食产能低下

中卫市粮食播种面积12.6万公顷左右，其中海原县粮食播种面积7.3万公顷左右，占比近60%。而海原县80%的耕地处在旱作农业地区，粮食生长所需水分全部来源于自然降水，水肥供应不足，严重限制粮食产量和品质的提高，如2021年遇到大旱天气，粮食减产严重，旱情严重区域粮食减产达30%~50%。

（四）缺乏主导优势品种

随着玉米种业的迅速发展，新品种审定量逐年增

加，市场上流通的品种更新速度加快，近年来品种问题在生产中较为突出，玉米品种"多乱杂"现象严重，缺乏优势主导品种。全市每年平均种植的玉米品种达20多个，品种质量参差不齐，严重影响产量提升。

四、意见建议

(一)扩增种粮补贴政策范围，调动种粮积极性

探索新的补贴机制，加大对三大粮食作物种植的补贴力度，及时兑付各类补助资金，千方百计调动农户种粮积极性。在严格落实国家强农惠农政策的基础上，补贴政策适当向专业合作社、家庭农场、种粮大户倾斜，发挥规模化经营连片种植的集约化优势，有效降低生产投入成本，进一步增加粮食生产效益，使种粮补贴真正发挥促进粮食生产、增加粮食产出的作用。同时争取制定出台粮食种植完全成本保险，减少种粮农户后顾之忧。

(二)调整产业结构，优化产业布局

坚持因地制宜、市场需求的原则，引导农民科学合理调整粮食种植结构，适当扩大小麦等主要粮食作物的种植面积，确保中卫市粮食作物种植面积稳定。同时积极开展生产技术指导、知识讲座等，大力推广新品种、新技术，提高粮食产量。

(三)扩大种植规模，规范种植管理

大力培育粮食新型经营主体，尤其是重点培养带动能力强、经济效益好的合作组织，鼓励新型经营主体流转或托管土地，不断扩大粮食规模化种植程度，实现农业生产由分散型向规模型的转变，也可有效解决农村劳动力缺失问题。同时引导农户转变种粮观念，按照作物不同生育期生长特点进行规范种植管理，合理施肥、灌水，充分挖掘粮食增产潜力。

(四)加大供水设施建设，大力发展节水灌溉

按照以水定产的原则，加大对中部干旱带地区大型骨干水利基础设施配套建设，对峡门水库和桃山水库供水工程进行扩容改造，铺设引、输、配水管线等，解决香山、兴仁、徐套、喊叫水缺水问题，提高耕地基础条件。大力推广高标准农田建设。以川济山，在川区积极推广高效节水灌溉，节约用水指标，弥补山区耕地面积大缺水的劣势，大力推广旱作农业，保证现有耕地面积不减，粮食产量不降。

(五)推广优新技术，突出品种优势

不断加大新技术、新品种的引进推广工作，在粮食作物关键生育期和重要技术实施期，组织技术人员，深入田间地头，以现场会、实地观摩、现场问答等形式大力宣传推广优新技术和优势品种，突出技术和品种优势，不断提高粮食产量。

银兰高铁中兰段正式通车

12月29日,银兰高速铁路中兰段通车仪式举行,自治区设主会场,银川火车站、中卫南站设分会场。市委书记、市人大常委会党组书记张利,市政协党组书记、主席杨文生等市四套班子有关领导在中卫南站分会场参加通车仪式。通车仪式结束后,首批乘客登上了列车。9时50分,随着嘹亮的列车鸣笛声响起,银兰高铁中(卫)兰(州)段首发列车从中卫南站缓缓驶出,银兰高铁实现全线贯通运营。中卫至兰州最快1小时42分可达,较开通前缩短了4小时4分。

银兰高铁中兰段是我国"八纵八横"铁路网京呼银兰通道的重要组成部分,也是"一带一路"倡议建设发展核心区域内的重要交通基础设施。线路自中卫南站引出,经兰州新区接至兰州枢纽,全长约219千米。在铁路设计、建设过程中,中国铁路兰州局集团有限公司组织各参建单位攻克了一系列难题,确保了各项工作稳步推进。针对湿陷性黄土地区高铁选线,以及沿线地质岩溶发育、采空区多等复杂地质情况,中铁第五勘察设计院设计团队反复论证方案,持续优化设计,通过提高路堤填料标准、以桥代路、合并缩减涵洞等措施强本固基,并对易产生滑坡、塌方、落石等地质灾害的深路堑、高边坡、隧道口等地段制定针对性措施,保障了主体工程的安全可靠。同时,成功绕避全国生态功能区等8处环境敏感点,确保了线路方案合理与技术可行。

银兰高铁连接着银川市与兰州市,全长431千米,共12座客运车站,分两段建设,其中银川至中卫段已于2019年12月29日开通运营。此次开通运营的中卫至兰州段由中国铁路兰州局集团公司于2017年6月开工代建,全长219千米,其中宁夏段46千米,总投资40.27亿元。中兰段全线共设中卫南、北滩、平川西、靖远北、白银南、秦王川、兰州西7座车站,其中中卫南、兰州西站为既有车站,其他为新建车站。

大事记

1月

13日 教育部办公厅印发《关于做好首批全国学校急救教育试点建设和管理工作的通知》（教体艺厅函〔2022〕2号）和《首批全国学校急救教育试点工作实施方案》，中卫中学入选首批201所全国急救教育试点学校。

△ 中卫海关为辖区天元锰业集团办理首票RCEP原产地证书，该票证书货值690万美元，输往目的国为日本，产品为电解锰，相较于之前税率降低0.2个百分点，并以每年0.2个百分点逐年下降，11年后降至为0。天元锰业集团全年输往日本已签订合同订单约1亿美元，采用RCEP原产地证书出口，全年能为企业节约资金百万元以上。

14日 中卫市人民政府与宁夏国有资本运营集团有限责任公司签订战略合作框架协议，双方就铁路专用线及物流园区建设、新能源产业、生态环保等领域开展深度合作。

21日 中卫市医保局联合市卫生健康委、市公安局组织召开全市医疗保障基金监管警示教育会议。

22日 中旅（宁夏）沙坡头旅游景区在沙坡头沙漠星星酒店举办"迎新春、过大年，2022宁夏人游中卫"活动。

2月

10日 根据国家林业和草原局下发的《国家林业和草原局关于2021年国家湿地公园试点验收结果的通知》，香山湖湿地公园通过评估验收，成为国家级湿地公园。香山湖国家湿地公园位于腾格里沙漠南缘、黄河之滨、中卫市城区南郊，北起平安路，南至黄河南岸堤坝，西起黄家庄，东至滨河湖泊东堤坝，南北宽0.8~2.37千米，东西长4.47千米，总占地面积564公顷。

17日 自治区金融服务实体经济中卫专场"政银企"对接会召开。

△ 自治区副主席、自治区电子信息产业高质量发展工作专班组长带领工作专班到中卫，调研电子信息产业发展情况并召开座谈会。会议听取推进电子信息产业高质量发展工作情况汇报，针对产业发展中存在的问题提出应对措施，对电子信息产业发展进行分析研判，并商讨下一步工作。

3月

3日 自治区政府对完成2021年度目标任务的五市兑现招商引资工作奖励，中卫市共获得1282.6万元奖励，其中，市本级267.6万元，沙坡头区539.5万元，中宁县344.5万元，2个企业项目奖励131万元。

18日 自治区召开2022年全区第一批重大项目集中开工现场推进会，中卫市在中卫云计算数据中心项目建设现场设立分会场，同步集中开工2022年第一批143个重大项目。

△ 中卫市人民政府与宁夏农垦集团有限公司签订战略合作框架协议，双方将在优质饲草基地建设和饲草产业加工、奶牛养殖和奶产业生产深加工、土地整治、低碳高效循环农业等领域开展合作。

24日 中卫市人民政府与国网宁夏电力有限公司签订战略合作框架协议，双方将在加快"宁电入湘"工程核准开工、现代一流配电网建设、共同创建"绿电园区"、提高新能源开发利用水平等方面开展合作。

30日　中卫下河沿黄河大桥首段钢梁成功架设。

4月

6日　中卫市组织市本级和两县一区260名医疗人员组建医疗队，奔赴同心县进行医疗支援。13时许，中卫首批100人医疗支援队抵达同心，分赴该县石狮开发区管委会下辖的12个村，对在家的2万余名群众开展核酸采样工作。19时许，中卫第二批医疗支援队160人到达同心，对河西镇19个村数万群众进行全员核酸采样。

20日　中国共产党中卫市代表会议召开，选举产生49名中卫市出席自治区第十三次党代会代表。会议通过选举办法、监票人和总监票人名单。

5月

5日　中卫市沙坡头区"韩闸韭菜"被农业农村部纳入全国名特优新农产品名录，并核发全国名特优新农产品证书。

△　中卫工业园区中化循环产业园尼龙66新材料项目装置一次开车成功。

8日　自治区召开2022年全区第二批重大项目集中开工现场推进会，中卫市在中卫新能源基地储能及光伏一体化项目（京能150 MW/300 MWh储能项目）建设现场设立分会场，同步集中开工2022年第二批210个重大项目。

9日　中卫市生态环境局《中卫市率先在全区开展水生生物完整性调查评估工作》典型案例被自治区生态环境厅函发自治区五市推广。

11日　中卫市枸杞国家农村产业融合发展示范园项目建设进入招投标阶段，该项目获中央补助资金4000万元，建成后，将解决固定就业人数3000人、劳务工人数2.5万人。

15日　中卫5户家庭入选全国"五好家庭""最美家庭"。获评"第十三届全国五好家庭"的分别是沙坡头区滨河镇平安社区马小平家庭和中宁县宁安镇丰宁社区殷玉鑫家庭。获评"全国最美家庭"的分别是沙坡头区文昌镇黄河花园社区周海生家庭、沙坡头区文昌镇黄河花园社区孙保兰家庭和中宁县宁安镇杞苑社区马黎娟家庭。妇联办公室主任赵丹获"全国家庭工作先进个人"称号。

19日　中卫开展多项"5·19"中国旅游日活动。

24日　中旅（宁夏）沙坡头旅游景区入选文化和旅游部公布的第一批国家级文明旅游示范单位名单。

25日　全国公安系统英雄模范立功集体表彰大会在北京举行，海原县公安局李旺派出所获"全国公安机关爱民模范集体"称号；中卫市公安局沙坡头区分局宣和派出所所长马涛获"全国优秀人民警察"称号。

是月，中宁县融媒体中心深度融合创新成果入编由中国出版集团研究出版社出版的首部《中国新闻出版深度融合发展年鉴》（2021年卷）。

6月

2日　国家中长期青年发展规划实施工作部际联席会议办公室公布全国青年发展型城市建设试点和青年发展型县域试点名单，中宁县被纳入全国青年发展型县域试点。

△　中国书协策划举办的主题创作书法系列展——"美丽中国"篇线上开展。中卫市书法家协会主席、青年书法家潘志骞以"中卫腾格里沙漠"生态文明治理案例为主题的行书作品《使至塞上》入展，为宁夏唯一入展作品，被收录在第七板块"沙"中。

△　由自治区第十六届运动会中卫市筹备工作指挥部办公室主办的宁夏回族自治区第十六届运动会龙舟测试赛在中卫市金沙岛开赛，全市各县（区）6支龙舟队参加比赛。

8日　宁夏首家沙漠图书馆在中卫大漠星河度假区正式开馆。

16日　中卫市人民政府与中国煤炭地质总局签订协议，双方将在矿山生态修复、资源勘查、新能源资源开发利用、地理信息、美丽乡村建设及助力"双碳"目标、生态文明建设等领域合作，打造区域发展新优势，形成区域创新合作与互动发展新格局。

21日　湖南航空A67325航班满载166名湖南游客从长沙抵达中卫沙坡头机场，中卫市迎来2022年自治区首个跨省旅游包机团队。

22—24日　以"杞福天下·共享健康"为主题的第五届枸杞产业博览会在中宁县开幕。杞博会邀请区内外枸杞主产区代表59人、重要客商330人、参展商145家，54个项目成功签约，金额达98.03亿元。其中，招商引资合作项目11个82.4亿元，采购商合作项目43个15.63亿元。组织156家企业及个人参加直播带货大赛，累计销售额突破5000万元。

23 日 宁夏国资国企中卫行项目合作签约会议在中卫市召开，34 家自治区属国有企业及中央驻宁企业的负责人齐聚中卫，62 个合作项目现场签约，拟投资超 1000 亿元，涉及云计算和大数据、文化旅游、交通物流、新能源和新材料、功能农业、生态环保等领域。

26 日 宁夏物流节开幕式上，中国物流宁夏有限公司中卫物流园被自治区商务厅评为自治区级商贸物流集散中心。

29 日 沙坡头至穆和 330 千伏输电线路顺利跨越黄河。沙坡头至穆和、穆和至三元中泰 330 千伏线路工程全长 2×18 千米，线路子导线采用四分裂布置，其中跨越黄河放线段长度 2.05 千米。

是月，中卫市粮食安全宣传教育基地建成投运。

7 月

5 日 电视剧《我们这十年》之《沙漠之光》单元开机仪式在中卫市沙坡头区迎水桥镇北长滩村举行。

△ 海原县举行 2022 年首届新时代文明实践志愿服务项目大赛，比赛从"爱心洗衣坊""法治护航 法润万家""五好为老"等 29 个志愿服务项目依次进行展示，内容涵盖理论宣讲、科学普及、关爱服务、应急救援、生态环保等内容。

6 日 由中卫市人民政府、自治区文化和旅游厅联合主办的以"黄河拥抱沙漠 丝路连接世界"为主题的 2022 中国宁夏（沙坡头）·第十二届丝绸之路大漠黄河国际文化旅游节在沙坡头旅游新镇开幕。

7 日 自治区文化和旅游厅联合自治区发展和改革委员会公布第二批宁夏特色旅游村镇名单，中卫市沙坡头区迎水桥镇和该镇所辖的鸣钟村、中宁县新堡镇创业村、海原县关桥乡方堡村三村一镇入选。

△ 中卫海关 9607 关区代码首票出口报关单顺利放行，宁夏紫光天化蛋氨酸有限责任公司出口的 25 吨蛋氨酸申报出口，这是中卫海关挂牌运行后用 9607 关区代码申报的首票出口报关单。

10 日 沙坡头区首届乡土文化音乐节"又见莫家楼"开幕式暨东篱苑共享菜园开田仪式在柔远镇莫楼村举行。

15 日 中卫市人民政府与宁夏大学签订校地合作框架协议，双方将在高等教育发展、人才培养、文化建设、全域旅游、云计算和大数据、科技创新等方面开展深入广泛合作。

17 日 中卫特色农旅产品云上展销节开启。展销节通过线上线下展销，邀请明星直播达人和客商走进中卫，宣传中卫市独特的资源禀赋和农业特色产业发展情况，推动中卫更多农旅产品走出宁夏走向全国。

18 日 由文化和旅游部国际交流与合作局、自治区文化和旅游厅主办，中外文化交流中心、中卫市人民政府承办的"美丽中国·神奇宁夏"文旅资源推介会在星星酒店星空剧场举行。

△ 中卫市召开中国政法大学优秀大学生暑期社会实践活动见面会，中国政法大学的 29 名学生将在中卫开展为期 1 个月的暑期社会实践。

△ 中卫市生态环境局违反畜禽规模养殖污染防治条例行政处罚案被自治区生态环境厅评为 2022 年第三批生态环境执法典型案例。

19 日 由文化和旅游部国际交流与合作局、自治区文化和旅游厅主办，文化和旅游部中外文化交流中心、中卫市人民政府承办的 2022 丝绸之路城市文化和旅游发展国际论坛在沙漠星星酒店星空剧场正式启动。

20 日 S35 线石空至恩和段公路列入《宁夏回族自治区省道网布局规划（2015 年—2030 年）》和《宁夏回族自治区综合交通运输体系"十四五"发展规划》重点高速公路项目。项目位于中宁县境内，路线起自石空镇天元锰业北侧，设置互通式立交接乌玛高速，路线由北向南布设，经营盘滩村、谢家湾村，终点止于恩和镇陈林村，设置互通式立交接福银高速和定武高速，全长约 19.4 千米。全线设置 4 处互通式立交（2 处枢纽互通式立交、2 处一般互通式立交）、黄河特大桥 1 座、隧道 1 处，以及必要的交通工程、收费养护管理等沿线设施。全线采用双向四车道高速公路标准建设，设计速度 100 千米/时，路基宽度 26 米，黄河特大桥桥梁宽度 38 米，桥涵设计汽车荷载等级公路-I 级。

△ 由自治区教育厅、自治区党委宣传部联合主办的来华留学生暑期实践活动在中卫展开。活动以"走进魅力中卫·感知多彩中国"为主题，宁夏大学、北方民族大学等多所高校的来华留学生先后到中卫市第一中学、中关村西部云基地等地，实地感受中卫的多彩魅力。

△ 由中卫市残联、残疾人康复中心、托福残疾儿童康复中心等单位联合开展的"特奥赋能 你我同行"第十六次全国"特奥日"宣传活动在市区红太阳广场举行。活动现场，各单位工作人员向市民宣传"特奥

日"知识,普及特奥运动,介绍与残疾智障孩子等弱势人群交流沟通的技巧,倡导人们为"特奥日"服务,为残疾人提供帮助。

22日　中卫、银川两地教育战略合作框架协议签约仪式在市行政中心举行,中卫市教育局与银川市教育局签署《教育战略合作框架协议》,两地教育的深度合作启动。双方将通过实施区域教育发展促进、教师队伍培养帮扶、"互联网+质量监测"三项行动计划,在教育教学管理、名师结对帮扶、教师跟岗培训、教育资源共享等方面开展交流,建立长期教育战略合作,以解决基础教育发展不平衡不充分问题。

24日　由自治区体育局主办,中卫市旅游和文化体育广电局承办的2022"宁夏·奔跑"线上线下系列活动(中卫站)在腾格里金沙岛景区启动。来自各地的900名跑步爱好者参加"特跑族"全国10千米排位赛中卫分会预选赛。此次比赛采取线上线下相结合的方式进行。线下比赛在腾格里金沙岛景区举行,分为10千米和5千米两个组别,其中10千米个人赛设男子组和女子组,5千米参赛者为普通家庭、企事业单位、社会团体体育健身爱好者。

8月

3日　中宁县轮滑训练基地建设完工。该轮滑训练基地占地面积37922平方米,包括200米轮滑赛道、500米公路赛道、1000米公路赛道、500座看台及主席台和相关配套设施,总投资620万元。届时,将承担自治区第十六届运动会青少年组轮滑项目比赛和越野滑雪训练。

6—7日　中卫市华荣优质水稻种植专业合作社的宁夏质数水稻种植模式的创新与应用获国家稻米精深加工产业技术创新战略联盟评选的技术创新奖。

10日　支援沙坡头区抗疫医疗人员公安民警欢送仪式在市人民政府广场举行。

13日　宁夏回族自治区重大项目建设观摩推进会以视频形式召开,中卫市设分会场。

△　夜间,海原县出现强降雨天气,截至14日12时30分,海城镇累计降雨量130毫米,史店乡米湾村113.4毫米,贾塘乡后塘村89.4毫米,郑旗乡中坪村82.6毫米,海城镇谢源村81.24毫米,郑旗乡郑旗村65.44毫米,西安镇小河村38.4毫米,西安镇白吉村32.44毫米,其他乡镇均在10毫米以下。此次降水天气过程中,海城镇累计降雨量130毫米,为1961年有气象记录以来历史极值。中卫市、海原县两级应急、自然资源、住建、气象、公安等部门立即行动,开展应急处置,迅速转移安置受威胁群众30户100人。

14日　12时05分,搭载164位来自湖北宜昌游客的旅游包机抵达中卫沙坡头机场,标志着宜昌—中卫旅游包机正式开通。宜昌—中卫旅游包机每周三、周五、周日执飞,机型为波音737。航班时刻09:50宜昌起飞,12:05中卫落地;12:50中卫起飞,15:00宜昌落地。

9月

9日　全国规模最大的沙漠光伏基地——腾格里沙漠3GW新能源基地光伏复合项目开工仪式在中卫市举行。

13日　中卫市开展人民防空警报试鸣放和防空疏散演练。警报依次分为预先警报、空袭警报、解除警报,先后历时30分钟,试鸣时全市秩序井然。

14日　中卫市民族团结进步表彰大会召开。会上宣读《中共中卫市委员会 中卫市人民政府关于表彰全市民族团结进步先进集体和先进个人的决定》,全市各条战线涌现出的民族团结进步先进集体和先进个人受到表彰。

△　中卫市新型经营服务主体高素质女农民培训班开班。来自沙坡头区、中宁县、海原县的50名农村妇女参加培训。此次培训班为期8天,采取"理论学习+实训实习"的方式进行,培训内容包括农作物病虫害防治、机械化高产栽培技术、农产品质量管理等。

16日　由宁夏回族自治区人民政府主办,自治区发展和改革委员会、自治区工业和信息化厅、宁夏通信管理局、中卫市人民政府承办,以"东数西算·协同发展"为主题的首届"西部数谷"算力产业大会第五届"云天大会"在中卫星星酒店星空剧场开幕。

30日　宁夏西云数据科技有限公司、宁夏聚岚网络科技有限公司、宁夏誉成云创数据投资有限公司3家龙头企业,中卫市恒力电控科技服务有限公司、中卫炫云渲染信息科技有限公司、宁夏天云网络科技有限公司3家特色企业,入选2022年度自治区软件和信息技术产业梯队企业名单。

10月

13日　雪川六盘山(宁夏)有限公司货值74.24

万元的85.8吨冷冻薯条经中卫海关监管合格后顺利发往泰国。

19日　宁夏润安微肥科技有限公司生产的1080吨四水硝酸钙经银川海关所属中卫海关检验合格后发往墨西哥。该批货物货值近195万元,系宁夏地区首次出口该产品。

11月

4日　中卫市启动医保DIP支付实际付费。

17日　中卫市生态环境局宁夏某某化工有限公司违反固体废物管理制度行政处罚案被自治区生态环境厅评为2022年第五批生态环境执法典型案例。

25日　宁夏协鑫光伏5GW颗粒硅N型单晶示范项目在中卫工业园区举行首炉运营仪式,总投资11亿元的5GW颗粒硅N型单晶示范项目成功投产,为中卫新材料产业发展注入新的活力。

中旬　从文化和旅游部《关于公布2021年度文化和旅游领域改革创新十佳案例、优秀案例的通知》中获悉,由宁夏文化和旅游厅推送的《"点亮"大漠星空　释放消费活力　打造"星星的故乡"文旅IP》入选优秀案例。

12月

12日　中卫市生态环境局整县推进农村生活污水治理案例被自治区生态环境厅评为2022年农村生活污水典型案例。

15日　中国人民政治协商会议中卫市第五届委员会第二次会议开幕。大会应出席委员220名,实到委员179名,符合规定人数。

△　中卫市高校毕业生就业服务周线上招聘活动举行。招聘活动以毕业生等重点群体求职实际需求为导向,挑选包含化工、建筑、电气、文员、财务、人事等1000余个岗位纳入"直播岗位库",通过"中卫就业"微信视频号进行直播带岗。该直播历时3个小时,吸引4409人观看互动,点赞量达11314次。

17日　宁夏回族自治区人民政府公布2021年度自治区科学技术奖获奖名单,由中卫市企业和科研单位参与完成的6项科技成果获得自治区科学技术奖。其中,宁夏泰金种业股份有限公司参与完成的"瓜菜种质资源创新与新品种选育"等3个项目获得自治区科学技术进步奖二等奖,宁夏杞乡生物食品工程有限公司参与完成的"宁夏现代农业产业及新型经营主体高质量发展研究"等3个项目获得三等奖。

19日　中卫市在公共资源交易中心举行"六权"交易集中签约活动,来自全市的14家企业分别与中卫市各县(区)及相关部门签约。此次集中交易涉及用水权、排污权、山林权,共计22笔363.8万元。除2笔交易方为市直部门外,其他20笔全部为政府和企业间交易。

21日　中卫市开展"感恩奋进,'卫'来可期"网络达人看中卫主题活动,网络达人们走进中卫金沙岛,感受冰雪嘉年华。

29日　9时19分,银兰高速铁路中兰段首发列车驶出中卫站。中兰高铁段北起中卫沙坡头区,向南经过甘肃白银、平川、靖远后向西到达兰州,全长219千米。中兰高铁段开通后银川至兰州的通行时间由8.5小时缩短为2小时56分、中卫至兰州列车运行时间由5个小时缩短到1小时42分。

△　宁夏富康源黑果花楸科技有限公司生产的0.25吨黑果花楸浓缩汁,经银川海关所属中卫海关检验合格后发往中国台湾地区,实现该产品在我国大陆地区的首次出口。

中卫综览

综 述

【行政区划】 中卫市地处宁夏回族自治区中西部、黄河前套之首,"东阻大河、西接沙山",是宁夏、甘肃、内蒙古3省区的交界点,也是黄河自流灌溉第一地。中卫市辖沙坡头区、中宁县、海原县,共21镇19乡,443个行政村、68个居民委员会,总面积17391.3平方千米,全市人口密度为66人/平方千米,境内分布汉族、回族、满族、蒙古族、东乡族等21个民族。

【生产总值】 2022年,中卫市实现生产总值563.89亿元,按不变价格计算,比上年增长3.8%。其中,第一产业增加值79.81亿元,增长4.0%;第二产业增加值262.88亿元,增长6.1%;第三产业增加值221.19亿元,增长1.5%。第一产业增加值占地区生产总值的比重为14.2%,第二产业增加值的比重为46.6%,第三产业增加值的比重为39.2%。按常住人口计算,人均地区生产总值52323元,比上年增长3.3%。2022年,全市居民消费价格比上年上涨2.1%。商品零售价格指数上涨2.3%,服务项目价格上涨0.7%。新产业发展动能日益增强。2022年全市信息传输、软件和信息技术服务业增加值增长20.1%,拉动全市生产总值增速提高0.5个百分点。规模以上工业中,高技术制造业增加值比上年增长8.9%,占规模以上工业增加值的比重为10.5%;装备制造业增加值比上年增长16.1%,占规模以上工业增加值的比重为11.9%。全市水电、风电、太阳能发电等清洁能源发电量136.6亿千瓦时,增长9.8%。全市工业技术改造投资增长58.8%。全年新登记市场主体11138户,日均新登记企业7户。年末在业市场主体总数达85261户,其中个体工商户63347户。

【人口发展】 至2022年年末中卫市户籍总户数39.16万户,户籍总人口122.15万人。年末全市常住人口108.04万人,比上年末增加0.54万人,其中城镇常住人口54.92万人,占常住人口的比重(常住人口城镇化率)为50.83%,比上年末提高0.32个百分点。全年出生人口1.33万人,出生率12.34‰;死亡人口0.75万人,死亡率6.96‰;自然增长率5.38‰。2022年全市城镇新增就业人员12078人,比上年增加1587人。全市农村劳动力转移就业22.05万人,比上年增加5.0万人。

【农业农村】 2022年,中卫市实现农林牧渔业增加值82.75亿元,比上年增长4.1%(按可比价计算,下同),完成农林牧渔业总产值162.13亿元,比上年增长4.1%。其中,农业产值98.65亿元,增长0.4%;林业产值1.36亿元,下降3.2%;畜牧业产值54.72亿元,增长12.1%;渔业产值2.86亿元,增长6.4%;农林牧渔服务业产值4.54亿元,增长6.3%。

2022年,中卫粮食种植面积191.4万亩,比上年增加0.8万亩,增长0.4%。其中,小麦种植面积17.1万亩,增加5.6万亩;水稻种植面积4.7万亩,减少1.1万亩;玉米种植面积96.6万亩,减少5.9万亩;薯类种植面积30.5万亩,减少4.4万亩。全年粮食总产量68.8万吨,比上年增加1.8万吨,增产2.7%。其中,夏粮产量3.0万吨,增产51.3%;秋粮产量65.8万吨,增产1.2%。全年全市小麦产量3.0万吨,增产60.8%;水稻产量2.8万吨,减产20.6%;玉米产量53.1万吨,增产0.1%;马铃薯(已折粮)产量6.4万吨,增产2.0%。全年全市蔬菜种植面积24.3万亩,增长4.1%,产量45.8万吨,增长10.2%;枸杞种植面积24.7万亩,增长0.3%,产量4.7万吨,下降1.9%;瓜果种植面积52.5万亩,下降20.6%,产量120.3万吨,下降10.6%。其中,西瓜种植面积50.5万亩,下降19.9%,产量117.0万吨,下降10.3%。

2022年,中卫市肉类总产量7.6万吨,比上年增长5.7%。其中,猪肉产量3.6万吨,增长2.0%;牛肉产量1.8万吨,增长11.4%;羊肉产量1.7万吨,增长11.5%;禽肉产量0.5万吨,下降4.2%。禽蛋产量3.9万吨,下降6.5%。牛奶产量48.1万吨,增长12.0%。年末全市生猪存栏32.2万头,比上年末增长8.0%;牛存栏36.2万头,增长11.8%,其中奶牛存栏12.7万头,增长24.7%;羊存栏125.0万只,增长10.0%;家禽存栏428.4万只,增长27.4%。全年生猪出栏43.7万头,增长1.2%;牛出栏10.9万头,增长11.1%;羊出栏95.6万只,增长10.6%;家禽出栏227.3万只,下降3.7%。

【工业和建筑业】 2022年,中卫市实现工业增加值228.91亿元,比上年增长7.0%,占地区生产总值的比重为40.6%。其中,规模以上工业增加值增长9.1%。分轻重工业看:重工业增长9.1%,占规上工业增加值比重为95.2%;轻工业增长9.8%,占规上工业增加值比重为4.8%。分经济类型看:国有控股企业增加值下降0.3%,股份制企业增长9.9%,外商及港澳台商投资企业下降22.9%,私营企业增长15.6%,非公有制工业增长12.5%。分门类看:采矿业增加值增长1.4倍,制造业下降2.8%,电力、热力、燃气及水生产和供应业下降9.4%。

规模以上工业中,有色金属冶炼及压延加工业增加值增长24.8%,农副食品加工业增长12.0%,食品制造业增长11.1%,计算机、通信和其他电子设备制造业增长6.4%,石油、煤炭及其他燃料加工业增长0.5%,黑色金属冶炼和压延加工业下降19.1%,造纸和纸制品业下降16.2%,电力、热力生产和供应业下降10.4%,化学原料和化学制品制造业下降4.9%,非金属矿物制品业下降3.7%。规模以上工业企业利润亏损7.16亿元,盈转亏40.65亿元。分经济类型看,国有控股企业利润11.74亿元,比上年增长52.6%;股份制企业利润亏损13.61亿元,盈转亏42.59亿元;外商及港澳台商投资企业利润5.71亿元,增长37.3%;私营企业利润亏损29.40亿元,盈转亏41.76亿元。分门类看:采矿业利润亏损1092.4万元,盈转亏1094.2万元;制造业利润亏损25.84亿元,盈转亏46.67亿元;电力、热力、燃气及水生产和供应业利润18.80亿元,增长48.3%。规模以上工业企业每百元营业收入中的成本90.56元,比上年增加6.48元。年末规模以上工业企业资产负债率为63.8%,比上年末下降0.6个百分点。年末全市发电装机容量1125万千瓦,比上年增长11.5%。其中,火电装机容量232万千瓦,增长36.8%;水电装机容量12万千瓦,与上年末持平;并网风电装机容量355万千瓦,增长0.6%;并网太阳能发电装机容量526万千瓦,增长10.8%。

2022年,中卫市建筑业实现增加值34.02亿元,比上年增长2.0%。全市具有资质等级的总承包和专业承包建筑业企业有93家,完成建筑业总产值40.41亿元,增长8.9%。其中,国有及国有控股企业完成产值5.53亿元,增长135.0%;私营企业完成产值34.88亿元,增长0.3%。

【服务业】 2022年,中卫市服务业实现增加值221.19亿元,比上年增长1.5%,占地区生产总值的比重为39.2%。分行业看:批发和零售业实现增加值22.91亿元,比上年下降2.2%;交通运输、仓储和邮政业实现增加值26.48亿元,增长2.4%;住宿和餐饮业实现增加值6.08亿元,下降1.5%;金融业实现增加值24.29亿元,增长2.9%;房地产业实现增加值17.89亿元,下降1.2%;其他服务业实现增加值120.35亿元,增长2.3%。其中,营利性服务业实现增加值32.53亿元,增长5.5%;非营利性服务业实现增加值87.82亿元,增长1.2%。全年规模以上服务业企业实现营业收入76.23亿元,比上年增长3.5%。年末全市民用汽车保有量19.90万辆,比上年末增长2.9%,其中私人汽车保有量17.86万辆,增长2.8%。全市民用轿车保有量6.30万辆,增长2.6%,其中私人轿车6.05万辆,增长2.6%。全年民航旅客吞吐量4.25万人次,货邮周转量7.6万吨千米。全年完成邮政行业业务总量1.61亿元,按2020年不变单价计算,比上年下降10.7%。完成邮政业务收入1.70亿元,下降7.4%。全年邮政业完成函件业务14.61万件,增长3.14倍;邮政包裹业务0.71万件,增长1.4%;快递业务量1020.29万件,下降19.4%。全年电信业务总量比上年增长36.7%。实现电信业务收入11.4亿元,增长9.6%。年末全市电话用户总数127.2万户,增长1.8%。其中,固定电话用户7.4万户,移动电话用户119.8万户。年末固定互联网宽带接入用户49.1万户,比上年末增加4.1万户。

【商业贸易】 2022年,中卫市实现社会消费品零售总额131.89亿元,比上年下降0.3%。按经营地统计,城镇消费品零售额99.03亿元,增长0.2%;乡村消费品零售额32.86亿元,下降1.8%。按行业分:批发零售业零售额115.41亿元,下降0.4%;住宿餐饮业零售额16.48亿元,增长0.3%。按消费类型统计:商品零售额115.41亿元,下降0.4%;餐饮收入16.48亿元,增长0.3%。在限额以上单位(法人)商品零售额中,粮油、食品类零售额比上年增长29.6%,饮料类下降9.3%,烟酒类增长20.9%,服装、鞋帽、针纺织品类下降3%,化妆品类下降24.3%,日用品类下降49.6%,家用电器和音像器材类下降34.5%,中西药品类下降9.5%,文化办公用品类增长71%,通信器材类增长29.3%,汽车类增长1%,石油及制品类下降3.3%。

2022年,中卫市实现进出口总额36.53亿元,比上年增长25.2%。其中,出口总额19.27亿元,增长0.7%;进口总额16.36亿元,增长77.2%。

【固定资产投资】 2022年,中卫市固定资产投资(不含农户)比上年增长16.1%。其中,区属投资下降10.4%,县属投资增长24.5%。分投资主体看,国有投资增长11.9%,民间投资增长31.8%。在县属固定资产投资中,第一产业投资比上年增长53.3%,第二产业投资增长23.3%,第三产业投资增长22.0%。工业投资增长23.3%,占县属固定资产投资的比重为55.4%。新能源投资增长6.9%,占工业投资的比重为49.4%。高耗能投资(不含电力、热力生产和供应业)增长0.6%,占工业投资的比重为18.5%。工业改建和技术改造投资增长58.8%,占工业投资的比重为19.0%。县属基础设施投资增长97.4%。全年完成房地产开发投资31.39亿元,比上年下降14.8%。其中,住宅投资23.33亿元,下降17.6%;办公楼投资0.04亿元,下降50.1%;商业营业用房投资3.78亿元,下降14.3%。年末全市商品房待售面积90.50万平方米,比上年下降12.1%。其中,住宅待售面积31.63万平方米,增长1.4%。

【财税金融】 2022年,中卫市完成地方财政收入28.46亿元,比上年下降13.9%。其中,一般公共预算收入21.86亿元,下降4.3%。在地方一般公共预算收入中,税收收入13.92亿元,下降9.1%,占地方一般公共预算收入的63.7%。主体税种中,增值税3.79亿元,下降28.9%;企业所得税1.83亿元,增长18.2%;个人所得税0.43亿元,下降14.9%。全年财政支出203.57亿元,比上年增长6.0%。其中,一般公共预算支出195.55亿元,增长6.2%。在一般公共预算支出中,一般公共服务支出9.96亿元,增长12.7%;教育支出28.52亿元,下降0.3%;社会保障和就业支出29.27亿元,增长19.9%;卫生健康支出22.91亿元,增长37.6%。全年新增减税降费25.88亿元。其中,新增减税24.73亿元,新增降费1.15亿元。年末全市金融机构本外币各项存款余额718.23亿元,比年初增长10.1%。其中,人民币各项存款余额717.99亿元,比年初增长10.1%。金融机构本外币各项贷款余额558.49亿元,比年初增长4.7%。其中,人民币各项贷款余额558.49亿元,比年初增长4.7%。全市原保险保费收入19.98亿元,比上年增长0.9%。其中,财产险业务保险保费收入8.73亿元,增长6.8%;寿险业务保险保费收入11.25亿元,下降3.3%。支付各类赔款及给付7.31亿元,下降1.3%。其中,财产险业务赔款及给付支出5.67亿元,下降2.2%;寿险业务给付支出1.64亿元,增长1.9%。

【居民收入消费】 2022年,中卫市居民人均可支配收入20413.1元,比上年增长5.3%,扣除价格因素,实际增长3.1%。按常住地分,全市城镇居民人均可支配收入34091元,比上年增长4.8%,扣除价格因素,实际增长2.6%。其中,人均工资性收入26116元,增长5.6%;人均经营净收入2852元,下降3.3%;人均财产净收入945元,增长5.1%;人均转移净收入4178元,增长6.1%。全市农村居民人均可支配收入14398元,比上年增长6.7%,扣除价格因素,实际增长4.5%。其中,人均工资性收入6431元,增长6.1%;人均经营净收入5427元,增长6.5%;人均财产净收入197元,下降0.4%;人均转移净收入2343元,增长9.6%。全市居民人均消费支出14197元,比上年下降4.0%。按常住地分,城镇居民人均消费性支出19138元,比上年下降5.4%。其中,食品烟酒类消费支出5293元,增长3.4%,占城镇居民人均消费支出的比重为27.7%。农村居民人均消费性支出12024元,比上年下降2.7%。其中,食品烟酒类消费支出3704元,增长6.2%,占农村居民人均消费支出的比重为30.8%。

【社会保障】 至2022年年末,中卫市参加基本养老保险人数30.58万人,比上年末增加2.43万人。参加城乡居民基本养老保险人数47.8万人,比上年末减少0.34万人。参加基本医疗保险人数111.6万人,减少1.1万人。其中,参加职工基本医疗保险人数13.98万人,增加1945人;参加城乡居民基本医疗保险人数97.62万人,减少1.3万人。参加失业保险人数9.15万人,增加1.83万人。年末全市领取失业保险金人数1693人。参加工伤保险人数16.49万人,增加3151人,其中参加工伤保险的农民工6.62万人,减少3.08万人。参加生育保险人数10.88万人,增加881人。年末全市共有1.53万人享受城市最低生活保障,发放保障金8687万元;7.21万人享受农村最低生活保障,发放保障金28672万元,1593人享受农村特困人员救助供养。全年临时救助3.76万人次,全年抚恤、补助退役军人和其他优抚对象3885人。年末全市拥有养老机构25个,其中农村敬老院12个、社会福利院1个、民办养老机构12个,共有床位5599张,入住老人845人。有儿童福利院1个,共有床位50张,入住儿童18人。城乡建立各类社区服务站511个。

【科学技术和教育】 2022年,中卫市共争取上级科技项目122个,到位资金1.41亿元。全年专利授权数1050件,其中,获得授权发明专利55件。年末,全市共有国家级高新技术企业15家,自治区科技"小巨人"企业5家,自治区科技型中小企业74家。每万人有效发明专利拥有量3.43件。年末全市有质检中心7家,全年制造业产品合格率98.3%。

至2022年年底,中卫市有各级各类学校524所,有教职工17084人,其中专任教师14375人。全市小学学龄人口入学率100.0%,初中阶段毛入学率115.9%,高中阶段毛入学率94.3%,小学六年巩固率100%,初中三年巩固率100%。

【文化旅游和体育】 至2022年年末,中卫市拥有专业艺术表演团体6个,业余文艺团体292个,文化馆3个,公共图书馆3个,剧场、影剧院7个,文化站28个,全市已建成大型公共文化服务场所10个,村级文化室448个,社区文化室69个。

2022年,中卫市共有A级旅游景区11家(5A级1家,4A级2家,3A级8家)、自治区(省)级旅游度假区3家、旅行社55家,各类住宿酒店宾馆456家,床位27564个;星级酒店9家(四星级酒店5家,三星级酒店4家);农家乐269家,其中星级农家乐36家(五星级农家乐2家,四星级农家乐8家,三星级农家乐26家)。

2022年年末,中卫市共有体育场馆22个,体育场地面积290万平方米。全年举办体育运动竞技48场次,举办大型职工群众运动会7次,培训二级体育指导员1045人。

【卫生健康】 2022年年末,中卫市共有医疗卫生机构682个。其中,医院21个,基层医疗卫生机构646个,专业公共卫生机构14个。有卫生技术人员6757个。其中,执业医师(助理)2286人,注册护士2913人。医疗卫生机构实有床位4598张。其中,医院3731张,基层医疗卫生机构752张,专业公共卫生机构83张。全年总诊疗535.83万人次,出院10.03万人次。

【资源和环境】 2022年,中卫市城市现状建设用地70.65平方千米。其中,居住用地26.08平方千米,工业用地3.23平方千米,公共管理和公共服务用地6.11平方千米,商业服务业设施用地6.46平方千米,物流仓储用地3.87平方千米,道路交通设施用地12.92平方千米,公共设施用地2.14平方千米,绿地与广场用地9.84平方千米。全市城市道路长度560.95千米。全市有公园43个,公园面积971.27公顷,人均公园绿地面积17.01平方米。年末全市建成区面积79.5平方千米。建成区绿化覆盖率41.1%,绿地率37.4%。

2022年,中卫市空气质量优良天数299天,优良天数比例为81.9%,细微颗粒($PM_{2.5}$)平均浓度为30微克/米^3,可吸入颗粒物(PM_{10})平均浓度为66微克/米^3,环境空气质量综合指数为3.58%。全年全市降水量168.35毫米。全年全市平均气温为10.4℃,比上年上升0.2℃。全市规上工业能源消费量比上年下降5.2%,单位工业增加值能耗比上年下降13.1%。

【应急管理】 2022年,中卫市发生各类生产安全事故22起。其中,道路交通7起,金属非金属矿1起,建筑施工6起,工矿商贸其他6起,危险化学品2起。死亡23人。其中,道路交通死亡6人,金属非金属矿死亡2人,建筑施工死亡6人,工矿商贸其他死亡6人,危险化学品死亡3人。经济损失1921.6万元。全市亿元GDP生产安全事故死亡0.0408人。

沙坡头区

【概况】 沙坡头区位于宁夏回族自治区中西部,东邻中宁县,南与同心县、海原县及甘肃省靖远县交会,西接甘肃省景泰县,北邻内蒙古自治区阿拉善左旗,为中卫市政府驻地,是中卫市政治、经济、文化中心。辖10镇1乡,共有162个行政村、36个城镇社区,区域总面积6877平方千米。2022年,实现地区生产总值252.23亿元,按不变价格计算,同比增长0.1%。其中,第一产业实现增加值37.01亿元,同比增长3.6%;第二产业实现增加值119.31亿元,同比下降1%;第三产业实现增加值95.92亿元,与2021年持平。

【人口发展】 2022年年末,沙坡头区常住总人口为40.3万人。其中,汉族37.4万人,回族2.78万人,其他少数民族0.12万人;乡村人口14.63万人,占总人口的36.30%;城镇人口25.67万人,城镇化率63.7%。出生率10.19‰,死亡率7.45‰,自然增长率2.74‰。

【内源性经济】 民营经济主体地位稳固。截至2022年12月末,沙坡头区规模以上工业中,民营企业72户,占规上工业企业数量的67.9%,民营企业增加值占规上工业的69.6%,增加值比上年增长2%,高于规上工业增速2个百分点,拉动规上工业增加值增速1.4个百分点。2022年,沙坡头区民间投资增长82.5%,高于全部投资增速47.3个百分点,拉动沙坡头区投资增长39.5个百分点,占固定资产投资的比重为64.6%,较2021年提高16.8个百分点。现代服务业增势良好。2022年,信息传输、软件和信息技术服务业增加值增长21.3%,占GDP的2.8%,对GDP的贡献率为1.9%。金融业增加值增长3.4%,占GDP的5%,增速快于第三产业增速3.4个百分点。技改投资增势强劲。2022年,沙坡头区工业技术改造投资同比增长48.3%,高于固定资产投资增速13.1个百分点,占固定资产投资的比重为12.7%,较上年提高1.1个百分点。

【居民收入】 2022年,沙坡头区常住居民人均可支配收入24053元,同比增长5.3%。其中,城镇常住居民人均可支配收入35559元,比2021年增长5%;农村常住居民人均可支配收入16825元,同比增长5.6%。城乡居民收入比(以农村居民人均可支配收入为1)由2021年的2.12:1下降至2.11:1,比自治区小0.33,比全中卫市小0.25,城乡收入情况相对均衡。

【招商引资】 开展"扩大有效投资攻坚年"行动,实施中部干旱带引水上山、嘉旭穆和储能电站等项目140个;签约落地中卫万达广场等项目70个,到位资金130亿元,增长151%。向上争取项目资金19.52亿元,新增债券资金2.3亿元。

【投资发展】 2022年,沙坡头区固定资产投资(不含农户)同比增长35.2%,增速较自治区高25个百分点。从项目看,全年新入库固定资产投资项目153个,同比增长8.5%,其中5000万元以上项目132个,同比增长14.8%。分产业看,在县属投资中,第一产业投资下降13.6%,占县属投资4.3%;第二产业投资增长80.2%,占比62.8%;第三产业投资增长33%,占比32.9%。制造业投资增长6.8%,电力、热力、燃气及水生产和供应业投资增长144.6%,建筑业投资增长12.4%,交通运输、仓储和邮政业投资是2021年的4.3倍,信息传输软件和信息技术服务业投资增长74.2%,租赁和商务服务业投资是2021年的6.8倍。工业投资同比增长80.2%,较2021年加快69.1个百分点,占县属投资的62.7%,对县属投资增长的贡献率为78.9%,拉动县属投资增长43.3个百分点。其中,新能源投资是2021年同期的2倍。

【项目建设】 实施茂烨冶金硅铁矿热炉智能化平台等工业技改项目17个,新增诺航环保等规上工业企业10家,开工建设"宁电入湘"光伏大基地等新能源项目12个,新能源总装机容量达4.6 GW。培育"专精特新"、中小企业等企业4家,全社会R&D经费投入4.14亿元,投入强度1.76。启动日光温室维修改造、苹果产业高质量发展三年行动,改造供港蔬菜基地10家、日光温室1370座。提升绿色有机蔬菜、硒砂瓜、精品富硒苹果、枸杞四大特色农产品质量,种植瓜菜8.48万亩,培育林果示范基地7个2700亩,打造有机肥替代现代化肥示范园6个3000亩,建成高标准农田9.84万亩,韩闸韭菜荣膺"全国名特优新农产品"。建成阜民丰等规模养殖场32家,奶牛存栏、肉牛饲养量分别达到6.85万头、7.19万头,跻身"互联网+"农产品出村进城工程试点县、奶业生产能力提升整县推进试点县。

【工业经济】 2022年,沙坡头区规模以上工业增加值与2021年持平。轻重工业"1增1降",规模以上重工业增加值下降0.4%,占规上工业增加值的94.4%;轻工业增长7.7%,占比5.6%。三大门类"2增1降",制造业增长2.3%,占规上工业增加值的72.1%,同比提高4.8个百分点;采矿业增长33.4%,占比8.6%;电力、热力、燃气及水生产和供应业下降19.1%,占比19.3%。18个行业大类中,9个行业增加值比2021年增长,行业增长面达50%。重点监测六大行业"2增3降1持平"。其中,黑色金属冶炼和压延加工业增长4.5%,计算机、通信和其他电子设备制造业增长4.3%;农副食品加工业,非金属矿物制品业,电力、热力生产和供应业同比分别下降10.9%、8.7%和21.4%;化学原料和化学制品制造业与2021年相比持平。主要工业产品产量有增有降,其中,碳化钙(电石)产量17.9万吨,增长3.3%;单晶硅产量8393吨,增长9.6%;铁合金76.7万吨,下降3.1%。

【现代农业】 2022年,沙坡头区农林牧渔业总产值75.11亿元,同比增长3.9%。粮食播种总面积27.65万亩,同比增长1.7%,产量15.58万吨,比2021年减少0.31万吨,下降1.9%。其中,夏粮产量0.57万吨,增长128.8%,秋粮15万吨,下降4%。分品种看:小麦产量0.57万吨,是2021年的2.3倍;水稻1.24万吨,下降38.2%;玉米13.63万吨,增长0.3%。畜牧业生产较快增长,截至12月末,沙坡头区生猪存栏23.55万头,增长32.2%;牛存栏10.34万头,增长14.4%;奶牛存栏6.82万头,增长21.8%;羊存栏26.89万只,下降11.9%。全年生猪出栏30.86万头,增长14.8%;牛出栏2.16万头,增长8.7%;羊出栏19.55万只,增长29.6%。主要农产品供给充足,肉类总产量3.6万吨,增长13.8%;奶产量26.19万吨,增长12.2%;蛋产量3.05万吨,下降9.9%。

【服务业】 2022年,沙坡头区实施沙漠野奢酒店、"三村一域"等文化旅游项目13个,迎水桥镇入选全国乡村旅游重点镇,沙坡头景区跻身全国旅游客运精品航线试点,南岸民宿获"全国首批甲级旅游民宿",创建漠贝酒庄国家3A级旅游景区,"星星的故乡"文旅IP获评全国文化和旅游领域改革创新优秀案例。举办乡村文化旅游节等重大节事活动8个,累计接待游客645万人次,实现旅游收入40.2亿元。协同建设全国一体化算力网络宁夏枢纽,建成运营国家(中卫)新型互联网交换中心。

【城市建设】 2022年,沙坡头区推进城市更新行动,开工建设香山悦府、锦宸湾等商业开发项目17个,改造提升金河一期、新花园等一批老旧小区,实施城市人行道、应理湖基础设施、历史文化街区仿古建筑维修改造等项目11个。新改扩建城市道路10条7.18千米,建成新墩桥、文昌桥、利民桥。成立物业管理办公室,打造"红色物业"示范点6个,建成小微公园11个,新增城区绿化面积68.57万平方米。香山湖湿地公园获批国家级湿地公园,全国文明城市创建取得阶段性成效。

【美丽乡村建设】 2022年,沙坡头区编制完成"多规合一"实用性村庄规划33个。创新多元化投入机制,实施宣和村大村庄项目,建设白桥、何滩等美丽宜居村庄4个,完成农村自建房安全整治535栋,建成抗震宜居农房528户,新建农村公路31千米。镇罗镇、迎水桥镇何滩村入选全国乡村治理示范镇(村),柔远镇冯庄村被评为自治区级乡村治理示范村,沙坡头区获批全区农村生活垃圾分类和资源化利用三级示范县区。

【深化改革】 2022年,沙坡头区深化"放管服"改革,推行"一网通办""一窗受理、集成服务"审批模式,网上可办率达87.26%,不见面可办率达79%。国企改革三年行动收官,国有企业收入、利润、资产总额同比增长10%。收取工业用水权有偿使用费2012.34万元,颁发确权证书447本,用水权、排污权实现首单交易。累计办理农村产权抵押贷款6.25亿元,培育农业生产托管服务主体78个。苹果防霜冻纳入农业生产社会化服务典型经验在"中国农业生产托管万里行走进宁夏"高峰论坛现场推介。"五制八统一"社会化托管服务模式被农业农村部列入全国农业社会化服务典型。农业农村局被评为全国农村集体产权制度改革工作先进集体。推行村党支部领办合作社发展模式,成立合作社50个,参社入股群众4万余人,村集体增收2500余万元,带动群众增收2000余万元。

【"能耗双控"】 围绕"能耗双控"目标,推进节能降耗措施,规上工业综合能耗同比下降0.9%,单位工业增加值能耗同比下降1%。

【生态环保】 2022年,沙坡头区整改完成中央第四生态环境保护督察组反馈的信访投诉件48件。实施众泰工贸等环保技改项目4个,整治涉煤企业10家,空气质量优良天数占83%。实施沙坡头区水系连通及水美乡村试点县等项目,建成康乐、海和、凯歌村一体化污水处理设备3座,重点入黄排水沟水质稳定持续达到Ⅳ类及以上,黄河过境段水质继续保持Ⅱ类进Ⅱ类出。开展农业面源污染治理,规模畜禽养殖场粪污资源综合利用率达96%、农作物秸秆回收利用率达88%。修复治理各类矿山85个、草原0.8万亩。推进压砂地退出和生态修复工作,完成25.01万亩非确权压砂地退出任务。打造定武高速中卫出入口至常乐镇嵝岘子沟植绿增绿、环境整治"闭合圈"。完成国土绿化面积3.2万亩370万株,森林覆盖率达17.81%,同比提高0.21个百分点。

【民生保障】 办结10件民生实事。2022年,沙坡头区共有各类救助对象29433户32666人,共计发放救助资金1.32亿元,为4530名困难群众发放临时救助资金905万元。争取民政项目资金781万元,实施文昌镇蔡桥村和双桥村等4个农村老饭桌改建、第一中心敬老院安全性改造、城乡公益性墓地等项目。投资27.4万元在滨河镇新河社区打造中卫市第一家地名文化展馆。构建区、镇、村三级劳务服务体系,新增城镇就业7033人,转移农村劳动力5.46万人,完成铁杆庄稼保参保24596人,发生赔付案件2起,共赔付资金52万元。托底安置公益性岗位2325个,核拨岗位补贴3008.28元。开展帮扶家庭劳动力培训350人,结业250人。开展劳务经纪人及中介培训班2期177人,结业颁发资格证书。

【教育】 推动学前教育普及普惠发展。2022年,沙坡头区学前3年幼儿入园率达96.22%,普惠性幼儿园覆盖率达81.86%,公办幼儿园幼儿占比由2021年的47.01%提升至51.62%。九年义务教育巩固率100%、初中三年巩固率100%。通过随班就读、送教上门、特教学校就读等形式,确保适龄残疾儿童入学安置率达100%,为5615名各学段学生发放各类补助资金

262.97万元。2022年,沙坡头区中考上线率57.50%,同比增长2.89%。实施幼儿园"摇号入园",中小学起始年级"阳光分班"。概算总投资1.82亿元,组织实施续建、新建及改扩建等项目14个。加强"互联网+教育"融合应用,投入2290余万元,完成中卫市第五小学、第五中学"互联网+教育"标杆校等设备采购项目9个。中卫十一小代表沙坡头区参加自治区"互联网+教育"示范区建设成果展,其优秀案例《探究人工智能走进小学数学课堂的有效路径》被评选为国家级2021年度全国人工智能教育应用典型案例。实施"大思政"建设行动,评选发布"十佳校园德育品牌"。抢抓"自治区级体教融合示范区"发展机遇,打造中卫五小、中卫九小等8所体教融合示范校,举办沙坡头区第三届中小学生合唱艺术节,打造沙坡头区级劳动教育基地2所,组织17所学校6100余名师生参与劳动教育研学活动。实施新时代强师工程,完成"县管校聘"改革,2477名教师通过竞聘聘用到相应岗位。

【医疗卫生】 2022年,沙坡头区接种新冠疫苗100.77万剂次。完成妇女宫颈癌、乳腺癌筛查各1.68万人,新生儿疾病筛查3209人,7种慢病机会性筛查4821人,65岁以上老年人免费健康体检3.6万人,人均预期寿命提升至77.03岁。推动公立医院改革,深化县域医共体和"互联网+医疗健康"建设,对标三级乙等医院发展目标,实施总建筑面积达3.4万平方米的沙坡头区人民医院迁建项目。启动实施兴仁镇中心卫生院发热门诊项目,建成宣和镇中心卫生院发热门诊、国家级中医传承工作室和两家自治区级优质服务托育机构,创建2022年全国示范性老年友好型社区。争取公立医院改革与高质量发展项目资金6411万元,启动沙坡头区人民医院卒中、创伤、胸痛3个中心建设,完成骨科等3个自治区级重点专科建设,建成处方审核和慢病管理两大中心,创建康复医疗服务试点。承接沙坡头区文昌、滨河社区卫生服务中心。借力"组团式"专家团队帮扶机遇,打造区健康总院微创外科、眼科等区域优势专科,开展沙坡头区首例腹腔镜下直肠癌根治术、首例三叉神经球囊压迫术,在中卫市率先开设眼科治疗中心,填补眼后结、眼视光治疗领域"空白"。

【退役军人事务】 2022年,沙坡头区共有退役军人7330人,各类优抚对象1568人,发放各类抚恤补助资金1568人1157.21万元。为现役军人和预备消防战士发放家庭优待金884.95万元。打造沙坡头区退役军人创业孵化基地1处。安置退役士兵4人,接收自主就业退役士兵105名,举办适应性培训班2期。为1名立二等功、27名立三等功现役军人家庭送立功喜报。争取各级单位、社会企业等帮扶资金,为受疫情影响造成困难的退役军人发放慰问金、慰问品价值17余万元。春节、建军节期间走访慰问驻地部队、优抚对象、边海防现役军人家属和21名抗美援朝出国作战人员。招募崇军合作单位520家,为春、秋季入伍新兵举行欢送仪式。沙坡头区退役军人服务中心获"全国退役军人服务保障先进单位"称号。9月,沙坡头区退役军人马永庆荣膺"全国最美退役军人"称号。

【乡村振兴】 2022年,沙坡头区开展防返贫动态监测帮扶和"四查四补"工作,消除"三类监测对象"风险54户213人,累计外出务工就业8826人。脱贫人口人均纯收入14549元,增速14.4%;监测对象人均纯收入13572元,增速26.6%。推进脱贫攻坚成果同乡村振兴有效衔接,投入资金3.85亿元,实施永康镇双达彩达村苹果示范园、康乐敬农移民区"出户入园"养殖等项目71个,累计发放产业奖补、小额信贷贴息等扶持资金2320.35万元。沙坡头区获评"中国乡村振兴十大示范县市"。

【社会治理】 2022年,沙坡头区调处化解矛盾纠纷2035件,网上信访"三率"指标、初信初访化解率均达95%以上,化解信访积案154件。开展扫黑除恶斗争,推进禁毒防范、电信网络诈骗和养老诈骗专项工作,沙坡头区刑事发案率同比下降29.8%。创建新墩花园全国民主法治示范社区1个、自治区级文明单位7个、民族团结进步示范点3个。推进"食品药品安全区"创建,保障人民群众饮食用药安全。全国综合减灾示范县区创建工作初步通过自治区考评验收,安全生产专项整治三年行动收官。沙坡头区获评"平安宁夏建设示范县"。

【政府建设】 2022年,沙坡头区推进依法治区建设,开展"八五"普法工作,推进综合行政执法体制改革。执行重大事项请示报告制度,提请区委常委会研究重大事项60件。自觉接受区人大法律监督和区政协民主监督,办理人大代表建议23件、政协委员提案46件。

(冯瑞雪)

中宁县

【概况】 中宁县总面积3369.58平方千米,全县辖6镇6乡,154个村级单位(133个行政村,21个城镇社区），7个农林渔场。实现地区生产总值212.8亿元，同比增长7.4%。分产业看：第一产业增加值24.2亿元，同比增长3.3%；第二产业增加值119.6亿元，同比增长12.2%；第三产业增加值69亿元，同比增长2.9%。三次产业结构比为11.4:56.2:32.4。完成社会消费品零售总额43.6亿元，增速与上年持平；实现城镇居民人均可支配收入33578元，同比增长4.3%；农村居民人均可支配收入16532.2元，同比增长5.3%；完成地方一般财政公共预算收入7亿元，同比下降19.2%，同口径下降12.6%。

【人口发展】　2022年年末，中宁县常住人口33.79万人，比上年末增加0.19万人。城镇人口16.99万人，城镇化率为50.28%，比上年末提高0.28百分点。其中，回族人口9.17万人，占常住人口的比重为27.14%；汉族人口24.55万人，占74.65%。全年人口出生率为12.17‰，死亡率为6.23‰，人口自然增长率为5.94‰。

【工业经济】　2022年，中宁县深入推进"四大改造"，实施高纯硫酸锰、半导体级单晶硅棒、再生铝等新材料重点产业项目26个，推动节能环保、达产增效技改项目23个，建成工业互联网平台6个，规模以上战略性新兴产业占工业增加值比重达16%。中电等3个光伏发电项目实现并网发电，引进实施推促全钒液流电池储能制备制造等"光伏+"项目，企业集群扩规增量，产业链条延展壮大。工业园区成功创建国家级知识产权强国建设试点园区、国家级绿色园区、自治区双创示范基地。

【现代农业】　2022年，中宁县实施高标准农田项目13个，发展高效节水农业10.38万亩，建设有机肥替代化肥示范区4600亩。打造马塘移民区5000亩设施农业产业园，建成喊叫水、徐套两个5000头肉牛养殖基地和白马万只肉羊养殖基地。兴垦牧业第二万头奶牛场实现2022年建设、存栏。全县农林牧渔业总产值51.9亿元，同比增长6%。新增"中宁枸杞"地理标志证明商标企业13家，转化科技成果2项，枸杞深加工转化率达35%。举办第五届枸杞产业博览会，区域品牌价值升至191.88亿元，综合产值突破120亿元。

【第三产业】　2022年，中宁县电子商务交易额120亿元，同比增长10%；网络零售额48亿元，同比增长8%；电商带动就业1.23万人。加快全域旅游示范县创建，打造国家3A级旅游景区一个，自治区级旅游度假区、特色旅游村两个，黄羊村入选"中国美丽休闲乡村"，丰安屯旅游度假区入列"国家级森林康养试点建设基地"，全县接待游客96.4万余人次。

【城乡建设】　2022年，中宁县完成棚户区改造610套、老旧小区改造47个，实施雨污分流及污水提质增效项目4个，更新改造道路及管网12条，新增停车位1500个，城市基础设施日趋完善。新建（改造）城乡小游园、小广场32处，为8个乡镇、26个村（社区）安装健身路径，新建多功能运动场两处。开展农村人居环境整治，新（改）造卫生厕所4700余座，新（改）建农村公路58.6千米，实施大战场等6个乡镇道路生命安全防护工程32千米。开工建设鸣沙等垃圾中转站3座，农村生活垃圾治理率、无害化处理率、分类和资源化覆盖率分别达到100%、95%、30%，成功创建全区农村生活垃圾分类和资源化利用一级示范县。

【生态建设】　2022年，中宁县完成中央环保督察55件信访转办件整改工作，修复治理历史遗留问题矿山82座。实施车门沟、红柳沟等小流域综合治理项目4个，治理沟道21千米、水土流失面积26.2平方千米。开展国土绿化行动，植树73.2万株，完成绿化面积6.5万亩，县城绿地面积达9300亩，绿地率34.7%，人均公共绿地面积11.81平方米。

2022年，中宁县坚持"四尘"同治、"五水"共治、"六废"联治，实施热电联产市政供热管网延伸（改造）、天元粉煤灰深加工等项目，完成瀛海天祥、天元建材两个水泥窑烟气超低排放改造。25条重点河湖沟渠水质断面稳定保持在Ⅳ类以上，土壤环境质量总体稳定，危险废物安全处置率达100%。

【社会保障】　2022年，中宁县全县城镇职工基本养老保险参保85594人，失业保险参保35659人，12个乡镇城乡居民养老保险参保124196人，机关事业单位养老保险参保10226人，工伤保险参保53002人。全县基本医疗保险参保缴费332313人，城乡居民参保缴费284444人，城镇职工参保47869人，完成目标任务的100.06%。城镇新增就业5110人，城镇失业人员再就业2183人，开展技能培训2400余人，农村劳动力转移就业7.2万人，工资性收入10.8亿元。全年发放城市低保1406.9万元，农村低保7157.8万元。落实"线上+线下"动态审核监管机制，发放补贴资金1383.49万元，惠及残疾人12048人，设置流浪乞讨临时救助点800余个，救助流浪乞讨人员19人。退役军人优抚政策落实到位，发放各类优抚补贴834.79万元。

【教育】　2022年，中宁县建成中宁八幼等3所幼儿园,新建中宁十一幼,新增幼儿学位1890个。全县普惠性幼儿园覆盖率超过86.67%,学前三年毛入园率为93.4%。坚持义务教育优质均衡发展,新组建教育集团1个、教育发展共同体3个、教育教学互助联盟4个。高中阶段毛入学率达93.42%。建成中宁一中选课走班教学楼,改善中小学办学条件,新建中宁十二小,重建中宁一小,维修改造19所学校。全县国民体质监测合格率达93.4%。中宁县教育体育局被评为全区群众体育先进集体。

【医疗卫生】 2022年,中宁县"互联网+县域医共体"进一步完善,医疗健康总院胸痛、卒中等五大中心全面建成投运,打造心病科、骨科、针灸推拿科等国家和自治区级重点专科7个。全县共组建家庭医生签约服务团队114个,电子签约20.56万人,签约率62%,重点人群电子签约9.21万人,签约率83%。实现县、乡、村三级新时代文明实践中心(所、站)全覆盖,集中组织开展志愿服务2000余场次,参与3.3万余人次。

【乡村振兴】 2022年,中宁县"三类监测对象"消除风险442户1389人,落实整户低保1530户2316人,安置乡村公益性岗位1002人。肉牛托管养殖分红4704万元,种植枸杞、金银花等经济作物4.32万亩,新建创业示范基地3个,脱贫户、"三类监测对象"人均收入分别达到1.31万元、1.29万元,增长14.5%、19.5%。发挥金融帮扶撬动作用,发放脱贫人口小额信贷2076户1.03亿元,整合资金2.625亿元,实施衔接项目73个。

【改革创新】 2022年,中宁县推进"六权改革",打造自治区首家"六权改革"交易暨农村产权交易专区,完成用水权确权,86家工业用水企业全部颁证,农业水费平均降幅超过30%;盘活利用宅基地1694宗、批而未供土地9宗,实现土地出让收益1.98亿元;核定初始、新增、可交易排污权和政府储备权,开出排污权交易首单;推进林地确权登记,完成枸杞类不动产颁证49本5000余亩,企业抵押贷款2000万元,全县新增枸杞类质押贷款余额10亿元以上。"帮帮您"政务服务品牌获评自治区法治政府建设示范项目,创新优化基层服务试点改革经验在全区推广。解决企业融资需求6.5亿元,争取各类奖补资金9577.4万元,新增减税降费8.98亿元。认定国家高新技术企业6家、自治区农业高新技术企业2家、"小巨人"企业2家,培育自治区"专精特新"中小企业3家、技术创新中心6家。隆基硅智能装料系统开发等8个研发项目入列自治区重点科研项目库,中宁枸杞科研成果登国际权威期刊《营养前沿》。申报科技项目130个,争取项目资金3450.44万元,完成2021年度全社会R&D经费归集1.08亿元,同比增长11.34%。全县实现进出口总额24亿元,同比增长18.7%。与韩国忠清南道青阳郡建立友好县郡关系,成为全区首个与国外县郡建立友好关系的县级城市。组织企业参加第131届广交会等高水平节会20余场次,出台招商引资系列优惠政策措施,引进大唐、明阳等知名企业优质项目落户园区。

【社会治理】 2022年,中宁县树立大抓基层、大抓基础导向,加快法治中宁建设,常态化开展扫黑除恶斗争,完善黑恶案件提前介入等机制9项,起诉恶势力犯罪6人。防范化解重大金融风险,办理非法吸收公众存款案4件、洗钱犯罪1件,督促追赃挽损162万元。组建石空"警+X"、大战场"红袖标"等平安志愿者队伍119支。创新推出综合治理防范电信诈骗6项举措,研发"杞乡反诈"小程序,打造自治区首个反诈基地,电诈案件实现"两降两升",获评平安宁夏建设优秀县。检察院全年办理各类案件1009件,其中受理审查逮捕案件52件74人,批准逮捕35件50人;受理审查起诉案件206件314人,提起公诉181件274人。法院全年受理各类案件7371件,审(执)结7057件,结案率为95.74%。推行"人民调解+仲裁+信访"治理模式,坚持"两排查一分析"纠纷化解机制,纠纷调解成功率达98.2%。加快创建铸牢中华民族共同体意识示范县。太平村入围全国村级"文明乡风建设"典型案例,被确认为全国村级议事协商创新实验试点单位。

【第五届枸杞产业博览会】 6月22—24日,以"杞福天下共享健康"为主题的第五届枸杞产业博览会在中宁县举行。博览会采用"线上+线下""国内+国际"相结合,以线上为主的办会模式。博览会期间共有7项活动相继登场,包括杞博会开幕式、"1+1"国际高峰论坛、宁夏枸杞产业重大科技成果发布、枸杞企业新品推介会、供销对接会暨直播带货竞技赛、参观考察、杞博会闭幕式等。自治区内外100余家媒体为枸杞产业高质量发展发声,累计点击量逾3.2亿次,直播带货大赛销售额5600万元,11个意向合作项目签约,43家采购商采购协议资金达15.6亿元,同比增长24%。"中宁枸杞"区域品牌从全国2277个品牌中脱颖而出,获网络票选第一名。"中宁枸杞"在100个"区域品牌(地理标志)"名单中上榜并攀升至12位,较2021年晋升两个名次,中宁枸杞品牌价值升至191.88

亿元,品牌强度达903。 （马　明　朱宁霞）

海原县

【概况】　海原县地处宁夏中部干旱带,隶属中卫市管辖,东连宁夏同心县、原州区,南接宁夏西吉县,西邻甘肃平川区、会宁县,北靠沙坡头区和中宁县。全县面积4989.6平方公里,辖17个乡镇、1个街道办事处、1个自然保护区及甘盐池种羊场,148个行政村、11个社区,户籍人口45.66万人,常住人口33.35万人。2022年全县实现地区生产总值98.96亿元,增长8%左右。其中,第一产业增加值16.23亿元,同比增长6.1%;第二产业增加值25.22亿元,同比增长10.3%;第三产业增加值57.51亿元,同比增长7.8%。预计全年完成固定资产投资66.9亿元,同比增长10%左右;完成一般公共财政预算收入2.57亿元,同口径增长14%左右;社会消费品零售总额31.1亿元,同比增长5%左右;城乡居民人均可支配收入分别为32101元、13185元,同比分别增长9%和12%左右;城镇登记失业率控制在5%以下,单位GDP能耗降幅和主要污染物消减量均完成上级下达目标,亿元GDP生产安全事故死亡率控制在区、市下达指标内。县内大陆性季风气候明显,年均降水量352.9毫米、蒸发量1644.7毫米,平均海拔1780米,年均气温7.7℃,空气质量优良天数比例达到95%以上。森林覆盖率为10.24%,夏凉冬爽,春秋平和,日照充足。西华山入选国家草原自然公园试点项目。

【农业农村】　2022年,自治区下达海原县粮食种植面积109.8万亩,海原县完成粮食种植面积114.02万亩,完成率为103.8%。其中,玉豆套种完成5.55万亩,夏粮8.44万亩(小麦7.7万亩、杂豆0.74万亩),秋粮100.03万亩(马铃薯30.98万亩、玉米38.15万亩、秋杂粮30.9万亩)。2022年粮食产量38.56万吨,同比增长72.9%;瓜菜产量33.46万吨,同比增长30.9%。全县肉牛养殖户2.8万户,存栏15.1万头,其中基础母牛存栏9.3万头,外调补栏基础母牛13396头。新建出户入场8个,打造肉牛标准化养殖示范户700户、标准养殖示范场35个;完成5万枚牛只电子耳标佩戴。牛王谷全面运行,年内谷内共有牛208头。建设滩羊养殖"300"模式家庭牧场10个,滩羊示范村1个,滩羊存栏达65万只。全县猪、鸡存栏分别为4.15万头、28.5万只。2022年全县肉牛出栏7.46万头,产肉11963吨,总产值9.07亿元。建设马铃薯"四位一体"标准化示范基地20万亩;建成马铃薯脱毒种薯一级种繁育基地8000亩;在海城、树台、关庄、贾塘等乡镇马铃薯主产区引进马铃薯新品种两个,建立标准化示范基地5700亩,年种植面积稳定在30万亩。建立小杂粮标准化示范基地5个,每个基地示范面积0.1万亩,示范带动小杂粮标准化种植2万亩,推广张杂谷13号、张杂谷19号、固糜22号、信农1号等优新品种。瓜菜种植面积14.89万亩。打造菜心基地1500亩、辣椒标准化基地5000亩、番茄基地500亩、山门红葱基地6000亩、芹菜标准化生产基地2万亩。全年申报绿色品牌认证8个、有机品牌转换期认证4个、特质农品认证6个、名特优新认证2个;GAP再次认证1个;GAP试点生产主体资质审核通过5个。绿色品牌认证7个、有机转换期认证4个、特质农品4个。9家企业合作社参加"闽宁特产线上行"活动;11家企业合作社参加"宁夏名优特色农产品促消费活动"。种植业农产品快速检测147批次,合格率100%,定量检测57批次,合格率100%;配合市级例行监测38批次,合格率100%;配合区级监督抽检20批次,合格率100%;畜禽产品质量安全检测13批次。全年屠宰牛0.65万头左右,羊7.84万只,家禽5.6万羽;瘦肉精检测4286份,均未发现阳性。全县定点屠宰动物检疫率达100%,出场肉品持证盖章率达100%。引导合作社、企业、家庭农场通过线上线下多渠道销售优质农产品,共销售各类农产品8700万元,其中通过国家832消费扶贫平台销售422万元。完成高标准农田建设12.5万。高效节水灌溉建设4.13万亩;关桥乡冯湾村压砂地退出区产业配套现代高效节水农业项目开始实施。完成"一村一年一事"事项148项。补贴农机购置资金1482.844万元,受益农户1377户,带动农户投入购机资金5405.3146万元。变更登记农村承包地确权5532户,新增土地承包经营权登记确权1.65万亩。遴选51家服务组织,托管面积68.15万亩。扶持壮大村集体经济项目40个。全面运行农村产权流转交易中心,农村土地承包经营权抵押贷款46笔,抵押土地1434.2亩,贷款金额842万元。完成全县肉牛养殖密集区粪污处理点4个。在海城镇武塬村,建立2300亩全区稳粮保供绿色转型科技创新综合示范区,示范带动5700亩,示范21项、展示22项、试验33项。开展测土配方施肥技术等各类田间试验10项。依托有机肥替代化肥项目及压砂地退化土壤生态修复耕地质量监测项目示范带动,堆制初级有机肥2.04万立方米、商品有机肥

864吨,建设6个核心示范区,核心示范面积2.55万亩,采集土样及肥料样品25个。全县农用残膜回收点20个,残膜加工企业两个。开展常态化巡查,累计出动执法人员285人次,执法车辆95辆次,发现焚烧现象56起,移送公安机关两起。共清理生活生产垃圾21万吨,清理河道沟渠118公里,清理农业生产废弃物7.4万吨,拆除危旧院落、残垣断壁350处,拆除乱搭乱建1310处。悬挂宣传横幅、张贴标语600条,发放宣传画册(单)30000余份,投入各类机械3400辆(台)次,群众参与环境整治1.41万人次。春季造林及村庄清洁行动共植树51万株9309亩,完成经济林4164株104亩。完成16个美丽宜居村庄(示范村)建设。完成户厕改造建设2159座,完成率为108%;关桥乡、史店乡污水处理站开工建设,现完成项目总工程量的95%以上。

【乡村振兴】 2022年,海原县推进巩固拓展脱贫攻坚成果同乡村振兴有效衔接,整合资金6.72亿元,实施项目67类1338个。严格落实"四个不摘",紧盯626户2682名"三类重点人群",坚持动态监测、精准帮扶,坚决守住不发生规模性返贫底线。持续巩固"两不愁三保障"成果,完成危房改造355户、抗震宜居房改造142户,新增及改造自来水入户720户,救治大病患者1471人次。聚焦"两个高于"目标,制定"一表两图三清单",脱贫群众人均纯收入达到14153元,增长16.44%,全区第三。闽宁资金投入8600万元,争取华润帮扶资金3600万元、部门帮扶资金2459万元,实现消费帮扶3.2亿元。

【城乡建设】 2022年,海原县实施地震遗址二期绿化、第二污水处理厂二期扩建等19个市政项目,完成棚户区改造403套,康乐、邮政等5个老旧小区旧貌换新颜。改造提升政府东西街、东城路等5条主干道路。新增供热面积50万平方米。推行城区卫生综合保洁市场化服务,优化调整公交线路7条,建立物业信用档案和黑红名单制度。实施李旺镇自治区重点小城镇建设,打造农村人居环境整治示范村16个。4.13万亩高效节灌工程建成达效,升级改造国省干线145公里,建设村组道路127公里。

【工业企业】 2022年,海原县新能源装备制造产业以中车、华润等央企国企为龙头,引进光伏支架等新能源产业链,围绕"一区三中心"新能源产业园,不断延长新能源装备产业链,新能源产业成为全县经济增长极;农产品精深加工以肉牛屠宰场二期、蔬菜加工等为重点,培育小杂粮科技型企业,建成小杂粮精深加工,初步构建绿色食品加工基地;依托闽宁科技园先后引进服装加工等劳动密集型企业,初步培育轻工纺织产业新业态。全县规模以上企业有12家。全年规模以上工业总产值达24.6亿元,同比增长42.3%。完成区市下达的能源消费总量增加2万吨标准煤、单位GDP能耗下降0.5%的目标任务。全力做好"宁电入湘"前期工作,天津津通铁塔光伏电力支架、赫迪新能源装备制造等延链、补链、壮链项目落地建设,深圳智能卡制造等项目相继投产。

【环境保护】 2022年,海原县恢复治理矿山矿点46个,完成坡改梯4.85万亩,水土流失治理程度达66%。建成投运关桥、史店污水处理站,清水河海原段水质稳定达标,土壤环境质量总体保持稳定,空气质量优良天数比例达到93%,较上年增加20天。推进第二轮中央生态环保督察组反馈14项整改任务,全面整改销号自治区督查反馈问题11个。实施绿化造林24.76万亩,完成西华山国家级草原自然公园生态修复5600亩,全县森林覆盖率从10.24%提高至11.37%,草原综合植被盖度达65.7%。

【文化旅游】 举办2022年海原县百姓春节联欢晚会、"我们的中国梦"——文化进万家广场文艺惠民演出、海原县"岁月留痕"老照片展、谷文昌先进事迹展等活动120余场次,2022年百姓春节联欢晚会被评为全国乡村"村晚"示范展示项目;开展2022年海原县新春走基层·文化进万家"三下乡""送戏下乡""戏曲进乡村"文化惠民演出活动150场次,开展"我有一拿手戏"群文风采大展演活动8场次,农村电影放映2100余场次;开展海原县文化工作者服务支持艰苦边远地区、基层业务骨干能力提升培训班等专项培训学习6次,培训人员1000余人次;开展暑期少儿艺术公益培训班,培训少儿224人;开展2022年宁夏"文化进万家——视频直播家乡年"活动,开展"云游非遗·畅享海原"影像展,拍摄《海原剪纸》《皮影戏》《非遗里的海原年味》等9部视频,向国家公共文化云推送线上慕课12节。积极申报第五批市级非遗代表性项目传承人31人,非遗项目6项;成功举办海原县2022年"文化和自然遗产日"非遗展演暨第五届方棋大赛及花儿、曹氏武术、剪纸刺绣等非遗展演展示活动,当日非遗产品线上线下等销售320余件15万余元。开展诵读国学经典,传承中华文化——海原县国学经典诵读线上阅读打卡、我的中国梦——"悦读辞旧岁 书香迎新年"线上国学知识竞答、《公共文化服务保障法》《公共图书馆法》宣传、"全民阅读·书香海原"阅读征文、"4·23"世界读书日及图书服务宣传周等系列活动50余场次,参与读者20000余人次。投资45万元建"图书驿站"1处。投放文旅促消费券4000张,拉动文化消费12万元。投入近80万元,支持关庄、九彩、甘城、关桥乡对乡镇文化站和文化广场进行维修改造。投资1200多万元完成国家级文保单位柳州城址、北咀城址本体保护项目建设,支持关桥乡完成红色展馆改造提升,完成菜园古村落、天都山石窟、元龙山石窟、凤岭龙山寺石窟、金佛沟石窟等13个项目申报及计划书编制工作;完成史店乡油坊院村南华山自然保护区围栏建设工程中新石器时代墓葬的抢救性清理及地下文化遗存的钻探工作和第二批自治区不可移动及可移动革命文物名录报送工作。完成海原县铸牢中华民族共同体意识教育基地展馆设计。投资200万元完成海原县发射台、李旺转播站、凤凰山发射站节目传输设备更新及李旺转播站新机房搬迁,并对李旺发射站发电机房进行全面维护维修;完成全区700M频率电视频道迁移工作及海原发射台、李旺转播站、新区凤凰山发射站广播电视发射系统设备的安装调试工作。整合各类资金800万元打造甘盐池人民公社、史店乡红梅杏基地、关桥梨花谷、贾塘乡后塘村农业采摘观光园和白崖村窑洞广场;举办"相约5·19,一起去旅游"主题宣传活动。完成第三季"晒文旅·晒优品·促消费"大型文旅宣传推介活动,拍摄海原5分钟宣传片、1分钟短视频,配合宁夏电视台完成20分钟书记、县长访谈录和30秒直播带货推广片;举办关桥梨花节(线上),史店田拐红梅杏采摘节,西安镇、贾塘乡文化旅游节等旅游节事活动。累计吸引游客30万人次,旅游收入1257万元;完成自驾游线路、天都老庄生态旅游村等旅游项目申报,外出招商两次。申报全国乡村旅游重点村1个、宁夏特色旅游村2个、文明旅游示范单位1个、A级旅游厕所1座。2022年文化市场综合执法大队共计检查各类文化市场经营单位1504家次,出动3008人次,组织开展文旅市场各类专项行动10次,联合检查5次,立案查处4起(网吧1起、出版物经营场所3起),办结案件4件,罚款5600元,下达责令停止经营通知书5份。处理各类投诉12起(其中"12345"市民热线6起,电话投诉6起),均按时办结。收缴非法出版物168本,查办出版物市场案件1起,查办销售疑似侵权产品案件1起,行政审批出版物经营许可证3件。创排《爱的约谈》《婆婆进城》等文艺作品20余部。申报创编花儿剧目《不负青山不负源》,完成剧本创作,成为国家艺术基金2023年度资助项目。启动"海原黄河文化系列丛书"申报和编创工作,计划利用3年时间重点编创出版《国宝海原》《非遗海原》《翰墨海原》《诗韵海原》《花儿海原》《家风海原》等系列丛书。《国宝海原》和《非遗海原》完成初稿。2022年,海原县被自治区"两晒一促"活动办公室评为"两晒一促"大型文旅推介活动第二季最佳优品推荐奖。广场舞视频《舞出中国红》入选国家公共文化云"一城一舞"名录。参加西北五省(区)宁夏花儿歌会,4名海原籍歌手得奖。舞蹈《西路军》、小品《谁动了婆婆的养老金》获得中卫市表演和创作一等奖。关桥乡关桥村、关桥乡方堡村被评为宁夏特色旅游村。

【教育】 2022年,海原有学校276所,教职工4738人,在校学生86086人。落实学前至高中阶段各类惠民政策,落实教育资助资金2387.8万元,惠及学生42482名。2022年中考,全县600分以上学生达到1301人,全县学前三年毛入园率达90.50%。小学适龄儿童入学率100%,初中适龄少年入学率99.27%。投资5167万元,落实海原县第一中学附属工程、兴海中学扩建项目,进一步改善普通高中办学条件,2022年秋季学期起停止海原县高级中学七年级招生。开工建设李旺镇新源村幼儿园,落实幼儿学位180个。投资14113万元,完成海原县第八小学项目建设,推进海原县第三小学教学楼、海兴开发区第二中学、三河中学宿舍楼等项目建设进度,撤并学校5所。投资354.95万元,用于维修改造曹洼乡中心小学、甘城乡九年一贯制学校、关庄九年一贯制学校、九彩乡九年一贯制学校、西安小学、三河中学、李俊中学等学校校舍。投资4224万元,海原二中、海原二小、李旺中学等40余所学校购置配备单人课桌椅30070套、一体机422套、教师计算机294台、护眼灯4896盏,并完成计算机网络教室、智慧教室、录播教室、智慧阅览室等资源教室建设。通过核增的周转编制、退休教师空出编制,纳入全区事业招考99名,通过自主招聘的方式引进紧缺学科高层次人才9名,招聘公费师范生共39名,招考特岗教师27名。开展2022年教师节典型模范教师宣传报道和"我为教师亮灯"等活动,表彰先进集体30个,先进个人90名,慰问老校长、"四有"好老师等代表40人。兑现2022年度校(园)长津贴、班主任津贴和寄宿制学校绩效工资总计1623.71万元。为130名在乡村学校任教满15年、25年符合评聘条件且业绩突出的乡村教师评聘中、高级职称(职务)。争取双定向(定向职称、定向使用)职称180名,全区高级职称60名，一级职称310名，初级职称300名。完成校内直聘979名，校内竞聘3400名，参加跨校竞聘187名（其中幼儿园跨校竞聘到小学1名）。全县44名校长和44名会计进行交流轮岗，完成跨校竞聘187人，组建"政府督学+专兼职督学"督导队伍，实现6个片区55个法人单位挂牌督导全覆盖。实施校园治理五大行动，聘请司法局等部门专业人员127人担任法治副校长和法治辅导员。重点整治流动商贩不规范经营，校园周边200米范围内存在娱乐性经营场所，商铺向学生偷售香烟、"三无食品"、低俗玩具及非法出版物等问题。

【卫生健康】 2022年，海原县有各级各类医疗卫生机构213家，每千人拥有执业（助理）医师1.97人。制定印发《海原县县域公立医院综合改革实施方案》《海原县公立医院改革与高质量发展实施方案》《海原县公立医院薪酬制度改革的实施方案》，成立管理中心11个、业务中心5个，质控中心13个。2022年海原县公立医院改革与高质量发展示范项目资金3623万（中央财政补助资金2821万、自治区财政补助资金202万、县级财政补助资金600万），完成项目招标工作。投入2900万元新建海原县社区卫生服务中心和李旺镇中心卫生院门诊楼。县人民医院与区内外多家三级医院、县域内19家乡镇（中心）卫生院建立"远程会诊"平台。全县所有乡镇卫生院、标准化村卫生室均接通政务外网、医保专网，实现"一卡通"就医结算全覆盖。县、乡两级共招录卫生专业技术人员61人；培养补充订单定向医学生140名，自主招聘特岗全科医生23名；各医疗卫生单位自主招聘各类卫生技术人员738人；依托"闽宁""京宁"等对口帮扶项目，共引进下沉资深专家累计114名。开展各种健康知识讲座100余场次，健康宣传活动180余场次，发放各种宣传品10万余份，群众健康知识知晓率达95.3%。2022年健康促进医院建设100%全覆盖、健康促进学校建设达78.8%、健康促进机关建设达74%、健康促进企业建设达50%、健康促进社区（村）建设达26%。落实脱贫人口和三类监测人群的37种大病集中救治、慢病签约服务，救治37种大病患者1502人次，慢病签约管理监测对象8684人次，重病救治109人次。全县脱贫人口和三类重点监测对象签约率达100%，大病救治率达100%。全县应建档33.3518万份，电子建档数40.2万份，电子建档率为120.54%，其中有效档案40.2万份，有效建档率达100%。有动态记录的档案数为21.3万份，动态使用率为52.9%。办理预防接种证人数37647人，办证率达100%。高血压患者管理任务数18985人，已管理高血压患者人数27783人，任务完成率为146.34%。按照规范要求进行高血压患者健康管理人数24436人，高血压患者规范管理率为87.95%。2型糖尿病患者管理任务数4862人，已管理2型糖尿病患者人数7448人，任务完成率为153.19%。按照要求进行规范管理的2型糖尿病患者6179人，糖尿病规范管理率为82.96%。严重精神障碍患者任务数1401人，已管理严重精神障碍患者1679人，报告患病率为5.03‰，按规范管理严重精神障碍患者1654人，规范管理率为98.51%。全县惊厥型癫痫患者任务数471人，已管理惊厥型癫痫患者506人，管理任务完成率为107.43%。全县风险评估共2952人，任务完成率为65.6%。全县共报告死亡病例1881例，粗死亡率为5.64‰。全县孕产妇系统管理率达95.68%，高危孕产妇管理率达100%，婴儿死亡率为2.37‰，5岁以下儿童死亡率为5.27‰，新生儿听力筛查率为99.05%，叶酸服用率为98.83%，母婴阻断孕期检测率为98.3%。婴幼儿照护服务指标值是每千人0.9的托位数，即303个托位数。注册婴幼儿照护机构5家，完成备案机构3家，完成备案托位数310个，完成自治区下达目标任务的102.3%。

【深化改革】 2022年，海原县深入推进"放管服"改革，建成一体化在线政务服务平台，将24个部门608项事项全部纳入一窗综合受理系统。全面推行"双随机、一公开"，新增市场主体2529户，退税减税降费1.55亿元。深化农村改革，发放农村土地承包经营权抵押贷款46笔842万元。有序推进"六权"改革，成交全市首例100万立方米黄河水指标跨区域交易，流转山林地7358亩，打造4个林下经济示范基地，处置闲置、批而未供土地574亩，两个项目排污权纳入自治区公共资源交易平台交易。坚持创新驱动，卡立方、国华农机分别认定为国家高新技术企业和自治区农高企业，全社会R&D经费投入增长45.5%。着力招大引强，实施招商引资项目30个，到位资金34.4亿元，同比增长119.8%。

【社会治理】 2022年，海原县信访总量491件（批）543人次，自治区、中卫市信访局登记海原县来信来访网上投诉案件同比分别下降15.22%、36.67%，信访件"三率"满意率较去年有所提升。深度应用"雪亮工程"建设运维项目，不断提升立体化信息化治安防控能力和水平。2022年立刑事案件772起，同比下降26.1%，抓获犯罪嫌疑人353名，同比上升12.4%，破获盗抢骗现行案件330起,同比上升83.3%,9起八类刑事案件全部侦破。摸排矛盾问题和风险隐患360件(一般风险隐患348件、较大11件、重大1件)。制定《化解攻坚"五定"方案》《挂牌督办通知》等,集中力量攻坚化解332件,化解率为92.2%。推进两个专题14个行业专项整治三年行动,排查整改一般隐患2193处、重大隐患1处,行政处罚47次,停业整顿30家,罚款16.8万元,约谈警示117家,联合惩戒企业26家。

【作风建设】　2022年,海原县坚持严的主基调不动摇,严格落实中央八项规定及其实施细则精神和自治区加强作风建设"八条禁令",持之以恒纠治"四风",违规收送红包礼金和不当收益违规借转贷或高额放贷等专项整治成效明显。坚持"三不"一体推进,精准运用"四种形态",深化标本兼治,扎实开展群众身边腐败和不正之风、工程建设政府采购、卫生健康等重点领域专项治理,全年共受理问题线索277件,立案71件,处分74人。常态化开展廉政警示教育,推动廉洁文化建设走深走实。完成十五届县委两轮9个乡镇巡察任务,有序推进8个县直部门常规巡察。

(秦卫民)

海兴开发区

【概况】　海兴开发区位于中卫市南部、海原县东部三河镇境内,距离中卫市170千米、海原县55千米、固原市50千米。北依凤凰山,苋麻河、中河穿过,依山傍水,地势平坦。福银高速、萌海高速、405县道和宝中铁路从境内经过,交通便捷。规划总面积30.6平方千米,建成面积16平方千米,历经10余年,建成行政办公、生活居住、物流商贸、工业园区、生态休闲五个功能区,实现水、电、路、气、热、电信、电视等"九通一平",工业体系逐步完善,发展基础不断夯实,发展后劲不断增强。绿化覆盖率达50%,高氧低碳。城区内现有常住人口3.1万人。2020年12月,中卫市委调整海兴开发区管理体制,海兴开发区党工委、管委会仍作为市委、市政府正处级派出机构,交由海原县代管,主要负责招商引资、产业发展和开发区城市建设管理等职能。2022年海兴开发区管委会和宁夏中车新能源有限公司被宁夏制造强区建设领导小组评定为2022年度全区工业稳增长突出贡献单位和企业。

【经济发展】　2022年,海兴开发区完成工业总产值18.83亿元,工业增加值2.21亿元,固定资产投资1.63亿元,招商引资到位资金6.79亿元,实现税收0.5亿元。外出专题招商11次,接待中电建、薯味佳等公司到海兴考察12次,洽谈实施招商项目18个(洽谈9个、实施9个)。签约中电建新能源装备产业园、中车"一区三中心"新能源产业园、东旭蓝天光伏组件加工、特变电工(新疆)新能源储能等项目4个,协议总投资102.1亿元,新引进落地建设赫迪新能源装备制造及物流、津通铁塔及光伏支架加工两个项目,推动主导产业集聚集群发展。优化营商环境,协助9家企业完成登记注册、税务登记等手续,推动项目落地建设。完成两个招商项目土地招拍挂工作,供地72亩。落实"稳保促"会议精神,落实各项惠企政策,为企业减免各类费用285.9万元,兑付各类补贴180.6万元,协助申报"专精特新"企业1家,协助企业招工120余人。对小微企业孵化园厂房水、暖管道及道路进行维修改造,为入驻企业提供保障。加强项目建设管理,建立重点建设项目"五个一"包抓机制,推进重点项目建设。实施项目8个,完成投资1.5亿元。完成社会投资项目备案7个、政府投资项目审批5个。完成工程建设及政府采购项目专项治理17个。完成历年项目财务审计决算12个。储备污水管网提升改造、第二污水处理厂等项目10个。完成工程建设及政府采购项目专项治理17个,完成历年项目财务审计决算12个。

【财政金融】　2022年,海兴开发区严格财政资金管理,资金使用中按照"保、控、管"优化支出结构,确保开发区机构运转正常和社会稳定。严格财务管理,制定《海兴开发区财政资金审批管理暂行规定》《海兴开发区管委会项目资金管理暂行规定》,修订完善《内部控制制度汇编》,加强各类资金管理。做好预决算编制、预决算公开、资金审核、费用报销、账务记录、各类报表上报工作。严格政府债务管理,全年化解债务3682万元,降低政府债务风险。严格国有资产管理,对海兴开发区国有资产投资建设情况,以及行政办公楼、保障性住房、工业厂房、基础设施、办公设备及其他资产现状开展摸底排查、资料收集、调查研究,摸清国有资产底数,为进一步盘活国有资产,整合国有资产资源,发挥国有资产使用效益起到重要作用。

【规划建设】　2022年,海兴开发区坚持规划引领,将海兴开发区总规纳入海原县国土空间总体规划,保证规划的合法延续。提高土地节约集约利用率,无偿收回中银绒业厂房建设用地。建成投入运行现代化城市供暖设施,优化供暖管道、换热站、水电气网等基础设施,城市保供能力增强。实施南北区供热系统提升改造项目一期、供热系统智能化改造等5个项目。开展植绿增绿大会战,栽植乔木类16778株、绿篱类12820平方米。坚持问题导向,配合海原县自然资源局开展自然资源领域突出问题治理等专项整治行动,所有问题全部整改到位。推行城市精细化管理模式,集中开展市容市貌专项整治4次,整治乱摆乱放、乱贴乱画、乱搭乱建等突出问题442起,维修照明亮化设施6328处、绿化设施279处、破损路面189处,节水改造公厕9座,更换雨水箅子、下水井盖128个。探索公共服务设施市场化运营模式,将污水处理厂、集中供热、垃圾填埋场、固废处置场全部委托于专业机构进行规范化标准化管理,同时对接引入共享单车企业投放共享单车2000辆,完善城市功能。强化保障房管理,实物配租公租房80户,清退转租(借)22户,维修公租房50套,完成公租房管理系统信息录入,建立并使用租金线上缴费系统,规范保障性住房管理。

【社会事务】 2022年,海兴开发区推进法治海兴建设,以《民法典》颁布2周年为契机,开展"美好生活·民法典相伴"系列活动及国家安全教育普法"四进"活动,以"学习宣传贯彻党的二十大精神,推动全面贯彻实施宪法"为主题,开展宪法公布施行40周年系列活动,悬挂横幅4条,发放宣传彩页、宣传品4000余份。邀请律师开展法律知识专题培训两次。聘请的法律顾问参与重要文件出台、重大合同签订和司法诉讼事项的合法性审查,共审查合法性文件5份、合同9份,参与行政诉讼案件1起。处理各类信访投诉件115起,协调解决农民工上访事项17起,清欠农民工工资78人53万元,未发生越级上访事件。开展维护稳定风险隐患大排查大化解大整治行动,与辖区内各学校、医院、幼儿园、敬老院及文化娱乐场所等31家单位签订《安全责任书》,督查文化娱乐场所10余次,社会秩序安全、和谐、稳定。向5家企业及非公企业党支部捐赠图书1740余本。

【安全生产】 2022年海兴开发区以安全生产专项整治三年行动为抓手,强化安全隐患排查整治,防范和遏制较大及以上事故发生,维护人民群众生命财产安全。开展重点时段安全检查督查,检查建筑施工、工商贸、特种设备、烟花爆竹、消防、危险化学品等重点行业领域,集中开展"5·12"防灾减灾日、"6·16"安全生产咨询日和"11·9"消防安全日培训。联合举办应急救援演练两次,增强应急救援能力,辖区全年未发生安全生产事故。

【生态环境】 2022年,海兴开发区贯彻落实习近平生态文明思想,聚焦生态环境质量改善,打好蓝天、碧水、净土保卫战。坚持"四尘"同治,检查企业(单位)200余家次,强化区域大气污染协同治理。坚持"五水"共治,紧盯治污设施运行,污水处理厂与生态湿地出水水质稳定达标,污水资源化利用率100%。坚持"六废"联治,规范固(危)废、医疗废物产生、贮存、处置全过程。排查环境风险5类20项,完成整改12项。各级督察反馈环保问题16项,完成整改13项。受理群众投诉问题5项,办结率达100%。修编完善《海兴开发区突发环境事件应急预案》,年内未发生重大及以上突发环境事件。开展各类环保宣传活动6场次。

(马旭龙)

中国共产党中卫市委员会

重要活动

【中卫市"光荣在党50年"纪念章颁发仪式】 6月28日举行。仪式上传达学习自治区第十三次党代会精神,市委书记、市人大常委会党组书记张利带领大家重温入党誓词。张利、马洪海、崔昆、杨文生等市领导向老党员代表颁发"光荣在党50年"纪念章,部分老党员代表发言。

【中卫市广泛开展"大学习、大讨论、大宣传、大实践"活动动员部署会】 7月25日召开。会议强调要切实把思想和行动统一到学习贯彻习近平总书记视察宁夏重要讲话和重要指示批示精神上来,统一到自治区党委的部署要求上来,坚定不移沿着总书记指引的方向前进,为全面建设社会主义现代化美丽新宁夏作出中卫贡献。

重要会议

【中卫市党史学习教育总结会议】 1月13日召开。会议传达学习中央和全区党史学习教育总结会议精神,强调要持续巩固拓展党史学习教育成果,大力弘扬伟大建党精神,不断汲取前进的智慧和力量,以优异成绩迎接党的二十大和自治区第十三次党代会胜利召开。

【中共中卫市委五届二次全会】 1月18日召开。会议传达学习有关精神,圈选确定中卫市出席党的二十大代表候选人推荐人选。

【中共中卫市委五届三次全会】 3月17日召开。全会圈选确定中卫市出席自治区第十三次党代会代表候选人预备人选,推选第十三届自治区党委委员、候补委员和纪委委员候选人初步人选,表决通过《关于召开中国共产党中卫市代表会议的决定》。

【中国共产党中卫市代表会议】 4月20日召开。会议以无记名投票方式,选举产生中卫市出席自治区第十三次党代会代表49名。

【中卫市创建全国文明城市推进会】 6月21日召开。会议传达学习全国、全区有关会议精神,讨论《中卫市创建第七届全国文明城市2022年工作要点》《全国文明城市实地考察示范点位打造方案》《关于成立创建全国文明城市志愿服务队的通知》,通报2021年度全国文明城市创建及未成年人思想道德建设工作测评成绩。

【中共中卫市委五届四次全会】 8月22日召开。会议传达学习贯彻习近平总书记视察宁夏重要讲话和重要指示批示精神,审议通过《中共中卫市委员会关于深入学习宣传贯彻自治区第十三次党代会精神奋力谱写全面建设社会主义现代化美丽新宁夏中卫篇章的实施意见》《中共中卫市委员会关于递补王朝升等3名同志为中共中卫市第五届委员会委员的决定》等。

【中卫市传达贯彻党的二十大精神会议】 10月25日召开。会议安排部署学习宣传贯彻工作,强调要更加紧密地团结在以习近平同志为核心的党中央周围,认真学习宣传贯彻党的二十大精神,深刻领会把握党的二十大精神的丰富内涵和实践要求,迅速掀起学习宣传贯彻热潮。

【中共中卫市委五届六次全会】 12月12日召开。会议传达学习贯彻党的二十大精神、自治区党委十三届二次全会精神,听取审议市委常委会工作报告,评议市委书记抓基层党建工作。

【中共中卫市委常委会会议】 2022年共召开市委常委会会议60次。

(李艳芳 万家媛)

中共中卫市委常委会会议一览表

时间	会议	主要议题
1月6日	市委第1次常委会会议	传达学习习近平总书记在中共中央政治局专题民主生活会、全国政协新年茶话会上的重要讲话精神,二〇二二年新年贺词,安排部署贯彻落实工作;套开市委退役军人事务工作领导小组2022年第1次会议;听取市人大常委会党组、市人民政府党组、市政协党组、市中级人民法院党组、市人民检察院党组2021年工作汇报;审议《市第五次党代会报告任务分工方案(送审稿)》;研究《关于审定〈中卫市推荐出席党的二十大代表候选人推荐人选工作方案(送审稿)〉〈中卫市推荐选举出席自治区第十三次党代表大会代表工作方案(送审稿)〉的请示》
1月10日	市委第2次常委会会议	传达学习习近平总书记关于不断巩固拓展党史学习教育成果的重要指示、中央和自治区党史学习教育总结会议精神,安排部署贯彻落实工作;传达学习习近平总书记关于安全生产重要论述、重要指示批示精神,听取全市2021年安全生产工作情况汇报,安排部署下一步工作;听取全市当前疫情防控工作情况汇报,安排部署下一步工作;研究《关于审定〈中卫市2022年春节走访慰问活动方案(送审稿)〉的请示》《关于审定〈中共中卫市委常委会讨论决定任免干部票决办法(试行)(送审稿)〉的请示》;研究干部事宜
1月18日	市委第4次常委会会议	传达学习习近平总书记在省部级主要领导干部学习贯彻党的十九届六中全会精神专题研讨班开班式上的重要讲话精神、对政法工作的重要指示精神,陈润儿同志在自治区党委2022年度第1次常委会会议上传达学习时的讲话精神,安排部署贯彻落实工作;传达学习陈雍同志指导中卫市委常委会党史学习教育专题民主生活会时的讲话精神,安排部署贯彻落实工作;套开市生态环境保护领导小组2022年第1次会议;审议《关于召开中国共产党中卫市第五届委员会第二次全体会议的请示》;研究《关于审定〈中卫市深化市辖区跨领域跨部门综合执法改革实施方案(送审稿)〉的请示》《关于审定〈加强社会主义法治文化建设的实施意见(送审稿)〉的请示》《关于审定中卫市平安宁夏建设先进集体和先进个人评选推荐对象的请示》《关于审定〈中卫市出席党的二十大代表候选人推荐人选圈选办法(草案)(送审稿)〉的请示》《关于审定中卫市出席党的二十大代表候选人推荐人选的请示》;研究干部事宜
1月18日	市委第5次常委会会议	听取市委五届二次全体会议关于中卫市出席党的二十大代表候选人推荐人选圈选结果的汇报
1月30日	市委第7次常委会会议	传达学习习近平总书记赴山西看望慰问基层干部群众、视察慰问中部战区时,在1月6日中共中央政治局常委会会议、1月24日中共中央政治局会议上的重要讲话精神,对党的建设研究工作的重要指示精神,安排部署贯彻落实工作;传达学习陈润儿同志在自治区党委2022年第4次常委会会议暨应对新冠肺炎疫情工作领导小组第22次会议上的讲话精神,安排部署贯彻落实工作;套开市河(湖)长制工作委员会2022年第1次会议;研究《关于审定〈中卫市深化应急管理综合行政执法改革实施方案(送审稿)〉的请示》
2月7日	市委第8次常委会会议	传达学习习近平总书记在十九届中共中央政治局第三十六次集体学习、二〇二二年春节团拜会、同党外人士共迎新春时、在中国同中亚五国建交30周年视频峰会上的重要讲话精神,在北京2022年冬奥会欢迎宴会上的致辞,在2022年世界经济论坛视频会议上的演讲,致首届全球媒体创新论坛的贺信,安排部署贯彻落实工作;审议《中卫市委常委会2022年工作要点(送审稿)》;研究《审定〈关于进一步加强金融工作支持全市经济社会高质量发展的意见(送审稿)〉的请示》《关于审定〈中卫市加快推进企业挂牌上市"十四五"行动计划(送审稿)〉的请示》《关于审定〈中卫市卫民公共交通有限责任公司组建方案(送审稿)〉的请示》;研究部署有关工作
2月16日	市委第9次常委会会议	传达学习中央、自治区党委政法工作会议和全国、全区组织部长、宣传部长、统战部长会议精神,安排部署贯彻落实工作;传达学习自治区新材料产业高质量发展现场会精神,研究贯彻落实工作;传达学习全国、全区危险化学品安全风险集中治理视频推进会精神,听取全市危险化学品安全风险集中治理工作情况汇报,安排部署下一步工作;研究市委农村工作会议有关文件;套开市委全面依法治市委员会第六次会议;研究干部事宜
3月8日	市委第12次常委会会议	传达学习《地方党委和政府领导班子及其成员粮食安全责任制规定》精神,安排部署贯彻落实工作;研究《关于审定〈中卫市"扩大有效投资攻坚年"活动实施方案(送审稿)〉的请示》《关于审定〈中卫市2022年度重大行政决策事项目录(送审稿)〉的请示》《关于审定中卫市出席自治区第十三次党代会代表候选人初步人选的请示》《关于审定中卫市推进第十三届自治区党委委员候补委员和纪委委员初步人选建议名单的请示》《关于调整市云计算和大数据发展局、军民融合产业服务中心党组设置的请示》;通报全市1—2月份重点工作、特色产业、重点项目及争取项目资金、招商引资工作情况

续表

时间	会议	主要议题
3月16日	市委第13次常委会会议	审定《2022年"中卫市领导干部廉政警示教育周"活动方案(送审稿)》；听取自治区党委第四巡视组巡视反馈市委问题整改进展情况汇报,研究《关于审定〈中共中卫市第五届委员会巡察工作规划(2022—2026年)(送审稿)〉的请示》《关于审定五届市委巡察组长库和人才库初步人选名单的请示》《关于拨付沙坡头国家级自然保护区拆迁补偿资金的请示》《关于审定〈中卫市第三次国土调查主要数据公报〉的请示》《关于实施2022年自治区第十六届运动会场馆周边绿化及街头小游园建设项目的请示》《关于实施2022年中卫市城区市政道路基础设施改造项目的请示》《关于审定〈中卫市卫民公共交通有限责任公司车辆配置方案(送审稿)〉的请示》《关于审定2022年全国、自治区五一劳动奖、工人先锋号拟推荐单位及人选名单的请示》；审定《关于召开中国共产党中卫市第五届委员会第三次全体会议的请示》《关于召开中国共产党中卫市代表会议的请示》
4月7日	市委第18次常委会会议	召开市委应对新冠肺炎疫情工作领导小组第22次会议,传达学习近平总书记在中央政治局常委会会议上关于从严抓好疫情防控工作的重要讲话精神,梁言顺、咸辉同志调研疫情防控工作时的讲话精神,自治区党委应对新冠肺炎疫情工作领导小组第23次会议、自治区人民政府第116次常务会议精神,听取全市防范应对吴忠市同心县区外返宁初筛阳性人员工作开展情况汇报,安排部署下一步工作；研究《关于审定〈中卫市推动能源转型发展高水平建设国家新能源基地的实施意见(送审稿)〉的请示》《关于审定〈中卫市2022年全面从严治党党风廉政建设和反腐败工作主要任务分工方案(送审稿)〉的请示》《关于审定〈2022年全市宣传思想文化工作要点(送审稿)〉的请示》；宣布自治区党委干部职务任免事宜
4月12日	市委第19次常委会会议	传达学习《关于2021年中央政治局贯彻执行中央八项规定情况的报告》《关于2021年整治形式主义为基层减负工作情况的报告》精神,雷东生同志在自治区层面整治形式主义为基层减负专项工作机制会议上的讲话精神,安排部署贯彻落实工作；研究《关于审定〈中卫市贯彻落实国务院安委会安全生产"十五条"的若干措施(送审稿)〉的请示》《关于成立更名撤销调整规范有关议事协调机构的请示》；通报一季度全市重点工作、特色产业、重点项目及争取项目资金、招商引资工作情况
4月20日	市委第20次常委会会议	研究中国共产党中卫市代表会议有关事宜,听取各代表团关于代表候选人建议人选名单酝酿讨论情况和会议选举办法(草案)讨论情况的汇报,通过中卫市出席自治区第十三次党代会代表候选人建议名单及监票人、总监票人建议名单
4月20日	市委第21次常委会会议	研究中国共产党中卫市代表会议有关事宜,听取中卫市出席自治区第十三次党代会代表选举计票情况的汇报,通过中卫市出席自治区第十三次党代会代表当选名单
4月22日	市委第22次常委会会议	传达学习全区巡视工作会议暨十九届中央第九轮巡视动员部署会精神,研究贯彻落实意见。传达学习《信访工作条例》精神,安排部署贯彻落实工作；研究《关于审定第13届宁夏青年"五四"奖章个人候选人名单的请示》《关于补选自治区第十二届人大代表的请示》；召开市委议军会议,通报2021年度民兵工作先进单位和先进个人；研究中卫军分区党委有关事宜；召开市委统一战线工作领导小组2022年度第1次会议,研究市委统一战线工作领导小组办公室有关事宜
5月24日	市委第26次常委会会议	传达学习中共中央办公厅、国务院办公厅《关于更加有效发挥统计监督职能作用的意见》精神,研究部署贯彻落实工作；传达学习自治区党委学习贯彻习近平总书记在庆祝中国共产主义青年团成立100周年大会上的重要讲话精神座谈会精神,研究部署贯彻落实工作；召开市委应对新冠肺炎疫情工作领导小组第27次会议,研究《关于实施中卫市方舱医院改造建设项目的请示》,安排部署下一步工作；召开市委财经委员会第三次会议,听取市商务局党组关于全市"促进消费、改善民生"政府消费券投放工作情况汇报、市住房和城乡建设局党组关于全市房地产市场发展情况汇报,安排部署下一步工作；研究《关于审定〈关于进一步强化监督检查推动乡村振兴重点任务落实的工作方案(送审稿)〉的请示》
5月30日	市委第27次常委会会议	听取市人民政府党组关于当前全市经济运行情况汇报,安排部署工作；传达学习梁言顺同志来卫调研黄河流域生态保护和高质量发展先行区建设、文化旅游产业发展情况时的讲话精神,研究贯彻落实意见；传达学习全国省市两级巡视巡察办主任培训班精神,听取五届市委第一轮巡察情况汇报,安排部署工作；召开市委全面深化改革委员会第十四次会议,传达学习中央全面深化改革委员会第二十五次会议、自治区党委全面深化改革委员会第十八次会议精神,审定《中卫市改革赋能行动计划(2022年—2024年)(送审稿)》；安排部署端午节期间安全生产、社会稳定、应急值守、廉洁过节等工作

续表

时间	会议	主要议题
6月20日	市委第29次常委会会议	传达学习梁言顺同志在十三届自治区党委2022年第1次、第2次常委会会议及带领新一届自治区党委常委班子在将台堡接受长征精神再教育时的讲话精神,自治区建设黄河流域生态保护和高质量发展先行区推进会精神,安排部署贯彻落实工作;传达学习自治区党委《关于深入学习贯彻自治区第十三次党代会精神的通知》精神,审议《中共中卫市委员会关于深入学习宣传贯彻自治区第十三次党代会精神的通知(送审稿)》;研究《关于审定〈中卫市农业倍增行动实施方案(2022—2025年)(送审稿)〉的请示》《关于审定〈中卫市科技"双倍增"行动实施方案(2022—2025年)(送审稿)〉的请示》;召开市委财经委员会第四次会议;研究《关于审定2022年市本级预算调整方案(送审稿)的请示》《关于审定〈自治区青年发展型城市建设试点实施方案(2022—2024年)(送审稿)〉的请示》
7月6日	市委第31次常委会会议	传达学习习近平总书记在庆祝香港回归祖国25周年大会暨香港特别行政区第六届政府就职典礼时的重要讲话精神、在湖北武汉考察时的重要讲话精神,给种粮大户徐淙祥的回信,安排部署贯彻落实工作;传达学习梁言顺同志到中卫调研时的讲话精神,安排部署贯彻落实工作;听取全市上半年安全生产工作情况汇报,通报全市安全生产督查暗访情况,安排部署下一步工作;通报全市上半年资金争取、招商引资及市级领导包抓重点工作、特色产业、重点项目进展情况;安排部署假期社会稳定、应急值守、廉洁过节、公务员招考等工作
7月7日	市委第32次常委会会议	传达学习《习近平谈治国理政》第四卷,传达学习十三届自治区党委2022年第5次常委会会议精神,安排部署贯彻落实工作;研究自治区纪委监委案件有关事宜
7月26日	市委第34次常委会会议	听取市委常委会班子成员履行全面从严治党"一岗双责"情况汇报,安排部署下一步工作;听取全市未成年人思想道德建设工作情况汇报,安排部署下一步工作;研究《关于审定〈中卫市贯彻落实自治区第十三次党代会精神,推动新时代组织工作高质量发展行动计划(送审稿)〉的请示》;审议《关于2021年度地级市党委书记抓基层党建工作述职评议考核反馈问题整改落实情况的报告》;召开市委人才工作领导小组2022年第1次会议;研究市纪委监委有关事宜
7月29日	市委第35次常委会会议	宣布自治区纪委《关于给予何某开除党籍处分的决定》、自治区监委《关于给予何某开除处分的决定》,市委常委会班子成员作表态发言
8月1日	市委第36次常委会会议	研究《关于审定〈关于加强政协协商于党委政府决策之前和决策实施之中的实施意见(送审稿)〉的请示》《关于审定〈巩固全市政法队伍教育整顿成果推进全面从严管党治警的实施方案(送审稿)〉的请示》;研究市委常委工作分工调整事宜
8月10日	市委第37次常委会会议	召开市委统一战线工作领导小组2022年第2次会议;研究《关于审定〈中卫市教育高质量发展三年行动计划(2022—2024年)(送审稿)〉的请示》《关于审定〈中卫市文化旅游产业提质增效行动计划(2022—2024年)(送审稿)〉的请示》《关于审定中卫市文学艺术界联合会第二届委员会有关人事安排建议的请示》
8月17日	市委第38次常委会会议	研究《关于批准赵红香等同志辞去中共中卫市第五届委员会委员职务的请示》
8月18日	市委第39次常委会会议	传达学习习近平总书记在《求是》杂志发表的重要文章《全党必须完整、准确、全面贯彻新发展理念》,安排部署贯彻落实工作;传达学习全区巡视工作会议暨十三届自治区党委第一轮巡视动员部署会精神,研究贯彻落实工作;听取市人大常委会党组关于2022年立法情况的报告;研究市委五届四次全会有关事宜;召开市生态环境保护领导小组2022年第2次会议;研究《关于审定〈中卫市服务业提质增效行动实施方案(2022—2024年)(送审稿)〉的请示》《关于审定〈中卫市云计算和大数据产业提质增效实施方案(2022—2024年)(送审稿)〉的请示》《关于递补王朝升等3名同志为中共中卫市第五届委员会委员的请示》
8月22日	市委第40次常委会会议	听取市委五届四次全会分组审议情况汇报
9月1日	市委第43次常委会会议	传达学习梁言顺同志关于生态环保和安全生产督导检查工作的批示精神;听取全市和三县(区)关于自治区生态环保和安全生产督导检查、暗访督查反馈问题整改情况汇报,安排部署风险隐患排查和问题整改工作
9月14日	市委第45次常委会会议	传达学习福建党政代表团赴宁夏考察并召开闽宁协作第二十六次联席会议精神,听取闽宁协作和定点帮扶工作情况汇报,安排部署贯彻落实工作;研究《关于审定〈中卫市建立健全实施乡村振兴战略领导责任制的意见(送审稿)〉的请示》《关于审定〈中卫市推动物流业提质增效三年行动计划(2022—2024年)(送审稿)〉的请示》;召开市委全面深化改革委员会第十五次会议;召开中卫市安全风险研判防控工作机制第一次会议;传达自治区纪委有关文件精神,研究有关事宜

续表

时间	会议	主要议题
11月2日	市委第49次常委会会议	传达学习《十九届中央政治局贯彻执行中央八项规定情况报告》《关于党的十九大以来整治形式主义为基层减负工作情况的报告》及梁言顺同志批示精神;传达学习《中共中央关于认真学习宣传贯彻党的二十大精神的决定》和自治区党委十三届二次全会精神、《中共宁夏回族自治区委员会关于学习宣传贯彻党的二十大精神的意见》,研究市委五届五次全会有关事宜;听取五届市委第二轮巡察情况汇报
11月5日	市委第50次常委会会议	听取市委五届五次全会分组审议情况汇报
11月8日	市委第52次常委会会议	传达学习习近平总书记在二十届中共中央政治局会议审议《中共中央政治局贯彻落实中央八项规定实施细则》时的重要讲话精神;传达学习《中共中央办公厅 国务院办公厅关于印发〈评比达标表彰活动管理办法〉的通知》《自治区党委办公厅、人民政府办公厅关于印发〈宁夏回族自治区评比达标表彰活动管理实施细则〉的通知》;研究《关于撤销不规范表彰项目的请示》《关于审定2023年评选表彰活动项目的请示》;传达学习梁言顺同志在中卫市委和政府《关于"9·20"突发疫情应急处置情况的报告》上的批示精神;研究《关于审定〈中卫市出席自治区第十三届人民代表大会代表推荐选举工作方案(送审稿)〉的请示》《关于审定〈第十二届自治区政协委员协商提名中卫市工作方案(送审稿)〉的请示》等
11月24日	市委第53次常委会会议	传达学习习近平总书记对河南安阳市凯信达商贸有限公司火灾事故作出的重要指示,安排部署贯彻落实工作;研究《关于审定〈深入开展党的二十大和习近平总书记视察宁夏重要讲话和重要指示批示精神"大学习、大讨论、大宣传、大实践"活动的实施方案(送审稿)〉的请示》《关于审定〈全市党的二十大精神宣讲工作方案(送审稿)〉的请示》《关于审定〈全面加强新时代少先队工作实施方案(送审稿)〉的请示》《关于审定〈中卫市残疾人联合会第四次代表大会换届方案(送审稿)〉的请示》等
12月11日	市委第57次常委会会议	听取市委五届六次全会分组审议情况汇报;研究《关于审定中卫市落实全区稳经济保民生政策措施的实施方案(送审稿)的请示》《关于审定中卫市工业园区中水回用项目股权转让有关事宜的请示》;传达自治区纪委办公厅有关文件精神
12月12日	市委第58次常委会会议	传达学习党的二十大报告关于坚定不移全面从严治党的重要论述,习近平总书记在中共中央政治局会议上的重要讲话精神,安排部署贯彻落实工作;研究《关于审定中卫市推动新材料产业高质量发展政策措施(送审稿)的请示》《关于2022年市本级预算调整方案(第三次)(送审稿)的请示》;研究召开中卫市第五届人民代表大会第二次会议事宜;研究召开政协中卫市第五届委员会第二次会议事宜;研究市两会组织机构、选举办法等相关事宜
12月23日	市委第59次常委会会议	传达学习自治区党委统战工作会议精神,安排部署贯彻落实工作;听取市委常委会班子成员履行"一岗双责"情况汇报;研究《关于划转办学单位固定资产的请示》《关于审定全市党政机关领导干部到市属国有企业任职补记及做实职业年金所需资金的请示》《关于审定拨付2014年至2016年中卫市既有居住建筑节能改造项目资金的请示》《关于审定中卫拟推荐全国"三八"红旗集体的请示》《关于审定中卫拟推荐全国城乡妇女岗位建功先进集体(个人)的请示》
12月20日	市委第60次常委会会议	传达学习全区实施基层党组织建设提质增效工程工作会议精神,安排部署贯彻落实工作;听取市人大常委会党组、市人民政府党组、市政协党组、市中级人民法院党组、市人民检察院党组2022年工作汇报;研究《关于拨付中国联通宁夏分公司互联网专线接入补贴资金的请示》《关于审定中卫市加强新时代妇女工作实施方案的请示》;研究市人民政府党组关于卫健工作有关事宜;召开2022年市生态环境保护领导小组第3次会议

组织工作

【基层组织】 中卫市辖3个县(区)40个乡镇443个行政村。其中,沙坡头区11个乡镇162个村、中宁县12个乡镇133个村、海原县17个乡镇148个村。共有社区68个,其中,沙坡头区36个,中宁县21个,海原县11个。全市共有1902个基层党组织和23个派出机构。其中,基层党委95个、党工委23个、党总支部78个、党支部1706个。全市有47886名党员。其中,农村(社区)党员22505名、党政机关事业单位党员11934名、非公企业和社会组织党员2249名、国企党员1953名、其他领域党员9245名。全市共有村干部2487人,其中,沙坡头区1033人、中宁县717人、海原县737人。村"两委"平均年龄43.1岁，村党组织书记、村委会主任平均年龄47.8岁，363个村实现"一肩挑"。全市共有社区干部513名，平均年龄35.5岁。社区党组织书记、居委会主任平均年龄39.1岁，所有社区全部实现"一肩挑"。全市共有非公企业316家，建立党组织211个（党委4个、党总支1个、党支部206个），党组织覆盖率为91.5%。有社会组织290家，党组织覆盖率为96.2%。全市新业态企业共478家，其中互联网公司4家、电商公司51家、快递公司15家、外卖公司5家、货运公司403家。共有新就业群体36695人（党员511人），其中互联网公司职工110人、电商职工4319人、快递员625人、外卖配送员361人、货运司机30997人、粉丝量5000人以上的网络主播283人。市级成立互联网行业、交通物流行业、"小个专"综合党委，县区成立行业（综合）党委7个、新业态党支部42个。

【干部队伍】 2022年，中卫市共有各类干部25672名。其中，公务员（含参公管理人员）4876名，事业单位工作人员20796名。厅级领导干部35名（含1名挂职干部），平均年龄为51.8岁。其中，回族干部8名、女干部5名、党外干部5名；具有大学以上学历的34名（研究生学历16名）。处级干部711名。其中，处级领导干部416名（正处级领导干部106名，副处级领导干部310名），平均年龄为49.8岁；四级调研员及相当职务层级以上职级干部295名。科级干部3614名。其中，正科级1452名、副科级2162名。科级领导职务2354名，职级公务员1260名，平均年龄为43.4岁。

【人才队伍】 2022年，中卫市共有各类人才57812人，占全市人口总数的5.24%。其中，党政人才4876人，专业技术人才20833人，农村实用技术人才17372人，企业经营管理人才10400人，高技能人才2465人，社会工作人才1866人。具有博士研究生学历22人、硕士研究生学历618人、本科学历18848人。全市拥有享受国务院政府特殊津贴专家9人、国家"万人计划"领军人才5人、国家"百千万"人才工程人选2人、享受自治区政府特殊津贴专家7人、自治区"313人才"工程和青年拔尖人才64人、"塞上英才"等系列人才20人、全国技术能手2名。有"中卫名家"50人，"中卫英才"21人，享受市政府特殊津贴人员50人。有工程技术研究中心和技术创新中心等各类科技创新平台51家，博士后科研工作站1家，院士工作站2家，专家服务基地12家。

【新业态党建】 2022年，中卫市在沙坡头区、中宁县、海原县分别开展外卖行业、平台经济、货运行业党建工作试点。新建新业态党组织24个，打造"党建联盟"2个，选派党建指导员27名。推行"双向融入、双向服务"，建立新就业群体服务阵地、"暖心驿站"19处，200余名"骑手"常态化开展志愿服务，组建3支货运司机志愿服务队开展协作互助。

【人才引育】 中卫市举办2022年"中（忠）爱人才 卫（未）来可期"线上招聘活动，吸引1135名优秀人才到中卫就业，引进高端专家70名、研究生以上学历人才140名，分别较上年度提高37%和5.3%。举办首届职业教育"院校合作 推动共赢"人才发展论坛，邀请全区21所职业院校、30家企业，围绕职业教育开展交流合作。推进"组团式"帮扶，促成市教育局、市人民医院分别与银川市教育局、自治区人民医院签订合作协议。培养行业骨干人才，择优推荐50名优秀青年人才参加"西部之光"等人才培养项目。支持搭建创新创业平台，获批自治区人才特色项目1个，推荐申报自治区"人才小高地"、自治区专家服务基地建设单位12家。评选奖励第二批"中卫英才"10名，通报表扬优秀单位10家。

【干部培育】 2022年，中卫市新招录公务员、选调生239名，为市直部门（单位）遴选16人。认定模范机关43个，推动206所中小学校、10家二级以上公立医院完成党组织领导的院（校）长负责制改革，非公企业和社会组织党组织覆盖率分别达91.5%和96.2%。发展党员965名，开展农村发展党员违规违纪问题排查整顿"回头看"，稳妥处置涉嫌违纪违法党员。实施干部能力提升"两大工程"，开展"弹性调研式"培训，举办党的二十大精神轮训等培训班21期。全覆盖开展市管领导班子和领导干部政治素质专项考察及乡村两级班子换届"回头看"。树立"有为者有位，优秀者优先，吃苦者吃香"的鲜明导向，共提拔晋级干部175名，其中在关键时刻、重大任务中表现突出的80名。摸排储备108名优秀年轻干部，跨地域、跨行业、跨部门交流任职优秀年轻处科级干部59名，选派580余名年轻干部到吃劲负重岗位经受锻炼，6名80后优秀年轻干部走上处级领导岗位。组织3.64万余名党员奔赴"疫"线，建先锋队3032支、设先锋岗2000个、定责任区1268个。

【基层治理】 2022年,中卫市实施"一抓两整"示范县乡创建行动,组织召开全市抓党建促乡村振兴推进会。整顿软弱涣散村党组织14个,创建示范乡镇30个、示范村365个。加强驻村干部日常管理。分类培养"两个带头人"5865名、村级后备力量1592名,结成"导师帮带"对子743个,全覆盖轮训乡村干部。精准实施村级集体经济项目88个,全市村级集体经济收入总量突破1.94亿元。成立党建引领城市基层治理领导小组,召开基层党建引领城市基层治理现场会。划分治理网格3122个,建立市、县、乡、村四级纵向包保和六级党员干部扁平包保机制。建立健全应急处突快速响应机制。

【中卫市年轻干部座谈会】 2月9日召开。会议传达学习习近平总书记关于做好年轻干部工作的重要论述和在2021年秋季学期中央党校(国家行政学院)中青年干部培训班开班式上的重要讲话精神,7名年轻干部代表作交流发言。

【中卫市组织暨人才工作会议】 4月1日召开。会议传达学习中央、自治区党委人才工作会议及全国、全区组织部长会议精神,表彰奖励第二批"中卫英才",总结全市2021年组织和人才工作,安排部署2022年工作。中宁县、海原县、市发展改革委、市人力资源和社会保障局、沙坡头区文昌镇代表作交流发言。

【中卫市驻村第一书记和工作队座谈会】 4月27日召开。会议传达学习习近平总书记关于"三农"工作的重要论述、全区扶持壮大村集体经济暨驻村帮扶工作会议精神和《宁夏回族自治区驻村第一书记和工作队员管理暂行办法》,部分驻村第一书记和工作队员围绕加强基层组织建设、巩固拓展脱贫攻坚成果、全面推进乡村振兴、提升基层治理水平等工作交流发言。

(石泰雷)

宣传工作

【理论武装】 2022年,中卫市严格落实党委(党组)理论学习中心组学习、巡听旁听等制度,市委理论学习中心组学习14次,县处级以上党委(党组)理论学习中心组学习800余场次;常态化开展习近平新时代中国特色社会主义思想"七进"和党史学习教育等工作,探索板凳会、红色议事厅、田间地头小课堂等接地气的宣传宣讲载体,开展各类理论宣传宣讲活动2300余场次。用好"沙坡头大讲堂""铸牢中华民族共同体意识干部教育基地"等平台,举办第五届基层理论"微宣讲"大赛、"学习强国"达人挑战赛、"用好红色资源、赓续红色血脉"理论研讨会、"奋进新征程·建功新时代"理论征文等活动,全市各级党组织重视理论学习的氛围更加浓厚,干部群众理论自信、理论认同更加坚定。紧扣学习宣传贯彻党的二十大精神、自治区第十三次党代会精神主题主线,深入开展习近平总书记视察宁夏重要讲话和重要指示批示精神"大学习、大讨论、大宣传、大实践"活动,打造"云宣讲""邻里佳音共享直播间""饿了么党支部""外卖骑手"等多个理论宣讲品牌,上线"宁夏人最念党的恩"等原创宣讲短视频200多个,推出《总书记怎么说 我们就怎么做》等"黄河之声"系列评论员文章30余篇,被中央、自治区主要媒体多次转发。

【新闻宣传】 2022年,聚焦学习宣传贯彻党的二十大精神,自治区第十三次党代会等区、市党委、政府重要会议精神,市、县(区)媒体统一策划、统一行动、统一开设"奋进新征程、建功新时代""深入学习宣传贯彻党的二十大精神"等专题专栏,全面准确解读会议精神,及时广泛引领社会共识。聚焦"五个示范市"建设、"六新六特六优"产业、"稳保促"等重大主题,统筹内宣外宣、网上网下,立体完整展示中卫高质量发展的实践和成效。聚焦压砂种植退出、城区公交线路经营权接管等重大关切,及时发布政策解读、权威消息,平复舆论舆情,维护社会稳定。聚焦丝绸之路大漠黄河国际文化旅游节、第五届"云天大会"等重大活动,生动讲好中卫转型发展的奋斗故事、文化厚重的历史故事、全域文明的和谐故事。新华社、中国日报海外传播平台推送的《"中国枸杞之乡"中宁县》《行走中国:中国宁夏沙漠图书馆提供知识的绿洲》在脸书、推特广受关注。中宁县融媒体中心深度融合创新成果入编首部《中国新闻出版深度融合发展年鉴》。策划开展"感恩奋进,'卫'来可期"网络达人看中卫活动,"8·04"期间美食博主"大眼吃遍天"发布的4条点赞中卫系列短视频,受到360万人次围观好评。2022年,组织新闻发布活动32场次,市域媒体采编刊播本土稿件7.8万余篇(条)。中央和自治区媒体刊播中卫稿件5100余篇(条)。

【文明创建】 2022年,中卫市实施文明素养提升行动,着力构筑"一城好人、满城春风"新时代道德高地。坚持典型引领,开展"新时代好少年"、寻找身边的"雷生勇"、点赞一等功臣撒占才等先进典型选树宣传活动。注册成立中卫市心理健康、"临时妈妈(女儿)"两支志愿服务队,常态化组织开展志愿服务活动。建立宣传部、文明办统筹,群众"点单",文联"派单",协会"接单",中心(所、站)"评单"的闭环运行机制,全域推广开展"千名文艺志愿者进基层"主题实践活动600余场次,"赶集行动""小新帮办"等品牌志愿服务活动5900余场次。完成文昌桥、利民桥等市政设施改造项目,改造游园14处,新增绿地面积694.77亩。新创自治区文明单位8个、文明村镇5个、文明校园8个,建设乡村"复兴少年宫"试点6个,建成新时代文明实践所40个、实践站511个,延伸拓展沙坡头区雷锋纪念馆、中宁县南河子公园、海原县文化馆等新时代文明实践分中心、实践基地(广场)35个,实现县、乡镇、村(社区)三级阵地建设全覆盖,环境育人、文化育人、活动育人功效不断显现。获评自治区学雷锋志愿服务"四个十佳"最美志愿者1名、最佳志愿服务组织两个、最佳志愿服务项目1个、最美志愿服务社区两个。

【文化文艺】 2022年,中卫市深入推进文化体制改革,统筹落实媒体融合、文物保护等改革任务25项。完成市文化馆软硬件改造、市博物馆陈展内容提升项目,智慧图书馆管理系统和图书馆红色体验区投用,建成图书馆分馆、城市阅读书房、24小时微书房、共享阅读空间48个。组织开展"文化大篷车""广场文化艺术节"等文化惠民活动1000余场次,农村数字电影放映6200余场次,举办微电影微视频大赛、非遗作品创意大赛及"黄河印象"系列文创作品、书法美术摄影、老照片等线上线下展览展示活动100余场次。中宁县文化馆、海原县电影服务中心等4个单位获评第九届全国服务农民、服务基层文化建设先进集体,干部群众文化自信不断增强。创新实施以"守护黄河根脉"为主题的传承黄河文化基因、延续中华历史文脉推进工程,统筹推进"守护黄河根脉"丛书、实景交响诗《歌声里的民心》、动画片《中卫民间故事》等精品文艺创作项目4个,创作提升道情戏《金沙梦》《三个女红军》、曲艺小戏《红星向党》等样板文艺作品7个。培育"大战场农民合唱团""永乐村艺术巷"等基层文艺品牌,推出黄河瓷、黄河陶艺等"黄河印象"系列文创产品,打造沙漠大客厅、沙漠图书馆等文旅IP和"黄河印象"文创IP,"星星的故乡"入选国家文化和旅游领域改革创新优秀案例。黄河文化体验展示项目首次进入国家文化产业项目库,沙坡头景区获评《中国国家旅游》年度甄选"研学旅游目的地",中卫市成功创建自治区级文化生态保护区。

【"扫黄打非"工作】 2022年,中卫市深入开展"扫黄打非"工作,组织开展"正道2022"等集中行动和涉重点领域境外有害出版物及信息整治等专项行动,查办涉黄涉非案件20起,收缴违法出版物3950余册,下架不良内容图书600余本。

【网络综合治理】 2022年,中卫市研究制定网络安全工作责任制责任清单、涉网重点部门网络综合治理权责清单。聚力营造清朗网络空间,在市属重点新闻网站、新媒体平台推送精选网络作品1000余个,开展"清朗"系列专项行动16个,依法处置违法违规账号、网站32个,督促整改网络安全漏洞1782个、风险隐患19个。

【队伍建设】 2022年,中卫市宣传文化系统持续深化"四力"教育实践和"讲政治、担使命、守纪律"教育活动,搭建"读原著、学原文、悟原理"理论研习室,全面深入学习《论党的宣传思想工作》《中国共产党宣传工作简史》等。开展宣传文化系统大培训,举办创建全国文明城市等重点培训班9期,参训1200余人次。1人获评年度全国"扫黄打非"先进个人,1人入选自治区哲学社会科学青年人才托举工程培养对象。

(吴 莹)

统战工作

【政治引领】 加强组织领导。2022年,市委统战部履行市委统战工作领导小组办公室职责,协调召开全市民族团结进步表彰大会、统战工作领导小组会议等6次,加强党对统战工作的集中统一领导,确保沿着正确政治方向前进。健全工作机制。市委统战工作领导小组制定印发《市委统战工作领导小组成员单位职责分工》《市委领导联系党外代表人士制度》等机制,进一步凝聚工作合力,促进统战工作常态化长效化。强化调研督导。市委统战部围绕贯彻落实《中国共产党统一战线工作条例》,开展铸牢中华民族共同体意识示范市建设互观互检。

【多党合作】 强化思想政治引领。市委统战部建立市委统战部干部与民主党派驻会干部联合学习制度，召开民主党派工作座谈会、新联会会议等，组织统一战线领域深入学习党的二十大精神及习近平新时代中国特色社会主义思想，统一战线广大成员凝聚共识、汇聚力量的作用进一步彰显。开展主题教育。在全市统战成员中开展"统一战线献礼党的二十大"主题教育，支持民主党派开展"不忘合作初心，继续携手前进"主题教育，在新的社会阶层人士中开展"凝聚新力量·筑梦新时代"主题教育，广大统战成员对党的政治认同、思想认同、理论认同、情感认同更加深化。加强民主党派自身建设。支持各民主党派发挥政治协商、民主监督、参政议政等职能，召开协商会、通报会及党外人士座谈会等6次，上报调研报告10份，报送社情民意信息100余条，一批重要建议转化为市委和市政府的决策部署。建立民主党派市级层面代表人士信息库，完成民建市总支届中调整工作。

【民族工作】 铸牢中华民族共同体意识示范市建设。2022年，中卫市召开建设铸牢中华民族共同体意识示范市推进会，制定下发《关于建设铸牢中华民族共同体意识示范市实施方案》，先行打造示范村（社区）73个，指导创建国家级示范单位4个、自治区级示范单位12个。重视中华民族共有精神家园建设。2022年，中卫市深化"传承党的百年光辉史基因，铸牢中华民族共同体意识"等教育，实施党员干部培元固本等"四大工程"，举办铸牢中华民族共同体意识网络知识竞赛、主题文艺晚会等"十个一"活动，"四个与共""五个认同"理念深入人心。

【民营经济领域统战工作】 2022年，中卫市委统战部、市工商联协调召开民营经济企业家座谈会，召开全市"六大产业"及相关行业征求意见座谈会7场次，征集民营企业发展意见建议326条，向市委、市政府呈报专题报告9份并督促办理，进一步优化营商环境，提振企业发展信心。深入开展"万企兴万村"行动，对56个移民村实行"一企兴一村"帮扶。

【社会阶层人士统战工作】 2022年，中卫市委统战部认定无党派人士168名。按照"党建+统战"模式和"六有"标准，改造提升新的社会阶层实践创新基地3个，开展主题教育11次。举办中卫市无党派及新的社会阶层代表人士政治理论培训班，培训44人。召开市知联会二届五次理事会、市新联会一届三次理事会。

【港澳台侨统战工作】 中卫市委统战部扎实做好港澳台统战工作，组织开展在卫港澳台企业调查，2022年调查登记港澳台同胞投资企业5家。召开侨界"迎中秋·庆国庆"联谊座谈会。接待"台青黄河游记"等港澳台经济文化交流活动3批116人。

【中共中卫市委民营企业家座谈会】 3月14日召开。会议传达学习习近平总书记在民营企业座谈会、企业家座谈会上的重要讲话精神和中央、自治区党委经济工作会议精神。7位民营企业家代表和7个市直部门（单位）分别围绕"解决民营经济发展瓶颈制约和突出问题，优化营商环境""为民营企业营造更好发展环境，支持民营企业高质量发展"作交流发言。

【中共中卫市委统一战线工作领导小组2022年第1次会议】 4月22日召开。会议传达学习习近平总书记关于加强和改进新时代党的统一战线工作的重要思想，自治区党委统一战线工作领导小组2022年第1次会议、自治区党委书记梁言顺走访各民主党派宁夏区委会时的讲话精神，审定《中卫市民营经济统战工作协调机制》。

【中卫市建设铸牢中华民族共同体意识示范市第1次推进会】 6月17日召开。会议传达学习习近平总书记关于加强和改进民族工作的重要思想、中央民族工作会议精神和自治区第十三次党代会精神，安排部署建设铸牢中华民族共同体意识示范市工作。沙坡头区、中宁县、海原县、市教育局、市旅游和文化体育广电局作表态发言。

【中卫市民族团结进步表彰大会】 9月14日召开。会上宣读《中共中卫市委员会 中卫市人民政府关于表彰全市民族团结进步先进集体和先进个人的决定》，表彰全市民族团结进步先进集体和先进个人。

（冯亦南）

政策研究

【概况】 中共中卫市委政策研究室于2012年7月经自治区委编办批复由市委办公室的挂牌机构调整为市委工作部门，是为市委决策服务、从事综合性研究的职能部门，主要承担调查研究、决策参谋、文稿起草职能，同时承担市委改革办工作职能。2022年3月，经市委编委会研究，增设中卫市改革研究中心，为市委政研室所属正科级事业单位，核定事业编制3名。

【政研工作】 文稿服务高质高效。全力推进"办""室"深度融合发展，紧扣全面建设社会主义现代化美丽新宁夏中卫市工作落实体系，承接市委重要文稿起草工作，先后起草《中卫市委常委会2022年工作要点》市委主要领导在建设黄河流域生态保护和高质量发展先行市推进会上的讲话，市委学习宣传贯彻党的二十大精神和自治区第十三次党代会精神工作方案等重要文件、领导讲话、汇报材料30余篇。撰写理论文章13篇，以市委主要领导和市委理论学习中心组署名在《共产党人》《宁夏工作研究》等刊物刊发，得到市委的充分肯定。调查研究聚智聚力。创新开展"政研论坛"，通过主题研讨交流、经验分享、邀请部门座谈研讨等形式，全力打造开放型学习交流资政平台，着力提升政研干部的政治能力和业务能力。建立健全大调研工作机制，聚焦领导关注的重点、社会关注的热点、群众关注的焦点，制订年度调研计划，深入开展调查研究，提出打造一个千亿级工业园区和10个百亿级产业集群思路，进一步明晰全市高质量发展的产业体系。《关于全市山林权改革推进情况的报告》等4篇调研报告得到市委领导批示肯定。深入分析研究国资国企、公立医院改革以及文明城市创建、疫情防控等社会民生问题，提出的意见建议为制定乡村振兴、城市更新、卫生健康、文化教育等行业领域3年行动方案提供有力支撑。

【改革工作】 2022年，市委深改委召开会议3次、市委改革办召开联席会议4次，市委常委会、市政府常务会传达学习、研究部署改革事项60余项。制定《关于贯彻落实自治区第十三次党代会精神继续推进全面深化改革的意见的落实方案》《中卫市委深改委2022年工作要点》等，在全区率先出台《中卫市改革赋能行动计划（2022—2024年）》，明确改革目标，强化责任落实，形成路线图、任务书。市委改革办发挥统筹协调作用，扎实推进中央和区市部署的重点改革任务、"六权"改革和试点改革434项任务取得实效。大力挖掘、广泛推广改革典型案例、经验做法，扩大宣传，形成全民支持改革、参与改革的强大合力。全年编发《中卫改革动态》49期，超过前4年总和。精心提炼推介38项改革经验成果，形成《中卫市承担国家级和自治区级改革试点经验汇编（2022版）》《中卫市全面深化改革典型案例汇编（2022版）》，推出一批独具特色、颇有亮点的"中卫经验""中卫模式"。全市改革工作被《人民日报》《宁夏日报》等市级以上主流媒体报道达80余次。"星星的故乡"文旅IP成功入选国家文化和旅游领域改革创新优秀案例；新业态新就业群体党建模式和派驻监督、"大数据+纪检监察"模式在区内外推广；香山湖湿地公园获评国家级湿地公园；中宁县在全区首次设立"六权"交易服务专区；中卫市"六权"交易集中签约活动成功举办。公立医院综合改革国家级示范市、全国急救教育改革试点、全国综合减灾示范县、全区县乡综合执法联动试点等19项国家级和自治区级试点改革任务取得突破。

（任翠花）

网络安全和信息化

【网络治理】 2022年，中卫市加强网络生态治理，开展"清朗"系列专项行动16个，依法处置违法违规网站、账号32个，约谈责任人7人次，全面深挖清理有害信息、错误表述信息34条。

【网络安全】 2022年，中卫市开展网络安全风险隐患排查预警，督促整改网络安全漏洞1782个、风险隐患19个。构建网络安全保障体系，组织互联网企业开展网络攻防演练，公开遴选12家网络安全技术支撑单位，为全市提供网络安全监测、风险研判、应急处置等服务保障。通过线上线下相结合的方式，组织开展网络安全宣传月、国家网络安全宣传周、网络安全志愿服务进社区等活动。

【网络宣传】 2022年，中卫市深入推进习近平新时代中国特色社会主义思想、习近平总书记视察宁夏重要讲话和重要指示批示精神网上宣传阐释，全力做好党的二十大精神网上宣传，指导市属新媒体平台开设专题专栏15个，刊发作品2000余个。加强网络文明建设，持续深化"网络中国节""争做中国好网民"主题活动，组织市属新媒体平台开设专题专栏21个，发布作品2770个，总点击量230万人次。组织开展"感恩奋进，'卫'来可期"网络达人看中卫活动，展示中卫秀美风光、发展成就、独特魅力，线上线下良性互动，话题点击量超6000万次；配合中央网信办、自治区党委网信办开展"2022中国有约 美丽新宁夏""点赞美丽新宁夏 走好新的长征路"等网络主题活动。

【中共中卫市委网络安全和信息化委员会第四次会议】 5月6日召开。会议传达学习习近平总书记关于网络强国的重要思想，全国网信办主任会议、自治区党委网信委第四次会议精神，听取全市网信工

作情况汇报,审定《2022年全市网信工作要点》,研究部署下一步工作。　　　　　　　　　（白　杨）

机构编制

【概况】　截至2022年12月31日,中卫市本级共设置机构205个。其中,党政群机关82个,事业单位123个。党政群机关中,纪检监察机关1个,市委工作机关11个,人大常委会机关办公室及专门委员会7个,市政府工作部门33个,政府部门垂直管理机构5个(中卫市生态环境局下设的5个分局),市委、市政府派出机构两个,政协机关办公室及专门委员会8个,群众团体机关9个,民主党派机关6个。事业单位中,按隶属关系划分:市委、市政府直属事业单位7个、部门所属事业单位116个;按经费形式划分:全额预算事业单位117个、定额补助事业单位6个。

【机构编制法治化建设】　2022年,中卫市认真贯彻习近平法治思想,强化"党管机构编制原则",采取多种方式系统开展《中国共产党机构编制工作条例》(以下简称《条例》)及配套法规制度学习宣传并抓好落实。组织3个县(区)编委和63个市直部门(单位)党组织报告机构编制工作情况,各级党组织机构编制责任意识进一步增强。把《机构编制违规违纪违法行为处理和问责规则(试行)》编印成册,分发给市级领导和市直各部门主要领导,并利用推进改革、调研评估、办理机构编制事项、监督检查等,宣传《条例》及配套法规制度。全年按照编委工作规则和编办工作细则,组织召开市委编委会会议2次、编办室务会会议12次。

【执法改革】　2022年,中卫市在完成生态环境、市场监管、农业、交通运输、文化市场5个领域综合执法改革基础上,整合住建、教育、民政、水务等11个部门275项执法事项交由沙坡头区综合执法局承担,并调整设立6支副科级综合执法中队,制定《中卫市辖区跨领域跨部门综合执法事项清单》等改革配套文件8个,开创"1+X"跨领域跨部门综合执法模式。将森林草原防火、防汛抗旱两个指挥部办公室职责划转市应急管理局承担,组建市、县(区)、工业园区5支应急管理综合行政执法队伍,设立市减灾中心,调整市安全生产监测和应急救援指挥中心机构设置,构建市、县(区)、乡(镇)三级综合执法体系。在完成基层整合审批服务执法力量改革基础上,在全区率先开展县乡综合执法联动改革,完善"乡呼县应"执法联动机制,构建"乡镇综合执法办公室+6个领域综合执法+N个县(区)级部门执法"的基层综合执法模式,推动市场监管、生态环境保护、文化市场、交通运输、农业、应急管理等领域执法向基层延伸,实现专业执法与基层综合执法有效衔接、上下联动。

【市区管理体制机制调整】　市场监管体系方面,组建沙坡头区、中卫工业园区两个分局,设立7个基层所,健全完善"局—分局—所"三级组织管理体系。城市管理体制方面,设立市城市管理指挥中心,在沙坡头区综合执法局加挂沙坡头区城市管理局牌子,厘清市、区部门城市管理职责边界,将城市管理领域相对集中的规划、生态环境、交通运输等4个领域26项行政执法事项交回原行使部门承担,构建权责顺畅的城市管理运行体制。公共卫生服务体系方面,将滨河、文昌两个社区卫生服务中心及10个社区卫生服务站整建制移交沙坡头区,理顺管理体制,补齐市辖区社区卫生服务短板。

【专项体制改革】　调整管理体制、明确职责任务、优化机构设置、健全协作机制,国家安全、行政复议、国防动员等专项体制改革有序推进,按照自治区统一部署全面落实到位。

【机构编制资源配置】　争取自治区党委编办支持,将市本级的44名定额补助事业编制置换为全额预算事业编制,增加行政编制1名、周转事业编制233名。先后撤销整合市畜禽定点屠宰办公室、良种繁育场两个事业单位,调整收回海兴开发区管委会行政编制10名,核减收回市自然资源局、工业园区管委会、畜禽定点屠宰办公室、良种繁殖场等4个部门(单位)事业编制29名。调整设立市投资促进服务中心、数字产业服务中心等事业单位7个。将职能弱化、人员老化、通过政府购买服务和现代化科技手段提高管理效率等具有调整空间的10家事业单位的47名编制调整为周转事业编制,纳入"周转池"管理,进一步增强市本级编制调控和应急保障能力,为下步事业单位改革和统筹各类机构编制配置奠定基础。

【机构编制实名制管理】　严格执行"四个一"信息核查机制,定期与组织、人社、财政等部门开展数据比对,年内累计核对人员信息近13000条,全面核查在编人员信息900余名,调整更新实名制系统各项信息1000余条,办理空编补员手续470余件,确保实名制数据信息真实、准确、规范,为2022年度公务员招考、事业单位工作人员招聘、军转干部安置、领导干部配备等工作提供可靠的数据服务保障。

【机构编制监督检查】 严格落实《条例》及配套法规制度关于机构编制监督检查规定，组织开展市委编委会议定事项、机构编制纪律执行情况监督检查5次，纠正不规范事项3项。按照自治区党委编办有关通知精神，开展机构编制问题整改"回头看"工作，对2019年自治区巡视中卫市反馈涉及机构编制方面的两个问题和2022年自治区党委编办监督检查反馈问题等进行自查自纠，除政策性问题外，其他问题全部整改销号。健全完善与相关部门的协作配合机制，年内会同巡察、审计等部门，对12个市直部门（单位）党委（党组）开展机构编制工作和纪律要求执行情况监督检查。

【事业单位登记管理】 落实事业单位登记管理政策法规，强化事业单位登记管理服务标准化规范工作，完成事业单位日常登记及法人年度报告公示工作，加强事业单位事中、事后监管。2022年，办理事业单位法人登记22起，完成市本级79个事业单位法人2021年度报告公示工作，随机抽查16家事业单位。办理机关群众团体统一社会信用代码证书初领、变更、撤销业务。

（詹卫宁 陆 伟 张 蕾 陈 芳 王 晴）

中卫市直机关工委工作

【概况】 2022年，中卫市直机关工委辖10个党委、16个党总支、43个直属基层党支部的2062名党员。

【理论武装】 深入学习贯彻习近平新时代中国特色社会主义思想。结合"五型"模范机关创建，开展"喜迎二十大、勇担新使命，建设先行区、奋进新征程"主题实践活动，举办学习贯彻党的十九届六中全会精神暨自治区第十三次党代会精神科级干部培训班、纪检委员培训班等3期，培训干部574人。组织市直机关129个基层党组织和3600余名党员干部及时收听收看党的二十大开幕盛况。组织机关党组织书记开展习近平总书记视察宁夏重要讲话重要指示批示精神和自治区第十三次党代会精神宣讲100余场次。开展"做悦读党员·建书香机关""党课开讲啦——第五届微党课大赛"等活动。开展"我为'十四五'规划献一策""我为建设先行区和美丽新中卫献一策""以实干展现新作为，靠实干交出新答卷"承诺践诺等活动，评选推动市委、市政府中心工作高质量发展的意见建议40余条。

【政治建设】 落实《中共中央关于加强党的政治建设的意见》，坚持把党的政治纪律和政治规矩作为履职尽责的第一标准，把学习贯彻习近平新时代中国特色社会主义思想作为首要政治任务，引导市直机关各级党组织和广大党员干部树牢"四个意识"，坚定"四个自信"，坚决拥护"两个确立"，带头做到"两个维护"。加强市直机关政治监督，在基层党组织换届选举、发展党员及评优选先等工作中严把政治关。完成35名出席自治区第十三次党代会和党的二十大代表候选人推选工作，严格政治标准发展党员45人，稳妥处置涉嫌违纪违法党员干部9人。推荐市直机关民族团结进步先进集体3个、先进个人11名。打造集宣传、培训、健身、志愿服务等为一体的"党群服务站"。

【组织建设】 创新开展"一支部一品牌"创建活动，指导各基层党组织聚焦主责主业，找准机关党建与市委、市政府中心工作的结合点，按照"可推广、可复制、可借鉴"的创建目标，打造品牌党支部22个。紧盯"政治强、业务精、作风好"的高素质专业化党务干部队伍建设目标，创新开展党务干部"三强化四过硬五带头"活动，细化加强理论武装、配强专（兼）职党务干部等12项工作举措，强化训练、开阔视野，评选"最美党务工作者"10名。

【作风建设】 2022年，中卫市认真贯彻落实《关于进一步加强作风建设提升工作质效的实施意见》，实施政治素质、工作质效、干事激情、作风形象大提升"四项行动"，细化政治能力提升、加快工作节奏等具体举措12项，在全市树立起马上就办、办就办好的工作理念和大抓发展、抓大发展、抓高质量发展的鲜明导向。充分发挥纪工委作用，聚焦政治、思想、用权、监督、制度目标，开展以"五廉""五条线"为内容的廉洁型机关建设，不断推进市直机关党风廉政建设，举办市直机关党组织纪检委员业务培训班，编印《党内监督记录手册》，组织市直机关新任职114名科级干部参加"六个一"廉政教育活动，问责处理机关党建工作落实不到位及违纪违法党员干部9人，开展"廉政警示周""树清廉家风·创最美家庭"家庭助廉等活动，引导广大机关党员干部正确行使权力，清廉机关建设取得实效。组织3400余名机关党员干部参加"周五有约""党员到社区报到"等志愿服务活动。

【模范机关创建】 2022年，中卫市立足机关党建"围绕中心、建设队伍、服务群众"的职责定位，综合考核各党组织在党员教育管理、党建业务融合、支部品牌建设、服务群众等方面的工作，择优评选亮点突出、特色鲜明的18个示范典型编辑成册,建立机关党建工作示范名录。探索实施机关党建重点工作任务清单制,每季度初梳理主要工作任务清单,明确完成时限和具体要求,以"派单"形式下发至各党组织,并依托每季度开展的"互查互学互帮互促"活动,对照任务清单抓督导落实。年内,共下发"机关党建重点工作任务清单"、《落实全面从严治党主体责任工作提示函》120余份,整改各类共性个性问题330余条。向中央和国家机关工委旗帜杂志社选送"网格化"机制相关调研报告3篇,其中《建立"网格化"片区协作机制推动机关党建工作高质量发展》获优秀奖。举办首期"党支部书记论坛"活动,组织市直机关各党组织书记、党务干部140余人通过实地观摩、经验交流等方式学习模范机关创建工作的新理念、新做法。按照"基层党组织自评、党员群众测评、上级党组织评定、考评结果公示"的程序,评定出模范机关达标单位43个。

(王　静)

老干部工作

【概况】　截至2022年12月31日,全市共有离退休干部10628人,离退休干部党员5243人。市本级有离退休干部2222名,其中,离休干部19名,退休干部2203名。2022年8月,中卫市委老干部局获自治区党委老干部局"喜迎二十大　建功新时代"主题征文比赛优秀组织奖。12月,获"喜迎二十大　建功新时代"全区离退休干部文化艺术展演活动优秀组织奖。

【思想政治建设】　中卫市委老干部局、市离退休干部工委通过举办现场报告会、组织观看网上专题报告会、集中培训、主题党日、送学上门等形式,组织广大离退休干部深入学习贯彻习近平新时代中国特色社会主义思想、党的十九届六中全会精神、党的二十大精神以及自治区第十三次党代会精神,并结合工作实际,搭建老干部"线上课堂"、老年大学"课前5分钟理论学习"等学习载体,组织广大离退休干部对党的创新理论开展常态化学习。印发《中卫市离退休干部党员学习教育方案》,对基层党组织和党员学习教育分时段分专题进行指导部署。为基层党组织和200余名老同志订阅《宁夏日报》《中卫日报》《新消息报》《离退休干部党支部学习参考》等报刊300余份。用好"学习强国""离退休干部工作""塞上金秋"等学习平台,向党支部微信群推送学习内容35次110多条,组织收看离退休干部网上专题报告会5场次。组织老同志们观看党的二十大会议实况,撰写心得感言,以党支部为单位发放《党的二十大报告学习辅导百问》《二十大党章修正案学习问答》、新修订的党章等学习资料,组织老同志在线观看第15场全国离退休干部网上专题报告会。

【党的建设】　2022年,中卫市离退休干部工作委员会完善离退休干部党支部工作督查、党支部书记定期联席会议等制度,实行清单式管理模式,加强对市直有关部门(单位)、县(区)离退休干部党建工作的督导,年内组织召开基层党支部书记联席会议4次,指导两个基层党支部完成任期换届,指导基层党组织以"喜迎党的二十大"为主题,开展各类学习示范活动。按照自治区离退休干部党工委的安排部署,启动示范党支部创建活动,年内申报3个基层党支部为自治区级示范党支部。按季度统一安排支部主题党日活动,离退休干部党员管理教育、党支部标准化规范化建设得到有效提升。持续落实好"三会一课"、组织生活会、民主评议党员等制度。对全市离退休干部流动党员进行摸底排查,定期完善党员信息库。12月中旬,举办离退休干部党支部书记学习宣传党的二十大精神专题培训班,对50余名基层党组织书记和党务工作者进行集中学习培训。贯彻中办和自治区党委《关于加强新时代离退休干部党的建设工作的实施意见》精神,协调市委将离退休干部党建工作纳入全市大党建工作考核体系和党组织书记抓基层党建工作述职评议考核。

【服务管理】　2022年,中卫市委老干部局召开全市老干部情况通报会,向处级以上退休干部传达全国老干部工作"双先"表彰大会精神。完成自治区党委省部级离退休干部到中卫参观考察活动,自治区党委老干部局以向市委寄感谢信形式对保障工作给予充分肯定。按规定为基层党组织和老同志订阅《宁夏日报》《中卫日报》等报刊300余份。组织开展"服务惠老"行动,落实好"五必访"工作制度,坚持在春节、"七一"等重大节日对离休干部、退休厅级干部全覆盖上门走访慰问,年内开展老干部"全覆盖"式走访慰问两次,累计发放慰问金33.4万元。关爱独居、行动不便离退休干部,开展生日祝寿8人次,生病慰问5人次,电话慰问130余人次,协调处理老同志困难问题52件次。探索拓宽服务渠道和方式,与中国邮政集团公司中卫分公司签订《夕阳"邮"我伴协议》,为207名离退休干部赠送生日蛋糕、上门家政服务、宣传金融知识等。协调市卫生健康委推进家庭医生签约活动,为在市区居住的离休干部和副处级以上退休干部176人提供家庭医生签约服务,年内开展不少于4次基本服务和5项重点日常服务。疫情防控期间,通过电话、微信等方式,联系空巢、独居、生病、住院的老干部260余人次。

【主题活动】 2022年,中卫市委老干部局、市离退休干部工委举办全市离退休干部"喜迎二十大 建功新时代"书画摄影展活动,展出各类作品108幅,引导老同志们把对党对祖国对家乡对人民的热爱倾注于笔端,聚焦于镜头。举办全市离退休干部"永远跟党走、逐梦新时代"专场文艺演出。开展"建言二十大"调研和"我看中国特色社会主义新时代"参观考察活动,收集到老同志建言献策87条。开展"老少同声颂党恩、携手喜迎二十大"红色故事宣讲活动,分别组建红色故事宣讲团、老干部宣讲队和老兵宣讲团,组织老同志们深入中小学开展红色故事宣讲32场次。开展"汇聚银发力量、助力乡村振兴"文艺下乡活动,依托春节、端午、"八一"等重要节日,组织书画爱好者深入社区、部队,开展"翰墨飘香,送书画下基层"志愿服务活动8场次。组织文艺志愿服务队开展"汇聚银发力量、助力乡村振兴"文艺下乡活动10余场次。开展反诈宣传志愿服务、慰问退伍老兵、文艺展演进军营和敬老院等各类主题志愿服务10余场次。

(苏 微)

党校工作

【政治建设】 2022年,中卫市委党校开展党的二十大和习近平总书记视察宁夏重要讲话和重要指示批示精神"大学习、大讨论、大宣传、大实践"活动。开展模范机关创建活动,落实"三会一课"、主题党日、民主生活会、组织生活会和民主评议等制度。落实全面从严治党要求,配合市委第二巡察组完成常规巡察工作,针对反馈意见整改工作有序推进。组织开展"廉政警示教育周"和违规收送红包礼金和不当收益及违规借转贷或高额放贷专项整治活动。完善相关管理制度,建好管好用好教学、科研、宣讲、网络阵地。加强法治宣传教育,落实工作措施,推动平安建设稳步开展。深化民族团结进步创建工作,建好用好中卫市"铸牢中华民族共同体意识"干部教育基地。强化精神文明建设,学习宣传《中卫市文明行为促进条例》等地方规章,组织党员干部到社区报到,开展创建文明城市文明行为劝导、疫情防控等志愿服务活动。完成乡村振兴结对帮扶等工作任务。

【干部队伍建设】 2022年,中卫市委党校实施人才强校战略,推行导师制培养模式,按照《全区市县党校(行政学院〔校〕)教研人员导师制培养实施办法(试行)》选派3名教师与自治区党校专家教授结对"传帮带",推进用学术讲政治落地落实。抓实干部梯次培养,开展青年教师"习·思·享"理论小组学习活动。加强师资队伍建设,公开自主招聘教师1名,评定晋升职称、职级5人。完善在职干部学历教育管理机制,抓好在职研究生班学习管理服务,完成2022级宁夏党校在职研究生招生等工作,录取学员39名,推进党员干部在职学历教育。

【理论宣讲】 2022年,中卫市委党校围绕深入学习贯彻习近平新时代中国特色社会主义思想暨习近平总书记视察宁夏重要讲话和重要指示批示精神、党的二十大精神、党的十九届六中全会精神、自治区第十三次党代会精神、市第五次党代会精神、弘扬科学家精神等专题,组织开展理论下基层宣讲200余场次,受众近1.2万人次。以学习宣传贯彻党的十九届六中全会、党的二十大精神为主题,推出视频"微党课"9讲、视频"云宣讲"5讲,在中卫发布等平台推送播出。

【教育质量评估】 2022年,中卫市委党校把全区市县党校办学质量评估作为重点工作,多次召开校委会会议、校长办公会议研究推动办学质量评估工作。制定办学质量评估工作方案,成立评估工作领导小组,按照"五定"原则,将评估指标细化分解,明确责任领导、责任部室、责任人、完成时限和责任追究。强化工作措施,对迎检档案资料多次进行"回头看",组织相关人员赴兄弟党校观摩学习。6月上旬通过自治区党校办学质量评估。评估意见反馈后,市委党校召开座谈会分析存在问题的成因,结合实际研究制定全市党校系统整改方案,明确整改工作任务、职责、时限要求和具体措施,整改工作有序推进。

【干部培训】 2022年,中卫市委党校创新教学方式,提升干部培训质量。把学习宣传贯彻习近平新时代中国特色社会主义思想作为中心内容,加强培训课程、培训保障、培训制度体系建设。落实"领导干部上党校讲台"制度,市委书记、市长等8名市级领导干部带头走进课堂进行专题辅导。创新培训方式,全市中青年干部培训班围绕市委、市政府中心工作确定调研课题,学员分组开展社会调研,成果经专家评审和现场 PPT 展示后,报市委、市政府主要领导审阅。全市年轻干部能力素质进修班分阶段确定培训专题,每个阶段均组织学员研讨交流、基层调研及闭卷考试。加强现场教学课程开发,开发党风廉政建设、云计算大数据、乡村振兴、社区治理等多个现场教学点,开展现场教学 20 多场次。举办全市县处级领导干部深入学习贯彻党的二十大、十九届六中全会、自治区第十三次党代会精神培训班、一把手政治能力素质提升、换届后新进领导班子及乡镇一把手、中青年干部、优秀选调生能力素质提升培训班,设大数据产业中心市和大数据产业升级示范市等培训班 35 个,参学 2750 余人次,实现全市县处级领导干部培训全覆盖。

【教学科研】 2022 年,中卫市委党校坚持以学习贯彻习近平新时代中国特色社会主义思想为首要任务,推进教学出题目、科研做文章、成果进课堂、咨询进决策,制定《教学专题开发使用管理办法(试行)》,落实集体备课、试讲评课等制度,开展教研活动 15 次,开发教学专题 15 个。坚持理论联系实际,围绕市委、市政府中心工作和社会热点难点问题立项校级课题 11 个。组织教师申报第五批宁夏新型智库、全区党校(行政学院)系统智库研究、宁夏哲学社会科学规划、中卫市哲学社会科学规划等课题项目,提交课题项目 13 个,立项省部级课题 1 个、地市级课题 3 个。完成省部级课题 1 项并一次性通过评审,1 项智库课题入选自治区党委宣传部《智库成果要报》。编辑出版《中卫论坛》4 期,采稿 68 篇;在《宁夏日报》《中卫日报》等党报党刊发表理论文章 25 篇。持续开展教师蹲点调研活动,11 名教师走进基层,掌握第一手资料,完成调研报告 13 篇,向市委上报《调研资政专报》5 篇,其中 3 篇获市委书记肯定性批示,为深化教学科研工作奠定基础。

【中卫市党校工作座谈会】 5 月 11 日召开。会议传达学习习近平总书记关于党校办学治校系列重要指示精神,听取市委党校工作汇报,并开展座谈交流。

(缪 昕)

档案管理

【概况】 中卫市档案馆为市委直属正处级事业单位(参公管理),归口市委办公室管理。设办公室、档案管理利用科(信息技术科)、档案接收征集科 3 个正科级机构。核定处级领导职数 2 名(1 正 1 副)、科级领导职数 3 名。核定全额预算事业编制 9 名,实有在编人员 8 名。馆舍总面积 1198 平方米。截至 2022 年年底,馆藏各门类档案 232 个全宗 98000 卷、资料 14716 件(册),各类实物档案 1997 件。馆藏档案跨度 97 年(1925 年—2021 年)。现存国家重点档案主要有:《乾隆中卫县志》《道光中卫县志》,民国时期国民党中卫县党部、卫宁地方法院、教育科、邮政局、统计局档案及历史文献《万有文库》、国民党在宁夏的活动照片,新中国成立后国家领导人到中卫考(视)察照片等。

【资源优化建设】 2022 年,中卫市档案馆参与实施新时代新成就国家记忆工程,制定《中卫市档案馆 2022 年档案接收征集计划》,全方位收集中卫市反映党史、新中国史、改革开放史、社会主义发展史等档案材料,确保应收尽收、应归尽归。2022 年共接收脱贫攻坚、党史学习教育等方面档案 15231 件,接收各级政府公报 129 件。

【利用服务】 2022 年,中卫市档案馆线上服务查档群众 41 人次,接待现场查档人员 302 人次,利用档案 553 卷(件),复制档案 2464 页。开展档案开放审核。制定《中卫市档案馆 2022 年档案开放审核计划》,全年完成 5 个全宗文书档案的开放审核工作,通过自治区档案开放系统向社会公开开放目录 741 条。

【信息化建设】 2022 年,中卫市档案馆争取项目资金 40 万元,组织完成馆藏档案数字化第三期加工项目。馆藏纸质档案数字化项目一期和二期成果导入档案馆数字档案管理系统。开通自治区内网上查档服务,并接入全国档案查询利用服务平台。

【安全管理】 中卫市档案馆安排专人负责数字化项目加工人员的信息保密管理。对档案馆库房、机房、办公用房和消防设施等重点部位、重要设备,组织开展安全隐患检查 2 次,并进行集中整治。实行法定节假日期间全天值班制,实时监控库房、查档大厅等重要部位,及时做好日常库房巡检、温湿度监测。落实档案防火、防盗、防鼠等防范措施,及时更新显示器、防虫药、灭鼠板。

(李四营)

党史研究

【概况】 2022 年,中卫市委党史研究室编纂完成 2021 年《中共中卫市委大事记》,共 3 万余字;征集 2022 年中卫历史大事记、中卫市委大事记资料各 40

万余字;编撰、修改《中共中卫历史大事记(2016—2021年)》资料20万余字。指导中宁县党史部门完成《中国共产党中宁历史大事记(2015—2021年)》资料整理工作和《中宁红色印记》编写工作,海原县党史部门完成《海原县红色故事》编写工作。在全市党史部门扎实开展《中卫市脱贫攻坚实录》征编工作,共征编荣获全国、全区先进个人和先进集体口述史31篇,完成党委主要负责同志脱贫攻坚口述史采编工作;撰写《中卫市红色资源保护利用的思考与研究》。撰写《中国国家人文地理·中卫》中红色文化、烈士、改革开放三章节内容,征集图片17张。

【党史宣传教育】 2022年,中卫市委党史研究室紧紧围绕党的二十大和自治区第十三次党代会精神等,为滨河镇槐树北巷社区、海城镇山门村讲党课两次。推动党史学习教育常态化长效化开展,打造党史图书资料室,收集中共党史、宁夏党史、中卫党史等各类图书300余册。

(万家媛)

中卫市人民代表大会

综述

【概况】 2022年,中卫市人大常委会共召开常委会会议7次,制定地方性法规1件、法规性决定2件,听取审议专项工作报告19份,开展执法检查1次、专题询问1次,完成专题调研两项,组织重点工作和相关领域视察3次,作出决议决定12项,依法任免国家机关工作人员71人次,督办办结代表建议28件,配合上级人大常委会开展调研、视察等21批次。

【立法工作】 2022年,中卫市人大常委会研究制定五年立法规划和2022年度立法工作推进计划。年内制定出台《中卫市养犬管理条例》,作出《关于加强大麦地岩画保护的决定》《关于对市人民政府调整中卫市沙坡头区城市饮用水水源地保护区的决定》。全年备案审查规范性文件11件,向自治区人大常委会报备市人大常委会制定的规范性文件两件。组织开展全市法规规章规范性文件电子数据清理审核,以及计划生育和水能资源规范性文件清理工作。加强"八五"普法宣传。落实宪法宣誓和法律知识任前考试制度,引导公职人员自觉增强宪法意识,弘扬宪法精神。先后组织宪法宣誓仪式5次,49名国家工作人员庄严宣誓、依法履职。

【监督工作】 2022年,中卫市人大常委会围绕推动产业转型升级,组织开展全市枸杞产业提质增效推进情况视察和设施农业发展情况调研,听取全市科技型企业培育、提升、创新平台建设情况报告,助力重点产业发展和创新能力提升。围绕加强生态环境保护,听取全市开展压砂地退出种植和生态修复工作、生态环境状况和环境保护目标完成情况报告,进行全市环境保护检察公益诉讼工作调研,促进政府及相关部门夯实美丽中卫的生态"绿色基底"。围绕增进民生福祉,听取全市义务教育阶段学生"双减"政策落实、代表建议办理、民生实事办理、大麦地岩画及长城等保护利用情况的报告,组织开展市五届人大一次会议代表提出建议办理工作视察和专题询问,助推社会事业健康发展。围绕加强社会治理,对全市贯彻实施《中卫市文明行为促进条例》情况进行检查,听取全市行政复议工作情况报告、法院"一站式"多元解纷和诉讼服务体系建设情况工作报告,助推社会和谐稳定发展。

【人事任免】 2022年,中卫市人大常委会坚持党管干部和人大依法行使任免权有机统一,认真贯彻地方组织法和人事任免工作条例,严格执行干部任前法律知识考试、任前承诺发言、颁发任命书和向宪法宣誓等程序,依法选举任命国家机关工作人员,保障国家机关的合法有序运作。年内共任免国家机关工作人员71人次。

【视察检查调查】 2022年,中卫市人大常委会组织听取市人民政府关于全市开展压砂地退出种植和生态修复工作情况的报告,关于全市行政复议工作情况的报告,关于推进优化营商环境工作情况的报告,关于全市贯彻实施《宁夏回族自治区黄河流域生态保护和高质量发展先行区促进条例》情况的报告,关于实施大麦地岩画、长城等保护利用情况的报告,关于国有资源管理情况的报告,关于全市生态环境状况和环境保护目标完成情况的报告,关于全市义务教育阶段学生"双减"政策落实情况的报告,关于全市科技型企业培育、提升、创新平台建设情况的报告,关于市五届人大一次会议代表建议办理情况的报告,关于化解政府债务风险的专项报告,关于民生实事办理情况的报告;听取市监察委员会专项工作报告,听取市中级人民法院专项工作报告;审查和批准2021年市本级决算,听取和审议市人民政府关于2021年度预算执行和其他财政收支的审计工作报告,听取市人民政府关于2022年上半年国民经济和社会发展计划执行情况的报告,听取市人民政府关于2022年上半年市本级预算执行情况的报告,听取市人民政府关于2021年度预算执行和其他财政收支审计查出问题整改情况的报告,听取和审议市人民政府关于2022年预算调整的议案;对全市贯彻实施《中卫市文明行为促进条例》情况进行检查;组织对市五届人大一次会议重点代表建议进行专题询问;调研全市设施农业发展情况,调研全市环境保护公益诉讼工作情况;视察全市枸杞产业提质增效推进情况,视察市五届人大一次会议代表提出建议办理工作,视察推进黄河流域生态保护和高质量发展先行市重点项目建设;完成自治区人大常委会安排的执法检查、调研等任务;完成市委安排的相关监督工作。

重要会议

【中卫市五届人大常委会第一次会议】 会议于2022年2月25日举行。市人大常委会党组副书记、主任崔昆,副主任万克军、韩秉文、郭爱迪、田风才、陈自强、景兆珍、马丽及委员共34人出席会议。市人大常委会党组副书记、主任崔昆主持会议。市监察委员会副主任周自军,市中级人民法院院长何莉,市人民检察院检察长赵红香,部分市人大代表、市人大常委会机关委室负责人、会议拟任命人员列席会议。会议传达学习习近平总书记在中央人大工作会议上的重要讲话精神,《中华人民共和国各级人民代表大会常务委员会监督法》《中卫市人大常委会组成人员守则》《中卫市人民代表大会常务委员会议事规则》,审议《中卫市人大常委会2022年工作要点》《中卫市人大常委会2022年监督工作计划》,审议设立市五届人大常委会代表资格审查委员会的决定,审议辞职决定,审议通过有关人事任免议案,举行宪法宣誓仪式。

【中卫市五届人大常委会第二次会议】 会议于2022年4月27日举行。中卫市人大常委会党组副书记、主任崔昆,副主任万克军、韩秉文、郭爱迪、何建勃、田风才、陈自强、景兆珍、马丽及委员共29人出席会议。市人大常委会党组副书记、主任崔昆主持会议。市监察委员会副主任杨智龙,市中级人民法院院长何莉,市人民检察院副检察长强吉鸿,部分市人大代表,市人大常委会机关委办负责人列席会议。会议听取《中卫市人民政府关于全市开展压砂地退出种植和生态修复情况的专项工作报告》《中卫市人民政府关于全市行政复议工作情况的报告》,审议《中卫市五届人大常委会代表资格审查委员会关于个别代表变动情况的报告》《中卫市人民代表大会常务委员会关于接受杨宏峰辞去自治区十二届人大代表职务请求的决定》,补选自治区十二届人大代表,审议通过有关人事任免议案,举行宪法宣誓仪式。

【中卫市五届人大常委会第三次会议】 会议于2022年6月8日举行。中卫市人大常委会党组副书记、主任崔昆,副主任万克军、韩秉文、田风才、陈自强、景兆珍、马丽及委员共28人出席会议。市人大常委会党组副书记、主任崔昆主持会议。市人民政府副市长马自忠,市监察委员会副主任杨智龙,市中级人民法院院长何莉,市人民检察院代理检察长李晓军,部分市人大代表,市人大各专委会、市人大常委会机关委办负责人列席会议。审议《市人大常委会关于接受刘辛彧辞去中卫市第五届人民代表大会常务委员会秘书长职务请求的决定》。

【中卫市五届人大常委会第四次会议】 会议于2022年7月20日举行。市人大常委会党组副书记、主任崔昆,副主任万克军、韩秉文、郭爱迪、何建勃、田风才、陈自强、景兆珍、马丽及委员共31人出席会议。市人大常委会党组副书记、主任崔昆主持会议。市人民政府常务副市长杨照明,市监察委员会副主任周自军,市中级人民法院院长何莉,市人民检察院代理检察长李晓军,部分市人大代表,市人大各专委会、市人大常委会机关委办负责人列席会议。会议审议《中卫市人民政府关于调整中卫市沙坡头区城市饮用水水源地保护区的报告》《中卫市人民政府关于中卫市养犬管理条例》的议案,听取《中卫市人民政府关于优化营商环境工作情况的专项工作报告》,审议《中卫市人民政府关于提请审议2022年市本级预算调整方案(第一次)的议案》《中卫市人大常委会执法检查组关于检查〈中卫市文明行为促进条例〉实施情况的报告》《中卫市人民代表大会常务委员会组成人员守则(修订稿)》、自治区第十二届人大代表辞职议案,听取《市人大常委会调研组关于对全市设施蔬菜产业发展情况的调研报告》《中卫市人大常委会调研组关于全市环境保护公益诉讼检察工作的调研报告》,审议通过有关人事任免议案,举行宪法宣誓仪式。

【中卫市五届人大常委会第五次会议】 会议于2022年8月30日举行。市人大常委会党组副书记、主任崔昆,副主任万克军、韩秉文、陈自强、景兆珍、马丽及委员共28人出席会议。市人大常委会党组副书记、主任崔昆主持会议。市监察委员会副主任杨智龙,市中级人民法院院长何莉,市人民检察院代理检察长李晓军,部分市人大代表,市人大各专委会、市人大常委会机关委办负责人,会议拟任命人员列席会议。会议审议《中卫市养犬管理条例(草案)》(第二次)、《关于加强大麦地岩画保护的决定(送审稿)的议案》《关于2022年上半年国民经济和社会发展计划执行情况的报告》《关于2021年全市及市本级财政决算(草案)和2022年上半年财政预算执行情况的报告》《关于市本级和部门2021年度财政预算执行及其他财政收支情况的审计工作报告》《2022年市本级预算调整方案(第二次)的议案》《中卫市人大常委会视察组关于视察全市枸杞产业提质增效推进情况的报告》,审查和批准《2021年市本级财政决算》,审议财经工委《关于2021年市本级财政决算(草案)的审查报告》,听取《关于全市贯彻实施〈宁夏回族自治区黄河流域生态保护和高质量发展先行区促进条例〉情况的报告》《全市法院"一站式"多元解纷和诉讼服务体系建设情况的报告》,审议通过有关人事任免议案,举行宪法宣誓仪式。

【中卫市五届人大常委会第六次会议】 会议于2022年11月18日举行。市人大常委会党组副书记、主任崔昆,副主任万克军、韩秉文、田风才、陈自强、景兆珍、马丽及委员共29人出席会议。市人大常委会党组副书记、主任崔昆主持会议。市人民政府副市长许洪波,市监察委员会副主任杨智龙,市中级人民法院院长何莉,部分市人大代表,市人大各专委会、市人大常委会机关委办负责人,会议拟任命人员列席会议。会议听取《中卫市人民政府关于全市国有自然资源管理情况的报告》《中卫市人民政府关于中卫市化解政府债务风险情况的报告》《中卫市人民政府关于2022年民生实事办理情况的报告》《中卫市人民政府关于市五届人大一次会议代表建议办理情况的报告》《中卫市人民政府关于中卫市义务教育阶段学生"双减"政策落实情况的报告》《中卫市人大常委会法工委关于2022年规范性文件备案审查工作情况的报告》《市人民政府关于提请审议全市生态环境情况和环境保护目标完成情况的报告》《中卫市人民政府关于全市实施大麦地岩画、长城等保护利用情况的报告》,审议《市人民政府关于2021年市本级预算执行和其他财政收支审计查出问题整改情况的报告》。

【中卫市五届人大常委会第七次会议】 会议于2022年12月13日举行。市人大常委会党组副书记、主任崔昆,副主任万克军、韩秉文、田风才、陈自强、景兆珍、马丽及委员共27人出席会议。市人大常委会党组副书记、主任崔昆主持会议。市人民政府副秘书长雍跃斌,市监察委员会副主任杨智龙,市中级人民法院院长何莉,市人民检察院代理检察长李晓军,部分市人大代表,市人大各专委会、市人大常委会机关委办负责人,会议拟任命人员列席会议。会议听取《市人民政府关于推进黄河流域生态保护和高质量发展先行市重点项目建设情况的报告》《市人民政府关于全市科技型企业培育、提升、创新平台建设情况的报告》,审议《中卫市人民政府关于提请审议2022年市本级预算调整方案(第三次)的议案》、中卫市人大常委会《关于召开中卫市第五届人民代表大会第二次会议的决定(草案)》《中卫市第五届人民代表大会第二次会议议程(草案)》《中卫市第五届人民代表大会第二次会议日程(草案)》,审议《市人大常委会代表资格审查委员会关于市第五届人民代表大会个别代表资格及变动情况的审查报告》《中卫市第五届人民代表大会第二次会议各项名单、办法及决定(草案)》《中卫市人大常委会工作报告(审议稿)》,审议人事任免议案。

代表工作

【代表服务保障】 2022年,中卫市人大常委会建立健全代表学习培训制度,加强上下统筹协调,制定代表培训工作三年计划和本年度计划,结合人大监督工作特点,围绕人民群众关注的社会热点、难点问题,有针对性地开展常委会组成人员和代表履职能力培训,组织部分常委会组成人员和代表赴浙江、山东等地参加专题培训和学习考察,增进了解,取长补短,全方位提高代表综合素质、履职能力和工作水平,促进代表为经济社会发展和民生改善建言献策、出力添彩。推进乡(镇)代表之家和村级代表工作室改造提升,使代表联系群众渠道更加畅通、代表履职活动更加规范。为代表订阅《中国人大》《宁夏人大》,向代表赠阅《中卫市人大常委会公报》等学习资料,强化代表履职意识。落实代表活动经费,加强与代表所在单位沟通,为代表履职创造条件。

【代表履职渠道拓展】 换届选举之后,中卫市人大常委会及时对市、县(区)、乡(镇)人大代表重新编组,在认真组织、做好各级代表进站入点的同时,建立健全主任会议成员联系县(区)人大工作、常委会组成人员联系基层代表、基层代表联系选民等制度,深化常委会组成人员联系代表和代表联系群众的"双联系"活动,建立代表履职"三个一"(每半年至少走访或联系选民和基层单位1次、每届至少提出1件意见建议、每届向选民或所在选区述职1次)工作机制。丰富闭会期间代表履职活动,拓展代表参与立法调研、监督检查、工作评议、重大事项决定的空间。全年邀请120余人次代表列席常委会会议,参加视察、专题调研、执法检查等活动,并采取致函、电话、微信、短信等方式,征集200多名代表关于"一府一委两院"工作报告的意见建议,引导鼓励人大代表在一线担当作为,在一线示范引领,在一线监督督促,在一线建言献策,为市委各项决策部署贯彻实施凝聚最大共识,汇聚最强力量。

【代表议案建议办理】 自治区十二届人大五次会议期间,中卫市代表团提出的关于加快黑山峡水利枢纽工程立项建设和关于制定出台《宁夏回族自治区防范和处置非法集资工作实施细则》两条建议,被自治区人大常委会确定为重点督办建议,其中黑山峡水利枢纽工程全面展开前期工作,可研编制工作方案经水利部同意;《全区防范和处置非法集资工作实施细则(试行)》由自治区人民政府办公厅于2022年9月正式发布;关于制定《宁夏回族自治区大数据发展促进条例》的议案被自治区人大常委会充分采纳。市五届人大一次会议期间,代表提出建议28件,常委会坚持领导班子成员领衔督办、工作机构跟踪督办、相关代表视察督办、重点建议集中督办,促进市人民政府有效办理落实。沙坡头香山兴仁片区生态修复及灌区(一期)供水工程、中沟路迎湖路改造提升等一批涉及基础设施建设和民生事业项目相继实施或完成,人大代表和广大群众的关切关注得到积极回应。

工作委员会

【法制工作委员会】 2022年,中卫市人大常委会制定《中卫市养犬管理条例》和中卫市人民代表大会常务委员会《关于对市人民政府调整中卫市沙坡头区城市饮用水水源地保护区的决定》《关于加强大麦地岩画保护的决定》。研究制定2022—2026年立法规划和2022年度立法工作推进计划。组织在中卫全市行政机关、科研机构、律师事务所、企业、村(居)民委员会、小区物业中选取16个单位建立中卫市基层立法联系点,并结合市人大常委会开展的代表"双联"活动,每个基层立法联系点确定1名市人大代表为联络员,形成人大常委会联系代表、代表联系基层立法联系点、基层立法联系点联系群众的工作模式。组织在行政执法人员、司法人员、科研人员、专家学者中选择32人建立中卫市人大常委会立法专家咨询委员会,提高科学立法水平。组织制定《中卫市人大常委会立法专家及基层立法联系点相关人员咨询费支付办法(试行)》。共备案审查规范性文件11件。向自治区人大常委会报备市人大常委会制定的规范性文件两件。组织开展全市法规规章规范性文件电子数据清理审核工作,共梳理出截至2021年现行有效的法规10件,政府规章2件,规范性文件150件,共计162件,逐一收集、审核、整理出文本电子数据,上报自治区人大常委会法工委。

【财政经济工作委员会】 2022年,中卫市人大常委会强化监督,做好计划及预算审查工作。审查2022年国民经济和社会发展计划草案。做好听取和审议市人民政府关于2022年上半年国民经济和社会发展计划执行情况的报告各项工作,对报告进行初审,广泛征求意见建议并形成初审意见,在市五届人大常委会第五次会议上将审议意见印发市人民政府研究处理。督促财政部门做好2022年度部门预算批复及公开工作。广泛征求加强预决算执行的意见建议,结合预决算报告和审计工作报告,草拟关于2021年市本级财政决算草案审查结果的报告和关于批准2021年市本级财政决算的决议草案,并及时提请市五届人大常委会第五次会议审查批准2021年市本级财政决算(草案)。做好听取和审议市人民政府关于中卫市本级和部门2021年度财政预算执行及其他财政收支情况的审计工作报告各项准备工作,对报告进行初审并形成初审意见,在市五届人大常委会第五次会议上进行审议。做好听取和审议市人民政府关于2021年度预算执行和其他财政收支审计查出问题整改情况的报告准备工作。审查2022年三次预算调整,针对市人民政府提出的预算调整议案,严格按照自治区追加预算资金的使用要求,并对资金管理使用提出工作建议。大力推进预算联网监督中心在线监督工作,通过"财政一体化"平台,在线实时查询监督市财政和各预算单位资金收支明细,动态监控财政预算执行情况,发现问题及时反馈,实现对预算执行过程的实时监督。

做好自治区人大常委会到中卫调研各项工作。认真履行工作职责,积极组织开展检查调研等各项监督工作。做好听取市人民政府关于化解政府债务风险的专项报告各项工作。听取和审议市人民政府关于国有资源管理情况的报告、市人民政府关于民生实事办理情况的报告,督办代表建议的落实。在市五届人大常委会第六次会议上听取和审议关于民生实事落实情况的专项报告,强化民生实事的跟踪督办,对民生实事落实情况开展专题询问,督促政府提升城乡居民基础养老金水平、健康和教育水平,推进实施健身设施、道路、绿化、城市品质提升工程等10件民生实事落实。对五届人大一次会议代表提出的"建设海原县西安供水水源工程"的重点建议进行跟踪督办,督促代表建议落实。听取市人民政府推进优化营商环境工作情况的报告、市人民政府关于推进黄河流域生态保护和高质量发展先行区重点项目建设情况的报告。

【农业与环境资源保护工作委员会】 2022年,中卫市人大常委会专题对全市设施蔬菜产业发展情况进行调研,对中宁县的全通枸杞供应链管理股份有限公司全产业链融合示范项目、华宝枸杞产业有限公司"茨乡里"工业旅游项目、中宁国际枸杞交易中心建设运营情况、早康公司枸杞深加工转化等8个点(单位)进行实地查看、现场询问,召开座谈会集中听取市、县(区)政府及市自然资源局、农业农村局等部门汇报,征询20余名市、县(区)、乡(镇)人大代表意见建议。根据专题调研和视察情况,起草《中卫市人大常委会调研组关于全市设施蔬菜产业发展情况的调研报告》《中卫市人大常委会视察组关于全市枸杞产业提质增效推进情况的视察报告》。听取人民政府关于全市开展压砂地退出种植和生态修复情况汇报,《宁夏回族自治区黄河流域生态保护和高质量发展先行区促进条例》贯彻实施情况汇报,全市生态环境状况和环境保护目标完成及乱占耕地、矿山治理、修复、保护等问题整治情况专项工作报告,采取致函、电话、微信、短信、调查问卷等方式,征集30余人次市级人大代表关于市人民政府相关专项工作报告的意见建议50余条,形成汇报材料,提交常委会审议。督办《关于加大海原县生态建设力度的建议》,海原县纳入六盘山山水林田湖草沙综合治理项目范畴,在造林补助标准、中幼林抚育提升、乡村绿化等方面得到项目、资金支持。督办落实民生实事1件,转交核查信访件2件。对海原县群众信访转办件落实情况、中宁县巩固脱贫攻坚成果与乡村振兴有效衔接反馈问题整改情况进行督办。第一排水沟巡查4次。对2022年度乡村振兴重点工作、农村人居环境整治提升五年行动、沙坡头区文昌镇东花园社区创城进行督导检查。

【教育科学文化卫生民族宗教工作委员会】 2022年,中卫市人大常委会开展《中卫市文明行为促进条例》实施情况的执法检查工作。抽选市、县、乡(镇)三级人大代表90名征集意见建议,征集意见建议105条,发放网络调查问卷300余份,梳理归纳反映比较集中的意见建议7条,形成执法检查报告,并已经市人大常委会及主任会议审议后转交市人民政府办理。做好市人大常委会听取市人民政府关于实施大麦地岩画、长城等保护利用情况报告的准备工作,形成《关于实施大麦地岩画、长城等保护利用情况的报告》。做好听取市人民政府关于全市义务教育阶段学生"双减"政策落实情况报告和市人民政府关于全市科技型企业培育、提升、创新平台建设情况报告的准备工作。做好听取市人民政府关于《宁夏回族自治区黄河流域生态保护和高质量发展先行区促进条例》实施情况报告的视察工作。报送《中卫市"一法一条例"贯彻实施情况的报告》《中卫市铸牢中华民族共同体意识落实情况的报告》。完成市五届一次人民代表大会宣传工作任务,组织撰写会议简报14期,印发360份。增强服务代表意识,强化建议督办,确保代表建议办理工作取得实效。督促办理市人大代表关于市压砂地退出种植和生态修复争取资金情况的建议,下发督办函,并与相关职责部门进行对接沟通,及时跟踪督办。

【人事代表联络与选举工作委员会】 2022年,中卫市人大常委会与组织部门沟通协调,做好人事任免议案起草工作,督促"一府一委两院"做好人事任免提请工作。对提请的人事任免议案严格审核,发现问题立即反馈修改,按规定程序及时提交党组会议、主任会议和人大常委会会议研究、审议、表决,保证党组织推荐的人选通过法定程序成为国家机关工作人员。年内,共任免国家机关工作人员66人次,完成并接受8名国家机关工作人员辞职议案。严格按照《宁夏回族自治区实施宪法宣誓制度办法》规定,做好新任命人员宪法宣誓组织工作。建立意见建议统一交办、"一府一委两院"领导领办、常委会领导牵头督办和常委会委室归口跟踪督办制度,积极与政府督察室联合,督促督办代表意见建议的办理。年初,将市五届人大一次会议主席团交付的28件代表建议转交市人民政府办理。做好代表建议办理情况视察、重点代表建议专题询问、代表联络和补选工作。建立健全"双联"工作机制。畅通代表知情知政渠道,常态化邀请代表列席市人大常委会会议,广泛组织代表参加常委会组织的各项视察、调研和执法检查活动,不断扩大代表参与社会事务的范围,切实保障代表的参政权利。及时对代表资格审查委员会进行调整。认真做好区、市代表出缺情况摸底排查工作,结合实际情况,起草代表变动情况及补选代表资格审查情况报告,做好代表资格审查委员会会议各项准备和服务工作,及时将代表变动及补选代表资格审查情况提交常委会审议通过并公告。两次依法对14名市人大代表资格进行审查终止,并发布公告,完成4名自治区人大代表的辞职和补选工作,对新当选的288名市五届人大代表个人信息核实、登记。6月下旬在市委党校举办第一期初任代表履职培训班。组织部分区、市人大代表外出考察学习。组织在中卫市工作的21名自治区人大代表和人大干部参加全区学习宣传自治区第十三次党代会精神培训班。为代表和常委会组成人员订购《人大代表执行职务知识读本》《新时代人大代表履职手册》《人大常委会组成人员手册》《人大工作常用法律汇编》等学习刊物。做好自治区人大代表换届选举工作。

【监察和司法工作委员会】 2022年,中卫市人大常委会专题听取全市行政复议工作情况,督促司法局起草《中卫市人民政府关于全市行政复议工作情况的报告(草案)》。对黄河河道、沟渠内倾倒生活垃圾及乱建房屋、粉尘污染及林木被滥伐补种等案进行专项调研座谈,听取市检察院对全市环境保护检察公益诉讼工作开展情况的汇报,征求市委政法委、市生态环境局、自然资源局、水务局等部门的意见建议,有针对性地指出全市公益诉讼检察工作中存在的主要问题,提出可行性意见建议,形成《中卫市人大常委会调研组关于全市环境保护公益诉讼检察工作的调研报告(草案)》。听取全市法院"一站式"多元解纷和诉讼服务体系建设情况,督促起草《全市法院一站式多元解纷和诉讼服务体系建设情况的报告(草案)》。督办市五届人大一次会议23号代表建议《关于加大儿童娱乐设施建设力度的建议》。年内共组织4次对46名拟提请任命的政府组成部门、市监委、法院、检察院干部进行任前法律知识考试。配合完成自治区人大《关于对全区信访工作有关情况调研的函》《关于调研自治区高级人民法院环境资源审判工作的通知》等相关服务工作。 (张宏清)

中卫市人民政府

重要会议

【中卫市政府第一次全体(扩大)会议】 2月7日召开,市长马洪海主持会议并讲话。会议传达学习中央、自治区党委经济工作会议及区、市两会精神,征求《关于2022年自治区及市政府工作报告重点任务分工》的意见建议,动员全市政府系统要站在新的起点上担当作为、狠抓落实,奋力推进先行市和美丽新中卫建设取得新成效。会议指出,要提高站位抓落实。要深刻感悟"两个确立"的重大政治意义、历史意义、时代意义,深刻认识中国共产党百年奋斗重大历史成就和历史经验,坚决做到"两个维护",不断提高政治判断力、政治领悟力、政治执行力,不折不扣落实党中央决策部署,落实自治区党委、政府和市委工作要求,落实市两会目标任务,把心思集中在"想干事"上,把担当展现在"敢干事"上,把能力体现在"会干事"上,把目标落实在"干成事"上,努力建设先行市和美丽新中卫。会议强调,要突出重点抓落实。要紧紧盯住目标任务不动摇,坚定信心、担当作为、苦干实干;要紧紧抓住产业高质量发展不放松,做优存量、做强增量、做大总量,做特一产、做优二产、做大三产;要紧紧把住实体经济持续健康发展不停步,全力以赴抓项目、争项目、招项目,多措并举,真抓实抓,掀起大招商、招大商的热潮;要紧紧把住黄河流域生态保护不含糊,坚持生态优先,持续用力打好蓝天、碧水、净土保卫战,切实抓好绿色发展;要紧紧围绕"四大提升行动"不懈怠,坚持以人民为中心的发展思想,加快实施"四大提升行动",牢牢稳定"三农"基本盘,扎实有序推进乡村发展、乡村建设、乡村治理重点工作,努力使群众看到变化、得到实惠、感到幸福。会议强调,要提高本领抓落实。要提高"善学"的本领,始终保持本领恐慌的危机感、能力不足的忧患感、不进则退的紧迫感,不断完善履职尽责必备的知识体系,做到心中有数、心中有策、心中有底;要提高"善谋"的本领,统筹谋划好当前和长远的关系、发展和安全的关系、城市和农村的关系,确保各项工作方向准、步子稳、落点实;要提高"善作"的本领,以敢抓的拼劲、真抓的实劲、常抓的韧劲推动政策落实、项目落地、措施落效。会议要求,各县(区)、各部门要扑下身子抓落实,切实增强转变作风的自觉性,在精简会议文件、调查研究、督查考核上狠下功夫,心无旁骛干事业、聚精会神抓落实。要严明纪律抓落实,筑牢依法行政"防线"、重点领域监管"底线"、清正廉洁"红线",切实履行"一岗双责",纵深推进政府系统全面从严治党。要加快推进重点项目建设,争取项目资金工作,抓好经济运行调度,抓好企业生产,做好春耕备耕,持续开展植绿增绿,抓紧常态化疫情防控,抓好安全生产及信访维稳工作,确保一季度实现"开门红",以优异成绩迎接党的二十大和自治区第十三次党代会胜利召开。

【中卫市政府廉政工作会议】 4月27日召开。市委副书记、市长马洪海出席会议并讲话。会议传达学习国务院第五次廉政工作会议暨自治区政府廉政工作会议精神。马洪海指出,过去一年,在市委的坚强领导下,全市政府系统深入贯彻全面从严治党部署要求,始终把政治建设摆在首位,坚持依法行政,加强源头治理,提升监督效能,简政放权扎实有效、行政权力运行规范、正风肃纪成效明显、务实作风持续优化,推动党风廉政建设和反腐败斗争取得新成效。马洪海指出,要坚定不移加强党的政治建设,以实际行动忠诚践行"两个维护"。全市政府系统要不折不扣落实勇于自我革命、全面从严治党要求,更大力度强化廉洁政府建设,一体推进不敢腐、不能腐、不想腐,全力营造风清气正的政治生态。要旗帜鲜明讲政治,坚定不移加强党的政治建设,忠诚捍卫"两个确立",增强"四个意识"、坚定"四个自信"、做到"两个维护",始终在思想上政治上行动上同以习近平同志为核心的党中央保持高度一致,不断提高政治判断力、政治领悟力、政治执行力,胸怀"两个大局"、心系"国之大者",把政府机关打造成坚强有力的政治机关。马洪海强调,要把纪律规矩挺在前面,以精准举措落实廉洁从政各项规定。要推进减税降费政策落地见效,坚决贯彻落实中央、自治区出台的政策措施,切实减轻企业负担,增强市场活力,确保企业和群众有实实在在的获得感;要推进更大力度的简政放权,打造高质高效的政务环境、重商亲商爱商的营商环境、公平公正的法治环境、开放包容的人文环境;要推进重点领域的全方位监管,从严监管财政直达资金,从严监管国资领域,从严管理工程领域,从严监管民生领域,从严管控政府债务;要树牢过"紧日子"思想,科学合理安排使用财政资金,确保财政收支平稳运行。马洪海强调,要把主体责任扛在肩上,以责任落实推动工作落实。要严格落实党风廉政建设主体责任,把党风廉政建设、反腐败工作与政府各项工作同谋划、同实施、同落实、同考核;要推动党史学习教育常态化长效化;要持之不懈转变工作作风,大力倡导重实干、重实绩、敢担当、善作为的作风;要时刻绷紧廉洁自律这根弦,永葆共产党人政治本色。马洪海要求,"五一"将至,全市上下要慎终如始抓好疫情防控,坚持"外防输入、内防反弹"总策略和"动态清零"总方针不犹豫、不动摇;要坚决守好安全底线,全面加强风险隐患排查,坚决防范遏制各类安全事故发生;要扎实有效保通保畅,认真做好市场保供,防范化解矛盾纠纷,坚持廉洁过节,以永远在路上的坚定执着推进廉洁政府建设,纵深推进市政府系统党风廉政建设和反腐败工作,以党风廉政建设新成效推动做好经济社会发展各项工作,为加快建设先行市和美丽新中卫提供坚强的纪律保证。市领导刘凯华、肖汉华、张虎、杨照明、陈贵贞参加会议。

【中卫市政府常务会议】 2022年,中卫市人民政府共召开市政府常务会议39次。

中卫市政府常务会议一览表

时间	会议	主要议题
1月6日	市政府第1次常务会议	传达学习《法治政府建设实施纲要》;听取中卫市第二轮中央生态环境保护督察转办件办理情况汇报,安排部署有关工作;审定《中卫市人民政府工作规则(送审稿)》《中卫市人民政府常务会议工作规则(送审稿)》《中卫市人民政府专题会议工作规则(送审稿)》等;研究审定《中卫市2022年春节慰问活动方案(送审稿)》《关于加强社会主义法治文化建设的实施意见(送审稿)》《中卫市人民调解员"以案定补"管理办法(送审稿)》《中卫市文化旅游"十四五"发展规划(送审稿)》等其他事项
1月12日	市政府第2次常务会议	传达学习国务院安委办岁末年初安全防范工作视频会议、自治区安委会第4次会议精神,听取全市2021年安全生产和信访工作情况汇报,安排部署下一步工作;审定《中卫市"两高"项目突出问题排查整治工作方案(送审稿)》,研究部署有关工作
1月26日	市政府第3次常务会议	传达学习全国推动黄河流域生态保护和高质量发展领导小组全体会议精神和《宁夏回族自治区建设黄河流域生态保护和高质量发展先行区促进条例》,自治区两会、自治区政府第6次全体(扩大)会议精神,自治区党委农村工作会议精神,安排部署有关工作
2月16日	市政府第4次常务会议	传达学习习近平论全面依法治国、中央依法治国办督察宁夏反馈会精神、自治区党委依法治区办专题研究部署中央依法治国办法治政府建设实地督察反馈意见整改会精神,通报中央依法治国办督察宁夏反馈问题,审定《中卫市关于中央依法治国办第八督察组督察宁夏反馈意见整改方案(送审稿)》,听取相关单位2021年法治政府建设工作报告,安排部署有关工作;传达学习全区新材料产业高质量发展现场会精神,安排部署有关工作
2月23日	市政府第5次常务会议	传达学习《中共中央办公厅 国务院办公厅〈关于更加有效发挥统计监督职能作用的意见〉的通知》精神,听取全市统计监督情况汇报,安排部署有关工作
3月7日	市政府第6次常务会议	学习《中共中央办公厅 国务院办公厅关于印发〈地方党委和政府领导班子及其成员粮食安全责任制规定〉的通知》精神,审定《中卫市"扩大有效投资攻坚年"活动实施方案(送审稿)》等,安排部署相关工作
3月16日	市政府第8次常务会议	研究审定《中卫市城市更新三年行动实施方案(2022—2024年)(送审稿)》,安排部署相关工作

续表

时间	会议	主要议题
3月22日	市政府第9次常务会议	传达学习中央第四生态环境保护督察组向宁夏反馈督察情况会议精神,研究《关于审议第二轮中央生态环境保护督察反馈中卫市问题整改任务分工的请示》,安排部署有关工作
3月28日	市政府第10次常务会议	传达学习《中央生态环境保护督察整改工作办法》,审定《中卫市贯彻落实第二轮中央生态环境保护督察反馈问题整改任务清单(送审稿)》,研究《关于成立中卫市中央生态环境保护督察整改工作专班的请示》,安排部署下一步整改工作
4月1日	市政府第11次常务会议	听取一季度全市信访工作情况汇报,审定《抢抓国家新能源综合示范区建设机遇 推动能源转型发展的实施意见(送审稿)》《中卫市工业倍增行动实施方案(2022—2025年)(送审稿)》等,安排部署下一步工作
4月14日	市政府第12次常务会议	传达学习自治区党委书记梁言顺调研春季农业生产、督导检查封闭管理场所、同心县疫情防控工作时的讲话精神及市委应对新冠肺炎疫情工作领导小组第24次会议精神,安排部署下一步工作;听取全市"四权"改革工作情况的汇报,对下一步工作进行安排部署
4月24日	市政府第13次常务会议	传达学习国务院总理李克强在经济形势部分地方政府主要负责人座谈会上的讲话精神及4月13日国务院常务会议、自治区党委常委会会议、自治区政府常务会议、全区一季度经济形势分析会、自治区党委书记梁言顺到中卫调研时的讲话精神,听取2022年第一季度经济运行情况汇报,安排部署有关工作;听取全市食品药品安全暨全域创建"食品药品安全区"工作情况汇报,安排部署下一步工作
5月5日	市政府第14次常务会议	传达学习中央和自治区有关会议精神,审定《2021年度巩固拓展脱贫攻坚成果同乡村振兴有效衔接考核评估反馈问题中卫市整改方案(送审稿)》《中卫市落实自治区党委涉粮问题专项巡视反馈问题整改方案(送审稿)》等,安排部署有关工作
5月8日	市政府第15次常务会议	传达学习习近平总书记在中共中央政治局会议、中共中央政治局常务委员会会议、中央财经委员会第11次会议、十九届中共中央政治局第38次集体学习时的重要讲话精神,研究部署贯彻落实工作;传达学习习近平总书记对湖南长沙居民自建房倒塌事故作出的重要指示精神和李克强总理对湖南长沙居民自建房倒塌事故作出的批示精神,以及全国全区自建房安全专项整治电视电话会议精神,听取全市自建房安全排查整治工作情况汇报,研究市住房和城乡建设局关于成立全市自建房排查整治工作领导小组的请示,安排部署有关工作
5月17日	市政府第16次常务会议	传达学习自治区政府专题会议精神,听取全市减税降费工作情况汇报,安排部署有关工作;审定《中卫市突发事件总体应急预案(送审稿)》《中卫市落实〈宁夏回族自治区推动高质量发展标准体系建设方案(2021年—2025年)〉任务清单(送审稿)》《中卫市知识产权保护和运用"十四五"规划(送审稿)》,安排部署有关工作
5月24日	市政府第17次常务会议	学习自治区政府第119次常务会议精神,听取2022年1至4月全市经济运行情况的汇报,安排有关工作;听取中卫市"促进消费改善民生"政府消费券投放工作的情况汇报、中卫市房地产市场发展情况的汇报,安排有关工作
6月2日	市政府第18次常务会议	传达学习全国稳住经济大盘电视电话会议、自治区党委常委会会议、自治区稳经济保增长促发展电视电话会议,自治区党委书记、人大常委会主任梁言顺到中卫调研时的讲话精神,安排部署"七大战役"有关工作;学习《中华人民共和国就业促进法》
6月7日	市政府第19次常务会议	传达学习自治区有关领导关于安全生产批示精神,听取全市1—5月安全生产工作情况汇报,安排部署有关工作;学习《中华人民共和国大气污染防治法》
6月17日	市政府第20次常务会议	传达学习全国迎峰度夏能源保供电视电话会议、自治区政府第123次常务会议精神,听取2022年1—5月全市经济运行情况汇报,安排部署有关工作;学习《中华人民共和国节约能源法》
6月28日	市政府第21次常务会议	传达学习习近平总书记在中央全面深化改革委员会第26次会议上的重要讲话精神、《全区自建房安全专项整治工作实施方案的通知》精神,听取全市自建房安全专项整治工作进展情况汇报,安排部署有关工作;学习《中华人民共和国反有组织犯罪法》
7月8日	市政府第22次常务会议	听取国务院联防联控机制综合组督导疫情防控工作反馈问题整改情况汇报,安排部署下一步工作;传达学习自治区党委书记梁言顺来卫调研时的讲话精神,安排部署有关工作;听取上半年全市招商引资和争取项目资金"两大任务"完成情况汇报,安排部署下一步工作;集中学习《中华人民共和国固体废物污染环境防治法》

续表

时间	会议	主要议题
7月20日	市政府第23次常务会议	传达学习习近平总书记关于气象工作的重要指示精神,全国气象高质量发展工作电视电话会议及《气象高质量发展纲要(2022—2035年)》精神、全国全区安全生产电视电话会议精神,听取城市防涝、防汛抗旱、防震减灾、气象工作汇报,安排部署有关工作;学习自治区党委常委会会议、全区上半年经济形势分析会及自治区政府第126次常务会议精神,听取2022年上半年全市经济运行情况汇报,安排部署有关工作;学习《关于深入贯彻落实习近平总书记重要讲话精神推动黄河流域生态保护和高质量发展先行区建设取得新突破的意见》的通知精神,审议《中卫市建设黄河流域生态保护和高质量发展先行市2022年工作要点》;学习《中华人民共和国传染病防治法》
7月29日	市政府第24次常务会议	研究审议《中卫市生态建设三年行动——污染治理实施方案(2022—2024年)》《中卫市构建现代环境治理体系的实施方案》《中卫市国家生态文明建设示范市规划(2021—2025年)》《中卫市创建国家生态文明建设示范区工作实施方案》《中卫市全民健身实施计划(2021—2025年)》《中卫市文化旅游产业提质增效三年行动计划(2022年—2024年)》等,安排部署有关工作;学习《中华人民共和国乡村振兴促进法》
8月12日	市政府第25次常务会议	传达学习《习近平谈治国理政》第四卷第五篇章"统筹疫情防控和经济社会发展"和区、市重要会议精神,安排部署下一步工作;学习《中华人民共和国噪声污染防治法》
8月17日	市政府第26次常务会议	传达学习国务院总理李克强在经济大省政府主要负责人经济形势座谈会上的讲话精神、自治区政府第129次常务会议精神,听取1—7月全市经济运行情况汇报,安排部署有关工作;学习《中华人民共和国行政诉讼法》
8月24日	市政府第27次常务会议	传达学习区、市有关会议精神,听取历次中央、自治区党委生态环境保护督察反馈问题整改情况汇报,安排部署污水排放排查整治专项行动、环保问题整改"回头看"及安全生产大排查工作;学习自治区党委副书记、主席张雨浦到中卫调研时的讲话精神;听取腾格里沙漠中卫新能源基地光伏复合项目相关情况汇报,安排部署下一步工作;学习《宁夏回族自治区安全生产条例》
8月26日	市政府第28次常务会议	传达学习自治区政府第131次常务会议精神,听取全市生态环境风险和安全生产隐患大起底大排查大整治工作督查组工作汇报,安排部署整改落实工作;传达学习8月24日国务院常务会议精神,听取市发展和改革委有关情况汇报,安排部署有关工作
9月4日	市政府第29次常务会议	传达学习第10次全国深化"放管服"改革电视电话会议精神和自治区政府第132次常务会议精神,听取全市深化"放管服"改革工作汇报,安排部署有关工作;传达学习8月31日国务院常务会议精神,安排部署有关工作;听取全市2021年度巩固拓展脱贫攻坚成果同乡村振兴有效衔接考核评估反馈问题整改工作进展情况汇报,安排部署有关工作;学习《中华人民共和国反垄断法》
9月8日	市政府第30次常务会议	传达学习自治区移民致富提升行动工作会议、全区文化旅游产业高质量发展推进会精神,听取全市"六大提升行动""六新六特六优"产业进展情况、全市2021年度中央预算执行和其他财政支出审计查出问题整改情况汇报,安排部署有关工作;学习《中华人民共和国清洁生产促进法》
9月16日	市政府第31次常务会议	传达学习国务院总理李克强在国务院专题会议上的讲话精神、自治区政府第134次常务会议精神,听取2022年1—8月全市经济运行情况汇报,安排部署有关工作;传达学习习近平总书记关于常态化扫黑除恶的重要论述和重要指示批示精神,全国、全区、全市扫黑除恶常态化推进会精神;听取全市信访积案化解情况汇报,安排部署有关工作。学习《中华人民共和国审计法》
10月12日	市政府第32次常务会议	传达学习全国全区安全生产电视电话会议精神和自治区党委书记梁言顺督导调度全区安全生产工作时的讲话精神,安排部署有关工作
10月26日	市政府第33次常务会议	听取应对"9·20"突发疫情应急处置防控和2022年前三季度全市经济运行情况汇报,安排部署有关工作;学习《中华人民共和国印花税法》
11月3日	市政府第34次常务会议	听取2022年市人大代表建议、政协委员提案及民生实事办理情况的汇报,安排部署有关工作;听取市财政局、市审计局、市自然资源局负责人对有关工作情况的汇报,研究审议其他事项;学习《促进个体工商户发展条例》
11月16日	市政府第35次常务会议	听取中卫市历年各级环保督察反馈问题整改情况的汇报,安排部署有关工作。听取有关部门关于中央财政项目推进情况的汇报,安排部署有关工作;学习《宁夏回族自治区政府投资管理办法》

续表

时间	会议	主要议题
11月18日	市政府第36次常务会议	听取2021年度巩固拓展脱贫攻坚成果同乡村振兴有效衔接考核评估反馈问题整改情况汇报,安排部署有关工作;审议《中卫市落实〈全区稳经济保民生政策措施〉的实施方案》,强调各县(区)、各部门要全面学习宣传贯彻党的二十大精神,扎实开展"稳经济保民生百日行动"
12月1日	市政府第37次常务会议	传达学习习近平总书记对河南安阳市凯信达商贸有限公司火灾事故作出的重要指示精神,听取全市火灾防范工作情况汇报,安排部署全市岁末年初安全生产工作;审议《中卫市人民政府工作报告(送审稿)》《中卫市2022年国民经济和社会发展计划执行情况与2023年国民经济和社会发展计划(草案)的报告(送审稿)》《中卫市2022年全市及市本级财政预算执行情况与2023年全市及市本级财政预算(草案)的报告(送审稿)》《中卫市2022年民生计划执行情况和2023年民生计划(草案)的报告(送审稿)》;学习《中华人民共和国道路交通安全法》
12月13日	市政府第38次常务会议	传达学习习近平总书记在中共中央政治局会议和党外人士座谈会上的重要讲话精神,安排部署有关工作;学习《宁夏回族自治区固体废物污染环境防治条例》
12月21日	市政府第39次常务会议	传达学习习近平总书记在中央经济工作会议上的重要讲话精神,听取2022年1—11月全市经济运行、2023年项目谋划储备及"两大任务"完成情况汇报,安排部署有关工作;学习《中华人民共和国反电信网络诈骗法》

重要活动

【中卫市2022年第一批重大项目集中开工】 3月18日上午,自治区召开2022年全区第一批重大项目集中开工现场推进会,中卫市在中卫云计算数据中心项目建设现场设立分会场,同步集中开工2022年第一批143个重大项目。当日,市本级、沙坡头区、中宁县、海原县共设14个开工现场,并同步举行集中开工现场推进会。全市第一批集中开工重大项目年度计划投资163.8亿元,涵盖产业转型升级、生态建设、乡村振兴、基础设施、社会民生等领域。其中,生态林业及环境保护项目14个,年度计划投资8.4亿元;旅游项目4个,年度计划投资2.5亿元;云计算和大数据项目4个,年度计划投资5.5亿元;工业项目24个,年度计划投资47.7亿元;交通物流项目7个,年度计划投资34亿元;农业农村项目35个,年度计划投资17亿元;城市基础设施及社会事业项目55个,年度计划投资48.7亿元。

【中卫市2022年第二批重大项目集中开工】 5月8日,自治区召开2022年全区第二批重大项目集中开工现场推进会,中卫市在中卫新能源基地储能及光伏一体化项目(京能150MW/300MWh储能项目)建设现场设立分会场,同步集中开工2022年第二批210个重大项目。中卫市第二批集中开工重大项目计划总投资525亿元,年度计划投资150亿元。其中,生态建设及环境保护项目13个,年度计划投资1.4亿元;文化旅游项目15个,年度计划投资3.2亿元;云计算大数据项目6个,年度计划投资13亿元;工业项目34个,年度计划投资57.2亿元;交通物流项目13个,年度计划投资24.9亿元;乡村振兴项目50个,年度计划投资8.9亿元;城乡基础设施及社会事业项目57个,年度计划投资9.5亿元;其他项目22个,年度计划投资31.9亿元。

政府督查

【概况】 2022年共开展督查活动750余次,对区政府工作报告、民生实事、重点项目、政府常务会议和市长办公会议决定事项等政府重大决策及重要工作部署贯彻落实情况督查200余次。督办区、市党委、政府主要领导批示件200余次。督办区、市人大建议和政协提案169件,累计督办100余次。牵头组织专项督查150余次。全年共编发督查通报20期,下发督办通知128份。

【综合性督查】 对政府工作报告、政府常务会议和市长办公会议决定事项等重点工作任务逐一进行分解,并挂账督办。年内,自治区政府工作报告涉及中卫市的108项重点工作和市政府工作报告128项重点工作任务均完成;市政府常务会议决定的205项工作任务办结192项,办结率93.6%。

【专项督查】 按照《2022年度中卫市效能目标管理考核实施方案》要求,研究制定"数字政府"建设工作任务目标及评分标准,并对工作落实情况进行跟踪督办。围绕区、市重点项目,进行跟踪督办,对存在问题和未开工的重点项目进行实地督查,督促解决项目推进过程中存在的问题15条。围绕疫情常态化防控、政策项目资金争取、环境保护等重点工作任务进行跟踪督查,效果突出。

【民生督查】 对2022年10件民生实事进行滚动督查。2022年中卫市承办自治区人大建议和政协提案22件,全部按规定答复,办理率100%。承办市人大代表建议28件,办结27件,办结率96.43%,满意率100%。承办市政协委员提案119件,办结118件,办结率99.15%,满意率100%。 (杨 虎)

政府信息公开

【概况】 2022年,中卫市各级部门依据《政务公开清单目录》,通过政府网站、政务新媒体、《政府公报》等平台主动公开政府信息89012条(其中,动态信息4060条,公开文件1048件,政策解读289件,会议信息428条,建议提案166件)。围绕服务市委、市政府重点工作,聚焦市场主体需求,梳理公开国务院、自治区及全市支持产业发展、减税降费、促进消费等政策,主动公开稳经济保增长促发展等政策文件147件、工作信息213条。全年公开答复网民留言119条、领导信箱950件。

【依申请公开办理】 2022年,中卫市共收到依申请公开145件(其中,自然人申请144件,法人或其他组织申请1件),办结145件(其中,予以公开103件,不予公开7件,无法提供28件,不予处理3件,其他处理4件),因政府信息公开产生行政复议5件,行政诉讼2件。

【政府信息管理】 2022年,中卫市严查细审,规范管理政府信息。扎实开展政府规章集中公开并动态更新工作,主动公开现行有效政府规章5件、规范性文件365件。定期开展规范性文件清理,废止规范性文件27件。严格执行公开属性源头认定制度,全市行政公文公开属性标识率达到100%,信息发布审核程序规范、档案完整。切实加强政府门户网站和政务新媒体信息内容管理,通过日常巡查和重点检查等方式,确保及时发现和纠正问题。

【平台建设】 2022年,中卫市优化服务,全面加强政务公开平台建设。坚持以"惠企便民"为目标,融合"线上+线下"公开平台,建成统一的政务公开专区3个、乡镇政府信息查询点41个。充分运用"数字政府"改革建设成果,完成全市政府网站适老化及无障碍改造,建立统一的智能化政策问答平台,政府网站领导信箱接入"12345"服务平台,实现统一受理、统一转办。严格落实政务新媒体账号开设、变更、关停、注销备案登记制度,通过视频、图片、文字等方式发布信息34895条,着力构建人民满意的"指尖上的网上政府"。

【监督保障】 2022年,中卫市强化督导,保障信息公开实效。坚持"线上""线下"相融合、集中与随机相结合,逐步形成"政务公开+督查"的工作模式。严格实行"月点名+季通报+年考核"机制,2022年开展线上指导56次,下发督办函和督办通报13份,有效推动全市政务公开工作。持续发挥政务公开义务监督员作用,长期在市政府门户网站公开发布"中卫市政府信息公开工作社会评议调查问卷",对反馈问题及时整改,充分保障人民群众的监督权。进一步发挥效能目标考核"指挥棒"作用,制定考核细则,细化考核内容,着力推动各项工作落实。

(刘红燕)

审批服务管理

【概况】 2022年,中卫市打造"卫民办·为您办"阳光政务服务品牌,"互联网+监管"监管事项覆盖率达81.09%,政务服务事项网上可办率达94%,1230个事项能够"指尖办",3368个事项可以网上查,1242个事项实现"最多跑一次","12345"政务服务热线共受理群众诉求293716件,同比增长125.74%,办结率97.93%,回访满意率95.89%。

【"放管服"改革】 行政许可事项实行清单管理。公布《中卫市行政许可事项清单(2022版)》,共梳理确认行政许可事项327项,实现清单之外无审批。落实取消行政许可事项17项,承接下放审批层级的行政许可事项3项。"证照分离"改革实现全覆盖。118项涉企经营许可事项实现清单管理,按照"取消审批、审批改备案、告知承诺、优化准入服务"四种方式,分类推进,切实解决企业"准入不准营"问题。企业准入门槛明显降低。实行"一窗受理""全程网办""零费用""容缺受理",企业网上登记率达96%,审批时限压缩到0.5个工作日,个体户登记实现秒批,14个高频行业推行"一业一证"改革,为企业节省印章刻制费用149万元。投资项目在线审批工作逐步规范。投资审批事项线上并联办理、企业投资项目备案即时办理。加强事中事后监管，充分运用国家重大项目库功能，对实施的项目实行进度管理、在线监管、项目库管理等，逐步实现远程智能监管。工程建设项目审批实现"双减"。通过采取并、转、减、调的方式，工程建设项目审批事项由111项压减至57项，审批时限平均压减27.5个工作日，以"一窗受理、集成服务"审批与监管平台为载体，设置建设项目办公室，将工程建设项目审批事项纳入平台，实行"综合受理、并联审批、联合审图、统一出件"，审批材料由305项压减至230项，企业负担持续减轻。2022年中卫市共办理房屋建筑、市政设施项目532个，全部按照时限办结。制定印发《中卫市稳经济保增长促发展"八保一促"政策措施的通知》《中卫市惠企政策兑现服务实施方案》等稳保促政策文件22份，在市政务服务大厅设立惠企政策服务窗口4个，大力推行"免申即享"，为2147家企业发放稳岗返还资金1400.82万元，稳定职工队伍5.39万人。退税减税降费26.1亿元，为53家中小企业争取发展专项资金5840万元，组织113家企业申报获得研发费用后补助资金6891.85万元。

【政务服务】 统一标准。按照自治区创新优化审批服务工作精神，市、县（区）成立推进基层审批服务便民化改革工作小组，印发工作方案，制定人员管理、考核等配套制度，明确基层审批服务便民化改革工作平台建设、赋权事项下沉等关键任务，细化规范一窗受理等具体措施，确保"一套标准规范建设、一个模式规范运行"。推行"一门、一网、一窗"改革。全市40个乡镇民生服务中心、511个村（社区）民生服务代办点按照"三规范、七统一"要求完成标准化改造，设置一窗受理窗口187个，沙坡头区下沉事项117项，中宁县下沉事项155项，海原县下沉事项161项。完善帮办代办服务机制。构建以乡镇党委书记（乡镇长）、包村领导、包村组长、村（社区）书记（主任）、村（社区）代办员为成员的五级网格化管理架构体系，为老弱病残孕提供帮办代办服务，打通为民服务"最后一百米"。依托宁夏政务服务"一张网"建设，搭建覆盖市、县、乡（镇）、村的一体化政务服务平台，电子政务外网全接通、全覆盖。标准化体系逐步建立。围绕服务制度、模式、管理等内容，在服务事项、窗口服务、管理考核、人员管理、基础设施五个方面初步建立《政务服务窗口"四零"承诺服务标准》《政务服务窗口文明优质服务规范》等80余项政务服务标准规范。对市本级政务服务大厅进行标准化升级改造，设置自助服务区、母婴室、绿色通道、"办不成事"反映窗口，为办事企业和群众提供便捷、温馨的服务。设置"无障碍办事通道"，配备轮椅、老花镜等便民设施设备，增强老年人、残疾人等特殊群体办事体验。推行"一窗受理、集成服务"模式。率先投资180万元建成"一窗受理、集成服务"审批与业务监管系统，以政府购买服务形式，招聘15名窗口工作人员，全市优化设置"一窗受理、集成服务"窗口28个，筹建建设项目审批办公室、综合事务审批办公室，市本级39个部门（单位）1308项行政审批事项实现"前台综合受理，后台集中审批，统一窗口出件"，一窗受理率达90%。推行"一件事一次办"改革。22项审批服务事项实现线上"一次登录、一网通办"，线下"只进一门、最多跑一次"。累计办件3537件。推进"零材料"办、"一证（照）通办""免证办"。推进电子证照入库，按照存量清零、增量应入尽入要求，累计入库16.5万个。101项高频审批事项"零材料"可办，办件量达6.6万余件，85项事项"一证（照）通办"，办件量达7774件。"跨省通办""区内通办"服务。在落实好国务院办公厅发布的162项"跨省通办"和488项"区内通办"事项的基础上，主动对接招商引资地、原材料供应地、企业员工来源地等32个城市，签订"跨区域通办"合作协议，通过全程网办、两地联办和异地代办等方式办理"跨省通办"5501件、"区内通办"9913件。"零跑路"代办服务。聚焦企业需求，制定印发《中卫市招商引资项目重点项目"零跑路"代办服务实施方案》，组织16个部门（单位）成立工作专班，为全市招商引资项目、重点项目提供帮办代办跟踪办服务154家次，审批时限平均压减6个工作日，审批材料减少30.5%。"12345"市民服务热线继续推进"一号改革"。相继归并"12315""96119"两条热线，年内直接归并整合各类政务服务热线13条，完成中卫市市本级各类分设热线的整合，统一至宁夏中卫市"12345"政务服务便民热线接听，基本完成热线服务一号受理。全面完成对自治区"12345"政务服务便民热线管理平台的部署应用，实现平台向县（区）直部门、乡（镇）、村（社区）一级延伸，统一受理反馈渠道，简化诉求反馈流程，提高诉求办理质效。创新建立"1+N"群众诉求排忧解难工作机制。2022年9月，针对疫情防控诉求办理，创新成立疫情防控"1+N"群众诉求排忧解难专班，制定《改造提升中卫市1+N群众诉求排忧解难专班工作机制方案》，依托"12345"政务服务便民热线主阵地、主平台，统筹转办市疫情防控指挥部办公室、网信办、传媒中心、公安部门等收集的民意诉求，整合多个部门的热线、网络平台,通过云端、指尖各方面收集民意诉求信息,实现群众诉求"快收集、快研判、快转办、快报告"的工作目标,建立"多个渠道收集、一个出口办理"模式,把服务热线从"听得见"转向"看得见",把服务事项从"单反映"转向"全闭环"。此项工作机制得到自治区领导多次批示肯定,并在全区推广,被《人民日报》、新华社等中央媒体广泛报道,国务院联防联控机制将此做法推广到山西省。

【审批监管】 政务服务"好差评"工作。引导企业和群众通过线上线下对已接入事项进行评价。2022年,中卫市整体有效评价401905条,市本级各部门(单位)线下累计评价87447条,评价率97.83%,满意度99.93%。沙坡头区、中宁县、海原县"好差评"线下评价数分别为48226条、69376条、196856条,评价率分别为97%、99.08%、99.55%。市本级共收到线下群众反馈差评7条,均在7个工作日内完成回访、核实、整改,差评整改率100%。推进全区"互联网+监管"系统应用。各县(区)及市本级29个部门梳理监管事项747项,已覆盖648项,覆盖率86.75%。推进政务服务标准化建设。按照国家标准化工作规定编制中卫市政务服务标准体系,结合中卫市政务服务中心的宗旨、服务特点及实际需求,梳理窗口工作人员管理、服务、考核、评价等80余项规范。审批服务监督。以"好差评"、投诉问题调查核实情况、日常管理监督等为抓手,建立督促整改和反馈机制。向商务局、应急管理局等反馈差评转办单7份,对各县(区),市直有关部门(单位)"好差评"开展情况进行通报8期。

(段博晨)

信 访

【概况】 2022年,国家、自治区、市、县(区)共登记群访走访、写信、网上投诉2766批3778人次,同比(2201批3006人次)批次和人次分别上升25.67%和25.68%。共登记360批815人次,同比批次下降21.91%,人次上升27.74%。其中走访177批579人次,同比(143批249人次)批次和人次分别上升23.78%和132.53%。集体访21批365人次,个体访156批199人次。写信64件,网上投诉119件。信访部门及时受理率达100%,责任单位及时受理率达99.89%,按期答复率达98.67%,群众参评率达95.40%,信访部门满意率达94.28%,责任单位满意率达89.89%。发生一批50人以上到自治区集体访,系中宁县宁夏天元锰业部分员工反映拖欠工资、医保、社保,要求尽快复工复产等问题。

【治理重复信访化解信访积案专项行动】 市委常委会会议、市政府常务会议4次听取进展情况,市信访工作联席会议召开专题会议20次,研究分析重大疑难重复信访事项,推动治理重复信访、化解信访积案纵深推进。通过市、县(区)领导包案化解重大疑难信访制度,推动大批情况复杂、时间跨度长、涉资金量大、范围广的重大疑难信访案件化解。中央信联办和自治区信联办交办的336件重复信访全部化解完成,市本级信联办梳理的82件重复信访案件全部化解完成。针对政府安置房屋无法办理房产证问题,产生180余件信访积案,市信联办联合相关部门认真研究分析,向政府提出成立专项小组和推动落实方案。年内,31个安置小区26000余户群众的房产证遗留问题逐步得到解决。协调推动砖塔村第三污水处理厂征地补偿等重点信访问题4件。市信联办提请政府成立专班,解决交通运输集团公司长期拖欠工资、医保信访问题,以及恒大都市广场延迟交房等重大群体性信访事项。市信访局与市人社局共同协调处置涉拖欠农民工工资问题的信访事项18件,追回拖欠的农民工工资480余万元。

【信访治理】 推广应用"人民调解+仲裁+信访"社会治理中卫模式,转入调解程序98件,调解成功87件,成功率为88.78%。指导推进完善乡镇(街道)信访工作联席会议机制,做到"小事不出村、大事不出镇、矛盾不上交",全市乡镇化解信访矛盾纠纷950件。按照创建全国信访工作示范县标准,指导创建全国信访工作示范县,2022年全区22个县(区)仅有海原县符合创建标准。中卫市信访局被自治区党委、政府评为平安宁夏建设先进集体。

(朱珍芳)

方志编纂

【方志编修】 2022年,中卫市地方志办公室组织召开《中卫市志》评审会,5月自治区地方志办公室审定下达《中卫市志》出版批复,《中卫市志》进入编辑阶段。做好出版前准备工作。对涉及党史、军史、革命史、红色文化等内容,向市委办、市委宣传部、中卫军分区等相关单位发函,请其与上级对口单位对接审核。为提高市志及其他地情图书校对效率,购买黑马校对软件,解决大字数文稿校对困难。部门志编修成果丰硕:

《中卫市金融保险志》《中卫市法院志》《中卫市农业志》《中卫市交通志》《中卫市民政志》《中卫市新闻传媒志》《中卫市工会志》《中卫市公安志》等进入出版程序，《中卫市文联志》形成定稿。

【年鉴编修】 2022年，中卫市地方志系统根据中国地方志指导小组及自治区"精品年鉴品读"活动要求，结合《中卫年鉴2022》编纂工作和第七期全国年鉴主编培训班教学课程，通过召开读书品鉴会、研讨会等多种形式，开展"读精品、学精品、用精品、编精品"大讨论，对自治区赠送的4部精品年鉴的框架层次、篇目架构、记述内容、资料信息、图片使用、条目编写等进行精读精学精评，召开品读交流讨论会。会后以精品年鉴为样本，查找2022卷年鉴中存在的问题，在出版前调整修正，确保在2022卷年鉴质量提升上见成效。12月底，2022卷《中卫年鉴》《中宁年鉴》《沙坡头区年鉴》进入出版程序。撰写相关论文1篇、会议简报1篇，上报自治区方志办。

【方志宣传】 2022年，为发挥地方志"存史、资政、育人"功能，推动地方志文化和成果贴近群众，中卫市地方志办公室立足实际，开展宣传活动。开展赠书活动。5月18日上午，联合沙坡头区地方志编纂信息服务中心开展赠书活动。向市博物馆、市图书馆捐赠历年年鉴、《中卫风物》《中卫史话》等地情图书100余本，并参观博物馆，对博物馆馆藏陈列及历史沿革介绍提出意见建议。开展方志宣讲活动。市志办负责人在市图书馆方志专栏前，开展方志知识宣讲活动，现场向入馆群众介绍方志成果，讲解方志历史及相关专业知识，提升方志工作的社会知晓率和影响力。开展其他形式宣传活动。通过在市行政中心等人员聚集地悬挂宣传标语，营造浓厚的宣传氛围。向四套班子新任领导赠送地情图书。开展地情图书交流活动，向贵州省志办、固原市志办等区内外单位捐赠中卫市地情图书百余册。

（杨莉丽）

政协中卫市委员会

重要会议

【政协中卫市五届二次会议】 12月15—17日,政协中卫市五届二次会议在中卫宸宇红宝宾馆召开。大会应出席委员220名,实到委员179名。会议审议通过政协中卫市第五届委员会第二次会议关于常务委员会工作报告的决议、关于五届一次会议以来提案工作情况报告的决议、关于提案审查情况的报告、2023年协商民主工作计划和会议政治决议。选举孙尚金为政协中卫市第五届委员会副主席;补选倪祝新为政协中卫市第五届委员会常务委员。

【中卫市政协五届一次常委会会议】 5月31日,由主席杨文生主持召开。会议传达学习习近平总书记在中共中央政治局会议、中共中央政治局第39次集体学习会上的重要讲话精神,自治区党委书记、人大常委会主任梁言顺到中卫调研时的讲话精神,围绕全市新能源产业发展开展协商议政;审议通过《中国人民政治协商会议中卫市委员会全体会议工作规则》《中国人民政治协商会议中卫市委员会常务委员会工作规则》;表决通过有关人事事项。

【中卫市政协五届二次常委会会议】 6月30日,由主席杨文生主持召开。会议传达学习习近平总书记在中央人才工作会议上的重要讲话精神和自治区第十三次党代会以及区、市委人才工作会议精神,自治区党委办公厅《关于加强和改进新时代市县政协工作的实施意见》;通报全市人才队伍建设情况,围绕《关于全市人才队伍建设情况的调研报告》进行协商议政;审议通过有关人事事项。

【中卫市政协五届三次常委会会议】 7月20日,由主席杨文生主持召开。会议学习习近平总书记关于加强和改进人民政协工作的重要思想、《中国共产党政治协商工作条例》,审议通过有关人事事项。邀请市委党校讲师就贯彻落实自治区第十三次党代会精神进行专题辅导。

【中卫市政协五届四次常委会会议】 12月13日,由主席杨文生主持召开。会议学习党的二十大精神,审议《关于召开中国人民政治协商会议中卫市第五届委员会第二次会议的决定(草案)》《政协中卫市第五届委员会常务委员会工作报告(审议稿)》《政协中卫市第五届委员会常务委员会关于五届一次会议以来提案工作情况的报告(审议稿)》及两个报告的报告人建议名单等会议材料。研究有关人事事项。听取市政协常委会常务委员和各专委会2022年度述职报告。

【中卫市政协五届五次常委会会议】 12月16日,由主席杨文生主持召开。会议审议《中卫市政协2023年协商民主工作计划(草案)》《政协中卫市第五届委员会第二次会议选举办法(草案)》;政协中卫市第五届委员会副主席、常务委员候选人建议名单;总监票人、监票人建议名单(草案)、《政协中卫市第五届委员会第二次会议政治决议(草案)》《政协中卫市第五届委员会第二次会议关于常务委员会工作报告的决议(草案)》《政协中卫市委员会常务委员会关于五届一次会议以来提案工作情况的决议(草案)》《政协中卫市第五届委员会第二次会议提案委员会关于提案审查情况的报告(草案)》。

【中卫市政协五届六次常委会会议】 12月17日上午,由主席杨文生主持召开。会议审议通过总监票人、监票人建议名单(草案),政协中卫市第五届委员会第二次会议政治决议(草案),政协中卫市第五届委员会第二次会议关于常务委员会工作报告的决议(草案),政协中卫市第五届委员会第二次会议关于五届一次会议以来提案工作情况报告的决议(草案),政协中卫市第五届委员会第二次会议提案委员会关于提案审查情况的报告(草案)。

重要活动

【党史学习教育专题民主生活会】 1月13日下午,召开市政协党组党史学习教育专题民主生活会。书面传达学习中共中央政治局专题民主生活会、自治区党委常委会党史学习教育专题民主生活会精神,通报市政协党组党史学习教育专题民主生活会准备情况,书面通报市政协党组2021年度民主生活会、以案促改专题民主生活会整改措施落实情况和市政协党组党史学习教育专题民主生活会征求意见情况(书面),杨文生书记代表市政协党组班子作对照检查,党组班子成员逐一进行对照检查,集中开展相互批评。市政协党组副书记万学道参加会议,市委党史学习教育第四巡回指导组到会指导。

【"委员讲堂""委员党课"活动】 从3月份开始,先后开展习近平法治思想、大数据时代中卫发展优势、保障粮食安全、铸牢中华民族共同体意识等"委员讲堂"7场次,举办新媒体舆论传播规律、新时代委员如何履职、维护网络安全等书记党课、专家党课、委员党课8场次,委员在凝聚共识中的引领作用和主体作用不断增强。

【"大学习、大讨论、大宣传、大实践"活动】 扎实开展习近平总书记视察宁夏重要讲话和重要指示批示精神"大学习、大讨论、大宣传、大实践"活动,围绕党的二十大精神、习近平总书记视察宁夏重要讲话和重要指示批示精神《习近平谈治国理政》第四卷等筹办学习研讨活动5次,引领机关干部职工深刻领悟"两个确立"的决定性意义,增强"四个意识"、坚定"四个自信"、做到"两个维护"。

【委员学习培训班】 5月18—19日,2022年市政协委员学习培训班分两批举办。邀请自治区党校、人民政协报驻宁记者、银川市政协等相关人员围绕"从历史决议中汲取前进的智慧和力量""强化委员责任担当 做一名合格政协委员""撰写高质量提案 践行新时代委员责任"为主题进行专题辅导。市政协党组书记、主席杨文生作开班动员讲话。市政协领导班子成员、市政协委员和机关干部参加。

【"学理论提素质、学业务提效能"活动】 5月9日,市政协召开"学理论提素质、学业务提效能"启动会暨第一次专题辅导,党组书记、主席杨文生围绕"深刻理解和把握习近平总书记关于加强和改进人民政协工作的重要思想"作专题辅导。年内,以模范机关创建为牵引,在市政协机关和广大政协委员中广泛开展"双学双提"活动,主席会议组成人员带头上讲台专题辅导14场次,组织务虚会、研讨会6次。

视察调研

【新能源产业高质量发展专题协商】 2022年4月11—13日,中卫市政协提案委组织邀请新能源领域专家、专业人士和部分政协委员,深入县(区)新能源发电、制造、储能等不同类型企业,围绕光伏、风电、储能产业及配套产业发展、电力接入和消纳能力建设、新能源综合示范区建设等进行调研协商。针对新能源产业发展统筹不足、产业链延伸不够、储能配套滞后、电力面临送出和消纳瓶颈、新能源用地效率有待提升等问题提出如下建议:科学谋划定位,统筹推进新能源产业健康快速发展;实施项目带动,着力培育产业集群;重视储能发展,推进电力系统平稳运行;坚持多措并举,提高新能源电力消纳能力;摸清土地家底,集约利用土地资源。

【人才队伍建设情况专题协商】 2022年4月26—28日,中卫市政协办公室组织部分市政协委员深入一线,围绕人才培育、引进、使用、储备及人才评价服务保障、流动等情况进行调研协商。针对人才总量偏少、结构不优、人才质量偏低、作用不佳,人才吸力不强、引留困难,服务保障不强、活力不足等问题提出"海纳百川引才、精准施策育才、完善机制用才、优化服务留才"建议。

【实施"能耗双控"行动调研】 2022年5月10—12日,中卫市政协副主席杨树春带领部分市政协委员,重点围绕生态立市战略和示范市建设,打好污染防治攻坚战,实施"能耗双控"行动,建立市、县(区)能耗管理调控责任体系,促进工业转型升级进行调研协商。针对实现产业结构调整和完成"能耗双控"目标任务艰巨,宣传不到位、社会参与的氛围不浓,数据中心发展迅猛但能源消耗量大,能源管理存在薄弱环节等问题提出下列建议:科学谋篇布局,打好产业转型升级攻坚战;强化节能意识,形

【全域创建"食品药品安全区"工作视察】 2022年6月7—9日,市政协副主席吕玉兰带领部分市政协委员及创建工作领导小组部分成员单位负责人,围绕构建市场监管责任体系,加强学校、农村集贸市场食品安全、中药品贮藏安全等方面进行调研协商。针对创建工作基层监管工作还比较薄弱,食品药品检验检测体系不够完善,食品药品安全隐患不容忽视,宣传氛围还不够浓厚等问题提出如下建议:加强食品药品全程监管,把好质量安全关口;加强基础设施建设,配齐专业技术人员;加强管理执法力度,消除食药安全隐患;增强宣传工作氛围,提升创建工作满意度。

【"双节点"城市建设调研】 2022年6月13—15日,中卫市政协副主席冯忠铁带领部分委员深入一线,重点围绕"双节点"城市建设推动云计算大数据产业高质量发展开展调研协商,并赴贵阳市和庆阳市考察学习。针对产业生态还未形成,扶持政策相对滞后,要素保障有待提升等问题提出如下建议:抢抓机遇,借势发展;找准定位,精准发展;聚焦难点,破题发展;凝聚合力,协同发展。

【"六大提升行动"调研】 2022年7月4—6日,中卫市政协副主席严玉华带领部分市政协委员,重点围绕实施城乡居民收入提升、移民致富提升、教育质量提升、健康水平提升、文明素养提升、城乡面貌提升进行协商调研。针对二、三产业发展面临困难,城镇居民收入增速下降,移民持续增收难度大,农牧业经营净收入下降,农村居民务工收入不足,实现义务教育优质均衡发展目标存在短板弱项,基层医疗机制诊疗水平有待提高,提升群众文明素养方法不够,环境整治群众参与度不高,长效管护机制不健全等问题提出如下建议:有效夯实城乡居民增收基础;持续抓好后续移民政策的落实;深入推进优质教育均衡发展,满足人民群众新期待;提升城乡医疗服务水平,满足人民健康新要求;大力开展文明创建;综合施策,扎实推进中卫市城市更新三年行动。

【"六权"改革调研】 2022年7月20—22日,中卫市政协副主席盛建宁带领部分市政协委员,围绕精准推进用水权、土地权、排污权、山林权、用能权、碳排放权改革,盘活资源要素、理顺体制机制等方面进行调研协商。针对用水权交易存在瓶颈制约,排污权确权动态监管体系不完善、深挖潜力不足,碳排放权存在纳入交易的行业企业不全面、市县监管能力不足,土地权属不清、证地不符,现存地类重叠、山林地界不清,相关配套政策不完善、用能权存量交易实施难度大等问题提出如下建议:尽快突破用水权交易瓶颈制约;尽快编制完成市县(区)国土空间总体规划;完善排污权确权动态监管体系;加快山林资源划界确权工作;探索科学分配用能指标方法;加强碳排放监管能力建设。

【建设铸牢中华民族共同体意识示范市视察】 2022年7月26—28日,中卫市政协副主席杨树春带领部分政协委员并邀请有关部门负责同志,围绕巩固民族团结进步创建成果、加强宣传教育引导、创新实践载体进行视察协商。针对建设工作系统性不够,宣传教育多样性不够,建设工作创新性不够,民族事务治理适应性不够等问题提出如下建议:提高干部思想意识,充分发动群众;持续强化组织领导,压实工作责任;加大宣传教育力度,营造浓厚氛围;加大建设创新,推动共创共建;提高依法治理水平,夯实法治基础。

专门委员会

【提案委员会】 2022年,提案委员会共征集提案422件,审查立案163件,如期完成交予部门办理的提案125件,牵头组织市级领导领衔督办10件重点提案,以教育类18件提案为重点开展同类提案协商督办活动,提案办复率达100%,委员满意率达98.7%。积极协助驻卫自治区政协委员向自治区两会提交提案素材62件,立案46件。全年提交社情民意信息46条,采纳30件,市委、市政府主要领导批示15件,上报自治区政协10件。组织界别委员开展委员讲党课、委员讲堂、支部书记讲党课、交流研讨活动。聚焦新能源产业转型升级召开专题议政性常委会会议,提出推进风电、光电健康发展建议18条。针对府前广场管理难题,搭建"众人的事由众人商量"平台,推进广场管理工作上水平。14名党员委员分别联系19名党外委员;走访、调研社会组织3次,开展联系活动5次;设立"姚思杰委员会客室",依托自媒体平台开展会客、交流等活动,听取基层一线心声,帮助化解基层矛盾和纠纷。先后组织撰写信息简报13篇。

【经济委员会】 2022年,经济委员会围绕生态立市战略,开展"能耗双控"行动,实施专题调研协商成果转化"回头看"活动,指出的7个方面的主要问题和提出的9条对策建议,被有关部门采纳落实。围绕规范代驾服务市场秩序组织召开"众人的事由众人商量"专题协商会,为推进代驾服务形成安全、有序、规范的市场秩序贡献智慧。协助自治区政协人环委员会和市政协农业农村委完成"以'绿能开发、绿清生产、绿色发展'为抓手,加快先行区建设"在中卫地区的调研和全市深化"六权"改革情况的调研工作。通过现场查看、听取办理情况介绍、座谈交流等形式,对重点提案《关于强化监管进一步提高城乡供水服务质量的建议》办理情况进行跟踪督办。全年撰写提交大会发言2篇,提案4件,社情民意信息6条,政协简报8篇。

【农业和农村委员会】 2022年,中卫市政协农业和农村委员会组织委员就"六权"改革进行调研协商,邀请专家把脉问诊,针对问题深入分析,提出完善排污权价格调控体系、提高非常规水利用率等建议23条,推动有关问题得到解决,为全市改革发展添动力、增活力、提效力。起草印发《中卫市政协关于深入推进委员按界别联系社会组织工作实施方案》,年内组织开展联系社会组织活动4次。年内提交五届一次政协全体会议口头大会发言1篇,提交提案5件,反映社情民意信息7条,工作简报8期。组织功能性党支部、界别委员工作室扎实开展学习、座谈交流等活动,完成委员讲堂、委员基层联系点、志愿服务等工作任务。

【教科卫体委员会】 2022年,中卫市政协教科文卫体委员会立足区域数字经济发展,开展"双节点"城市建设专题调研,提出推进、解困之策。引导界别委员积极撰写社情民意、大会发言和提案,8条社情民意被市政协采用,《发挥行业及异地商会作用,助推营商环境建设》社情民意被自治区政协采用;14件提案被市政协五届一次会议立案,两篇调研报告被确定为五届一次会议大会书面发言。配合办公室按照"八有"标准建设7个委员会客室,赵建军委员会客室引领会员企业筹资150余万元打造一条"食品安全示范街",帮助商户挽回经济损失2000余万元。组织开展界别活动两次,针对缓解沙坡头区城区学前教育资源供需矛盾问题开展"众人的事情由众人商量"专题调研协商活动。为市残疾儿童康复中心特殊儿童赠送价值6000元的学习用品。开展功能型党支部集中学习、交流研讨4次,"委员讲堂"1次,党课教育活动1次。对五届一次会议重点提案《关于强化公共卫生体系建设,筑牢群众生命健康"防护网"的建议》进行跟踪督办。

【社会和法制委员会】 2022年,中卫市政协社会和法制委员会组织界别委员积极参加习近平总书记视察宁夏重要讲话和重要指示批示精神"大学习、大讨论、大宣传、大实践"活动和学理论提素质、学业务提效能"双学双提"学习活动,谈认识、谈体会、谈履职、找差距、促改进。以开展"六大提升行动"专题调研呼应民生关切,收集委员建议42条,提出6个方面19条意见建议,助力有关问题得到解决。围绕宁钢大道与滨河路等4个城市主干道路交通指示标识,组织部分政协委员进行"众人的事由众人商量"专题协商。利用反映社情民意积极建言献策,共报送11期社情民意,采纳7期,撰写工作简报6期。组织界别委员学习培训4次,开展主题党课教育和委员大讲堂活动各1次。全面完成市政协五届二次会议2023年协商民主计划议题确定、2022年协商民主计划执行情况的报告和2022年优秀协商报告的评选以及五届二次会议安保工作的布置和执行。

【民族宗教和港澳台侨委员会】 2022年,中卫市政协民族宗教和港澳台侨委员会围绕建设铸牢中华民族共同体意识示范市开展专题视察。针对"液化气气瓶使用存在的安全隐患"开展专题协商,达成明确部门工作职责、加强行业安全管理、逐步更换液化气气瓶、做好安全知识宣传等管理共识。牵头抓好功能型党支部工作,投入资金24万多元,实现7个功能型党支部活动场所"五有"标准,年内组织召开界别委员培训会1次,开展委员讲党课1次、委员讲堂1次,交流研讨2次。落实"两会两联系"工作制度,完善两会"两联系"等4项制度,组织开展功能型党支部和界别委员活动各4次,联系社会组织活动两次。对市政协五届一次会议重点提案《关于规范我市乡村"流动厨房"的建议》进行督办。

【文化文史和学习委员会】 2022年,中卫市政协文化文史和学习委员会聚焦社会热点焦点难点问题,围绕全域"食品药品安全区"创建,加强食品药品重点区域和关键环节视察监督,提出意见11条,保障人民群众"舌尖上的安全"。按照市委安排,利用"众人的事情众人商量"平台,就提升中卫博物馆展陈水平,组织政协委员和文化名人同有关部门多次协商,提出改进建议39条,承办部门根据建议修改展陈资料111处;对沙坡头大道水系命名广泛协商,征集建议9条,为市委、市政府决策提供参考。组织开展功能型党支部、界别委员、联系社会组织活动各4次。围绕民间文艺事业发展召开座谈会进行交流互动;联合市博慧社工服务中心等深入社区开展"警惕养老陷阱 防范养老诈骗"宣传讲座,免费开展义诊活动。杨富国委员借助委员会客室的优势,先后13次接待游客和业内人士80余人次,及时反映有关涉及全域旅游创建工作中存在的问题和建议。组织开"委员讲堂"7场次、委员党课8场次,举办委员培训班3期。编发《中卫政协》杂志4期20万余字,编辑完成《自治区政协年鉴2021·中卫政协篇》《中卫年鉴2021》政协相关条目。

(张江涛)

纪委 监委

综述

【概况】 2022年，中卫市纪检监察机关处置问题线索868件，立案323人，处分319人，采取留置措施9人，移送司法机关6人，严肃查处张龙、李军等严重违纪违法案件，提级查办"8·29"蓄水池泄漏等典型案件。开展工程建设政府采购，卫生健康和国有产权、土地矿业权交易等重点领域突出问题专项治理，全市纪检监察机关、公安机关、行政机关共立案147件，处理领导干部188人。充分发挥反腐败协调领导小组职能作用，一体推进反腐败工作机制更加顺畅。做深做细查办案件"后半篇文章"，针对严重违纪违法案件，督促发案单位召开警示教育大会、专题民主生活会，用"身边案"教育"身边人"的综合效应持续彰显。制发纪检监察建议书45份，通报典型案例8起，督促发案单位健全完善各类制度93项。制定《关于加强新时代廉洁文化建设的实施方案》，扎实开展廉洁文化建设"五个一"、廉洁文化微视频线上展播等活动，持续传播廉洁好声音，擦亮"清风中卫"品牌。深化廉政机考和任前廉政谈话机制，组织494名新任职干部开展任前廉政法规知识考试，对70名新提拔任用的领导干部进行集体廉政谈话。建成中卫市全面从严治党教育基地，面向全社会开放，依托基地认真开展"廉政警示教育周"系列活动，分级分类组织382批次1.1万余人次接受教育，受到党员干部和社会各界的一致好评，经验做法被《光明日报》报道。

【纠治"四风"】 2022年，中卫市纪检监察机关持之以恒落实中央八项规定精神。坚持纠建并举，制定《贯彻落实中央八项规定精神加强作风建设"正负面清单"》，列明"可为""禁为"事项242条，为有效纠治"四风"提供精准标尺。坚持关键节点集中抓、日常时间经常抓，以钉钉子精神纠治"四风"，严肃查处违反中央八项规定精神问题13起，批评教育帮助和处理23人，通报曝光典型问题14起，持续释放越往后越严的强烈信号。把减轻基层负担作为重要着力点，加强对基层减负措施落实情况的监督检查，着力纠治过度留痕、违规向基层摊派任务、搞"指尖上的形式主义"等突出问题。带头落实中央关于规范村级组织工作事务、机制牌子和证明事项要求，撤销"廉情诊所"机制和牌子。督促党员干部和公职人员认真落实政商交往"正负面清单"，严肃查处破坏营商环境问题9起，批评教育帮助和处理10人，营商环境不断优化。认真开展违规收送红包礼金和不当收益及违规借转贷或高额放贷专项整治，梳理通报近年来全市查处的7起典型案例。市级领导带头开展政策宣讲，通过政策感召、警示教育双向发力，144名党员干部和公职人员主动申报上交不当收益66.79万元、物品83件，544人主动说明违规借转贷问题。

【协助职责和监督责任】 2022年，中卫市纪检监察机关坚决扛起全面从严治党协助职责和监督责任，督促各级党组织健全完善"三个清单"，严格落实述责述廉、廉情抄告等制度，组织各部门党委（党组）"一把手"向市委述责述廉，督促整改问题12个，向市级领导呈送"温馨提示"3次、《廉情抄告书》13份，向市直部门党委（党组）发送《廉情函告书》32份，层层压实管党治党政治责任。坚持失责必问、问责必严，严肃查处落实"两个责任"不力问题14起，批评教育帮助和处理48人。

【群众切身利益维护】 2022年，中卫市纪检监察机关紧盯教育医疗、自然资源、住房保障等领域，加强对惠民惠农补贴资金"一卡通"管理使用等重点环节的监督检查，扎实开展农村集体"三资"腐败问题专项治理,严肃查处侵害群众利益问题132起,批评教育帮助和处理298人。创新开展矿山治理和水利工程整治专项监督,督促整改问题矿山189个,水利工程领域安全隐患661个。常态化推进扫黑除恶监督执纪问责,批评教育帮助和处理2人。

【巡察工作】　2022年,中卫市纪检监察机关深化派驻机构改革,制定派驻机构考核实施细则,建立派驻机构工作联席会议制度,健全"室组"联动监督、"室组地"联合办案机制。全市各级派驻机构共处置问题线索25件,立案22人,处分21人。贯彻落实监察法精神,指导县(区)监委圆满完成首次向同级人大常委会报告专项工作任务。制发《关于进一步建立健全纪检监察监督、巡察监督与审计监督贯通协同工作机制的通知》,健全信息互通、线索移交、成果共享等工作机制,推动党内监督与其他各类监督贯通协同。完善纪律监督、监察监督、派驻监督、巡察监督统筹衔接制度,实现"四项监督"协同联动、同增质效。深化运用检举举报平台,推动纪检监察工作提质增效。制定《中卫市监察机关、审判机关、检察机关重大疑难复杂职务犯罪案件分析论证工作办法(试行)》等。巩固"案件质量提升年"活动成果,健全完善案件质量考核评价体系,坚持按季开展案件评查抽查。

　　制定五届市委巡察工作规划,实行"列表作战""按图施工"。修订完善《市、县(区)巡察干部一体化培训工作实施办法》等10项制度,建立健全37人的巡察"组长库"和83人的巡察"人才库",为巡察工作顺利开展提供有力保障。坚守政治巡察定位,完成3轮18个党组织的常规巡察,同步开展选人用人情况专项检查,发现问题332个,移交问题线索5件。巡察工作多次得到自治区党委巡视办的肯定。严格落实巡察整改情况"双反馈""双公开"机制,建立巡察发现问题"责任清单",压实被巡察党组织整改主体责任、纪检监察机关和组织部门日常监督责任。每轮巡察整改结束后,纪检监察机关、组织部门、巡察机构联合对被巡察党组织进行"回访督查",评估整改成效,推动巡察反馈问题全面、系统、彻底整改落实。梳理四届市委以来巡察发现问题典型案例,按类编印成册,督促被巡察党组织汲取经验教训、举一反三抓好整改。建立《中卫市委巡察组顾问实施办法》等制度,构建巡前信息互通、巡中协作互动、巡后监督互补联动机制,推动形成监督合力。在全区率先出台《市委巡察机构到县(区)调研指导工作办法》,对沙坡头区委和海原县委巡察工作开展指导督导,帮助提升规范化水平。指导各县(区)对3个乡镇开展"推磨式"交叉巡察,发现问题127个,移交问题线索9件。深化异地交叉巡察、发挥市级巡察机构作用等经验做法被中央纪委国家监委网站刊载。

【自身建设】　2022年,中卫市纪检监察机关健全完善并落实落细"第一议题"制度,举办全市纪检监察系统综合能力提升培训班1次,召开理论学习中心组集中学习会11次、干部理论学习会20次。制定市纪委常委会工作规则。加强机关党的建设。开展"高素质专业化队伍建设年"活动,提升纪检监察干部能力素质。健全干部选拔任用、轮岗交流等机制,向市委推荐提拔晋升处级干部7人,提拔晋升科级干部20人,引进高层次人才4人。配合自治区纪委监委开展内部巡视,反馈的5个方面16个问题全部整改到位。部署开展"执纪执法形象"专项整治活动,处置纪检监察干部问题线索11件,立案1件,处分1人。

【中共中卫市委五届纪律检查委员会第二次全体会议】　1月26日召开。会议强调要深入贯彻落实习近平总书记在十九届中央纪委六次全会上的重要讲话精神,全面落实党中央和自治区党委各项决策部署,坚持不懈把全面从严治党推向纵深,以优异成绩迎接党的二十大和自治区第十三次党代会胜利召开。

【中卫市领导干部警示教育大会】　3月23日召开。会议强调要把稳理想信念之舵、严守纪律规矩之戒、保持清正廉洁之本、夯实执政用权之基,坚定不移推进全面从严治党向纵深发展,以坚韧意志和坚定决心将反腐败斗争进行到底。市直部门、市属国企负责人会前集体参观中卫市全面从严治党教育基地。

【中卫市警示教育大会】　11月28日召开。会议强调要坚决贯彻落实党中央和自治区党委关于全面从严治党的部署要求,坚决扛起管党治党政治责任,坚定不移把全面从严治党向纵深推进。会前,与会人员集中参加廉政警示教育。

【中卫市党风廉政建设和反腐败工作领导小组2022年第2次会议】　12月20日召开。会议传达学习习近平总书记关于全面从严治党的重要论述,听取2022年全市党风廉政建设和反腐败工作情况汇报,审定巩固深化违规收送红包礼金和不当收益及违规借转贷或高额放贷专项整治成果有关方案。

监督检查

【政治监督】 2022年,中卫市纪检监察机关紧盯生态保护修复、污染综合治理、区域粮食安全等重点工作,强化政治监督,重点查办中宁北山非法采矿、违规上马"两高"项目等问题线索10件,批评教育帮助和处理38人。查办粮食购销领域腐败问题线索14件,批评教育帮助和处理12人,处分5人,移送司法机关1人。建立《领导干部请托插手干预重大事项记录报备制度(试行)》,聚焦"一把手"和领导班子权力运行薄弱环节强化监督检查,严肃查处违规违纪"一把手"93人,处分46人。专项监督自治区第十三次党代会代表推荐工作,处置问题线索6件,处分1人。

【日常监督】 2022年,中卫市纪检监察机关充分发挥信访举报监督作用,全市纪检监察机关共受理信访举报1371件次,同比下降15.21%。灵活运用谈心谈话、督导调研、专项检查、列席重要会议等方式,强化近距离、常态化、全方位监督,谈话提醒70人,主动约谈81人,抓早抓小、防微杜渐。规范建立、动态更新党员领导干部廉政档案,审慎回复组织、人事等部门党风廉政意见11034人次,提出暂缓或否定性意见89人次,推动监督关口前移,坚决防止"带病提拔""带病提名"。激励干部担当作为。坚持惩前毖后、治病救人,精准运用"四种形态"批评教育帮助和处理党员干部1538人次。认真落实"三个区分开来"要求,对233名受处理处分干部开展回访教育,为6名受到不实举报干部澄清正名,完善容错纠错机制,旗帜鲜明为担当者担当、为负责者负责,以风清气正的政治生态激发党员干部干事创业的内生动力。

【专项监督】 2022年,中卫市纪检监察机关紧盯乡村振兴年度重点任务落实、各级各类督导检查反馈问题整改等,常态化开展监督检查,严肃查处贪污挪用、优亲厚友、虚报冒领等腐败问题和敷衍应付、做表面文章等作风问题39起,批评教育帮助和处理68人,下发纪检监察建议书3份。深化"村廉通"和"提级监督"机制,强化对小微权力运行的监督约束,提级受理信访举报24件,批评教育帮助和处理10人。健全完善群众参与监督体系,上线运行基层小微权力"监督一点通"服务平台,录入小微权力清单80项,让基层小微权力在阳光下运行。

民主党派　工商联

民革中卫市委会

【概况】 民革中卫市委会下辖中宁县委会和沙坡头区总支两个县级组织10个基层支部（沙坡头区5个、中宁县5个），至2022年年底共有党员196人，主要分布在教育、卫生、社会、法制等领域，有少量分布在其他行业和新的社会阶层。其中，大学学历111人，大学以下学历85人；男110人，女86人；副厅级干部1名，副处级2名，正科级8名，副科级8名；自治区政协委员两名，市人大代表3名，市政协委员12名，县区政协委员19名。

【思想建设】 2022年，民革中卫市委会加强思想政治引领。以习近平新时代中国特色社会主义思想为指导，深入学习贯彻中共二十大精神、自治区第十三次党代会精神和中卫市第五次党代会精神，全面贯彻落实《中共中央关于加强中国特色社会主义参政党建设的意见》等三个重要文件精神。召开主委会、全委（扩大）会议、各基层支部会议学习中共二十大精神。发挥基层党员"双岗建功"积极作用，更好履行基层民革党员参政议政职能。

【组织建设】 2022年，民革中卫市委会重点发展10名新党员（2名公务员，6名事业编，1名律师，1名新社会阶层）。先后3次组织党员中的市、县政协委员参加各类培训。组织10名骨干党员参加区委会举办的"学习贯彻中共宁夏第十三次代表大会精神"专题培训班。选派3名骨干党员参加区委会在浙江大学举办的为期7天的民革全区参政议政骨干党员培训班。举办45名党员参加的全市年终工作总结表彰会议，会上对2021年度工作表现突出的20名优秀党员和16名参政议政工作先进个人进行表彰。举办全市各级组织60多名党员共同参与的"我运动·我健康"党员春季趣味运动会。联合民进中卫市委会、九三学社中卫市总支社在六盘山干部学院成功举办为期5天的"矢志不渝跟党走，携手奋进新时代"主题教育培训班，全市40名骨干党员参加培训。

【参政议政】 2022年，民革中卫市委会在市涉及中卫改革发展稳定重大事项、重大战略决策征求意见中，充分研究讨论，一些意见得到市委、市政府的重视和采纳。制定《民革中卫市委会履职能力建设年实施方案》，聚焦市委、市政府中心工作，围绕中卫市"七大战略和十大行动"，参政议政深入调研。落实"党委出题、党派调研、政府采纳、部门落实"的调研运行机制。6—11月，组织部分骨干党员，聚焦中卫市新材料产业高质量发展情况和中卫市社区治理工作推进情况两个重点调研课题，先后深入市工业园区、中宁县相关新材料制造企业以及沙坡头区黄河花园社区、中宁县振兴社区和余丁乡余丁村、海原县东城社区等社区和乡村开展调研，分别形成调研成果。在自治区十一届五次政协会议上，民革界的自治区政协委员提交提案10件，市委会上报的提案《让文化内涵"嵌入"宁夏旅游产业》作为书面发言材料。市两会期间，民革市委会提交提案32件，立案12件。沙坡头区、中宁县两会期间，民革界的政协委员提交提案立案20件。提交市县政协大会发言6篇（大会口头发言2篇，书面4篇）。在市政协五届一次会议上，口头发言《加快织就"防护网"守护未成年人健康成长》一篇，书面交流《关于加强我市中小学生心理健康教育的建议》《强化人才队伍建设 夯实乡村振兴根基》两篇。《关于加快我市康养旅游产业高质量发展的建议》重点提案被评选为市政协2021年度优秀提案，《关于加强我市中小学生心理健康教育的建议》被列为重点提案。年内，共向区委会报送社情民意30条，向中卫市政协报送社情民意25条。其中《关于加强全区月子中心监管力度的建议》《加强农村建筑安全迫在眉睫》《关于依法落实好家庭教育促进法的建议》《关于应对校园暴力的几点建议》等11篇社情民意被民革宁夏区委会采用。《关于对我市液化气实行可追溯管理的建议》《快递交通安全问题亟待治理》《关于改造基础设施提升城市文明形象的建议》等4篇社情民意得到市主要领导批示，有关部门及时进行办理落实。

【社会服务】 2022年，民革中卫市委会通过多种形式开展社会服务：开展春节慰问活动，上门走访慰问全市60岁以上的33名民革老党员。开展捐赠扶贫活动，中秋节，民革沙坡头总支组织党员到东园镇柔新村走访慰问困难群众5户。9月9日，民革中宁县委会联合中宁县红十字会深入余丁乡时庄村、金沙村开展"守护生命健康 助力乡村振兴"主题义诊及送温暖活动，免费发放价值2500元常用药品，惠及基层群众200余人，在"9·9"公益日活动当天，全市110名民革党员分别参与"一家一个急救包"公益众筹活动、"乡村教师春晖行动""困境儿童牵手行动"等网络募捐活动，累计捐款达6000元。11月12日，民革中宁县委会深入鸣沙镇黄营村进行调研，并为14户困难群众捐赠价值5000元的米、面、油等物资。开展关爱困难党员活动。依托民革法律服务中心，在市交通警察局挂牌成立民革中卫市委会法律服务中心驻市交通警察局法律服务工作站，提供法律咨询、法律建议、法律调解等无偿服务活动。创新电话咨询、预约服务等形式，对残疾人、病重人员、老年人等特殊群体提供便捷化上门服务，累计服务群众3000余人次。

（马国有）

民盟中卫市委会

【概况】 截至2022年年底，中卫市共有盟员227人，分属沙坡头区委会和中宁县委会及14个基层支部。其中沙坡头区129人，分属机关、经济社会、中卫中学、中卫一中（四中）、义教联合、老年、卫生和特别支部8个支部。中宁县98人，分属中宁中学、中宁一中、城北支部、县城支部、城东支部、老年支部6个支部。全市盟员男127人，女100人；本科及以上学历158人；离退休盟员75人；担任各级政协委员的26人。其中，自治区政协委员1人，市政协委员12人（副主席1人、常委2人），县（区）政协委员19人（副主席1人、常委4人），市人大代表1人。

【思想建设】 民盟中卫市委会领导班子带头学习中共二十大、自治区第十三次党代会等重要会议精神，2022年召开主委会10次、全委会4次，及时传达中共中卫市委、民盟宁夏区委会的各项精神。为基层盟组织和盟员购买"四史"、多党合作史等书籍，印发《2022年盟员学习资料汇编》。开展习近平新时代中国特色社会主义思想和视察宁夏重要讲话和重要指示批示精神"大学习、大讨论、大宣传、大实践"活动。以"矢志不渝跟党走、携手奋进新时代"政治交接主题教育为主线，开展多种形式学习活动。举办政治交接主题教育培训班，在乔家渠毛泽东长征宿营地旧址、任山河烈士陵园等地开展现场教学。举办政治交接主题教育诗歌朗诵比赛。选送盟内书画家优秀书画作品，参加由民盟开封市委会发起并主办的"翰墨庆祝二十大 同心奋进新征程"沿黄九省区九城市（开封）民盟书画展。以"民盟中卫"微信公众号作为线上宣传阵地，开设政治交接主题教育、自治区第十三次党代会精神、"盟员风采"等专栏。

【组织建设】 2022年，民盟中卫市委会新发展盟员9人，其中重点界别6人，代表人士1人，平均年龄36岁。推荐40余名骨干盟员参加自治区党委统战部、民盟宁夏区委会、市委统战部举办的培训班。在中卫市沙坡头水镇新建一处"盟员之家"。

【参政议政】 在中卫市政协五届一次会议期间，11名市政协委员聚焦中卫市高质量发展重点、转型升级难点、群众关切热点建言献策，参政履职，共向大会提交集体提案13件、个人提案22件，大会发言3篇。副主委王文华代表民盟市委会作题为《关于实施乡村振兴战略的建议》的大会口头发言，《深入实施创新驱动发展战略 点燃中卫科技创新高质量发展引擎》被列为大会书面发言。民盟中卫市委会主委严玉华向自治区政协提交的《关于加强黄河泥沙输入监测和治理水土流失的提案》被评为自治区政协十一届四次会议优秀提案。向市委提交《关于提高我市肉牛养殖效益的调研报告——以中宁县为例》《中卫市义务教育优质均衡发展现状调研报告》两篇，向民盟宁夏区委会提交《关于我区基层依法治理的实践与探索的调研报告——以中卫市为例》并通过评审验收。民盟中卫市委会委员陪同广东省人大常委会副主任、民盟广东省委会主委王学成调研中卫云计算大数据、生态建设、全域旅游等产业发展情况。《宜居家园楼顶挑檐塌落存在重大安全隐患》《关于防范高速公路出入口高架桥梁安全隐患的建议》《全民健身，别忘了学龄前儿童》得到市委、市政府领导批示。

【社会服务】 2022年,民盟中卫市委会对接民盟宁夏区委会和民盟中央,力促"烛光行动——新东方教师社会责任行"落地中卫,共有190名中小学教师参加英语、家庭教育、美育、编程等四门课程的学习培训。教师节期间,民盟中宁县委会动员盟员奉献爱心,筹集爱心捐款3650元,对中宁县部分社会困境儿童进行慰问。民盟中卫市委会捐资5000元支持中宁县大战场镇杞海村改善办公条件,向宜居社区积分超市捐赠价值2000元洗化用品。

（祝　丹）

民建中卫市总支委员会

【概况】 2022年,民建中卫市总支委员会共有会员127名(发展新会员2名;因工作调动,转出会员2名),平均年龄46岁。其中经济界71人,占55.9%;教育界18人,占14.2%;大专以上学历120人,占94.5%;女会员63人,占49.6%。会员中有厅级干部1名,处级干部6名,科级干部10名。有自治区政协委员2名,市政协委员15名,市人大代表3名,县级人大代表3名,县级政协委员9名。2022年,召开四届十次全委(扩大)会议和四届十一次全委会议,对民建中卫市总支第四届委员会进行届中调整,赛万华当选为民建中卫市总支第四届委员会委员;马晓宏当选为民建中卫市总支第四届委员会主任委员,戚颖当选为民建中卫市总支第四届委员会副主任委员。完成五支部副主任委员的选举工作,沈怀鹏担任五支部副主任委员。

【思想建设】 民建中卫市总支委员会开展党的二十大精神学习宣传。系统梳理报告核心要义,每天定时在会员微信群推送,指导广大会员深学细悟报告精神。民建中卫市总支委员会学深悟透自治区第十三次党代会精神。通过主委会议、全委会议等对各级各类会议精神进行深入系统的学习。民建中卫市总支委员会重温会章会史。在会员微信群推送学习内容65期。9月13—17日,市总支在六盘山干部学院举办"矢志不渝跟党走、携手奋进新时代"政治交接主题教育培训班。4月27日,联系中卫市沙坡头区税务局,举办组合式税费支持政策业务培训班,对企业家会员进行专题辅导。

【参政议政】 2022年,民建中卫市总支委员会参加2021年度全市党风廉政建设和反腐败工作情况通报会、民生政策征求意见座谈会、全市新能源产业专题协商议政会、全市法院2022年上半年工作情况通报会等各类座谈会、情况通报会、专题协商会、调研视察等共计9次。2022年,民建中卫市总支委员会向市政协提交提案68件,立案19件,其中《加快全域旅游创建进程　打造国际沙漠旅游目的地》《积极推进有机农产品扩面提质　助力农业绿色高质量发展》被市政协列为2022年度重点督办提案。向中卫市两会提交大会发言4篇,其中《积极推进有机农产品扩面提质　助力农业绿色高质量发展》在大会上做交流发言。年内,共向民建区委会和市政协反映社情民意58条,其中自治区政协采纳1件,区委会采纳7件,市政协采纳14件。开展重点课题调研两个,形成《关于全市城市生活垃圾分类情况的调研报告》和《关于全市中小学生课后服务工作开展情况的调研报告》,被市委批转办理。

【社会服务】 2022年,民建中卫市总支委员会在海原四中设立教育移民班1个,按每生每年660元标准,资助贫困中学生50名。为中宁县大战场镇宁原村罹患多种癌症的原妇女主任李生兰筹集捐款1.02万元。市总支会员、宁夏永恒信建设工程咨询有限公司总经理张欣和会员杨国芳在春节前夕为沙坡头区迎水桥镇迎水村、黑林村、码头村的92户高龄老人和特困群众送去价值7300余元的大米、食用油和鸡蛋等慰问品。申请中华思源工程扶贫基金会"美德漂流绘本馆"项目,向海原县30所幼儿园捐赠绘本15000本、书架300个,共计24.9万元。联合中卫市博慧社工服务中心于5月中旬深入中卫市沙坡头区宣和镇草台村开展"倡导移风易俗　弘扬文明乡风"主题宣讲活动。沙坡头区雷锋车队志愿者协会在高考期间牵头组织开展"爱心送考　为梦助力"大型公益活动,爱心送考900余次,并为偏远山区困难家庭考生协调酒店免费客房10间,同时在中卫一中和中卫中学两个考点,为考生和家长们免费提供矿泉水。四支部副主委、宁夏天梦律师事务所副主任李慧受邀在沙坡头区政协机关作物业管理方面的法律知识讲座。市总支会员、一字师企业管理有限责任公司董事长沈怀鹏带领公司全体员工,在一字师虎奔餐饮中心开展"腊八一碗粥,温暖环卫人"爱心公益活动。沙坡头区雷锋车队志愿者协会在沙坡头区黄河花园社区、杞香苑社区、中宁县张艳琴爱心小院等地开展"春节送温暖"慰问活动,捐赠大米、食用油、口罩等物资共计1.855万元。疫情期间,会员参加疫情防控共计114人，累计捐赠防疫物资11.24万元。

（张秀燕）

民进中卫市委会

【概况】　截至2022年年底，中卫市共有民进会员222人（女会员103人），平均年龄50岁。其中，本科及以上学历164人，中高级职称126人，教育文化传媒行业153人，医卫、司法等其他行业69人。有副厅级干部1人，副处级4人，正科级4人，副科级8人；有自治区政协委员1人，市人大代表3人，县区人大代表2人（副主任1人），市政协委员11人，县区政协委员21人。

【思想建设】　2022年，民进中卫市委会坚持加强政治引领，指导各级组织和广大会员深入学习中共十九届历次全会精神、中共二十大精神、民进十三大精神，认真学习中央、自治区党委统战工作会议精神，学习自治区第十三次党代会、宁夏民进八代会、中卫市第五次党代会精神，深刻领会"两个确立"的重大意义，切实增强"四个意识"、坚定"四个自信"、做到"两个维护"。领导班子成员带头加强理论学习，交流研讨并撰写理论文章、学习心得12篇。年内以"信息技术发展与民主党派活动方式变革研究""新形势下中国特色社会主义参政党凝聚思想政治共识研究""后疫情时代多党合作制度的优势反观与问题深析"为题，指导会员撰写专题理论文章3篇。注重发挥"民进网""宁夏民进"公众号和微信群的宣传作用，为各级组织班子成员及骨干会员42人征订《民主》杂志。向民进区委会、市委统战部报送工作动态信息40篇，民进中央、宁夏区委会网站采用12篇，《华兴时报》《中卫日报》采用15篇。

【组织建设】　2022年，民进中卫市委会共发展新会员9名，教育、文化等主界别占78%。在固原六盘山干部学院举办30名基层组织负责人和骨干会员参加的"矢志不渝跟党走、携手奋进新时代"政治交接主题教育培训班。推荐骨干会员参加各级各类培训班28人次。指导民进中宁县委会、沙坡头区总支依程序完成届中调整工作。3个支部被区委会评为四星级基层组织。召开年度工作总结表彰暨"我身边的先进"事迹报告会，对两个先进集体、13名优秀会员进行表彰。开展廉政警示教育、"庆祝教师节、中秋节，喜迎十六运"主题趣味运动会、主题教育读书等系列活动以及春节走访慰问活动，民进沙坡头区总支组织会员在闽宁镇开展"矢志不渝跟党走、携手奋进新时代"政治交接主题教育学习实践活动。依托中卫奇石博物馆打造中卫民进"会员之家"。推进"信息化建设"主题年工作。

【参政议政】　2022年，民进中卫市委会认真履行参政党协商职责，积极参加市委党外人士座谈会、协商会，就中卫市重大事项、经济社会发展规划、重要文件等提出意见建议。会同民进宁夏委员会对黄河流域生态保护和高质量发展情况开展民主监督。积极履职两会，征集政协提案共计72件，提交自治区政协提案13件、大会发言3篇；提交市政协集体提案42件（集体14件），立案15件（集体8件），提交大会发言3篇，主委温旭茹代表民进市委会作题为《强化公共卫生体系建设　筑牢群众生命健康"防护网"》的大会发言。围绕全市"双减"政策落实、河湖长制工作落实情况开展调研，报送的《关于全市"双减"政策落实情况的调研报告》《关于全市河湖长制工作落实情况的调研报告》得到市委主要领导批阅。向区委会提交社情民意信息8条，《关于进一步提升结核病诊疗水平的建议》被民主促进会中央委员会《民进信息》、自治区政协《宁夏政协信息》采用，《中小学生热衷付费集卡现象亟待重视》被自治区政协《宁夏政协信息》采用。向市政协提交社情民意信息11条，《别让路灯的"黑"湮没了园区的"靓"》等7条社情民意信息经市委、市政府主要领导批示后，得到快速转化落实。副主委崔海菊、秘书长齐鲁宁分别被《中卫日报》《华兴时报》"委员风采""委员直通车"专栏宣传报道。

【社会服务】　民进中卫市委会联合会员企业开展2022年"寒冬送暖"春节走访慰问活动，走访慰问沙坡头区宣和镇福堂村困难家庭15户、民进老会员8名，分别送去民进会员、德克士中卫餐厅总经理崔明军捐赠的大米、食用油等爱心物资，价值近5000元。民进中卫市委会慰问困难民进会员10人，共计5000元。响应民进中央和区委会号召，开展壬寅年（2022年）民进全国"春联万家·推动共同富裕"活动3场次，写送春联1500余副、福字600余张。在中卫市第五小学开展"书法进校园"暨书法教室捐建活动，捐赠楷书、行书、草书、隶书等书法作品23幅、书法用具近7000元。

【创先争优】　民进市委会获民进宁夏区委会"思想宣传先进单位"称号，主委温旭茹获民进中央"信息化建设先进个人"称号。2022年，民进会员中共有46人次获国家、自治区、中卫市和县区各项荣誉。其中，俞雪峰获批加入中国作协，年内在省级及以上刊物上发表作品14篇,市级刊物发表作品20余篇;俞星权被中国书协评为"送万福进万家下基层公益活动"先进个人,石建武的浮雕作品《中卫黄河文化》获宁夏回族自治区第十届文学艺术奖优秀作品——民间文艺类三等奖,刘文新的研究报告被自治区教育厅评为自治区级教育教学成果二等奖,陈学仁摄影作品《伏魔》在中共党史馆展出,张蓓发表《基于水环境污染的水质监测及其相应技术体系研究》一文。

(齐鲁宁)

农工党中卫市总支委员会

【概况】 截至2022年12月底,农工党中卫市总支委员会有农工党党员110人,其中女性74人,占农工党党员总数的67.27%;中级及以上职称90人,占比81.82%;副高以上职称54人,占比49.10%;研究生4人,占比3.36%;公务员9人,占比8.1%。农工党党员平均年龄49.1岁。市总支有副厅级干部1人,正处级干部1名,副处级干部2人,正科级干部6人(其中行政1人,事业5人),副科级干部5人(其中行政2人,事业3人);自治区政协委员1人,农工党宁夏区委会委员2人(常委1人),市政协副主席1人,市政协委员9人(常委2人),市人大代表1人,沙坡头区政协委员4人(常委2人),海原县政协副主席1人(常委1人);自治区级党外代表人士5人,市级党外代表人士12人。2022年,发展党员2名。

【思想建设】 2022年,农工党中卫市总支委员会组织农工党党员学习领会中共二十大精神,形成热议文章5篇。在农工党宁夏区委会开展"喜迎中共二十大,奋力建功新时代"理论征文活动中撰写理论文章4篇。组织农工党界别政协委员及50余名骨干党员参加农工党宁夏区委会、市政协和市委统战部组织的各类理论学习30余次,撰写心得体会10篇。9月13—17日,组织25名骨干农工党党员参加市总支在六盘山干部学院举办的"矢志不渝跟党走、携手奋进新时代"政治交接主题教育培训班。订阅农工党党刊《前进论坛》55本,向农工党宁夏区委会和市委统战部分别报送工作动态信息25篇,其中,农工党宁夏区委会网站刊载15篇、市委统战部微信公众号刊载1篇。

【参政议政】 2022年,农工党中卫市总支委员会参加党外人士协商会、座谈会、专题协商会、调研视察等活动,针对经济建设、人才培养等方面提出意见建议。两会期间,向市政协提交提案40件,立案19件,其中《关于加强我市社会药店管理的建议》《关于加快推进在宁夏中卫承接全国范围非实时算力服务的建议》《关于规范我市乡村"流动厨房"的建议》被市政协列为2022年度重点督办提案,《关于规范我市乡村"流动厨房"的建议》被市政协评为优秀提案通报表彰;提交大会发言两篇,其中《家庭医生签约服务质量提升与改进的建议》作书面交流。向自治区政协提交提案14件,采纳13件,《关于加强全区中小学校医配备的建议》被自治区委编办办理,《关于建立巩固教育扶贫成果长效机制的提案》被自治区政协列为优秀提案,主委吕玉兰撰写的《关于开展适龄女性免费接种HPV疫苗试点工作的提案》被自治区政协列为优秀办理提案。向市政协提交社情民意9条,采用6篇,向农工党宁夏区委会提交社情民意5条,采用2篇,其中《加强医疗美容行业乱象治理》被农工党中央采用,《乡村"流动厨房"亟待规范》被全国政协采用。组织医疗专家组成调研组,通过实地走访、问卷调查、座谈协商会等多种形式深入两县一区开展调研,形成调研报告两篇,其中《中卫市县域紧密型医共体建设情况的调研报告》被市委主要领导重点批示,成果转化得到有效落实,《全市养老服务体系建设情况的调研报告》被市委批转办理。

【社会服务】 6月12日,农工党中卫市总支委员会组织18名医药界别农工党员赴沙坡头区镇罗镇河沟村开展2022年度"环境与健康宣传周"义诊活动暨"健康大讲堂"健康宣讲活动,向沙坡头区镇罗镇卫生院捐赠价值7200元的常用药品及口罩,为350余名群众发放健康生活科普资料、生活用品及急救包等物资,累计价值约2万元;为群众作预防糖尿病健康知识宣讲,服务群众500余人次。1月25日,组织骨干农工党党员到沙坡头区滨河镇宜居社区开展2022年"新春走基层"慰问活动,走访慰问30户困难群众,捐赠价值5970元的慰问物品。

(李秀红)

九三学社中卫市总支社委员会

【概况】 2022年,九三学社中卫市总支社委员会有社员81人,其中高级职称25人,占比30%;中级职称50人,占比60%。社员中担任中卫市政协五届委员会常委2人,委员12人;担任沙坡头区政协二届委员会常委2人,委员6人。

【思想建设】 2022年,九三学社中卫市总支社委员会深入学习贯彻落实习近平新时代中国特色社会主义思想、党的二十大和习近平总书记视察宁夏重要讲话和重要指示批示精神,学习自治区第十三次党代会精神,及时传达学习自治区、中卫市重大决策部署。开展"矢志不渝跟党走、携手奋进新时代"政治交接主题教育。注重理论研究,社员姚春玲执笔的《多党合作助推国家治理现代化的着力重点和具体举措》思想建设招标课题荣获2021年度全区统战理论政策研究创新成果一等奖。社区委网站刊登社务工作动态稿件19篇,《中卫日报》刊登社务工作动态信息两篇,向市委统战部报送工作动态信息35篇。

【组织建设】 2022年,九三学社中卫市总支社委员会贯彻落实社中央关于加强新时代组织发展工作的意见精神,年内共发展社员4人。完成自治区、市级层面代表人士推荐工作,完善总支社重点管理人员信息库。先后组织40余人次参加社区委、市政协、市委统战部、总支社举办的各级各类培训班。创新监督工作方式方法,加大监督工作力度,推动监督工作健康、有序发展。组织社员参观中卫市全面从严治党教育基地。

【参政议政】 市政协五届一次会议期间,九三学社中卫市总支社委员会向市政协提交集体提案25件,其中《关于完善我市低收入人群兜底保障机制的建议》提案被市政协确定为重点提案,《坚持问题导向 强化保障措施 全面推动学前教育普及普惠发展》被列为大会书面发言,《关于加快我市"云天中卫"建设的建议》等4件集体提案被评为优秀提案。向社区委报送提案及社情民意信息16条,向市政协反映社情民意5条,其中"中卫市绿能新能源有限公司垃圾焚烧处理厂相关问题亟待解决"得到市委书记张利批示。协助社区委开展水资源优化配置和高效利用及数字经济发展调研。完成社区委《宁夏农村电商发展》重点调研课题,《推进健康宁夏存在的问题和建议》等3件参政议政中标课题。向市委报送调研报告两篇。

【社会服务】 2022年,九三学社中卫市总支社委员会在永康镇景台村挂牌成立助力乡村振兴社会服务基地,捐赠办公经费1万元。走访慰问困难群众20户,发放慰问金5000元及价值3250元的生活物资。捐资7000元帮助中宁县大战场镇杞海村维修供暖设施。邀请沙坡头区林业技术推广中心高级林业工程师赵顺山在景台村开展苹果优质高产栽培技术培训。开展义诊咨询服务活动两次,服务群众120余名,免费发放药品5000余元、健康知识宣传手册100余份。协助社区委为沙坡头区第一中心敬老院捐赠价值2.5万元的厨房、生活用品及健康防疫宣传品。捐赠1辆电动三轮车助力宜居社区文明城市创建。

(孟 聪)

中卫市工商联合会

【思想建设】 2022年,中卫市工商联合会通过四届二次执委会、宣讲会、专题党课、深入商会和民营企业调研、送政策进民企进商会活动等形式,认真学习贯彻党的二十大精神、自治区第十三次党代会精神、中卫市第五次党代会精神,自治区工商联第十一次代表大会精神,进一步筑牢民营企业家"心中有党"的思想基础。广泛宣传民营企业和民营经济人士先进典型,推荐各类先进典型32名(家),引导民营经济人士争做爱国敬业、守法经营、创业创新、回报社会的表率和践行亲清政商关系的典范。举办全市民营经济人士综合素能提升培训班,100余名企业家参会。

【服务非公经济】 走访调研。2022年,中卫市工商联合会由党组书记、主席带队的专班调研组,先后14次深入市工商联会员企业、商会开展大走访、大调研,实地了解企业和商会所思所想所盼,掌握企业和商会发展中存在的问题及根源,帮助提出对策建议,拉近政企距离,夯实群众基础,构建"亲清"政商关系。形成调研报告3篇,提交社情民意3条,其中《强化政治引领 助力健康成长》获全区统战工作实践创新成果奖。征集意见建议。2022年,中卫市工商联合会组织召开"六大产业"及相关行业的民营企业家座谈会7场次。座谈会上118家企业负责人围绕"解决民营经济发展瓶颈制约和突出问题、优化营商环境"主题发言,提出意见建议,征集问题累计326条。市工商联对企业家反映的问题全部进行梳理汇总,形成9个专题报告呈报市委和市政府。优化营商环境。2022年,中卫市工商联合会开展"送政策·进民企"活动,举办"法律助企进商会"活动,建立"百所联百会"机制,召开银税企座谈会两次,累计100余名企业家参与。与市司法局建立联系协作机制,制定《关于建立健全全市司法机关与工商联沟通联系机制的实施方案》《关于落实"百所联百会"机制的实施方案》,优化营商法治环境,为民营经济健康发展保驾护航;与中卫市中级人民法院签订《关于加强合作促进民营经济健康发展备忘录》,细化16条措施,着力构建五大机制,服务保障民营经济发展;与中卫市检察院建立沟通联系机制,制定《中卫市检察院与市工商联共建沟通联系机制》,服务保障民营经济健康发展,主要做法获评入选全国工商联、最高人民检察院发布的100对工商联与检察机关沟通联系机制典型事例;与中卫市税务局联合印发《2022年助力小微市场主体发展"春雨润苗"专项行动方案》,实施4项行动内容,推出4类活动主题,贯穿14项服务措施,贯彻落实税费支持政策。

【招商引资】 中卫市工商联合会2022"走出去"1次,"请进来"3次,新签约项目2个。其中,宁夏阜民丰牧业发展有限公司与现代牧业集团有限公司签约,计划总投资15亿元的宁夏阜民牧业扩建项目,利用3~5年建成3万头牛场,2022年计划投资5亿元,到位资金4900万元,项目建设有序推进;利安隆(中卫)新材料有限公司与天津利安隆新材料有限公司签约,计划投资3亿元的利安隆(中卫)新材料技改项目,到位资金500万元;龙源宁夏公司与国家能源集团签约,计划投资51亿元的腾格里沙漠中卫新能源基地300万千瓦(一期100万千瓦)光伏复合项目,项目建设有序推进,到位资金4600万元。累计到位资金1亿元,目标任务完成率为100%。

【商会组织建设】 2022年,中卫市工商联合会按照"五好"县级工商联和"四好"商会创建标准,扎实推进基层建设。加强特色优势产业、新兴产业等商会建设,提高基层商会组织的覆盖面,新成立直属商会1个(生猪商会),督促14个直属商会按时年检,指导两个商会换届。

【帮扶工作】 中卫市工商联合会联合市乡村振兴局等8部门印发《关于开展中卫市2022年"万企兴万村"行动实施方案》,形成区、市、县领导和企业"四级联动包抓"结对清单,对中卫市56个移民村实行"一企兴一村"帮扶。召开中卫市2022年"万企兴万村"行动启动会,及时动员部署推动工作。9月份组织"万企兴万村"行动领导小组各成员单位,深入到沙坡头区、中宁县和海原县56个结对村实地走访调研,通过现场查验、调查问卷、交流座谈等方式,对"万企兴万村"行动开展过程中存在的问题和困难进行现场指导,对优秀案例进行宣传借鉴,并形成《关于中卫市"万企兴万村"行动实施情况的调研报告》提交市委、市政府。

(康亚丽)

群众团体

中卫市总工会

【宣传教育活动】 2022年,中卫市总工会以"喜迎二十大 建功新时代"为主题,举办"迎新年展新貌·开新局谱新篇"线上知识竞答、职工普惠、"两节"送温暖、最美笑脸及寄语征集、线上猜灯谜等庆"两节"系列活动,举办全市"劳动者之歌"文艺汇演、全市职工诵读演说大赛、第十届全市职工环湖徒步走、"润夏杯"安全和党史知识竞赛等活动。采取"请上来、走下去"和线上线下相结合方式,组建宣讲小分队,开展党的二十大、十九届六中全会、自治区第十三次党代会精神宣讲57场次,"同上一堂思政课"296场次,禁毒宣讲4场次,举办基层工会干部能力提升培训班2期150人。2022年,中卫市总工会坚持传统宣传与新媒体并重,在人民网、中工网、新浪网、《工人日报》客户端等各网络平台上刊稿80篇,《宁夏日报》等区级以上媒体上刊稿27篇,中卫电视台、报纸等市级媒体上刊稿72篇,利用"中卫工会"微信公众号和宁工惠中卫频道推送各类宣传信息195期527篇。向广大职工群众推送防疫小知识、物资保供渠道、防诈防骗宣传信息87期116篇。

【职工素质提升】 2022年,中卫市总工会举办职工劳动和技能竞赛28场次,参与职工3020人。积极与市农业农村、口岸办等部门配合,组织参加全区首届物流行业技能大赛的3名选手分别获个人一、二、三等奖;第五届全国农业行业职业技能大赛宁夏赛区比赛4个工种中两名选手获第一名,1名选手获第二名,5名选手获第三名、第四名、第五名,中卫市代表队两个工种获得优秀团体奖。组织选送53件职工创新作品参加第二届全区职工创新成果评选活动,获得二等奖两个、三等奖两个、优秀奖3个。扎实开展困难职工、下岗失业人员(农民工)技能培训促就业活动,培训两期100人次。

【劳模管理服务】 2022年,中卫市总工会推荐评选全国工人先锋号1个,自治区"五一"劳动奖状1个,自治区"五一"劳动奖章4人,自治区工人先锋号4个。关爱劳动模范,为385名各级劳模发放春节慰问金37.55万元,组织24名省部级劳模、68名职工在区内进行疗休养活动。精选10名"五一"劳动奖章、工人先锋号获得者的先进事迹,在中卫电视台、《中卫日报》、中卫工会微信公众号等媒体平台和部分企业进行广泛宣传宣讲。

【协调劳动关系】 2022年,中卫市总工会配合开展劳动用工检查和矛盾纠纷排查,对劳动用工不规范等问题进行督促检查,下达"一函两书"21份。高度重视信访维权工作,受理职工来信来访33件52人,利用"12351"平台,网上受理办结职工各类申请事项142件,为职工(农民工)追回工资、补偿金等433.65万元。推进集体协商工作,续签、新签工资集体合同349份、女职工劳动保护专项集体合同223份、集体合同245份,覆盖中小型企业1200余家、职工8.9万人,集体合同签约率达95.8%。常态化组织开展"八五"普法、"尊法守法·携手筑梦"服务农民工公益法律服务行动30余场次,利用"中卫工会"微信公众号推送普法栏目84期。

【困难职工帮扶】 2022年,中卫市总工会为356户建档困难职工(农民工)发放帮扶资金309.3万元。坚持"四季帮扶"常态化,"冬送温暖"筹措资金149.8万元,对60多家困难企业(行业)和从事生产一线工作以及节日期间坚守一线的2980多名职工进行慰问。"春送岗位"线上线下相结合,线上通过微信公众号发布招聘信息139期,涉及774家企业11182个工作岗位,线下组织开展"春风行动"招聘会12场次,帮助近

7000名职工达成就业意向。"夏送清凉"筹措资金52.98万元,慰问113家单位33401名高温一线职工。"金秋助学"筹集资金98万元,资助高考入学困难职工(农民工)子女43人、高中阶段困难职工(农民工)子女300人。组织全市4.2万名职工参与医疗互助,为153名患病住院职工发放职工医疗互助补助金46.46万元。筹资34.16万元建成工会户外劳动者服务(法律援助)站11家。推出"5元观影""6元洗车"等普惠活动21项,让更多职工享受到普惠化的服务。

【基层组织建设】 实施"基层组织建设提质增效年"活动,2022年,全市新成立工会组织91家、发展会员5617人,全市工会组织累计达1637家、发展会员140576人。打造自治区模范职工之家示范点4家、职工综合服务中心示范点两个。争取自治区总工会支持360万元,完善职工活动中心体育场馆基础设施。培育市级"先进职工之家"12家。配合自治区工人疗养院完成200余名大货车司机免费体检。

【女职工工作】 2022年,中卫市总工会举办"关爱女职工 关心下一代"线上公益课和线下"巾帼健康行动"压力管理专题讲座共9期,惠及500余名女职工。为全市1443名新就业形态女性劳动者、工会建档立卡困难女职工、单亲女职工、在抗疫一线开展志愿服务的社区工作者、女性医务人员进行两癌筛查。创建自治区级"爱心妈咪小屋"1家、自治区级"爱心托管班"两家。

【财务经审工作】 2022年,中卫市总工会严格落实小微企业工会经费返还支持政策,组织返还991家小微企业2020—2021年工会经费129.18万元。认真执行财务管理规定,建立完善内控机制,规范财务运行管理,优化工会经费支出结构。加强工会经费管理和审计监督,组织对市总工会本级及市属基层工会经工会经费管理使用、基层工会决算报表、会员会费收缴、拨缴经费的计提进行全面审计,并对"小三级工会"进行走访调研。

(赵凤兰)

共青团中卫市委员会

【概况】 2022年,中卫市共有共青团员53538名,团总支25个,团支部1170个。组织召开团市委三届五次全体(扩大)会议,推动非公企业、社会组织、教职工领域等行业系统团建事业发展。加强团属青年社会组织建设,新建非公企业团组织8个、教职工团组织16个、团属青年社会组织3家。以团代表联络站为抓手,建立"两联"工作制度,组织145名团代表进站,推动"一专一站两联"建设。联系团支部145个、团员青年1550人,新建青年之家30个,进一步完善"委员—代表—团员青年"扁平化联系沟通路径,广泛联系网上青年社群85个,联系覆盖团员青年13473人。争取中宁县入选全国青年发展型县域试点。中卫市作为自治区级青年发展型城市试点,组织召开市青年发展工作联席会议,印发《中卫市青年发展型城市建设试点实施方案》,督促指导3个县(区)召开2022年青年发展工作联席会议,促进规划落实。认真贯彻自治区党委《关于全面加强新时代少先队工作的实施意见》,组织开展"喜迎二十大 争做好队员"集中入队仪式,有序推进少先队员分批入队、星级章评定活动,全市先后有28个少先队集体和37名少先队员荣获四星章。开展"习爷爷教导记心中""清明祭英烈"等宣传和教育活动45场次。运用线上阵地,开展"红领巾爱学习""争做红领巾讲解员",实现少先队组织100%全覆盖。

【团干部素质教育建设】 2022年,共青团中卫市委员会邀请市领导与全市各界青年代表共同收看庆祝中国共产主义青年团成立100周年大会直播,召开学习宣传贯彻习近平总书记在庆祝中国共产主义青年团成立100周年大会上的重要讲话精神座谈会1次,举办基层团干部、少先队辅导员培训班,采取集中专题授课、理论测试等多种方式等开展培训学习158人。2022年12月举办全市共青团(少先队)发布员业务能力提升培训班1期,两县一区团组织乡镇以上团干部培训全覆盖。召开团市委专题学习会4次,组织党员干部理论集中学习45次,持续开展"做悦读党员·建书香机关"读书活动。依托"三会两制一课"制度机制、"红领巾爱学习"主题队课、"青年之家"实体阵地等平台载体,组织全市2252个团组织、2728个少先队中队开展主题团(队)日活动,实现全市共青团、少先队组织100%覆盖。发挥"青年讲师团"宣讲作用,组织市、县两级共127名青年讲师开展分层分类宣讲160余场次。利用各级团属新媒体平台开设"青·热议"专栏,对团员青年和少先队员学习领悟党的二十大精神进行深入跟踪报道。在微信公众号设置"学习二十大精神 永远跟党走 奋进新征程"合集,连续发布多期学习党的二十大精神相关内容,深入解读党的二十大精神。组织开展百年党团史线上知识竞答、演讲征文竞赛，拍摄"喜迎二十大、永远跟党走、奋进新征程"宣传片，打造团史展览馆等"十个一"活动，共吸引4万余名青少年参与。在"5·4"期间组织举办集中入团仪式23场次，开设"团团微课"学习专栏，推送团史、民族共同体意识等教育内容32期。遴选优质团（队）课10节，举办"百场万人"民族进步宣讲活动9场。

【新媒体运用】 2022年，共青团中卫市委员会完善"青春中卫"微信公众号媒体运营，及时解读文件精神，发布工作动态，转播各类有效信息1340余条，粉丝量达30439名。

【基层团组织建设】 2022年，共青团中卫市委员会推评全国、全区"两红两优"集体4个、个人4名，推荐全区"五四"青年奖章2个，全市先后有28个少先队集体和37名少先队员荣获四星章，全年发展团员2495名，少先队员推优入团率达92.6%。认真贯彻落实《关于全面加强新时代少先队工作的实施意见》，组织开展"喜迎二十大 争做好队员"集中入队仪式，推进少先队员分批入队、星级章评定活动100%开展。充分运用线上阵地，广泛开展"红领巾爱学习""争做红领巾讲解员"活动，实现少先队组织100%全覆盖。

【服务青年就业创业】 2022年，共青团中卫市委员会贯彻落实《全区青年投身"九个重点产业""十大工程项目""四大提升行动"10条措施》，引领全市广大青年在先行市建设中发挥生力军作用。加强服务乡村青年创业创新创优，动员县（区）团组织开展农村青年劳动力参加各类技能培训共52场次，全年累计培训2157人次。召开产业青年发展情况座谈会，举办"中国创翼"创业创新大赛，帮助20名青年申报2022年"创青春"中国青年创新创业项目支持计划和自治区"青农贷"贷款项目资金202万元。推荐优秀乡村振兴典型，评选出一批优秀创业青年，激发青年创业就业活力，其中拓明众同志因表现优秀被共青团中央和农业农村部授予"全国乡村振兴青年先锋"荣誉。联合中卫市农业农村局开展高素质农民培训班，以沙坡头区、中宁县和海原县农村45周岁以下青年创业致富带头人为培训主体，培训人次达50人。

【关爱帮扶】 2022年，共青团中卫市委员会对接宁夏青基会，争取实施"幻方"、东润启航等各类奖学金等共计22.5万元，资助困难学生275名。发放华润"一对一"、厦大研支团"这条小鱼在乎"、贝亲和铁榔头等奖助学金共计158.47万元，受益学生达1815人。实施希望工程品牌项目，资助学生253人，资助资金125余万元，形成良好品牌示范效果。深化"我为青少年办实事"实践活动，设置"青年来信"平台，征集意见建议75条。开展"暖冬行动""关爱青少年 护苗助成长""艾草清香迎端午 粽香传情进万家"等活动，摸排困难青少年5类446名，慰问困难青少年175人。积极申报"希望小屋"儿童关爱项目，共8人成功申报。依托村（社区）"青年之家""儿童之家"现有阵地，围绕社区"一老一小"，就近开展亲情陪伴、课业辅导、敬老助老等志愿服务。

【青少年维权工作】 2022年，共青团中卫市委员会举办"共青团与人大代表、政协委员面对面"座谈会，汇集对于构建青少年心理健康服务机制的意见建议10余条。开展"青春自护·有你我有"自护宣传、中高考减压、法治进校园、禁毒防艾活动，青少年的利益诉求和合法权益得到有效保障。

【青少年志愿服务工作】 2022年，共青团中卫市委员会开展全市大学生寒暑假"返家乡""七彩假期"等社会实践活动，组织700余名返乡大学生参加政务实习。吸引100余名志愿者参与2022年春运"暖冬行动"志愿服务活动，组织开展"3·5"学雷锋、法律宣传、卫生整治、义诊义剪、应急救护、无偿献血等志愿服务活动。组织开展文明劝导、教育宣传、社区卫生清理整治等"周五有约"志愿服务活动，助力中卫市成功创建国家卫生城市。组织40名大学生志愿者为中卫市"云天大会"提供志愿服务。

【保护母亲河行动】 2022年，共青团中卫市委员会动员青年个体及组织参与"保护母亲河"生态环保实践活动，向中国青基会积极争取227.06万元的"保护母亲河行动"暨蚂蚁森林保护黄河幸福林项目。常态化开展"保护黄河母亲河、共建美丽新中卫""净滩行动"等志愿服务活动6场次，动员青年参与植绿增绿、助力污染防治，在改善生态上积极作为。

（马小琴）

中卫市妇女联合会

【思想引领】 2022年，中卫市妇女联合会开展党的二十大和习近平总书记视察宁夏重要讲话和重要指示批示精神"大学习、大讨论、大宣传、大实践"活动，深入开展"巾帼心向党 喜迎二十大"群众性主题宣传教育活动，面向各行各业女性发起"党的二

十大 巾帼话心声"主题讨论,征集展播党的二十大精神"巾帼大学习·今天我领学"微视频。全市线上线下、分众分层开展"党的声音进万家"宣传宣讲 1179 场次,覆盖群众 42 万人次。组织开展"强国复兴有我"群众性主题活动,举办庆祝"三八"国际妇女节系列活动、"书香飘万家"亲子阅读等专项活动 40 余场次,在微信公众号推出"最美家庭展播""母亲节表白"等专栏。培树先进典型,有 30 名个人、11 个集体荣获全国、全区"三八"红旗手(集体)等荣誉。发挥妇联干部、妇联执委、巾帼志愿者三支队伍作用,在"9·20"疫情防控期间,发动女企业家捐赠 80 余万元女性用品和保暖用品。招募 159 名"临时妈妈"。开通 24 小时服务热线,进圈入群发布心理健康辅导知识,提供一对一个案心理辅导,受益人群达 10 万人。

【创业发展】 2022 年,中卫市妇女联合会为农村妇女发放创业担保贷款 4.26 亿元,支持 3033 名农村妇女实现增收,贷款家庭年均收入增幅达 40%。争取"母亲创业循环金"390 万元,扶持 195 名女性创业发展。投入资金 31.2 万元,培育中卫市巾帼创业创新基地 10 个,选派 5 名选手参加全区第四届巾帼创业创新大赛并取得优异成绩。推动"好宁嫂"家政服务提质扩容,建立巾帼家政实训基地 4 个。开展"家政服务进社区"活动 10 场次、服务困难家庭 320 户。争取中国妇女发展基金会"乡村振兴 巾帼赋能"创业培训和自治区高素质女农民产业带头人示范培训项目,组织开展种植养殖、家政育婴、直播带货等妇女技能培训班 21 期,帮助 1750 名妇女提升就业创业技能。

【文明家庭创建】 2022 年,中卫市妇女联合会选树全国"最美家庭"3 户、"五好家庭"两户,自治区"健康家庭"30 户,寻找市、县(区)级"最美家庭"200 户,开展"树清廉家风·创最美家庭"活动 4 场次。开展"美丽庭院"创建,评创市级"美丽庭院"示范户 2800 户。开展家庭教育指导公益服务,线上线下开展《"双减"政策下家校合力育人》等 15 个专题家庭教育公益讲座 21 场,受益 30 万人次。开展中卫市 2022 年家庭教育宣传周暨"5·15"国际家庭日活动、假期关爱特色活动等 9 场次。培育创建中卫三小、中卫四中等 10 个家庭教育指导服务特色学校和优秀家长学校。

【妇女儿童维权关爱】 2022 年,中卫市妇女联合会制定出台《中卫市妇女儿童发展规划(2021—2030 年)》,分解目标任务,完善统计监测体系。开展《中华人民共和国民法典》《中华人民共和国反家庭暴力法》等宣传宣讲活动 342 场次,参与群众 3 万余人。联合公安等部门共同开展"关爱妇女儿童、打击拐卖"主题宣传活动,利用妇联三级网络,开展打击拐卖妇女儿童犯罪专项行动排查工作。按照预防为主、教育疏导、防止激化的原则,开展"大走访大排查+关爱帮扶"工作,畅通"12338"妇女维权和心理咨询热线,推广应用"妇联在你身边"维权小程序,摸排化解婚姻家庭矛盾纠纷 949 个。健全"筛查+救助+保险+关爱"四位一体妇女健康服务体系,救助"两癌"妇女 164 人,女性健康保险参保 4.3 万人,兑付理赔 402.8 万元。开展"春蕾计划""女童保护"健康安全教育公益课进校园活动 217 场,覆盖 86 所学校 1.7 万名学生。筹措资金 79.4 万元,走访慰问困境妇女儿童 1727 人。争取"护航春蕾"捐资助学、"恒爱行动"爱心编织捐赠、贫困妇女"两癌"关爱服务等公益项目物资 133.2 万元,惠及 1850 名妇女儿童。

【妇女组织建设】 2022 年,中卫市妇联在非公经济和社会组织建立妇女之家 41 个,打造妇女之家(微家)275 个。以提高市级妇联干部谋划指导、县级妇联干部抓落实推动、乡村两级妇联干部参与乡村事务管理能力为目标,通过线上+线下、专家授课+业务指导等形式,深入开展四级妇联干部和执委大培训,对全市 10067 名妇联执委进行全覆盖培训。整合自治区项目和自建项目,投入资金 144 万元,组织实施"双培双带"项目 18 个,拓展实施"提升基层妇女参政议政能力和妇联组织力"项目 56 个。

(王晓燕)

中卫市文学艺术界联合会

【中卫市文联第二次代表大会】 8 月 19 日召开。全市 134 名文艺工作者代表出席大会。大会审议通过市文联第一届委员会工作报告、《中卫市文学艺术界联合会章程》。大会按照文联章程和选举办法进行投票选举,选出新一届文联领导班子和委员。王世东当选为新一届中卫市文联委员会主席,李玉华当选为副主席,石建武、房继农、杨富国、徐岱、雷自强、潘志骞当选为兼职副主席。经主席提名,任命邹缠为秘书长。马正福、王仕军、王菁华等 50 人当选为委员。

【"喜迎二十大　奋进新征程"系列文艺活动】　7月22—23日,中卫市委宣传部、宁夏书画院、中卫市文联等在中卫联合举办"喜迎二十大　奋进新征程"艺术作品联展、创作交流笔会等系列文艺活动。展览共展出国画、版画等作品100幅。作品主要展现宁夏经济建设和社会发展各个方面取得的成就以及人民群众的美好生活。

【廉洁文化书画展】　6月23日,由中卫市纪委监委、文联共同主办,中卫市书法家协会、美术家协会协办的中卫市廉洁文化书画展在市全面从严治党教育基地开展。画展围绕廉洁文化建设主题,创作展出精品书画作品60幅。

【"喜迎二十大　奋进新征程"书法、美术、摄影作品网络展】　为喜迎党的二十大胜利召开,由中卫市委宣传部、市直机关工委、市旅游和文体广电局、市总工会、市文联联合举办"喜迎二十大　奋进新征程"书法、美术、摄影作品网络展,展出书法作品51件,其中特邀作品20件,参展作品31件;展出美术作品50件,其中特邀作品13件,参展作品37件;展出摄影作品30件。

【戏曲艺术交流】　7月11日,中卫市戏剧家协会邀请宁夏秦腔剧院一行10余人走进海原县海城镇嘉诚文化大院,开展戏曲艺术交流活动。宁夏秦腔剧院一级演员梅花奖获得者韦小兵、司鼓嵇凯、板胡冯斌权,以及青年新秀李梦璁、邓文、梁军、鱼亮等与戏剧家协会文艺志愿者表演经典唱段,从戏曲表演、演唱技巧以及戏曲服装、戏曲造型等方面进行辅导与互动指导。

【文艺志愿服务活动】　2022年,中卫市文学艺术界联合会开展"千名文艺志愿者进基层"活动。组织协会骨干开展各类培训12场次,培训各类人才2000余人。赠送春联、"福"字、书画等作品5000余件。中宁县文联联合自治区文联、宁夏影视家协会、宁夏音乐家协会在大战场镇红宝村开展"喜迎二十大　奋进新征程"专场文艺演出,邀请区级专家老师开展声乐培训指导,捐赠电子钢琴1台、图书144本。中宁县文艺志愿者李振宏数十年如一日,为大战场农民合唱团提供艺术指导服务,其优秀事迹拍成电影《六谷儿》,成为全区文艺志愿者的楷模。

【中卫建筑彩绘传承技艺培训】　2月27日,中卫市民间文艺家协会在中卫市沙坡头区迎水桥镇牛滩村中卫建筑彩绘传承基地举办中卫建筑彩绘传承技艺培训。宁夏民间文艺家协会副主席、中卫市民间文艺家协会主席石建武,自治区非遗保护研究专家、中卫市文化馆原副馆长刘忠群以及区、市非遗项目传承人等30余人参加培训。培训由非遗项目传承人、宁夏一级工艺美术大师陈进德主讲。培训理论讲解与实际操作相结合,从中卫古建筑的渊源、古建筑油漆保护、古建筑装饰图案以及古建彩绘技艺的传承与保护等方面进行具体阐述,对图案纹样、炕围画进行复制勾勒、色彩调配等做详细讲解。

【长篇小说《黄河儿女》研讨活动】　6月17日,由中卫市委宣传部、宁夏文艺评论家协会主办,中卫市文学艺术界联合会、中卫市新闻传媒集团承办的拓兆农红色历史长篇小说《黄河儿女》研讨暨新书发布捐赠会在中卫市博物馆报告厅举行。活动现场,评论家们围绕《黄河儿女》的创作意义、创作特点以及本土化创作的路径和启示等进行研讨。他们认为,《黄河儿女》描写卫宁地区人民的生活和命运,多角度地表现卫宁地区的历史变迁、文化风貌和人事沧桑,是一部思想深沉、艺术描写精湛的小说。《黄河儿女》是宁夏革命历史题材写作的重要收获,在很大程度上丰富和拓展了"宁夏文学"的内涵与类型,为深入挖掘宁夏卫宁地区的革命故事与历史记忆,提供生动鲜活的"文学档案",是一部通过文学作品讲好宁夏故事的优秀之作。

【采风写生交流活动】　5月16日,自治区文联副主席、宁夏美术家协会主席王雪峰带领宁夏美术家协会"深入生活 扎根人民"采风写生团赴中卫市开展采风写生活动。宁夏美术家协会副主席孙全义、李东星、李晓春等9名知名画家参加活动。采风团艺术家们对中卫美术作品做现场指导交流。活动历时3天,座谈交流结束后,采风团一行和中卫市12名美术家协会会员赴北长滩、寺口子等地采风写生。

【文艺创作成果】　市文联牵头主创文艺作品:出版"喜迎二十大　奋进新征程"全市书法、美术、摄影作品集。会员创作出版图书:俞学军创作文学集《人生七十翰墨香》,2022年1月由中国文化出版社出版发行。冯俊祥创作文学集《幸福密码》,2022年9月由当代文艺出版社出版发行。阎学敏创作散文集《五味潭》,2022年9月由中国文化出版社出版发行。李正甫创作散文集《那些无处安放的岁月》,2021年1月由当代文艺出版社出版发行。新增国家级会员:中卫市新增4名中国作家协会会员,分别是市作家协会俞雪峰、刘警中(柳风)、刘乐牛、田玉珍。文艺作品获奖发表:青年书法家潘志骞书法作品入展"奋斗颂·航天搭载——全国青年书画家提名作品展";市书法家协会主席、青年书法家潘志骞行书作品《使至塞上》入展由中国书协策划举办的主题创作书法作品展"美丽中国篇",为宁夏唯一入展作品;作家骆少卿的长篇小说获得 2022 年度宁夏重大文学题材创作扶持项目;宁夏第十届文学艺术奖中卫市 6 件文艺作品获奖,潘志骞草书作品《庄子》选抄获书法类二等奖,乔亚茹刺绣作品《忆童年》获民间文艺类二等奖,黎丽梅小品《黄河情深》获曲艺杂技类二等奖,段鹏举、火会亮、孙艳蓉报告文学《大搬迁》获文学类三等奖,房继农文学评论作品《大地的儿子、歌者和记录者——报告文学写作视角下的〈大搬迁〉》获文学评论类三等奖,石建武、董福宁浮雕作品《中卫黄河文化》获民间文艺类三等奖;宁夏第十四届书法篆刻临帖展,童昊、杨震乾、陈维杰 3 人获得优秀奖,王世东、仇建国、彭松涛、石华、王绪才、李文选、肖彩芬、陆瑞娇、陈继卫、范俊宏、岳晓鹏、韩正涛、潘志照等 13 人作品入展;"砥砺奋进新时代 凝心聚力新征程"——贯彻落实党的二十大精神宁夏第八届书法篆刻展,中卫市书法家协会的潘志骞、王世东、李钰华、陶毅、张迪、彭松涛、陈世远、陈维杰、杨震乾、邱旭东、童昊、王鹏、林鹏振等 13 名会员的书法作品入展;全国美术作品展览暨第 15 届全军美术作品展中,中卫市美术家协会副主席周秀芳的版画《西砂窝的连队菜地》、水彩画《春蕾》入展;"中国梦 巾帼情"宁夏第八届妇女摄影展中,中卫市 8 幅(组)作品入展:褚晓玲摄影作品《不忘初心》《读书伴我成长》、吴梅霞摄影作品《和谐共生》《乌玛高速建设掠影》、朱秀琴摄影作品《水城秋意》《战黄沙保家园》(组照)、康学萍摄影作品《沙影》、莫淑兰摄影作品《最美杞乡人》(组照)。

(艾学璞)

中卫市科学技术协会

【全民科学素质工作】 职责履行:组织召开市全民科学素质工作领导小组会议,印发《中卫市关于推进全域科普工作实施意见》《2022 年中卫市全民科学素质行动工作要点》《〈中卫市全民科学素质行动规划纲要实施方案(2021 年—2025 年)〉和〈中卫市关于推进全域科普工作实施意见〉工作任务台账》;充分发挥自治区全民科学素质效能考核"指挥棒"作用,每季度对县(区)全民科学素质工作进行督导调研。青少年科技活动:举办第 37 届中卫市青少年科技创新大赛,经评审,选拔推荐 229 件优秀作品参加全区大赛,获区级奖项 80 项;举办第 8 届中卫市青少年机器人竞赛,来自全市各中小学校 372 支队伍近 600 人参赛,最终决出市级奖项 171 项;举办第 2 届中卫市创意编程与智能设计大赛,推荐 115 名成绩优秀学生参加区级竞赛,获区级奖项 90 项;组织开展科普实验暨作品大赛,有 14 组学生进入区赛,中卫一中参赛队获得该组宁夏赛区冠军;组织两县一区 70 余名中学生参加以"科技梦·青春梦·中国梦"为主题的线上高校科学营活动。科技馆免费开放:2022 年,共免费开放市青少年科技馆 189 天,参观人 31028 人次;组织开展"节粮爱粮 文明过年""福虎生威贺新岁 科普迎春过大年""机器人编程开课啦"等各类科普活动 32 场次;在海原兴海中学、中卫中学等地开展以"科普·惠民·创新·提升"为主题的 2022 年中国流动科技馆巡展活动 3 站,累计接待师生 6 万余人次。科普信息化:利用"科普中国""科普宁夏"优质资源,联合市委宣传部、中卫新闻传媒集团、市卫生健康委等部门,在中卫电视台、"中卫发布"服务号等主流媒体开设"科学普及""健康有约""科普在身边"等专刊专版专栏,逐步打造"网、号、台、站"线上全域科普平台;利用中卫科协微信服务号,通过发布科协工作动态、转载科普知识、制作科普短视频等方式,持续推进"科普中国"科普知识在社区、学校、乡村等地的精准推送;联合举办中卫市第五届"提升全民科学素质·争创全国文明城市"网络科普知识竞答活动,活动内容涵盖自治区第十三次党代会精神、全国文明城市创建、疫情防控、食品安全、低碳环保等各类科普知识,全市共 6.2 万人次参与本次竞答。科普基础设施建设:打造中宁县黄羊古落科普教育基地等各类科普教育基地 12 个,被中国科协命名全国科普教育基地(2021 年—2025 年)两个;中卫市科技馆建设有序推进,并争取到第二批科技馆布展资金 319 万元。

【主题科普活动】 中卫市科学技术协会充分发挥科普大篷车"轻骑兵"优势,先后在何滩村、镇罗集市、新河社区等地,组织开展 2022 年文化科技卫生"三下乡"暨科技志愿服务"智惠行动"等科普主题活动 27 场次。联合举办以"创新争先·自立自强"为主题的 2022 年全国科技活动周暨全国科技工作者日启动仪式和集中科普宣传活动,开展以"喜迎二十大·科普向未来"为主题的 2022 年"全国科普日"活动,举办线上线下科普活动116场次。开展智慧助老专项行动暨"我教老人用手机"培训班5场次,产业工人心理健康知识讲座5场次,科学家精神"传承2022"宣讲活动9场次。

【科技助力行动】 企业创新服务能力:中卫市科学技术协会按照《关于申报2021年"服务企业科技创新,增强企业科协活力"项目的通知》要求,组织中卫市阳光沐场农牧有限公司科协等企业科协申报学术交流活动、技术骨干培养等助力企业科协创新项目6项,其中杞源堂(宁夏)生物科技有限公司枸杞产业高端学术研讨会等4项获批,项目经费4万元;联合市总工会、科技局开展的第2届全区职工技术创新成果征集评选活动,共征集宁夏红枸杞产业有限公司科协等4家单位8项成果,其中宁夏中卫市西部枣业食品有限公司"一种可调试的梨加工切片机"荣获二等奖;按照自治区科协《关于推进2022年企业科协组织建设有关工作的通知》要求,在中宁县工业园区、宁夏润夏能源化工有限公司、中宁县兴日晟环保科技有限公司组建园区科协1家,企业科协两家。科普惠农项目:2022年,中卫市科学技术协会组织申报宁夏科技专家助力乡村振兴服务项目、科普教育基地示范引领项目和科普教育基地示范引领项目等共计22项,获批5项(其中,沙坡头区2项,中宁县2项,海原县1项),争取项目资金62万元;组织申报自治区科协科技小院建设项目2项;创新开展2022年中卫市全民科学素质提升项目,共组织申报科普教育基地能力提升项目、科普主题公园广场街区建设项目、新时代文明实践中心科普服务能力提升项目、科技志愿服务"智惠行动"暨"五个一"示范引领项目等52项,经研究,批准实施项目24个,项目资金71.5万元,不断提升基层科协组织的服务能力,发挥各级科协在促进经济发展和创新社会治理中的积极作用。"双减"政策:中卫市科学技术协会2022年共开展"探索科学,赋能双减"品牌活动17场次,"科学普及,邀您同行"品牌活动7场次;联合自治区科协在宣和中学开展"助力双减·放飞梦想"科普进校园志愿服务活动,联合市防灾减灾救灾科普教育基地深入沙坡头区黄河花园社区开展"科学普及,邀您同行"科普进社区活动,联合市消防救援支队,首次尝试开展"科普+消防"科普体验活动,联合文昌镇团委在槐树北巷社区开展"喜迎二十大,科普进万家"主题宣传活动,联合市新闻传媒集团开展"探索科学奥秘,放飞科学梦想"活动3场次。

【科技工作者服务】 科技人才举荐:2022年,中卫市科学技术协会向中国科协推荐第18届中国青年女科学家奖和未来女科学家计划候选人3名、第17届中国青年科技奖候选人5名、"典赞·2022科普中国"年度科普人物5名;向自治区科协推荐2022年自治区青年托举人才培养对象20名,2022年"全国最美科技工作者"候选人6名(其中刘火林被评为2022年全区最美科技工作者并作为宁夏候选人向中国科协推荐),2022年宁夏企业"创新达人"11名,文化科技卫生"三下乡"优秀团队、服务标兵各1个;向市委组织部推荐2022年度"西部之光"访问学者人选1名。学术交流活动:中卫市科学技术协会承办2022绿色发展国际科技创新大会绿色生活——公园城市生态赋能专题论坛,联合举办枸杞创新研究及产业发展高峰论坛、屈光性白内障高端学术论坛暨第二届白内障超声乳化手术培训班、中卫市气象高质量发展科技论坛。学习培训与科技工作者沟通联系渠道建立:2022年,中卫市科学技术协会组织科协系统干部参加中西部科普人员培训、宁夏基层应急科普专职人员科普活动组织与策划能力提升培训、第五届宁夏青少年创意编程与智能设计大赛骨干教师线上培训。

(丁 军)

中卫市残疾人联合会

【概况】 截至2022年年底,中卫市持证残疾人共有38049人(其中,沙坡头区14416人,占37.9%;中宁县11021人,占29.0%;海原县12612人,占33.1%)。从分类来看,视力残疾4635人,占12.2%;听力残疾4617人,占12.1%;言语残疾563人,占1.5%;肢体残疾19168人,占50.4%;智力残疾3996人,占10.5%;精神残疾2741人,占7.2%;多重残疾2329人,占6.1%。从分级来看,一级残疾5064人,占13.3%;二级残疾13301人,占35.0%;三级残疾9187人,占24.1%;四级残疾10497人,占27.6%。

【社会保障】 2022年,中卫市落实低保、医保、大病救助、养老保险等特惠政策,切实提高残疾人的社会保障水平。为15950名就业年龄段残疾人购买"圆梦护航保",构建残疾人全生命周期意外伤害综合保险保障网。持续实施"阳光家园计划"项目,为600名智力、精神和重度肢体残疾人提供托养服务。重度残疾、一户多残、老残同户等特殊困难家庭救助保障工作得到全面加强。

【致富帮扶】 2022年,中卫市残疾人联合会230户建档立卡残疾人家庭享受"阳光助残小康计划"项目特色种植养殖资金扶持。扶持5个合作社、两个致富带头人、1个扶贫车间,引导和带动残疾户就业,增加家庭经济收入。1151人次农村残疾人接受各类实用技术培训。

【康复服务】 贯彻残疾儿童康复救助制度。2022年,中卫市残疾人联合会对符合救助条件的445名残疾儿童进行康复训练,实现"应救尽救"的目标。常态化进行入户指导。为指导家长做好家庭康复环境管理,优化家庭康复环境的意识,中卫市残疾人康复中心康复老师常态化进行入户指导康复工作。2022年,累计开展入户康复指导300余人次。实施"爱心接力、循环使用"辅具免费借用公益项目。2022年,中卫市残疾人联合会为9个景区免费提供共享轮椅等188件辅助器具。

【教育就业】 中卫市采取集中就业、分散就业相结合的方式,多渠道、多形式安置残疾人稳定就业。2022年,公益性岗位安排残疾人就业84人,安排全市39名重度肢体、轻度精神、智力残疾人实现就业,增加残疾人收入20090元。以培训促就业。对残疾人开展种植养殖等实用技能培训。2022年,中卫共举办残疾人技能培训30余场次,培训各类残疾人1356人次。

【无障碍改造】 中卫市残疾人联合会通过调查摸底,按照程序要求,采取"一人一策""一户一案"精准施策,2022年共为全市559户困难残疾人家庭进行无障碍改造。

【0~3岁残疾儿童早期干预试点工作】 为加强残疾儿童早期干预,提升残疾儿童康复服务质量,形成一套在全区范围内可复制可推广,让更多家庭受益的康复新模式,根据自治区残联《宁夏残疾儿童早期干预项目试点实施方案》的通知精神,由中卫市托福残疾儿童康复中心承接实施的0~3岁残疾儿童早期干预试点项目于2021年9月至2022年9月实施。2022年9月7日,中国康复研究中心党委副书记、中国康复科学所所长、首都医科大学康复医学院院长李建军带领评估组一行对中卫市实施宁夏0~3岁残疾儿童早期干预试点项目成效进行评估并给予充分肯定。

【残疾儿童家长培训试点工作】 中卫市残疾人联合会整合全市医疗康复机构和儿童康复服务机构的资源,借助区、市康复师资力量,在自治区残联康复处的精心指导下,开展残疾儿童家长培训试点工作。家长对此次中卫市特殊儿童家长培训试点工作项目整体满意度达95%,其中对培训知识掌握程度较好的家长占91%,对课程质量满意的家长占97%,对培训教师的教学态度、重点把握度及理论水平满意的家长占96%,对活动时间安排及活动场所舒适度满意的家长占98%。

(张继艳)

中卫市红十字会

【概况】 2022年,中卫市红十字会共发展基层红十字组织151个,志愿服务组织20个,发展团体会员单位49个、个人会员1043人、志愿者7000余人。

【"三救三献"】 中卫市红十字会参加自治区红十字会组织的"踔厉同心——2022"中国红十字(宁夏)赈济救援队培训暨联合演练。通过灾害管理系统上报"8·13"海原县雨灾受灾情况,及时向自治区红十字会申请救灾物资——香港红十字会捐赠的价值15.59万元的家庭包,保障受灾群众基本生活。开展"博爱送万家"活动。元旦春节期间争取自治区红十字会价值80.63万元的慰问物资(大米、运动鞋、床单、被套、棉被等),慰问残疾人、低保户、困难家庭,受益群众6500余人。实施"小天使基金"和"天使阳光基金"项目,上报7名先天性心脏病和5名白血病患儿,年内发放救助金16万元。为17名品学兼优的特困学生发放0.85万元助学金。为两名全国见义勇为困难家庭发放2万元救助金。春节前慰问困难会员13人,发放慰问金0.42万元。慰问成功捐献造血干细胞志愿者12人,发放慰问金1.2万元。开展"博爱未来·关爱老人我在行动"项目,共筹集10.61万元。为135名困难老人每人发放300元救助金,合计4.05万元。为社区30个不同类型困难老人家庭开展家政保障、养老护理等志愿服务活动,花费保洁服务费用0.6万元。开展博爱未来·圆梦助学"5·8"人道公益日项目,共筹集6.94万元,为70名困难学生家庭分别救助1000元。参加自治区"博爱未来·一家一个急救包"公益日项目,筹款合计16.23元,其中线上4.2万元、线下12万元。按照"阵地+救护员"模式,加强公共场所应急救护站(角)、学校"博爱校医室"建设。新增红十字应急救护站(角)3个,"博爱校医室"两个。新增AED(自动体外除颤器)11台,(累计37台)。年内开展应急救护普及性培训128场,受益12434人。开展心肺复苏(CPR+AED)救护员培训132场,受益5373人,均取得救护员证书。结合"6·14"世界献血者日、"5·8"博爱周等活动,提高全民献血意识,吸引更多的人加入到无偿献血行列。2022年共采集造血干细胞血样407人份,累计采集造血干细胞血样入库5304人份。其中初配成功250人,高分辨采样7人,年内1名志愿者成功捐献。2022年登记注册器官捐献志愿者698名。

【宣传工作】 中卫市红十字会在鼓楼LED大屏幕、市区重点线路公交站台、机关单位楼宇间城市频道等宣传"三救三献"知识。在市红十字会微信公众号定时推送红十字小知识、各项活动预热、宣传视频、活动信息及公示红十字职能,引导更多人参与红十字公益事业。市新闻传媒中心记者及中卫市第五、第六例捐献造血干细胞志愿者一行5人到市红十字会拍摄有关秦卫华志愿捐献造血干细胞历程,用微电影的形式记录"爱相'髓'、永相伴"红十字"救"在身边的英雄历程。联合市金融部门举办"全民抗疫、金融伴行"广场文艺演出,通过小品、快板等形式宣传应急救护知识。

(王成瑜)

法 治

政法工作及综合治理

【社会治理能力】 市域社会治理。2022年,平安中卫建设协调小组制定印发《关于推进市域社会治理现代化试点工作的实施细则》,压紧压实层级责任,中卫市"德治"和打击整治养老诈骗专项行动经验做法分别在第六次全国市域社会治理现代化试点创新研讨班和全区打击整治养老诈骗总结会上作交流发言,"美玉工作室"获评全区检察机关优秀检察文化品牌。基层治理。2022年,中卫市打造规范化综治中心20个,中宁县率先推进"综治中心+网格化+信息化"建设,全县12个乡镇、54个部门、1180个网格员实现矛盾纠纷网上办理。配齐配强乡镇政法委员41名,全市派出所所长进乡镇党委、社区民警进社区党组织实现全覆盖。中宁县白马乡乡村治理经验做法在平安宁夏建设表彰大会上作交流发言,海原县史店乡田拐村、中宁县余丁乡余丁村典型经验入选2022年第一批全区基层治理创新典型案例。网格化服务管理。2022年,中卫市划分城市社区网格620个,配备网格员526名,设立网格党支部112个、网格党小组288个,实现党的组织在社区全覆盖。认真做好农村社区网格化管理工作,443个村共划分出2957个网格,设立网格党小组707个,配备专兼职网格员3688名。收集解决群众操心事、烦心事、揪心事1700余件。

【法治中卫建设】 2022年中卫市把习近平法治思想作为党委(党组)理论学习中心组重点学习内容和党校重点培训课程,开展习近平法治思想大轮训4期、各类学习培训300余期,建成中卫市青少年法治教育基地和沙坡头区黄河法治文化带香山湖公园项目。持续开展《以案释法》《与法同行》等广播、电视访谈节目,向群众讲解习近平法治思想、《中华人民共和国民法典》等500余场次,不断推动习近平法治思想入脑入心。坚持科学、民主、依法立法,开展立法调研两次,专家论证会两次,征集意见建议70余条,《中卫市养犬管理条例(草案)》市人大审议通过。完成自治区立法征求意见建议19次,提出意见建议150余条。严格落实行政规范性文件制定和备案管理办法,先后对市直有关部门(单位)22份行政规范性文件进行合法性审核。推动行政执法"三项制度"纵深发展,制定出台《中卫市推行行政柔性执法工作方案》,梳理汇总形成涉及30个行政执法部门的"两轻一免"情况统计表,在全区率先将市本级具有行政执法主体资格的42个部门面向社会进行公示。加强行政复议和行政应诉工作,推进严格规范公正文明执法。年内共受理行政复议案件26件,办结23件,行政行为被纠错率为15.38%。市司法局被司法部评为"复议为民促和谐"专项行动表现突出单位。

【公共法律服务】 2022年,中卫市紧扣稳经济保增长促发展"七大战役",积极保障"重大项目"开工建设,深入开展打击涉企犯罪"护企"行动,破获涉企案件16起,抓获逃犯1名,挽回经济损失432.6万元。严格落实自治区政法机关服务保障民营经济健康发展21条意见,推行落实"警企共建",为企业解决问题60余个。深入推进"昆仑"专项行动,建立完善"河湖警长"制,中卫市中级人民法院与甘肃、内蒙古相关院签署《黄河流域(甘肃—宁夏—内蒙古段)保护环境资源审判协作框架协议》,查办食药环案件28起,督促并支持行政机关启动生态环境损害赔偿程序3件,排查整治黄河流域盗采乱象11处,全市法院环境资源审判工作得到最高人民法院周强院长与自治区人大的充分肯定。协调化解涉法涉诉信访案件183件,开展司法救助59件95人次163万元。深入推进"放管服"改革,持续落实365天×24小时公安政务服务,在全市设立4个"一窗通办"窗口,实现交管、禁毒、户籍等行政审批事项一窗受理、一窗办结,在偏远地区设置流动警务车,保障群众急难愁盼的事项有地方办理,8小时外为群众办理2.7万余件。

【政法队伍建设】 2022年,中卫市坚持"第一议题"制度,围绕习近平新时代中国特色社会主义思想、习近平法治思想、习近平总书记视察宁夏重要讲话和重要指示批示精神等,广泛开展"大学习、大讨论、大宣传、大实践"活动,集中开展政治轮训4场次1125人次,举办各类培训、学习、讲座2000多场次,政法干警理想信念更加坚定。大力实施"3331工程",推行导师帮带制度,加大政法机关优秀年轻干部锻炼培养选拔力度,促进青年干警成长成才,调整交流、提拔任用、晋升职级100余人。坚持实战实用实效导向,广泛开展轮值轮训、岗位练兵、技能比武等50余次,推动以学促干、以学促进,着力提升广大政法干警的能力素质。开展违规收送红包礼金和不当收益及违规借转贷或高额放贷专项整治,全覆盖开展谈心谈话。强化警示教育,举办警示教育课、旁听职务犯罪庭审、参观警示教育基地、观看警示教育片等活动200余场次,对11名政法干警给予党纪政务处分,及时表彰疫情防控先进个人66人。

（樊　江）

扫黑除恶斗争

【概况】 2022年,中卫市打掉涉恶组织1个,抓获涉案人员10人,核结线索67条。全市受理的20件涉黑涉恶案件全部判决生效,判处罚金、追缴违法所得执行到位资金1.89亿元。破获八类刑事案件25起,打击处理62人。市扫黑办主任及时组织召开迎接全国第3批特派督导组督导工作部署会等会议,全力推进各项工作有力有序开展。市扫黑除恶斗争领导小组及其办公室充分发挥牵头抓总、统筹协调作用,及时制定印发《2022年中卫市常态化开展扫黑除恶斗争工作要点》《关于调整中卫市扫黑除恶斗争领导小组办公室主任、副主任的通知》,从市直政法单位抽调4名精干人员,充实市扫黑办力量,负责日常工作。各县(区)扫黑办及各成员单位充实工作人员,确保专班不撤、力量不减,推动各项工作落实。同时,市委将常态化扫黑除恶斗争纳入市级领导包抓工作、重点任务,建立工作台账,每月报送进展情况,协调推动重点工作落实。市、县(区)扫黑办细化完善考评细则,加强督导检查,不断拧紧层级链条,压实工作责任。各成员单位主动担责,制定方案、优化机制,有效发挥信息共享、工作联动、集体会商、联合作战的机制作用,全市上下形成一级抓一级、层层抓落实的工作格局。市、县(区)两级坚持把常态化扫黑除恶斗争工作经费纳入财政预算,市本级安排专项资金145万元,沙坡头区安排专项资金10万元,中宁县安排专项资金20万元,海原县安排专项资金28万元。

【依法严惩】 2022年,中卫市印发《中卫市关于进一步规范常态化涉黑涉恶线索核查办理的通知》,各成员单位共向社会公开举报电话111个、举报邮箱29个、举报信箱247个,进一步畅通线索举报渠道。严格按照排查受理、研判分流、核查办理、审核反馈流程,规范涉黑涉恶线索核查,做到"一线索一编号一结果一台账",实现线索办理闭环管理。以全市维护稳定风险隐患大排查大化解大整治行动为抓手,常态化开展起底式、拉网式、滚动式摸排,广辟线索来源,及时核查办理。印发《关于对挂牌督办的重点案件和重点线索确定包抓领导的通知》《关于对2022年重点督办线索案件确定包抓领导的通知》,对挂牌督办的重点案件线索分别成立工作专班,逐案确定包抓领导,高位推动破案攻坚。两条重点问题线索全部核查办结。针对群众反映尹某某涉恶问题线索,中宁县公安机关加强与检察机关沟通配合,提前介入,补充完善证据链条,推动线索成案,成功打掉尹某某等10人涉恶团伙。对判决生效案件加大"黑财"执行力度,统筹组织相关单位会商研判涉案财产处置难点、堵点问题,综合运用追缴、没收、网络查控和网络拍卖等多种手段,加快涉案财产处置进度,做到应追尽追、应缴尽缴。马某某等人涉黑案查控财产处置到位6.42亿元。吴某某等人涉黑案查控涉案财产处置到位1.64亿元。全面开展防范电信网络诈骗、打击整治养老诈骗专项行动和夏季治安打击整治"百日行动"等,办理涉养老诈骗问题线索40条,侦破案件8起,涉及金额186.7万余元,抓获犯罪嫌疑人14人。全市各类刑事案件、八类刑事案件、电信诈骗案件同比分别下降23.3%、8.3%和40%,社会治安秩序明显好转。全面落实自治区司法厅等厅局出台的《关于进一步规范和加强刑满释放人员安置帮教工作的意见》,认真做好涉黑恶案件刑满释放人员安置帮教工作,共帮扶困难刑满释放人员211人,以办理低保、解决公租房等方式救助刑满释放人员6人,安置1268人。完善纪检监察与政法、组织等部门线索双向移送和重大疑难复杂案件领导包案、提前介入、会商分析、协同推进等工作机制,严格落实"两个一律""一案三查",合力形成强大攻势,年内对在办理涉黑恶案件中失职失责的6名干警给予诫勉谈话。

【综合治理】 2022年中卫市持续深化信息网络、自然资源、工程建设、交通运输、非法金融行业领域整治,接续开展教育、金融放贷、市场流通新三大行业领域整治工作,推动整治行业乱点乱象向纵深推进,彻底铲除黑恶势力滋生土壤。统战部门对全市宗教场所全面排查,督促整改建筑安全隐患41处,消防安全隐患54处。网信部门指导互联网企业清理低俗有害信息4.9万余条,处置违规账号239个。自然资源部门深刻汲取中宁县北部山区非法采矿问题教训,全面启动矿产资源开采突出问题排查整治工作,全市共排查整治问题矿山190个,立案处理各类非法占地、非法开采违法行为51起,处罚没款837.15万元。住房和城乡建设部门实地检查建筑工地140个,下发限期整改通知书102份,处罚建设项目5个、共计43.13万元。交通运输部门查处出租车非法营运案件9起,打掉微信拼车群2个。教育部门查缴含有暴力、恐怖、迷信等内容的青少年出版物34本,检查校园周边各类食杂店371家,整治交通安全隐患6个。市场监管部门查办食品案件62件,罚没款206万元。查办发布虚假广告案3起,罚款2.38万元。金融工作部门排查发现金融乱象3件,移送公安机关依法侦查办理。强化行政执法与刑事司法衔接,整改回复"三书一函"111项。

【整改提升】 中卫市成立由市委书记和政府市长任"双组长"的整改提升工作专班,围绕反馈问题,认真分析原因,研究制定《2022年下半年扫黑除恶斗争重点市整改提升实施方案》,从17个方面细化提出42项整改提升措施,并以市委办、市政府办名义联合印发落实。市扫黑办进一步细化制定整改提升任务清单,建立月报告制度,着眼于组织力量有所弱化问题,抽调人员充实力量,做到力量不减、常抓不懈。着眼于线索核结率不高问题,采取领导包案、提级办理、指定管辖、异地用警、专案专班等有效举措,全面提升核查质效,全市受理的问题线索全部按期限核结完毕。着眼于案件办理成效不明显的问题,通过个案督办、类案指导等方式,统一办案思想,提高办案质效。着眼于涉黑涉恶财产处置到位率低的问题,加强政法部门沟通协调,推动涉案财产依法处置,提升财产处置率,马某某等人、吴某某等人两个涉黑案查控涉案财产处置率均达到98%以上。着眼于行业领域治理还有短板问题,建立行业领域问题清单和责任清单,推动乱点乱象得到全面治理。市委分管领导靠前指挥、统筹协调,定期听取进展情况汇报,多次作出指示批示,推动各项措施落地落实。市扫黑办组成督查组深入三县(区)、相关成员单位进行全覆盖、多轮次实地督导,对重点案件、问题线索多次组织召开协商研判会议,分析问题症结,研究推进措施,确保推动落实。市、县(区)扫黑办及各成员单位坚持立足当前,着眼长远,聚焦线索核查、案件办理、行业整治等内容,认真总结梳理整改提升过程中形成的经验做法,进一步健全完善组织保障、线索核查、案件办理、源头防范、评价考核等工作机制,推动常态化扫黑除恶斗争向纵深推进。

【宣传活动】 2022年,中卫市将《中华人民共和国反有组织犯罪法》纳入市、县两级机关党组理论学习中心组学习内容、列入政法系统科级以上干部政治轮训班内容,深入学习、反复学习。全市各级组织充分运用微博、微信等政务新媒体广泛宣传、阐释全国、自治区和市常态化扫黑除恶斗争会议精神、重大部署,通过室外LED电子屏、户外广告、设置咨询台、悬挂宣传标语和发放知识手册等方式,广泛宣传常态化扫黑除恶斗争的目的意义,持续提高群众参与常态化扫黑除恶斗争的积极性,全市上下营造浓厚的常态化扫黑除恶斗争氛围。各成员单位聚焦主责主业,结合工作实际,在依法从严惩治黑恶犯罪、抓好财产认定和处置、深挖黑恶势力"保护伞"、严防黑恶势力渗入基层、防止未成年人遭受侵害和保障等方面加大宣传引导,全民参与的氛围日渐浓厚。2022年,全市共印发扫黑除恶宣传册10万余份,《中华人民共和国反有组织犯罪法》单行读本1万本,组织干部职工知识测试1万余人次,发送短信100万余条,制作电子宣传片31个,宣传覆盖60万余人次。

(樊 江)

平安中卫建设

【概况】 2022年,中卫市制定印发《全市维护社会稳定风险隐患大排查大化解大整治行动实施方案》和6个专项行动方案,成立以市委书记和市长任"双组长"、市委和政府分管领导任副组长的专项行动领导小组，聚焦6个重点领域梳理出的30类矛盾问题和风险隐患具体风险点，扎实深入开展拉网式、起底式、滚动式排查，全市共排查化解各类矛盾风险隐患1973个。全力维护社会稳定。纵深推进常态化扫黑除恶斗争，及时安排部署扫黑除恶重点市整改提升。积极开展打击治理电信网络诈骗专项行动、打击整治养老诈骗专项行动和夏季治安打击整治"百日行动"，办理养老诈骗问题线索40条，侦破案件8起，涉及金额186.7万余元，抓获犯罪嫌疑人14人，全市各类刑事案件、八类刑事案件、电信诈骗案件同比分别下降23.3%、8.3%和40%，完成中央扫黑除恶第三特派督导组特派督导和党的二十大等20余场次重大节会维稳安保任务。督促行业监管单位严格落实行业领域安全稳定风险评估、化解、管控制度，深化安全生产专项整治三年行动、道路交通事故预防"减量控大"工作，全市事故起数、死亡人数、受伤人数和直接经济损失四项指数同比分别下降36.86%、49.56%、29.2%和42.77%，未发生重特大安全事故。

【责任落实】 落实平安建设责任制，领导干部率先垂范，市委和市政府主要领导主持召开平安中卫建设推进会，专题安排部署平安建设工作。市委常委会、市政府常务会议先后10次传达学习平安建设有关会议精神，研究解决事关平安中卫建设重大问题。市委分管领导先后8次组织召开扫黑除恶领导小组会、养老诈骗专项整治领导小组会、平安中卫建设协调小组办公室主任会议等，听取工作汇报、审议、讨论、通过多个意见、方案，安排部署重点工作，为各项任务落实规划路线图。市委和市政府、平安中卫建设协调小组制定印发《2022年平安中卫建设工作要点》《关于开展维护社会稳定风险隐患大排查大化解大整治行动实施方案》《关于进一步加强打击治理电信网络诈骗违法犯罪工作的实施意见》等文件20余份，明确年度目标任务、阶段性推进措施、结果性考核指标等。充分发挥督导考核"指挥棒"作用，制定印发《2022年度平安中卫建设考核实施方案》，明确考核事项、方式、结果应用等，建立常态化调研督办和工作通报机制，通过定期督查、专项督查等，深入基层一线开展明察暗访，以督导考核推动任务落实。2022年，中卫市市、县（区）党政主要领导作出批示12次，带头开展督导调研16次。分管领导深入企业、重点场所、基层一线实地督导30余次，下发工作提示单9期、通报2期，对工作落实不到位的单位，约谈主要负责人7人。

【风险隐患防范化解】 2022年，中卫市防范化解政治安全领域风险隐患。深入开展反渗透反颠覆等专项行动，严格落实重点人管控措施，全市未发生影响政治安全案（事）件。防范化解经济金融领域风险隐患。制定印发《防范化解经济金融领域风险隐患专项行动方案》等文件4份，持续加大互联网金融风险排查整治力度，广泛开展宣传教育，及时监测预警、分析研判、化解处置经济金融等领域涉稳风险，累计发放宣传品10万余份，开展主题文艺演出40场次。对26家地方金融组织进行现场检查，排查核实企业44家，红宝集团、荣盛超市等非法集资案件化解有序推进，非法集资案件发案数同比下降57.14%。防范化解社会稳定领域风险隐患。严格落实重大决策社会稳定风险评估有关规定，加大对征地拆迁、房地产开发建设、工程建设等重点领域矛盾纠纷排查化解，统筹做好涉军、涉众、涉法涉诉及压砂地退出种植等特定利益群众工作，持续推动重复信访和信访积案攻坚化解，最大限度防止信访上行、矛盾激化。共排查化解各类矛盾风险隐患1973个，办结各级交办重复信访件418件，化解信访积案20件，完成党的二十大等重大节会维稳安保任务。防范化解社会治安领域风险隐患。严格落实校园周边"高峰勤务""护学岗"和学校安全事故应急处置机制，共建立"护学岗"373个，上岗民警、辅警548人，校园封闭式管理、专职保安员配备、一键式报警和视频监控"三个100%"全部达标。组织开展道路交通春运、"除隐患、防事故、护民生"等集中攻坚行动，全市道路交通事故死亡人数同比下降49.56%，未发生较大交通事故。持续加强枪支弹药、危爆物品、散装汽油等重点物品管控，开展各类专项检查22次，监督检查寄递企业营业、处理场所139处次，下发责令改正通知书9份，立案查处寄递企业7家，侦破涉枪犯罪案件5起，缴获枪支5支，确保行业领域监管无盲区、隐患排查治理无遗漏。防范化解公共安全领域风险隐患。加强生活失意、性格偏执人员等重点群体人文关怀、跟踪帮扶、心理干预，投入500余万元为辖区困难群体购买服务项目23个，发放各类救助金5.2亿元。强化企业主体责任落实，扎实做好安全生产专项整治三年行动收官工作，检查各类企业（场所）1828家（次），排查整治问题隐患2027项，打击违法违规行为25起，暂扣吊销执照3个，处罚款32.875万元，死亡人数同比下降28.57%，受伤人数同比下降50%，全市安全生产形势持续稳定向好。防范化解网络安全领域风险隐患。严格落实7×24小时网络巡查制度，强化网络负面舆情监测预警和联动处置，依法严厉打击网络违法犯罪活动。公开遴选12家网络安全技术支撑单位为全市提供网络安全服务，排查整改网络安全漏洞1782个、风险隐患19个，关停违法违规网站、账号28个，禁言账号200余个，信息安全保障和风险防范处置水平明显提升。

【难点堵点问题解决】 2022年，中卫市坚持防范、治理、打击"三管齐下"，持续强化防范电信网络诈骗综合治理，累计开展宣传宣讲1000余场次，注册"国家反诈中心"App45.4万人。立电信网络诈骗案件1327起，同比下降37.1%；破案495起，同比上升26.9%；抓获416人，同比上升71.9%；财产损失0.77亿元，同比下降31.9%；实现发案数、财损数、破案数、抓获数"两升两降"目标。坚持将《中华人民共和国社区矫正法》《宁夏社区矫正实施细则》贯穿于社区矫正工作全过程，严格落实集中教育、分类管理、个案矫正监督管理措施。开展社区矫正对象心理健康培训17场次390人次，为社区矫正对象办理低保3人、申请解决公租房1人，给予临时救助44人4.55万元，开展社区矫正对象网上督察490人次，审批经常性跨市县（区）活动9人次，报告重大事项18件。广泛开展"寒冬送温暖""夏季送清凉"等专项救助工作，提升生活无着落流浪乞讨人员社会救助服务管理水平。开展专项救助街面专项巡查107次，救助流浪乞讨人员125人次，实现应救尽救。深化预防青少年违法犯罪工作，坚持惩戒与帮教并重，对30名涉罪未成年人作出附条件不起诉，结对帮扶13名特需关爱青少年，为50名涉毒贫困家庭青少年发放价值5000元的米面油、书本等学习生活用品，创新打造"美玉工作室"和"521"未成年人检察工作法，"美玉工作室"获评全区检察机关优秀检察文化品牌。聚焦自然资源、交通运输等重点行业领域，持续深入开展专项整治。自然资源部门共排查问题矿山197个，关闭取缔无证矿山23家，查处越界开采矿山14家，移送公安机关追究刑事责任5人，恢复治理矿区2.2万亩。督促企业投资560万元，对照壁山矿区和中卫北山4区块实施生态环境恢复治理工程，治理面积1960亩。立案查处土地、林业领域违法案件166起，罚款2540万元。市场监管部门对1家滥用食品添加剂的企业吊销许可证，查处3起二氧化硫超标枸杞案件，排查虚假宣传营销产品案件线索11起，移交公安机关追究刑事责任2起。交通运输部门出动执法人员240余人次，检查出租车1400余辆次，查处违规车辆95辆次。检查危险货物运输企业67家次，整改问题11条。紧盯重点行业、重点领域、重点目标，持续开展矛盾纠纷排查化解，广泛开展法治宣传教育，严厉打击违法犯罪，排查化解婚姻家庭、邻里之间等矛盾纠纷1000余件，先后开展各类法治宣传教育活动500余场次，发放资料3万余份，宣传品1万余份，解答法律咨询1000余人次，录制以案释法视频40期，命案同比下降14.29%。

（樊 江）

打击整治养老诈骗专项行动

【概况】 2022年，中卫市围绕6类打击整治重点，认真梳理研判、精准交办核查，努力形成打击高压态势。广辟线索来源。各县（区）、各成员单位在广泛发动群众参与的基础上，组织开展起底式、滚动式排查，紧紧围绕本行业、本领域以往发生的涉养老诈骗问题，加强分析研判，主动追根溯源。全市共收到问题线索40条（上级交办5条、群众举报13条、职能部门摸排发现22条），按期全部办结，办结率100%。核查属实22条，转化成案21条，其中，刑事立案6条，行政立案15条。其中，中卫市沙海驼宝展示中心虚假宣传销售陶瓷汤锅案被作为典型案例推荐上报国家市场监督管理总局。强化破案攻坚。紧盯涉及群众多、反映问题严重的举报线索，充分发挥专项办牵头抓总、统筹协调、督促落实的作用，采取公安主责、检法配合的办案模式，持续开展精准打击。公安机关对2017年至2022年的58起涉养老诈骗案件和78条涉养老诈骗警情回头倒查，破获涉养老诈骗存量案件8起，涉案金额达186.7万余元，抓获犯罪嫌疑人14人。特别是5月26日，涉及全国四省（区）170余起案件的一个以虚假宣传销售饮水机致部分老年人上当受骗的团伙，被中宁县公安机关查获，抓捕犯罪嫌疑人9人，涉案金额17.294万元，追回损失6.54万元。依法高效审理。案件进入审判阶段后，逐案落实责任人，开通绿色通道，及时制定方案，明确办案进度和时间表，尽快组织开庭、宣判，加快办案节奏，一审审结养老诈骗案件两件两人，二审审结1件1人，退赔到位资金76.46万元。

【老年群体反诈意识提升】 2022年，中卫市深入推动涉老反诈宣传进社区、进超市、进广场、进公园、进家庭、进养老机构，累计开展组织讲座、演出等现场活动373场次，张贴海报、公告，发放宣传资料36.1万余份。海原县编排反诈宣传小品《我很相信你》《谁动了婆婆的养老金》在全县巡演102场次。中宁县将《致全县老年人的一封信》制成音频，组织发动外卖骑手、网格员、快递员等10支反诈宣传志愿队结合本职工作，利用小喇叭在各乡镇、社区（行政村）滚动播放，形成打击整治养老诈骗的浓厚氛围。沙坡头区通过以案说法、以案说纪、集中曝光辖区郭氏、林氏父子和冯学刚诈骗案等典型案例，在全社会形成强大震慑。全市各单位、部门累计制作微视频、小品、快板等涉养老诈骗宣传作品42个，在各类传统媒体、新媒体平台发布宣传稿件、信息630余条，点击量达39万余次，发送反诈手机短信14万余条，不断扩大养老反诈宣传覆盖面。中宁县联合网红"枸杞大叔"，结合中宁县养老诈骗实际案例，录制"'能治百病的饮水机？'中老年人要谨防"反诈宣传系列短视频4期，受到群众广泛点赞喜爱，并被长安网全国打击整治养老诈骗专项行动专题网采编为典型案例。制定包保责任方案，发动县、乡、村、组四级干部职工"登门入户"，建立一人一档并定期跟踪宣传，切实提高宣传精准度，累计入户2万余户，覆盖人群4.3万余人。沙坡头区、中宁县利用创城、核酸检测、健康体检等时机，在疫情防控1米、2米隔离线上张贴防范养老诈骗宣传标语和国家反诈中心App二维码，累计帮助群众注册国家反诈中心App1.2万余人。

【养老领域行业乱象整治】 2022年，中卫市市场监管部门检查各类保健品经营户2200余家次，民政部门对162个社会组织进行年度审查，自然资源部门对7宗养老用地进行排查，其他各行业、单位结合风险隐患大排查大化解大整治行动，全面排查起底行业领域乱象，共摸排整治问题乱象260个。全市司法部门对照本辖区涉养老诈骗案件，深入分析制度机制、执行法律法规等方面存在的突出问题，聚焦群众反映强烈的重点问题，及时制发"三书一函"，提出有针对性的意见建议，做到以案促治、源头治理。全市司法部门向各行政部门发出"三书一函"16份，完成整改16份，整改率100%。专项行动开展以来，各部门及时总结固化创新经验做法，制定行业规范性文件17个。

（樊 江）

公 安

【维护社会稳定】 2022年，中卫市成立市、县两级公安维稳专班，预警研判，针对列控的157名"不放心人员"、15个中高风险群体、563名精神障碍患者和3501名刑满释放人员，一人一策、动态掌握，确保重大节日平稳度过。2022年，中卫市深化扫黑除恶常态化机制，开展"昆仑"等打击专项行动，推行民生小案、电诈案件"一案一研判"机制，全力开展夏季治安打击整治百日行动，强化治安乱点整治。攻克命案积案1起，八类刑事案件全破，全市刑事发案持续下降，电信诈骗案件立案数、财损数同比下降37.1%、31.9%，破案数、抓获数同比上升26.9%、71.9%，呈现出"两降两升"态势，禁毒工作满意度测评自治区第一。创新推进平安校园、医院、社区、园区创建，组建群防群治队伍287支，参与化解矛盾纠纷1062起。开展公共安全大检查，消除寄递物流、危爆物品等领域安全隐患150余处。深化道路交通"减量控大"行动，严查"三超一疲劳"等重大交通违法行为，查处各类违法行为32.81万起，全市事故起数、死亡人数、受伤人数、直接经济损失"四项指数"同比下降33.84%、43.36%、36.73%、53.97%。

【公安改革】 2022年，中卫市深化情指勤舆督一体化改革。建立警情复盘回溯、勤务支援等6项工作机制，创新实行情指督办单，"情指牵头、刑侦主办"的"一案一研判"机制推广实行，在12个基层所队装配公安一体化通信指挥调度平台，实现警情、警力、监控点位全图一张网，24小时支撑服务实战，提升"可视化、智能化、扁平化"精准指挥调度效能。深化改革，加强派出所工作。制定完善改革，加强派出所工作"两年规划"，落实"一村（社区）一警"工作。建立市局领导包抓联系派出所机制，严守"两个40%"红线，落实"两个不办理"规定，实现派出所建设、警务室设置、派出所所长和社区民警进"班子"3个全覆盖，全市5个城区所推行"一室两队"，30个实体化派出所推行"一警多能"，在68个社区和443个行政村优化建设警务室318个，一标三实数据采集率98%，夯实基层基础。深化执法监督机制改革。以执法办案管理中心建设为牵引，健全完善"一站式"执法办案机制，建成沙坡头区、中宁县局执法办案管理中心。研发"智慧监督平台"，使各项工作任务推进完成过程实现可视化监督管控。建立学法周考通报制度，开展"送法下基层"活动4次，通过集中考试、组织培训等方式，注重人性执法、理性执法、柔性执法，民警执法办案水平逐步提升。

【高质量服务】 2022年，中卫市强化重大战略实施。依法打击食药环等领域犯罪，推进"昆仑"专项行动，查办食药环案件28起。建立完善"河湖警长"制，排查整治黄河流域盗采乱象11起。配合检查保健品经营单位400余次，查封商铺3家，责令整改30家，协助落实环保督察反馈问题整改，强化与生态环境、自然资源等部门的联动，提升部门协同管理水平。强化企业转型发展。开展打击涉企犯罪"护企"行动，破获涉企案件16起，挽回损失432.6万元。依法推进非法集资专项治理，联合法检两院统筹做好近3年案件移送起诉，起诉率68.1%，挽回损失6000余万元。推行落实"警企共建"，出台优化营商环境十条举措，对全市21个重大项目、149个重点项目落实联系包保制度，为企业解决问题60余件，营造良好营商环境。强化民生警务需求。推进公安"放管服"改革，梳理特种行业、旅馆业等公安行政审批事项12项，落实365天×24小时公安政务服务，在全市设立4个"一窗通办"窗口，实现交管、禁毒、户籍等行政审批事项一窗办理，在偏远地区设置流动警务车，保障群众急难愁盼的事项有地方办理，8小时外为群众办理2.7万余件事项，赢得群众赞扬。

【基层基础建设】 2022年，中卫市强化危爆物品、医院、学校等重点领域风险排查，整治安全隐患50处，确保重点企事业单位的安全监管。"小翼看家"视频建设全面推进，安装监控3.9万余处，公共区域监控2724路，天翼大喇叭126处，平安乡村建设有序推进。制定完善信息化建设"十四五"规划，申报项目34个，"雪亮工程"延伸工作持续推进，新建视频监控267余路。深化移动警务终端应用和大数据建模，紧盯视频应用、警务云搜的案例收集和质量提升，协调水电气暖等职能部门，打通数据壁垒，向区厅汇聚社会数据15万条以上。建设完成监管中心办公业务用房，市留置所、拘留所以及4个业务警种的搬迁工作。争取财政支持，为辅警划拨公用经费120万元，中央转移支付专项经费2849万元，激发辅警工作积极性。

【队伍建设】 2022年，中卫市实施政治建警"铸魂工程"。坚持"第一议题"制度，将学习习近平法治思想与学习贯彻习近平总书记来宁视察等系列重要讲话精神相结合，制定"大学习、大讨论、大宣传、大实践"活动方案，开展"喜迎二十大、忠诚保平安"主题党日系列活动，出台《中共中卫市公安局委员会关于学习宣传贯彻党的二十大精神的实施方案》。实施从严治警"清风工程"。执行"十个严禁""六项规定"，召开违规收送红包礼金和不当收益及违规借转贷或高额放贷专项整治动员会，建立完善涉警问题线索快速处理机制，对有违纪违规苗头民警及时敲打提醒，组织30批次1230名民辅警参观廉政警示教育基地，面对面接受思想洗礼，筑牢民警拒腐防变的意识。实施素质强警"育警工程"。优化大部制警务机制，建立健全人员配备、职级晋级等一系列制度，调整交流58人、提拔任用34人、晋升职级57人。常态化开展"训练日"活动，深化实弹射击训练考核和最小作战单元警情处置等警务实战培训，分警种开展社区警务、舆情引导、应急处置、科技赋能等培训、比武6次，丰富大练兵载体，提升队伍实战能力。实施从优待警"暖心工程"。落实"有困难找组织"，解决民辅警实际困难200余件，走访慰问52个基层单位、300余人次。加强典型选树培育49个单位、220名个人被区、市记功嘉奖，中宁县公安局政保大队被评为全国优秀公安基层单位，海原县公安局李旺派出所被评为全国公安机关爱民模范集体，沙坡头分局荣获平安宁夏建设先进集体称号，市公安局被市委评为"干事创业先进班子"，荣立集体二等功1次。

（莫伟莉）

检　察

【服务发展大局】 2022年，中卫市检察系统投身平安中卫建设，打击严重暴力犯罪，严惩危害人民群众生命财产安全犯罪，批准逮捕100人，审查起诉237人。常态化开展扫黑除恶斗争，学习贯彻《中华人民共和国反有组织犯罪法》，加强涉黑涉恶财产执行监督，实现长效常治。依法惩治和有效预防网络犯罪，推进"反诈人民战争"、打击整治养老诈骗等专项行动，推动健全网络综合治理体系。防范和维护航空安全，联合政府职能部门消除沙坡头机场净空和电磁环境保护区安全隐患。聚焦林草保护，开展古树名木保护专项监督，督促职能部门对全市5600余棵古树名木进行保护。聚焦矿山修复治理，督促职能部门履行对中卫北山、天景山等地区矿产资源保护和生态修复监管职责，督促职能部门启动生态环境损害赔偿程序案件3件。开展涉案企业合规改革，与工商联等12个部门建立涉案企业合规第三方监督评估机制，推动企业依法守规经营，加强企业诉源治理。开展涉民营企业社区矫正对象赴外地生产经营请假活动法律监督试点工作，与司法行政机关建立保障涉企社区矫正对象外出从事生产经营活动工作机制，对符合条件的36人进行监督，激发市场主体活力，优化营商环境。加强疫情防控法治宣传，引导人民群众自觉遵守疫情防控政策，组织检察干警380人次下沉抗疫一线，服务疫情防控工作，防范化解涉疫矛盾纠纷，守护人民群众生命健康，维护社会大局稳定。

【司法为民】 2022年，中卫市检察系统开展保护农村食品安全专项监督，起诉食药领域犯罪29人，通过公益诉讼为国家挽回经济损失1331万余元。开展"司法救助助力乡村振兴"专项活动，加强与政府部门社会救助有效衔接，向82名生活困难案件当事人及其近亲属发放救助金95.2万元。关注特殊群体保护，发挥"根治农民工欠薪工作站"品牌效应，完善与行政执法机关信息共享、案件移送协作配合机制，帮助214名农民工追讨欠薪308万余元。履行未成年人司法保护职责，以"零容忍"的态度从严惩治侵害未成年人合法权益犯罪24人；以"双向保护"理念不捕不诉涉罪未成年人40人；引入社会力量帮教388人次，对怠于履行监护职责的家长制发督促监护令89份，对未成年人开展法律援助、心理疏导、司法救助369件次。坚持和发展新时代"枫桥经验"，贯彻落实《信访工作条例》，做实"群众信访件件有回复"，信访事项"七日内回复全覆盖、三个月答复无遗漏"工作要求。主动适应刑事犯罪结构重大变化，全面贯彻宽严相济刑事政策，落实认罪认罚从宽制度，依法不批准逮捕115人，不起诉290人，认罪认罚适用率达90.1%，服判率达97%，减少社会对立面。落实最高人民检察院一至八号检察建议，制发社会治理类检察建议139份，回复率达100%，以"我管"促"都管"，守护人民群众生活安全。

【法律监督】 2022年，中卫市检察系统强化对刑事立案、侦查活动和审判活动监督，运用抗诉、检察建议等监督手段，对审判机关量刑不当提出抗诉5件，对程序违法提出书面监督意见28件。完善与监察机关办案衔接机制，推动刑事司法与监察调查的办案程序、证据标准衔接，依法对银川市原副市长徐某等8件职务犯罪案件提起公诉，增强反腐合力。推进刑事执行检察监督，深化对监管场所、社区矫正、财产刑执行法律监督，全覆盖开展监狱、看守所、社区矫正巡回检察，提出各类纠正意见115份，采纳率100%，纠正"减假暂"执行不当10人，立案侦查司法工作人员相关职务犯罪1人。树立权力监督与权利救济相结合的民事检察思维，贯彻实施《中华人民共和国民法典》，加强对程序违法、裁判显失公平、民事执行等突出问题的监督，依法保护公民、法人和其他组织的合法权益，办理民事监督案件266件。完善打击虚假诉讼工作机制，开展虚假诉讼专项监督，纠正民间借贷等领域的"假官司"3件，维护司法权威。开展社会保障领域行政监督和土地执法查处领域行政非诉执行监督专项工作，加强对人民群众关心的工伤补助、拆迁补偿等热点问题监督，办理行政监督案件23件，助推法治国家、法治政府、法治社会一体建设。办理资源保护、食品药品安全等"4+9"法定领域公益诉讼案件144件，挽回经济损失1347万余元。拓展公益诉讼案件范围，办理文物和文化遗产保护、英烈权益保护等领域公益损害案件149件。树立监督者更要接受监督的理念，落实人大工作决议，向人大及其常委会专题报告公益诉讼、未成年人检察工作，自觉接受人大监督。邀请人民监督员、律师等社会各界人士参加案件评查、公开听证、检察开放日、巡回检察等执法司法活动，定期公布案件信息，主动接受社会监督。

（张 莉）

法 院

【概况】 2022年，中卫市法院共受理各类案件26937件，审（执）结25392件，员额法官人均结案226.71件。其中，市中院受理各类案件2028件，审（执）结1982件。市中院结案率位居五市中院第一、全区法院第二，两级法院"3+1"执行核心指标均达标，市中院"3+1"执行核心指标位居五市中院第二，涌现出全国法院办案标兵、全国法院环境资源审判工作先进个人、平安宁夏建设先进个人等一批先进典型，12个集体、32名干警受到市级以上表彰奖励。

【刑事审判】 2022年，中卫市法院审结各类刑事案件928件，判处罪犯967人，其中，审结故意杀人、抢劫、故意伤害等犯罪案件117件，审结各类毒品案件26件，审结职务犯罪案件23件，审结养老诈骗、电信网络诈骗及其关联犯罪案件85件，审结危险驾驶、交通肇事犯罪案件278件。出台《减刑、假释案件办案指引》，办理减刑案件39件。

【民事审判】 2022年，中卫市法院审结各类民商事案件15141件。助力中小微企业发展20条司法措施落实落地，与市工商联、市女商商会签署合作备忘录，审结涉企纠纷案件7509件，采取"活封活扣""放水养鱼"等方式助力企业纾困解难。审结强制清算与破产案件22件、知识产权案件65件。

【行政审判】 2022年,中卫市法院审结行政案件383件,审查非诉行政行为申请执行案件87件,开展行政应诉突出问题专项治理,推动将市依法治市委员会行政机关负责人出庭应诉情况、化解行政争议情况纳入依法治市和法治政府建设考核。一审行政案件行政机关负责人出庭应诉率达98.33%。推动市、县(区)行政争议协调化解中心全部建成并实质化运行,化解行政争议12件。

【环境资源审判】 2022年,中卫市法院审结各类环境资源案件156件,筑牢绿色司法屏障。深化环境资源案件集中管辖,制定《环境资源案件"三合一"审判团队工作规范》《关于加强全市法院环境资源案件执行工作的意见》等6项制度。联合市检察院、市公安局、市水务局、市生态环境局、市自然资源局建立生态环境保护行政执法与司法联动工作机制,凝聚生态环境保护强大合力。建立环境资源案件执行回访制度,督促涉案企业及时履行生态环境修复义务。沙坡头法院与甘肃白银市白银区法院、内蒙古乌海市海南区法院签署《黄河流域生态环境保护和高质量发展审判协作框架协议》,推动建设协同共治的生态环境司法保护新格局。环境资源审判工作得到最高人民法院院长肯定。

【执行工作】 2022年,中卫市法院执结案件9560件,执行到位金额16.98亿元。开展集中专项执行活动23次,执结案件2208件。利用网络查控系统查控40882次,扣划存款1.1亿元,查封房产1524套、车辆802辆,纳入失信被执行人名单3325人,司法拘留89人,限制高消费7077人。网络司法拍卖标的物935件次,成交额1.11亿元,为当事人节省佣金123万余元。开展"抓管理、强业务、促规范"执行建设提升年活动。

【溯源治理】 2022年,中卫市法院出台并落实《关于深化一站式多元解纷机制建设、持续加强溯源治理工作的实施方案》,强化矛盾纠纷源头预防、前端化解、关口把控,全市法院诉前化解矛盾纠纷4184件,新收案件数同比减少7462件,下降24.34%。市中院新收案件同比下降30.56%,沙坡头区法院同比下降29.9%,中宁县法院同比下降22.43%,海原县法院同比下降14.37%,溯源治理成效显著。

【司法改革】 2022年,中卫市法院执行《法官审判权力和责任及相关司法辅助人员职责清单》,院庭长审(执)结案件11784件,占员额法官结案数的46.41%。深化诉讼制度改革,依法适用认罪认罚从宽制度审结案件572件755人,适用简易程序、小额诉讼程序、二审独任制审结民事案件8616件。推进四级法院审级职能定位改革试点,制定《关于提级管辖办理程序的工作规则》。深化司法制约监督机制改革,压实院庭长对"四类案件"的监督管理职责,制定《关于进一步加强改判、发回重审、再审案件监督管理实施办法》,编印年度发改案件白皮书,坚持审判执行质效月通报、季分析和核心指标定期跟进,强化中卫市中级人民法院执行局统筹和监管职责。

【司法为民】 2022年,中卫市中级人民法院以"为群众办实事示范法院"创建工作为抓手,落实27项司法便民利民惠民举措。实施民法典,审结涉及住房、教育、医疗、就业等纠纷案件1729件,审结婚姻家庭案件1964件,审结涉妇女儿童、残疾人、老年人案件6771件。依法减缓免诉讼费245万余元,发放救助金210万余元。

【阳光司法】 2022年,中卫市法院向人大常委会专题汇报审判执行工作,办理代表建议、委员提案,邀请代表委员视察法院、旁听庭审、见证执行、参加座谈37人次。贯彻《监察法》,贯彻落实加强新时代检察机关法律监督工作的意见,办理检察建议,邀请检察长列席审判委员会会议33次。互联网公布裁判文书10043份,直播庭审2373件,人民陪审员参审案件1693件,举办公众开放日、听证会、新闻发布会11次。

(刘文霞)

司法行政

【全面依法治市】 2022年,中共中卫市委员会全面依法治市委员办公室制定2022年工作要点,筹备召开依法治市委员会会议1次、委员会办公室会议1次,不定期对全面依法治市工作进行安排。对接自治区司法厅争取项目资金20万元,用于法治政府建设评估工作。迎接自治区督察3次。在全市范围内开展实地督察3次,整改完成中央依法治国办反馈的七大类31项共性问题、六大类8项主动认领问题、11项具体问题。

【行政立法】 2022年,中卫市司法局牵头起草《中卫市养犬管理条例(草案)》,提交市人大审议通过。牵头起草《中卫市城市建筑垃圾管理办法》,开展立法调研两次,专家论证会两次,征集意见建议70余条,初步形成《中卫市城市建筑垃圾管理办法(草案)》。

【规范性文件监管】 2022年,中卫市司法局落实行政规范性文件制定和备案管理办法,对市直有关部门(单位)31份行政规范性文件进行合法性审核,对区厅、市直有关部门(单位)48份征求意见稿,提出修改意见190余条,对县区和市直有关部门(单位)35份行政规范性文件进行备案审查,对市政府10份行政规范性文件和两部政府规章向国务院、自治区人大、政府、市人大进行报备,对县区和市直有关部门(单位)28份行政规范性文件进行备案审查,对14份行政规范性文件进行清理审核,提交市政府会议通过。

【行政执法】 2022年,中卫市司法局强化行政执法人员资格管理,公开选聘25名行政执法监督员,组织市本级22个行政执法部门109人参加行政执法证件综合法律知识考试。将中卫市市本级具有行政执法主体资格的42个部门面向社会进行公示。发布《关于公布行政执法监督投诉举报方式的公告》,指定专人立案受理投诉举报案件,受理投诉举报案件14件。制定出台《中卫市推行行政柔性执法工作方案》,梳理汇总形成涉及30个行政执法部门的"两轻一免"情况统计表,并按时报送自治区。

【行政复议】 2022年,中卫市落实行政复议体制改革各项措施,加强行政争议实质性化解,强化复议监督职能,推进规范公正文明执法。受理行政复议案件36件,办结34件,其中作出撤销决定4件、确认违法1件,对不当行政行为下发《行政复议建议书》4份,行政行为被纠错率为14.7%。2022年2月,市司法局被司法部评为"复议为民促和谐"专项行动表现突出单位。

【行政应诉】 2022年,中卫市开展行政应诉突出问题专项治理,制定印发《中卫市人民政府行政应诉工作办法》《中卫市行政机关负责人出庭应诉工作规定》,办理诉讼案件128件,办结83件,胜诉73件,胜诉率87.95%。市本级行政机关负责人出庭应诉率达100%。

【法律顾问】 2022年,中卫市司法局修订印发《中卫市人民政府法律顾问管理办法》《中卫市人民政府法律顾问工作经费管理办法》,为市政府和50个市直党政机关提供"一对一""一对多"精准化法律服务。为"云天中卫"等重点工作审查合同、协议484份,为"十四五"规划等重大决策提供合法性审查意见199份,办理涉法性事务69件,参与政府会议合法性审查87次,就重大涉法涉诉事项报送法治专报8份。

【社区矫正】 2022年,中卫市开展社区矫正对象活动轨迹电子定位巡查490余人次,成立专项督查工作组,对各县(区)和42个司法所进行专项督查2次,整改反馈1次,制发工作通报、工作督办函、工作提示函各1份,组织召开全市安全隐患预警研判会议3次。印发《全市社区矫正安全隐患大排查大整治专项行动实施方案》《全市刑满释放人员安置帮教维稳安保工作实施方案》《中卫市社区矫正突发事件应急处置预案》,细化制定《社会组织管理办法》《社会工作者管理办法》《社会志愿者管理办法》,建立健全社区矫正工作制度27项。动员引导社会力量参与社区矫正工作,对社区矫正对象开展心理测评600余人次,集中教育活动14场次,提供社会救助(物资帮扶)100余人次。统筹协调民政、住建、人社等多方力量和资源,为社区矫正对象办理低保3人、社区矫正对象家属办理低保2人、申请解决公租房2人、给予临时救助88人92000元、提供就业信息644人次、组织开展职业技能培训和就业指导86人次。在社区矫正对象相对集中的村(居)社区探索建立社区矫正工作站6个,组织引导村(居)民委员会、人民调解员、网格员协助开展社区矫正工作。推进沙坡头区部级智慧矫正中心建设,指导中宁县、海原县智慧矫正中心信息化建设,升级改造市级社区矫正指挥中心。

【人民调解】 2022年,中卫市成立中卫市涉军(属)矛盾纠纷人民调解委员会,在中卫工业园区高标准打造公共法律服务中心(矛盾纠纷调解中心)。截至2022年年底,全市共建立乡(镇)调委会41个,村(社区)调委会511个,企事业单位调委会23个,行业性专业性调委会63个。打造宁夏中卫工业园区公共法律服务中心(矛盾纠纷调解中心)、老李调解工作室及中卫市矛盾纠纷调解中心马斌调解工作室。开展"调解九进 服务万家""调解促稳定 喜迎二十大"等活动。聚焦婚姻家庭、邻里等矛盾纠纷易发多发领域,开展矛盾纠纷大排查,逐一建档登记,分析研判。建立司法所联系点,解决制约司法所建设中存在的突出问题。指派人民监督员参与监督事项71件,参与人数147人次。推行"人民调解+仲裁+信访"纠纷治理模式,指导全市各级各类调解组织排查矛盾纠纷5000余次,调解成功各类矛盾纠纷5100余起,引导达成调解协议当事人申请仲裁案件900余件,仲裁涉及金额8000万元,无因调处不当或调解不及时引发的"民转刑"案件。

【法治宣传】 2022年,中卫市开展习近平法治思想大轮训3期,督促全市206个部门(单位)、乡镇完成"四清单一办法"(四清单:内容清单、责任清单、措施清单、标准清单。一办法：考核办法。)的修订和公示工作。发挥重大时间节点法治宣传作用，结合"法律七进"，向群众讲解习近平法治思想、民法典等，开展各类法治宣传活动800余次。加强法治文化创建，培养"法律明白人"骨干1414人，建成中卫市青少年法治教育基地和沙坡头区黄河法治文化带香山湖公园项目。《以案释法》《与法同行》广播、电视访谈节目持续开展，共计录播30余期。"法治中卫"微信公众号推送1132篇文章。

【公共法律服务】 2022年，中卫市公共法律服务体系建设"1335工作模式"（"1"即以网络平台统领实体平台、热线平台，推进公共法律服务"三台"融合发展，实现公共法律服务"一网通办"。"3"即建立自治区、市、县（区）三级公共法律服务运营指挥机制，推进资源统筹和保障，合理调配法律服务资源，实现公共法律服务资源统一调度、协调有序、数据共享。"3"即按照市、县（区）公共法律服务中心"全"、乡镇（街道）公共法律服务工作站"便"、村（社区）公共法律服务工作室"导"的服务目标，不断提升公共法律服务水平。"5"即对标人民群众法律服务需求，全面推进公共法律服务多元化、特色化、标准化、精准化、便捷化"五化服务"，优化服务提供方式，提升服务供给能力，提高公共法律服务的知晓率、首选率、满意率）在全市打造示范品牌公共法律服务工作站7个，完成2022年全市公共法律服务体系建设考核验收工作。经费保障加大，村（居）法律顾问经费由30万元提高至52.89万元。"百所联百会"结对机制持续开展。开展规范律师事务所创建活动，巩固行业治理成果。鼓励和支持有条件的律所设立调解工作室，探索公职律师全覆盖工作，在全市建立公职律师统筹使用机制。打造市律师行业"党建+统战"法律服务实践创新基地项目，推进法律援助经济困难证明告知承诺制和法律援助补贴免税政策，做好"应援尽援"，全年共受理各类法律援助案件1760件，为群众挽回经济损失2906.5116万元。拓展公证业务领域，受理公证案件1083件。

(李雪峰)

军 事

中卫军分区

【思想政治建设】 2022年,中卫军分区深入学习党的二十大精神,采取集中研学、领导领学、分头统学等形式,集中学习习近平总书记重要讲话精神和重要指示批示精神50余次,组织中校以上军官参加理论培训。贯彻军委主席负责制,开展常态学习教育,对表落实重要任务,全年刊发要讯9篇。参加军区思想政治教育创新推进会,全员聆听军区主题教育、"每月一课"授课辅导,统筹开展基础教育、专题教育、经常性教育和民兵思想政治教育,保障宁夏军区召开强军文化系列活动暨书香军营建设推进会。

【国防动员】 2022年,中卫军分区选派人员参加自治区国防动员潜力统计调查业务培训,以上带下组织市、县(区)工作人员培训,采取统一部署、同步展开、逐项核准的方式,核实潜力。协调召开2022年中卫市征兵工作领导小组电视电话会议,总结上半年征兵工作情况,部署下半年征兵工作任务,与县(区)政府"一把手"签订目标责任书,与市纪委、市政府督查室联合督办征兵工作,随机抽查、跟进督导、传导压力,组织体格检查、政治考核、役前教育、交接起运等工作,率先在全区开展集中组织征兵体检、全员组织体检复查、统一组织役前教育,完成新兵征集任务。按要求完成中卫工业园区、中宁工业园区和海兴开发区人民武装部成立暨揭牌仪式。沙坡头区人武部接受自治区国防动员检验评估获全区第二名。

【基层建设】 2022年,中卫军分区坚持以纲为法、依规抓建,两次集中分析基层建设形势,落细抓实基层事项,用1周时间,分组赴人武部挂钩帮带。推进"书香军营"建设,协调市委专题召开市委常委议军会研究改造项目,完成军地联合指挥中心、作战信息保障中心暨文卫空间、营区室外设施项目改造。依令依规抓好财务预算编制改革,一体推进营区文化工程、绿化工程、美化工程、亮化工程,审核实施工程建设和采购项目,栽种各类花卉树木7000余株,移植草皮2000余平方米。中宁县人武部荣获宁夏军区集体嘉奖。沙坡头区人武部被中卫军分区表彰为全面建设先进人武部。

【双拥共建】 2022年,中卫军分区助力乡村振兴,军分区机关和人武部累计投入61.7万元,持续帮扶四村四校,帮建支部4个、帮扶合作社1个,购置设备器材31件,发放学习用具460套。开展国防教育,邀请国防大学教授李莉为中卫市四套班子领导作形势报告,协调军分区首长为中卫市委组织部和市水务局的同志作专题讲座,让驻地部队执行任务官兵为在校学生讲解国防知识,组织50余名中卫市四套班子领导过"军事日"、100余名在校学生过"开放日",投入7万余元打造国防教育长廊,强化党政领导干部和学生的国防意识。落实中卫市双拥工作推进会精神,推动军地互提需求、互办实事"双清单"21项内容落到实处。与中卫市退役军人事务局共同审定发布2022年中卫籍现役军人光荣榜,走访慰问驻卫部队、退役军人和现役军人家属等,发放慰问金330万元,帮扶援助困难退役军人2307人。海原县人武部被国家民委表彰为全国民族团结进步示范区示范单位,入列全军十大先进方阵,是28个省军区系统唯一获奖者。

【队伍建设】 2022年,中卫军分区学习贯彻党建新规新令,分段参加军委国防动员部、宁夏军区党组织正副书记培训,集中聆听军队领导、知名教授辅导授课,组织观看《强军堡垒》《支部建在连上》等专题片。对标落实《宁夏军区党委工作规则》,按照"9个程序步骤"议事决策。对照"三上三下"规定,推荐出席党的二十大代表候选人和军委国防动员部党代表会议代表候选人人选;落实"四必"要求,推荐出席自治区第十三次党代会代表候选人初步人选考察对象。组织召开中国共产党宁夏中卫军分区党员大会,完成党委、纪委换届工作。围绕"五个带头""四个讲清",召开党委班子党史学习教育专题民主生活会。开展党的纪律教育,观看《铁纪强军》专题教育片,推进基层风气整肃治理,组织中校以上军官和处级副职人员及时填报个人事项报告。

【中卫军分区党委五届二次全体(扩大)会议】 1月25日召开。会议听取各县(区)人武部党委第一书记党管武装工作述职,强调要坚决贯彻落实习近平强军思想,紧扣实现建军一百年奋斗目标,毫不动摇坚持党对军队的绝对领导,认真落实党管武装各项制度,奋力谱写新时代中卫国防动员和后备力量建设新篇章。

(宋玉凤)

人民防空

【队伍建设】 2022年,中卫市下发《关于做好人防专业队整组点验和年度训练工作的通知》,编组防护队伍,制订训练计划,开展点验组训,各人民防空专业队根据承担的职能任务,按照要求拟订训练计划,编组队伍,开展点验组训。

【人防演练】 利用"5·12"防灾减灾日、"9·13"警报试鸣日等重要时间节点组织防空疏散演练。8月19日参加自治区人防办在石嘴山举办的机动指挥所开设与撤收比武竞赛。

【人防宣传】 2022年,中卫市人民防空办公室在市区11个中学安装22块人防宣传栏。结合人防执法,向企业服务对象宣传人防法律法规,接受服务对象咨询。委托中卫城市频道制作人防宣传短视频,在64处楼宇进行播放,每日播放60频次。

(黄学惠)

经济管理

发展和改革

【经济发展】 2022年，初步核算，中卫市地区生产总值563.89亿元，按不变价格计算，比上年增长3.8%，高于全国增速0.8个百分点，低于全区增速0.2个百分点。分产业看：第一产业增加值79.81亿元，比上年增长4.0%；第二产业增加值262.88亿元，比上年增长6.1%；第三产业增加值221.19亿元，比上年增长1.5%。规模以上工业增加值比上年增长9.1%。固定资产投资（不含农户）比上年增长16.1%，高于全区增速5.9个百分点。社会消费品零售总额比上年下降0.3%。一般公共预算收入21.86亿元，同口径比上年增长3.8%。常住居民人均可支配收入20413元，比上年增长5.3%，其中，城镇常住居民人均可支配收入34091元，比上年增长4.8%，低于全区平均增速0.2个百分点；农村常住居民人均可支配收入14398元，比上年增长6.7%，低于全区平均增速0.4个百分点。城乡居民收入比由上年的2.41下降至2.37，城乡居民收入相对差距缩小。

【有效投资】 2022年，中卫市争取黄河上游风沙区（中卫）历史遗留废弃矿山生态修复、北方地区冬季清洁取暖、公立医院改革等示范试点项目落地中卫；争取中国广电数据中心、老旧燃气设施更新改造、海原西安供水水源工程等中央和自治区项目资金200亿元，较上年增长24.1%。树立"抓项目就是抓发展"理念，实施"扩大有效投资攻坚年"活动，强化市级领导包抓和"五个一"重大项目协调推进机制，组织实施各类项目523个。施行领办、代办、帮办制度，全年实施产业项目235个，民间投资增长9.4%，制造业投资增长16.1%；做好群众的"服务员"，75%的财政资金用于民生事业，基础设施投资增长106.8%，教育投资增长22.2%，医疗卫生投资增长5.3%。

【市场消费】 2022年，中卫市出台扩大消费22条政策措施，举办中卫市首届房车文化节、"巨惠周末、乐购盛夏"等促消费活动15场次，发放政府消费券7300万元，带动消费20亿元。改造提升向阳步行街、创业城观光夜市两个特色夜市，推动万达城市消费综合体重塑升级，支持打造朝阳夜间经济特色街区、中宁县美食文化观光夜市、海原县泰丰观光夜市，丰富消费业态。

【产业发展】 1.通信、云计算和大数据产业。2022年，中卫市招大培优建设"一集群、三基地"，建成国家（中卫）新型互联网交换中心，打通深圳—中卫数据链路，美利云二期、电信一期、联通二期等数据中心加快建设，移动二期、联通三期开工，2022年内新增标准机架1.2万个，累计达到4.4万个，实现营业收入42亿元，增长62%。2.现代服务、文化、旅游、交通、物流产业。沙坡头品牌影响力持续提升，沙漠传奇、钻石酒店开工建设，中宁丰安屯成功创建自治区级旅游度假区，黄羊古落、漠贝酒庄成功创评国家3A级旅游景区，打造全国乡村旅游重点村（镇）4个、全区特色旅游村3个，中卫"星星故乡"等文旅品牌不断巩固，全域旅游示范市扎实推进，全年接待游客890万人次，实现旅游总收入53亿元。与南京证券、国家开发银行、中国平安等13家金融分支机构签订战略合作协议，"一企一策"对接帮扶困难企业融资9.4亿元，普惠小微企业贷款余额103.5亿元。获批全国县域商业体系建设试点，建成自治区级电商直播示范基地3个、电商快递分拨中心8个、乡镇中转中心33个、村级电商服务站点284个、线上销售直播间1286家，全市网商总数达到11560家，全市社会物流总额增长21%。3.工业发展。中卫市实施工业倍增行动，新型材料、清洁能源、现代化工取得新进展。瑞泰尼龙66、协鑫5GW颗粒硅等12个工业转型项目建成投产，中盛新2.8万吨绿色环保染料、宁创30万吨再生铝等22个项目加快建设。推进"宁电入湘"及配套输变电项目落地中卫，3GW沙漠光伏基地项目开工建设，总投资152.5亿元，推进嘉旭和京能储能电站、佳洋喊叫水200M光伏、国电投香山风电老旧风机"以大代小"等重点工程，全市新能源装机容量突破1000万千瓦，位列全区第二。传统产业持续转型，胜金北拓30MW余热发电、宁钢55MW高炉煤气发电等节能技改项目建成投运，工业技术改造投资同比增长59.1%。

【人居与生态环境】 2022年，中卫市实施国土绿化行动，完成营造林44.7万亩，治理水土流失29.4万亩，治理荒漠化土地34万亩，修复草原3.8万亩，全市森林覆盖率达12.9%。整治矿产资源开采突出问题340个，修复治理矿山3.15万亩。城市绿化68.7万平方米，新建小微公园9个，城市建成区绿地率达40%，香山湖获评国家级湿地公园。推进中央、自治区生态环保督察反馈问题整改，"挖湖造景""两高"等问题整改取得进展。打好蓝天碧水净土保卫战，实施胜金水泥、天元建材等企业超低排放改造和11家企业挥发性有机物综合治理，淘汰老旧车辆3648辆，空气质量优良天数达标率达83%以上，同比增加14天。中卫市第一排水沟余丁段人工湿地治理、第三污水处理厂等项目建成投运，黄河过境段水质连续7年保持Ⅱ类进Ⅱ类出。建成中卫工业园区第二固废填埋场，完成35家重点监管企业土壤污染隐患排查，土壤环境质量状况总体安全稳定。坚持走绿色低碳循环可持续发展之路，制定《中卫市能耗双控三年行动计划（2021—2023年）》，落实工业项目节能审查，推动节能降碳，全社会能源消费量同比下降5%，单位GDP能耗同比下降4.5%，超额完成自治区下达的"能耗双控"目标任务。

【深化改革与对外开放】 2022年，中卫市实施改革赋能行动，434项改革任务实施，19项国家和自治区级改革试点推进。"六权"改革取得阶段性成效，中宁县打造全区首个"六权"改革交易专区。农业水价改革和用水权确权工作完成，办理农村产权抵押贷款5163笔7.2亿元，开展排污权交易25笔23.5万元。深化"放管服"改革，101项审批事项"零材料"办理，85项事项"一证通办"，一窗受理率、网上可办率分别达到91%、94%。新增市场主体1.1万户。出台中卫市持续优化营商环境"新70条"和降低市场交易成本56条，中卫市"首办刻章免费"和"探索免缴投标保证金"经验做法在自治区复制推广。常态化开行西部陆海新通道班列、"公转铁"多式联运班列749列，外贸进出口总值达到29.2亿元，同比增长44%，实际利用外资1.08亿美元，增长2%。举办第五届"云天大会"、枸杞博览会，参加广东宁夏经贸合作暨企业家恳谈会、宁夏党政代表团赴广东、福建两省考察学习等活动，实施招商引资项目280个，招商引资到位资金320亿元，增长41.6%。

【民生、医疗与教育】 2022年，中卫市实施"六大提升行动"，落实"四个不摘"要求，巩固"两不愁三保障"和饮水安全成果，稳定消除116户443人返贫致贫风险，脱贫群众收入增长15.8%。开展教育质量提升行动，实施中卫市第十三小学、中宁县第十二小学、海原县第一中学扩建等26个教育项目，新增公办幼儿学位2340个，促进学前教育普惠化、义务教育均衡化、特殊教育融合化加快发展。推进健康中卫建设，市人民医院和市中医医院三甲创建、县级综合医院三乙创建工作稳步推进，城市医联体、紧密型县域医共体实现全覆盖。为全市困难群众发放各类救助资金6.2亿元，为低收入群体发放价格临时补贴1225万元，城镇低保和农村低保标准分别提高50元/月和80元/月，开展社会保障扩面提标工程。

【物价管理与调控】 2022年，中卫市居民消费价格总水平（CPI）比上年上涨0.2%。相比上年，八大类居民消费价格"5增3降"。其中，食品烟酒类上涨0.5%，生活用品及服务类上涨0.9%，交通和通信类上涨2.3%，医疗保健类上涨0.1%，其他用品和服务类上涨1.6%，衣着、居住、教育文化和娱乐类分别下降0.2%、2.4%、0.2%。商品零售价格比上年上涨0.5%。全年CPI累计上涨2.2%，上涨幅度控制在3%的预期调控目标以内，价格总水平保持基本稳定。完善市场价格监测体系。按要求启动价格应急监测预警机制，采取定时、定点、定人的"三定"工作方法，对46种应急价格监测品种实行"日监测、日报告"应急监测。完成国家、自治区下达的四大类176个品种、18家劳动力的价格监测任务。全年上报各类价格监测数据42236条（其中应急价格监测32280条、常规监测9956条），发放监测经费4.47万元。做好重要民生商品保供稳价工作。加强部门信息互通共享，分析研判影响重要民生商品市场供应及价格变动情况，确保早发现、早预警、早应对。按照相关要求，推动和配合有关部门做好粮食、蔬菜生产,用活储备,物资调配等工作。联合商务、市场监管部门定期、不定期开展市场巡查,加强重要民生商品市场监管;三部门联合印发《关于稳定疫情期间市场价格秩序的公告》,要求各经营者切实履行社会责任,依法经营,维护平稳有序的市场消费环境。重点领域价格改革有序推进。完善管道天然气上下游价格联动机制。制定沙坡头区城市公交票价。制定中卫市义务教育阶段学科类校外培训收费标准,规范学科类校外培训机构收费行为,落实国家、自治区"双减"政策。进一步明确中卫市城镇电力接入工程投资界面,优化电力营商环境。开展重点领域成本监审,为科学、合理制定价格提供依据。落实应对物价上涨的民生保障机制。按照自治区社会救助和保障标准与物价上涨挂钩联动机制要求,共向城乡低保对象、特困人员等低收入群体及时足额发放价格临时补贴1213.7万元,惠及59.9万人次,兜牢民生底线。

【全国农产品成本调查】 开展涉案物品价格认定与农产品成本调查。2022年,中卫市共完成涉案物品价格认定113件,标的金额1221.7万元。完成三大类12个品种农产品生产成本与收益情况调查,上报各类调查数据6次、调查情况简析报告5篇,及时向农调户发放农本调查误工补助费4.105万元。

(李秉杰)

国有资产管理

【国资监管】 2022年,中卫市完善国有资产管理制度。制定印发《中卫市属国有企业负责人经营业绩考核办法》《中卫市属国有企业负责人经营业绩考核实施细则》《市属国有企业薪酬管理办法》《市属国有企业资产监督管理办法》《中卫市属国有企业投资管理办法》《中卫市属企业国有资产评估管理办法》《关于市属国有企业加强参股股权管理有关事项的规定》等10多项制度办法,对市属国有企业在投融资监督管理、财务管理、考核激励、薪酬分配等方面进行全方位监管。强化监督与追责。推进纪检监察和监督工作,提高监督效能。指导企业进行内部审计检查等工作,以以案促改、"党建质量提升年"、巡察整改、党风廉政建设工作等内容为重点,聘请第三方机构对市属各企业人事、财务等进行专项审计。针对审计提出检查意见,对发现的问题建立台账,逐一整改,发挥日常监督的功效,实现信息公开全覆盖。

(刘兴德 麦春燕)

【国企改革】 2022年,中卫市深化国有企业改革,建立现代企业制度,健全法人治理结构,完善党委前置讨论研究权责清单,落实董事会职权,发挥外部董事职能作用,推进国有企业经营性资产统一集中监管。实施经理层成员任期制和契约化管理,开展企业"三项制度"改革,全面完成国企改革三年行动任务。

(刘兴德 王良海)

【中卫市建设投资有限责任公司(宁夏沙坡头旅游产业集团有限责任公司)】 截至2022年12月底,旅游集团实现经营收入1535万元,主要以住宿、餐饮、门票为主要经济来源,北长滩景区艺术写生基地品牌效应初具规模,年度接待1.2万人次。大漠星河度假区通过完善基础设施和景观小品打造,经营旺季月度收入达200万元。制定经理层成员任期制和契约化经营目标责任书,构建以效率效益为中心的工作机制、以赋能激活为驱动的员工发展机制、以价值贡献为导向的评价激励机制,优化公司队伍结构和布局。实行机关人员向一线下沉,整合人员结构,压缩部门机构,强化营销主责,形成高层抓点、中层兼职工作态势。通过"管理、使用、培养"3个环节,塑造一支素质优良、敢于担当、凝聚力强的干部队伍。董事会实现外部董事占多数,同时向子公司委派外部董事,实现决策层与执行层分开,促进企业加强前瞻思考、全局谋划和战略布局,提高董事会决策的科学化水平。资产管理高效运转,加大基础项目融资,提高对外投资收益,营业资金扩大规模,资金资本高效运转。健全完善对外投资公司、混合所有制企业的各项制度,在监管股权、分红、重大事项报告等方面有更强的抓手,确保国有资产保值、增值。定期听取各经营点安全生产、疫情防控、生态保护、社会维稳、运营管理等工作,研究分析存在问题,及时安排部署营销宣传、业态补充等事宜。经营任务全员承担,推进全员营销创新经营方式,通过"管理高层巡点指导、业务部门督查分析、各经营点业态创新"的方式,创新营销举措,实行全员营销,出台《旅游年卡营销方案》并制作推销旅游年卡,两个月全员营销年卡3000张,实现收入170万余元。对接九点健康科技公司,选派20名优秀职工赴宁波参加直播培训,培训结束后直接参与"中卫特色农旅产品云上展销节"。成立3个直播小组开展各景区(点)直播宣传带货工作。举办奇瑞汽车上市发布会、腾讯文化"跟着诗歌去旅行"、中卫市2022年七夕联谊会、摄影大赛、十六运龙舟测试赛、2022宁夏·奔跑系列活动。接待自治区国资委观摩团(合资合作)、吴忠疗养团,通过举办一系列赛事活动,提升影响力和知名度。文旅融合迈出新步,投资210万元在原时光宝盒接待中心的基础上改造建设全区首家沙漠图书馆,内藏图书1.5万册、非遗文创产品100余件。图书馆6月8日投入使用,先后接待游客1500余人次,共有百余家新闻媒体进行宣传报道,浏览量20万余次。中卫历史文化街区文旅融合项目总投资2.82亿元,占地面积22亩,2022年投入资金1.7亿元,完成项目土建主体工程。投资1000余万元,完成大漠星河度假区艺术星际大门、演艺篝火广场、喷泉、月牙湖、观景廊道、道路护坡、景区亮化等景观打造及基础建设项目。多次邀请国内有资质的规划设计单位对南岸半岛规划项目(南北长滩复制)、沙漠大客厅综合服务中心项目(沙漠图书馆)、沙漠军事主题文化园、沙漠文旅产业园项目进行完善规划,并研究论证。

(李毓佳)

【高新技术产业开发集团】 截至2022年年底,高新技术产业开发集团资产总额超过9.5亿元,实现收入超过3000万元。1.深化改革。健全完善"三会一层"法人治理结构,实现董事会外部董事占多数,修订完善《公司章程》等20多项规章制度,完善绩效考核管理机制,开展以"增产节约、增收节支"为主要内容的提质增效稳增长活动,推进契约化管理,清理低效无效资产,推动公司规范化、契约化、市场化发展。2.投资项目建设。全年完成项目投资2亿元,"能源岛"综合管道项目供气管道全线贯通并稳定向用气单位供气,工业园区第二固废填埋场项目投入试运营,中卫热电铁路专用线项目全线开工,工业园区机动车检测中心项目完成施工任务。全年实施管委会委托建设项目23个,总投资1.35亿元,完工项目18个。全面承接实施园区道路维护、绿化业务,统筹整合资源,推动园区基础设施建设。3.市场化发展。吸引企业以资金、技术等多种形式合作,组建混合所有制公司,先后投资5210万元参股7家市场发展前景好的企业。大力招商引资,拓宽信息渠道,对接中国交建、重庆建峰材料、贝盛绿能科技等30余家企业,邀请中科电气、广东特变电气、又拍云、中国量子、易事特等30多家企业到中卫考察。与5家企业签订招商引资合作协议,落地项目2个,落地资金1亿元。

(石教俊)

【应理城乡市政产业(集团)公司】 2022年,应理城乡市政产业(集团)公司项目建设有以下几个。1.新墩及双桥便民市场项目。项目总占地面积10.46亩,硬化地面1617平方米,透水砖铺装面积4060平方米,草坪砖铺装面积768平方米,设置摊位156个,新建公用停车位48个,种植乔木318棵,项目总投资158万元。2.滨河北路(香山湖段)堤防加固项目。对原"两湖"通道地下2层部分构、建筑物进行拆除,按照滨河北路路堤结合标准进行加固建设道路710米(含卫谢路平交路口),修建人行道路及路灯设施,加强城市防洪安全和城市道路通行能力。3.城市公交。中卫公交重组运营。2022年2月,中卫市应理城乡市政产业(集团)有限公司注资成立中卫市卫民公共交通有限责任公司,注册资本为1500万元,7月26日启动运营,公交运营线路共8条。经营范围包括城市公共交通,道路旅客运输经营,出租汽车经营服务,小微型客车租赁经营服务,新能源汽车整车销售等。新能源电动公交投入运营,公交出行智能化。新购置85辆新能源纯电动公交车投入使用。推进智慧公交建设,实现智能排班、实时监控、大数据监测、ERP管理等14项公交智能管理功能,提升运营效能和运营水平。构建"车来了""快乘车"等出行App+电子站牌的线上线下立体多维乘客出行信息服务系统,实现扫码支付、出行查询、实时查看车辆到站情况等功能,方便老百姓出行。4.城市集中供热节能降碳项目。谋划城市供热节能降碳项目,对城市集中供热的1169万平方米、157座换热站、2709栋楼、5786个单元进行节能降碳改造。项目概算总投资12282.95万元,分三期建设。项目建成后,本地区供热平均热耗由0.44 GJ/㎡下降到0.39 GJ/㎡,逐步达到0.36 GJ/㎡的全区平均水平。供热平均电耗由2.1 kWh/㎡逐步下降至1.4 kWh/㎡。城市集中供热能耗降低18%,每年节能减排折合标煤2.7万吨,减少二氧化碳排放量7.1万吨、二氧化硫660吨、氮氧化物190吨,每年节能增效近1000万元。

(李 鹏)

【中卫市林草集团股份有限公司】 2022年,中卫市林草集团股份有限公司按照国企改革三年行动要求,完成改革任务。制定《党委会会议议事规则》等20多项制度,厘清"三会一层"权责清单,支持董事会、监事会、经理层依法行使职权。先后两次公开招聘16名员工,从其他国有企业选调管理人员6名,解聘1名中层管理人员,辞退5名员工。1.园林绿化。2022年3月1日签订2.86万亩(实际面积3.2万亩)绿化养护托管协议,负责城区及黄河过境段绿化养护。统筹细化管护任务片区,划分7个绿化组、412个责任区、5675个责任点,建立任务清晰、责任明确的管护工作体系,统筹调配供水车辆,定量精准施肥,统筹抓好病害防治工作,因树因地因时分类施策管护修剪,解决供水量不足、行道树落叶早等问题。强化措施,针对存在问题,拿方案、上措施,集中人力物力,重点清理整治。制定《中卫市城市园林绿化养护管理方案》,抓好管、养、剪、种、水、肥、防、治等各项工作,严把招、采、购、入、出、领、用等各个环节。投入60多万元购买设施设备,解决设备严重老化、历史欠账等问题。2.生态产业发展。探索林下经济发展模式,在高家水水保基地探索种植西瓜、青贮玉米、红葱等作物。按照绿化美化与产业发展相结合的要求,根据市政府安排,对高铁商圈环境进行全面整治,并在清理后的土地种植苜蓿430亩,先后收割苜蓿86吨。3.环境治理。完成植绿增绿任务,参与北部绿色发展区防护林建设工程,完成位于镇罗工业园区的植绿增绿工作任务,栽植营造林1000亩3.6万株。参与城区闲置土地环境治理项目,完成卧龙酒店、明盛染化场区院内、高铁商圈等地域环境治理,绿化总面积361.24亩,栽植各类乔木5000余株、侧柏绿篱700平方米,治理面积1074亩,拉坡整地11.3万余平方米,清理垃圾16963.8立方米,拆除围挡6674.47米。

(王 彤)

财 政

【概况】 2022年,中卫市一般公共预算收入21.86亿元,同口径增长3.8%。一般公共预算支出完成196.13亿元,同比增长6.2%。

【财政收支】 2022年,中卫市实施退税减税降费政策,推动政策宣传进企业、进商户、进个体,让税费政策"找上门",为企业发展"添动能",降低企业经营成本,激发经济活力。深化办税缴费便利化改革,持续在"减程序""减时限"上发力,推行"远程办""线上线下融合办"等便利办税方式,突破时间和空间限制。2022年新增退税减税降费26.1亿元,受益市场主体3.5万户。兜牢"三保"底线,加强支出预算保障和执行监控,做到"应保尽保"。统筹盘活存量资金3.61亿元,清理上缴部门(单位)账户利息1609万元。树立过"紧日子"思想,压减一般性支出10%、"三公"经费5%。

【民生改善】 2022年,中卫市筹集资金14.59亿元支持10件民生实事完成,民生投入占比达到80%以上。加强社会保险基金管理,续存基本医疗、养老保险基金7.87亿元。拨付城乡低保、高龄老人、残疾人等困难群众救助资金6.39亿元。筹措资金1.62亿元保障公益性岗位、"三支一扶"、灵活就业人员等群体社保及生活补助。筹措资金15.91亿元,支持乡村振兴、现代农业发展、压砂地退出和高效节水等农业项目。筹措资金28.99亿元,足额发放校长、班主任津贴和寄宿制学校绩效工资。将学校(幼儿园)保安、保育保教、医护人员经费和义务教育阶段课后服务补助等纳入财政预算。筹措资金10.66亿元,支持公共卫生服务、公立医院综合改革、城乡居民医疗保险等卫生健康事业发展。安排资金9亿元,用于应急物资储备、核酸检测、方舱医院和隔离点建设,保障新冠肺炎疫情防控工作。

【重点保障】 2022年,中卫市实施科技"双倍增"行动,全年科技支出2.31亿元,财政R&D经费投入较上年增长11%,推动创新创业双轮驱动发展。安排人才专项资金0.68亿元,用于干部教育培训、"中卫英才"奖励、特聘专家经费、企业育才补助和人才引进奖补,为全市经济转型升级提供科技支撑和人才保障。推进生态文明建设,筹措资金13亿元,以历史遗留废弃矿山生态修复试点示范项目为牵引,实施废弃矿山生态修复、国土综合整治、大气水体土壤污染防治、农村人居环境整治、国土绿化等工程,促进生态保护同民生改善相结合,生态宜居城市环境日臻完善。加大重点项目投入,聚焦重点项目和产业结构短板的"痛点",支持城市更新等基础设施建设。筹集资金10.07亿元,完成老旧小区改造、城区道路、中沟路和高速公路出入口整治。筹措资金1亿元,支持中卫热电铁路专用线建设。争取资金1.25亿元,推进中卫数据中心集群基础设施建设。统筹资金2.43亿元,支持工业产业、航空运输、商贸发展、粮食安全。安排资金4300万元发放消费券,拉动消费需求,促进线下实体消费回暖。

【财政改革】 2022年,中卫市强化预算绩效管理。预算单位编制整体支出绩效目标和项目绩效目标,实现绩效目标全覆盖,做到同申报、同审核、同批复、同公开。组织第三方机构对乡村振兴人居环境整治、滨河北路提升改造工程等75个重点项目和8个部门(单位)整体支出开展绩效评价,评价结果运用于预算安排。规范资金资产管理。开展地方财经秩序专项整治行动、国有产权交易领域突出问题专项治理及工程建设和政府采购领域突出问题专项治理"回头看",整改落实率达100%,上缴国库处置收益43.82万元,新建长效机制41项,财政国资管理效能进一步提升。推动财政体制改革。支持推进"六权"改革落实落地,明确市本级与沙坡头区在自然资源、生态环境、文化领域财政事权和支出责任,加强两级政府之间的分工与协作,加大财力下沉,突出资金分配精准性、有效性。

【亮点工作】 向上争取资金成效显著。2022年,中卫市争取到位各类项目资金200亿元。通过中央财政支持的公立医院改革与高质量发展、北方地区冬季清洁取暖、历史遗留废弃矿山生态修复试点示范项目竞争性评审,争取中央资金17亿元。争取留抵退税政策补助、均衡性转移支付、新增债券等资金24.16亿元。防范风险措施有力。将防范化解债务风险纳入效能目标考核范围。坚持"坚定、可控、有序、适度"的原则,落实隐性债务10年化解方案,按照"稳定大局、统筹协调、分类施策、精准拆弹"的基本政策和"一地一债一策思路"化债要求,通过"八个一批"方式,多渠道筹集资金化解存量债务。市本级和中宁县债务风险等级为黄色,海原县和沙坡头区为绿色,实现全市隐性债务总量、全口径债务率呈现双下降的向好态势。加强与自治区属国有企业、驻宁央企深化合作,提升中卫经济社会高质量发展的内生活力、动力。举办宁夏国资国企中卫行活动,全市签约合作项目62个,签约金额1091.87亿元,签约项目及落地投资金额均居全区首位。项目引资涉及云计算和大数据、文化和旅游、交通和物流、新能源和新材料、功能农业等领域。

【政府采购】 2022年,中卫市完成政府采购项目238个,采购预算金额31520.11万元,其中财政性资金31140.68万元,其他资金379.43万元。实际采购金额29841.38万元,其中财政性资金29473.93万元,其他资金367.45万元;节约资金1678.73万元,节约率5.33%。

【财政统发工资】 2022年,市财政局依据组织部及人事部门的批文和相关工资政策,对各统发单位人员工资变动情况进行认真审核,编制《财政统发工资情况汇总表》。2022年累计纳入工资统发单位105个,统发人数5694人,全年累计发放工资61414万元,发送手机工资单信息14.78万条。完成代扣代缴工作,全年累计代扣代缴各类资金13361万元。

【国库集中支付】 完成纳入国库集中支付单位的支付业务。2022年,国库集中支付累计支付资金322023万元(其中:财政支付30981笔295564万元,占总支出的91.78%;单位支付23234笔26459万元,占总支出的8.22%)。根据《中卫市本级国库集中支付动态监控管理暂行办法》,全年累计审核通过21784笔支付资金,违规退回485笔支付资金。

(何建平)

税 务

【概况】 2022年,中卫市税务局共负责18个税种、8个费种,56674户纳税人的税费征管和服务工作。

【组织收入】 2022年中卫市累计完成各项税费收入70.5亿元。其中,税收收入23.3亿元,扣除留抵退税因素后增长3.9%;地方级收入完成13.8亿元,扣除留抵退税因素后增长4.8%;社保费收入41亿元,同比增长17.4%;非税收入6.6亿元,同比增长1.7倍,其他收入近0.5亿元。

【退税减税降费】 2022年中卫市累计办理减免税业务量3.6万户(次),退减缓税费25.8亿元,退税规模居全区第二。其中,办理留抵退税21.2亿元。与财政、公安、人民银行等部门构建协商共治格局,把地方和系统"双重管"的体制优势转化成"两边促"的成效叠加,确保退税进度与财政资金动态平衡。开展"500名税干进千家入万户"宣传活动。结合中卫地方特色,制作税宣作品200余部,累计点击量突破40万次,拍摄的税收公益微电影《彼岸阳光》在北京国际电影节被评为最佳作品,减税降费宣传片《宁夏数花》被税务总局刊发。在全区率先成立税警联合打击骗取留抵退税领导小组和工作专班,两个稽查局有效发挥稽查利剑作用,与公安联合侦办"5·25"专案、"6·14"团伙骗取留抵退税案件,打掉虚开骗取留抵退税团伙1个,查处骗取留抵退税企业6户,阻断办理留抵退税390万元,纳税人主动交回留抵退税3600万元。

【税收治理】 2022年,中卫市建立公职律师参与涉税争议咨询调解中心,落实23项"首违不罚"清单,执行行政处罚裁量基准,落实行政执法"三项制度",公示执法信息3202条,审核重大执法决定8项,办理重大税务案件审理3件。完善"信用+风险"监管机制,发挥大数据优势,构建两个数据算法模型和3个应用场景,提高风险防范的精准性,全年完成风险任务

239户（次），实现应对成果4487.53万元。加强税费种管理，抓实增值税申报比对及风险纳税人设置工作，共计转出进项税额1.3亿元。完善财税全流程管理机制，及时甄别整改追征耕地占用税4276.14万元；创新提出"193"个税工作流程法，反避税调查首次实现零的突破。推进"全电"发票"大循环"受票扩围工作，完成1838户纳税人的"预先服""随票服"。配合市政府打通房屋办证环节中涉税堵点和难点，有序实施"证缴分离""容缺办理"，为2万多户居民解决办证难题。坚持税费皆重，与社保、医保、民政、财政、自然资源等部门强化协作，构建"政府主导主责、部门分工协作、合力做好划转"的非税收入工作格局，完成三项非税收入的征管职责划转。

【纳税服务】　2022年，中卫市持续深化"放管服"改革，深耕"智慧税收"理念，升级24小时自助办税厅，建成海原智慧云厅，扩大网上办、掌上办、自助办领域和范围。宣传233项"非接触式"办税清单，新增19项"非接触式"办税缴费事项，降低市场主体办税缴费成本，全市网办业务覆盖面达92.11%，网办业务办结率达100%。打造"杞云@税·为您办"服务品牌，疫情期间承诺"办税不见面，时刻都在线"，确保纳税服务不断档，税务总局提出的七大类22项措施全部落实到位。2022年政务服务"好差评"总数13.64万条，好评率达100%。发挥税收大数据优势，强化以税资政职能，累计上报40余篇分析报告。开展助力小微市场主体发展"春雨润苗"专项行动，提供4类主题13项服务措施。深化"税银互动"合作，为符合条件的339户小微企业办理信用贷款1.77亿余元，缓解企业资金短缺难题。

【队伍建设】　2022年，中卫市税务系统探索实施加强干部队伍建设的措施。加强队伍建设，推进县级局领导班子和科级干部年轻化，先后调整交流、选拔任用干部4批次，调整交流正科级干部12名，提拔任用3名；调整交流副科级干部28名，提拔任用副科级干部18名，全系统副科级领导干部平均年龄下降9岁。优化县（区）局班子结构，选配10名35岁以下年轻干部充实到县（区）局班子，其中女干部5名，全系统各级局领导班子均有1~2名女干部，干部队伍实现年轻化，解决各级班子结构老化、梯次断层、后备不足的问题。推进人才兴税，推行"线上学习、线下集训、实战锻炼、复盘总结"四位一体的实战化培训模式，打造"青春夜校"教育培训品牌，加强重点业务、岗位骨干和基层一线干部的教育培训。激发队伍活力，强化精神文明创建，倡导幸福生活、快乐工作、健康心态的理念，成立蓝星铜管乐团，打造拴心留人的工作生活环境。组织实施培训项目15个，在烟台举办2期素质提升培训班，累计组织"青春夜校"17期，"税官大讲堂"3期，培训青年干部3100人次。建立人才库入库86人，5名干部入选自治区税务局首批青年才俊，为税收事业储备人才力量。获全国青年文明号、全国五好家庭、全国税务系统离退休干部工作表现突出集体、全区民族团结进步先进集体、市直机关"喜迎二十大　建功新时代"第五届微党课大赛一等奖等荣誉。市局机关干部马菊花被培养推荐为武汉大学博士生，巫文武取得2022年"喜迎二十大"党的知识大型网络竞赛活动宁夏第一、全国第三的成绩。

（徐泽颖）

审　计

【概况】　2022年，中卫市共完成审计项目34项，其中，市本级及部门财政预算执行审计7项，领导干部经济责任审计、自然资源资产审计12项，专项审计项目7项，政府投资项目跟踪审计完成阶段性审计任务8项。按照自治区审计厅统一安排，完成65个一级预算单位审计全覆盖工作。

【财政预算执行审计】　2022年，中卫市完成对市本级65个一级预算单位财务数据审计分析，持续深化财政预算执行监督，为地方财政促进增收1.02亿元，盘活存量资金0.49亿元。促进财政资金加快支出0.86亿元，规范11个部门（单位）国有资产管理。

【经济责任、自然资源资产离任审计】　2022年，中卫市完成市教育局等12个单位主要负责同志的经济责任、自然资源资产审计工作，揭示领导干部在贯彻执行党和国家经济方针政策等7个方面的101个问题。

【专项资金审计和审计调查】　2022年，中卫市开展基础教育质量提升相关资金专项审计调查，重点抽查9个学校，涉及资金2.48亿元，促进沙坡头区基础教育质量提升。实施自治区乡村振兴重点帮扶县相关政策落实和资金审计，抽查7个乡镇56个村，涉及资金4.6亿元，巩固拓展脱贫攻坚成果同乡村振兴有效衔接。实施黄河流域宁夏段生态保护专项审计调查，调查有关单位27家，抽查44个污水处理厂及管网工程等，涉及资金1.94亿元，查出五大类58个问题，推动黄河流域中卫段沿线生态保护治理体系和治理能力现代化。

【政策执行跟踪审计】 2022年,中卫市对市属10多家企业及关联企业开展审计调查。共发现资产负债损益不实、资产存在损失风险等六大类30个问题,涉及资金1.2亿元,提出处理意见30余条,理顺市属国有企业产权关系,推进市属国有企业重组改革。

【政府投资项目跟踪审计】 2022年,中卫市围绕市委、市政府关于经济工作的决策部署和重点任务,加大对政府投资项目的审计力度,组织实施8个投资项目审计,涉及资金0.97亿元,及时反映进度延缓、管理不规范、损失浪费等问题,促进规范建设项目管理。

（孙　妍）

统　计

【统计基础】 强化统计基层基础建设。2022年,中卫市统计局贯彻落实全区"统计基层基础规范化建设制度落实年"活动,通过建立统计从业人员统计诚信档案、选取统计基层模范点等方式,带动全市统计基层基础工作向好发展。规范统计调查单位统计工作。落实自治区统计局关于建立统计调查单位统计工作电子台账的工作要求,选取沙坡头区作为试点,指导统计调查单位建立统计工作电子台账,从源头抓好统计数据质量,确保统计数据真实准确。开展统计业务培训。采取线上与线下相结合的方式,开展全市统计业务培训,协助沙坡头区统计局开展统计业务培训,对统计报表制度的新变化、新情况、新要求进行重点讲解和答疑。先后组织工业、建筑业、房地产、投资、贸易专业开展统计业务培训9场次。

【统计调查】 开展常规统计调查。2022年,中卫市开展全市国民经济各行业和全市社会发展各领域统计调查以及全市各专业月度、季度、年度定期报表审核验收等工作,完成2021年城市经济年报、2021年四季度及2022年一、二、三季度西部城市数据交流、宁蒙陕甘毗邻城市季度报表工作。完成核算任务。中卫市完成2021年四季度和2022年前三季度全市地区生产总值核算、全社会能耗核算,组织市直相关部门（单位）做好全市自然资源资产负债表编制工作。做好入库入统工作。中卫市统计局发挥"名录库资源"作用,建立"准四上"企业台账,通过与税务、市场监管等相关部门沟通协作,建立一张动态监测网,把培育企业全部纳入监测范围。中卫市全年完成"四上"企业和个体工商户入统106家。建立固定资产投资统计入库联动机制,每月主动对接发改、水务、住建等项目建设单位,就项目入库工作进行沟通,会商解决相关问题。全市全年新入统投资项目385个,比上年同期增加122个。

【统计分析】 2022年,市统计局紧紧围绕市委、市政府中心工作,以经济社会高质量发展为重点,增强分析全市经济形势的敏锐性和及时性,完成一批观点鲜明、有理有据、分析透彻的统计分析报告。在每季度全市经济形势分析会议和每月度市政府常务会议上分析全市经济社会发展情况,为全市各级领导和相关部门掌握全市经济形势提供重要参考。编印发布《中卫经济发展月报》11期、《统计预警信息》5期、统计快报10篇、统计专报12篇、统计报告8篇、统计信息44篇,推送的两篇统计分析获得自治区优秀统计分析二等奖。

【统计服务】 编印统计产品。2022年,市统计局编印发布《中卫统计年鉴》《中卫市国民经济和社会发展统计公报》《中卫经济要情手册》等统计产品,完成党的十八大以来中卫经济发展情况数据整理及分析工作。做好对外服务。市统计局印发《中卫市统计局统计数据对外提供和发布管理制度》,明确职责分工,推进统计数据提供服务全面、及时、准确。为各部门及社会各界提供统计数据服务300余次。深化数据服务。市统计局依托中卫市人民政府网站、"中卫统计"微信公众号等,发布全市经济运行情况,每月设计"一图读懂中卫月度经济发展情况"并在"中卫统计"微信公众号上发布。

【统计法治】 强化统计法治意识。2022年,中卫市统计局推动习近平总书记关于统计工作的重要论述和《关于更加有效发挥统计监督职能作用的意见》在市委第26次常委会、市政府第5次常务会上的传达学习,主动向市政府专题汇报统计监督情况。做好数据质量核查。2022年,中卫市统计局研究制定《中卫市统计局关于开展2022年统计数据质量核查的方案》,推进市本级和各县（区）统计数据质量核查、入库退库核查以及"一套表"调查单位核查工作。全市"四上"企业及固定资产投资项目单位核查439个,"四上"企业和固定资产投资项目入库退库核查90个,"一套表"调查单位核查181个。开展统计执法检查。2022年,中卫市统计局组织开展全市统计执法检查工作,印发《中卫市统计局关于开展2022年统计执法检查工作的通知》,明确市、县（区）统计执法检查数量和方式、时间安排、后续总结等内容,组织完成对30家统计调查单位的统计执法检查。

【统计宣传】 2022年,中卫市统计局丰富统计宣传内容,以《中华人民共和国统计法》《宁夏回族自治区统计管理条例》《宁夏回族自治区规范统计行政处罚裁量权实施办法》《关于更加有效发挥统计监督职能作用的意见》为宣传重点,制作统计宣传折页3000份,在重要时间节点,向统计调查单位发放并解读有关内容,针对企业存在的问题现场说法,提高统计人员依法统计意识。创新统计宣传方式,利用互联网开展统计宣传,制作"中卫统计法治宣传大课堂"系列微视频,通过真人出镜、动漫演示、以案释法等形式讲述统计法律法规和统计工作在服务经济社会发展中的作用,借助城市视频广告位、楼宇广告、微信公众号、视频号、抖音号等新媒体广泛宣传,用喜闻乐见的形式将统计法律法规知识送到千家万户。

【统计普查】 做好筹备工作。2022年,中卫市统计局将全市第五次全国经济普查(以下简称"五经普")作为全局重点工作,有序推进"五经普"筹备工作,组建"五经普"筹备领导小组及办公室,明确领导小组组成人员及各工作组职责分工,细化制定阶段工作计划,并指导县(区)开展各项筹备工作。开展专题调研。2022年,中卫市统计局组织各专业和县(区)统计局开展"五经普"筹备阶段专题调研,撰写《疫情情况下如何高效组织开展第五次全国经济普查工作》《如何有效发挥部门行政记录作用进一步提高"五经普"质量和效率的思考》《如何采取行之有效的措施全面提高第五次全国经济普查数据质量》等专题调研分析报告,其中《如何有效发挥部门行政记录作用进一步提高"五经普"质量和效率的思考》专题调研分析报告被《中国信息报》选刊发表。编制经费预算。2022年,中卫市统计局科学编制2023—2025年各年度"五经普"经费预算,将所需经费列入相应年度的同级财政预算,保障"五经普"工作顺利开展。

(陈宏宇)

自然资源管理

【规划管理】 2022年,中卫市编制完成《中卫市国土空间总体规划(2021—2035年)》,划定永久基本农田保护红线343.45万亩、生态保护红线493.77万亩、城镇开发边界24.12万亩,全面融合主体功能区、土地利用、城乡、林保等空间规划,"三区三线"划定成果通过自然资源部审核。按照乡村振兴战略"20字方针",编制村庄规划96个。

【耕地保护】 2022年,中卫市采取"长牙齿"措施,落实耕地保护制度,遏制耕地"非农化""非粮化"问题。整改违法违规占用耕地问题815个,划定耕地保护目标439.8万亩。完成13个耕地补充项目指标入库,新增耕地6564亩。

【土地利用】 2022年,中卫市取得国有建设用地批复16批次6315.9亩,划拨供地17宗429.5亩,出让供地26宗2092.3亩,租赁供地3宗3.2万亩。收缴土地出让金及租赁费4.68亿元。探索城市低效土地"再开发促增值"模式,挖掘拟开发地块11个927.5亩。消化批而未供土地1574亩,处置闲置土地324亩。

【矿产资源管理】 2022年,中卫市开展矿产资源开采突出问题专项整治行动,整治修复治理矿山340个3.28万亩,其中,有主矿山196个、无主矿山144个,恢复治理矿区2.8万亩。对照壁山、麦垛山地区非法开采问题及中央环保督察反馈问题进行全面整改。争取黄河上游风沙区(中卫)历史遗留废弃矿山生态修复项目开工3个子项目,完成矿山修复4800亩。

【产权登记】 2022年,中卫市办理不动产权证及不动产登记证明共计1.61万本,办理抵押登记5097件,抵押融资47.88亿元,中卫市优化营商环境登记财产指标在全区测评中排名第一。第三次国土调查工作全面完成,被自治区自然资源厅评为全区第三次国土调查先进集体。化解市辖区历史遗留2.17万套棚户区改造安置房办证问题,完成3850套。

【生态建设】 2022年,中卫市推进植绿增绿三年行动,争取资金3.36亿元,实施大规模国土绿化、"蚂蚁森林"二期等重点项目,完成营造林44.73万亩,达到自治区下达任务的131%,占自治区全年造林总任务的30%,全市森林面积265万亩,森林覆盖率达到12.94%。实施城市绿化1028.6亩,建设小微公园9个,城市建成区绿地率达到40.03%。完成草原生态修复3.8万亩,草原综合植被盖度达到54.43%,香山寺、西华山国家草原自然公园建设有序推进。实施湿地修复1.6万亩,湿地保护率达到55%,香山湖获评国家级湿地公园。

【功能农业】 2022年,中卫市新植枸杞2.1万亩、苹果500亩、经杂果1114亩,发展庭院经济林3223亩,新建枸杞、苹果有机肥替代化肥示范园12个、红枣更新改造示范园1个，枸杞加工转化率32%。在全国建立1100余家专卖店（专柜），枸杞产品进入1.3万家药店和京东、淘宝等电商平台销售。举办第五届"枸杞产业博览会"，现场签约金额98.03亿元。

【深化改革】 2022年，中卫市实现农村"房地一体"确权登记发证窗口化办理，工作经验被《自然资源报》等区内外媒体报道，被自然资源厅通报表扬。建成国有建设用地二级市场平台，工业用地"弹性年期"出让、"标准地"出让等制度全面推行。厘清462.9万亩无争议林地权属，确权率达到100%。探索发展"以林养林"新模式，沙坡头区沙漠光伏产业、中宁县放活林地经营权两项成果列入全区生态产品价值实现典型案例。

【执法监察】 2022年，中卫市压实禁采禁垦禁牧禁伐"四禁"工作责任，遏制自然资源领域违法行为。通过日常动态巡查、年度卫片执法、土地例行督察等执法行动，立案查处违法案件111起，罚款2372.5万元。开展"3·21"世界森林日、"6·25"全国土地日等普法活动，录制发布《与法同行》电视访谈节目3期，开展主题法治宣传教育活动，全民守法意识不断提高。

（黄　波）

公共资源交易

【交易数据】 2022年，中卫市公共资源进场交易项目共580个，同比下降6.15%；交易额399048.63万元，同比下降6.13%；节约资金额19923.48万元，节约率4.76%。（市本级进场交易项目160个，交易额100944.89万元，同比分别增长3.23%和19.78%。沙坡头区进场交易项目88个，交易额45058.72万元，同比分别下降9.28%和32.80%。中宁县进场交易项目204个，交易额159075.33万元，同比分别增长2%和11.56%。海原县进场交易项目127个，交易额93405.95万元，同比分别下降22.09%和26.36%。海兴开发区进场交易项目1个，交易额563.74万元，同比分别下降66.67%和15.51%）。其中，工程建设项目进场交易313个，同比下降12.81%；交易额317794.19万元，同比下降0.47%。政府采购项目进场交易246个，同比增长5.58%；交易额67813.48万元，同比下降28.15%。全市工业用地挂牌交易25宗，成交21宗，出让面积1519899.32平方米，成交价款13440.95万元。

【亮点工作】 2022年，中卫市创新管理，"五色马甲"增强主体责任意识。创新交易现场管理措施，推进"五色"马甲工作服制，即要求招标(采购)人代表、监督部门、评标专家、代理机构工作人员和招标(采购)人进入开、评标区时分别穿着黄色、红色、荧光绿、宝蓝色、孔雀蓝色"五色"马甲，在主动亮明"身份"的同时，增强各主体责任意识、规范场内管理、方便音视频识别辨认和投标人及社会公众的监督。"数字见证"助力阳光交易，开展开评标过程数字见证和线上信用评价。运用监控系统客户端，实时、全景、在线对重点项目进行视频见证，通过人工查验、系统记录、录音录像等方式，对项目登记、招标、投标、专家抽取、开标、评标、定标、中标结果等各环节具体情况全程同步在线跟踪。推进全流程电子化交易，优化招投标领域营商环境。持续推进"不见面开标""远程异地评标""评定分离"和保证金保函业务，全流程电子化交易实现常态化。2022年中卫市共开展电子标项目552个，占具备电子化交易条件项目的100%，占进场交易项目的95.17%。采取"评定分离"方式的项目68个，交易额115401.83万元。采用远程异地评标项目116个，同比增长36.47%。服务外市远程异地评标项目761个。远程异地评标，实现"让专家少跑腿、让数据多跑路"，打破本地评标专家"小圈子"，解决专家"熟面孔"问题，将招标人、投标人和评标专家从地域上实施隔离，防范人为因素对评标过程的干扰，规范交易行为，促进公共资源交易健康有序开展，降低交易成本，缓解企业融资难、融资贵问题。

【平台建设】 2022年，中卫市深化公共资源交易领域"放管服"改革，深化公共资源交易平台整合共享。全面推行全流程电子化交易，推行远程异地评标和"评定分离"方式。优化交易平台投标保证金缴退功能和流程。对未中标企业的投标保证金当天系统自动退回，对完成交易活动的项目标段，按照"原路退还"的原则，在中标候选人公示后1个工作日内，交易平台自动发起退还投标保证金的指令；对过去长期滞留、应退未退的保证金全面核对、集中清退；推进保证金"保函"业务。优化提升信息软件系统，把规则、制度、流程全部固化为电子化程序，改造升级身份识别门禁系统、评标专家密信打印系统、电脑随机抽取专家语音自动通知系统、开评标现场音视频同步录像系统、电子监控系统及安检系统等，不断将科技融入公共资源交易领域，运用科技手段解决人工无法解决的问题，提高场内管理和监督水平。

【场内管理】 2022年，中卫市公共资源交易中心设置政府采购交易和工程交易见证室，安装连通开评标室监控录像的电子显示大屏，实时在线实现公共资源交易的全程公开、即时记录、全程留痕、终身可溯、责任可究。在各见证室、代理机构服务室增设智能寻呼设备，可以随时语音在线交互呼叫，发挥"见证员"职能作用。对场内巡查见证发现的交易过程中涉嫌违纪违规的7起招投标项目第一时间向市、县（区）专治办和各有关部门进行反馈并建议从速处理。开展工程建设政府采购等重点领域突出问题专项治理工作。组织工作人员对2017年1月至2021年12月进场交易的4890个标段档案电子化数据录入，实现限额以上交易项目档案资料应录尽录。开展自查整改，配合各级纪检监察、公安部门调取音视频资料112件，纸质档案资料289件；配合市专治办、住建、财政、审计等部门查阅、核实档案资料45件，解答咨询问题270余次。废止清理《评标专家考核管理办法（试行）》等12件与现行政策法规不符的工作制度。对《中卫市公共资源交易中心场内管理制度》等相关制度进行修订完善，结合实际工作需要，制定印发《平台服务内容及工作规范》等6项场内管理制度。

【服务举措】 2022年，中卫市公共资源交易中心结合"我为群众办实事"实践活动的开展，编制并主动公开政府采购、工程建设、工业用地挂牌等三大板块30个服务事项"一站式"服务指南，在开评标室电脑旁张贴开机操作提示，放置评标系统专家评委操作手册135册，梳理涉及公共资源交易领域政策法规96项，制作成电子文本（政策法规一本通）添加到评标电脑桌面上供评标专家实时查阅。主动为交易各方无偿提供疫情防护用品、无线网络、手机充电站等设施设备。做好疫情期间服务保障。紧盯市委、市政府重大项目建设任务，积极跟进做好项目交易服务工作，提前与项目实施单位对接项目计划，压缩交易时间，开辟绿色通道，优先安排场地，确保项目在交易中心不受阻、不延误，力促项目早开工早建设，助推全市经济社会高质量发展。推进"四权"改革进场交易工作。全市用水权、土地权、排污权、山林权改革工作启动后，积极对接区局和全市各相关行业主管部门，提前在场地设置、设施配备、人员培训方面做好"四权"进场交易的准备工作。

（卜治军）

市场监督管理

【机构设置】 2022年3月，中卫市撤销文昌、滨河、迎水桥、东园、柔远、宣和、兴仁7个市场监督管理派出分局，设立文昌、滨河、迎水桥、东园、柔远、宣和、兴仁7个市场监督管理所，由新设立的中卫市市场监督管理局沙坡头区分局负责管理，同时设立中卫市市场监督管理局宁夏中卫工业园区分局，负责宁夏中卫工业园区范围内各项市场监管工作。2022年4月28日，中卫市市场监督管理局沙坡头区分局、宁夏中卫工业园区分局正式挂牌成立。

【优化营商环境】 2022年，中卫市深化"放管服"改革，放宽市场准入门槛，推进"一网通办""容缺受理"，企业登记全程电子化办理率达96%。推行"审核合一、一人通办"制度，全市企业开办时间压缩至0.5个工作日，个体工商户实现随到随办。实行"一址多照、一照多址"登记改革，申请人只要提交合法的经营场所证明，即可予以登记。推行企业简易注销登记，全市注销企业1301户，通过简易注销程序注销企业800户，占注销总数61.49%。截至12月底，全市市场主体达到8.52万户，全年新登记各类市场主体11250户。开展公平竞争审查工作，市本级共审查增量文件427件，清理存量政策措施8件，修改文件3件，废止5件。推进年报工作，全市企业年报公示率为96.2%。推进市场主体信用"全生命周期"管理，在国家企业信用信息公示系统（宁夏）录入行政许可信息3702条，公示行政处罚信息330条，做到"应公示尽公示"。将各部门监管信息纳入市场主体社会信用记录，让失信者一处违规、处处受限。

【食品安全监管】 2022年，中卫市把创建"食品药品安全区"作为推进全市食品药品安全工作抓手，全年市委常委会会议、市政府常务会议听取食品药品安全工作汇报3次，召开全市食品药品工作推进会3次，分管市领导开展调研6次，市政协开展视察督导两次。结合日常监管和"3·15"等重点时间点，组织开展主题成果图片展、食药安全"五进"等活动，利用各大媒体平台宣传创建工作成效，发布全域创建工作动态31期、相关新闻报道150余篇。聚焦群众反映强烈、关注度高的农村假冒伪劣食品、校园及周边食品等问题，开展食品专项整治30余次，累计检查各类食品生产主体21356家次，排查整治各类食品安全风险隐患510余条，下达责令整改通知书394份，针对

"3·15"晚会曝光的问题，召回、下架老坛酸菜方便面6082箱。全年抽检食品及食用农产品6571批次，年抽检量达到6批次/千人以上。推动"互联网+智慧食安"监管系统建设，全市395家学校、幼儿园食堂"互联网+智慧食安"监管系统上线运行。加快食品生产"一品一码"和食品流通"电子台账"追溯体系建设应用，构建食品安全精准智慧监管体系，提升食品安全质量效能。开展餐饮服务行业群体聚餐整治行动，指导沙坡头区柔远镇刘台村建成村级公共宴席场所，示范引领农村"流动厨房"向"村集体餐厅"转变。截至2022年12月，中卫市共有"流动厨房"11家，登记备案流动厨师135名，农村"流动厨房"管理规范有效。在全区五市率先建成进口冷链食品集中监管仓，组织市卫健、商务等部门开展专项培训会两场次，实战演练两场次。排查辖区从事冷藏冷冻食品贮存业务的食品生产经营单位304家，登记各类冷库329个，封存进口水产品100.4千克、进口冷冻肉品4800.82千克、进口水果3274.3千克。加强"米袋子""菜篮子""果盘子"等重要民生商品价格监管，从严从重打击哄抬物价、串通涨价、散布虚假信息等扰乱市场秩序违法行为。

【药品监管】 2022年，中卫市开展"两品一械"领域监督检查，组织开展药品安全、化妆品、保健品等专项整治6次，实地检查"两品一械"经营使用单位2649家，摸排问题隐患731个。组织开展医疗机构"规范药房"建设工作，实施"互联网+药品监管"工程，全市547家零售药店已全部上线"阳光药店"系统。完善药物警戒应急体系，定期开展风险会商，建立监测哨点617家。2022年，全市监测评价药品医疗器械化妆品不良反应事件报告1249份，该工作受到国家药品监督管理局药品评价中心、国家药品不良反应监测中心表彰。加大稽查力度，推进"行刑衔接"，截至12月底，全市共立案调查药械妆案件64起，罚没款33.59万元。

【特种设备监管】 2022年，中卫市提升安全生产专项整治三年行动成果，开展电梯、锅炉、压力容器等专项监督检查，检查特种设备使用单位719家次，抽查特种设备1249台(套)，下发《特种设备安全监察指令书》133份，查封、责令停用各类设备81台(套)，立案查处4起，罚款16.7万元。

【工业产品监管】 2022年，中卫市组织对絮用纤维制品、成品油、农资、散煤、劳保用品等产品质量进行监督检查，全年累计检查生产、销售企业380余家，抽检产品854批次，查处不合格产品70批次。

【质量体系建设】 2022年，中卫市制定《中卫市2022年质量强市建设工作要点》，建设质量基础设施"一站式"服务中心两家。制定《中卫市落实〈宁夏回族自治区推动高质量发展标准体系建设方案（2021年—2025年）〉任务清单》，指导167家企业对596项标准通过《国家产品标准信息公共服务平台》进行自我公开声明，涵盖692种产品。

【知识产权保护】 2022年，中卫市编制出台《中卫市知识产权保护和运用"十四五"规划》。打击知识产权违法违规行为，全市知识产权案件立案17起，累计罚款15.2万元。全市有效发明专利累计367件，每万人发明专利拥有量达到3.41件，同比增长7.62%。中宁县工业园区入选国家级知识产权强国建设试点园区，宁夏中宁国际枸杞交易中心被确定为自治区商标品牌指导站，早康枸杞股份有限公司入围2022年国家知识产权优势示范企业。

【商标品牌培育】 2022年，中卫市加大特色优势产业培育力度，助力申报"中卫牛奶""中卫牛肉"地理标志证明商标，充实中卫市区域公用品牌。开展知识产权代理行业"蓝天"专项整治，打击商标恶意注册行为专项行动。截至2022年12月，中卫市商标注册总量达11589件，马德里注册商标两件。

【市场秩序整顿】 2022年，中卫市聚焦群众关注的热点和难点，规范市场秩序，提升人民群众获得感幸福感安全感。加强价格监督检查，组织开展涉企收费、教育收费等价格专项整治，疫情期间开展24小时"不间断、全覆盖"滚动巡查，从严从重打击哄抬物价、串通涨价、散布虚假信息等扰乱市场秩序违法行为，查处价格违法案件12起，累计罚没款25.94万元。开展网络市场监管，按照线上线下监管相结合的原则，检查网站、网店368家次，对4家涉嫌虚假宣传的网络经营主体进行立案处罚。开展民生领域"铁拳"行动，打击市场监管领域各类违法违规行为，全市共立案查办行政处罚案件331件，累计罚没款548.95万元。开展"放心消费在宁夏"创建活动，组织开展"诚信经营 放心消费"承诺示范活动，办结各类消费投诉举报6543起，办结率达98%，为消费者挽回直接经济损失229.1万余元。

【打击整治养老诈骗专项行动】 2022年，中卫市打击整治养老诈骗专项行动成效显著。排查各类市场主体1200多家次，办结各类问题线索18条，累计罚没款87万余元。查处的沙海驼宝展示中心虚假宣传案,对当事人作出"罚款40万元、吊销营业执照"的行政处罚,并依规列入严重违法失信名单,该案由《中国市场监管报》约稿报道,被国家市场监督管理总局列为典型案例。

【医疗器械唯一标识试点工作】 2022年,医疗器械唯一标识试点工作落户中卫。中卫市成立推进实施医疗器械唯一标识工作协作小组,结合中卫实际,市卫生健康委、医保局、公共资源交易中心、市场监督管理局印发《中卫市推进实施医疗器械唯一标识工作方案》,向上争取项目资金100万元,组织第三方公司对全市11家二级以上医疗机构和部分三类医疗器械经营企业的管理现状、信息化建设等方面进行全方位调查摸底,联系银川健康医疗数字服务有限公司、宁夏昱诚天下科技有限公司就如何通过计算机系统实现医疗器械唯一标识在生产、流通、使用及医保各环节的运用进行培训演练。

【监管机制完善】 2022年,中卫市完善以信用监管为基础的新型监管机制,形成政府主导、市场监管部门牵头组织、相关部门参与编制完善的"双随机、一公开"监管机制,发起随机抽查任务539项,检查市场主体4528户,计划完成率达100%、结果公示率达100%。将宁夏信用风险分类管理系统与"双随机、一公开"监管工作有机融合,开展企业年报公示信息抽查,对8024家企业按照风险等级(A、B、C、D类)采取差异化比例(1%、3%、50%、100%)抽查,使监管更精准、更智慧。落实《市场监督管理严重违法失信名单管理办法》等规定,将7233户市场主体列入经营异常名录,公示行政处罚信息330条,把13家社会危害较大、受到较重行政处罚的企业列入严重违法失信名单。推进信用修复机制建设,开启"线下+线上"双向受理模式,鼓励失信主体主动纠错、重塑信用,对主动改正、性质较轻、社会危害程度较小的违法失信行为开展信用修复。

(马 洋)

海 关

【概况】 2022年,中卫市外贸进出口总值35.63亿元,同比增长25.6%,占同期全区进出口总值的13.84%。其中,进口16.36亿元,同比增长77.2%,占全区进口总值的27%;出口19.27亿元,同比增长0.72%,占全区出口总值的9.8%。2022年,中卫市共与74个国家及地区发生进出口业务。其中,加纳、"区域全面经济伙伴关系(RCEP)"成员国、"一带一路"国家成为中卫市三大主要进出口贸易国家和地区。

【进出境动植物检疫】 中卫市2022年共查验抽检出口种子31批次,其中11批次检出有害生物,签发《出境货物不合格通知单》不予出口;抽检出口蔬菜4批次,签发《出境货物不合格通知单》3批次。落实陆生动物检疫风险监控计划,协调地方动物防疫部门开展调查,全年检出二类动物疫病1次,涉疫动物3头。检验检疫出口新鲜蔬菜2.07万吨,货值1.72亿元,同比增长227%;检验检疫供港活牛36头,指导1家企业及时合规办理进境动物隔离检疫场使用证。

【危险货物安全监管】 2022年,中卫市查检入境危险化学品和危险货物2批次;开展出口危险化学品检验检疫368批次;受理出境危险货物运输包装使用鉴定申请747批39.48万件,出具出境危险货物运输包装使用鉴定结果单1017份;受理出入境货物包装性能检验申请49批次23.13万件;出具不合格通知7份,总结撰写不合格案例5篇。

【原产地签证管理】 2022年,中卫市审核签发原产地证书415份,货值1.32亿美元,其中RCEP原产地证书99份,货值5483万美元,企业获得税收优惠超130万美元。

【通关管理】 2022年,中卫市推进"两步申报""两段准入"改革,支持提高属地申报率。推广"集中申报、分批出库"通关模式,降低企业通关成本。指导企业采取"提前申报"模式,实现报关单"秒放行"。2022年年内,货重120吨、货值220万元的出口货物首次实现属地出口报关;辖区企业产品"四水硝酸钙"实现宁夏地区首次出口。

【营商环境优化】 中卫海关开展打击走私"国门利剑2022"联合行动,聚焦"守国门",强化监管筑牢安全防线。落实总体国家安全观,严守检疫监管红线,持续提升监管能力建设,立足属地实际,强化对重点行业、重点商品检疫监管,要求企业现场整改30余次,坚决守牢国门关口,保障外贸安全发展。提升服务水平。支持开放平台建设,走访市口岸办、商务局等相关部门,宣讲海关监管区功能划分、审批条件等相关政策规定,就如何发挥优势打造高水平开放平台进行深入交流研讨,推进保税物流中心、海关监管作业场所建设取得进展。及时了解企业出口国贸易限制措施,第一时间指导企业做好应对,保障企业产品顺利出口。动态做好进出口指标监测,对重点行业重点商品开展分析研判,每月形成工作专报,为市委、市政府科学决策提供科学有力依据。落实RCEP政策红利。做好"多证合一"政策宣传工作,通过多种形式全部实现联网,在通关环节比对核查,减少证件种类,便利企业在家门口办理报关单位备案、备案信息修改等业务。优化业务流程。对接企业,开展"一对一"辅导,指导企业利用好国际贸易"单一窗口"的优势和"提前申报"的通关政策,实现快速申报,快速验放。对指令命中货物实施人工查验,当天接单、当天查验、当天放行;对未命中货物,实现申报秒放行,提高货物流通效率,节约企业通关时间。优化检验检疫作业。宣传"提前申报""两步申报""两段准入"等海关通关模式,提升企业通关效率。落实7×24小时预约查验服务,帮助企业快速办理属地查检业务,节约企业成本,增强产品市场竞争优势。针对沙坡头区出口蔬菜等鲜活易腐产品企业的特殊性,开通设立优先查验和"5+2"预约查验的绿色通道和预约专线,压缩企业通关时间,提升货物流转效率。 (谈　康)

工业与园区建设

综　述

【县、区规模以上工业】　2022年，中卫市规上工业增加值同比增长9.1%（沙坡头区同比增长0%，中宁县同比增长22.2%，海原县同比增长1%），增速位居全区第二。全市规上工业实现主营业务收入857.65亿元，同比增长10.1%；利润总额亏损7.16亿元，同比扭亏转盈46.14亿元；工业固定资产投资同比增长23.3%（其中，技改投资同比增长58.8%，增速位居全区第一）。

【项目建设】　2022年，中卫市开工建设81个重点项目，协鑫科技5GW颗粒硅N型单晶项目、瑞泰尼龙66宇光能源二期年产120万吨焦化项目等一批项目建成投产。宁创新材料30万吨再生铝项目和5万吨高精度铝板带箔项目等一批项目开工建设。江苏晨光30万吨硅基及气凝胶项目、贝盛绿能5GW异质结光伏材料项目等一批项目先后落地中卫。组织编印《中卫市工业倍增行动实施方案》《化工产业高质量发展"十四五"规划》等。

【惠企服务】　2022年，中卫市制定《打好市场主体纾困战的工作方案》、工业经济稳增长36条分工方案等，编印"稳保促"政策"加油包"，组织企业申报各类项目资金，累计为企业争取项目资金2.5亿元。精准落实政策，43家企业被自治区认定为"六新"产业高质量发展企业，全年享受电价补贴1.5亿元。围绕新材料等重点产业，按照"线上+线下"的模式，先后组织、举办各类培训班，不断提升企业管理水平。用好宁夏企业公共服务平台（168平台），结合"专精特新"企业网上板块，组织57家企业完成注册，发布核心产品信息178条、产业（产品）供需对接信息33条；组织52家服务机构，累计开展信息服务、人员培训、市场开拓等服务活动4943次，为企业提供全、快、准、优的政策信息服务，实现手指动一动，服务送上门。同时，全面落实疫情防控工作要求，通过办理车辆通行证等方式，协调企业生产过程中运输不畅、原料不足等困难和问题，助力企业健康稳定运营。

【节能降耗】　2022年，中卫市全面落实工业"能耗双控"、节能审查、节能监察、淘汰落后产能、绿色制造体系建设、固废资源综合利用、"两高"项目整治等工作，推动工业绿色水平不断提升。深入开展工业能耗监管，强化"能耗双控"分析预测，加强重点企业节能监察，有效控制能源消费量过快增长势头，全市规模以上能源消费总量同比降低5.2%，单位工业增加值能耗同比降低13.1%，降幅全区第一。严控"两高"项目盲目发展，推进"两高"项目整改工作。严格落实国家、自治区淘汰落后和化解过剩产能政策，全面完成淘汰落后产能和化解过剩产能任务。推动工业绿色制造体系建设，利安隆公司获评2022年自治区级绿色工厂。加快工业固废资源综合利用，全市一般工业固废综合利用率达59.1%，超过年度目标任务13.1个百分点。

【信息化工作】　2022年，中卫市深入实施创新驱动发展战略，落实"云天中卫"建设要求，引导企业加大智能改造投入力度，加快"互联网+先进制造业"建设步伐，瑞泰、早康、瀛海天祥被认定为自治区工业互联网建设应用试点示范项目，华御、瑞泰等企业"工业互联网+安全生产"项目建成使用，朗利、润夏等一批"5G+工业互联网"融合应用项目开工建设。强化工业企业科技创新发展，中化锂电池被评为自治区企业技术中心，华宝枸杞成为自治区产业创新重点任务揭榜企业。

【创新驱动】　2022年，中卫市持续落实工业"四大改造"，引导工业企业加大技术改造力度，采取新工艺、新技术,提高生产设备技术水平,不断提升产业发展质量。2022年全市工业技术改造投资同比增长58.8%,增速位居全区第一。强化企业梯次培育,中化锂电池被认定为自治区企业技术中心,奥斯化工等8家企业获评自治区"专精特新"中小企业,早康枸杞获评自治区"小巨人"企业,华宝枸杞揭榜2022年产业创新重点任务,中盛新科技等10家企业12个产品被纳入自治区2022年百项创新产品研制引导计划。

【中卫市工信系统防范电信网络诈骗培训会】 2月14日,市工业和信息化局组织召开中卫市工信系统防范新型网络电信诈骗培训会,各工业园区管委会、各县(区)工信部门分管领导和业务负责人、30家重点工业企业分管领导等近50人参加会议。会议印发《预防电信网络诈骗职工告知书》,对高发类电信网络诈骗进行解析,并组织参会人员安装注册"国家反诈中心"App、"金钟罩"微信小程序。会议要求各工业园区管委会,各县(区)工信部门采取多种方式对辖区内企业进行电信网络反诈宣传,切实提高企业思想认识,要求各工业企业要采取会议、培训等方式加大对本企业职工电信网络反诈宣传。

(瞿金鹏)

电 力

【电网概况】 截至2022年12月31日,中卫电网35~330千伏电压等级变电站共74座,主变压器155台,总容量12056.6兆伏安。其中,330千伏变电站9座,330千伏主变压器24台,总容量7200兆伏安;220千伏变电站2座,220千伏主变压器6台,总容量720兆伏安;110千伏变电站34座,110千伏主变压器70台,总容量3735.5兆伏安;35千伏变电站29座,35千伏主变压器55台,总容量401.1兆伏安。所辖35~330千伏电压等级输电线路共195条,长度3145.410千米。其中,330千伏线路31条,长度695.316千米;220千伏线路4条,长度14.858千米;110千伏线路101条,长度1547.483千米;35千伏线路62条,长度887.753千米。电网较2021年变化:无新投及增容主变,更换主变1台。新增330千伏输电线路2条,总长度44.814千米;110千伏线路3条,总长度21.92千米;原110千伏严隆线、35千伏三营线、九七泵站线、九七泵站线T接八泵站线退运,长度55.635千米。新投产光伏电站1座,新增装机容量40兆瓦;储能电站2座,容量350兆瓦/700兆瓦时。中卫市供电营业区面积1.7万平方千米,拥有营业厅37个、农村供电所39个、自助营业厅18个,多元化缴费终端127台,充电站53座,充电桩109个。

【电力供需】 2022年,中卫电网供电量207.74亿千瓦时,同比降低9.07%;完成售电量204.54亿千瓦时,同比降低8.17%。2022年中卫电网最大日供电量7415.48万千瓦时,发生日期为2022年6月29日;最小日供电量为4258.18万千瓦时,发生日期为2022年8月5日;平均日供电量5575.19万千瓦时。2022年中卫电网并网发电总装机容量10379.06兆瓦。其中,火电厂4座,装机容量1414兆瓦;水电厂2座,装机容量124.3兆瓦;风电场31座,装机容量3546兆瓦;光伏电站84座,装机容量5239.76兆瓦;余热、余气机组7台,装机容量55兆瓦;储能电站2座,容量350兆瓦/700兆瓦时。截至2022年12月31日,中卫电网新能源并网总装机容量8785.76兆瓦,其中风电装机容量3546兆瓦,光伏装机容量5239.76兆瓦,新能源装机容量占地区发电总装机容量的84.64%。

【中卫电网负荷特性】 2022年,中卫电网最大负荷3283.19兆瓦,发生日期为2022年6月29日;最小负荷1480.39兆瓦,发生日期为2022年10月7日;平均负荷2327.34兆瓦。中卫电网负荷主要由高载能负荷、电解铝负荷、大用户负荷、扬水负荷、电铁及民用负荷组成,其中高载能负荷约占全网负荷的39.33%,电解铝约占全网负荷的23.59%,大用户约占全网负荷的19.55%。

【安全生产】 2022年,国网中卫供电公司坚决贯彻国务院安委会安全生产十五条措施,落实自治区、中卫市及国网宁夏电力有限公司安全生产决策部署,集中治理重点隐患,着力防控重大风险,不断筑牢本质安全基础,上下同心打赢电力保供阵地战、疫情防控阻击战、三年行动收官战。公司安全生产形势总体平稳,全年未发生人身、电网、信息系统及八级以上设备事件;未发生误操作、火灾等事故;未发生其他对公司和社会造成重大影响的事故(事件)。截至2022年12月31日,电网实现长周期安全运行5399天。

【电网建设】 2022年,国网中卫供电公司加强计划执行管控,强化评审、采购、施工等关键节点管理,瑞泰科技110千伏供电工程、协鑫110千伏送出工程按期竣工投产,完成220千伏关帝变电站1/2号主变保护更换、110千伏卫北变综自改造、35千伏古田营变老旧设备及综自改造等重点项目,不断提升电网设备健康运行水平。坚持"三融三化三落实",新增电源

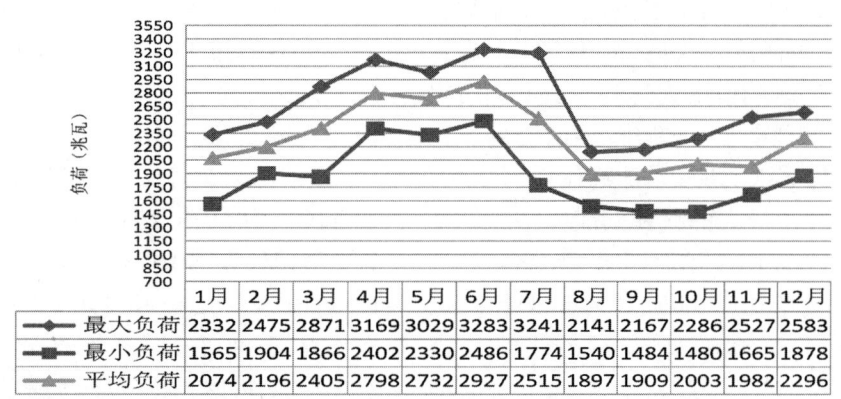

图1　2022年中卫电网负荷分月统计图

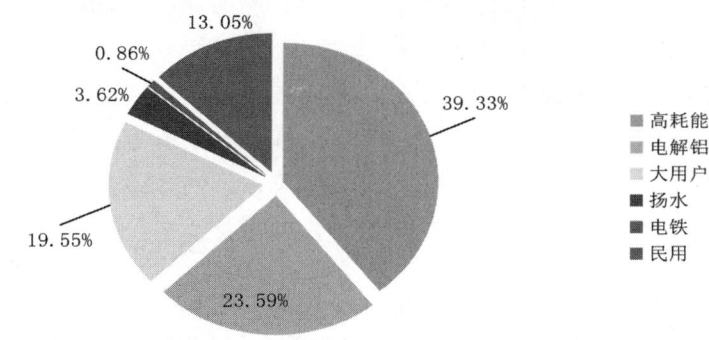

图2　2022年中卫电网负荷分类占比图

布点,完成新配出线路8条,配电线路联络率、N-1通过率提升至95.58%和94.78%。加大自愈电网、智能融合终端等建设改造力度,配电自动化终端覆盖率提升至91.47%。推进配电网预制化车间和工厂预制化材料应用,开展预制电缆沟施工、电缆沟支架螺栓预埋施工等现代化施工作业,工程施工时间压缩80%以上。不停电作业深度参与53项配网工程实施,停电时户数大幅降低,供电可靠性不断提升。

【经营服务】　2022年,国网中卫供电公司促成中卫市政府在西北五省区地市层面率先出台国办函129号文实施细则,明确城镇电力工程投资界面。落实公司营商环境"深化提升年"29项措施,投入6923.94万元低压业扩配套资金,实现160千瓦及以下居民和小微企业"三零"服务全覆盖,"获得电力"在自治区优化营商环境评价中位列第二。深化居民"刷脸办电"和企业"一证办电"应用,线上办电率达94.47%。开展服务质效靶向分析,实现供电服务零投诉。依托"电e金服",为中小微企业提供金融服务1.02亿元,助力企业纾困解难。按期完成15项煤改电配套供电工程。

【创新创效】　2022年国网中卫供电公司申请专利36件(其中发明15件)、授权25件(其中发明3件),其中"一种电压暂降严重度的估算方法、介质及系统"发明专利获得国网宁夏电力有限公司2022年度专利奖三等奖;登记(见证)软著9份,发表科技论文59篇(其中EI源刊4篇、核心期刊4篇),出版科技专著3本;获得中国电力企业管理优秀实践论文一等奖两项、二等奖两项。研发的"睐卫智慧大脑"——配网不停电作业智能管控平台获得2022年第十七届"振兴杯"全国青年职业技能大赛研发创新类优胜奖;参与的"智能变电站保护控制系统运维检修关键技术及装备"科技项目获得中国安全生产协会第三届安全科技进步奖;《基于数字化转型的配电网供电可靠性管控能力提升构建与实践》获自治区级管理创新项目二等奖。

【改革改制】　2022年,国网中卫供电公司深化内部模拟市场建设,建立二级内模市场4个供电主体9类收入、53类成本分摊规则及模拟利润的计算体系,完成4个区(县)公司三级内模市场的建设任务。

【重大活动保电】　2022年,国网中卫供电公司累计制订工作方案30项,投入保电队伍147支、保电人员近万人次,开展针对性培训14场次、演练17场次,完成党的二十大、全国两会、冬奥会等18项三类及以上重大活动保电任务。

【电力供应】 2022年，国网中卫供电公司完成19家172.2万千瓦可控负荷接入改造，构建124万千瓦可调节负荷资源库，需求响应能力达到中卫电网历史最大负荷的39.35%。引导大有、新华、银河等企业在电力供应紧张时参与需求响应，累计响应负荷105.9万千瓦。保障宁夏容量最大的穆和储能电站顺利并网，新能源装机占地区电网发电容量比例达84.76%，年发电量超过141亿千瓦时，近5年年均增长率近30%。建立中卫电网负荷预测联动机制，密切跟踪市场行情，通过"营调+用户日沟通周总结方式"及时准确掌握负荷变化，提升负荷预测准确率。

【"宁电入湘"工程】 2022年，国网中卫供电公司配合开展"宁电入湘"工程换流站选址、路径踏勘、方案比选、收资等工作，完成70余个拟选换流站址现场踏勘和比选，协助落实每个选址用地、压矿、地灾、地震、环评、交通、接水等建设条件核查，最终完成换流站站址、直流、接地极线路路径的确定。协助开展站址和路径协议签署，高效对接中卫市、中宁县、海原县发改、自然资源、生态环境等政府职能部门，取得165份关键协议，保障工程可研评审顺利通过。

【"东数西算"宁夏枢纽建设】 2022年，国网中卫供电公司利用"网上电网"平台的电网现状诊断和运行数据分析，提前开展电网规划，优化电网布局，先后投资23430万元完善丹阳、新星、金梁、源创4座110千伏变电站。建立重点工程信息库，紧盯"云数据基地"，全过程跟踪、对接、协调用户接电进展，强化跨专业协同能力，保证业务各环节有序衔接，新增用电项目早接快送。截至2022年年底，中卫市共投运云计算企业7家，总装机容量42.92万千伏安。协调推动云计算企业开展跨省交易，落实政府补贴政策1.63亿元，降低云计算产业用电成本，开展云计算企业用能分析，向政府和企业提出优化用能建议，统筹推进中卫地区云计算产业综合能源利用。

【驻点帮扶】 2022年，国网中卫供电公司签订"村网共治、便民服务"助力乡村振兴战略合作框架协议82份。协调解决瑞应村千亩农田灌溉用水困难，争取384万元配套资金用于屋顶光伏项目建设，乐台村成功获得国家电网有限公司电力爱心超市授牌，同时获"国家电网助力乡村振兴示范村"称号。

【宁夏中卫瑞泰科技110千伏供电工程】 宁夏中卫瑞泰科技110千伏供电工程由330千伏塞上变配出双回路110千伏线路至瑞泰科技，满足中卫工业园区瑞泰科技新增负荷供电需要，新建塞上330千伏变电站至瑞泰科技110千伏双回路线路，线路全长19千米。瑞泰科技110千伏供电工程T接段工程于2021年6月5日建成投产，满足中卫市重点项目建设需求，投资规模2348万元。

【宁夏中卫协鑫110千伏送出工程】 宁夏中卫协鑫110千伏送出工程起于塞上330千伏变电站110千伏构架，止于协鑫晶体站外拟建电缆终端塔，拟建线路全长5.2千米，其中双回路架空路径长4千米，单回路架空路径长1.2千米。线路曲折系数1.24，海拔高度1224~1241米。根据宁夏协鑫晶体发展有限公司新增负荷规划，导线采用JL3/G1A-400/35钢芯高导电率铝绞线，地线采用两根48芯OPGW。全线新建杆塔20基，其中双回路铁塔15基，单回路铁塔5基。协鑫110千伏送出工程于2022年12月17日建成投产，满足中卫市重点项目建设需求，投资规模1255万元。

（马海玲　袁　惠）

中卫工业园区

【概况】 2022年，中卫工业园区入统工业企业116家，规上81家。完成工业总产值388.9亿元，同比增长17%；实现工业销售产值387.5亿元，同比增长18.4%；实现营业收入417亿元，同比增长16.8%。完成工业固定资产投资56.7亿元，同比增长33.1%。实现税金总额9.7亿元，同比增长106.4%。综合能源消费量413.2万吨标煤，同比下降0.8%；万元工业总产值能耗1.06吨标煤，同比下降15.4%。2022年新入园企业3家，分别是：宁夏中冶美利云新能源有限公司、宁夏昊丰伟业钢铁有限责任公司、宁夏诺航环保科技有限公司。

【项目建设】 2022年，中卫工业园区共实施建设项目95个，完成工业固定资产投资39亿元。瑞泰科技尼龙66、中化锂电池正极中试研发平台、宇光能源二期120万吨/年焦化等14个项目建成投产。渝丰循环利用焦炉煤气年产9万吨LNG等39个项目施工。实施道路、电力、供气、供排水等基础设施项目42个，概算总投资4.5亿元，年内建成29个，完成投资3.84亿元。

【招商引资】 2022年，中卫工业园区赴山东、江苏、湖南、重庆等地招商引资9次，接待到中卫考察团队37个，促成项目签约21个。其中协鑫5GW单晶硅项目实现当年洽谈、当年落地、当年开工、当年建设投产。晨光30万吨硅基新材料项目、贝盛5GW光伏组件项目开工建设。2022年完成招商引资到位资金83亿元。

【安全生产】 2022年，中卫工业园区成立园区应急管理综合行政执法大队，招聘8名化工专业、具有从业经历的安全监管人员。重新修编园区化工产业发展规划，整理汇编《园区化工企业应急手册》，制定出台《园区化工集中区"一园一策"安全整治提升方案》。全面推进安全生产专项整治三年行动和危险化学品安全风险集中整治，以华御、紫光等化工骨干企业为中心，挂牌成立中卫工业园区化工安全技能实训基地。申请自治区下拨1700万元专项资金用于安全风险基础设施提升，园区企业安全投入1.2亿元。全年共消除各类事故隐患2300余条，收缴行政罚款286.7万元，移送司法机关追究刑事责任3人。完成三年专项行动任务攻坚和危险化学品集中治理收官，国务院安委办危险化学品重点检查排名从全国第41名提升至前20名。

【科技创新】 2022年，中卫工业园区建成自治区级"云天中卫"众创空间，入孵企业47家。组织开展园区首届双创大赛，激发企业创新创业热潮。引导企业加大科研投入，共计发放科研补助资金、创建科技型企业奖补、人才引进奖补、专利研发奖励2600余万元。与西安交大、兰州大学、宁夏大学等高等院校深度开展合作，引导各高校院所到园区开展企业调研85次，收集企业技术需求39项，推介新成果33项，开展教授服务26人，开展产学研对接活动23次。2022年，中盛新公司与西安交大合作开展的硝化废酸回收项目水处理实验被评为自治区科技进步奖三等奖。

【深化改革】 2022年，中卫工业园区制定印发《中卫工业园区国有资产管理方案》，规范园区国企、国资的日常管理。为高新集团聘任3名外部董事，进一步完善国有企业法人治理体系。与高新集团签订《2022年度目标任务书》，明确全年各项重点任务。由高新集团负责实施园区"能源岛"综合管道、第二固废填埋场、汽车检测中心等项目26个，总投资概算2.4亿元。促成"能源岛"综合管道、机动车检测中心、固废填埋场等项目获得贷款2.2亿元。投资4210万元，入股宁夏西部云基地发展有限公司、宁夏万汇云合消防科技有限公司等企业。

【腾格里沙漠3GW新能源基地光伏复合项目开工】 9月9日，全国规模最大的沙漠光伏基地——腾格里沙漠3GW新能源基地光伏复合项目开工仪式在中卫市举行。腾格里沙漠3GW光伏复合项目位于中卫市沙坡头区迎水桥镇，是国家第一条以开发沙漠光伏大基地、输送新能源为主的特高压输电通道——"宁电入湘"工程的重点配套项目。该项目总装机容量300万千瓦，总投资152.5亿元。项目建成后，每年发电量将达到约57.8亿千瓦时，实现营业收入15亿元，上缴税款2.3亿元，提供就业岗位1500个。每年可节约192万吨标准煤，二氧化硫年排放量减少约3.39万吨，氮氧化物年排放量减少约5万吨，二氧化碳年排放量减少约466万吨。

【中卫工业园区实现工业产值388.9亿元】 2022年，中卫工业园区实现工业产值388.9亿元，同比增长17%；完成固定资产投资50.1亿元，同比增长33.6%；完成招商引资到位资金83.8亿元，同比增长86.2%。2022年，中卫工业园区坚持提质增效，加快企业转型升级，高新技术产业产值占比由2021年的55%增加至72.5%，新材料新能源产业占比由2021年的26%增加至31.9%。云计算产业全年新增标准机架1.21万个，累计达到4.41万个。争取自治区基础设施项目专项债券资金2亿元，有效补齐园区基础设施短板。谋划实施瑞泰尼龙66、协鑫5GW单晶硅等重点项目43个，赴山东、江苏等地开展外出招商11次，促成项目签约25个。

（麦宇轩）

中宁工业园区

【概况】 2022年，中宁工业园区规上企业产值270亿元，占全县的75.5%，同比增长14.3%。其中12月24.3亿元，占全县当月产值74.8%。固定资产投资22.2亿元，同比增长5%。2022年，中宁工业园区22个重点建设项目中铭岛年产6万吨罐盖拉环料电池壳料、天元热电联产2×350MW自备热电厂和今飞轮毂年产30万件大巴轮毂3个项目建成投产，华夏物流铁路专用线、粉煤灰深加工等13个项目推进，项目开工率86.4%。2022年，中宁工业园区化解各类信访转办件253件、摸排化解矛盾纠纷隐患91件，办结率和化解率100%；协调处理企业拖欠农民工工资案件149起，为农民工讨要工资3156.39万元，保证企业正常生产秩序，维护农民工权益。解决职工社保26件计134万元；协调解决职工工伤纠纷6件计894万元。协调解决天元锰业项目请求协调解决问题中涉及园区管委会的问题7个。

【招商引资】 2022年，中宁工业园区围绕新材料产业链条引进天元锰业100万吨高纯硫酸锰、30万吨锰锭熔炼、宁创新材料30万吨再生铝、铭岛20万吨再生铝项目，围绕新能源装备制造产业引进明阳智慧能源产业园、大唐储能电站等重点项目和嘉里物流等国内外知名企业的一批重点项目落户园区。

【"能耗双控"】 2022年,中宁工业园区重点实施铭岛铝业年产6万吨退火产品技改、天元建材水泥熟料生产线节能和环保改造、宁创科技自动化综合技术改造等项目。对列入自治区的4个暂缓建设"两高"项目加强日常监管,严禁擅自开工建设;推广绿色制造,重点实施年产50万吨脱硫烟气制酸、80万吨脱硫石膏制酸、粉煤灰深加工等多个工业固废综合利用项目。申报国家大宗固体废弃物综合利用基地项目,鼓励企业申报国家、自治区级绿色工厂等各类创新平台。推动早康枸杞、中晶半导体、天元锰业等企业向数字化、智能化方向发展。中晶半导体等4家企业获评自治区数字化车间,建成隆基硅直拉单晶智能管理系统示范项目等6个工业互联网平台。协调解决明阳智慧能源产业园、固废填埋场、大唐中宁储能等项目备案、土地报批、临水、临电、临路等方面的问题和五三六仓库专用道路土地置换、补偿等事宜。

【安全环保】 2022年,中宁工业园区管委会召开各类安全生产会议23次,全年排查企业371家次,发现安全隐患问题657项,复查问题531条,整改604条,复查整改率为91.9%。开展安全生产百日专项整治行动,两轮工贸企业专家指导服务29家企业,查出问题隐患237项;组织29家企业安全管理人员在宁夏东青资源、天元化工等企业开展"互观、互查、互学"活动;指导兴尔泰化工、华夏特钢等企业开展突发事故应急演练,指导利新资源开展"消防技能演练"活动。强化项目安全管理,对粉煤灰深加工等23个项目巡查82次,下发整改通知15份,停工通知书46份,检查记录单21份,发现安全隐患441条,完成整改388条,整改率为88%。全年开展生态环境检查145家次,查出环境隐患问题370条,整改343条,整改率为90%。督促40余家企业制定2022年生态环境自行监测方案,完成宁华工贸12000平方米密闭式原料大棚建设,督促瀛海天祥、天元建材完成水泥熟料生产线超低排放改造,完成兴尔泰化工余热回收锅炉增加脱硫装置在线监测安装;对8家"散乱污"企业整治情况"回头看",对1家非法炼油厂进行"二断三清"整治,并完成处置危险废物事宜;完成中央环保督察第三批6号转办件问题整改销号办结;核定企业初始排污权17家,政府储备权8家,新增排污权企业3家,完成排污权交易1家;实施天元锰业集团和裕隆冶金公司碳汇林树木种植765亩;落实河湖长河湖管理保护主体责任,对石空沟、罗家沟、张峪沟、新寺沟和枣园沟5条沟道进行日常巡查20次,对于巡查发现的张裕沟天元锰业铁路专用线洪水影响评价批复手续、枣园沟与纬二路交叉处未建桥涵影响行洪安全及罗家沟建筑垃圾堆放等7个问题,均销号解决。

【体制机制改革】 2022年,中宁工业园区实施项目审批全程帮办、代办机制,为23家企业办理项目备案37个。建设污水管网4.2公里、一体化提升泵站两座,新建输电线路5.6千米、110千伏变电站1座,新建及维修园区道路2.31公里,安装、改造太阳能路灯863盏,建设景观小品及雕塑两处,通过提升道路品质及工程质量,改善园区出行环境。打造综合基础设施完备园区。对园区132家企业开展自建房摸排整治,排查企业132家,排查自建房面积235.636万平方米,下发停止使用通知书8份,拆除3家。开展"六权"改革,组织对园区81家企业及项目进行用水权确权,完成11家用水"黑户"企业销号;对28家长期停产企业开展法律尽调,并制定出清方案。对园区内28家企业排污权进行摸排统计确权,指导全通枸杞公司新增年产2万吨枸杞酒排污权并完成排污权首单交易。实施碳汇林种植765亩;完成植树85800株,占总任务的142%。帮助宁夏天元热电联产2×350 MW自备电厂项目1、2号机组分别于2022年4月、8月正式并网发电,缓解全县城区采暖供需矛盾。

(纪春莲)

云计算和大数据产业

云计算产业

【西部云基地】 2013年12月18日,北京市政府、宁夏回族自治区政府、亚马逊AWS公司、北京云基地公司签署合作备忘录,以"前店后厂"模式共同建设宁夏中关村产业园西部云基地,面向全国开展云计算和大数据业务。园区规划占地面积5000亩,分别位于中卫工业园区、沙坡头区迎水桥镇、沙坡头区宣和镇,三点之间直线距离30~50千米,通过光纤直连,适合建设分散存储和互为备份、并行计算的高可靠性数据中心。截至2022年,亚马逊、美利云、中国移动、中国联通、天云网络8个数据中心建成运营,美团、星际大陆、并行科技、欢聚集团等200多家互联网及云计算大数据生态企业落户中卫。西部云基地累计完成投资94亿元,安装机柜约4.67万个(2.5kW/个),上架率超过70%,利用全自然风冷却技术,平均PUE能耗值低于1.2,带动解决就业3500人以上。

【互联网交换中心建设】 2020年12月11日,国家(中卫)新型互联网交换中心获得工业和信息化部批复,试点交换总带宽为1Tbs。2021年6月29日,宁夏中卫市新型互联网交换中心有限责任公司在中国联通数据中心揭牌启用,采用"国有资本为主体、民营资本共同参与"的运营模式,由中国联通、中国电信、中国移动、中卫高新集团及民营企业共同参与,出资组建宁夏中卫市新型互联网交换中心有限责任公司,注册资本金1亿元。截至2022年年底,国家(中卫)新型互联网交换中心投入运营,接入企业20家,接入流量超过500G,与深圳交换中心连通直连网络。

【"云天中卫"建设】 "云天中卫"建设是中卫市大力发展数字经济,提升治理能力和治理水平,实现高质量发展的大战略大命题。按照"云天中卫"建设整体规划部署,搭建完成中卫市公共云平台、城市综合信息库、政务数据共享交换平台、综合调度指挥中心、区块链平台等核心基础设施,汇聚1000余万条行业数据,对接9个行业系统数据接口。推动中卫市政务数据共享交换平台纵向与国家、自治区平台有效对接,横向与市直各部门互联互通,初步构建国家、自治区、市(县、区)三级贯通的一体化政务数据共享服务体系,可为全市各行业智慧应用提供数字底座和数据支撑。依托自治区政务公共云平台和政务外网,建成中卫市公共云平台,为全市各行业智慧应用建设提供云资源和Max-Compute、Data Q、Data V等大数据相关组件服务。建成中卫市政务数据共享交换平台,纵向与国家、自治区数据平台有效对接,横向联通市直各部门及两县一区,全市各行业可依托平台联通能力,以应用场景为导向,跨行业、跨领域、跨部门、跨层级申请使用数据,国家、自治区、地级市三级贯通的全区一体化政务数据共享服务体系基本建立。依托区、市公共云平台、城市综合信息库等基础平台,对汇聚的各行业数据进行结构化处理,并运用各类算法清洗、挖掘,建成人口、法人、城市运行等八大视图,初步实现城市管理基础数据展示、流程监控、事件处置等功能。同时,接入公安、消防、应急、食药监等现有信息化系统,推动各应用系统融合应用、业务协同,提升信息化系统使用效率,实现统一调度、集约管理。开发部署区块链平台,建立政务数据从产生、采集、管理到共享交换全生命周期的安全、可信、可溯源管理体系,保障数据安全使用。建成中卫市地理信息服务系统,加载基础矢量地图和影像地图,为全市信息化建设提供统一标准的地图数据服务和GIS引擎服务,避免各自为政建设造成数据壁垒和资源浪费。基础支撑平台为软件运行提供支撑,为数据交换提供统一接口管理,为各级用户提供安全统一的信息访问平台,实现统一用户管理、统一接口管理、统一认证服务、统一文件服务、统一日志服务等功能。

【2022"云天大会"】 2022年9月16日,首届西部数谷算力产业大会第五届"云天大会"以线上线下同步的方式在中卫星星酒店召开。大会由自治区人民政府主办,自治区发展和改革委员会、自治区工业和信息化厅、宁夏通信管理局、中卫市人民政府共同承办,以"东数西算·协同发展"为主题,设1个主论坛、4个分论坛和线上圆桌会议,线上线下参会嘉宾780余位。自治区人民政府副主席赵永清,自治区政协副主席王紫云,自治区工业和信息化厅厅长褚伟,中冶美利云产业投资股份有限公司党委书记、董事长张春华,自治区有关厅局、吴忠和固原市人民政府、区内高等院校、相关行业协会负责同志等90余位嘉宾现场出席,中国科学院院士郭光灿、中国工程院院士谭建荣、陆军,宽带资本董事长田溯宁,本源量子首席科学家郭国平,中兴通讯股份有限公司高级副总裁俞义方,麒麟软件有限公司高级副总裁宋介鹏等业界精英、企业家以及众多互联网企业负责人等680余位嘉宾以线上方式参会。

数据中心

【概况】 中卫有区位、安全、成本、气候、政策等有利条件,充分发挥地缘优势,为企业落户、产业发展提供优渥土壤。在电力供应方面,中卫市充分立足资源禀赋优势,不断培育壮大以风能、太阳能为代表的清洁能源产业,截至2022年,全市共建成新能源发电项目110个,装机容量达到822万千瓦,其中,风电382万千瓦、光伏440万千瓦,占全区新能源装机总量的29%(其中,风电占全区风电装机总量的27%,光伏占全区光伏装机总量的31%),新能源装机量位居全区第二。创新电力交易模式,数据中心到户电价不高于0.36元/千瓦时。数据中心供电电网结构坚强可靠。中卫数据中心集群周边建有西电东送750千伏变电站1座,330千伏变电站3座,110千伏变电站5座,可根据客户要求,最高可满足不同千伏变电站双电源4回路接入供电。在网络建设方面,中国电信、中国移动、中国联通已经完成西部云基地骨干网络升级工程,建成中卫至北京、西安、太原等地4×100G高速网络通道,出口带宽达到15.7T,中卫市至北京单向时延9毫秒以内,至西安单向时延毫秒以内,丢包率低于0.01%,实行P95流量计费模式,已成为除北上广等一级骨干网节点以外上联至骨干互联网的城市。中国电信、中国移动、中国联通、中国广电等网络运营已开通中卫至北京、上海等国内重要城市长途传输链路,可根据客户需求随时开通链路。此外,中卫是高速公路、石油管道等交通枢纽光纤重要节点。中卫气候条件适宜,年平均气温8.8℃,全年大气环境优良天数达280天以上,适宜采用全自然风冷技术建设大型、超大型数据中心,年PUE值降至1.1,较其他常规数据中心节能35%以上。地质构造稳定。西部云基地地质构造稳定,发生7级以上地震的概率几乎为零(1.8×10^{-16}),适合建设高安全性的超大型数据中心。

【中卫大数据中心市建设】 2022年是建设全国一体化算力网络国家枢纽节点宁夏枢纽的开局之年,自治区先后出台《关于促进大数据产业发展应用的实施意见》《关于促进全国一体化算力网络国家枢纽节点宁夏枢纽建设的若干政策意见》,在基础设施建设、绿色发展、税收减免、人才引进等方面给予支持。自治区财政每年安排1亿元一般债券资金,支持数据中心集群重大基础设施建设。对于获得国家枢纽节点专项资金支持的项目,按照最高不超过国家补助资金额度的10%进行配套支持,最高不超过2000万元。对于符合国家专项要求,但未获国家资金补助的,给予每户企业最高不超过1000万元的资金支持。对于在区内注册的独立核算企业,投资1亿元以上、采用国家绿色数据中心标准新建的数据中心,实测年均PUE值低于1.2的,按数据中心建筑面积给予最高不超过每平方米100元的奖励,每户企业补助最高不超过1000万元。对基础软硬件实现国产化率90%以上的数据中心,给予企业最高不超过1000万元的奖励。支持"飞地"经济。鼓励企业在东部地区设立数字经济"飞地",组织开展"飞地"示范园区认定。对落户自治区的大数据、云计算等优势企业,三年内可按实际投入的20%给予补助,最高不超过300万元。经权威机构认定的世界企业500强、中国企业500强、中国服务业企业500强、中国民营企业500强、国内行业细分排名前30位的大数据及云计算龙头企业,在宁夏设立全国性总部、区域性总部或功能性总部,实际完成投资5000万元及以上且营业收入超过1000万元的,给予一次性不超过100万元的落户奖励。对新认定的国家高新技术企业或年营业收入超3000万元的本地企业,给予一次性不超过100万元的奖励。对区内注册的大数据、云计算企业,在主板、创业板、科创板、北交所上市的,每户企业逐步给予分阶段奖励

1000万元。鼓励企业开展大数据、云计算和软件技术基础研究,对突破关键核心技术,有研发创新产品的项目,给予不超过项目总研发投入30%的补助,最高不超过1000万元。对工业和信息化部、自治区信息化领域的示范点示范项目、优秀产品、解决方案等,按其软硬件实际投资完成额,给予一次性不超过20%的奖励,最高不超过200万元。在降成本、税费减负方面,明确对于在区内注册的独立核算企业使用集群内数据中心算力服务的,服务费用按照合同金额给予30%的补助,最高不超过20万元。大数据、云计算等企业享受自治区降低优势产业用电成本政策。在区内投资兴办符合西部大开发税收优惠条件的大数据、云计算企业,除减按15%的税率征收企业所得税外,自取得第一笔生产经营所得纳税年度起计算优惠期,实行企业所得税地方分享部分"三免三减半"。为鼓励积极招才引智,政策中提出,对全职引进的全日制博士每月发放5000元补助并发放安家费26万元,对全职引进的重点院校重点学科全日制硕士每月发放3000元补助。企业柔性引进人才每年累计到宁夏工作2个月以上,在宁夏枢纽建设方面取得突出成效的,经评估按所付薪酬的30%,每年最高不超过50万元的标准给予企业补助,最长可补助3年。2022年,建成中国联通一期、美团三期等8个数据中心,新增标准机架1.21万个,较上年增长37.8%,累计4.41万个,上架率达到76.7%,入统固定资产投资12.6亿元,较上年6.6亿元增长90.9%,累计达到93亿元。

【数据中心产业集聚效应】 依托中卫区位、交通、资源优势,以"双节点"高速发展为基,形成"一雁引头、众雁齐飞"的产业集聚发展新局面。形成较为成熟的新一代绿色数据中心建设方案和运营经验,具备快速承接数据应用服务的良好条件,建成投运8个大型、超大型数据中心,累计安装机柜4.67万个,服务器装机超过60万台,带动解决就业3500人以上。这里集聚美团、亚信、欢聚等200多家云计算及配套企业,为文化和旅游部、残疾人福利基金会及三星电子、小米、小红书、爱奇艺等4000余家企事业单位提供海量存储和大数据计算服务。其中,并行科技联合中国科学院网络中心打造西部超算基地,欢聚集团音视频、国家电子政务云西部节点上线运营,航天驭星商业卫星测控指挥中心累计为超过200颗商业卫星、火箭提供测控服务,北斗导航位置服务数据中心宁夏分中心投入使用,全球首个综合性遥感卫星定标场为商业卫星提供200余次定标试验服务。

【数字产业发展】 中卫市大力发展云计算和大数据产业这一"一号工程",实现从无到有、从小到大的大跨步飞跃,2022年带动信息传输、软件和信息技术服务业增加值增长18.4%。"云天中卫"品牌影响力不断提高,举办首届西部数谷算力产业大会第五届"云天大会",与12家企业签订项目投资合同,投资金额达420亿元,新闻总体传播曝光量达3亿次。截至2022年,建成使用中卫市公共云平台、政务数据共享交换平台等"云天中卫"核心基础设施,与国家、自治区平台有效连接,实现全市55个智慧应用上云部署,建成市、县、乡、村四级电子政务外网,国家医疗云专区上线运营,"互联网+医疗健康"助力疫情防控被国务院联防联控机制确定为典型经验。

【营商环境优化】 为更好实现以数据链带动创新链、资金链、产业链融合发展,中卫积极为数据中心关联企业、互联网平台应用建设企业等争取更多落户权益,创造更好发展环境。以区、市联动,打好土地、电力、网络、人才等系列政策"组合拳",出台宁夏枢纽配套政策,如支持国家(中卫)新型互联网交换中心建设,按建设投入的50%,给予建设运营公司2000万元的资金支持,在3年运营期内给予每年1500万元的运营补贴。深化以商招商、以情招商、产业链招商,开展精准招商引资。

云计算项目

【亚马逊云计算中卫合作项目一期】 项目占地面积575亩,总投资25亿美元,建设3个数据中心园区、12栋机房和两个网络连接中心,部署1.08万个机柜,可安装服务器40万台。项目分四期建设,一期3栋机房于2017年12月正式运营,部署2700个机柜。项目二期建设3栋机房,建筑面积3万平方米,安装机柜3600个。2022年年底,机房主体完工,上线运营机柜1800个。亚马逊云科技提供厂房及附属设施,并提供技术支撑,宁夏西云数据科技有限公司投资机柜、服务器并负责运营,面向三星电子、小米、小红书、华夏航空、李宁体育、招商银行、华泰证券、三一集团、海澜之家、民生科技3000余家企业提供云服务。

【美利云数据中心项目】 项目占地面积600亩,总投资120亿元(服务器投资90亿元,IDC基础设施投资30亿元),建设10栋机房,总建筑面积20万平方米,部署机柜2.1万个,可安装服务器30万台以上。

项目分三期建设,一期2栋机房建成,每栋机房4个模块,部署机柜4224个,交付美团、电信天翼云、北龙超算等公司使用。项目二期4栋机房主体建筑完工,可部署机柜8800个,至2022年年底,1栋机房完成机电设备安装工程,向美团公司交付机架1920个。

【中国移动数据中心项目】 项目占地面积200亩,总投资25.85亿元(不包括服务器),建设3栋独立机房,可部署机柜1.6万个,服务器装机能力40万台以上。项目分三期建设,一期建成1栋数据机房、1个制冷站、1个动力中心和1栋办公楼,机房建筑面积2.1万平方米,安装机柜3206个,服务器装机能力10万台。至2022年年底,国家电子政务外网西部节点、美团云、宁夏银行等业务入驻,上架率95.2%,PUE至1.35以内。项目二期开工建设。

【中国大脑绿色数据中心项目】 项目占地面积70亩,总投资约3.45亿元,建设3栋机房,总建筑面积2.8万平方米,部署3000个机柜,服务器装机能力达8.4万台。项目分三期建设,一期投资8400万元,建设1栋机房(两个模块),建筑面积4700平方米,部署1000个机柜。至2022年年底,项目一期1栋机房建成并安装机电设备,500个机柜交付使用。

【中国电信数据中心项目】 项目占地93.68亩,总投资13.7亿元,项目分两期建设,主要建设4栋独立数据中心楼和1栋运维楼,总建筑面积3.69万平方米。一期投资3.7亿元,建设两栋数据中心楼和1栋运维楼,总建筑面积1.43万平方米,部署6千瓦机柜2032个,至2022年年底,土建和1号数据中心楼机电设备全部完成,交付6千瓦机柜896个。

【宁夏中卫云计算中心项目】 项目由宁夏特加森科技有限责任公司投资建设,规划占地235.64亩,建筑面积16万平方米,总投资约108.3亿元,建设办公及运维综合楼1栋,数据中心机房9栋,安装1.6万个IT机柜,满足40万台高性能服务器部署。项目分三期建设,一期投资10.3亿元,建筑面积约3.4万平方米,安装机柜约2000个,可容纳服务器超过4万台,计划建设周期为2022年10月至2024年6月。二期投资40亿元,建筑面积约7.2万平方米,安装机柜约8000个,可容纳服务器超过16万台。三期投资58亿元,建筑面积约5.4万平方米,安装机柜约6000个,可容纳服务器超过12万台。项目二期、三期按照市场需求,适时投资建设。

【中国联通数据中心项目】 项目占地面积200亩,计划总投资14亿元(不包括服务器),建设6栋独立机房,可部署机柜1.2万个,服务器装机能力30万台。项目分三期建设,一期建设1栋机房和1栋运维楼,机房面积1.2万平方米,可部署机柜1500个,服务器装机能力4万台,设计PUE值1.2以内。2022年启动"闽宁云"项目。　　　　　　　(赵雨薇)

农业 水利

农业农村

【概况】 2022年,中卫市农林牧渔服现价总产值达162.13亿元,增长4.1%;农村常住居民人均可支配收入14398元,同比增长6.7%。实施藏粮于地、藏粮于技战略,新建高标准农田12.49万亩,粮食种植面积211.19万亩,总产量68.82万吨。其中,小麦面积18.11万亩,水稻面积4.83万亩,玉米面积109.95万亩,玉米大豆带状复合种植面积18.34万亩,马铃薯面积29.02万亩,杂粮面积30.94万亩。稳定"菜篮子"产品供应,蔬菜种植面积21.79万亩,总产量59.6万吨,其中设施蔬菜4.96万亩,露地蔬菜16.83万亩。存栏奶牛12.81万头,肉牛、肉羊、生猪和家禽饲养量分别达到54.58万头、301.85万只、94.07万头和1033.23万只,肉、蛋、奶总产量分别达到11.65万吨、3.57万吨和53.65万吨。建成葡萄酒酿造中心1个、酒庄1个,种植酿酒葡萄3000亩。新认证绿色食品10个,农产品质量安全监测总体合格率为98.2%。培育自治区级以上农业产业化龙头企业家50家,农民专业合作社63个、家庭农场108家、联合社两个、家庭农场联盟1个,创建市级示范社和家庭农场各15家,全市退出压砂地47.55万亩,种植硒砂瓜40.6万亩,产量132万吨,通过覆膜节水灌溉、密植精细管理、线上订单销售、品牌培育推介等措施,实现销售收入27.72亿元,退出压砂地产业结构优化、瓜农稳定增收工作得到自治区领导批示肯定。农产品加工转化率达71%。创建国家级现代农业产业园1个、国家级畜禽养殖标准化示范场3个,建立农作物病虫害统防统治及绿色防控融合示范点26个。建立有机肥替代化肥三年行动示范园区50个,推广面积35万亩,推广测土配方施肥面积223.98万亩,全市化肥利用率、农药利用率、残膜回收利用率、畜禽粪污综合利用率分别达到41%、41.5%、89.9%和93%以上。开展农村人居环境整治提升五年行动,实行"月督查通报排名、季度观摩评促、年度考评奖补"制度,乡村面貌显著提升,改造农村户厕4000座,累计改造13.57万户,普及率达61.3%。办理"一村一年一事"443项,办结率达100%。村集体收入2.02亿元,收益5万元以上的村425个,占全市所有行政村的96%,累计分红达4000万元以上。2022年办理农村产权抵押贷款95笔2376.02亿元,累计办理5163笔7.214亿元。

【产业融合】 2022年,中卫市实施龙头企业带动融合发展工程,推进新型经营主体培育发展,培育认定自治区级以上农业产业化龙头企业家50家,其中国家级8家,中卫市农业产业化重点龙头企业48家。农产品加工企业完成总产值68.5亿元,实现营业收入53亿元,利润总额2.2亿元。开展休闲农业提升年活动,全市休闲农业和乡村旅游发展到153家,年接待游客110.22万人次,营业总收入1.5亿元。中宁县黄羊村被评为2022年中国美丽休闲乡村,沙坡头区驼铃声声客栈和聚龙湾生态旅游有限公司被评为2022年全国休闲农业与乡村旅游四星级企业。

【农村改革工作】 2022年,中卫市443个村集体收入20191.58万元,较上年增加5527.58万元,增长18.29%;全市村集体经济收益为15956.27万元,较上年增加3947.32万元,增长23.51%。全市经营收益10万元以上的村达85%。88个村集体获得实施中央、自治区发展壮大村级集体经济项目。推进农村产权抵押贷款工作,产权抵押登记从土地承包经营权逐步扩大到林权、农业设施产权、农民住房财产权等产权,2022年新增农村产权抵押登记贷款2376.02万元,累计5163笔7.214亿元,新增农业设施产权抵押贷款5240万元。丰富农村土地"三权分置"具体实现形式,推进土地流转,放活土地经营权,承包土地流转面积71.93万亩,占二轮家庭承包经营耕地总面积的32.17%;托管服务面积达180.12万亩次;累计培育土地股份合作社48个,入股农户1.4万户,入股土地面积3.88万亩。沙坡头区开展自治区级第二轮承包到期再延长30年试点工作。

(韩昌烨 张天量 梁俸杰)

种植业

【概况】 2022年,中卫市划定粮食功能区109.96万亩,推广测土配方施肥223.98万亩,三大粮食作物专业化统防统治累计面积207.7万亩,建设粮食绿色高质高效示范区1000亩,粮食生产获得全面丰收。落实粮食种植面积211.19万亩,其中小麦面积18.11万亩,水稻面积4.83万亩,玉米面积109.95万亩,玉米大豆带状复合种植面积18.34万亩,马铃薯面积29.02万亩,杂粮面积30.94万亩。种植硒砂瓜面积40.6万亩,总产量132万吨,实现产值27.72亿元。

【蔬菜产业】 2022年,中卫市蔬菜种植面积21.79万亩,总产量59.6万吨,其中设施蔬菜4.96万亩,露地蔬菜16.83万亩。制定印发《2022年设施蔬菜产业高质量发展实施方案》,推进老旧设施改造5500亩,推广应用蚯蚓生物技术、秸秆生物反应堆、集约化育苗、水肥一体化、有机肥替代化肥、病虫害绿色防控、农机农艺融合等提质增效技术,推进规模化种植、标准化生产、商品化处理、品牌化销售、产业化经营模式。

(王 雪)

畜牧业

【概况】 2022年,中卫市奶牛存栏12.81万头,同比增长25.3%;肉牛、肉羊、生猪和家禽饲养量分别达到54.58万头、301.85万只、94.07万头和1033.23万只;分别同比增长0.81%、2.68%、-4.1%和24.04%;肉、蛋、奶总产量分别为11.65万吨、3.57万吨和53.65万吨,同比分别增长10.88%、14.01%和23.41%。

【标准化养殖场建设】 2022年,中卫市有畜禽规模化养殖场319个,其中奶牛场39个、肉牛场65个、肉羊场48个、生猪养殖场106个、养鸡场61个。新创建国家级畜禽养殖标准化示范场3个、自治区级畜禽养殖标准化示范场10个;打造自治区级滩羊示范村1个;培育肉牛标准化养殖示范场43个、示范户885户。

【畜牧品种改良】 2022年,中卫市健全完善县、乡、村三级人工授精配种改良网络,推广生猪、肉牛、奶牛人工授精配种改良技术。完成母猪人工授精配种3.9万头,良种覆盖率达100%;推广奶牛优质性控冻精5.16万支,奶牛良种覆盖率达100%;建设肉牛人工授精配种网点66处,采购使用优质肉牛冻精14.05万支,改良肉牛11.64万头,肉牛良种化率达89%;建成运营中国(宁夏)良种牛繁育中心,与北京首农集团合作成立宁夏种牛生物科技有限公司,存栏种公牛49头、种母牛150头,产犊牛9头,生产冻精10万剂、胚胎30枚;完成滩羊(山羊)种公羊采购投3000只。

【惠农政策】 2022年,中卫市落实草原生态补偿政策,全市草原生态奖补面积990.5万亩,资金7435.85万元。其中,沙坡头区334万亩,中宁县290.5万亩,海原县366万亩。落实养殖业惠农政策,粮改饲政策全覆盖,实施畜牧良补、种子工程和新技术推广等养殖业项目政策。

【项目建设】 中卫光明万头生态智慧牧场2022年完成投资20174万元,存栏奶牛7638头。建成宁夏兴垦牧业2.5万头第二奶牛场,存栏奶牛6000头。推进现代牧业阜民丰二期、大青山一场二期项目,奶牛存栏分别达到6733头和9837头。实施宁夏奶业科创中心建设项目,投资200万元建设饲料分析实验室和疫病检测实验室。开展奶牛生产性能测定,共测定奶样12.5万余份。光明乳业中卫乳品加工厂项目获光明乳业总部批复。建成中宁马塘移民区肉牛养殖场和宁特肉牛全产业链标准化示范基地;建成海原海润、宁夏夏华等屠宰企业5家,在广州新建牛肉分割加工中心1个,共屠宰加工肉牛1.5万头、肉羊11.8万只,屠宰加工率分别达到13.8%和12.3%。实施品牌战略,推进中卫牛奶、中卫牛肉品牌注册培育,加大"五丰鲜肉""夏华肥牛"等品牌宣传推介,打造"黄金奶源基地""高端肉牛基地"。

【畜禽养殖污染治理】 2022年,中卫市推广农牧结合、种养循环,全市319个畜禽规模养殖场,治污设施配套率达到97%。新建成以畜禽粪污为主要原料的有机肥加工厂1个,累计7个。建成畜禽粪污集中处理站(点)6个,通过多种处理方式,畜禽粪污资源化利用率达93%以上。

【饲料监管】 2022年,中卫市围绕畜禽养殖投入品质量监管,结合农资打假、"双随机、一公开"执法检查、"瘦肉精"专项检查等不同工作,开展饲料投入品和水产用药安全、法律法规知识宣传活动,组织开展各类集中宣传5场次,入户宣传25次300余户,累计发放全面禁用含促生长类药物饲料添加剂倡议书等农产品质量安全宣传彩页2000余份。悬挂"创建食品药品安全区"宣传条幅50余条。

【动物疫病免疫】 2022年,中卫市组织开展全市春秋两季高致病性禽流感、口蹄疫、小反刍兽疫等重大动物疫病和家畜布病、包虫病、炭疽等重点人畜共患病集中强制免疫,做好孕畜、幼畜等月月跟进补免,累计免疫畜禽1331.52万头(只)次,应免畜禽免疫密度达100%。

【动物疫病监测】 2022年,中卫市制定《2022年中卫市动物疫病监测与流行病学调查工作方案》,开展高致病性禽流感、非洲猪瘟等动物疫病免疫抗体检测和病原学监测,监测样品13782份(血清学5022份、病原学8760份),重大动物疫病免疫抗体水平均达到国家规定的合格标准(70%)以上。依据病原学监测结果,结合疫情监测报告和流行病学调查,科学研判疫病发生和流行态势,消除疫情隐患,保障畜牧业健康安全发展。对非洲猪瘟、高致病性禽流感等重大动物疫病和主要人畜共患病开展流行病学调查,累计调查各乡镇1413次,养殖场(户)21.99万场(户)次,动物10512.88万头(只)次。全市未发生区域性重大动物疫情和动物源性食品安全事件。

【动物检疫管理】 压实官方兽医检疫出证责任,规范检疫出证行为,把好畜禽养殖出栏关。2022年,中卫市共检疫畜禽286.97万头(只),出具动物检疫合格证明11237份。强化畜禽屠宰管理,落实定点屠宰企业官方兽医派驻制度,把牢屠宰检疫"四个关口"。2022年,中卫市屠宰检疫畜禽20.33万头(只),肉品1078万千克,出具动物产品检疫合格证明9.04万张。监督企业严格执行"瘦肉精"自检,"瘦肉精"监督抽检和屠宰企业自检2.19万份。

【畜禽产品质量安全监管】 2022年,中卫市组织开展农资打假专项治理、"治违禁、控药残、促提升"和"护冬奥、保春耕"等专项行动,创建食品药品安全区,保障畜产品质量安全。加强行业领域监督检查和宣传培训。通过"双随机、一公开"、暗访检查、部门联合执法活动,采取"边查边训、查训结合"的方式,坚持处罚与教育相结合原则,检查各类生产经营主体229家,出动执法人员93人次,开展宣传培训7期7196人次,查处兽药违法案件5起,没收伪劣兽药25千克,罚款2.4万元,规范行业领域生产经营行为。实施兽药生产经营许可制度,完成1家兽药生产企业新版GMP检查验收和5家兽药经营企业GSP检查验收。强化兽药生产购进销售全程追溯管理,提高兽药生产经营质量管理水平。加强兽药使用环节监管,推行农业农村部《畜禽养殖场(户)兽药使用记录》,编印发放兽药使用宣传折页5000份。落实兽药休药期证明承诺制度,强化源头监管治理,增强绿色畜产品发展后劲和保障能力。制定《中卫市兽药抗菌药使用减量化行动方案》,在6家养殖场开展兽用抗菌药使用减量化行动试点。强化畜产质量安全监测。完成畜产品抽检202批次,兽药33批次,生鲜乳53批次。对1批次检测不合格鸡蛋进行溯源调查和处理。加强生鲜乳专项整治。围绕奶畜养殖、生鲜乳收购站、运输车3个重点环节,组织摸排巡查,消除安全隐患。加强对全市行政许可的30个生鲜乳收购站、42辆生鲜乳运输车辆接续监管,健全生鲜乳生产、收购、销售、检测、运输等痕迹化管理记录,落实"二证一单"管理制度,取缔不合格生鲜乳收购站和运输车,严查、严防非法添加等违法违规行为。严打重处私屠滥宰。组织开展全市屠宰环节"强监管、保安全"专项行动,强化部门联动,开展联合执法两次,移交违法案件线索4起。畅通举报渠道,落实举报核查,受理电话咨询8次,核查线索两起。强化日常巡查监管,共出动执法检查人员136人次,查处未经检疫肉品违法案件9起,没收销毁无证无标肉品400余千克。普法宣传力度加大,发放宣传材料2000份,发动群众共同参与打击畜禽私屠滥宰等违法行为。

【生物安全管理】 加强动物疫病监测能力建设,通过自治区兽医实验室考核委员会考核验收,取得BSL-Ⅱ实验室资质证书。对辖区内11家从事动物病原微生物实验的机构进行摸底调查和备案。规模养殖场自行委托处理、散养户政府集中收集处理工作机制推行,畜禽养殖环节医疗废物处置监管工作力度加大,实现应收尽收、规范处置。75个规模养殖场签订医疗废物委托处理协议,建设医疗废物暂存间146个,设置乡镇畜禽养殖医疗废物集中收集站点41个。树牢安全生产"高压线"意识,紧盯全市兽医行业领域6个安全生产重点部位,开展安全生产隐患排查,检查生产经营企业147家次,下发安全生产检查意见书14份,防范安全事故发生。

【无害化处理体系建设】 2022年,中卫市加强病死畜禽无害化处理体系建设,建成中卫市病死畜禽无害化处理中心,与全市42家规模养殖场签订委托处理协议。制定《中卫市病死畜禽无害化处理实施方案

（征求意见稿）》，加强养殖、屠宰、生产经营、流通运输等环节病死畜禽、病害畜禽产品收集、转运、处理体系建设。建立畜禽规模养殖场自建暂存设施委托专业机构处理工作机制，推动病死畜禽实现集中无害化处理，提高专业化处理率。

【兽医技术服务】 2022年，中卫市组织实施"三百三千"农业科技服务行动服务项目。围绕非洲猪瘟、口蹄疫、布病等开展防控技术示范推广，创建非洲猪瘟无疫小区，为养殖企业及农户做好兽医技术指导服务工作，解决养殖企业动物疫病防治技术难题，提高生物安全管理水平。

【动物疫病区域化管理】 2022年，中卫市10家规模养殖场通过自治区动物防疫条件监督管理示范场评估验收，15家规模养殖场开展创建示范。非洲猪瘟等动物疫病区域化联防联控制度落实，实现动物检疫A证在线查询，生猪及其产品跨省"点对点"流通调运监管加强，动物防疫指定通道"双签章"管理制度和畜禽定点屠宰"两证两章"管理制度落实，打牢全市生猪安全生产基础。宁夏海通达实业有限公司获评省级非洲猪瘟无疫小区。动物疫病防控技术创新与示范加强。指导规模养殖场开展动物疫病净化，宁夏中卫山羊选育场被评为国家级羊布鲁氏菌病（非免疫）净化示范场，海原县新希望牧业有限公司被评为国家级牛结核病净化示范场，示范带动一批规模养殖场规范化防疫、标准化生产，推动全市动物疫病由有效防控向逐步净化转变。

【动物防疫体系建设】 2022年，中卫市加强动物疫病监测建设能力，市级兽医实验室依托陆生动物疫病病原学实验室项目建设，改善基础条件，配备检测仪器设备，制度建设和规范化标准化管理加强，通过自治区兽医实验室考核委员会考核验收，取得生物安全二级（BSL-Ⅱ）实验室资质证书。加强岗位练兵和技能竞赛。突出全市兽医行业技术人才培养和选拔，组成动物疫病防治员、动物检疫检验员两支代表队，参加2022年全国行业职业技能竞赛——第五届农业行业职业技能大赛宁夏赛区决赛，获动物检疫检验员技能决赛团体第一名、动物疫病防治员技能决赛团体第二名；1人获动物检疫检验员技能决赛优秀裁判，3人分别获动物检疫检验员技能决赛个人第一名、第二名、第四名；1人获宁夏动物疫病防治员技能决赛个人第五名。加强应对突发重大动物疫情应急处置能力建设。制定《2022年中卫市突发重大动物疫情应急演练工作方案》，筹备组织实施，开展模拟实战化演练，增强农业农村部门风险防范和应对突发事件处置能力。 （范学成 杨思瑞）

水产业

【概况】 2022年，中卫市渔业养殖模式、品种结构优化调整加快推进，渔业信息化智能化水平提高，培育打造生态绿色渔业品牌，促进渔业转型升级和高质量发展。全市渔业水域面积稳定在5.4万亩，水产品产量2.09万吨。

【渔业绿色发展】 2022年，中卫市渔业结构优化调整扎实推进，水产健康养殖五大行动实施，落实稻渔综合种养面积5609亩、斑点叉尾鮰等名优水产品池塘健康养殖面积2166亩、池塘网箱养殖斑点叉尾鮰2万平方米、玻璃缸养殖斑点叉尾鮰60口、设施温棚"鱼菜（果）共作"养殖20口、大水面生态养殖面积1.4万亩。养殖尾水治理加强，新建以"三池两坝"为主的养殖尾水治理基地126亩，累计面积400余亩，指导7家水产养殖专业合作社、家庭渔场完成水质在线监控、设备智能化控制。

【渔业安全生产】 2022年，中卫市围绕自治区渔业安全专项整治三年行动、"平安渔业"创建等重点工作，落实安全生产管行业必须管安全、管业务必须管安全、管生产经营必须管安全的"三个必须"要求，设计印制《渔业安全生产隐患排查检查及整改记录台账》，督导养殖生产主体开展经常性隐患排查整改，组织开展渔业安全生产培训4次，培训渔业安全监督管理人员、重点渔业养殖生产企业负责人111人。开展以救生衣和灭火器的正确使用、人员急救抢救等为主要内容的应急演练培训1场次，为养殖户配发救生衣100件、救生圈100个、灭火器100个。制作安装渔业安全警示牌400块。对全市46艘渔业生产用船全部完成统一喷涂编号，建立渔船管理档案，建设渔船停靠点26个；组织开展渔业安全生产检查29次，检查各类涉渔生产经营主体71个，整改隐患问题16个。

【渔业行政执法】 2022年，中卫市开展"中国渔政亮剑2022"系列专项执法检查、水产养殖业专项执法检查、野生动物保护"清风行动"等重大执法检查，印发《"中国渔政亮剑2022"系列专项执法行动中卫方案》《中卫市2022年"清风行动"工作方案》等。公安、市场监管等部门开展联合渔政执法5次，累计在中卫电视台发布游播宣传4期40天，安装不锈钢宣传牌23块，刷写固定宣传标语110条，发放口杯围裙手提袋等2万余个、宣传折页5000余份。围绕黄河禁渔、质量安全、生产安全等执法重点，全市各级农业农村部门累计出动执法人员400余人次，检查渔具店、水族店、市场超市、餐饮酒店、渔业生产经营主体等220余家次，查获涉案人员5人，查办违规案件5起，罚款2.5998万元。全市完成国家、自治区组织的水产品质量安全监督监测抽样92个样品，抽检合格率100%。

（汪宏伟）

农业产业化

【农产品加工业】 2022年，中卫市有农业产业化龙头企业98个，其中沙坡头区47个，中宁县42个，海原县9个。农产品加工企业342个，完成总产值68.5亿元，实现营业收入53亿元，利润总额2.2亿元。

【新型农业经营主体培育】 2022年，中卫市有家庭农场1211个，自治区级示范家庭农场72家；新培育家庭农场100家（中宁县18家，海原县62家，沙坡头区20家）、家庭农场联盟1个。有农民专业合作社1506家，其中国家级农民合作社示范社39家（中宁县15家，海原县8家，沙坡头区16家），自治区级农民合作社示范社62家（中宁县23家，海原县18家，沙坡头区21家）。在农业农村部门新增备案的农民合作社65家（海原县18家，中宁县15家，沙坡头区32家）、联合社1家。继续实施家庭农场和农民合作社示范创建活动，2022年全市评定市级示范社、示范家庭农场各15家。

（梁俸杰　张天量）

农业机械化

【概况】 2022年，中卫市农业机械总动力114.26万千瓦，比2021年增加4.71万千瓦。其中，拖拉机拥有量33811台，各种拖拉机配套农机具44207台（套），主要农作物耕种收综合机械化水平达82.2%，同比增加0.96个百分点。

【农机购置补贴】 2022年，中卫市落实农机购置补贴资金3053.69万元，补贴购置各类农业机械3099台，其中拖拉机638台，谷物联合收获机17台，玉米联合收获机28台，薯类收获机17台，其他农业机械2416台。受益农户2243户，拉动农民投入资金13221.15万元。在购机补贴实施过程中，重点向玉米收获、大豆收获、水稻种植、硒砂瓜生产、枸杞生产、马铃薯生产、无人植保飞机等机械倾斜，推进农业主导特色产业发展。

【农机社会化服务体系建设】 2022年，全市有农机作业服务公司和农机专业合作社46家，其中拥有农机原值100万元（含100万元）以上的20家，农机户4.59万户，作业服务面积达到649.2万亩。农机社会化服务收入30793万元，其中农机作业服务收入24619万元。农机合作服务组织逐渐成为土地流转的新主力、现代农业经营的新主体、培育新型职业农民的新基地。

【农机安全监理】 2022年，农机安全免费服务、农机报废补贴项目在中卫市继续推行。2022年，全市拖拉机、联合收割机登记注册989台，培训农机驾驶操作人员2005人，检验拖拉机、联合收割机6566台，审验驾驶员1699人。全市投保各型农业机械1393台，办理报废补贴农业机械72台，防范化解农机事故的发生和抵御风险的能力。

【农机市场监管】 2022年，中卫市检查农机作业、农机制造、农机销售、农机维修企业（网点）等合作组织89家，排查隐患59起，整改59起，整改率达100%。严把产品质量关，预防和避免有问题的农机产品流入市场，规范农机生产、销售和维修市场的服务经营行为。

（左佳伟）

农业行政执法及农产品质量安全监管

【农产品质量安全宣传】 2022年，中卫市利用法定节日，组织开展宣传和现场咨询活动，宣传《中华人民共和国食品安全法》《中华人民共和国农产品质量安全法》和创建食品药品安全区的意义。通过发放口杯、手提袋等形式在乡村农贸集市开展宣传食品药品安全区创建知识，提高农民群众知晓率。结合日常监管，开展食品药品安全区宣传。在农资经销监管、农机安全监管、农业技术推广、水产执法活动、屠宰场检查、农产品质量安全抽检等活动中开展《农药管理条例》《兽药管理条例》《种子法》和食品药品安全区创建宣传。结合重点农业项目实施，在宁夏虹桥有机食品有限公司、中卫光明生态智慧牧场有限公司、中宁县宁特农业发展集团、海原砂甜宝农民专业合作社等重点农业企业面对面开展食品药品安全区宣传活动，提升创建效果。发放宣传资料12000份，咨询群众8000余人。通过全方位的宣传，提高农产品生产经营者第一责任人的意识和守法意识，营造人人关心、人人维护农产品质量安全的氛围,强化农产品质量安全和食品药品安全区创建工作社会共识。

【安全监管】 2022年,中卫市农产品质量安全执法立案、结案39例,罚款41.22万元。农资经营规范管理加强。落实农兽药经营许可制度,强化事中事后监管,严把经营许可关,督促经营企业按规定做好农兽药出入库信息扫码上传,实现农兽药经营销售全程可追溯;打击"忽悠团"兜售农资行为,净化农资经营市场。联合市公安局、市场监督管理局对农资打假进行巡查检查,针对督查发现的相关经营主体经营许可证过期未及时办理、农作物种子生产经营备案手续不齐全、过期农资未及时下架、兽药处方药销售不规范、肥料检验报告索要不完整、农资销售台账记录不全等问题,下发整改通知书,反馈到各县(区)农业农村局要求限期整改。按照"双随机、一公开"制度要求,对两县一区市场主体进行抽查,针对薄弱环节,开展一次回头看,查漏补缺,堵住农产品质量安全隐患漏洞,确保不发生区域性、系统性、链条式质量安全问题,保障人民群众"舌尖上的安全"。检查农资生产经营主体1828家,出动执法人员2508人次,立案11例,罚款8.9万元。种植业产品监管加强。种植生产过程质量监控加强,按照《国家禁用和限用农药名单》加强农药使用管理,按照农药使用规范,执行农药安全间隔期,适时对症施药,控制施药时间。推广测土配方施肥面积180万亩,累计建设有机肥替代化肥示范园区70个,推广面积70万亩,推广农业、生物、物理防治等绿色防控技术,使用高效、低毒、低残留农药开展专业化统防统治,建设8个农作物病虫害统防统治及绿色防控融合示范点,三大粮食作物专业化统防统治累计面积超过120万亩。畜产品监管加强。全市共检疫畜禽257.83万头(只),出具动物检疫合格证明11237份。全市屠宰检疫畜禽19.40万头(只),肉品2044.41万千克,出具动物产品检疫合格证明8.84万张。监督企业执行瘦肉精自检,瘦肉精监督抽检和屠宰企业自检累计达1.92万份。完成1家兽药生产企业新版良好生产规范(GMP)检查验收、5家兽药经营企业生产质量管理规范(GSP)检查验收,在6家养殖场试点开展兽用抗菌药使用减量化行动。农产品质量安全监测加强。针对中卫市及辖区内农产品种植基地、合作社、家庭农场及批发市场、农贸市场等地开展农产品质量安全抽样检测工作。2022年抽检1226批次,其中,国抽41批次,区抽322批次,市、县抽863批次。农产品质量安全监测总体合格率达98.2%。食用农产品承诺达标合格证推行。全市建立农产品合格证生产主体名录295个,其中,海原县合格证生产主体名录50个,沙坡头区合格证生产主体名录131个,中宁县合格证生产主体名录114个。在全市选择20家有规模的农产品生产销售企业配备设备,推行"合格证+检测"模式出具承诺达标合格证,提升监管手段和覆盖率。

【农产品认证】 2022年,中卫市开展有机产品、绿色食品、地理标志、良好农业操作规范、农产品全程质量控制体系(CAQS-GAP)、名特优新农产品等认证工作。9家企业10个产品取得绿色认证,30个绿色产品完成申报材料初审、现场检查、产品及土壤抽检工作。7家企业申报农产品全程质量控制技术体系(CAQS-GAP)试点,申报材料经县、市、区审核,报送农业农村部农产品质量安全中心审定。全市认证农产品累计106个(有机食品6个、绿色食品91个、地理标志农产品9个);中卫硒砂瓜、海原小米、中宁清水河牛肉及猪肉等7个产品被评定为全国名特优新农产品。

(朱兴文)

水利水保

【水利工程建设】 2022年,中卫市组织实施各类续建、新开工水利工程项目54项,完成水利投资12.81亿元。其中,市本级组织实施中卫市第一排水沟余丁段人工湿地工程等3项工程,完成投资8200万元;沙坡头区实施中部干旱带沙坡头香山兴仁片区生态修复及灌区供水工程项目等9项工程,完成投资4.4亿元;中宁县实施中宁县鸣沙镇彭家大疙瘩枸杞供水工程(一期工程)等13项工程,完成投资1.49亿元;海原县实施中部干旱带海原西安供水水源工程等29项工程,完成投资6.1亿元。

【农业灌溉】 2022年,中卫市农业灌溉严格实行以水定植、定额管理、总量控制,按照自治区下达中卫市的引水指标,结合灌区实际,将取水指标科学、合理分配到各县(区)。及时编制完成水量分配及调度预案,做到科学配水、合理分水、管住用水,强化用水过程管理,提高水资源管理能力和利用效率。全年农业取水量为12.271亿立方米(其中地下水取水量为0.250亿立方米),引黄灌区用水量较自治区下达指标少0.62亿立方米,农业灌溉利用系数达0.56以上。

【河湖长制】 2022年,中卫市各级河湖长认真履职,开展巡河(湖)3.5万余次。市级河湖长开展巡河(湖)调研,召开现场工作会,督促解决中卫市第三排水沟、中宁县北河子沟、小湖等河湖水环境问题。完成83条河(沟)道、29条排水沟管理范围划定成果二次复核及矢量数据修改。全市排查出的8个妨碍河道行洪突出问题全部完成整改,完成水利部进驻式暗访反馈3个"四乱"问题和自治区河长办暗访反馈的53个"四乱"问题及56个自查问题的整改销号。在加强水污染防治方面,推进城市集中式饮用水水源地保护,完成中卫市河北地区城乡供水工程饮用水水源地保护区划分和沙坡头区城市饮用水水源地保护区调整。在加强水环境治理方面,实施河道(沟道)治理,沙坡头区石墩水沟、中沟治理项目全面完工,清水河海原段综合治理、清水河下段综合治理等项目工程有序推进。在重点河(湖)沟道水质监测方面,国控黄河下河沿、金沙湾断面总体水质实现Ⅱ类进出,香山湖、清水河泉眼山断面(剔除本底值氟化物)总体水质均达到Ⅱ类;区控中卫市第一、第四排水沟,中宁县北河子沟等8个断面水质稳定达到Ⅳ类及以上。

【水资源管理】 2022年,中卫市严格落实《中卫市水资源节约集约利用实施方案》,将全市14.76亿用水指标科学合理分配到各县(区);抓好取水设施核查登记,为沿黄28处小高抽、照壁山水库等工程办理取水许可;全市年度内总用水量13.63亿立方米,较自治区下达指标少取用1.13亿立方米;严格落实《中卫市水资源超载综合治理方案》,压减高耗水种植作物0.98万亩,开工建设高效节水农业项目4.13万亩,超载治理成效显著。

【水利行业监管】 2022年,中卫市共开展水行政许可审批38项,其中取水许可审批15项,防洪影响评价审批4项,水土保持方案审批19项;对水利行业"互联网+监管"的31项监管事项,以重点监管和"双随机、一公开"监管的方式,完成25项监管事项的监管和录入,行为覆盖率达到80.65%;督促全市所有在建水利项目按照水利工程建设领域关键岗位人员实名制管理规定将施工单位、监理单位关键岗位人员信息录入水利工程建设管理信息平台,实行考勤记分管理,每月通报并纳入个人和企业信用评价。

【节水型社会建设】 海原县于2022年12月被水利部列入第五批节水型社会达标建设县(区)名单予以公布,并通过国家验收,达到国家建设标准。年度内创建自治区级节水型企业2家(累计创建达到8家),引导宇光能源等用水企业推行节水改造和污水资源化利用,全市再生水利用量达1195万立方米,再生水利用率达36%以上。中卫市节水型社会创新试点项目全面完成。通过国家综合绩效评价和中国21世纪议程管理中心组织的综合绩效评价。中宁县完成太阳梁乡新海村分布式污水处理及中水回用一体化试点项目建设。中卫市入选典型地区再生水利用配置试点城市名单。

【水旱灾害防御】 2022年,中卫市修编印发《中卫市防汛应急预案》《中卫市抗旱应急预案》《中卫市黄河防凌应急预案》,组织开展各类防汛应急抢险救援演练11次。开工建设中宁县张裕沟(国道109至滨河大道段)治理、2022年宁夏清水河(海原县段)综合治理等3条中小河流治理工程,实施沙沟水库除险加固等3个病险水库除险加固工程。对黄河徐庄、杨家湖等4处水毁工程进行应急除险,实施七星渠口、跃进渠口等抗旱应急工程。针对7—8月期间的多次强降雨,及时发布预警信息,适时启动Ⅳ级应急响应。

【水土保持】 2022年,中卫市实施沙坡头区迎水桥镇营盘水小流域综合治理项目、中宁县红柳沟小流域水土流失综合治理项目、海原县谢塬段塬坡耕地水土流失综合治理项目、沙坡头区(北岔、车路沟Ⅰ、车路沟Ⅱ)3座淤地坝除险加固工程、中宁县东庄子河骨干坝除险加固工程、海原县路沟涧大型淤地坝工程等18个水土流失治理项目,新增治理水土流失面积231.4平方千米。

【水利改革】 2022年,中卫市紧盯用水权改革的18项重点任务,完成农业确权面积217.48万亩(取水水量8.0751亿立方米),核定263家工业企业用水权(确权水量5039.46万立方米),拟定《中卫市用水权收储交易管理办法》等配套文件,指导中卫工业园区5家企业完成共计100万立方米的水量交易。持续深化国资国企改革,中卫市水利勘测设计院累计承揽沙坡头区香山乡红圈村高标准农田建设项目、黄河中卫市徐庄马滩应急除险工程、沙坡头区中沟下段治理工程等60余项设计任务、9项EPC施工任务、25项监理任务,完成合同产值超过3000万元。农业水价改革全面完成,各县(区)农业水价调整和执行方案批复并执行,基层服务体系全部建立,配套制度完成8项54条。水务一体化进程加快,中卫市第三污水处理厂及河北城乡供水工程建成并投入使用,完成中卫工业园区中水厂股权收购、西线供水工程汇霖公司收购。

(王 茂)

住房和城乡建设

综述

【概况】 2022年,中卫市建成区面积79.13平方千米,城镇化率为50.51%,城市道路长560.53千米,集中供热能力1972万平方米,供气管道长1067.03千米,燃气普及率为81%,供水管道长493.98千米,全年供水总量达到2707.2万立方米,排水管道长445.66千米,城市污水处理率为99.53%,城市生活垃圾无害化处理率为99.46%。

【城市建设融资】 2022年,中卫市住房和城乡建设局共争取中央扩大内需及自治区项目各类专项资金6.07亿元,完成招商引资1.52亿元。

【乡村建设】 2022年,中卫市落实落细"一带两廊"空间规划,指导县区因地制宜实施乡村建设项目,完成中宁石空镇、海原李旺镇两个高标准重点小城镇,沙坡头区迎水桥镇何滩村等7个美丽宜居村庄建设项目年度建设内容,加强历史文化传承保护,积极申报获批支持建设传统村落保护项目两个(中宁县余丁乡黄羊村和海原县西安镇菜园村),冬季清洁取暖项目完成投资5.9亿元。全市建成抗震宜居农房2216户,改造农村危房384户,农村危房动态清零;加快完善农村生活垃圾处理设施设备,全市生活垃圾治理村庄达到433个,治理率达100%,无害化处理率达98%,农村生活垃圾处理机制和收集、转运、处置体系基本形成。

重点工程建设

【棚户区改造项目】 2022年,自治区下达中宁县棚户区改造任务400套,全部为货币化安置,中宁县完成改造任务610套,完成任务的152.5%。海原县续建的北苑小区基础设施项目和闽宁科技园公租房基础设施项目3#、4#基础设施全部完工,1#、2#公租房及电商大楼基础设施地下给排水、采暖管道全部完成,完成工程形象进度的85%。新建的南苑安置小区(明珠南华府)进行9栋楼主体工程施工。棚户区改造自治区下达任务400套,完成认定任务403套。

【市政设施建设项目】 2022年,沙坡头区建成新墩桥、文昌桥和利民桥3座市政桥梁及8个街头小游园、4个便民早市、4个停车场,运动广场、第三净水厂、第三污水处理厂建成投用,更新供排水管网87千米,消除积水点30处,铺设燃气管网125千米,更换居民燃气隐患设施6.4万户。中宁县建设富民创业街小游园口袋公园1处,完成投资140万元;小团结路特色商业街工程项目进入基础改造阶段;增设生态停车场两个,计划停车位1500个,县城内停车难现象逐步缓解。海原县民兵应急器材库建设项目、县城生活垃圾第一填埋场封场建设项目、集中供热管网及换热站项目、城市热源调配工程、垃圾压缩中转站提升改造工程(一、二标段)及文联路、勉巷两个垃圾压缩站改造工程完工,农村垃圾收运及处理项目完成总工程量的70%,第二污水处理厂二期扩建工程完成基础开挖。

【道路建设及改造工程】 2022年,沙坡头区完成宁钢大道等22条市政道路更新罩面。中宁县更新改造鸣雁西路等12条道路共计15千米,其中7条道路开工。海原县提升改造政府东西街、东城路、政府南北街、建设路、黎明路、文联路6条市政道路。其中,建设路、黎明路、文联路、政府东西街、东城路均完工,政府南北街完成招投标。

【保障性住房工程】 2022年,中卫市先后建成保障性租赁住房38341套204.33万平方米(沙坡头区15033套89万平方米,中宁县15090套75万平方米,海原县3779套17.86万平方米,海兴开发区4439套22.47万平方米),已分配入住36479套(沙坡头区13560

套,中宁县15090套,海原县3590套,海兴开发区4239套),分配入住率达到95%(沙坡头区90.2%,中宁县100%,海原县95%,海兴开发区95.5%)。及时调整2022年公租房申请标准,降低准入门槛。

【老旧小区改造提升工程】 2022年,中卫市改造老旧小区56个34万平方米,惠及群众3965户,其中,沙坡头区2个,中宁县47个,海原县7个。

行业管理

【行政审批】 2022年,中卫市深化工程建设项目审批制度改革,探索极简审批,实行告知承诺制,进一步压减工程建设项目审批事项,优化流程,提高效率。对新型基础设施、一般房屋建筑内部装修改造、无建筑物的硬化铺装、一般市政管线、小型市政管线等建设项目,实行告知承诺制等形式,推行定制审批,进一步压缩办理时限。简化消防报审手续,进一步优化消防设计审查验收管理。加强信息化建设,全面推行施工图数字化报送、审查和监督,提高审查效率和服务水平。简化水、气、暖报装手续。将水、气、暖报装服务进驻到政务服务大厅,并纳入宁夏工程建设项目审批管理系统,全部实现一窗受理、资料共享、并联办理、限时办结,推行线上线下"一站式办理"。优化工程建设审批流程,实现工程建设项目"一站式"办理,将原有77个审批事项进一步减少至57个,实现政府投资类工程建设项目从115个工作日压缩到80个工作日以内、社会投资类工程建设项目从75个工作日压缩到55个工作日以内、社会投资带方案出让土地项目从55个工作日压缩到45个工作日以内、工业项目和其他类(城市基础设施线性工程)项目均压缩到60个工作日以内的目标。全年共审查核准办理房地产预售14批、建筑工程施工许可证49个,发放和更换燃气企业及站点的经营许可证29个。

【建筑市场管理】 2022年,中卫市市直管在建项目52项,总建筑面积23.7万平方米,办理竣工验收备案76项,总建筑面积26.04万平方米。开展质量综合执法检查两次、质量专项检查1次、安全专项检查5次,累计下发质量隐患整改通知书36份、安全隐患整改通知书83份、停工通知4份。累计受理工程质量问题投诉161件,其中市长信箱139件、业主自访16件、网络舆情2件、信访转办件4件,办结回复率100%。所有在建房屋建筑和市政基础设施工程均在监督范围之内,工程主体结构质量可控,安全生产形势总体平稳。沙坡头区共办理施工许可证手续63起,办理建筑起重机械安拆告知及使用登记502起,审核办理建筑企业优良业绩加分113起5370分,企业不良行为扣分30起3700分,个人不良行为扣分35起133分。查处未办理施工许可擅自开工建设、工程转包等违法案件8起,累计行政处罚18.996万元。年度累计向建筑工地参建主体下发建筑工程质量安全隐患限期整改通知书198份,督促396条质量安全隐患全部整改到位。中宁县组织执法检查15次,检查建筑工地56个,下发建设工程质量安全隐患停工整改通知书38份、建设工程质量安全整改通知书18份,查处建筑施工领域安全隐患63项,完成整改63项。对检查发现的19家建设单位、施工单位存在的违法违规行为进行行政处罚,处罚金额共计498145.83元。对4家施工企业、3家监理企业进行信用惩戒,扣除企业信用分。对检查发现有违法违规行为的64名从业人员进行个人记分处罚。海原县在建项目88个,总建筑面积约112.40万平方米。监督工程竣工验收47项,竣工工程资料备案审查39项。办理建筑起重机械安装(拆卸)告知31项,使用登记9项,注销超期塔式起重机9台。特殊建设工程消防设计审查8项,消防竣工验收及备案抽查23项。核查属地建筑企业安全生产能力3家。开展综合执法检查6次,检查在建项目160余次,检查检测机构和预拌混凝土企业11家,形成检查通报6份、整改通知书106份、停工整改通知书7份,行政处罚9家企业,罚款17.47万元,扣除企业诚信分值10起,关键岗位人员违法违规记分19人次。

【房地产市场管理】 2022年,中卫市共有有资质房地产企业25家。全市实施房地产开发项目34个,房地产总体运行在一个比较合理的区间。房地产开发项目完成投资31.4亿元,同比下降14.8%。房地产开发项目施工面积362.1万平方米,同比下降19.1%,其中住宅施工面积266.6万平方米,同比下降15%。商品房销售面积57.9万平方米,销售额29.8亿元,分别同比下降37%和32.8%。房地产开发项目待售面积90.5万平方米,同比下降12.1%。坚持"房住不炒"定位,不断加强房地产市场监管,出台《促进城区房地产市场平稳健康发展11条措施》,依法开展8次房地产市场综合执法检查,责令8家开发企业整改违规行为19项,完成房屋预售重点监管资金使用审核50批2.36亿元,解除预售资金监管项目1个。

【公共设施管理】 供水方面:2022年,中卫市共有供水厂3座,其中两座正常运转,另外一座备用。日供水能力5万立方米，实际日供水量约3.6万立方米，满足市民日常生活用水需求。市区供水管道长约117千米。投资670万元建成智慧供水系统，对城区12个片区供水管网压力进行实时在线监测，提升管网漏损、爆管抢修效率。对水源地21个泵房实施红外监控，实现泵站远程启停和水质自动化在线监测，提升供水安全监管能力。对水厂过滤车间、二级加压泵站的水位、压力、流量等参数实时在线监测，水厂设备实现远程启停，提升水厂安全运行效率。坚持对城市公共供水的进厂原水、出厂水、管网水及二次供水实行日监测、月检测，106项生活饮用水检测指标全部达标，切实保障水质安全。自来水水质综合合格率达到100%，水质检测项目具备106项检测能力。排水方面：城市排水管网总长度为97.4千米，管径为500~1800毫米。其中老城区的现有排水管道主管道长约为26.3千米，管材为钢筋砼管，接口采用柔性胶圈接口，采用平箅式单箅雨水口，地势低洼处采用联合式单箅雨水口，检查井采用重型铸铁井盖。新城区的现有排水管道主管道长约为53.3千米，管材为钢筋砼管，接口采用柔性胶圈接口，局部道路采用钢管，采用平箅式单箅雨水口，地势低洼处采用联合式单箅雨水口，检查井采用重型铸铁井盖。中心城区有污水处理厂1座，占地5.67平方千米，集污工程服务面积30平方千米，日设计处理能力为4万立方米，主要承担城区范围内生活污水的收集、处理。加大污水接入和管理力度，城区市政污水管网覆盖区域生活污水排放单位基本全部依法接入市政污水管网，封堵施工降水、地源热泵回水排入市政排水管网工地两个、小区5个。城区污水处理厂平均进水BOD浓度达到144.89毫克/升，生活污水收集率达到67.36%。供热方面：市辖区热电联产设计供热能力1037万平方米，已入网面积1419万平方米，实际供热面积990万平方米，服务用户12.7万户，换热站234座，投运供热管网245千米，唯一热源为国能中卫热电厂。尚有恒祥国际、时代佳苑、夏华家园及世和新天地等4家地源热泵小区共计60万平方米因供热质量不达标需接入集中供热，有香山悦府、锦宸湾等8个新建小区120万平方米申请接入。2022年冬供暖自10月25日开始，为确保供暖安全稳定，夏季投入近200万元，对所有供热设施设备进行"拉网式"保养维修。市政公用设施方面：对宁夏水投中卫水务有限公司进行安全大检查两次，从操作现场、内业资料、应急预案、制度建设、领导带班值班记录到整改记录等系统地进行检查走访，并提出整改意见，特别是污水处理场液氯储存，安全措施到位、防范措施齐全。城镇燃气方面：中卫市共有40家燃气经营企业。其中，天然气经营企业34家，液化石油气经营企业6家，59座加气站，23个液化石油气供应点。至2022年共建成城市天然气管道1031.8千米。组织开展2022年春季开复工及冬奥暨冬残奥会、全国两会、清明节期间城镇燃气安全生产检查工作、城镇燃气安全排查整治工作、"安全生产月"及中秋和国庆节期间燃气行业安全生产专项工作、安全生产百日专项整治工作等，确保燃气经营运行安全。通过政府督查和专家抽查两种方式对城镇燃气企业进行安全检查，共排查安全隐患637项，通过制定整改措施、建立隐患整改台账，实行闭环管理，安全隐患动态清零，对排查出的所有安全隐患全部进行整改落实。2022年5月，根据《中华人民共和国安全生产法》第三十六条："餐饮等行业的生产经营单位使用燃气的，应当安装可燃气体报警装置，并保障其正常使用"的规定，联合市商务局、市场监督管理局、应急管理局和消防大队开展联合检查，对检查发现的问题进行限期整改。指导市商务局、市场监督管理局按照任务分工，加强对餐饮行业使用燃气的经营单位监督管理，督促安装可燃气体报警装置。两次书面通知液化石油气经营单位，督促餐饮经营者使用液化石油气安装可燃气体报警装置，对不安装可燃气体报警装置的用户采取拒绝供气处理。中卫市1819家餐饮企业用户中，沙坡头区1296家（天然气用户891家、液化石油气用户405家），可燃气体报警装置安装率达100%；中宁县440家，可燃气体报警装置安装率达100%；海原县83家，可燃气体报警装置安装率达100%。燃气经营企业结合网格化管理、液化石油气上门配送服务和入户安检等，加强对燃气用户安装可燃气体报警装置的宣传，鼓励居民用户安装可燃气体报警装置，增强安全隐患防范意识，预防安全事故发生。

【招投标监督管理】 2022年，中卫市共完成政府建设工程报建招标备案35项，工程报建率、开标工程备案率均达100%。备案资料归档及时完整、目录清晰，按时按要求完成各项招投标任务。

（张　飞）

住房公积金管理

【概况】 2022年，中卫市已建制职工8.26万人；全市当年归集住房公积金11.27亿元，累计归集91.78

亿元,期末归集余额35.12亿元;当年提取住房公积金7.34亿元,累计提取56.66亿元;当年发放住房公积金贷款4.16亿元,贷款总额54.21亿元,贷款余额20.23亿元;年末住房公积金个贷率达57.60%;贷款逾期率控制在0.6‰。

【政策宣传】 2022年,中卫市强化考核督导,问效与问责两手抓。将年度建制计划纳入绩效目标考核,充分发挥考核的激励督导作用,分层分类压实责任,与工作成效紧密挂钩,实现以考督责、兑现奖惩。突出宣传催建,线上与线下相结合。在做好疫情防控的前提下,充分运用电话、微信公众号、手机App和中心门户网站等,深入开展宣传引导和建制工作,全力以赴为企业建制提供便捷服务。依托联动机制,发挥行业优势。充分利用各受托银行服务网点多、客户资源丰富、营销能力强等行业优势,宣传公积金政策制度,开展非公企业住房公积金建制扩面、催收催缴工作。借助开发公司售楼部平台,宣传公积金低息贷款政策。

【政策落实】 2022年,中卫市紧扣"房子是用来住的,不是用来炒的"的定位,充分发挥住房公积金在"住有所居、住有宜居"中的保障作用,大力支持职工购买保障性首套住房和改善型二套住房。坚持宣传执法并举,利用中心网站、微信公众号和手机App等媒介和年度对账单等形式,精准宣传公积金政策和贷款业务办理流程。准确研判中卫市房地产市场发展态势,及时调整异地贷款担保政策,降低个贷条件,明确由在宁夏区内缴存、在中卫市工作的缴存职工提供担保,即可申请公积金购房贷款。科学调配资金,根据各委托银行资金存量情况,合理调配各银行的存量资金,提高贷款发放和提取业务办理速度及资金到账率,有效满足职工需求,助推房地产市场去库存。

【制度建设】 2022年中卫市严格执行《住房公积金管理条例》,打破习惯思维和惯例,统一规范住房公积金缴存方式,执行缴存基数"一年一定"规定,切实保障条例的全面执行,有效减少相关单位及人员的工作量。及时出台疫情防控阶段性支持政策,批复10家企业13093名职工降低住房公积金缴存比例或缓缴申请,共缓缴或少缴住房公积金近2.72亿元;向7户受疫情影响未能正常缴存的申贷职工发放贷款283万元;在"8·04"和"9·20"疫情期间向未偿还住房公积金贷款的职工发送批扣数据进行贷款回收,避免贷款职工受疫情影响造成的失信。

【资金安全】 加大账目核查力度,每天对银行存款日记账、业务账逐笔核对,做到业务当天办结,资金及时到账,资金安全运行。建立风险防控机制,结合住建部电子稽查风险点和中心业务管理实际,对风险隐患精准识别、预警排查、实时监控、逐一整改,切实提高业务办理的准确性和防范风险的严密性。按照"贷前严审、贷中规范、贷后跟进"贷款风险管理机制,对再交易住房通过上门取证、周边走访和网上二手房交易平台比对等方式确定合理的交易价格,有效防范虚高房价带来的风险;对逾期6期以上的贷款提请法律诉讼,有效化解潜在贷款风险。对审计署指出的问题,及时开展整改、立查立改。对于技术性问题,及时制定整改方案,责任科室盯着逐一整改落实。属于制度漏洞的,深挖问题出现的原因,积极查漏洞、补短板,触类旁通,举一反三,切实提高精细化管理水平。

【资金收益】 将不执行定期存款3年期利率上浮的银行存款,转入基准利率上浮的银行存储,力争最大资金收益。与全部开户银行签订协定存款协议书,并在协定存款基准利率的基础上再上浮30%,保证活期资金按协定存款上浮后的利率结息。跟踪分析每月住房公积金收支数据,科学预测资金收支形势和业务发展趋势,合理制定资金使用调配和定期存储计划,实现资金流动性和收益性的有机统一。提升资金管控水平,落实资金存储和调配集体决策制度,全市资金集中调度管理,统一调剂余缺,平衡内部资金供求。

【信息化建设】 提取业务不见面。解除劳动合同和退休的缴存职工通过网上业务厅点击提取申请,办结后资金实时到账,无需跑腿、省时省力。查询渠道多样化。通过公积金门户网站、网厅、微信公众号、"12329"公积金服务热线、"我的宁夏"App等平台缴存职工可查询个人账户信息、缴存明细、提取明细、贷款信息等,缴存单位可查询单位基本信息、职工信息、业务办理情况。咨询建议畅通化。职工可通过"12329"热线与客服一对一交流,还可通过门户网站、手机App、微信公众号等咨询公积金相关政策,提出意见和建议。归集业务在线办。至12月底,全市共有1159个单位签约网厅服务,实施网上业务办理,单位网厅缴存率达97%,网上办理汇缴核定和分配11573笔、业务转移2056笔。上级要求及时办。国家自治区相关部门安排的"一网通办""跨省通办"和"好差评"服务评价项目有序推进,得到上级主管部门充分肯定。

(高原杰)

交通　邮政　通信

交通运输

【概况】 2022年,中卫市公路通车里程达8363.399公里,公路网密度约为47.87公里/百平方公里。按行政等级分,国道804.464公里,省道716.782公里,县道101.325公里,乡道2363.555公里,村道3869.876公里,专用公路507.397公里;按技术等级分,高速公路466.266公里,一级公路119.903公里,二级公路1112.826公里,三级公路1130.397(2017年1356.481)公里,四级公路5515.507公里,等外公路18.5(2017年31.117)公里。境内既有铁路有包兰线、宝中线、太中银线、干武线、吴忠至中卫城际铁路、干武铁路增建二线6条,总计518.5公里。辖区内水上通航里程182公里(2017年186公里),其中Ⅴ级航道56公里,不定级航道126公里。共有水运企业3家,营运渡口4处,非营运农用渡口26处,有渡船、客渡船、游艇等登记在册营运船舶108艘。全市有客运站5个,其中一级站1个、二级站3个、三级站1个;班线企业15家,线路239条,车辆543辆;公交企业12家,城乡公交线路75条,公交车辆578辆;出租汽车企业20家,出租车辆1829辆;道路货物运输业16907家(户),其中危货企业41家,车辆300辆,普货业户16817家(其中个体户16357家),车辆21020辆;汽车维修企业1005家,驾驶员培训学校10家。全市列养公路7393.087公里,沙坡头区县、乡、村列养公路优良率分别达到83.84%、43.89%和36.82%;中宁县、乡、村列养公路优良率分别达到78.03%、76.54%和76.53%;海原县乡道优良中等路率达75.5%,MQI值为76.8;村道优良中等路率达76.8%,MQI值为72.07。全市公路运输客运量237.2287万人次,客运周转量22631.0398万人公里,货运量7730万吨,货运周转量927600万吨公里。

【公路及桥梁建设】 2022年,中卫市S50海原至平川(宁甘界)公路PPP项目段年度完成投资16.95亿元,银昆高速(海原段)年度完成投资5.58亿元。省道308线滚泉至白马段5月建成通车。中沟路宁钢大道至机场大道中段改建工程、中沟路宁钢大道至机场大道东段改建工程、经二路、经三路、迎沙路建成通车。中卫下河沿黄河公路大桥,年度完成投资1.51亿元。

【铁路建设】 中卫至兰州客运专线(宁夏段)于2022年12月29日全线通车运营,累计完成投资12.07亿元。

【水运建设】 2022年,黄河沙坡头枢纽至中宁县白马乡段航运工程,航道疏浚整治工程基本完成。

【客运建设】 2022年,中卫市完成沙坡头区城市公交国有化改革,中卫市卫民公共交通有限责任公司注册成立,7月份正式运营。争取自治区交通运输厅2022年推进农村客运高质量发展项目资金1020万元,争取自治区2020年度农村客运、出租车成品油价格补贴资金2394万元。沙坡头区建成乡镇"客货邮商"综合服务站两个(兴仁镇、常乐镇),村级综合服务点9个。海原县建成"客货邮商"乡镇综合服务站1个。全市通公交乡镇24个(沙坡头区9个,中宁县6个,海原县9个),建制村202个(沙坡头区107个,中宁县43个,海原县52个),乡镇通公交率为60%(沙坡头区为81.82%,中宁县50%,海原县52.95%),建制村通公交率为45.6%(沙坡头区66.05%,中宁县32.33%,海原县35.14%)。

【农村公路管养】 2022年,中卫市建立县、乡、村三级路长组织机构,坚持"一路一长、分段养护、条块结合、网格管理"原则,实行县、乡、村三级"路长制"管理体系。沙坡头区辖养农村公路2158.053公里。其中,专用公路滨河南北路79.28公里,县道61.892公里,乡道985.633公里,村道1031.248公里,覆盖沙坡头区11个乡镇，162个行政村。中宁县共管养农村公路和专用公路1921.457公里。其中，县道39.433公里、乡道751.698公里、村道1046.502公里、专用公路83.824公里，（其中滨河大道76.633公里）。海原县共管养农村公路2744.957公里。其中，县道暂时为0公里，乡道33条602.011公里，村道840条2142.946公里。农村公路列养率达100%。

【交通运输安全监管】 2022年，中卫市开展道路运输领域专项整治行动。检查企业41家次，发现整改一般问题和隐患4条。持续推广应用危险货物道路运输电子运单监管系统，累计完成危险货物道路运输电子运单数21642单，运单使用率居全区首位。组织推动全市41家危货运输企业300辆危货运输车辆全部安装4G智能监控系统。开展公路运营领域专项整治行动。摸底排查全市需要实施农村公路安全设施和精细化提升道路349条1873公里。开展农村道路交通领域专项整治行动。查处农村"双违"违法186起，排查治理农村隐患突出路口路段24处。开展公路工程建设领域专项整治行动。加强S50海原至平川高速、下河沿黄河公路大桥等重点项目中的高风险施工、高风险作业环节隐患排查。开展交通运输行业灾害防范治理专项行动。组织开展汛期公路风险（隐患）排查治理，建立清单，排查出道路风险隐患178处，治理122处。

【运政执法】 2022年中卫市开展"清朗"行动，出动执法人员300余人次、执法车辆120余辆次，发放宣传资料800余份，摸排疑似车辆48辆，依法查处固定线路非法营运9起，罚款3.7万元。开展"清亮"行动，开展各类专项整治16次，检查出租车1400余辆次，查处违规经营95起，处罚教育出租车驾驶员50余人次。开展"清流"行动，重点检查危货运输企业、车辆和从业人员资质、电子运单，以及承运人责任险投保、车辆标志牌和安全告示牌安装、安全提示卡、罐车罐体检验及北斗车载终端平台运行情况，报废老旧危货车辆15辆。开展"清源"行动，强化机动车驾驶员培训非法经营治理，立案查处非法培训经营点5处，探索建立与生态环境、市场监管部门联合执法机制，开展联合检查8次，集中检查维修业户120家次，整治问题6个。开展"清畅"行动，紧扣重要时间节点，共开展各类水上执法检查78次，制作检查记录318份，检查船舶755余艘次、船员820余人次，查改隐患7处。

【路政管理】 2022年，中卫市开展"护航"行动，巡查县乡公路4798.9公里，查处违法非公路标志牌6处、违法搭接平交道口1处，清理打场晒粮1处，处置路面安全隐患1处。加强涉路施工监管，处理整改涉路监管施工点3处，监督许可涉路施工点1处。在中卫黄河大桥南侧设立临时治超检查点，严查大货车超限超载行为，累计检测11000余辆次，督促卸载、劝返超载车辆280余辆次。

【治超治撒】 2022年，中卫市启用寺口子治超非现场执法系统，采取夜间执法、设置临时稽查点等方式，强化重要节点管控，严格落实"一超四罚"，依法查处无证等违法经营行为13起，给予从业资格证计分处理117人次，监督企业整改超速、疲劳驾驶行为38起，向车辆管辖地抄告10起。强化源头末端管控力度，将关口前移至原料供应地和收货企业，检查企业67家次，签订《货车规范装载责任书》《货车合法运输承诺书》48份，发放宣传资料1300余份，现场纠正企业违规装载行为6起，监督卸载6辆次，对4家企业下发整改通知书。联合自治区执法监督局中卫分局、公安交警等部门联勤联动联管开展路面流动治理6次，检测货运车辆43辆次，依法查处货运车辆超限超载行为8起。

（马晓梅）

公路管理

【概况】 2022年，宁夏公路管理中心中卫分中心完成投资21096.89万元，实现普通国道MQI值为92.96、PQI值为91.67，优良路率为99.43%；普通省道MQI值为85.46、PQI值为81.72，优良路率为70.75%。

【养护工程项目建设】 2022年，宁夏公路管理中心中卫分中心实施养护工程项目17项，其中路面预防和修复养护工程7项95.584千米、交通安全设施提升工程两项45.95千米、危旧桥梁改造工程5项、危旧道班站房改造工程3项，项目总投资1.66亿元。

【日常养护】 2022年，宁夏公路管理中心中卫分中心处治龟网裂、沉陷、松散等路面病害23.78万平方米，铣刨路面车辙、拥包34.39万平方米，封闭路面裂缝40.33万延米。自然灾害综合风险普查工作，累计普查公路里程937.803千米，桥梁176座，排查自然灾害风险点85处，高边坡32处。开展接养省道安全隐患排查治理工作，针对接养的部分省道超期服役且存在安全隐患的问题，统筹资金412.31万元，处治路面龟网裂、沉陷等病害5.23万平方米，新建1~1.5米圆管涵43.65米，更换波形梁护栏150延米，更新接养省道桥梁信息公示牌66块，投入94.48万元对121座桥梁进行定检,对28座桥梁梁板裂缝、混凝土破损等病害完成处治,立项实施改造桥梁9座,一、二类桥梁占比为90.14%,路况水平稳步提升。

【科创成果应用】 2022年,宁夏公路管理中心中卫分中心推广应用"四新"技术5项:S103线黎庄至海原五桥段养护工程项目使用蓄盐类抗凝冰沥青路面以快速融雪化冰;G109线下坡路段采用彩色防滑路面以提醒早减速;G109线、G344线养护工程中使用SMC-13型沥青混凝土超薄磨耗层以延长路面寿命;S205线闫地拉图至沙坡头旅游新镇、G109线桃山转盘至喊叫水段养护工程项目采用高模量沥青混凝土方案解决重载交通路面车辙病害;S308镇罗至广申大道北养护工程项目利用全深式就地冷再生技术改造废旧沥青混凝土路面。

【安全生产】 2022年,宁夏公路管理中心中卫分中心组织召开季度安全例会4次,开展安全专项检查5次。落实"除隐患、防事故、护民生"集中攻坚行动工作任务,强化道路交通安全隐患治理。全年排查安全隐患162处,2022年治理149处。推进交通运输安全生产专项整治三年行动,重点对"10项重点、6项难点"任务清单,逐项落实完成,累计排查治理问题隐患419处。开展"安全生产强化年""公路安全设施和交通秩序管理精细化提升行动"等9项安全专项整治行动,全年完成21项安全生产治理工作。完成辖区公路应急及保通保畅各项任务。处置各类水毁险情142次,除雪7次。

(党水苗)

邮政管理

【概况】 2022年,中卫市共有邮政普遍服务网点54处,两县一区40个乡镇全部设立邮政快递服务站点,建制村直接通邮率为100%。建成区域快件处理中心1处,县级邮件快件分拣中心18处;全市共有快递品牌9个(EMS、圆通、申通、中通、韵达、顺丰、京东、德邦、极兔),快递网点203处,快递服务覆盖416个建制村,建制村快递服务通达率为93.91%。邮政快递业从业人员860余人。

【快递业务发展】 2022年,中卫市邮政行业业务收入(不包括邮政储蓄银行直接营业收入)累计完成17002.19万元,同比下降7.40%。其中,快递业务收入累计完成11577.17万元,同比下降16.07%;邮政寄递服务业务收入累计完成939.42万元,同比增长0.59%。2022年,全市邮政行业寄递业务量累计完成2181.76万件,同比下降6.71%。其中,快递业务量累计完成1020.29万件,同比下降19.39%;邮政寄递服务业务量累计完成1161.47万件,同比增长8.25%。

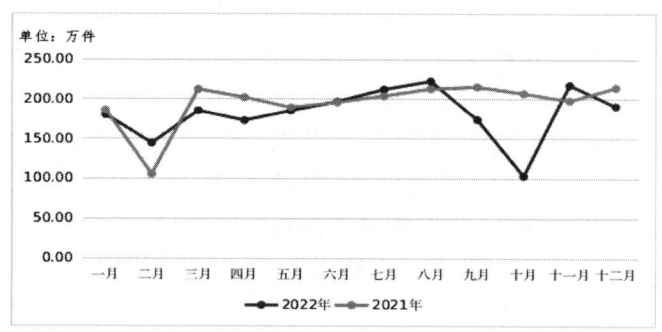

图1 2021、2022年中卫市邮政行业寄递业务量情况

2022年,全市同城快递业务量累计完成74.56万件,同比增长13.97%;异地快递业务量累计完成943.76万件,同比下降21.32%;国际/港澳台快递业务量累计完成1.97万件,同比增长148.71%。

【基础设施建设】 2022年,中宁县建成乡镇中转站

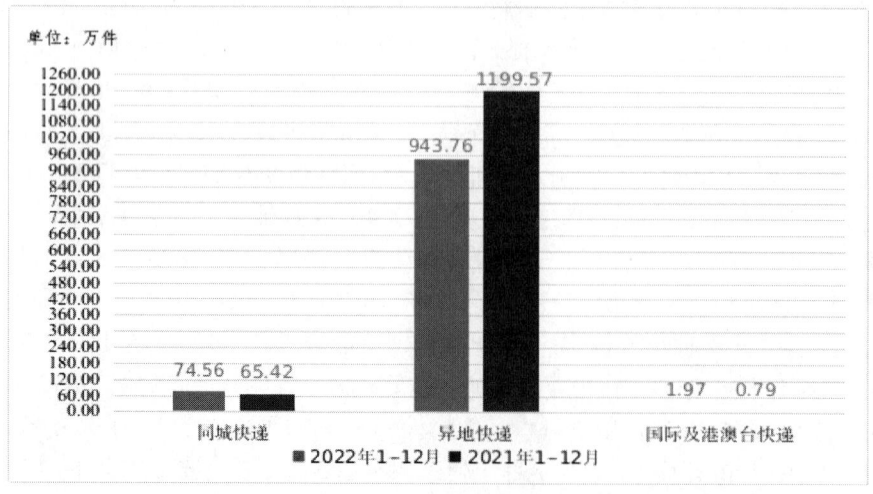

图2 2021、2022年中卫市分专业快递业务量比较

表1　2022年中卫市各县(区)快递服务企业业务量和业务收入情况表

单位	快递业务量(万件)	同比增长(%)	快递业务收入(万元)	同比增长(%)
中卫市	1020.29	-19.39	11577.17	-16.07
沙坡头区	252.89	8.12	4979.63	-4.26
中宁县	682.24	-28.49	4802.79	-27.39
海原县	85.16	9.38	1794.75	-9.29

5个,中宁顺丰二级分拨中心投入使用,日均分拨处理进出港件达2万件。沙坡头区两条自动化分拣线投入使用,海原县1条自动化分拣线投入使用,2022年年底全市自动化分拣能力达到3万件/小时。海原县6195平方米的智慧物流仓储配送中心投入运行,邮政、顺丰、中通、圆通、极兔、申通等6家企业入驻运营。

【行业安全监管】　2022年,中卫市邮政管理局履行部门监管责任,开展安全生产大检查和百日攻坚专项整治行动,打好安全生产专项整治三年行动收官战。开展邮件快件处理场所"四不"问题整治回头看、生产经营租住村(居)民自建房消防安全专项整治等行动。强化部门联动监管执法,开展寄递渠道禁毒、反恐、涉烟、"扫黄打非"等各类专项联合检查11次,检查寄递企业46处。提高"互联网+监管"水平,强化视频联网、安检机在线巡检应用。圆满完成北京冬奥会、党的二十大等重大活动期间寄递渠道安全畅通。

【服务现代农业】　2022年,中卫市邮政快递业与现代农业融合发展成效显著,"中卫枸杞"获全国快递服务现代农业金牌项目。畅通农特产品寄递运输渠道,带动枸杞、硒砂瓜等中卫地理品牌农特产品走出去,助力乡村振兴。全年寄递各类农特产品达到800万件,带动农特产品产值3.26亿元。

【市场秩序规范】　2022年,中卫市坚持"双随机、一公开"监管机制,持续清理整顿快递市场秩序,着力整治快递"黄牛"、利用快递服务"刷单"、低价无序竞争、快递末端服务不规范等六大类突出问题。全年监督检查寄递企业营业网点、处理场所249处,下发责令改正通知书11份,立案查处寄递企业7家,责令停业整顿1家。规范申(投)诉办理流程,处理有效申诉53件,挽回群众损失0.39万元。

【邮政普遍服务】　2022年,中卫市开展邮政普遍服务达标检查、高校录取通知书寄递专项检查、社会监督检查等行动,全年检查邮政普遍服务营业场所56处,出检112人次,督促邮政企业提高普遍服务质量。做好《中国共产党第二十次全国代表大会》等19套纪特邮票发行销售监督检查工作。加强机要通信规范宣贯培训,开展两轮全覆盖检查,下发责令改正通知书5份。持续巩固建制村直接通邮和县级党政机关《人民日报》当日见报成果。

【行业绿色治理】　2022年,中卫市实施行业绿色发展"9917"宁夏工程,推动过度包装治理和塑料污染治理,回收处置不可降解的塑料包装袋、胶带和一次性塑料编织袋等制品,稳步推广可循环快递箱(盒)应用和瓦楞纸箱回收复用工作,企业使用符合国家标准的快递废弃物回收装置数量不断增加,行业一次性编织袋基本淘汰。全市全行业采购使用符合标准的包装材料比例为91.25%,按照规范包装操作比例为92.16%,全市推广使用可循环快递箱(盒)1500个,回收复用瓦楞纸箱35.2万个。

【快递员权益保障】　2022年,中卫市邮政管理局常态化开展"暖蜂行动",全年慰问快递员332人次,发放慰问金、消暑物资合计11.7万元。帮助3名快递员申请困难职工子女学习资助,组织女职工参加两癌筛查。推进快递员优先缴纳工伤保险,全市357人参加社保,71人优先缴纳工伤保险,参保率为62.09%。持续开展快递员职业技能提升行动,举办培训班3期,参训150人。选树推广行业先进典型,顺丰速运(宁夏)有限公司中宁中转场被授予"2022年度全国邮政快递业青年安全生产示范岗"称号。

(高婷婷)

通信管理

【电信】　2022年,中国电信股份有限公司中卫分公司开展"全员服务在行动"系列活动。在中宁、海原、海兴设立视频客服座席。通过明察、暗访促整改、提服务,每月对1~4级营业厅服务现场检查,并组织三方公司每月对全市47个厅店轮流暗访,会同通管局、区公司暗访梳理出服务短板清单,督促县分公司限时整改,对服务问题逐一复查。年内,各项服务指标均处于同业优先水平。组织应急演练6次,参演99人次。完成沙坡头兴仁节水灌溉开工仪式、沙坡头丝绸之路大漠黄河国际文化旅游节、沙坡头时空之门千车自驾中卫启动仪式、沙坡头鸣钟村开街仪式、中卫"云天大会"等8场重要应急通信保障任务。开展"我为群众办实事，防范网络诈骗"宣讲会，现场普及防骗知识，入户为村民下载安装防诈App。定点帮扶永康镇永乐村、驻村帮扶海原高崖联合村、结对帮扶太阳梁乡北湖村乡村振兴工作，组织员工购买帮扶村农副产品价值1.4万元。对贫困家庭办理居家优惠宽带、iTV及看家摄像头15户。为联合村协调帮扶资金20700元，建设乡村振兴平台1套，安装安防摄像头10部，为贫困学生捐赠智能台灯7个，为孤寡老人赠送烟感器7个、血压仪7个。对海原联合村的残疾农户、贫困党员开展冬季送温暖活动，购买过冬生活必需品价值0.4万元。对8户困难家庭给予0.43万元的现金帮扶及励志图书捐赠。对永康镇永乐村投入1.5万元资金硬化厂房地面176.5平方米。与北湖村党支部开展"我为绿色宁夏做贡献"——天翼绿色低碳先锋行动，植树200余棵。 （凌模范）

【移动】 中国移动通信集团宁夏有限公司中卫分公司（简称"中卫移动"）设有综合部、财务部、党群工作部、市场经营部、政企客户部、网络部和工程建设部7个职能部室，下辖沙坡头分公司、中宁分公司和海原分公司3个县分公司以及综合片区集中支撑中心、集团客户服务中心和客响中心3个运营中心，共有职工235名。完成党的二十大、全国两会和自治区第十三次党代会、"云天大会"等应急通信和网络安全保障任务，落实5G和千兆城市建设、电信普遍服务、提速降费、携号转网等各项任务。完成防范网络诈骗、骚扰电话整治等各项工作。2022年，中卫移动共投资1.2亿元用于5G等基础网络的建设。建设完成无线网络基站5000个，其中5G基站1000个，实现一区两县主城区连续覆盖，主城区覆盖率为99.04%，45个重点乡镇5G覆盖率为97.83%，并同步推进5G向重点园区、重点场所、行政村等区域延伸覆盖。推进5G、工业互联网等新技术、新业务与实体经济发展融合，形成跨行业跨领域的应用生态。其中，在中兰高铁项目中，中卫移动克服隧道塌方、疫情影响等困难，按时高质量完成76处5G站点的开通，标志着宁夏高铁专网正式迎来5G时代。在宽带建设方面，中卫移动宽带覆盖率达到95%以上，全市覆盖超过42万家庭和单位。2022年，在中卫地区实现千兆示范小区的建设和改造，并逐步加大千兆小区的建设和改造力度，建成千兆小区1619个，覆盖家庭28万户。截至2022年年底，中卫移动家庭宽带用户21.2万户。中国移动（宁夏中卫）数据中心建设项目总规划建设8栋机房楼，总投资35亿元，以国际T3+、国内A类标准建设，建成后可提供2万个机架，40万台服务器的承载能力（6EFLOP/s），至2022年年底完成投资近40亿元，具备15万台服务器能力，可以面向社会各行各业提供全栈式移动公有云、私有云、混合云业务服务。中国移动（宁夏中卫）数据中心为西北五省唯一的工信部双认证、全宁夏最大的数据中心，可提供区内同城、异地双活灾备能力，实际上架率全区第一，是PUE低于1.25的低碳节能新型、绿色数据中心。投资1500余万元建成西部首家集测评、建设、评估、监测、运维为一体的信息安全运营中心，开展攻防演练大赛、举办中卫市网络信息安全专题培训班，联合安全厂家制定安全防护方案，为行政事业单位及企业提供定制化、标准化、云化的全栈式信息安全服务。联合打造"央企联合创新体"，促进传统产业升级，努力带动当地数字经济产业。与中国电子中电算力科技应用（宁夏）有限公司，形成一个算力产业联盟、两个基地（银川、中卫信创超算基地）、打造算力生态培育与创新发展中心，"东数西算"应用与示范中心，投资约30亿元。牵头组建西部算力产业联盟，吸纳国内外107家行业头部企业联合建设宁夏算力产业生态圈，打造宁夏数字经济"第一算力引擎"。探索数智化乡村建设新模式，投入4.1万元专项资金，优化中宁红湾新村、树台乡新庄村监控软件平台、平安乡村平台服务模块等。投入1.9万元专项资金，为沙坡头区宣和镇海和村提供平安乡村、乡村"云MAS"业务。向海原县树台乡新庄村派驻由两名驻村队员组成的工作队，脱产开展乡村振兴工作。落实消费扶贫，帮助乡村农户增加收入，助力乡村振兴。通过"以买代帮"的方式，采购固原胡麻油、小米等，组织员工参与"央企兴农消费扶贫周"活动，员工自购扶贫产品，消费7.12万元。帮助销售海原牛肉，金额5万元。在疫情防控期和党的二十大等重大活动保障任务中，巡检预测到位，预案措施得当，重点指标稳定，业务感知良好，实现"三零"保障目标。中国移动爱"心"活动开展期间，宁夏移动累计投入1752万元开展山区贫困儿童先天性心脏病筛选及治疗，中卫地区累计筛查267人次，治疗26人次。

（孙若然）

【联通】 中国联合网络通信有限公司中卫市分公司（简称"中卫联通"）分设4个支撑管理部门，基层设9个划小经营单元。2022年中卫市分公司行业份额达到18.87%；收入同比增长8%，用户发展同比增长

4.43%。2022年中卫联通被宁夏回族自治区精神文明建设指导委员会评为自治区文明单位。开展"我为群众办实事"服务再升级之智慧助老、关爱残疾人等专项活动和智家升级"千兆小区"、万户家庭上门检测活动。规范业务宣传,提升服务能力,落实首问负责制,建立线上线下一体化投诉处理体系,投申诉管控本地行业排名第一,投诉环比下降1.36%。建设新型数字信息基础设施,精准投资建设,加强与电信协同,深化共建共享,2022全年开通5G、L900和4G基站700多个;建设宽带端口4万余个。履行社会责任,配合市政府完成第五届"云天大会"、腾格里沙漠3GW新能源基地光伏复合项目开工等重大事件网络通信保障。

(许秀娟)

【铁塔】 2022年中国铁塔股份有限公司中卫市分公司总体收入保持稳定增长,累计实现营业收入9900万元,同比增长3%。其中,一体业务收入9400万元,完成率为90%,增长率为1%;智联业务收入390万元,能源业务收入110万元,较上年同期上涨30%。EBITDA率达到76%。资本性支出得到有效控制,公司资产总额36000万元,资产报酬率为9%,较上年同期上涨1.5%。拥有通信铁塔1700余座,铁塔共建共享率为60%。严格按照安全生产"五个务必"和"十位一体"工作要求,落实"塔长制"安全管理体系,组织自有人员对楼顶拉线塔及增高架进行全量排查,发现隐患89处,完成整治89处。组织代维单位开展森林及草原站点变压器、T接点安全隐患排查,发现隐患120处,完成整治120处。推进铁塔春季检修工作开展,排查全量铁塔,发现隐患115处,完成整治115处。强化应急保障能力,圆满完成两会期间、二十大期间及重大节假日等重要通信保障工作,全年累计完成通信保障30次,出动车辆130辆次、油机200台。推进逾龄资产专项整治,梳理逾龄资产清单,结合巡检及资产盘点,重点聚焦客户高等级站址、"超长服役"资产,完成全量逾龄资产核查,整治156条,确保基站平稳运行,服务保障赢得总体认可。落实客户问题分类分级管控机制,闭环管控问题,提升客户满意度,客户问题解决率大于98%。外市电预检预修,减少自有电力线路及设施引起的供电故障,缩短故障维修时间,实施电池精准管理,合理改造电池,确保站址续航能力,全年改造客户高等级站点配套120站,月均发电次数降幅45.56%,月均发电费降幅50.32%。梳理保障清单、确定保障等级、备好保障物资、做好应急演练,应急响应客户认可率达100%,重保成功率达100%。加强单站成本管理,精准管控生产成本,借助"强素质、提能力"活动,加强自有员工及一线代维规范性培训,强调发电工单操作规范动作,协同运营商县区维护班与县区代维驻点对发电费开展点对点稽核,深化协同,做到发电费透明化管理。提高站址运营精细管控。逐月开展"六费"稽核,通过自查、抽查方式发现问题,逐项整改,问题整改率达100%。对发电工单进行核对,杜绝虚假、无效发电。强化安全生产管理。联合运营商和代维合作单位开展应急通信保障演练两次。开展办公场地消防演练1次,消防安全知识讲座两次,健康知识讲座两次。全年未发生安全生产事故。完成移动700M、普服、5G三期四期,电信5G,联通900M,中兰高铁公网覆盖项目等重点项目建设,运营商年度需求满足率达92%。2022年,累计起租塔类订单600个,完成预算塔类起租订单目标任务的105%,月均塔类订单完工起租率始终保持在90%以上。起租楼宇室分25万平方米、隧道室分25千米,室分月均订单起租率始终保持在100%。中兰高铁项目实现"同步起租"的目标。

(陈 薇)

生态环境保护

综 述

【生态环境质量】 空气环境质量：2022年，中卫市共设有国控、区控城市环境空气自动监测站点5个，其中，国控站点2个（市生态环境局站、沙坡头区政府站），区控站点3个（沙坡头消防站、中宁县环保局环境空气自动监测站、海原县老城区环境空气自动监测站）。主要监测城市空气中二氧化硫（SO_2）、二氧化氮（NO_2）、可吸入颗粒物（PM_{10}）、细颗粒物（$PM_{2.5}$）、一氧化碳（CO）、臭氧（O_3）浓度。中卫市沙坡头区城市空气质量综合指数为3.58，优良天数299天，达标率为81.9%（较2021年优良天数增加3天，达标率上升0.6%），$PM_{2.5}$年均浓度为30μg/m^3（扣除沙尘天气）；中宁县空气质量综合指数为4.09，优良天数285天，达标率为78.7%（较2021年优良天数减少16天，达标率下降4.2%），$PM_{2.5}$年均浓度为34μg/m^3（扣除沙尘天气）；海原县空气质量综合指数为3.07，优良天数334天，达标率为92.8%（较2021年优良天数增加19天，达标率上升4.3%），$PM_{2.5}$年均浓度为23μg/m^3（扣除沙尘天气）。水生态环境质量：2022年，中卫市地表水监测断面（点位）共计12个，其中，国控断面4个，区控断面8个，城市集中式饮用水水源地4个。中卫境内4个国控断面总体水质均达到国家及自治区考核目标，8个区控断面总体水质均达到自治区考核目标Ⅳ类，中卫市集中式饮用水水源地总体水质均达到自治区考核目标Ⅲ类。土壤环境质量：2022年，全市土壤环境质量总体保持稳定，农用地和建设用地土壤环境安全得到基本保障，土壤环境风险得到基本管控，重点建设用地安全利用率为100%，农村生活污水治理率达到32.5%。声环境质量：2022年，中卫市沙坡头区功能区噪声每季度测量1次，共布设9个监测点位，全年共监测4次，昼间、夜间达标率均为100%。中卫市沙坡头区道路交通噪声共布设33个监测点位，8—10月昼间监测1次，监测总路段长20.8千米，均达标。年均等效声级为59.4dB（A），质量等级为一级，总体评价为"好"。中卫市沙坡头区区域环境噪声共布设104个监测点位，8—11月昼间监测1次，年均等效声级为53.8dB（A），昼间区域环境噪声声源构成主要是生活噪声和交通噪声，分别占44.2%和50.0%，建筑施工噪声占5.8%，工业噪声和其他噪声占比为0，噪声质量等级为二级，总体评价为"较好"（生活和交通噪声是影响中卫市沙坡头区区域声环境质量的主要噪声源）。

【污染物排放量】 2022年，自治区下达中卫市大气污染物氮氧化合物、挥发性有机化合物削减量分别为508.47吨、1.66吨，实际削减量分别为1850.08吨、13.65吨，超额完成自治区下达的目标任务。自治区下达中卫市水污染物化学需氧量、氨氮削减量分别为275.97吨、10.71吨，实际削减量分别为561.18吨、49.27吨，超额完成自治区下达的目标任务。

【依法行政管理】 举办全区首个乡镇生态环境领域行政执法培训班，共培训执法人员100余名。配发执法服装78套，申领行政执法证31人，持证率为94.3%。建立法治建设第一责任人职责述法评议、"八五"普法和"四清单一办法"等制度，成立法治建设和"八五"普法领导小组，压实法治政府建设工作任务。严格落实《重大行政决策程序暂行条例》等规定，制定相应实施办法5项，组织召开案件讨论会6次，办理听证案件3起，审核行政处罚案件、合同等55件，重大行政决策13件，行政审批21件。

【环评项目管理】 2022年，中卫市共审批建设项目环境影响评价文件138份（报告书31份、报告表107

份），登记表备案434份。全市共核发排污许可证84家（变更44家，首次申请8家，重新申请13家，延续19家），累计核发238家（重点112家，简化126家），完成排污登记1556家。按照"应确尽确"原则，全市核定符合确权标准的排污企业70家，累计确权226家（重点管理88家，简化管理73家，登记管理65家）。完成11家企业25笔交易（2家5笔通过协议出让取得，9家20笔通过竞价交易取得），交易二氧化硫0.3409吨、氮氧化物18.3409吨、化学需氧量14.476吨、氨氮0.75吨，交易总金额24.7万元。完成中宁县宁华再生资源循环利用科技有限公司和中宁县宁华工贸有限公司清洁生产审核报告验收，完成宁夏蓝丰精细化工有限公司和宁夏华御化工有限公司清洁生产审核报告评估，4家企业被确定为2022年强制性清洁生产审核企业。

【大气污染防治】 2022年，中卫市推进清洁取暖，成功申报北方地区冬季清洁取暖试点示范项目，争取中央专项资金9亿元，累计完成清洁化改造投资6.23亿元，完成热源清洁化改造项目442.57万平方米、建筑能效提升项目34.21万平方米。加强全市散煤销售经营场所扬尘防治，督促对场地进行遮盖和洒水。全面推进"六个100%"扬尘防控措施，落实工地堆放超过24小时土石方采用密目网覆盖，每日洒水降尘。线性工程实施分段施工并配备防尘设施，施工、监理单位拒不配合落实扬尘防治措施的，纳入信用评价管理。要求渣土、粉状物运输车辆采取密闭措施，实行一车一证。加强加油站油气回收管控，推进在线监测设施安装。推进实施吸尘式机械化湿式清扫道路，建成区机械化清扫率达到75%以上。深入排查煤堆、灰堆等裸露空地70块，均进行分类整治。开展秸秆禁烧巡查检查，推进餐饮油烟等无组织排放管控，推动11家重点企业开展"一企一策"挥发性有机物综合治理。开展汽修行业专项整治，检查汽修行业露天喷涂、烤漆等113家，下达限期整改3份。加快推进水泥、钢铁企业超低排放改造，宁夏天元建材有限公司和宁夏瀛海天祥建材有限公司水泥熟料生产线完成改造，宁夏胜金水泥有限公司和宁夏钢铁集团有限公司推进超低排放改造，宁夏三元中泰冶金有限公司和宁夏众泰工贸有限公司等开展大气污染综合治理。每季度召开1次全市污染防治工作推进会，修订重污染天气应急减排清单，纳入重点管理清单47家。37家涉气企业安装废气在线监测设备。成立环境空气质量深度分析专班，精准应对重污染天气，共发布污染天气应对调度指令140次，启动重污染天气黄色预警两次，对环境空气质量进行周分析52期、月分析12期。环境空气质量全区五市综合排名第二。

【水污染防治】 2022年，中卫市强化"五水"同治，持续加强黄河中卫段水生态环境保护。完成中卫市河北地区城乡供水工程饮用水水源地保护区划分工作和沙坡头区城市饮用水水源地保护区调整工作，绘制全市5个城市及14个农村"万人千吨"集中式饮用水水源地保护区"一张图"，督促县（区）开展集中式饮用水源地保护区整治及规范化建设"回头看"，及时清理整治水源保护区内环境风险隐患。组织开展黄河干支流、重点排水沟入河排污口排查整治"回头看"，完善辖区内入河排污口审批、备案清单，推进中卫市排污口排查及溯源工作，依法依规审批莫楼人工湿地、中宁县第三污水处理厂两个入河排污口，完善全市入河排污口信息清单并绘制分布图。现场检查10家污水处理厂安全运行情况，摸排全市重点涉水企业雨污分流情况。建成中卫市第三污水处理厂及集污管网项目，提高全市生活污水收集处理能力。持续巩固中卫市第四排水沟治理成效。启动中卫市重点湖泊生态修复缓冲带划定项目，督促建成第一排水沟余丁段人工湿地项目。组织实施中卫市重点流域水生态环境质量调查评估工作。在全区率先完成香山湖水生生物完整性及水生态环境质量调查评估工作。制作《湖景美成章　水韵润心田》宣传片，推进中卫市香山湖积极申报生态环境部"美丽河湖"优秀案例。主要排水沟水质全区五市排名第二。

【土壤污染防治】 2022年，中卫市完成35家重点监管企业土壤污染隐患、36个"一住两公"建设用地土壤环境质量状况、非重点行业企业涉重金属、1个高风险地块土壤污染状况和重点建设用地土壤环境质量状况调查。持续推进农村生活污水治理，谋划储备项目12个，督促建成东园镇美利村、柔远镇沙渠村、常乐镇康乐移民区、中宁县恩和镇秦庄村、中宁县徐套乡移民区、海原县史店乡等17个农村生活污水治理项目，累计建成农村生活污水治理设施51个，全市农村生活污水治理率达到32.5%。

【危废安全处置】 2022年，中卫市全面加强医疗废物、危险废物、废弃危险化学品等安全处置监管，成立医疗废物应急处置工作专班，统筹推进医疗废物专人管理、专车转运、专区收集、专送处置工作要求，指导全市医疗废物处置中心、医疗机构、集中隔离点、高速公路检查站等重点防控单位强化医疗废物及涉疫情生活垃圾规范管理，确保应收尽收，全市共收集处置医疗废物4070吨。组织50余家企业开展《中华人民共和国固体废物污染环境防治法》培训，评估考核固危废重点企业38家，指导137家危险废物和74家固体废物企业严格落实申报登记、台账记录、危废标识等规范化管理制度，及时线上申报固危废产生、贮存、处置等情况，建成中卫工业园区第二固废填埋场。

【噪声污染防治】 2022年，中卫市推进工业噪声、建筑施工噪声、交通运输噪声和社会生活噪声污染防治，督促指导海原县完成城区环境噪声功能区区划调整工作。工业噪声方面，要求全市企业认真落实环评批复要求，生产运营采取有效隔声、消声等降噪措施。建筑施工方面，督促新开工的34个建筑项目全部安装噪声污染防治在线监测系统，加强夜间施工监管，受理解决噪声扰民信访案件14件。交通运输方面，在主要交通路段两侧设置隔离带，合理划定禁鸣区域，督促相关部门及时查处乱鸣笛交通违法行为，配套建设噪声检测等交通技术监控设备，对擅自改装大功率车载音响设备等违法行为进行处罚，在中考、高考期间加强学校周边道路交通管制。社会生活方面，对市区商户在生产、经营时产生噪声扰民问题及时发现、及时制止300余起，对利用扩音喇叭营销的各类流动商贩及时进行批评教育并清理800余起。全市"12345"共受理噪声投诉案件5375件，其中，广场舞扰民685件，商业噪声扰民1730件，其他社会生活噪声1009件，经营场所、居民装修441件，学校、中高考噪声144件，车辆行驶鸣笛噪声152件，工业企业噪声122件，建筑工地噪声572件，建设项目噪声263件，其他噪声257件。办结率达100%。城市功能区、道路交通干线、区域声环境质量状况保持稳定。

【生态环境监测】 2022年，中卫市生态环境局落实全市水、气、声、土壤环境质量监测和重点污染源监测。完成全区地表水采测分离样品交接、实验室分析、数据审核推送、异常数据报备处置、突发情况应对处理、质量保证、质量控制等水生态环境质量监测重点工作。中国环境监测总站、自治区生态环境监测中心组织的能力验证考核中，8个项目均被评为"满意"。通过6年1次的实验室资质认定复审工作，取得八大类141项的实验室资质。举办中卫市首届生态环境监测系统技术大比武活动。公布各类有效监测数据约14500个，城市环境空气质量日报365期、环境质量预报365期，编制2022年环境质量月报12期、半年报2期，中卫市生态环境质量报告、状况公报、统计年报各1份。

【生态环境执法】 2022年，中卫市强化执法监管刚性约束，结合"双随机、一公开"工作，积极组织开展水、铁合金行业、矿山生态环境、排污许可"一证式检查"等9类专项执法检查，强化执法、监测协同，执法、司法衔接，加大对破坏生态环境犯罪的打击力度。借助"云天中卫"，打造"互联网+智慧环保"，强化信息应用，充分利用在线监控、无人机等技术，提升溯源控点精准监管能力，实现对生态环境全方位、全覆盖监管。建设"一企一档"管理系统，全市59家重点排污单位废气、废水排放口安装在线监测设施201套，89家企业487个点位安装污染源视频监控。建立"正面清单+微违免罚"柔性执法制度体系，明确24种减轻、从轻、不予处罚的情节，对符合要求的22起案件从轻处罚，对9起环境违法行为采取"免予处罚+责令改正或行政告诫"的措施。全市共检查污染源1269家次，出动监察执法人员2540余人次，下达行政处罚决定书52份、责令改正违法行为决定书98份。适用环保法4个配套办法查处环境违法行为案件3起。受理环境信访投诉案件114件，均调查处理办结。其中，6起案例被评选为自治区典型案例，3起案卷被评选为全面依法治市优秀案卷。

【生态示范区建设】 2022年，编制完成《中卫市国家生态文明建设示范区规划（2022—2025年）》《中卫市国家生态文明建设示范区创建工作实施方案（2022—2025年）》，成立中卫市创建国家生态文明建设示范区工作领导小组，对照36项创建指标任务实施创建工作。

【社会帮扶】 2022年，中卫市生态环境局主要负责帮扶海原县李旺镇杨堡村，包抓中宁县喊叫水乡红湾新村，共深入帮扶村开展结对帮扶7次，包抓村帮扶3次，慰问杨堡村贫困党员及困难群众20户，为红湾新村捐赠5升垃圾箱4个。联合浙江省绍兴市爱心人士共同开展"爱心助学，逐梦前行"帮扶活动，为杨堡村9名、红湾新村6名贫困学生捐赠"爱心助学金"共计3.6万元，并捐赠衣物和图书等。

【环保科普】 2022年，中卫市以世界环境日、生物多样性日、全国低碳日等生态环境保护重要活动节点为契机,围绕"美丽中国,我是行动者"活动主题,广泛宣传习近平生态文明思想。举办全市"深入打好污染防治攻坚战,建设天蓝地绿水美新中卫"专题培训班,各县(区)、相关部门和沙坡头区各镇乡、企业共85人参与培训,安排授课辅导15次,点位观摩4次,视频观看1次,专题研讨1次。举办主场宣教启动仪式两场、新闻通气会两场、专场文艺演出1场(自编行业节目3个)、问卷调查11场,组织中卫市第二、第五、第十小学学生开展环保绘画评选表彰活动各1场(共评优秀作品216幅)、幼儿环保绘画两场,开展"五进""四类"环保设施公众开放5场、志愿服务活动76场、"文明健康 绿色环保""环境保护"宣教实践活动36场。编制时长10分钟的《砥砺初心使命 凝聚前进力量》宣传片1部,推送生态环保公益短信10万条。选送信息400余篇,市级媒体采用21篇,区级媒体采用两篇,《中国环境报》采用1篇。为"喜迎党的二十大 再看宁夏生态环保新气象"活动提供新闻线索3条,在"中国环境""黄河云视""红枸杞""宁夏电视台"等新闻客户端发布。

(洪丽思)

中卫沙坡头国家级自然保护区

【概况】 宁夏中卫沙坡头国家级自然保护区是中国北方干旱地区建立的第一个荒漠生态系统类型的自然保护区,始建于1984年,1994年升格为国家级自然保护区,位于中卫市沙坡头区西部腾格里沙漠东南缘,总面积14044.34公顷。自然形成一条西南—东北走向的狭长弧形沙丘地带,包兰铁路横贯其间。主要保护沙漠自然生态系统、天然沙生植被、治沙科研成果、栖息在其中的野生动物及古长城、沙坡鸣钟等人文景观及其自然综合体,自然地理环境独特,荒漠物种资源丰富,以独特的稀有性和广泛的代表性以及重要的生态功能、重大的科学价值、广阔的发展前景闻名中外。保护区有种子植物485种,其中国家二级重点保护野生植物5种;有脊椎动物230种,其中国家重点保护野生动物32种,自治区保护动物25种,属于濒危野生动物种国际贸易公约所规定的保护物种22种,属于中日保护候鸟及其栖息环境协定的鸟类80种;昆虫种类有812种。这里为保护和研究荒漠生态系统及其生物多样性、教学展示的重要基地。

【资源管护】 2022年中卫沙坡头国家级自然保护区共计开展巡护检查1367次2534人次。核查生态环境部2021年遥感反馈重点问题点位两处、国家林草局反馈2022年森林督查图斑3处、2022年自然保护地监督检查遥感反馈沙坡头保护区图斑3处,均为正常点位和图斑。持续开展"互联网+监管"工作。开展"2022清风行动",检查保护区周边餐饮单位4家,未发现野生动植物非法贸易行为。全面推行林长制实施,构建"三长两员"管理模式,落实"五到位""四上墙""一到点",组织召开林长制会议3次,各级林长巡林101次。建设动物栖息地生境恢复150亩,水鸟栖木桩100处、动物饮水点和投饲台各两处。

【科研监测】 2022年中卫沙坡头国家级自然保护区布设植物监测样地12处、样方125处,动物监测样点11处、样线20条40千米、红外智能相机100台,获取动物影像图片3690张,监测到国家一、二级保护动物15种、保护区新记录物种3种,消失三十多年的贺兰山岩鹨被重新发现。开展动物、植物、土壤、昆虫、湿地等10个专题调查研究。建设生态因子自动监测站9处,收集各类数据380余万条。开展陆生野生动物疫源疫病监测,上报监测数据5000余条。普查发现并上报外来入侵物种6种,安装自动虫情测报站1台,完成有害生物防治100亩。

【科普宣教】 2022年,中卫沙坡头国家级自然保护区开展各类科普宣教活动17次,发放宣传资料4000余份,悬挂条幅80余条,张贴海报600余张。推送短信10万余条,官方微信公众号转载发布各类资讯1100余条。编写上报信息34篇,被采用31篇,其中《贺兰山岩鹨"神秘"消失多年后 再现沙坡头国家级自然保护区》《国家一级保护动物"乌雕"再次现身沙坡头保护区》等4篇信息被"学习强国"学习平台、国家林草局网站等区内外媒体刊载。

【安全生产】 2022年,中卫沙坡头国家级自然保护区召开安全生产专题会议4次,签订《安全生产目标管理责任书》12份、《社区共建共管协议书》15份。如期完成安全生产专项整治三年行动,开展输配电设施火灾隐患专项排查治理、森林草原火灾风险普查、林火阻隔系统建设、安全大检查、自建房安全隐患排查、百日安全攻坚等6类专项整治工作,有效防范和化解重大安全生产风险隐患。接受国务院2021年度省级政府安全生产和消防工作考核巡查及国务院安委会成员单位安全生产工作考核。全年未发生较大森林火灾和安全生产事故。

（郝丽波）

南华山国家级自然保护区

【概况】　宁夏南华山国家级自然保护区位于宁夏中卫市海原县境内,距离海原县城7千米。南华山自然保护区属于自然生态系统类别,为森林—灌丛—草原复合型生态系统类型自然保护区。总面积20121公顷。保护区划分为核心区、缓冲区、实验区3个功能区。其中:核心区6182.78公顷,缓冲区5236.87公顷,实验区8701.35公顷。大地构造上属于秦岭—祁连活动带—北秦岭褶皱系的北祁连加里东褶皱带南华山断褶带。地貌上处于黄土高原腹地西部,宁夏南部,山体呈西北—东南走向,区内山峦起伏,沟壑纵横,最高峰马万山海拔2954.6米,平均海拔2600米,沟口海拔北麓2000米,南麓2200米,相对高差700~900米。保护区山涧河谷及山洪沟较多,但地表径流不大,多为间歇性河流,季节性变化大。属中纬度内陆中温带半干旱区,属山地气候和大陆性气候,气温由山麓向山顶逐渐降低。南华山平均年降雨量为495毫米。土壤类型以灰褐土和黑垆土为主。共有各类林地19917.2公顷。其中,有林地（乔木林地）506公顷,疏林地14.52公顷,国家特别规定灌木林地6099.88公顷,未成林地3718.96公顷,无立木林地5831.42公顷,其他林地3746.42公顷。有野生维管植物426种（含种以下单位）,隶属58科203属。其中,蕨类植物2科2属4种;裸子植物2科5属6种;被子植物54科196属416种。南华山位于黄土高原西部边缘,属黄土高原上的石质中山,主要植被包括寒温性针叶林、温性针叶林、落叶阔叶林、落叶阔叶灌丛、草原、草甸、沼泽等7个植被类型、20个群系、21个群丛。有脊椎动物5纲26目57科126属173种（含116亚种）。其中,鱼纲2目3科8属9种;两栖纲1目2科2属3种;爬行纲2目5科6属10种（含1亚种）;鸟纲15目33科80属115种（含80亚种）;哺乳纲6目14科30属36种（含35亚种）。以鸟类占优势,哺乳类次之,两栖类最少。有昆虫16目132科530种。主要由鞘翅目、鳞翅目、半翅目、双翅目、直翅目和膜翅目组成。其中,鞘翅目34科179种;鳞翅目26科156种;半翅目18科56种。主要保护对象：森林—灌丛—草原复合生态系统及其生物多样性,水源涵养林以及体现森林—草地植被地带性分布的典型自然地段,珍稀濒危野生动植物资源及其栖息环境。国家重点保护野生动物有：金雕、大天鹅、鸳鸯、鸢、苍鹰、雀鹰、松雀鹰、大鵟、草原雕、秃鹫、白尾鹞、猎隼、燕隼、红脚隼、红隼、鹏鹎、长耳鸮、纵纹腹小鸮、黄嘴白鹭、荒漠猫、兔狲、黄羊、岩羊。国家重点保护植物有：发菜、蒙古扁桃、短芒披碱草、华北驼绒藜。

【基础设施改造】　2022年,南华山国家级自然保护区先后投资2500余万元对南华山管理处综合业务、资源管护、科研宣教等基础设施进行全面改造建设,完成管理处综合服务用房、科研监测中心、信息机房1884平方米,防火减灾中心600平方米,南华山管理站499平方米主体工程建设。

【安全生产和森林草原防火】　2022年,南华山国家级自然保护区划定安全生产——森林草原防火责任区31个,签订安全生产——森林草原防火管理目标责任书43份,编制印发安全生产——森林草原防火工作简报11期,严格落实领导带班和24小时值班制度。共排查保护区安全生产和森林草原防火隐患15处,对排查出的风险隐患系统分类、登记造册、跟进整改、逐个销号,全部完成整改。针对横穿保护区103省道段30余处硬隔离缺口,联系中卫市公路养护中心及时进行整改,更换各类标志224个,新建道口标桩44根、道路标柱350根,完成硬隔离3.62千米,投资220万元。排查保护区通信光缆近80千米,整改杆位倒斜光缆5千米;排查供电线路32千米,更换输电线杆168个,架设绝缘导线8.4千米,投资160万元。全面开展安全生产和森林草原防火宣传工作。悬挂宣传横幅80余条,张贴通告200余份,发放宣传材料10000余份、毛巾600余条,受教群众8000余人次。开设22.93千米的防火隔离带,割草总面积6978亩,减少可燃物载量,同时强化门禁管理和"防火码2.0"推广使用力度。

【林长制工作】　2022年,南华山国家级自然保护区各级林长累计巡林20余次,林长制配套制度上墙16套,与周边乡镇签订生态保护责任书6份。4个管理站联合开展打击非法破坏野生动植物资源活动,共开展专项行动28次,收缴狩猎枪支1支,清除捕猎网线6套共3000余米、诱捕猎套10套、弹弓13支,打击偷牧夜牧行为20余次,制止取土挖沙行为15次。

【生态修复】　2022年,南华山国家级自然保护区共投资4215万元,完成人工生态修复任务4万亩、草原生态修复治理补助资金项目6万亩,其中生态修复乔木林项目2万亩、灌木林项目1万亩、退化林改造项目1万亩、草原鼠害防治3万亩、草原虫害防治2万亩、草原修复治理1万亩。

【森林病虫害监测与防治】 2022年,南华山国家级自然保护区监测松材线虫、落叶松红腹叶蜂、黄叶甲10万亩,防治鼠害、虫害5万亩。其中,使用生物药剂雷公藤甲素1.08吨,投入器械510台次、劳动力300人次,累计防治草原鼠害3万亩、虫害2万亩,绿色防治比例为100%。监测落叶松红腹叶蜂寄主面积0.67万亩、黄叶甲寄主面积0.11万亩、松材线虫病寄主面积7.6009万亩。

(马宏福 张国亮)

商贸流通

综 述

【概况】 2022年,中卫市实现社会消费品零售总额131.89亿元。2022年,全市实现网络零售总额67.96亿元,全区占比为22.59%,实现网络交易额241.48亿元,全区占比为13.93%,均居全区第二。

【促消费活动】 2022年,中卫市成立社消指标工作专班,形成市县(区)联动机制,督促处级领导下沉到扩大消费"第一线",对限上、限下企业实行周走访、月调度机制,加大企业入统促消力度。全年新增入统企业104家。出台《中卫市扩大消费22条政策措施》《中卫市促进旅游业回暖10条措施》等促进消费文件,持续开展"促进消费 改善民生"政府消费券投放工作。全年共发放消费券7300万元,带动消费20亿元。指导县区开展"乐享夏至·约惠沙坡头""乐享夏日·约惠中宁""盛夏六月·乐购海原"等政府促销活动35场次。举办中卫市首届房车文化节、首届"大漠味集"美食节等大型促销活动。培育促进绿色消费市场,鼓励引导企业申报绿色消费项目。创建绿色商场1家、绿色饭店两家,认定第二批"中卫老字号"5家。借助外埠及宁夏特产直采平台,推介销售中卫农特优产品4523万元。

【消费领域提质升级】 2022年中卫市筹资1.8亿元建设县域商贸中心25个,占全区项目的40%,指导县区制定印发县域商业网点规划、县域商业体系建设方案等,对"十四五"期间商业体系建设提供政策支持。提升改造向阳步行街、创业城美食街两个全区特色夜市,支持打造朝阳夜间经济特色街区、中宁县美食文化观光夜市、海原县泰丰观光夜市。支持中卫四季鲜批发市场等企业新建高标准冷藏冷库10个,新建便民市场8个。招商引进中卫万达商贸综合体。支持建成社区便民服务中心1个,支持中卫爱家、开盛超市等品牌经营连锁店向社区延伸服务。指导各县(区)开展家政服务培训,培育家政人才290人,上岗率达78%。组织富荣保洁、利民家政等10家家政企业对外输出劳务500余人次,完成劳务品牌注册6家,进一步提升家政企业对外劳务品牌;建立中卫市家政企业信息库,完成采集家政企业115家,家政服务人员750人。

【夜间经济】 2022年,中卫市争取400万元,引导市场主体投资2337.56万元对"大漠味集"向阳街进行升级改造,打造以餐饮为主的休闲、体验步行街,开业当晚带动客流3.5万余人次,全街店铺入座率达100%。共计接待15.9万余人次,实现营业收入1020余万元。"大漠味集"向阳步行街被自治区评定为首批自治区特色商业示范街,2022年被自治区商务厅评定为全区五大示范夜市之一;中卫美食街被评定为全区十大网红打卡地之一。

【电子商务】 2022年中卫市注册电商企业11560家,建成电商产业园两家、电商服务中心3个、区级电商直播示范基地3个、物流配送中心7个、村级电商服务站点284个;建成直播间1286家、乡村电商直播中心22家。培育打造"杞滋堂""夏华""江南好"等一批特色电商品牌,吸引顺丰、京东等11家品牌快递企业落地,孵化培育"极客""威客""创客"电商企业21家,形成具有产业特色的电子商务发展体系。形成中卫电商谷、中宁电商服务中心、华宝枸杞销售直播示范基地等电商直播示范企业,引进浙江九点集团投资建设中卫数字小镇直播基地项目,形成"直播电商+特色农业+商贸产品+文化旅游+重点产业"融合发展体系,至2022年年底,全市网商总数11560家。深入实施"农村电商筑梦计划"和"乡村直播中心建设项目"。全市线上农产品销售累计达106亿元,中宁县位列全国农产品电商百强县第50位。整合"电商+邮政+供销+物流快递"企业,建成市级统筹、县(区)级中转、乡镇分拨、村级配送的四级网络体系,打通电商快递服务的农村"最后一千米"。建成中卫电商快递分拨中心,统筹县区快递分拣(分拨)中心、仓储配送中心、农产品中转中心等基础设施。共建共享电商快递资源,促进"多站合一、一站多能",提高网点经营效益。年内,全市快递业务量累计完成838.55万件,全市同城快递业务量累计完成66.74万件,同比增长27.17%;异地快递业务量累计完成769.88万件,同比下降21.44%;国际/港澳台快递业务量累计完成1.93万件,同比增长363.65%。

【现代物流建设】　2022年,中卫市出台《中卫市推动物流业提质增效三年行动计划(2022—2024年)》《中卫市商贸流通提质增效行动计划(2022—2024年)》,全市社会物流总额增长1.6%,物流业增加值完成37亿元。新建区级物流配送中心5个、物流园区1个,新增4A级物流企业1家。

【经贸合作】　2022年,中卫市外贸进出口总值34.94亿元,同比增长53.17%。全市共有45家企业发生进出口业务。其中重点进出口企业为:宁夏天元锰业集团有限公司、宁夏紫光天化蛋氨酸有限责任公司、宁夏顺元堂汉方生物科技有限公司、利安隆(中卫)新材料有限公司、宁夏养真元农业发展有限公司。进出口产品主要为:锰矿、铁矿、金属锰、蛋氨酸、枸杞、红枣、新鲜蔬菜。全市共与74个国家和地区发生进出口业务,主要为加纳、韩国、欧盟、东盟、日本等国家和地区。2022年,全市实际利用外资1.13亿美元,占全区利用外资总额的45.72%,利用外资占比居全区第二。全年新增注册外资企业1家,增资扩股项目3个。年内,全市共有外商投资企业17家:亚马逊宁云技术服务(宁夏)有限公司、华润风电(海原)有限公司、宁夏华夏特钢有限公司、港中旅(宁夏)沙坡头旅游景区有限责任公司、宁夏怀德实业发展有限公司、宁夏中煤沃德新能源有限责任公司、宁夏华夏环保资源综合利用有限公司、中卫禹兴水务有限公司、宁夏顺元堂汉方生物科技有限公司、中卫易高清洁能源有限公司、港中旅(宁夏)沙坡头索道游乐有限公司、宁夏农艺农业发展有限公司、宁夏源自然生物科技有限公司、宁夏金庭新能源科技有限公司、华润电力(中卫市)有限公司、华润新能源(中宁县)有限公司、纽崔芬斯生物技术(宁夏)有限公司。

招商引资

【概况】　2022年,中卫市共实施招商引资项目244个,实际到位资金240.09亿元,同比增长6.3%,获得全区招商引资奖励资金1534.3万元。

【招商活动】　2022年,中卫市聚焦"六新六特六优"及中卫市重点产业,组织开展"8+4"专题招商活动237次,走访城市90个,对接企业324家,邀请到中卫考察洽谈活动共计562批次。组织125家企业参加广东宁夏经贸合作暨企业家恳谈会等各类经贸交流洽谈活动11批次,共签约项目18个,投资(贸易)额249.32亿元。特别是7月宁夏党政代表团赴广东、福建两省考察学习,中卫市签约项目17个,投资总额达247.82亿元,占全区总投资额的30.14%,位列五市第一。举办"宁夏国资国企中卫行"项目合作洽谈签约会议,中卫市签约项目14个,投资总额达1000亿元。

【重点项目落实】　2022年,中卫市紧盯协鑫5GW单晶、铭岛科技年产100万吨再生铝、腾格里沙漠新能源大基地3GW光伏复合、中宁县全钒液流电池储能装备制造、天津津通铁塔及光伏支架制造、华润金桥湾100MWp等全市重点招商项目,严格落实重点招商引资项目行政审批代办制度和重大招商引资项目回访制度,为招商引资企业协调解决各类问题10余次。

【会展博览产业】　2022年,中卫市出台《中卫市会展博览产业高质量发展实施方案》。新增注册会展博览企业两家,举办宁夏首届西部数谷算力产业大会暨第五届"云天大会",签约金额423亿元;举办第五届枸杞产业博览会,达成招商引资合作意向项目11个,投资金额达到82亿元。

(张雅琪)

供销合作

【机构概况】　2022年,中卫市供销集团有职工28名,除5名市委任职领导和8名原供销社职工外,新入职员工全部实行聘任制,下属公司负责人实行任期制管理。内设行政部、财务部、企划部、营销部、生产供应部5个职能部门(2022年4月,根据集团公司发展需要,经市供销社党组会议研究,增设生产供应部)。设立一级全资子公司3家,一级分公司1家,共同控股(合资)公司6家,一级控股公司1家,一级参股公司两家,并账企业3家。有基层供销社(集体)9家。2022

年，获得全区供销合作社系统综合业绩考核一等奖。2022年，供销集团母子分公司12家(不含3家粮食企业)全年汇总实现营业收入4476万元，营业利润同比减亏452万元，净利润同比减亏505万元。

【服务"三农"】 2022年，中卫市供销集团销售各类种子100.18万公斤，种苗350万株；落实小麦、水稻、大豆良种繁育面积2800亩，储备小麦、水稻种子120万公斤，落实农作物品种试验70亩，推广种植水稻、玉米新品种示范2000亩。供应各类化肥5000余吨，开展农业生产土地托管服务5800亩。2022年，中卫市供销集团共向超市、学校、机关、企业等餐饮单位配送各类蔬菜320吨，配送米面粮油以及百货副食价值556.18万元。为解决菜农蔬菜滞销问题，完成冬季储备白菜、莲菜、青萝卜、土豆、洋葱等蔬菜980吨。在疫情期间共配送"蔬菜包"约11900份，保障疫情期间蔬菜供应充足和价格稳定。中卫市供销集团通过深入源头厂家考察，收集整理16大类244种产品，建立产品库，丰富线上线下产品品类。参加区内外农产品销售展会，多渠道展示中卫供销特色优质农产品，积极拓展外地市场。以代工生产销售模式，积极推动"中卫供销+"双品牌联合产品和"中卫供销"自有品牌产品两种产品运营。2022年共销售硒砂瓜92.19吨，苹果1446吨。2022年秋季收购苹果183吨。

【项目建设】 2022年供销集团共申报新型基层社组织体系建设、冷藏保鲜设施建设等12个项目，获得补助资金项目8个，共计2130.5万元，其中到位资金2008.2万元，推动苹果综合服务中心、燕窝果产业园项目建设。"数字供销"先行先试示范市建设。2022年，中卫市供销集团在沙坡头区柔远镇刘台村改造建设400平方米乡镇级指挥中心1处。制定上报《中卫市"数字供销"市级运营中心建设方案》，争取中卫市"数字供销"运营中心建设项目资金100万元。2022年，中卫市供销集团完成55座日光温室大棚建设，栽植燕窝果52棚，完成燕窝果嫁接28棚。争取有机肥补助、蚯蚓循环种植两个项目物资补助。

【国企改革】 2022年，中卫市供销集团按照国企改革三年行动工作要求，推动国企三年改革涉及的8个方面、34项改革内容落实。除扭亏增盈目标外，其他工作任务全部完成。健全完善党组领导、董事会决策、经理层经营、监事会监督的领导决策执行监督机制。强化董事会建设，落实3名外派董事，规范董事会研究决策程序。制定《供销集团三年发展规划》。按照"市场化选聘、契约化管理、差异化薪酬、市场化退出"原则，结合供销集团发展实际，推进经理层选聘、中层管理岗位竞聘。2022年5月，对8个管理岗位开展岗位竞聘。建立以结果为导向的考核激励机制，完善市场化薪酬分配机制，实施绩效考核管理。

(施江波)

粮食和物资储备

【粮食安全】 2022年，中卫市粮食和物资储备局落实粮食安全党政同责，强化粮食安全主体责任，形成链条完整、环环相扣的粮食安全责任制工作落实机制，推动粮食安全工作落实落细。开展涉粮问题专项整治反馈问题整改。梳理编印《习近平总书记关于粮食安全的重要论述及重要指示批示精神汇编》《粮食工作政策法规汇编》，教育引导干部职工抓好学习。年内自查及收到的反馈问题101件，完成整改95件。修订完善粮食领域制度56项。

【粮食宏观调控】 2022年中卫市原粮储备规模达27000吨。应急成品粮储备规模达3410吨，食用植物油280吨，与辖区粮食经营企业签订3000吨粮食社会责任储备协议。与8家应急成品粮承储企业签订新一轮应急成品粮合同书，将18万元质检经费列入年度财政预算，每季度对应急成品粮质量指标进行抽检。协调将770万元储备粮收购贷款资金由商业银行贷款转为政策性银行贷款，确保贷款资金封闭运行；督促企业建立粮食风险基金，降低储备粮资金管理风险。

【粮食保供】 修订《中卫市粮食应急预案》《中卫市地方储备粮管理办法》《中卫市应急粮油供应管理办法》，粮食应急保障机制更加完善。认真抓好粮油保供稳市，成立以分管副市长为组长的夏粮收购领导小组，压实工作责任。中宁县顺利完成3.33万亩原粮储备基地6814吨小麦订单收购任务，并对每亩小麦补贴390元，年内收购3705吨水稻，超额完成自治区下达的3000吨订单收购任务，切实保护农民利益和种粮积极性。加强粮油预警监测，截至11月中旬，共报送价格监测60余期。"9·20"突发疫情期间，协调粮油企业从市外采购粮源800余吨，连夜加工成品米面油1600余吨，轮换原粮储备2943吨，确保粮源供应充足。严格管理应急储备物资。牵头制定《中卫市突发事件基础救灾物资保障方案》《中卫市市级救灾物资储备调拨工作制度》。在疫情期间，向市直机关单位和中宁县调拨物资8个品种18192件，从自治区调运物资24车，共5个品种20350件；外采物资6个品种37000件。

【粮食流通监管】 在夏粮收购期间向种粮农户公示小麦质量标准、"五要五不准"收购守则，接受群众监督。推进信息化监管，投入资金155万元，建设集中入库、智能安防、粮情监测、环流熏蒸为一体的智慧粮库监管平台，能实时在线监测2.3万吨原粮和1310吨应急成品粮，有效提升科学管粮水平。充分发挥"12325"前哨作用，依法开展行政处罚。年内，共受理举报案件5件，其中3件按照时间要求完成办结，共罚款0.8万元，帮助农民讨回卖粮款100余万元。每季度对10家市级储备原粮、应急成品粮油承储企业进行监督检查、考核评分。监督粮食经营企业加强粮食质量安全管理，严防不符合食品安全标准的粮食流入口粮市场。

【节粮减损】 投资3123.87万元，建成11家粮食产后服务中心，累计节粮减损2.05万吨，助农增收5526万元。投入资金55万元建设中卫市粮食安全宣传教育基地，基地面积1060平方米，面向家庭、学生、干部职工等不同群体，开展形式多样的粮食安全宣传教育活动，年内接待参观者700余人次。

【粮食产业高质量发展】 实施优质粮食工程"六大提升行动"，全市共谋划项目11个，财政配套资金1826万元，支持9家企业实施粮食绿色仓储提升、品种品质品牌提升、机械设备改造等项目，通过政府引导，带动更多社会资金投入粮食产业。全市规模以上粮食加工（转化）企业达10家，粮食加工（转化）量达12万吨，同比增加43%。深入推进宁夏（中卫）"一带一路"粮食储加销基地项目建设，项目纳入《"十四五"闽宁协作规划》及《自治区重大基础设施项目建设行动方案》。市人民政府与宁夏粮食和储备局、福建粮食和储备局、福建农林大学4方共同签订关于推进《宁夏（中卫）"一带一路"粮食储加销基地建设框架协议》，中卫市列入国家"十四五"粮食仓储物流设施布局和建设规划"四横八纵"胶藏通道黄淮海、西北区域粮食物流关键节点城市，为粮食产业经济发展壮大及保障区域粮食安全奠定坚实基础。

【粮食安全生产】 开展安全生产专项整治三年行动，成立防汛防灾领导小组，强化24小时值班值守。与企业签订2022年粮食安全生产责任书，每季度召开一次安全生产会议，12次深入72个粮食企业进行安全隐患大排查。开展安全生产咨询宣传活动，举办中卫市粮食和物资储备系统消防安全应急演练。开展安全生产大检查，督导检查发现隐患10条，全部督促企业完成整改。

【粮油质量检验检测】 开展粮油质量检验监测工作。年内，共检验检测样品446份，其中库存政策性粮油监测样品106份，新收购入库粮食快速监测样品270份，新收获粮食样品64份，市场粮油样品6份。完善粮油质检体系建设。8月中旬，自治区市场监管厅委派相关专家对中卫市粮油质量检验和应急物资储备中心开展为期两天的资质复审和扩项评审，查阅近6年质检体系建设资料，现场进行加标验证和谈话提问，复评审工作顺利通过。

【中卫市粮食安全宣传教育基地】 教育基地规划建设面积约1100平方米，总投资55万元，是宁夏五市唯一一个由市级粮食和物资储备部门投资建设并管理使用的面向全社会广泛宣传粮食安全及节粮减损的主题实践教育基地。基地分为展示区、体验区、参观区3个分区。展示面积260平方米，由"前言""粮言粮语""粮食文化""粮食安全""节粮爱粮""结束语"6个部分组成。参观区位于市粮食和物资储备局4楼粮油质量检验中心，面积600平方米，设置实验室8个，配置仪器设备128台（套），检验检测能力达到国家规定的四大类78个品种187项参数标准，是全市唯一一家区域性国家级粮食质量检验机构。体验区面积200平方米，通过古铜实物雕塑展示"春播""夏耘""秋耕""冬藏"4个农耕场景。2022年，被自治区粮食和物资储备局、自治区农业农村厅、自治区科技厅、自治区教育厅、自治区妇联5部门联合授予自治区粮食安全宣传教育基地。　　　　（武彬彬）

烟草管理

【经济运行】 2022年，中卫市烟草商业系统实现税利21034万元，其中上缴税金17225万元；商业增加值26168万元，增长率为8.29%。中卫市烟草专卖局组织召开全市烟草系统农网终端建设现场会暨"我与客户共成长"主题营销活动总结表彰大会，城乡卷烟营销网络一体化协调发展实现新突破。全市建成现代终端1435户，占比27.98%。建成农网终端示范街24条，农网示范终端122户，农网特色终端9户。零售客户毛利率为15.49%，户均毛利3.41万元，同比增加3200元。零售客户满意度96.93分，同比提高2.39分，位列全区第二；1名零售客户，1名客户经理分获全国十佳"烟草零售之星""烟草终端服务之星"荣誉称号；3名同志在2022年度全国直测网络先进典型征文活动中获得二等奖，1名同志被评为2022年度全国直测网络优秀信息员。

【专卖管理】 2022年，中卫市共查处假私卷烟案件89起，查获假私卷烟17.58万支，同比下降31.23%。破获5万元以上假烟案件两起。全年查处真烟非法流通案件193起，查获真品卷烟182.61万支，同比增长56.46%。查处5万元以上真烟非法流通案件20起，同比增加15起。真烟外流数量同比下降63.91万支，降幅42.51%。办理电子烟经营主体零售许可证9套，查处向未成年人销售电子烟案件4起。年内，全市共有持证零售户5201户，净增长0.85%。

【企业治理】 2022年，中卫市烟草系统深化创新工作机制，形成重点项目引领主攻、"短周期"活动不断蓄能的创新发展格局，年内摘取两个"揭榜挂帅"项目、实施6个市级创新项目、9个QC项目、46个精益改善项目，1个QC成果荣获全区系统评比三等奖，1个班组荣获"全国质量信得过班组"称号。成立创新工作室，组建创新人才库，全年创新经费投入同比增长43.6%，全员创新、精益改善参与面达到92.5%，成果数量创历史最高水平。开展标准文件"废改立"工作，通过分类管理，对重点领域、关键环节标准文件进行监督检查，文件执行率达到96.7%。持续强化分层分类对标指标评价，4项对标指标为全区系统先进值，1个提升企业核心竞争力典型案例成功选送国家局。

【法治建设】 2022年，中卫市烟草系统推进"八五"普法规划、法治烟草建设任务落实。贯彻落实"谁执法谁普法"普法责任制。开展主题法治宣传教育活动，利用"3·15""12·4"等重要宣传节点，通过志愿服务、党日活动等形式，组成宣传队伍面向社会开展"法律进社区""法律进校园"等活动，通过市场检查、送法进零售户、以案说法等形式，扩大普法宣传工作辐射面。

【社会活动】 2022年，中卫市烟草系统共捐赠帮扶资金9万元，协调合作银行发放贷款4000余万元，累计减免中小微和个体工商户房屋租金22.46万元。

（杨 堃）

盐 业

【概况】 2022年，中盐宁夏盐业有限公司中卫分公司销售各类盐2721吨。其中，销售小包装食用盐2160吨，完成年度计划2700吨的80%；销售工业盐349吨，完成年度计划850吨的41%；销售畜牧盐65吨，完成年度计划200吨的32%；实现营业收入总额约510万元，完成年度预算665万元的76.7%，利润总额-175万元。

【盐品营销】 2022年，中盐宁夏盐业有限公司中卫分公司加强盐品结构调整，提升主要经营业务效益。开展以低钠盐为主的中高端盐品"百日行动"宣传推广销售活动，将低钠盐、海藻盐等功能性明显、消费者容易接受的中高端盐品作为销售推广重点，抓住重要时间节点，进商超、走社区、赶集市开展中高端食盐健康知识宣传活动。组织开展"健康换盐""吃好盐、选中盐"消费理念宣传普及，促进消费者对低钠盐的了解，拓宽低钠盐等中高端盐品消费群体，提高中高端盐品市场占比；以中高端盐品礼盒销售为突破口，激励和调动全员销售积极性，将盐品礼盒销售任务分解到每个人，建立"人人头上有指标、全员肩上有责任"的中高端盐品营销模式，实行多销多得、奖勤罚懒、奖惩到位考核机制。加大专业化销售渠道拓展。在中宁县域内实行"扫大街"上门推销方式，深入到大中小各类零售店、餐饮终端，推销中高端功能性盐品。安排专人加快中高端盐品向BC店及乡镇主要食盐零售店推广，将辖区内具有一定规模、购买力较强的商超和乡镇主要食盐零售店作为BC店定位重点，以低钠盐、海藻盐、古原盐、精优盐、炖肉盐、精制岩盐作为主推产品。提升售后服务水平，及时收集整理客户反馈问题，科学应对，提高服务质量和客户满意度。实行销售绩效考核办法，将BC店销售模式建立与实际销售绩效考核紧密挂钩，制定不同价位中高端盐品进入BC店等主要食盐零售店具体奖励比例，落实BC店及乡镇主要食盐零售店日常维护人员职责。

【食盐安全管理】 2022年，中盐宁夏盐业有限公司中卫分公司确保食盐质量安全和供应安全，落实盐产品质量管控和储备盐管理要求，提升食盐购进、贮存、运输、销售各个环节质量管控工作。强化《食盐质量安全监督管理办法》学习执行，加强食盐存储防潮、防污染风险管控，将碘盐碘含量检测工作作为食盐质量安全工作重心，由专人负责执行"先检后销"规定，确保食盐质量安全。重视食盐储备库容库貌、内外环境、管理制度、盐品信息标识、库存布局等方面基础管理工作，严格执行规范化、标准化管理。保证政府足额储备食盐，发挥央企食盐储备社会责任。

【辅助服务】 2022年,中盐宁夏盐业有限公司中卫分公司发挥食盐辅助服务工作职能,规范市场秩序。分公司各配送站利用食盐行政辅助服务工作有利条件,与市场监管、工业信息化管理、卫生、教育等有关部门协调开展食盐市场集中检查工作,通过辅助监督巡查,有效规范域内食盐市场经营行为,确保合格食盐市场占有率保持在正常水平。

(唐彩玲)

石油供应

【概况】 中国石油天然气股份有限公司宁夏中卫销售分公司,隶属于中国石油宁夏销售公司,在中卫市两县一区(沙坡头区、中宁县和海原县)共有加油(气)站51座。

【市场环境】 中卫市共有加油站131座,其中,中国石油宁夏中卫销售分公司47座、中国石化中卫石油分公司21座、民营加油站63座。加气站25座,其中中国石油宁夏中卫销售分公司8座、中国石化中卫石油分公司1座、广汇能源2座、民营加气站14座。

【经营效益】 2022年,中国石油天然气股份有限公司宁夏中卫销售分公司销售成品油17.33万吨,完成年度任务的93.05%,同比下降3.54%;实现非油品销售收入7523.96万元,完成年度任务的101.7%,同比增长12.8%,实现利润1368万元。

(訾 瑞)

旅 游

综 述

【概况】 截至2022年年底,中卫市共有旅游景区、景点60家(5A级景区1家,4A级景区2家,3A级景区10家)。有旅行社55家,其中设立社14家,分社办事处41家。各类住宿酒店宾馆456家,床位27564个。全市星级酒店10家,四星级酒店6家(中卫隆城酒店、黄河金岸花园大酒店、中卫东方酒店、中卫沙都酒店、西河生态饭店、海原泰丰饭店),三星级酒店4家(中宁恒达酒店、中卫君悦大酒店、中卫宇丰大酒店、海原宾馆)。

【旅游接待收入】 2022年,中卫市共接待游客890万人次,与上年相比基本持平;旅游总收入53亿元,同比下降9.7%。

【全域旅游创建】 2022年,中卫市以全域旅游示范市创建为目标,从资料准备、创建视频制作、旅游景区创建等方面积极指导中宁县、海原县开展创建工作。根据工作基础条件,推荐中宁县作为自治区级全域旅游示范区创建单位,并组织迎接自治区初验。制定《中卫市文化旅游产业提质增效行动计划》,编制《中卫市沙坡头沙漠区控制性详细规划》。

【旅游项目建设】 2022年,中卫市新(续)建全域旅游项目24个,完成投资3.19亿元。成立重点项目服务保障工作专班,集中解决项目前期手续办理和建设中存在的困难和问题。围绕乡村旅游,完成迎水桥镇鸣钟村乡村振兴项目、史店乡田拐村乡村振兴旅游提升项目、黄羊古落旅游项目。围绕城市休闲,实施中卫历史文化街区文旅融合项目、城市小游园项目。围绕沙漠度假,建设沙漠主题度假中心、钻石酒店等。

【新业态发展】 2022年,中卫市培育以星星酒店为载体的星空业态,以枸杞养生、沙疗等为特色的康养业态,以沙漠休闲度假、中宁枸杞养生、海原生态自驾为方式的休闲度假旅游业态,以全国大漠健身运动大赛为支撑的沙漠体育休闲业态,以麦草方格治沙、沙画体验、制陶等为主要内容的研学业态,以大漠味集·向阳街、中卫美食街、沙坡头水镇夜市等夜间经济聚集区为主的夜间旅游业态,以何滩村、黄羊古落为代表的民俗体验业态和以市场为导向的旅游演艺等8大特色业态。

【旅游市场治理】 2022年,中卫市公安、市场监管等部门深入开展市场秩序专项整治活动。抽调70余人成立4个工作组,对"黑车""黑导"、乱设摊点、围追兜售、涉旅企业违规经营等进行专项整治。共出动执法人员2500余人次、执法车辆700余辆车次。检查出租车辆1400余辆次,摸排疑似车辆48辆,建立疑似车辆库,行政拘留"黑导"3人,查获涉旅违法案件13起,处理非法营运案件3起,查处违规经营95起。查处行业违法经营行为2起,受理各类旅游投诉27起。深入开展旅游市场秩序专项整治行动。

【"五一"黄金周旅游】 2022年,"五一"黄金周期间中卫市A级旅游景区、旅游新业态、农家乐、三馆共接待游客57.7万人次,同比增长6.1%;实现营业收入1166.45万元,同比下降70.25%。星级酒店平均入住率为26.65%。

旅游营销推介与培训

【概况】 2022年,中卫市修订印发《中卫市旅行社送团奖励办法》,全年接待旅游包机38班次,往返游客1.05万人次。组织涉旅企业在西安、长沙、广州、厦门、宜昌等城市开展文旅推介活动,与20余家旅行社达成合作意向,加入陕甘川宁毗邻地区旅游合作联盟。推出瀚海大漠追星游、寻根黄河体验游、休闲度假康养游、红色教育研学游、城市观光打卡游、绿色生态自驾游、乡村古道体验游、工业发展研学游8条旅游线路,配套制作宣传短视频和长图在新华网、人民网等主流媒体和新媒体平台集中宣传。"中卫黄河古村休闲赏花游""中宁枸杞研学游""中卫乡村古道秋季探秘游""大漠星空踏雪滑沙体验游"4条线路入选文化和旅游部"乡村四时好风光"全国乡村旅游精品线路。中卫文旅抖音、快手等新媒体账号累计发布短视频300余条,浏览量超8000万次,抖音话题"我在中卫等你"浏览量突破2亿次,各景区自主开展直播50余场次,线上销售收入300余万元。全年中卫被央视新闻报道超10次,央视网直播5次。多家知名卫视在相关景区拍摄《生财有道》《一起露营吧》《全力以赴行动派》《我们的滚烫人生》《支付宝音乐节》等节目,电视剧《我们这十年》"沙漠之光"单元在中卫取景拍摄。

【8条精品旅游路线】 瀚海大漠追星游:沙坡头旅游景区→大漠星河旅游度假区→腾格里金沙岛→腾格里金沙海→通湖草原(住宿可选择沙坡头沙漠星星酒店、大漠星河度假区、火车旅馆)。寻根黄河体验游:南长滩→66号公路→北长滩→沙坡头旅游景区→沙坡头村→鸣钟村→南岸半岛·黄河宿集(住宿)→黄羊古落旅游区→双龙山石窟→余丁田园综合体→杞菊红生态农庄→丰安屯景区。休闲度假康养游:沙坡头旅游景区→寺口子风景旅游区→中宁县玺赞枸杞庄园→中宁华宝枸杞健康体验馆→中宁枸杞官方直销中心→舟塔枸杞观光园。红色教育研学游:中卫市博物馆→沙坡头旅游景区→宁夏微元素文创非遗体验中心→阳光大麦地文化产业园→宁钢火车博物馆→关桥梨花小镇→海原县地震博物馆→海原县非物质文化展示基地。城市观光打卡游:香山湖公园→沙坡头水镇→中卫市博物馆→高庙→卫民黄河大桥→大漠味集→向阳步行街。绿色生态自驾游:沙漠公路→沙坡头旅游景区→66号公路→北长滩→寺口风景区→天湖→海兴开发区→李俊大滑坡→金佛沟→悬空寨子→南华山→海原县城。乡村古道体验游:66号公路→北长滩→寺口子风景区→没烟峡→盖牌驿站→海原县城→西安州古城→震柳公园→甘盐池盐湖。工业发展研学游:宁钢火车博物馆→华宝枸杞健康体验馆→玺赞生态枸杞庄园→小壶口瀑布→禹尧庄园→天湖生态旅游区。

【旅游市场复苏】 2022年,中卫市印发出台《中卫市旅行社送团奖励办法》《"五一"小长假中卫旅游促消费八项优惠措施》等。为4家旅行社退还64万元保证金。对参加"惠享五一·畅游宁夏"活动中免门票的14家景区共补助资金97万元。对接人社、税务部门,对旅游企业阶段性实施缓缴养老、失业、工伤保险费政策,共缓缴社保资金133.27万元,享受稳岗补贴5.22万元,享受税收减免共计14.67万元。发动23家文化旅游企业参与自治区、中卫市文化旅游消费券发放活动,计划投放总额为200万元。在加大引客入卫力度方面,出台《中卫市促进旅业回暖10条措施》,对旅游景区全年接待游客累计超过10万人次和50万人次的以奖代补10万元和30万元,对乡村旅游点年接待游客超过1万人次的,以奖代补3万元。在推动惠企政策落地方面,根据实际情况和相关要求,对文旅企业阶段性实施缓缴养老、失业、工伤保险费政策。对受疫情影响严重的旅游企业,2022年未裁员或裁员率不高于5.5%,30人以下的参保企业裁员率不高于参保职工总数20%的,可以给予一次性失业保险稳岗补贴。大型企业按企业及其职工上年度实际缴纳失业保险费的30%返还,中小微企业按企业及其职工上年度实际缴纳失业保险费的90%返还。在激发文旅消费活力方面,鼓励机关、企事业单位、社会团体及学校将符合规定举办的工会活动、会展活动、研学活动交由旅行社承接,委托旅行社代理安排交通、住宿、餐饮、会务等事项,预付款比例不低于50%。落实《中卫市旅行社送团奖励办法》,推进中卫历史文化街区文旅融合、时空之门、沙漠主题度假中心等15个文旅项目建设。

【迎新春冬季旅游活动】 2022年,中卫市启动"迎新春、过大年,宁夏人游中卫"活动,出台冬季旅游惠民政策。沙坡头景区打造沙漠冰雪主题乐园,入住酒店的游客可参与滑雪圈、雪球大战等沙漠冰雪系列活动,品尝烤串、沙漠小火锅等特色美食。沙坡头沙漠星星酒店推出特色年夜饭。中卫寺口子风景区,在2月28日前对宁夏人实行门票半价优惠政策。

【中国宁夏(沙坡头)第十二届丝绸之路大漠黄河国际文化旅游节】 7月6日,在沙坡头旅游新镇盛大开幕,开幕式以"黄河拥抱沙漠·丝路连接世界"为主题,紧扣"大漠""黄河""丝路""星空"等元素,以独特的建筑景观为背景,开展歌舞、器乐、戏曲、杂技、说唱等丝路沿线城市特色节目展演,构筑多视角、多方位的立体表演画面,展现中卫大漠、黄河、丝路、星空等独具魅力的文旅资源,构建丝路沿线城市和沿黄省(区)交

【千车自驾游中卫】 7月7日上午，"千车自驾游中卫"活动启动仪式在中卫腾格里大道举行。活动以黄河、大漠、星空特色文旅资源为依托，以各项文化旅游优惠政策为吸引，面向全国自驾游、自由行游客群体，组织全国自驾俱乐部、户外游俱乐部等，联动中卫各景区、酒店、民宿客栈、乡村旅游、房车露营地，为中卫文化旅游集中蓄客引流，进一步扩大中卫的旅游知名度和影响力，吸引更多游客走进中卫，为中卫市文化旅游市场全面复苏注入强劲动力。"千车自驾游中卫"活动线路为，腾格里大道→大漠星河旅游度假区→沙坡头旅游景区→腾格里金沙岛→寺口子风景区→中宁华宝枸杞健康体验馆。

【"美丽中国·神奇宁夏"文旅资源推介会】 7月18日，由文化和旅游部国际交流与合作局、自治区文化和旅游厅主办，中外文化交流中心、中卫市人民政府承办的"美丽中国·神奇宁夏"文旅资源推介会在星星酒店星空剧场举行。推介会展演《浪漫丝路》《长河落日》《梦回丝路》《大漠星河》《星辰大海》，将文化展示、旅游推介有机融合，利用现代多媒体技术、多维空间设计等手段再现丝绸之路辉煌，着力推广宁夏星星故乡、黄河文化等特色资源。

【2022丝绸之路城市文化和旅游发展国际论坛】 7月19日，在沙漠星星酒店星空剧场正式启动。开幕式上，伊朗文化遗产、旅游和手工业部副部长沙勒巴菲扬，乌兹别克斯坦撒马尔罕市副市长埃尔金容·拉贾博夫进行线上致辞。中国社会科学院APEC与东亚合作中心主任王玉主作主旨演讲。开幕式后，举行《丝绸之路沿线文化遗产的旅游开发》《文化和旅游协同发展促进城市品牌提升》两场平行论坛，与会嘉宾共同围绕"一带一路"文化旅游合作与发展展开交流探讨。伊朗、乌兹别克斯坦、意大利、泰国、摩洛哥等国家嘉宾代表，新疆、西藏、青海、陕西以及新疆生产建设兵团等省（区）、市、文化和旅游部门负责人、国内文化和旅游领域知名学者、企业代表等参加开幕式。

【"台青黄河游记"主题采访活动】 2022年，由北京联合大学旅游学院牵头举办的两岸民间交流活动"台青黄河游记"主题采访活动宁夏行中卫段主要在玺赞枸杞庄园、黄河宿集、沙坡头旅游景区、宁夏钢铁集团时代光耀研学文创基地等地开展。

【首届中卫房车文化节】 9月15—19日举办以"一房一车约'惠'星星的故乡"为主题的首届中卫房车文化节。市本级活动地点为中卫市五馆一中心、沙坡头区活动地点为沙坡头水镇、中宁县活动地点为恒辰世纪商业广场、海原县活动地点为联富汽贸城，这是一次文化、旅游、美景、美食、房车等元素融合在一起的盛会。活动主会场共设1个室内展馆，5个综合室外展区，展示面积2万平方米，拟搭建展位111个。其中，促消费政策宣传展位4个，房产企业展位12个，家电及通信等产品展位15个，家装及相关企业展位15个，汽车展位25个，促销集市、地方风味美食、非遗文化商品等展位30个，易货贸易展位5个，中小微企业贸易展位5个。举办美食嘉年华、汽车电音体验、节目演出、非遗文化等活动。直播带货促销活动通过抖音、快手、视频号等平台发布"星星故乡房车生活节"话题，由官方人员及企业代表直播讲解最新房车促销惠民政策等。邀请房产、汽车销售等企业代表，走进直播间开展直播带货促销活动。邀请在抖音、快手等平台粉丝量5000人以上网红达人，围绕房产、汽车促销话题开展对外宣传及直播带货活动，并评选出中卫市房车生活十佳网红达人。美食嘉年华活动组织餐饮企业（商家）参加首届房车文化节美食嘉年华活动，展示展销地方风味及中华老字号美食，为消费者创造一个集房车、餐饮、娱乐、购物等多维度的消费空间，方便群众一体化购物消费。县区联动组织，打造集房产、汽车、家装、车装、居家生活、文化、旅游等于一体的综合集市活动。

【2022年宁夏黄河流域非遗讲解大赛】 7月4日，2022年宁夏黄河流域非遗讲解大赛中卫市（初赛）在市文化馆一楼排练厅成功举办。全市非遗保护中心、项目保护责任单位、保护传承基地（工坊）工作人员、代表性传承人和各旅游景区导游、大中专院校师生等20余名选手参加比赛。比赛以"非遗进万家·文旅展风采"为主题，从表演艺术到非遗美食，从手工技艺到匠心创新，通过情景演绎、现场演唱、非遗项目展示展演等多种形式，辅以PPT、视频等多媒体手段，从中卫非遗项目特征、名录体系建设、非遗保护传承实践、非遗人物故事等不同侧面、不同角度进行讲解，讲好中卫非遗故事，传递中卫非遗声音。大赛以践行社会主义核心价值观、弘扬中华优秀传统文化为宗旨，进一步宣传推介中卫非遗经典，打造树立中卫非遗特色品牌，增强中卫非遗的传播力和影响力。

【第25届全国推广普通话宣传周活动】 培训活动由市普通话推广大使、市新闻传媒中心资深播音主持人闪明强老师主讲，从普通话的概念、历史演变、普通话的意义和普及普通话的政策进行讲解，重点传授讲好普通话的技巧。活动激发广大导游、讲解员及朗诵爱好者学普推普的积极性。

【沙坡头盛典】 《沙坡头盛典》，国内首台魔幻情景体验剧《沙坡头盛典》，以中卫"桂王城""泪泉"等古老传说为故事原型，以"桂王子""沙王子"和"长河公主"的情感故事为主线，结合本地民俗活动，通过运用9D技术、全息影像、玻璃晶球、巨型升降舞台等前沿舞美科技，营造迷离惊险的魔幻时空。

乡村旅游

【乡村旅游发展】 2022年，中卫市将加快发展休闲农业乡村旅游作为一、二、三产业融合的主要措施，坚持走"一乡一品、一村一景"特色之路，培育乡村"专、精、特"旅游项目，做强做优乡村旅游。沙坡头区以鸣钟村为核心，鸣沙、沙坡头村为两翼，编制"三村一域"乡村旅游规划，联合成立中卫市沙坡头区沙漠星空生态农业旅游农民专业合作社，迎水桥镇何滩村实施彩绘艺术村落项目，打造集现代农业、休闲旅游、田园乡村为一体的田园综合体示范点，"农业+旅游"发展新模式有效拓宽村集体经济收入渠道，促进农村集体经济不断壮大，实现产业发展、集体增收、农民"多元"收入的良性循环。沙坡头区迎水桥镇沙坡头村率先成为宁夏旅游致富村，沙坡头区迎水桥镇鸣沙生态移民村成为宁夏旅游扶贫示范村。

【乡村旅游节事活动】 2022年，中卫市共举办梨花节、新堡镇首届田园休闲观光采摘节、丰安屯首届文化旅游节、第二届乡村旅游暨枸杞饮食文化节、沙坡头区麦田音乐节、何滩村电音节、沙坡头区乡村文化旅游节暨鸣钟村开街仪式、海原县红梅杏采摘节、西安镇乡村文化旅游节等活动。全年参与节事活动人数近20万次，相关信息浏览量突破5000万次，有效拓展消费，为中卫旅游聚人气、增活力。

【中卫市三村一镇入选宁夏特色旅游村镇】 2022年7月，自治区文化和旅游厅联合自治区发展和改革委员会公布第二批宁夏特色旅游村镇名单，中卫市沙坡头区迎水桥镇和该镇所辖的鸣钟村、中宁县新堡镇创业村、海原县关桥乡方堡村3村1镇入选。至2022年，中卫市成功创建全国乡村旅游重点镇1个，全国乡村旅游重点村6个，宁夏特色旅游镇1个，宁夏特色旅游村13个。沙坡头区成功创建国家全域旅游示范区。

【"红梅杏"采摘节】 2022年，海原县史店乡田拐村，依托地理资源优势，大力发展红梅杏产业，建成1万亩红梅杏基地，借助红梅杏"春赏花、夏摘果、秋赏叶"，大力发展农村休闲观光旅游项目，培育农家乐15家，举办海原县乡村文化旅游节、红梅杏"采摘节"等活动，打响乡村旅游新品牌。依托红梅杏基地，实施文化旅游示范村建设项目，建设山顶广场、游客集散场地、停车场、游步道、观景台等，把红梅杏基地建设成集观光、休闲、娱乐等于一体的乡村旅游基地，有效增加群众收入。加大农村环境整治力度，建立网格化的环境整治长效机制，共拆除土坯房屋278套，土围墙15.3千米，土棚圈165座，改造危房426户，砌护围墙26.7千米，安装大门434套，硬化院落2.8万平方米，改造农厕568户，配套太阳能热水器、路灯等设施。同时，实施植绿增绿行动，完成巷道绿化4900株，庭院经济林9500株，工程绿化1100亩，村容村貌得到极大改善。积极争取闽宁资金支持，投资120万元，完成硬化巷道1231米，村内主干道面包砖铺设2784平方米。完成"一村一年一事"村道硬化5.4千米，切实提高公共服务保障能力。

景区景点选介

【沙坡头旅游景区】 沙坡头旅游景区位于中卫市西20千米的腾格里沙漠东南边缘处，集大漠、黄河、高山、绿洲于一处，既具西北风光之雄奇，又兼江南景色之秀美。自然景观独特，人文景观丰厚，被中外旅游专家誉为"世界垄断性旅游资源"，享有联合国"全球环保500佳"的殊荣。游玩项目有皮筏漂流、大漠乘驼、激情滑沙、沙海冲浪、飞黄腾达等。

【南华山景区】 南华山景区主要景点有灵光寺、菜园遗存、水冲寺遗址。南华山为六盘山余脉，位于海原县城南7.5千米处，南依月亮山，西北与西华山相邻，东南接寺口子南、北山，呈东南—西北走向，长约35千米，宽25千米，景区总面积42万亩；平均海拔2600米，主峰马万山海拔2955米，仅次于贺兰山，名列全区第二。地表土质肥沃，年均降雨量达600毫米，气候凉爽，牧草丰茂，山南是海原县南华山牧场。天然次生林分布于山之西北。

【丰安屯旅游度假区】 丰安屯旅游度假区位于中宁县石空镇太平村，南靠滨河大道，西邻石空镇，建设游客服务中心、中宁有礼购物商店、生态酒店、民俗风情街等基础设施。以田园生活体验园为定位，划分为接待展示区、农业综合区、文化休闲区、休闲度假区、房车露营区、果园养殖区、拓展活动区 7 个功能区。布局酒吧街、枣工坊、非遗广场、亲子运动营、林下树屋、"枣"主题民宿、节庆广场等 34 个景点,是一个集周末度假、休闲旅游、枣文化体验、生态康养为一体的旅游度假区。

【黄羊古落】 黄羊古落位于中卫平原东部,中宁县余丁乡中部。以"挖掘在地文化、保留老村肌理、植入艺文元素、重在深度体验"为原则,打造具有"历史厚度""个性态度""艺术气度"的新派艺文古村落。有黄羊钱鞭、中宁蒿子面制作技艺两大国家级非遗项目。2022 年创评为国家 3A 级旅游景区。

【漠贝酒庄】 漠贝酒庄是一家集葡萄种植、品鉴展售、商务洽谈、观光旅居、休闲娱乐及葡萄酒酿造、文化鉴赏传播于一体的现代化酒庄。有 1100 亩有机葡萄基地,种植的葡萄有蛇龙珠、赤霞珠、美乐等品种。酒庄产品漠贝梅鹿辄干红葡萄酒 2012、漠贝蛇龙珠干红葡萄酒 2012 在第六届亚洲葡萄酒质量大赛中获得银奖。漠贝葡萄基地在 2010 年被评为自治区级有机酿酒葡萄种植示范基地。2021 年漠贝酒庄被评为宁夏贺兰山东麓葡萄酒产区五级酒庄。2022 年创评为国家 3A 级旅游景区。

【沙坡头星星酒店】 沙坡头星星酒店,是国内首个以沙漠观星为主题的酒店,坐落在沙坡头旅游景区内。星星酒店占地面积 93 亩,以沙漠、星空为主要设计元素,凸显沙漠文旅体验。酒店规划建设客房 188 间,其中 A 区建设房间 103 间,布局星空餐厅、星空泳池、星空酒吧、沙浴沙疗等特色休闲服务。B 区建设客房 85 间,设有沙漠帐篷、木屋、沙漠观景房、沙漠亲子房等多种房型,是集观光、休闲、度假、娱乐、科普于一体的沙漠特色主题度假酒店。

【南岸半岛·黄河宿集】 南岸半岛·黄河宿集位于中卫市沙坡头区常乐镇上游村大湾自然村,是以度假住宿业态为主的宿集群。宿集将建筑美学和生活美学相融合,倡导旅行式生活方式,建筑风格吸收所在地民居元素,周边集合黄河、长城、沙漠、湿地、古村落等自然景观和人文景观,民宿区内建有书店、美术馆、咖啡馆、主题餐厅、骆驼巷子集市等商业配套。自创品牌南岸被评为首批全国甲级旅游民宿。

【大漠星河旅游度假区】 大漠星河旅游度假区距离市区 30 千米,是集沙漠休闲度假、赛事竞技表演、探险旅拍、游乐康养及定制化旅游服务于一体的综合性高端度假营地,可提供轻奢度假、时光晚餐、星河科普、冲浪赛车、UTV 专业竞技表演、乘驼看日出等体验项目。

【大漠味集·向阳街】 大漠味集·向阳街融入非遗民俗、文物古迹、美食文化、方言等元素。有炒拉条、炒肚丝、卤豆腐、烧烤等特色餐饮。打卡店铺有"手卫"(宁夏首个非遗手作美术馆)和"漠卫"(集轻食咖啡、文创、餐饮等一体的特色店)。2022 年被评为自治区"五大示范夜市"之一。

【66 号公路】 66 号公路是中卫市区通往北长滩古村的唯一公路。位于戈壁、黄河之间,被誉为"中卫最美 66 号公路",是自驾旅游网红打卡点。

【卫民黄河大桥】 卫民黄河大桥为宁夏境内第 18 座跨越黄河的大桥,兼顾通行与服务城市功能。大桥桥梁全长 1.41 千米,主线采用四车道一级公路建设。主桥全长 550 米,桥宽 41 米,采用异形钢箱拱形式。主桥拱顶设有"塞上明珠"观景平台,其顶部造型为钻石形。

金 融

金融监管

【概况】 2022年,中卫市对全市13家小额贷款公司、3家融资担保机构、9家典当行开展年审、换证、现场检查以及专项审计,摸清各公司风险底数。引导各地方金融组织贯彻落实各项监管规定,聚焦本土,回归主业,依法合规经营,缓解"三农"主体及小微企业融资难问题。截至2022年12月末,全市小贷公司、担保公司等各类地方金融组织向中小微企业、"三农"、扶贫产业等提供信贷支持余额13亿元。定期开展私募基金、伪金交所清理整顿,对空壳或长期未开展业务的机构,督促其尽快注销有关市场信息,推动行业健康发展,排查核实企业44家,均未发现非法集资、吸收公众存款或非持牌经营等行为。

【金融服务质效】 2022年,中卫市推动落实政银企协同联动机制,发挥政银企沟通平台作用,组织召开融资对接会或协调会,为企业提供持续、精准的金融服务。累计组织召开全市政银企工作座谈会协调会45次,缓解银企信息不对称问题。推动国家开发银行宁夏分行、中国银行宁夏分行等8家银行机构与中卫市签订战略合作协议,5年内支持融资金额1050亿元。制定《中卫市加快推进企业上市"十四五"行动计划》,实施企业直接融资工程,联合宁夏股交中心、南京证券等中介机构对上市意向企业进行辅导,挖掘企业上市挂牌潜能,推进企业股改上市。中卫市宏芯信息科技(宁夏)有限公司、中卫市安泰堂医药连锁有限公司等7家企业在宁夏股权托管交易中心挂牌,截至2022年年末,中卫市企业在宁夏股权托管交易中心挂牌78家。推进企业股改上市,重点关注上市后备企业3家,早康枸杞、全通枸杞完成股改。推动落实政银企协同联动机制,发挥政银企沟通平台作用,组织召开融资对接会和协调会,推动金融机构精准对接中船重工光伏复合、大青山农牧万头牛养殖、协鑫光伏发电、瑞泰尼龙66等重点项目融资,为项目建设和企业提供持续、精准的金融服务,对接项目融资17.87亿元。截至12月末,中长期贷款余额240.81亿元,同比增长14.95%。组织召开金融服务实体经济中卫专场"政银企"对接会,与南京证券股份有限公司、黄河银行、中国平安财产保险股份有限公司宁夏分公司等13家金融机构签订战略合作协议。其中,中国银行宁夏分行等8家银行机构5年内支持中卫市经济发展融资1050亿元,落实投放170亿元。

【金融综合改革】 2022年,中卫市金融工作局向金融机构发出商请函67份,督导金融机构不抽贷、不断贷、联合稳贷,通过延长贷款期限、降息、担保增信等方式缓解困难企业还贷压力。推动宁夏紫光天化蛋氨酸有限责任公司、宁夏宁安彩印包装有限公司成立债权人委员会;推动困难企业债务重组、置换抵质押物、引入战略投资人,对接帮扶企业融资9.35亿元,化解企业债务风险和银行信贷风险。截至2022年年末,银行机构共为中小微企业、个体工商户、货车司机等办理延期还本26.21亿元,延期还息2847万元,惠及各类市场主体。

【助力乡村振兴】 2022年,中卫市金融工作机构支持涉农等重点领域信贷投放,1—11月累计发放再贷款18亿元,办理再贴现2.57亿元。引导全市金融机构加大对小微企业和"三农"的信贷支持,截至12月末,涉农贷款余额364.36亿元,较年初增加7.6亿元,同比增长3.03%;普惠型小微企业贷款余额106.46亿元,较年初增加8.5亿元,同比增长8.67%。个体工商户贷款余额49.12亿元,较年初增加5.19亿元,同比增长13.38%。督导金融机构减费让利,1—12月,全市企业贷款加权平均利率为5.08%,较年初下降0.92

个百分点。共为中小微企业、个体工商户、货车司机等办理延期还本22.98亿元,延期还息2357万元,惠及各类市场主体。督导各县(区)和涉贷银行按照"划片包干"责任制,采取多种途径做好过渡期脱贫人口小额信贷发放,满足脱贫户及边缘易致贫户产业发展的信贷需求。2022年1—9月,全市累计发放脱贫人口小额信贷13925户7.7亿元,户均贷款6万元。引导全市金融机构加大对小微企业和"三农"的信贷支持,加强对"三农"和小微企业的政府融资担保增信,建立"担保+再担保+国担基金+合作银行"4:2:22的风险分担模式。截至12月末,政府性融资担保机构融资担保余额10.29亿元,平均担保费率降至0.68%,缓解企业融资担保难题。

【助力民企纾困】 2022年,中卫市研究出台《关于进一步加强金融工作支持全市经济高质量发展的意见》《关于助推金融支持枸杞产业供应链发展的意见》《中卫市加快推进企业上市"十四五"行动计划》《中卫市2022年推进普惠金融发展行动方案》等系列金融支持政策,印发《落实自治区金融支持稳经济保增长促发展若干措施责任清单》。截至12月末,全市金融机构各项存款余额717.99亿元,比年初增加65.9亿元,同比增长10.11%;各项贷款余额558.49亿元,比年初增加25.11亿元,同比增长4.71%,存贷比77.79%。在宁夏股权托管交易中心挂牌企业78家,2022年内新增挂牌企业3家,跟进培育上市后备库企业3家,其中两家完成股改。

【打击非法金融活动】 2022年,中卫市以养老领域非法集资为重点,通过日常监管、执法检查、登记备案等手段持续开展非法集资等非法金融活动线索排查,截至2022年12月,全市新增非法集资案件4起,同比下降42.86%。对于开展金融活动坚持"金融特许经营"原则,严禁"无照驾驶",对违法违规开展实质属于金融的经营活动,果断采取措施。同时,根据不同领域、不同市场的金融风险情况,采取差异化、个性化的处置办法,杜绝"一刀切"。截至2022年12月,累计发放宣传彩页20000余份,发放纸杯、帆布包、抽纸、扇子等宣传品30000余份,开展主题文艺演出1场。

【重点领域风险处置】 2022年,中卫市成立财政金融风险防范化解领导小组。建立声誉风险研判长效机制,完善有关风险处置方案和突发事件应对预案,严密防范流动性风险,防止风险暴发扩散。推进金融领域常态化扫黑除恶斗争,聚焦金融放贷领域突出问题,坚持力量不减、常抓不懈,及时堵塞漏洞,补齐监管短板,铲除金融放贷领域黑恶势力,净化全市金融环境,营造良好金融生态。

(马 群)

银保监管

【概况】 截至2022年年末,中卫银行业机构资产总额835.79亿元,比年初增加61.78亿元,同比增长7.98%;负债总额794.83亿元,比年初增加56.26亿元,同比增长7.62%;所有者权益40.96亿元,实现净利润8.19亿元。

【金融服务】 2022年,人民银行中卫分行、中卫市金融工作局召开金融支持"稳保促"工作推进会,引导机构支持重点项目30个,累计投放贷款39.72亿元,"六新六特六优"产业贷款余额同比增长16.59%,绿色信贷余额同比增长60.64%。中卫市全面推进乡村振兴,召开金融支持国家乡村振兴重点帮扶县工作推进会,引领机构将可贷资金优先支持县域发展。法人银行普惠型小微企业贷款余额增长2.80%,贷款户数增加443户,普惠型涉农贷款余额增长2.60%。国家乡村振兴重点帮扶县海原县各项贷款余额较年初增长10.22%,高于全区各项贷款平均增速4.28个百分点。

【风险防控】 2022年,中卫市建立大额客户风险监测台账,推动不良贷款处置工作。全年累计处置化解不良贷款8.04亿元,逾期贷款同比下降18.82%,信用风险总体可控。法人银行平均资本充足率16.48%,拨备覆盖率182.97%,法人银行主要监管指标符合监管要求。开展养老诈骗整治专项行动,规范保险中介市场秩序,引导两家非银类兼业代理保险机构有序退出市场。实施现场检查4项8家次,查出问题35个,涉及金额1.45亿元,开展立案查处3项。

【金融改革】 2022年,中卫市开展股权和关联交易专项整治,推动法人银行公司治理深化,辖区法人银行股权确权率达98.39%,其中两家村镇银行100%确权。通过现场督导、监管约谈等多形式深入推进车险综合改革,车险综合赔付率较改革前提高16.62个百分点,车险综合费用率较改革前下降19.84个百分点。承办枸杞种植、苹果种植、大牲畜(牛)养殖保险等特色农产品保险,为特色优势农产品提供风险保障20.36亿元。

(王 明)

银 行

【中国人民银行中卫市分行】 截至2022年12月末,

中卫市贷款余额558.49亿元,全年新增25.11亿元,同比增长4.71%。2022年,辖区支农、支小再贷款和再贴现使用率均创新高。辖区支农(含扶贫)再贷款限额使用率为97.73%,支小再贷款限额使用率为99.52%;成功办理宁夏地市首笔国有商业银行分支机构再贴现业务,辖区再贴现限额使用率为98.3%;累计使用碳减排支持工具17.39亿元,推动商业银行发放碳减排贷款28.98亿元;使用科技创新再贷款1.04亿元,推动商业银行发放科技创新贷款1.73亿元;累计使用交通物流再贷款879万元,助力交通物流行业纾困发展;向符合条件的法人机构发放普惠小微贷款支持工具激励资金208.75万元,撬动普惠小微贷款余额较年初新增6.85亿元。截至12月末,全市普惠小微企业贷款、小微企业信用贷款、个体工商户贷款余额分别为111.56亿元、23.55亿元和49.76亿元,同比分别增长6.88%、63.26%和13.27%,实现普惠小微信贷量增、面扩、价降。发挥动产统一登记公示系统和应收账款融资服务平台作用,推广应收账款(动产)融资平台和政府采购合同线上信用融资业务,助力企业融资增信,实现融资17.21亿元。截至12月末,全市企业贷款加权平均利率为5.08%,小微企业贷款加权平均利率为5.09%。联合海原县政府召开金融支持国家乡村振兴重点帮扶县工作推进会,助力脱贫人口、边缘易致贫人口增收致富。截至12月末,全市脱贫人口小额信贷余额10.93亿元,惠及脱贫人口2.27万户。配合政府相关部门出台《进一步促进中卫市城区房地产市场平稳健康发展的若干措施》。截至12月末,全市房地产贷款余额89.02亿元,同比增长5.49%;个人住房贷款余额69.41亿元,同比增长9.26%。支持全市风电和光伏基地建设,助力能源保供和绿色转型。截至12月末,全市绿色贷款余额29.1亿元,同比增长38.75%,高于各项贷款增速34.04个百分点。结合中宁枸杞产业发展实际,牵头印发《助推金融支持枸杞产业供应链发展的实施意见》,建立5条枸杞产业供应链,形成"供应链+存货质押"和"供应链+包装箱质押"等供应链金融模式,累计发放供应链金融贷款3000万元,全市枸杞产业贷款余额26.87亿元。协同公安司法等部门打击电信网络诈骗。截至12月末,全市电信诈骗案件立案1327起,同比下降37.1%,财损数7709.73万元,同比下降31.9%;止付账户数量12712户,止付资金2.4亿元,守好人民群众钱袋子。强化反洗钱监管。发现洗钱罪立案线索7条,协助公安机关以洗钱罪判决3起,立案在侦2起,推动全区首例涉金融诈骗洗钱罪和首例涉非法吸收公众存款洗钱罪定罪入刑。调解金融纠纷608件,涉及金额2000余万元。降低小微企业、个体工商户支付服务手续费,截至12月末,累计减费让利200余万元,惠及小微企业和个体工商户13000余户。开展反假人民币和整治拒收现金工作,加强小面额现金供应和兑换服务,提升现金服务质量。落实增值税留抵退税政策,截至12月末,累计办理退库业务7.3万笔25.8亿元,其中增值税留抵退税21.1亿元,惠及企业1163家。开展汇率风险管理"首办户"拓展活动,建立并动态更新涵盖77家企业的工作台账。截至12月末,辖区新增汇率风险管理"首办户"企业5家。推进优质企业贸易外汇收支便利化试点业务在辖区落地,累计为企业办理4笔金额100.28万美元的出口收汇业务。截至12月末,全市进出口总额3.43亿美元,跨境收支总额4.11亿美元;跨境人民币业务结算量1.86亿元,同比增长45.31%。

(田嘉乐)

【工商银行中卫支行】 截至2022年年末,工商银行中卫支行实现拨备前利润2106万元,中间业务收入1053万元。各项存款时点余额22.29亿元,较年初增加2.96亿元。服务实体经济,全年累计发放贷款1.16亿元。累计为地方重点企业发放流贷3.3亿元,全年累计发放个人住房按揭贷款9970万元。向自治区分行争取活动资金30万元,与市商务局等政府相关部门开展合作,借助"我的宁夏"App渠道,开展"大漠味集 爱购五一""中卫市特色农旅产品云上展销节""夜宁夏·潮生活""悦享生活、烟火中卫"等消费满减活动,实现支行"我的宁夏"电子钱包批量获客,拉动地方居民消费,促进地方经济发展。

(王雪莹)

【建设银行中卫分行】 截至2022年年末,建设银行中卫分行一般性存款余额72.46亿元,贷款余额29.3亿元。全年累计投放对公贷款13.45亿元,重点支持国能中卫热电、宁夏协鑫科技、宁夏京能新能源等企业。依托商户云贷、建业贷等产品,走乡入村,深入城市街道、农村,加大支持力度,全年普惠贷款新增9568万元。加大涉农贷款拓展力度,为沙坡头区和海原县乡镇上线农田水权灌溉合作社"悦生活"平台7个,交易量突破5600笔,金额达650万元。做好减费让利,助企纾困等工作,全年减费让利84.64万元,惠及客户1154户。政务服务方面,实现海原行政事业单位党费平台全覆盖,上万名党员通过党群平台线上缴费;与自治区政务办合作,推进政务服务事项进网点工作,在沙坡头区和海原县6个网点的智慧柜员机上加载11项政务服务事项,将建设银行营业网点打造为百姓身边政务大厅。教育医疗方面,为中卫市职业技术学校上线"建融慧学"平台,为在校师生搭建集校园一卡通、公共服务、电子支付等功能为一体的综合服务门户。为中卫市医院、妇幼保健院等医疗机构上线"建融智医"平台,满足医、患双方问诊、就医、管理等需求。住房服务方面,坚持房住不炒的定位,推进"数字房产"战略合作,做好公租房相关系统的建设推广,实现海原县公租房代收付系统和海兴区公租房云缴费系统上线。

(杨立昕)

【中国银行中卫分行】 截至2022年年末,中国银行中卫分行各项存款时点余额200959万元,较上年新增14362万元,增幅7.15%;各项存款日均余额201722万元,较上年新增25784万元,增幅12.78%。各项贷款余额236099万元,较上年新增75643万元,增幅32.04%。其中公司贷款余额184037万元,较上年新增73443万元,增幅39.91%。不良贷款余额6224.29万元,其中公司贷款不良余额5046.58万元,零售不良余额567.49万元,银行卡不良余额610.22万元,整体不良率2.64%。实现营业收入5624万元,比上年同期增加526万元,增幅10.31%。净利润1934万元,比同期增加4851万元,增幅166.31%。中卫市全口径贷款累计投放达到14.85亿元(含贴现),其中公司贷款累计投放13.41亿元(含贴现),个人贷款累计投放1.44亿元。为新能源发电企业提供项目贷款3.21亿元,为新材料企业提供项目贷款2.25亿元;已批未投新能源发电项目贷款15.77亿元;在基础设施建设方面,已获得授信批复8亿元,实现提款3亿元;在枸杞行业方面,通过"宁科贷"、农担公司合作等,实现枸杞行业客户贷款投放9户,金额累计3315万元。为中卫市河南地区城乡供水工程项目建设累计提供5891.5万元授信支持,涉农贷款余额9.45亿元,较上年新增3.25亿元,储备项目贷款中有近14亿元用于县域企业发展。截至12月末,实现营业收入5624万元,同比增加526万元,增幅10.31%;拨备前利润4024万元,同比增加408万元,增幅11.36%;净利润1934万元,同比增加4851万元,增幅166.31%。支持小微企业发展,2022年累计为50户小微企业投放贷款8.91亿元,其中普惠型小微企业46户,金额累计1.52亿元;提高小微企业信用贷款投放,累计为28户小微企业投放信用贷款5.71亿元,其中普惠型小微企业25户,金额累计5491万元,小微企业贷款中信用贷款占比高达64.08%;落实小微企业无还本续贷及延期还本付息政策,为两户普惠型小微企业办理无还本续贷业务960万元;为1户小微企业主展期150万元,响应小微企业惠企政策。

(万 洁)

【农业银行中卫分行】 2022年,农业银行中卫分行累计发放法人贷款6.5亿元,办理贴现业务9.2亿元,办理银行承兑汇票业务1.68亿元。其中:制造业贷款余额6.68亿元,占各项贷款比重24.14%;"专精特新"制造业贷款余额3亿元,占各项贷款总额的10.83%。利用"简式贷""微捷贷"等产品和利率优势,推进小微、民营企业贷款投放。创新推广各类纯线上、纯信用贷款业务:与税务局开展银税互动,推出"纳税e贷";与市场监督管理局开展动产质押合作,推广"抵押e贷";与烟草专卖局合作,开展"烟商e贷";与医保部门对接,投放"医护e贷""药商e贷"。简化贷款手续、缩短贷款链条,加快发展供应链融资、知识产权、股权、仓单、存货、保单等新型质押类信贷业务。累计为1.96万户小微企业融资20.12亿元,银保监口径普惠小微贷款比年初净增5795万元,计划完成率为119.48%,普惠贷款客户数较年初增加543户,"两增两控"达标;供应链融资授信余额57.68万元,存货质押贷款余额1800万元,林权抵押贷款余额180万元。截至2022年年末,涉农贷款余额为10.3亿元,其中"惠农e贷"余额3.34亿元,占比32.43%。农户信息建档新增1347户;精准扶贫贷款余额0.118亿元。2022年为政企单位新上线"智慧食堂"项目3个。推广"智慧党费"平台应用,上线"智慧党费"平台1个。推进渠道工程建设,加强厅堂"智迎客"、掌银合伙人、行外商圈获客引流,掌银月活客户达5.56万户。

(田 辉)

【农发行中卫支行】 2022年,农发行中卫支行累计发放各项贷款2.07亿元。各项对公存款余额4.65亿元,对公存款日均余额4.78亿元,比年初净增2.05亿元,增幅75.09%,完成区分行下达任务的554.05%,营销有效存款客户2户。截至12月末,支行各项贷款余额19.68亿元,较年初减少1.31亿元;农发重点建设基金余额5.56亿元;各项存款余额4.65亿元,较年初增加2.16亿元;实现账面利润0.21亿元。2022年累放粮油类贷款0.12亿元。按期完成地方储备粮轮换及收购计划,累计轮换市县两级储备粮共4643吨,其中小麦1443吨,水稻3200吨。配合区分行营业部做好跨年度收购资金供应与管理工作,2022年累计收到区分行营业部拨付贷款0.38亿元,用于临储水稻、小麦及储备小麦、玉米、水稻的轮换与收购。2022年,累计投放农业农村基础设施建设贷款1.84亿元。全年累计向中卫市河北地区供水项目发放贷款0.47亿元,向中卫市卫民黄河大桥项目发放贷款0.56亿元。2022发放"保交楼"专项借款0.74亿元。全年累计向存量产业小微客户发放贷款0.11亿元。向宁夏格鲁博进出口商贸有限公司办理240万元无还本续贷。向宁夏弘兴达果业有限公司发放流动资金贷款400万元,向宁夏海原国华农机制造有限责任公司发放流动资金贷款440万元,为企业稳健经营提供资金保障。全年累计营销偿债资金存款6.5亿元。在2021年获得中卫市市本级社保基金存放资格基础上,新营销社保基金存款0.15亿元,转存2021年存入的到期社保基金0.7亿元。2022年支行新营销开户客户共12户,累计营销4家企业开办7天通知存款业务,存款额0.32亿元,新营销有效客户两户,营销同业客户购买农发债0.1亿元。摸排重点项目(含流动资金贷款)18个,融资需求合计19.54亿元。储备重点项目5个,融资需求合计约21.20亿元。全年累计清收逾期基金本金924.8万元,逾期投资收益32.94万元。截至2022年末,累计收回贷款本金3.38亿元,累计收息0.95亿元,收息率为99.96%,未收息4万元,为新增粮食财务挂账贷款利息。 (白 涛)

【邮储银行中卫分行】 截至2022年年末,邮储银行中卫分行资产规模为42.64亿元,各项存款余额37.92亿元,各项贷款余额20.99亿元。邮储银行中卫分行围绕自治区确定的"九大产业"战略部署和市域"六大产业"发展规划,强化营销,对接客户融资需求,加大贷款投放力度,拓宽行业支持覆盖面,主动服务地方实体经济。顺应数字化转型趋势,依托金融科技赋能,加大线上金融服务力度,构建"线上+线下"相结合的综合金融服务模式。推广无纸化、智能化线上办理,全流程数字化作业模式,提升客户金融服务体验。 (智 欣)

【中卫农村商业银行】 截至2022年年末,中卫农村商业银行负债总额131.19亿元,较年初增加14.29亿元,其中各项存款余额120.82亿元,较年初增加12.8亿元。资产总额144.51亿元,较年初增加15.09亿元,其中各项贷款余额76.3亿元,较年初增加3.32亿元。贷款户数30870户。涉农贷款余额47.13亿元,农户贷款户数27068户,农户贷款覆盖面达到45.3%。发放青年创业贷款、妇女创业贷款、农民工务工创业等贷款。截至2022年年末,全民创业贷款1491户21420万元。妇女创业贷款4675户56213万元,贷款余额增加148万元。办理按揭贷款3913户125963万元。"黄河e贷"授信户数达到24455户,授信金额17.9亿元。疫情防控期间向中卫市政府部门及社会公益组织捐款捐物83万余元。为中卫市环境卫生、医疗等公共事业捐赠环卫车辆、环卫工人用品等物资价值10万元,向中卫市各小学捐赠课桌椅、学习用品等物资价值6万元。 (张夏收)

【宁夏银行中卫分行】 截至2022年年末,宁夏银行中卫分行资产总额70.73亿元,负债总额70.17亿元;各项存款余额68.68亿元,各项贷款余额49.28亿元。疫情期间,向中卫市本级、中宁县、海原县捐款捐物64.32万元。支持专业市场和特色产业,对肉牛奶牛养殖、苹果、禽蛋、物流等特色行业推出"红火贷、牛劲贷、宁海通"等特色化线上信用贷款产品,全年累计办理涉农贷款23.98亿元。制作"一图看懂新市民金融服务"长图,创新新市民专属贷款产品圆梦贷,开展全城授信营销活动,扩大线上消费贷款覆盖面,强化信用卡和信贷产品配套组合,丰富信用卡权益和使用场景,全年累计办理消费贷款1.445亿元。截至2022年年末为枸杞、肉牛和滩羊等重点产业累计投放贷款7.66亿元。 (张 辉)

【石嘴山银行中卫分行】 截至2022年年末,石嘴山银行中卫分行资产总额近30亿元,各项存款余额24亿元,贷款余额26亿元,客户数12万户,实现各项收入1.47亿元,累计缴纳各项税金1.12亿元。重点产业贷款余额12亿元,绿色贷款余额2亿元,制造业贷款余额8.8亿元。聚焦枸杞、肉牛养殖、奶牛养殖、冷凉蔬菜种植、苹果、旅游等特色产业,重点围绕中小微企业、个体工商户和农户的实际需求,创新金融产品,开发设计"果农贷""杞农贷""枸杞短贷""尊信贷"等贷款产品,推动特色产业高质量发展,截至2022年12月末,小微企业贷款余额13亿元,涉农贷款余额8.82亿元。疫情防控期间,为中卫市一区两县红十字会捐赠60万元。 (刘 保)

保 险

【人保财险】 2022年,人保财险中卫分公司保费收入4.64亿元,累计承担风险保障10081.56亿元。受理理赔案件2.91万件,赔款支出3.33亿元。农险保费收入1.22亿元,为全市农业生产承担风险保障42.65亿元。全市共发生农业理赔案件1万件,共计赔款1.33亿元,受益农户数4.2万户。其中,承保种植业农作物112.07万亩,承保养殖业9.9万头,受益农户数4.2万户,共计赔款1.39亿元。2022年7—9月,中卫市面临暴雨、冰雹天气,特别在非引黄灌溉的中南部地区,种植业损失严重。海原县和沙坡头区频发暴风、冰雹天气,造成种植业大面积受灾。对中卫辖区暴雨、冰雹事故已决赔款7267.51万元,受益农户1.8万户。大病保险累计承保98.90万人,保费收入6008.25万元,受理大病理赔案件报销9654人,报销金额4456.36万元。防贫保险各险种累计参保农户1.04万户次,提供风险保障2.56亿元。通过与商业银行签署《三方质押协议》方式,以保险保单为抵押帮助奶牛养殖户、企业在商业银行贷款累计1.8亿元。

(孙保军)

【人寿保险】 截至2022年12月31日,中国人寿保险股份有限公司中卫分公司实现保费收入1.39亿元。让常规化诚信教育活动、金融知识普及活动、反洗钱和非法集资宣传月活动等,走进集市、走进社区,针对老年群体、新市民群体开展集中宣传活动,防范各类经营风险,增强风险合规意识,堵塞各项管理漏洞。加强对老年人、残疾人等特殊群体的服务优化,推广温暖、简捷理赔服务和"重疾一日赔"理赔服务品牌,提高绿色金融服务效率,为客户打造无报案、免资料、免等候的便捷服务。聚焦消费者权益保护工作,坚持以客户为中心,树立"客户投诉无小事"的服务意识,提升投诉处理服务水平、服务时效,提升客户感受度、满意度。贯彻落实自治区政府定点帮扶工作,所辖机构完成对重点帮扶单位黄套村的帮扶任务,会同中卫市扶贫办、民政局、妇联等单位慰问辖区特困户、老年饭桌、老年人日间照料中心、两癌妇女等。推进保险业高质量服务乡村振兴工作力度,创新保险服务乡村振兴方式,解决因意外事故、因病致贫、返贫问题。全面摸排公司个人信息保护方面存在的问题,规范个人信息处理和管理行为,全面提升消费者个人信息保护工作水平。强化客户信息治理工作,加强诚信教育追踪管控,以案促改,以案为鉴,筑牢思想防线,化解存量风险。2022年,共问责处理销售人员9人。

(张 莹)

教育 科技

教 育

【概况】 2022年,中卫市有各级各类学校(幼儿园)432所(市直属10所、沙坡头区112所、中宁县127所、海原县183所)。其中,普通高中7所,职业技术学校3所,完全中学1所,初级中学55所,小学177所,特殊教育学校3所,公办幼儿园131所,民办幼儿园55所(沙坡头区27所、中宁县26所、海原县2所)。有普通高中、义务阶段学校、幼儿园和特殊教育学校教师14228人。从学历来看,硕士研究生及以上学历教师326人,占比2.29%;本科学历教师10031人,占比70.5%;专科及以下学历教师3871人,占比27.21%。从职称来看,高级职称2883人,占比20%;中级职称4862人,占比34%;初级职称及以下6483人,占比46%。在校(园)学生217330名(沙坡头区69884名、中宁县64034名、海原县83412名)。学前教育三年毛入园率为93.46%,九年义务教育巩固率为100%,高中阶段毛入学率为94.30%。全市高考报名考生共13719人(文史类3509人,理工类7919人,高职类2291人),其中,沙坡头区4643人,中宁县3973人,海原县5103人。高考录取考生共11178人(沙坡头区录取考生4104人,中宁县录取考生3187人,海原县录取考生3887人)。其中,普通高校本科共录取4753人(一本录取1827人,二本录取2926人),高职应用型本科共录取42人,专科共录取6383人。

【思想政治工作】 2022年,中卫市推进中小学校党组织领导的校长负责制提质扩面,印发《中卫市建立中小学校党组织领导的校长负责制实施意见》,健全完善基层党组织议事规则等制度11项,调整直属学校领导班子9人,完成第一批105个中小学校党组织推广工作。印发《关于进一步加强干部政治能力和专业能力学习工作安排的通知》,创新建立"理论大讲堂"制度。印发《进一步加强作风建设提升工作质效的实施意见》,开展违规收送红包礼金和不当收益及违规借转贷或高额放贷专项整治、群众身边腐败和不正之风专项整治,巩固"清风校园"建设成果。2022年,中卫市出台《关于进一步加强学校思想政治建设的实施方案》《中卫市领导干部"上讲台讲思政课"实施方案》,全面构建大思政格局,邀请市委书记为中卫中学全体师生讲思政课。印发《关于开展2022年"我们的节日"系列主题教育活动的通知》,统筹各类重大活动,组织开展"传承红色基因、赓续红色血脉、走好新时代赶考路""喜迎二十大·童心永向党"等主题活动,培育自治区级文明校园8所、第二批德育品牌10个。打造市级劳动实践基地1个,培育全国急救示范学校1所、自治区科技创新高中试点学校1所。

【办学条件改善】 2022年,中卫市推进基础设施和基本装备"补短板"三年行动,全市争取资金3.9亿元,实施基础设施补短板、薄弱学校改造提升、幼儿园迁建新建等项目26个,新增学位7380个,增设实验器材、课桌椅等教育教学条件装备近30万件(台、套)。实施"互联网+教育"迭代升级,累计建成智慧教室、虚拟现实教室、云教室等创新性教室1000余间,建成自治区级标杆校17所、四星级智慧学校两所,打造自治区级创新素养教育领航校7所。累计开展"市区带县(区)、城区带农村、优质带薄弱"专递课堂11万余节。形成中卫三中"236教学"、中卫六小"三课堂一中心"、中卫四小"网上道德银行"、中宁二中"一课四单"等创新模式。为义务教育阶段学校安装护眼灯近9700盏。

【教师队伍建设】 2022年,中卫市建立中卫市教师思想政治和师德师风教育培训学时登记制度。实施起航、青蓝、卓越计划,培训教师5万余人次。选树"四有好老师""最美班主任"、师德标兵200名,新创建名师工作室20个,1名同志被评为"中卫英才"。选派400余名教师到发达省份参加培训,选派8名中小学校长赴闽跟岗实践,安排8名教师参与海原县组团式帮扶。新增教师393名(研究生62名),招聘学前教育基层服务专项计划教师160名,聘任兼职教研员113名。制定《中卫市中小学幼儿园名校(园)长、名教师梯队攀升体系建设实施方案》,建立"理论测试+现场述职""理论测试+上达标课"的校长和教师学年考核机制,全面开展教师上达标课,建立教师教学水平基础档案。

【教育教学】 2022年,中卫市印发《关于加强和改进新时代基础教育教研工作的实施方案》《全市教研员"五包"工作方案》,组织教研人员常态化深入学校、下沉课堂、进入教研组,实行包片包校责任制。建立"1+4+X"教学视导工作机制,构建上下联动、区域互助、高效有序的"大教研"体系,常态化组织召开抓基础教育质量双周座谈会。首次组织全市中考统一阅卷,召开全市初中学业水平考试质量分析会,一体化推进全市教育高质量发展。全面开展"四课"等评比活动,评出市级优课225节,在全市学科教师优质课(现场)评比活动中,共评出一等奖85人,二等奖328人。组织教师参加全市基础教育精品课评审活动,共评出市级优课180节,其中10节获区级一等奖,59节获区级二等奖。组织教师参加全市"互联网+教学"论文、课件、微课应用大赛,共获一等奖45人,二等奖69人,三等奖100人。组织教师参加全区中小学实验精品课评选活动,全市上报20件作品中,获区级一等奖2件、二等奖6件、三等奖10件。探索集团化办学和区域战略合作,与宁夏大学、银川市教育局分别签署《校地合作框架协议》《教育战略合作框架协议》,实施区域教育发展促进行动计划、教师队伍培养帮扶行动计划和"互联网+质量监测"行动计划。

【职业教育】 2022年,中卫市举办"院校合作 推动共赢"人才发展论坛,邀请全区21所职业院校专家和30家企业负责人参加,分别与宁夏工商职业技术学院等4所院校签订合作协议,开展三二分段制联办,提升专业与经济社会发展的适配度。对接自治区"九大产业"及中卫市"六大产业",市、县两级建立专业设置动态调整机制,构建"产业链+专业链+人才培养链"专业群,形成机电工程等6个系,增设"大数据技术应用"等3个专业,停招数控加工等3个专业。海原县职业技术学校停办1个专业。建成云计算平台开发与运维1+X证书考核等实训室。新增5个"1+X"证书专业,总数量达到15个。组织384名选手参加比赛,227名学生获奖,获奖率达59.11%,较上年增长4.85个百分点。市职业技术学校的机电一体化设备组装与调试、冷拼雕刻获得全区技能大赛第一名。积极与浙江合众新能源汽车有限公司对接,签订捐赠协议,为市职业技术学校授"产教融合汽修专业人才培养基地"牌,同时捐赠新能源汽车两辆。与福建省漳州市第一职业中专学校结对帮扶,投资82万元,购置123台计算机,为市职业技术学校建成3个标准化平面设计教学实训室。

【校园安全防控体系建设】 2022年,中卫市校园安全防范建设达到4个100%。创新建立校园安全"红黄蓝"三色预警制度,督办整改问题隐患776个。联合公安、市场监管、消防等部门,常态化开展校园周边环境整治。加强物防技防人防建设,聘请法治副校长151名,配备专职保安763名,全市各级各类学校年内无重大安全责任事故发生。

【教育综合改革】 2022年,中卫市制定印发《中卫市教育高质量发展三年行动计划(2022—2025年)》,推进"县管校聘"人事制度改革,完成321所公办学校10345名教职工的竞聘上岗工作,实现教师由"学校人"向"系统人"转变。从严规范校外培训机构,建立校外培训机构"黑白名单"制度,学科类校外培训机构压减至两家,压减率达98.68%。

【学生资助】 2022年,中卫市共资助困难学生13.4万人次7993.6万元。其中,学前两年共资助3683人次184.2万元,一免一补共资助6445人次838.2万元;义务教育阶段共资助73407人次2579.3万元;普通高中共发放助学金14043人次1404.3万元,共计免学费12642人次595.6万元;中职阶段共发放助学金6509人次650.9万元,共计免学费17345人次1734.5万元,发放奖学金11人6.6万元。

学校选介

【宁夏大学中卫校区】 宁夏大学中卫校区(以下简称"中卫校区")坐落于中卫市沙坡头区西南,占地面积555.13亩,规划建筑面积17.68万平方米。建有教学楼、办公楼、实训楼、实验楼、图书馆、报告厅、大学生活动中心、教师公寓、学生公寓等39幢建筑。设立博雅书院、前沿交叉学院,承担学科建设、思政建设、人才培养、学生管理、专业建设及师资队伍建设等主体责任。中卫校区是宁夏大学在中卫市延伸独立办学的高等教育机构,以应用型、国际化、信息化为办学目标,积极推进培养理论够用、技能实用、产业需求的创新型可持续发展的应用技术型人才,于2014年4月设立,并于当年立项、当年建设、当年招生。其运行管理曾由中卫市和宁夏大学共同负责。2016年1月13日,经自治区政府批准,学校与中卫市人民政府签署《宁夏大学 中卫市人民政府关于宁夏大学中卫校区整体移交协议》,明确中卫校区整体移交宁夏大学,由宁夏大学独立办学。2017年5月,自治区委编办批复设立"宁夏大学中卫校区管理办公室"。2022年3月18日,经学校党委常委会会议研究决定,成立中共宁夏大学博雅书院委员会,撤销中卫校区管理办公室行政机构,由博雅书院履行其原行政职责。学校于2022年7月7日,以文化旅游学院、商学院、智能工程与技术学院3个学院及中卫校区公共教学部为基础,在中卫校区组建宁夏大学前沿交叉学院。2022年,中卫校区所有授课教师由宁夏大学选派,共有固定人员117人,其中事业编制人员49人,备案编制人员42人,劳务派遣人员26人。高层次人才引进5人,教授6人,副教授9人,讲师15人,助教26人。按学历划分,博士研究生13人,占比11.1%;硕士研究生70人,占比59.8%;本科27人,占比23.07%;大专7人,占比5.98%。按岗位划分,管理岗16人,占比13.67%;教学岗70人,占比59.83%,双肩挑10人,占比11.7%。2022年,中卫校区结合地方产业经济发展实际,设置软件工程(大数据、云计算)、旅游管理(旅游规划方向)、会计学(财务管理方向)、信息管理与信息系统、电子商务等7个专业。有在校本科生2279人,研究生55人。

(万 江)

【中卫市职业技术学校(中卫市高级技工学校)】 学校占地302682平方米,建筑面积97121.45平方米,建筑单体25栋,其中实训基地占地118亩,建有电工电子及智能制造实训中心、汽车维修实训中心、旅游服务实训中心、康养服务实训中心及护理、机电、化工等各类实训室135个,是一所集中等职业教育、技工教育、成人教育和各类社会技能培训鉴定于一体的综合性中等职业教育学校,是国家中等职业教育改革发展示范学校,国家、自治区级重点中等职业学校,全国首批现代学徒制试点单位,自治区级中等职业教育"双优计划"和特色专业立项建设单位。2022年获批国家级和自治区级高技能人才培训基地。年内有班级123个,学生4539人,教职工361人(其中在编教师226人,外聘教师135人),"双师型"教师62人,技师及以上高技能人才教师24人,区、市级骨干教师46人,自治区青年拔尖人才教师2人,自治区技术能手2人,获得"中卫名匠"荣誉称号教师3人,获得全国黄炎培职教奖教师1人,市级、校级名师工作室7个,自治区级技能大师工作室1个。学校中职开设机电、护理、汽修等26个专业,技工开设电气自动化设备安装与维修、焊接加工、中式烹调等5个专业,宁夏开放大学中卫学院设有汉语言文学、法学、会计学、工商管理等13个本科专业,法学、护理学、药学等13个专科专业。学校培训鉴定中心承接电工、电焊工、中式烹饪、中式面点师、养老护理员、育婴员、机电设备安装与维修、汽车维修工等31个职业(工种)培训和19个职业(工种)鉴定。在2022年高职分类考试中,应用型本科上线33人,录取21人,专科上线率达100%。

【中卫中学】 学校占地面积14.496万平方米,建筑面积6.2万平方米,绿化面积4.7万平方米。2022年,在校学生3642名,教职工283名。其中,正高级教师3名,高级教师100名,特级教师1名,青年拔尖人才两名,区、市级骨干教师59名。学校设有交互式多媒体教室100间、计算机教室11间、在线互动课堂教室3间、录播教室1间、科创和人工智能活动室两间,装备物理实验室7个、化学实验室7个、生物实验室6个。2022年2月被教育部办公厅授予首批全国急救教育试点学校,3月被自治区教育厅授予首批普通高中多样化有特色发展科技创新试点学校,2022年4月被评为2022—2024年度自治区文明校园。年内,教师共取得教育科研成果100余项。

【中卫市第三中学】 学校占地面积44018平方米,校舍建筑面积21268平方米。年内有教学班40个,在校学生1981人,教职工152人。其中,自治区级骨干教师7人,市级和县级骨干教师34人,高级教师61人。建成微课室1个、录播教室1个、人工智能教室1个、智慧教室1个、AR/VR教室1个及平板教室10个。2022年10月,被认定为人工智能教育实验学校和国家智慧教育平台宁夏试点学校。

【中卫市第六小学】 学校占地面积46769.5平方米,建有综合办公楼1幢、综合楼2幢、教学楼2幢,绿化面积7200平方米,400米标准化运动场1个。年内有教学班55个,在校学生2875名。教职工135人,各级各类骨干教师36人。特色课程有:生命成长、耕读养德、思维科技、运动能力、"413四维"劳动、"黄河沙艺术"美育。

(马 贵)

科 技

【全社会研发投入】 2022年,中卫市研究与试验发展(R&D)经费投入8.12亿元,R&D经费投入强度为1.44%,居全区五市第三位。全市有研发活动的规上工业企业74家,增长10.45%,占比39.78%。

【科技项目建设】 2022年,中卫市共立项实施自治区各类科技计划项目111个,实施市级规上企业科技计划项目42个,争取各类科技项目资金1.28亿元。其中有113家企业获得研发费用后补助资金6891.95元,企业数、资金量较上年分别增长88.3%和37.9%。中卫市获得6项自治区科学技术奖,其中,自治区科技进步奖二等奖3项、三等奖3项,年度登记科技成果49个,技术合同成交额1.42亿元。

【科技型企业】 2022年,中卫市实施科技型企业倍增计划,坚持拉高标杆、量质并举,持续优化科技型企业梯次培育链,动态管理科技型企业培育库,新认定备案国家高新技术企业15家、自治区农业高新技术企业9家、自治区科技"小巨人"企业5家、自治区科技型中小企业87家。

【科技创新平台】 至2022年年底,中卫市共有各类科技创新平台101家。其中,自治区工程技术研究中心7家,自治区技术创新中心61家(2022年新认定备案17家),自治区科技企业孵化器1家,自治区科技创新团队11家,自治区众创空间5家,国家和自治区级星创天地15家。中宁枸杞产业创新研究院有限公司被认定为自治区首批新型研发机构,天元锰业成功获批中卫市首家自治区创新联合体。

【东西部科技合作】 瑞泰科技联合西安交大等高校建成宁夏尼龙新材料工程技术研究中心和西安交大——扬农集团新材料联合研发中心,突破尼龙66生产"卡脖子"技术。天元锰业联合北京科技大学等10家单位组建宁夏电解金属锰及锰系合金材料研发创新联合体,全通枸杞的利用枸杞废渣提取物制备明目产品项目和天元锰业的电解锰硫酸铵复盐利用锰矿粉固硫脱氨工艺研究及应用示范项目获得2022年自治区重点研发计划对外科技合作项目支持。

【科技金融】 2022年,中卫市为45家企业发放"宁科贷"资金11750万元,累计为195家科技型企业发放"宁科贷"资金4.87亿元。指导科技型企业申报自治区科技金融专项补助,共有48家企业获得科技金融专项资金482.3万元,累计为199家企业争取科技金融专项补贴2884.37万元。

【科技发展规划】 2022年,中卫市印发《中卫市科技"双倍增"行动实施方案(2022—2025)》,围绕加强产业关键技术攻关、赋能科技企业梯次发展、优化创新平台区域布局、加速科技成果转移转化、促进科技金融深度融合等10个方面,对中卫科技工作提出具体的要求。印发《中卫市科技计划项目管理办法》,明确项目组织、管理和实施的责任主体及相关职责;规范项目管理的基本程序,明确项目申报、立项审查、项目评审、项目公示、资金分配、下达计划、签订项目合同书等基本程序和要求,确定监督管理制度,严格项目管理实行科研诚信承诺制。

【科技人才】 2022年,中卫市邀请中国工程院院士赵宪庚、陆军就2021年中国工程科技发展战略宁夏研究院战略咨询项目"宁夏重点产业高质量发展路径研究"开展实地调研,为中卫市云计算与大数据产业发展建言把脉。组织科技型企业参加第十一届中国创新创业大赛(宁夏赛区)暨第七届"中国银行杯"宁夏创新创业大赛,1家企业获三等奖,5家企业获优胜奖。

【科技助力乡村振兴】 2022年,中卫市按照《中卫市提升县域科技创新能力推进乡村振兴实施方案(2021—2025年)》《中卫市现代枸杞产业高质量发展科技支撑方案》《中卫市肉牛产业高质量发展科技支撑方案》《中卫市奶产业高质量发展科技支撑方案》及《中卫市绿色食品产业高质量发展科技支撑方案》等文件要求,不断强化农业重点产业高质量发展科技支撑,助推乡村振兴发展,指导两县一区加强科技特派员队伍建设,提升整体素质和创业服务能力,稳步推进科技特派员创业行动。全市有科技特派员537名,创办企业145家,领办、创办合作社及协会158家。组织实施科技特派员创业服务项目获批立项33项,争取资金349万元,组织实施乡村振兴科技指导员专项计划项目14个,争取资金298.8万元,涉及帮扶村36个。在沙坡头区宣和镇海河村实施海河村清洁能源发电助力乡村振兴示范试点项目,支持资金120万元。实施科技特派员创业行动和"三区"人才科技人员专项计划,全市协调自治区选派"三区"人才70名,争取资金146万元,按照签订的《2022年度宁夏"三区"人才选派三方协议书》,分赴全市52个村开展科技培训与科技指导服务,全年培训农民15场次,引进示范推广肉牛、小杂粮、马铃薯等新品种25个,推广"肉牛快速育肥""旱作高效节水""病虫害综合防控"等新技术29项。结合产业发展实际,由中国农业科学院、天津科技大学等区内外16名专家教授组成科技特派团,派驻国家重点帮扶县海原县,主要围绕中药材、荞麦、马铃薯、大豆、肉牛、牦牛等7个产业开展帮扶工作,累计下乡开展帮扶工作416人次,重点在谷子、高粱、马铃薯旱地高产技术,肉牛高效育肥与粪污无害化环保处理技术等方面进行新技术示范和技术指导,解决42个生产过程中的技术问题,技术服务覆盖16个乡镇45个行政村。

【科技服务】 2022年,中卫市结合"我为群众办实事""企业大走访大宣讲"实践活动,完善科技型企业信息库。举办"企业家创新精神"培训班13期,累计培训科技工作者2575人次。组织开展2022年中卫市科技活动周暨全国科技工作者日启动仪式及主场宣传活动,组织相关单位和企业70余家参加主场宣传活动。通过发放宣传资料、摆放科技展板、创新成果展示等方式,普及食品安全、生态保护、防灾减灾等科学知识。

(赵思明)

气　象

【概况】 2022年,中卫市平均气温10.4℃,较常年偏高1.3℃,为1961年以来的历史新高;年降水量168.4毫米,较常年偏少33.8%;年日照时数2577.5小时,偏少317.5小时。极端天气气候事件多发,冬季(2021年12月—2022年2月)降雪日数多,为1961年以来第四多值,干旱带平均降雪日数及南部山区中雪及以上日数均创1961年以来新高;冬末春初气候差异大,2月异常"湿冷",3月异常"暖干";春季沙尘天气为2011年以来同期第二多,大风日数为第四多;灌区及干旱带首场透雨出现时间晚;夏季高温强度强、频次高、过程持续时间长、覆盖范围广,全市平均高温(≥35℃)日数为1961年以来最多;汛期灌区及干旱带降水偏少,共出现10轮暴雨过程,极端性强;春夏出现"旱涝急转";中北部各地入秋时间偏晚5~19天;10月至年末出现5次明显降温过程,降温幅度大,其中一次达寒潮。年内发生5次冰雹灾害,经济损失占全年气象灾害损失的90%。春季大风沙尘,汛期多轮暴雨,对城市道路交通安全造成不利影响。

气温:2022年,全市平均气温10.4℃,较常年偏高1.3℃,为1961年以来历史新高。各地均创新高,为1961年以来第一高值。其中,沙坡头区、中宁县、兴仁镇、海原县平均气温分别为10.8℃、12.0℃、9.5℃和9.2℃,分别偏高1.1℃、1.4℃、1.7℃和1.1℃。冬(2021年12月—2022年2月)、春、夏、秋季平均气温分别为-4.2℃、12.7℃、23.2℃和10.2℃,较常年同期偏高0.6℃、2.0℃、1.9℃和1.4℃,其中夏季为1961年以来同期最热的夏季,春、秋季为1961年以来同期第二热,仅次于2018年春季(13.2℃)和1998年秋季(10.3℃)。全年除2月、12月平均气温较常年同期偏低1.9℃和1.3℃外,其他月份偏高0.8~3.9℃;6月全市平均气温为23.1℃,较常年偏高2.4℃,为1961年以来同期新高。其中,沙坡头区、中宁县、兴仁镇为同期最高,海原县为同期第二高。

降水:全市平均降水量168.4毫米,较常年偏少33.8%。其中,沙坡头区、中宁县、兴仁镇、海原县降水量分别为94.3毫米、111.6毫米、123.4毫米和344.1毫米,分别偏少50.3%、43.1%、49.5%和11.3%。降水量时空分布不均。冬季(2021年12月—2022年2月)平均降水量为10.7毫米,较常年同期偏多81%,春、夏、秋季平均降水量分别为21.0毫米、121.5毫米、15.5毫米,较常年同期分别偏少51%、18%、73%,秋季平均降水量为1961年来第三少值。除2月降水量偏多250%,4月持平外,其余各月降水偏少6%~82%。

日照时数:全市平均日照时数2577.5小时,较常年偏少317.5小时。其中,沙坡头区、中宁县、兴仁镇、海原县日照时数分别为2697.4小时、2539.1小时、2647.9小时、2425.5小时,分别偏少281.3小时、422.7小时、310.2小时、255.7小时。冬季(2021年12月—2022年2月)日照时数为577.8小时,较常年同期偏少61.6小时,春、夏、秋季日照时数分别为709.4小时、696.7小时和587.4小时,同期分别偏少68.9小时、117.3小时和74.3小时。除6月、9月偏多6.9小时和15.0小时外,其他各月偏少1.7~96.1小时。

【气象服务】 2022年,中卫市气象部门主要担负地面气象观测、酸雨观测、预报服务、雷达监测、生态与农业气象监测、人工影响天气、气象行政许可等工作。主要开展干旱、暴雨、霜冻、干热风、低温冷害等预报服务,对外发布《气象信息专报》《农用天气预报》《林火监测专报》《气象灾情快报》和《气象生态监测评估》等多类决策服务材料,全年全市气象部门共制作各种气象服务材料845期,获地方领导批示42次。

【人工影响天气】 2022年,中卫市共建成固定火箭高炮增雨防雹作业点18个,人影移动作业点12个,布设高炮7门,火箭发射架20部,有人影作业人员48人。

(徐江华)

文化 体育 广电

文化

【文化惠民】 2022年,中卫市实施文化惠民工程,全年开展"文化大篷车"基层文艺演出780场次,广场文化艺术节演出108场次、"送戏下乡"惠民文艺演出160场次。组织开展各类线上线下讲座、展览、阅读推广活动共计260场次,其中"书香中卫·大讲堂"4期,"书香中卫·朗读有你"6期,阅读分享活动3次。

【群众文化】 2022年,中卫市围绕"喜迎二十大 奋进新征程"主题,组织开展"永远跟党走·重温百年路"诗词朗诵大会、"永远跟党走·迈向新征程"民间文艺团队风采展示、"奋进十四五·展现新作为"主题美术摄影展、"喜迎二十大·书香展风采"主题读书征文等群众文化活动。举办市文化馆暑寒假公益培训班、暑期非遗技艺公益培训班、"红领巾讲解员"专题知识培训班等群众文化辅导活动。开展全市广场舞大赛、"欢乐中卫"全市群众文艺会演等系列文化活动。

【精品创作】 2022年歌舞剧《丝路驿站》完成创排。中卫市争取文化和旅游部艺术司、财务司2022年濒危剧种公益性演出补助经费50万元,创排完成小剧《三个女红军》。整理完成《中卫道情》,刊印出版1000册。鼓励非遗传承人结合喜迎二十大、廉洁文化、红色文化等主题,创作非遗作品200余件,分别在市区各群众活动场所、文化馆等地展出,观展部门达70余个,人数3000余人。

【公共图书】 2022年,中卫市共采购图书1万余册,期刊197种,报纸72种,接收赠刊96种。文献总藏量50.5万余册,其中纸质文献27万册,电子文献23.5万册,电子资源本地存储达12.92TB。有长安社区、黄河花园社区、中山社区3个社区分馆,世纪花园、向阳社区、大麦地、图书馆南侧4个城市悦读书房。2022年建成文化广场、向阳步行街24小时微书房两个,武警中卫支队分馆1个,城市共享阅读空间14个。共设有900个阅览座位。2022年接待读者17万余人次,文献外借量7.1万余册次,文献外借总人次4.2万余人次,累计持证读者2.4万余人。

【文化市场监管】 2022年,中卫市结合重大节会时段,开展寒假、春节及北京冬奥会期间文化市场专项整治行动、"忠诚保平安 喜迎二十大"校园周边安全大排查大整治专项行动等6次,"扫黄打非"冬奥版权保护集中行动、"青少年保护季""护苗2022"等专项行动5次,共出动执法人员1960余人次,检查各类文化场所980家次,开展联合检查17次,联合检查各类文化场所230余家次,立案查处10起。

【文化设施建设】 2022年,中卫市建设完成市文化馆场馆改造提升项目,完成场馆数字化升级及设施设备改造工作。建设完成智慧图书馆管理系统、可视化大数据展示系统与平台及红色体验区。在向阳步行街南门口和文化广场北侧分别建设完成1家向市民免费开放的24小时智慧微书房。实施完成2021年公共数字文化建设(公共文化云)全民艺术普及项目。

【中卫市博物馆】 中卫市博物馆位于沙坡头区应理南街五馆一中心,是一座收藏、研究、展示和宣传中卫历史文化的综合性国有博物馆,收藏各历史时期的古生物化石、石器、骨器、玉器、陶器、青铜器、瓷器、字画等各类文物和古钱币共计4000多件套。其中有一级文物21件,二级文物25件,三级文物229件。中卫博物馆建筑面积5159平方米,为两层框架结构,陈列展览及公共服务面积3600多平方米,展出各类文物、古生物化石、岩画1341件。博物馆共设置6个展区,包括历史文物陈列厅"文明历程"、民俗展厅"河漠风情"、红色展厅"红色新生"、岩画专题展厅、长城丝路专题展厅和旅游展厅。2022年,组织开展以"闹元宵猜灯谜"为主题的中华优秀传统文化品牌活动;文旅、教育、关工委、总工会等四部门联合组织开展"手绘最美文物""心中有阳光,脚下有力量"等活动,征集绘画作品457幅,评选出160件获奖作品,招募"红领巾讲解员"50名;依托岩画专题展厅,积极组织开展以"践行文化育人 提升文化内涵""品家乡文化底蕴 做强国有志少年""保护岩画 我们在行动"等为主题的复刻岩画拓印研学体验活动8次,累计参与人数400余人次;征集中卫文化遗产摄影作品376幅(组),评选产生获奖作品62幅,举办中卫文化遗产摄影线上线下展览。疫情期间,线上推出以革命文物、历史文物、文化遗产摄影作品、岩画图片及拓片为主题的"云展览"。

【文化遗产保护与传承】 2022年,中卫市完成胜金关滑坡及危岩体抢险加固工程和中卫鼓楼保护修缮工程,推进实施中卫高庙消防工程、大麦地岩画保护修缮前期勘察研究和中卫高庙基于预防性保护的古建筑信息留存及应用项目,组织编制大麦地岩画和中卫高庙保护规划。出台《关于加强大麦地岩画保护的决定》,举办中卫文化遗产摄影大赛。开展黑山峡淹没影响区文物遗存调查工作。启动中卫市2022年道情小戏《金沙梦》"九进"活动下基层巡演,完成62场次演出。开展第五批市级非物质文化遗产代表性项目及代表性传承人评审工作,共评选出代表性项目26项、代表性传承人86人。举办2022年中卫市遗产日"非遗购物节"活动,销售4000件非遗文创产品,产品销售额超过17万元,活动参与人数达到8万人次。申报自治区级文化生态保护区。通过组建专班、深入县区走访调研、组织专家多轮评审、公开征求意见等形式,编撰《黄河流域中卫段文化生态保护区规划纲要》及附录,制作10分钟宣传展示片,报送自治区文化和旅游厅。推荐"中卫古建筑彩绘"项目传承人陈进德、"中宁蒿子面制作技艺"传承人于振玲、"黄羊钱鞭"传承人刘秉国申报第六批国家级非物质文化遗产代表性传承人。

体 育

【自治区第十六届运动会筹备】 组建指挥部办公室。新建中卫市田径场、中卫市运动广场、中卫市射击馆、中宁县轮滑场4个场馆和改造提升的中卫市体育馆、中卫中学攀岩馆、中宁县游泳馆等14个场馆均完工,并达到比赛要求。举办龙舟、射击、轮滑、越野滑雪、网球、游泳等项目测试赛。开展田径、足球、乒乓球、羽毛球等32个项目(含群众组)裁判员培训班,培训裁判员1100余人。

【体育设施建设】 向全市4所中小学配备旱地冰壶器材10套,在市区公共场所安装更换健身路径14套,建设全民健身联系站点两个。督促各县区建成社区运动场30个、多功能运动场3个、儿童乐园两个、全民健身站点5个、全民健身"康乐角"30个,全市人均体育场地面积达到2.54平方米。

【群众体育活动】 组织开展迎冬奥"羽享杯"羽毛球团体赛、"宁夏·奔跑"全民健步行活动、"迎端午"自治区第十六届运动会龙舟测试赛等全民健身活动10次,参与人数12万人。

【中卫市青少年体育比赛】 举办"奔跑吧·少年"2022年中卫市青少年体育冬(夏)令营活动,共有400余名青少年参加活动。

【体教融合工作】 制定《中卫市推进体教融合发展实施方案》,成立中卫市体教融合工作领导小组。确定6所市属学校为试点学校,参与学生共计17709人。根据《考核标准》对各试点学校进行考核和初步验收,并根据考核结果发放专项经费。

【国民体质监测工作】 根据《自治区体育局关于做好2022年度国民体质监测工作的通知》要求,开展2022年度国民体质监测工作。共有730名测试人员参加,合格率为95.54%。

(李天媛)

广播电视

【广播电视安全播出】 2022年,中卫市市、县两级未发生安全播出事故。按照自治区广播电视局安排部署,开展地面数字电视700兆赫频率迁移项目。

【农村数字电影放映】 2022年,中卫市完成农村电影放映5861场次,实现每个行政村每月不少于1场目标。

(李天媛)

广电网络

【概况】 2022年,中国广电中卫分公司主要从事有线数字电视业务和宽带经营,承担沙坡头区有线电视用户和农村"户户通"用户的广播电视安全传输职责,保证党和政府的声音有效覆盖和通达,保证全市城乡居民的文化生活需求,具有较强的政治属性和公益属性。

【网络规划建设】 2022年,中国广电中卫分公司围绕服务社会的数字文化传播网、数字经济的基础网、战略战备的资源网、具有红色基因的党网政媒4个定位,将宽带乡村与中小城市基础网络完善工程建设相结合,利用广电网覆盖面广、组网方便、应用灵活的特点,全面支撑数字乡村建设,参与、发展产业信息化服务,将阳光政务、民生服务、卫生教育、文化旅游等应用与互联网构架链接,可随时向政府机构、企业、外来访客和旅游者提供包括民生、政务、行业在内的云端智能综合信息化应用服务。

【业务发展】 中国广电宁夏网络有限公司投资建设的中国广电(宁夏中卫)数据中心项目,总建筑面积11.85万平方米,计划安装标准机柜2.9万架。项目分三期建设,其中一期概算投资约19.6亿元,建筑面积约2.77万平方米,主要建设2栋数据中心机房、1栋动力楼和1栋综合服务楼及辅助用房,部署机柜2352架。2022年,该项目被列为全国数据中心绿色节能示范项目,获批中央预算内专项资金2.9374亿元。作为中国广电集团东数西算重要节点,该项目主要承接开展广电系统内部业务、东部及省内数据存储和处理业务、国家文化大数据体系业务等。

【安全保障】 2022年,中国广电中卫分公司建立完善安全管理制度和流程,从源头上杜绝安全传输和安全生产中的隐患;逐级签订安全传输和安全生产责任书,层层抓落实,并将此工作列入年终考核,实行安全事故"一票否决制",严格奖罚;加大投入,强化培训,提高员工的安全防范意识和责任意识。

(刘凌霄)

传媒中心

【概况】 中卫市新闻传媒中心(以下简称"传媒中心")为市委直属正处级事业单位,内设党政办公室、人力资源部、计划财务部、全媒体指挥调度中心、全媒体新闻中心、全媒体创作中心、报业融媒部、电视融媒部、广播融媒部、网络融媒部、播音支持部、技术保障部、传输发射部、产业发展部14个机构。2022年,从业人员182人。主办媒介有《中卫日报》、中卫电视台综合频道、中卫综合广播、中卫交通音乐广播、中卫新闻网站等传统媒体,中卫发布、中卫日报微信公众号、中卫市新闻传媒中心新浪微博、云端中卫客户端等新媒体平台,形成集纸质媒体、视频媒体、音频媒体、网络媒体等"一报一台一网一端两频率+新媒体"的立体式宣传架构。

【新闻宣传】 2022年,中卫市传媒中心围绕中心重点工作,做好主题宣传报道。在《中卫日报》、中卫广播电视台、中卫新闻网等平台开设"在习近平新时代中国特色社会主义思想指引下——贯彻新发展理念推动高质量发展"专栏,持续报道市委、市政府坚持以习近平新时代中国特色社会主义思想为指导,认真学习宣传贯彻党的二十大精神、习近平总书记视察宁夏重要讲话和重要指示批示精神,深刻领会和准确把握党的二十大精神及自治区第十三次党代会精神。聚焦市委全面建设社会主义现代化美丽新宁夏中卫市工作落实体系、党的二十大和自治区第十三次党代会,共策划制订阶段性宣传报道方案20余个,开展"奋进新征程 建功新时代"重大主题采访活动,提振发展精气神。坚持全媒联动,在《中卫日报》、中卫电视台、中卫新闻网、云端中卫客户端等平台同步开设"奋进新征程 建功新时代""喜迎党代会 展望新征程""喜迎二十大""深入学习宣传贯彻党的二十大精神"等专题专栏,广泛宣传市委、市政府坚持"一个统领"、推进"五市"建设、实施"七个战略"、抓好"三个保障"、建立"三项机制"、开展"X项行动"的重大意义、目标任务、重要部署、相关举措、工作成效等,集中宣传各县(区)、各部门(单位)的亮点经验、成效和做法等,为学习宣传贯彻党的二十大精神营造良好的舆论氛围。外宣工作实现新突破。持续加强与中央驻宁媒体、自治区主要媒体、宁蒙陕甘毗邻地区联盟媒体对接,多篇文章被《人民日报》等中央和自治区媒体转载刊发,全年共刊发稿件(消息)4000余篇(条)。围绕宣传重点,党的二十大召开期间,各平台共刊发党的二十大相关报道800余条(次),《中卫日报》推出90个整版记录盛会的光辉时刻,营造全方位、多层次的主流舆论氛围。运用H5、VR、直播等新媒体手段,在中卫发布视频号发布视频1000余条,总浏览量超过1000万,策划慢直播3场次,分别围绕流星雨、市区三座大桥建设和高考展开,观看人数超15万;中卫发布抖音号6月8日创作发布的《陪考父亲与高考的女儿在车厢午休,好心人默默为父女俩送水》浏览量超过5800万。

【产业经营】 2022年,中卫市传媒中心产业经营活动项目取得新成效。举办中卫市第四届网络春晚、"喜迎二十大 建功新时代"全市"劳动者之歌"文艺汇演,举办2022年"促进消费改善民生"中卫市政府消费券投放活动。印务印刷取得新拓展。宁夏中报传媒印务有限公司在完成《中卫日报》印刷基础上,拓展市直机关各种报表、制度方案等印刷、装订和广告策划业务;中报传媒印务有限公司创办保密印刷业务和文化用品超市,各项业务已逐步走上正轨。宁夏中臻影视文化传播公司拓展专题片、宣传片、汇报片、微电影、短视频等影视业务。全年承接33部专题片(宣传片)。完成2022年度《中卫日报》出版发行工作,完成发行任务13676份。

【设备升级改造】 2022年,传媒中心升级改造广电制作系统和新闻演播室,完成广播电视制播能力提升、制作系统升级改造、广播电视播出系统信息安全等级保护测评及整改工作,购置中波台备机,完成中波台机房UPS安装。向自治区党委宣传部、财政厅、广播电视局等申报广播电视传播系统升级改造项目、十六运广电制播系统升级改造项目等。2022年正式进入自治区文化产业发展专项资金项目支持名单,400万元扶持资金拨付到位。　　　　（张海霞）

卫生健康

综 述

【医疗卫生机构】 截至2022年年底，中卫市共有医疗卫生机构682个。其中，医院21个（综合医院15个，中医医院3个，口腔、眼科、精神病医院各1个），基层医疗卫生机构646个（其中乡镇卫生院40个，社区卫生服务中心（站）19个，门诊部4个，村卫生室451个，诊所、卫生所、医务室132个），专业公共卫生机构14个，其他卫生机构1个。

【卫生技术人员】 2022年，中卫市拥有卫生技术人员6757人。其中，执业（助理）医师2286人，注册护士2913人，药师475人，技师398人，其他685人。全市每千人口执业（助理）医师数2.12人，每千人口注册护士数2.7人。

【病床设置及诊疗量】 2022年，中卫市医疗卫生机构编制床位4328张，实有床位4598张，每千人口医疗卫生机构编制床位数为4张、实有床位数4.26张。全市共有断层扫描装置（CT）、核磁共振成像设备（MRI）等500万元以上设备14台（件），彩超、DR、宫腔镜等100万元以上设备105台（件）。2022年，全市总诊疗量为535.8万人次，其中，基层医疗卫生机构门诊量占总诊疗量52.95%。出院10.03万人次。县域内住院量占比达73.2%。三级公立医院门诊人次数与出院人次数比为16.72∶1，三级医院平均住院日数7.66天，医疗服务收入占比达29.03%，按病种付费（DRG、DIP、单病种）的住院参保人员数占公立医院总住院参保人员数的比例达91.26%，公立医院门诊、住院次均费用增幅均控制在4%以内。

【主要卫生健康指标】 2022年，中卫市人均预期寿命由2015年的73.7岁提高到76.6岁，孕产妇死亡率、婴儿死亡率、5岁以下儿童死亡率分别由2015年的35.98/10万、10.20‰和14.21‰下降到34.33/10万、2.66‰和4.72‰。公立医院门诊、住院患者和医务人员满意度分别为95.25%、95.77%和92.94%。

【医政医改】 2022年，中卫市组织召开申报公立医院改革与高质量发展示范项目工作会议、公立医院高质量发展项目绩效解读会议、公立医院改革与高质量发展项目启动会议、公立医院高质量发展存在问题及对策建议工作调研会议、高质量发展项目推进会议及在全市开展线上公立医院改革培训等相关会议。突出公立医院服务质量，加快提升服务能力，巩固提升29个已建成的临床重点专科能力（6个国家级、15个自治区级、9个市级），新增1个自治区级、10个市级重点专科。推进中卫市中医医院针灸科、中卫市人民医院呼吸与危重医学科、中宁县人民医院针灸推拿科创建为国家级重点专科，推进中卫市人民医院传染病、儿科、心血管、骨科、妇产科、消化内科等14个自治区级重点专科建设。对市级重点专科建设标准进行修订，23个专科通过评审纳入2022年度市级重点专科建设项目，全面促进公立医院医疗服务质量上台阶、提水平。组织开展医疗服务价格调整。制定《中卫市2022年度医疗服务价格动态调整工作实施方案》，拟调整114项医疗服务价格，其中调增86项，调降28项，预计调价后全市10家二级及以上医院整体收入增加795.32万元。全市医疗服务收入（不含药品、耗材、检查、化验收入）占比为31.46%，县域内住院量占比73.2%，门诊和住院次均费用均控制在4%以内。

【医疗管理】 2022年，中卫市深入开展行风建设，组织开展医疗质控18次，开展药事、院感、实验室检验等培训班7次，每月监测"合理检查、合理治疗、合理用药"情况，处置"12345"投诉524件。医疗纠纷3起，信访件答复5件，市长信箱答复件11件。开展临床重点专科建设。组织开展2022年临床重点专科评审,23个市级临床重点专科纳入建设项目,二级以上综合医院"五大中心"建设实现全覆盖。申报继续教育项目124项,自治区级54项,市级70项,完成12项。开展科研课题申报,结题6个科研项目,申报2022年度科研课题15项,征集推荐5名专家组建自治区卫生健康委医学科研项目专家委员会。提供各类考试、活动、会议等医疗卫生保障531次,上报疾病应急救助患者10名,合计金额16821.22元。

【行政审批】 2022年,中卫市卫生健康委员会落实区、市政府关于促进社会办医加快发展的政策,审批各类医疗机构19个,其中社会办医疗机构19个(健康体检中心1个,个体诊所18个)。制定印发《中卫市卫生健康委员会一体化在线政务服务事项工作流程的通知》,开展违背市场准入负面清单自查自纠、行政审批中介服务事项清单报送、"证照分离"改革落实情况、政务服务"跨省通办"相关情况报送。梳理新设证明事项和证明事项告知承诺落实情况,确认行政许可事项17项。每季度报送2022年政务服务事项办理及电子证照入库情况季度报表。年内,录入电子证照库电子证照数量152个。

疾病预防控制

【疾病防控】 2022年,中卫市加强传染病监测管理,全市报告乙、丙类传染病23种5866例,报告发病率为549.59/10万,与去年相比上升54.13%。做好免疫规划和重大疾病防控工作,扩大国家免疫规划,疫苗累计实种184258人次,接种率达99.64%。完善结核病防治服务体系,加强结核病患者全疗程健康管理服务。全市共报告肺结核患者374例,报告发病率为35.04/10万,病原学阳性率为51.99%。切实做好碘盐监测等地方病管理及包虫病防治工作,监测全市饮水型地方性氟中毒病区村576个,无新增改水工程、无病区村撤并情况。采集全部病区村15个降氟改水工程水样进行检测,氟含量均符合国家生活饮用水卫生标准,辖区无水氟超标病区村。布鲁氏菌病防治三年攻坚行动工作有序推进,完成布病高危人群筛查27585人,血清学检测27585人,其中阳性770人,阳性率2.79%。开展布鲁氏菌病防治知识健康教育51200人。对网络报告的1028例布病均开展病例管理工作,建档率达93.38%,管理病人959例,管理率达100%。完成包虫病成人和儿童B超筛查22671人。对登记管理的50543只家犬开展12轮次的药物驱虫;现场采集家犬粪2675份,其中阳性标本37份,阳性率为1.38%。年内有包虫病265例,登记管理率为98.87%,药物治疗病人142人;申请手术病人外科救助21人。

【慢性病防治管理】 2022年,中卫市继续巩固沙坡头区自治区级慢性病综合防控示范区创建成果,联合各成员单位完成示范区动态管理报表上报,及时填报完成中国疾控中心慢病中心的《全国慢性病预防控制能力调查表》。全市累计在册严重精神障碍患者5037例,报告患病率为4.72‰(任务目标4.2‰),规范管理率为88.82%,在册患者服药率为75.82%,在册患者规律服药率为63.81%。全市累计确诊惊厥型癫痫患者1426例,检出率为1.34‰。全市高血压患者健康管理90392人,规范管理率为82.60%。2型糖尿病患者健康管理23638人,规范管理率为88.76%。组织开展漏报调查工作,与公安机关、民政、医保部门进行数据核查。全市报告死亡病例6099例,粗死亡率为571.42/10万。报告恶性肿瘤病例1981例,其中新发病例1456例,死亡病例525例,报告率为1.80‰。城乡居民累计电子档案建档1110164份,电子建档率为104.01%。全市65岁以上老年人体检95070人,体检率为86.27%。全面落实食品、水质、公共场所等监测工作,完成辖区职业病网络直报的报告和审核工作,共上报审核农药中毒报告卡46例,工人职业健康档案9157份。报告职业病18例(布鲁氏菌病11例,噪声聋5例,其他尘肺病2例),疑似职业病19例(5例噪声聋、10例尘肺、1例苯中毒、3例布鲁氏菌病),接尘工龄不足5年劳动者年新发尘肺病报告病例为0。有序开展食品安全风险监测工作,采集食品样品401份,合格率为99.75%。各哨点医院共监测上报食源性疾病病例信息550例,采集便样415份,阳性标本26份,检出率为6.26%,致病菌以诺如病毒为主。报告并处置两起聚集性食源性疾病事件,无食物中毒引发的突发公共卫生事件发生。全市采集水样424份,完成率为105.5%,合格率为90.57%,乡镇覆盖率和集中供水工程覆盖率均为100%。严格按照上级业务部门和监测方案要求,完成中卫市各医疗卫生单位个人放射剂量监测工作,共监测66家单位384人,监测覆盖率达100%。开展医疗机构消毒效果监测,41家医疗机构采集样品590份,合格率为98.81%。对辖区内宾馆、商场、超市等进行卫生监测,共监测20家单位,采集样品256份,合格率为97.26%。餐具消监测3家,采集样品120份,合格率100%。对沙坡头区、中宁县、海原县共50家公共场所开展健康危害因素监测工作。开展农村环境卫生监测工作,完成5个乡镇、20个行政村、100户家庭、10所学校的现场监测任务。加强艾滋病感染者和病人的治疗、随访、追踪管理工作。全市累计现住址存活感染者及病人333例,抗病毒药物治疗在治309人,治疗覆盖率为92.8%。全面落实预防性体检免费政策,完成食品、公共场所从业人员健康体检14815人次。职业病体检54家8650人次。完成新型冠状病毒核酸检测、从业人员健康体检,艾滋病、梅毒、乙肝、水质、食品等各类检测任务325055件2380477项,艾滋病确证实验室检验检测31例。

【疾病预防控制重大事件及重要成果】 中卫市卫生应急物资储备库投入使用。推进实验室能力提升建设项目,二级生物安全实验室、卫生检验实验室建设项目完工,招标能力提升项目仪器设备75台(件)陆续到位,完成安装、调试、培训、验收等工作,提高仪器的利用率。对160台(件)仪器设备进行检定校准,保证实验室检测仪器运转正常、参数合格。开展新项目诺如病毒检测,全年共接收诺如病毒检测样本362份,检测完毕362份,阳性43份,阳性率为11.88%。具备猴痘病毒检测技术能力。对所有检验检测试剂进行招标采购,确保试剂耗材质量。中卫市疾病预防控制中心被授予自治区文明单位、全区"五四"红旗团支部、中国青少年脊柱侧弯流行病学调查先进集体、中国糖尿病并发症研究项目先进集体等称号,被提名为全国"三八"红旗手先进集体。

(徐宁浩)

妇幼保健及老年人健康服务

【妇幼保健】 2022年,中卫市出生人口10231人。共核定农村部分计划生育家庭奖励扶助、计划生育家庭特别扶助等计划生育"奖、优、补、扶"各项惠民政策对象13816人,发放扶助金1463.577万元。落实特殊家庭"双岗""三岗"联系人315人,开设计划生育特殊家庭就医绿色通道40个。完成备案托育机构19家,托位数1163个,每千人拥有3岁以下婴幼儿托位数达1.08个。全市免费婚检7442人,婚检率为93.63%;新生儿多种疾病筛查8952人,筛查率为99.9%。农村妇女"两癌"检查33470人,完成率为100%。

【老年人健康服务】 2022年,中卫市公立综合医院开设老年医学科,实行病房定位、病床定数,重点对孤、残、障、瘫、病的老人实行优先入住,优先治疗,为老年人就医开通绿色通道;按照"方便就近、互惠互利"的原则,采取"一对一""一对多"的方式协调医疗机构与邻近养老机构建立合作协议关系,实现重症患者能够快速进医院、康复后迅速返回养老机构;持续构建老年友好社会环境。深入实施全国示范型老年友好社区创建和老年友善医疗机构建设活动,沙坡头区滨河镇中山社区、中宁县宁安镇振兴社区通过国家验收。中卫市中医医院、中宁县人民医院、沙坡头区柔远镇卫生院等46家医疗机构达到老年友善医疗机构标准,其中A级7家、B级16家、C级23家,全市老年友善医疗机构创建合格率为85%。

【妇幼保健重大举措】 2022年,中卫市人民政府持续推进"妇女关爱行动",为2022年度10件民生实事之一。为35~64岁城镇妇女免费提供宫颈癌、乳腺癌筛查7773人;为全市8000名孕妇提供免费唐氏筛查。在市(县)级人民医院建成危重孕产妇和新生儿救治"两中心",并通过自治区验收,全市危重孕产妇和新生儿救治能力大幅提升。

(张建华)

中医中药

【概况】 2022年,中卫市成立由市人民政府分管领导为组长,县(区)人民政府及市委编办、发展改革委等部门主要负责人为成员的中医药工作领导小组,推动市中医医院为龙头,市、县、乡、村四级中医药服务网络体系形成并有效运转,有效提高辖区中医药服务能力。制定印发《2022年中医馆骨干人员培训实施方案》《中卫市开展康复医疗服务试点实施方案》等,全市80%的二级及以上综合医院设立康复医学科,达到自治区指标要求,两家社区卫生服务中心和40家乡镇卫生院基本达到康复室的设置要求。指导市人民医院、市中医医院、市第三人民医院、沙坡头区人民医院等医院设立康复科(门诊),市中医医院成立中卫市残疾人康复中心,下设"康复科""推拿科""针灸科""安宁疗护病区""沙疗中心"5个科室,市人民医院康复科病区设立物理治疗(PT)室、作业治疗(OT)室、言语治疗(ST)室、电疗室、推拿按摩室等,配有智能OT评估与训练系统等康复设施设备30余种,建立枸杞养生馆、"治未病站""国医堂"、中医肛肠科等特色科室。全市二级以上综合医院均设立中医科，各乡镇卫生院和社区卫生服务中心均建成中医馆，覆盖率达100%。举办为期10天的中医馆骨干人才"线上+线下"培训班，全市各乡镇卫生院、社区卫生服务中心55名中医馆专业技术人员参加线下培训并通过考核。全市遴选41名中医药专家组建基层中医馆专家资源库，按照就近原则安排结成帮扶对子，开展"订单式""组团式"帮扶工作。完成2022年传统医学出师考核及确有专长人员备案工作。疫情期间，组织市、县中医医院充分发挥中医药在疫情防控中的优势作用，为辖区新冠患者、密切接触等人群免费发放中药，全市累计发放38835人，发放中药制剂63861剂。

【中医药发展和科研】 2022年，市中医医院《基于中医生克制化理论五行沙疗技术治疗风湿性关节炎临床应用研究》《黄芪建中汤联合穴位贴敷治疗慢性胃炎的临床应用研究》《"降脂通脉水丸"防治动脉粥样硬化疗效及安全性系统评估》《精细化手术治疗难治性异常子宫出血》科研课题被市科技局立项，《子宫内膜切除术治疗难治性异常子宫出血的疗效及影响因素研究》被宁夏医科大学立项。

（拓万莉）

卫生监督

【概况】 2022年，中卫市卫生监督机构应监督户数4105家，实监督户数4012家，监督覆盖率为97.73%。按照地区，中卫市本级应监督户数1538家，实监督户数1511家，监督覆盖率为98.24%；中宁县应监督户数1422家，实监督户数1364家，监督覆盖率为95.92%；海原县应监督户数1145家，实监督户数1137家，监督覆盖率为99.30%。按照专业，公共场所应监督户数2080家，监督覆盖率为97.55%；生活饮用水单位应监督户数70家，监督覆盖率为98.57%；学校应监督户数223家，监督覆盖率为99.55%；餐饮具集中消毒应监督户数4家，监督覆盖率为100%；传染病防治应监督户数731家，监督覆盖率为99.32%；放射诊疗机构应监督户数57家，监督覆盖率为98.25%；职业健康检查机构、职业病诊断机构、放射卫生技术机构应监督户数6家，监督覆盖率为83.33%；医疗机构应监督户数728家，监督覆盖率为98.35%；血液安全应监督户数2家，监督覆盖率达100%。全市共实施卫生行政处罚112起（市本级77起、中宁县10起、海原县25起），其中一般程序案件55起，简易程序案件57起，累计罚款人民币31.68万元，没收违法所得2.98万元。本年度国家下发双随机抽检任务104件，完成104件，监督完成率为100%，任务完结率为100%。产生双随机案件两件，累计罚款3000元。其中，市本级40件，监督完成率为100%，任务完结率为100%，产生双随机案件两件，累计罚款3000元；中宁县32件，监督完成率、任务完结率均为100%；海原县32件，监督完成率、任务完结率均为100%。

【医疗服务监督】 开展打击非法行医、非法医疗美容行动。2022年，中卫市开展文身（去文身）经营场所联合执法检查，共检查60余家文身（去文身）经营场所及美甲美睫摊位。对各商场的生活美容服务场所及美甲美睫摊点是否依许可经营管理及是否开展医疗美容相关服务情况进行监督检查。市本级共排查美容美发场所及美甲美睫摊位60家，民营医院7家、个体诊所54家，检查广场、集贸市场8家次，排查社会举报5人次。立案查处非法行医案6起，办结4起，罚款人民币8万元，没收违法所得7022元。开展医疗乱象专项治理工作。根据区市医疗乱象专项治理方案要求，在各医疗机构现场共抽查核对医师、药师、技师、护士等专业技术人员615人次，针对执业资质和注册情况进行详细核查，未发现有出租、出借、转让"医师执业证书"等执业资格证书的现象。对辖区内82家医疗机构的诊疗范围、科室设置、药品设备配置、服务提供情况、诊疗记录、病案首页、药品耗材使用等情况进行监督检查，未发现医疗机构超出登记范围开展诊疗活动及买卖、转让、租借"医疗机构执业许可证"等非法行为和医疗乱象。开展医疗机构不良执业行为积分检查，不良执业行为积0分的41家，积1~3分的40家。开展民营医疗机构专项整治工作。针对医疗机构执业人员执业注册、执业资质、执业范围以及传染病防治、医疗废物处置等内容进行监督检查，查处未将损伤性医疗废物分置于防锐器穿透的专用容器案1起，罚款人民币2000元。查处未按规定书写门诊日志案1起，罚款人民币1万元。查处使用非卫生技术人员开展诊疗活动案2起，办结1起。开展养老诈骗专项监督检查。公安、市场监管、消防四部门开展养老诈骗专项工作监督检查，共检查养生保健场所、生活美容场所32家，养老机构6家，对检查中存在问题的机构下发监督意见书，要求立即整改。

【公共卫生监督】 2022年,中卫市开展春季、秋冬季学校和托幼机构传染病防控专项卫生监督检查。依据《传染病防治法》《学校卫生工作条例》等法律法规,采取查阅资料、实地查看的方式,对各学校传染病防控情况进行监督检查。中卫市本级共检查各级各类学校98家,其中,小学33家、初级中学(包括九年一贯制学校)22家、高级中学(包括职业中学、十二年一贯制学校、完全中学)3家,普通高校1家,托幼机构39家。

【职业卫生监督】 2022年,中卫市对市本级及沙坡头区上年度抽检存在岗位职业危害因素超标的用人单位进行专项监督检查,对18家用人单位下发《当场行政处罚决定书》,给予警告的行政处罚。组织并完成职业病危害因素专项治理启动会,对抽检的存在职业病危害因素专项治理的40家企业全部纳入专项治理范围,并实地全部完成一轮次现场监督复核。

【医疗信息化建设】 2022年,中卫市"互联网+医疗健康"应用成效显著。组织二级及以上医疗机构积极对接自治区"互联网+医疗健康"一体化平台,推广应用电子健康码,开展在线挂号、缴费、报告查询、在线复诊、线上开处方单等服务。加快智慧医院建设,市人民医院等3家二级及以上医疗机构中电子病历评级达到4级,市人民医院取得"互联网医院"牌照,开展互联网线上医保结算试点建设。实现基层人工智能辅助诊断系统在全市493家基层医疗卫生机构全覆盖,让群众在家门口就能享受更多优质医疗服务。年内,基层电子病历规范率达99.36%。建成县域远程影像、心电、超声诊断中心,让辖区患者在基层卫生院就能享受到上级医院的优质诊疗服务。年内远程影像诊断28930例,远程心电诊断共计246098例,远程超声诊断541例,远程会诊16320例,远程病理诊断42例。加快推进国家(中卫)健康医疗大数据中心医疗云专区建设,为区内外164家公立医院、县域医共体、行业企业提供云服务。

(王雅璐 拓蕊琳)

爱国卫生

【概况】 2022年,中卫市印发《中卫市2022年全民健康水平提升行动实施方案》《2022年健康中卫行动暨全民健康水平提升行动工作要点》《中卫市全民健康水平提升行动宣传方案》及任务清单等系列政策文件。组织召开全市及卫生系统"健康中卫"建设暨全民健康水平提升行动专题会议,建立领导包抓工作机制,将全民健康水平提升行动纳入县(区)、责任部门年终效能目标考核内容,围绕全民健康水平提升行动、"健康中卫"建设年度任务,开展专项督查3次,下发整改方案3期、通报3期,对各县(区)及43家成员单位进行年终考核,配合政协开展健康水平调研,全面迎接自治区"健康宁夏"建设暨健康水平提升行动考核。持续巩固国家卫生城市创建成果,组织各县(区)、各部门(单位)开展12个月爱国卫生日活动和第34个爱国卫生月活动,开展"线上+线下"集中宣传700余次,悬挂宣传条幅(含电子屏)300余条,摆放宣传展板168块,发放宣传资料15000余份,集中整治区域500余处、居民小区200余个。深入开展卫生城镇创建工作,组织各县(区)申报自治区级卫生乡镇24个、卫生村(社区)234个,对各县(区)卫生乡镇进行督查评估1次,下发督查通报1期。督促指导海原县积极开展自治区级卫生县城创建工作,病媒生物防制工作已顺利通过自治区验收。扎实开展病媒生物防制工作,共消杀12个社区210栋楼、7个市场、10个垃圾中转站、21个固定公厕、4条重点街道、205个暖气地沟,发放粘鼠板3200张、粘蟑纸2500张。

【健康教育与健康促进】 2022年,中卫市卫生健康委制定印发《中卫市健康促进行动方案(2022—2025年)》《关于开展中卫市健康科普六进活动的通知》《市卫生健康委 市教育局关于做好全市中小学健康教育师资培训工作的通知》,全面推进健康知识进村镇、进社区、进机关、进企业、进学校、进家庭,发放宣传资料9种12万份,播放健康教育音像资料15种23万余次,举办健康教育讲座20多场次,举办各种健康教育宣传、咨询活动15场次。联合市教育局组织开展全市中小学健康教育师资培训工作,采用线上线下相结合方式,组织医疗卫生机构3名授课专家对126名健康教育教师进行培训。举办线上健康科普知识有奖答题活动两轮次,制作"健康小三件"等健康干预物品3000余份,打造健康小屋1个。在《中卫日报》等设置健康周刊,刊发各类健康文章及信息170篇。在市级媒体开办"健康有约""健康中卫"栏目,录制健康系列访谈节目9期,制作健康科普视频10个,微信公众号发布各类信息130篇。开展中卫市居民健康素养水平监测,2022年中卫市居民健康素养水平为25.48%,与2021年(21.25%)相比增加4.23

个百分点。创建自治区级第一批健康细胞示范点77个,其中,健康社区(村)19个、健康机关(事业单位)13个、健康学校16所、健康家庭29户,发放健康细胞补助资金10万元。创建自治区级第二批健康细胞示范点27个,其中,健康机关(事业单位)13个、健康学校5所、健康企业3家、健康家庭6户。建立医疗机构和医务人员健康教育和健康促进绩效考核机制,以查阅资料、现场指导培训等方式对市属各医疗卫生单位开展督导,调动医务人员参与健康教育和健康促进的积极性。印发《关于开展第35个无烟日活动的通知》,组织各县(区)爱卫办、市属各医疗卫生单位开展第35个世界无烟日宣传活动,发放控烟宣传海报、折页、健康教育处方等宣传资料1.5万份。组织人员对全市无烟环境建设开展交叉督导检查,下发《关于无烟环境建设暨健康细胞督导情况的通报》。年内,无烟党政机关、无烟医疗卫生机构、无烟学校建设率均为100%。

(李姣姣)

社会管理

创业就业

【概况】 2022年,中卫市城镇新增就业12078人,完成年度目标任务的100.65%。农村劳动力转移就业220512人,完成目标任务的110.26%。城镇调查失业率控制在6.1%。

【稳岗政策】 2022年,中卫市为2147家企业发放稳岗返还资金1400.82万元,稳定岗位5.38万个。针对应减免已征收的单位社保费,采取主动批量退费模式,先后5批次将企业多缴的1027万元社会保险费退付。

【重点群体就业】 2022年,中卫市采取招募一批、见习一批、安置一批、招录一批等多种措施加强高校毕业生就业帮扶力度,离校未就业高校毕业生登记就业率达到91.93%。实施职业技能提升行动三年工作计划,采取"企业+学校+培训+就业"精准培训模式,年内开展各类职业技能培训16045人次。落实"4050"就业困难人员社保补贴政策,为符合补贴条件的3557人发放社保补贴资金1298.25万元。出台农村劳动力奖补政策"11条",推行"1+1+3+N"就业服务模式,实现农村劳动力转移就业22.05万人,劳务收入达到40.97亿元,为11.15万名务工人员购买"铁杆庄稼保",发放农村劳动力转移就业一次性交通补贴151.94万元,脱贫劳动力就业近5.87万人。

【就业服务】 2022年,中卫市依托"中卫就业"微信公众号、中卫天天网等平台发布招聘用工岗位1.62万个,举办"春风行动"和每月"就在中卫"等招聘会101场,组织566家招聘单位提供岗位1.73万个,6182人与招聘单位达成意向性就业协议。加强"创业培训+创业补贴+创业贷款+创新服务"创业帮扶机制。开展创业培训2070人,提升劳动者创业技能水平。推行自主创业补贴"政策找人、补贴上门"方式,发放一次性创业补贴240人226.02万元。提升公共创业服务水平,降低创业门槛,为有创业意愿的重点群体提供免费专业性服务,全市发放创业担保贷款7.7亿元,催生培育创业实体2088个,创造新岗位3304个,全民创业带动就业10262人。建设创业孵化基地24个,入驻创业实体3343个,带动就业5.85万人。

【失业保障】 2022年,中卫市加强与低保、社会救助衔接,保障失业人员基本生活,发放失业保险金、补助金、农民工一次性生活补助7213人4851.21万元。

【居民收入】 中卫市紧盯经营性、财产性、工资性、转移性四大收入构成,每月召开调度会、每季度召开分析会商会议,深挖居民增收因素,助推城镇居民收入持续稳定增长,2022年城镇居民人均可支配收入34091元,同比增长4.8%。中卫市精准实施就业困难人员"1311"就业帮扶计划,开发公益性岗位托底安置3555名城镇就业困难人员以及压砂地退出和生态修复村劳动力就业,城乡居民每人每月分别增收2734元和1124元。落实机关事业单位工资政策,人均发放年度考核奖、取暖费、津补贴等37250元,审批中小学(含公立幼儿园)校长津贴、班主任津贴和寄宿制学校绩效工资总量3703.78万元。认真执行最低缴费基数和阶段性降低费率,为5302家企业降缓社保费4.42亿元。

(刘艳芬)

社会保险

【概况】 2022年,中卫市基本养老保险、失业保险、工伤保险参保人数分别达到78.37万人、9.15万人和16.48万人,分别完成自治区目标任务的103.73%、126.72%和101.09%。

【养老保险调增】 2022年,中卫市为全市7.3万名退休城镇职工月人均调增养老金125.94元。为全市8.73万名城乡居民养老保险待遇领取人员月人均调增养老金5元,调整后沙坡头区、中宁县、海原县城乡居民人均月基础养老金分别达到225元、255元和215元。2022年为全市1.21万名机关事业单位退休人员调增养老金,月人均调增185.98元,调整后月人均工资达到5575.25元。

【被征地农民参加养老保险】 2022年,中卫市将沙坡头区388名被征地农民纳入保障体系。全市被征地农民参加养老保险7.13万人,参保率达100%,享受待遇2.05万人。

【代缴社会保险费】 中卫市落实城乡居民困难群体养老保险费政府代缴政策,为2022年参加城乡居民养老保险的特困、重度残疾、易返贫致贫监测对象等困难群体23666人代缴社保费,代缴金额257.986万元。

（王　颖）

人才与人事管理

【专业技术人才队伍建设】 2022年,中卫市用好用活企事业单位高层次人才自主招聘政策,全职引进全日制硕士以上研究生123名。向自治区推荐"西部之光"访问学者4名,推荐自治区青年拔尖人才培养工程考察人选20名,推荐赴区外研修深造中青年人才6名。聘任张焕帧、陈鸿汉两名生态环保领域教授为中卫市特聘专家。柔性引进31名区、市知名专家为新材料、养殖种植、乡村旅游、卫生诊疗等行业开展技术服务。制定出台《中卫市特聘专家奖励办法(试行)》,给予特聘专家招商引资项目引荐落地和科技创新奖励。对2016年、2018年入选的25名青年拔尖人才进行考核评估,争取追加培养经费150万元。深化职称制度改革,对事业单位按照不超过专技岗位职数的120%增加高级职称评审职数33个。实行县以下专业技术人才"定向评价、定向使用",评聘基层技术人才341名。

【技能人才队伍建设】 采取"企业+学校+培训+就业"培训模式,"订单式""定向式""定岗式"培训技能人才4733人。落实"政府出钱、企业育才"政策措施,开展"企业新型学徒制"培训350人,职业技能等级鉴定1.18万人,发放1585人技能提升补贴233.75万元,全市新增高技能人才247人。举办2022年宁夏第二届烹饪职业技能大赛中卫市选拔赛,对取得名次选手按规定晋升高一级技能等级。获批国家级高技能人才培训基地1个,国家级、自治区级技能大师工作室各1个,争取补助资金530万元。积极争取获批自治区专家服务重点村项目5个、知名专家组团服务项目两个,引进31名新材料、农林畜牧、卫生医疗等领域的区、市知名专家为相关行业开展技术服务。

【表彰奖励工作】 获"中卫市民族团结进步工作表彰"和"中卫市推动高质量发展工作表彰"两项市委、市政府的表彰项目。对2019—2022年以市委、市政府名义发文的表彰决定进行全面排查,按程序提交报请市委对2019—2021年11项不规范表彰项目予以撤销。

（刘艳芬）

劳动维权

【根治欠薪工作】 2022年,中卫市制定印发《中卫市2022年根治拖欠农民工工资工作任务分工方案》,组织开展房地产项目欠薪问题排查整治、根治欠薪制度全覆盖百日专项执法行动、集中整治拖欠农民工工资问题冬季攻坚行动等专项行动,共处置各类欠薪投诉问题678个,为3677名劳动者追回劳动报酬3813.5万元,办结"全国根治欠薪线索平台"涉嫌欠薪线索1659条,办结人民网留言、"12345"平台等其他欠薪信访问题67个,下发《欠薪隐患风险提示函》6份,完成迎接国务院考核农民工工资支付工作任务。

【和谐劳动关系】 深入贯彻落实自治区《宁夏劳动关系"和谐同行"能力提升三年行动计划》,举办"和谐同行"企业培育专题培训班,对60家企业进行专题培训,指导企业建立劳动关系协调员队伍,配备劳动关系协调员205名,审查企业集体合同300份。开展企业劳动保障守法诚信等级评价工作,对市本级25家企业劳动保障守法诚信情况进行评价,向自治区评选推荐"无欠薪示范项目"20个,7家用人单位被评为全区劳动关系和谐企业,中宁工业园区被评为全区劳动关系和谐工业园区。

【劳动保障监察执法】 组织开展"工时和休息休假权益维护、清理整顿人力资源市场秩序、女职工及未成年人权益维护等各类专项检查活动6次,共检查各类用人单位421家,现场提出整改意见252条,行政处罚1例。中卫市劳动保障监察支队被人社部、市场监管总局评为2022年全国清理整顿人力资源市场秩序专项行动取得突出成绩单位。

【劳动争议调解仲裁】 各类调解组织充分发挥"柔性调解"优势,推行"人民调解+仲裁确认"机制,实现仲裁与人民调解有效衔接。2022年度,争议双方在各类基层调解组织调解成功案件258件,其中申请仲裁确认225件。推广"互联网+调解"平台,引导劳动者通过网上调解平台申请调解劳动纠纷,妥善处理案件26件。2022年共立案处理劳动争议案件1183件,结案1123件,结案率达94.93%,时效内结案率达100%。其中调解处理687件,调解率为61.2%,裁决436件,终局裁决32件。

【电子劳动合同】 2022年,中卫市依托宁夏人社一体化系统及宁夏人社公共服务系统,统一规范电子劳动合同文本、办事程序、证明材料,提高企业电子劳动合同使用率。全市累计线上办理劳动合同备案61584份次、线下办理劳动合同备案4560份次。

(赵爱宁　魏民贤)

退役军人事务

【思想政治教育】 2022年,中卫市结合退役军人工作实际,制定党组织星级创建工作方案,打造"红星崇军 筑梦"党建特色品牌,以党建引领退役军人思想政治工作高质量发展。制定《2022年度军地合力做退役军人工作任务清单》《中卫市落实全区退役军人思想政治工作实施意见分工方案》《中卫退役军人政策制度改革实施方案》等,推动退役军人思想政治工作全新布局。坚持把思想政治贯穿退役军人工作全过程,将学"习"语、悟初心、践使命作为退役军人步入社会"第一课"和就业培训"必修课"。开展"思想政治建设年""老兵永远跟党走"系列活动;组建"老兵宣讲团"开展"六进"宣讲30余场次。对自治区近年唯一荣立一等功海原现役军人撒占才、自治区第二个荣获"全国最美退役军人"称号的沙坡头区退役军人马永庆、荣获"全国青年岗位能手"称号的沙坡头区退役军人马小平、首届"自治区最美退役军人"海原退役军人马志虎等优秀典型,先后在中央电视台、《宁夏日报》等主流媒体和新媒体进行宣传。

【双拥创建】 2022年,中卫市对标新一轮双拥创建标准,印发《2022年双拥工作要点》《军地互提需求、互办实事"双清单"》《创建"全国双拥模范城(县)"成员单位1—5月份任务清单》,对成员单位履职情况进行督导,整理完善档案资料,做好中期考评准备工作。落实政策制度,完成3名转业干部、17名退役士官年度移交安置工作。做好退役军人和"三属"优待证申领制发工作,申领信息审核通过率为98.70%,建档立卡登记维护审核通过率为97.97%,率先在自治区完成全市556个退役军人服务机构高德地图录入工作。为全市立功受奖现役军人送喜报61人次、悬挂光荣牌259块,走访慰问驻卫部队(单位)55场次、退役军人和现役军人家属等2966人次,发放慰问金330万元。为驻军部队办实事3件、协调子女入学20名,满意率均达100%。落实军休干部"两个待遇",足额发放各类津补贴176.5万元。完成享受国家定期抚恤补助优抚对象审核工作,新增优抚对象173人。立项建设中卫"军休大学"(退役军人思想政治教育基地),完成项目前期方案设计、用地预审等工作,申请立项有序推进。双拥氛围浓厚,组织开展"2022·奋进·清明祭英烈"主题系列活动、"9·30"烈士纪念日线上祭扫英烈活动,走访慰问烈士遗属21人,发放慰问金2.1万元;在《中卫日报》、中卫电视台开辟专栏宣传"最美退役军人"及双拥先进典型;举办庆"八一"慰问演出、全市领导干部国防教育专题讲座、双拥专题讲座、"八一"军事日等活动,提高全民国防意识;建立荣立二等功以上退役军人台账,发布2022年中卫籍现役军人光荣榜,制作双拥工作宣传片、画册,打造双拥主题公园。打造"科技、教育、司法、文化"特色拥军品牌,做好部队演训场地、交通运输等工作,解决军人"三后"问题;举办"中卫崇军行动"启动仪式,扩大崇军"朋友圈",全市招募合作单位519家,将优先优待优惠项目清单变成退役军人和"三属"的"幸福账单"。中卫军分区投入资金45.4万元,助力海原后塘村乡村全面振兴;驻地部队投入31万元援建中宁县北沟沿村文化广场,组织开展国防教育;武警中卫支队投入资金19万元,帮助结对村发展产业、完善基础设施等,组织官兵累计捐款12万余元,义务巡诊300余人。

【就业安置】 2022年,中卫市强化培训,夯实就业创业基础。吸纳15家培训机构建立中卫市退役军人承训机构黄页(2022—2024年),发挥各方技能培训、创业培训基地资源优势,培训退役军人237名。拓宽渠道,提高就业创业质量。依托各级服务机构,通过常态化联系工业园区、举办专场招聘会等,新增退役军人就业187名;打造市级退役军人创业孵化基地1处,培育涉军企业15家,带动退役军人就业80余人,组织申报自治区级退役军人创业孵化基地。强化服务,提升创业就业水平,协调为25名退役军人创业者办理创业贷款393万元，为83名退役军人创业者、20户涉军企业减免税金28.5万元，助力退役军人就业创业。

【服务保障体系建设】 2022年，中卫市完成对5232名退役军人党员信息统计核查，逐一建立台账，采取六项措施加强管理；构建"3+4+N"（完善三级体系、用好四张王牌、开展N项服务活动）退役军人志愿服务新格局，组建退役军人志愿服务队43支1187人，组织参与文明创建、疫情防控等志愿服务60余次。制定《中卫"十四五"退役军人服务和保障规划》《中卫退役军人政策制度改革实施方案》，推进退役军人事务领域政策制度整体重塑。举办全市"喜迎二十大·学业务·强队伍·树形象"业务技能大比武，提升服务保障水平。召开2022年度市委退役军人工作领导小组会议、议军会议、专题会议，健全部门履职责任清单和军地合力任务清单，完善退役军人工作常态化核查督办机制。落实向同级退役军人部门派驻军队工作人员制度，顺畅军地协同渠道；巩固全国示范型、标杆型退役军人服务中心（站）创建成果，开展19个村（社区）100人以上退役军人村（社区）服务站创建全国示范型退役军人服务站活动。强化帮扶救助，建立完善困难退役军人信息台账，更新、录入国家帮扶援助服务系统困难退役军人2307人，纳入城乡低保1226人，发放资金221万元，给予困难临时救助37人4.72万元。审核上报"平民英雄守护"项目受助人员两人，中国退役军人关爱基金帮扶困难烈属家庭两户。

【依法治理】 2022年，中卫市深度实施"三级网格""五项机制"网格化服务保障管理新模式，将全市1.6万名退役军人均纳入网格化管理，做到重点工作三级联动、重点问题三级联治、重点人员三级联包、服务管理三级联抓。制定印发《2022年度军地合力做退役军人工作任务清单》《中卫市落实〈关于加强全区退役军人思想政治工作实施意见〉分工方案》《中卫市学习推广新时代"枫桥经验"进一步做好退役军人信访稳定工作实施方案》《中卫"十四五"退役军人服务和保障规划》《中卫退役军人政策制度改革实施方案》等文件，为推动退役军人服务工作法制化规范化运行提供政策指导。强化退役军人法律援助工作，在市、县（区）退役军人服务中心挂牌设立"退役军人法律援助工作站"，成立中卫市涉军（属）矛盾人民调解委员会，依法依规为当事人提供及时、高效、必要的法律咨询服务，切实维护当事人合法权益。

年内，全市接待退役军人来访及政策咨询992批1056人次，排查矛盾问题40件，化解40件；化解区厅重点督办重复信访事项两件，办理上级部门网上转办信访件43件，办结43件。

【崇军行动】 2022年7月28日19时，市退役军人事务局、市双拥工作领导小组办公室、中卫军分区政治工作处联合在文化广场举行中卫崇军行动启动暨授牌仪式。中卫崇军行动首批合作的51家单位（企业），覆盖快递、金融、交通运输、商超购物、加油加气、餐饮、法律援助、医疗、住宿等领域，基本涵盖军人和其他优抚对象日常生活方方面面，通过优抚资源整合、尊崇氛围营造，让永不褪色的"军人荣光"在中卫大地薪火相传、熠熠生辉。

（李　萍）

医疗保障

【参保征缴】 2022年，中卫市基本医疗保险参保111.29万人，完成全年目标任务110.60万人的100.63%，参保率持续稳定在95%以上。其中，城镇职工基本医疗保险参保13.78万人，城乡居民基本医疗保险参保97.51万人。2022年，相关部门推送纳入中卫市医保监测范围的脱贫困难人员86457人和已脱贫人口数133402人，除死亡、参军、服刑等不属于参保范围的150人外，全部参保缴费，参保率达100%。

【DIP医保支付方式改革】 2022年3月，中卫市被自治区医保局确定为DIP改革省级试点市。中卫市通过组建专家组、开展业务培训、建立DIP应用系统、制订DIP结算方案及监管考核办法等，全面完成中卫市DIP医保支付方式改革工作数据治理、系统建设、硬件配备、病种分组、病种赋值、政策制发、模拟运行等前期准备工作。完成42家协议医疗机构近3年所有住院病案43.31万条数据采集、整理、专家论证，建成中卫市DIP病种目录库2604组。9月份医疗机构DIP支付总额46685270.26元，其中市本级DIP支付29954405.92元，沙坡头区DIP支付1752086.35元，中宁县DIP支付3986475.98元，海原县DIP支付10992302.01元。

【医保基金监管】 利用区医保信息平台智能监控系统，开展日常稽核工作，审核疑点问题2112条，确定违规信息1021条，扣回违规医保基金9.24万元。开展卫生健康领域突出问题专项治理，3月23日，印发《中卫市医疗保障局关于在全市医疗保障系统落实卫生健康领域突出问题专项治理工作的实施方案》。在自查自纠阶段，全市共自查发现17类369个问题，追回违规医保基金36.58万元。其中，全市医保部门（经办机构）自查发现9类63个问题，定点医疗机构自查发现8类306个问题。市医保局在专项治理中自查发现8类20个问题，制定整改措施49条。市本级9家定点医疗机构查找问题71个，自查发现违规医保基金27.87万元，全部上缴。落实基金使用监督信用管理办法，实现两定医药机构信用评价全覆盖。与公安部门联合建立行刑衔接联络人机制和信息共享机制，切实发挥联合惩戒、监管合力作用。共查实违规医保基金390万元，行政处罚13.84万元。通过采取政府购买第三方服务方式对全市定点医药机构开展医保基金监督检查，完成对市本级9家定点医院、22家定点诊所和247家定点零售药店的现场检查，对中宁县7家定点医院、119家定点零售药店的现场检查，对海原县3家定点医院、89家定点零售药店的现场检查，市本级共追回违规医保基金98.21万元，行政处罚1.14万元。2022年，市本级共追回定点医药机构违规医保基金134.9901万元。其中，追回10家定点医疗机构违规医保基金126.3417万元，追回48家定点药店、10家定点诊所违规医保基金8.6484万元。作出行政处罚决定9个，共上缴罚款10.9738万元。

【全市医疗保障基金监管警示教育会议】 2022年1月21日，市医保局联合市卫生健康委、市公安局组织召开全市医疗保障基金监管警示教育会议。会上传达学习十九届中央纪委六次全会精神、全国医疗保障工作会议精神、《宁夏回族自治区实施〈医疗保障基金使用监督管理条例〉办法》和《中卫市医疗保障部门向纪检监察机关移送医疗保障基金监管中发现问题线索工作办法》以及市委书记张利在《2021年自治区医保基金飞行检查情况专报》上的批示精神，通报《国家医保局曝光的第六期欺诈骗保典型案例》和自治区飞行检查中卫市医疗机构情况。市公安局、卫生健康委员会相关负责人，市医保局班子成员及相关科室负责人，市纪委监委派驻第六纪检监察组组长、县（区）医保部门主要负责人以及全市10家二级以上公立医疗机构、12家民营医疗机构负责人参加会议，会议还邀请市医保基金社会监督员代表列席会议。

【集中宣传月活动】 2022年4月，中卫市在全市范围内开展"织密基金监管网 共筑医保防护线"集中宣传月活动，制定印发《关于做好宁夏回族自治区〈医疗保障基金使用监督管理条例〉宣传贯彻及基金监管集中宣传月活动的通知》。印制医保政策宣传折页10万张、医保基金宣传海报1500张、宣传展板（展架）50个、宣传用品1.45万个，面向机关单位、参保群众、定点医药机构发放。向全市约100万群众发放手机短信进行宣传月活动宣传。

【定点医药机构信用评价】 2022年，中卫市根据《宁夏回族自治区医疗保障基金使用监管信用管理办法（试行）》精神，通过自治区医疗保障信息平台信用评价管理子系统，组织全市各级各类定点医药机构开展信用评价工作。完成对255家药店、1家诊所和9家医院2021年度的信用评定，178家医药机构被评定为A级信用主体，86家医药机构被评定为B级信用主体，1家医药机构被评定为C级信用主体。其中，175家药店被评定为A级信用主体，80家药店被评定为B级信用主体；1家诊所被评定为A级信用主体；两家医院被评定为A级信用主体，6家医院被评定为B级信用主体，1家医院被评定为C级信用主体。

【药品耗材集采】 2022年，中卫市先后组织全市101家医药机构累计执行5批次、218个品种、318个品规，总额788.65万元的国家药品集中带量采购和使用。执行第六批胰岛素专项采购5类82个品规，中选药品平均降幅53%，最高降幅97%。组织开展两个品种320件冠脉支架和361件人工关节医用耗材带量采购，积极参加11个省际联盟17类81747个医用耗材集中带量采购。落实国家医保谈判药品"双通道"管理，将全市8家医药机构纳入国家谈判药落地范围，实现"救命药""双通道"落地。

【医疗收入结构调整】 2022年，中卫市制定《中卫市2022年度医疗服务价格动态调整工作实施方案》，组织对各公立医疗机构近3年的财务报表及医疗服务项目开展情况进行采集。持续推进中宁县人民医院调整优化医疗收入结构试点工作。至2022年年底，试点医院医疗服务收入占比32.67%，药耗收入占比36.51%，检查检验收入占比30.82%。落实"组团式"帮扶海原县人民医院工作，对该院的5个涉及市场调节价项目进行实地调研与备案。

【经办服务】 推进电子医保凭证激活应用，全市医保电子凭证激活889069人，激活率为80.30%。优化异地就医直接结算服务，推进门诊费用跨省直接结算，实现高血压等门诊慢性病治疗费用跨省直接结算。至2022年年底，办理异地就医网上备案1034人次，跨省异地住院直接结算2082人次6050.52万元，医保基金支付4240.67万元，跨省异地门诊直接结算5499人次，医保基金支付47.11万元。做好流动人员医保转移接续工作，办理区内外医保关系转移接续2100余人次。

（伊玉红）

民　政

【救助服务】　2022年，中卫市印发《中卫市基本民生保障工作方案》《中卫市保障困难群众基本生活15条措施》等文件。提高救助标准。将城市低保和农村低保标准分别由每人600元/月、每人4560元/年提高至每人650元/月、每人5520元/年，分别比上年度增长8.3%、21%。落实救助政策。及时将符合条件的困难群众纳入保障范围。加强集中供养和分散供养人员照料护理服务，提高照料服务水平。全市累计发放各类救助资金6.65亿元，保障困难群众17.5万人。推行"物质+服务"帮扶模式，投入500余万元，购买"生活照料、送医陪护等"23个服务项目。加大临时救助力度。充分发挥临时救助救急解难作用，建立健全快速响应、个案会商工作机制，确保救助及时。为海原县"8·13"洪涝受灾群众、全市"9·20"受疫情影响困难群众发放临时救助金和"三色暖心包"等生活物资价值1599万元。

【项目建设】　2022年，中卫市制定《中卫市养老服务发展"十四五"规划》《中卫市关于加强养老服务综合监管的实施意见》等文件，初步建立"居家为基础、社区为依托、机构为补充、医养相结合"的养老服务体系。夯实基础设施。投入3000余万元，实施市康养中心、慈爱康复中心附属设施和设备采购，海原县中心敬老院老年养护楼建设，沙坡头区第一中心敬老院安全改造和13个农村老饭桌以及中宁县173户困难老人家庭居家适老化改造等项目，全面推动养老机构规范化、标准化建设。提升服务质量。筹资29.36万元，为沙坡头区9786名享受城乡低保、特困供养对象、高龄老人购买意外伤害保险。投入536万元，在市康养中心设置旅居健康养老床位342张，接待旅居老人10名。加强队伍建设。巩固开展养老机构三年安全专项行动和服务质量标准提升行动成果，推动养老机构提质增效，提高养老护理队伍业务素质、管理服务水平，确保养老机构安全稳定运行，全市养老机构护理员110名，持证率达90%以上。

【服务管理】　提升社区服务能力。2022年，中卫市健全完善社区"联合党委"机制，组建社区"联合党委"68个，落实"街道（社区）吹哨、部门报到"制度，全面推行社区治理"一书三单"，签订"共驻共建"协议书511份，解决群众急难愁盼问题1200余件。投入100万元，培育社区社会组织3个，实施社区公益创投项目18个。健全村民自治机制。做实做细村民代表会议制度"55124"模式，深化村务公开、议事协商，通过"板凳会""议事会"等形式协商解决群众问题1700余件。创新基层治理。推进星级和谐社区评定工作，创评"五星级和谐社区"14个；开展中宁县余丁乡余丁村全国村级议事协商创新实验试点和沙坡头区全区首批社区治理试验县（区）建设。中宁县"疏堵结合着力破解社区'万能章'顽瘴痼疾"被列入全国基层治理创新典型案例；余丁村、田拐村典型经验入选2022年第一批全区基层治理创新典型案例，全市共建共治共享基层治理模式初显成效。

【培育监管】　2022年，中卫市配齐市社会组织综合党委班子，采取建、联、挂、派等组建方式，选派党建指导员65名。联合18个部门开展"僵尸型"社会组织清理等"六大专项"治理，整治"僵尸型"社会组织56家，注销26家，撤销16家，整改激活14家，整治非法社会组织6家。投入218.5万元，通过政府购买服务方式，实施"乐享银龄 与爱同行"等31个公益创投项目。全市注册志愿者19.52万人，累计志愿服务时长1097小时，开展创城创卫、疫情防控等志愿服务项目2.68万个。

【社会事务】　2022年，中卫市加大未成年人关爱保护力度。召开市未成年人保护工作委员会全体会议，印发《关于加强未成年人保护工作的实施意见》，明确职责、细化分工，形成部门工作合力。完成市儿童福利院附属楼改造和搬迁项目，在院儿童得到妥善安置。为全市1347名孤儿和事实无人抚养儿童发放孤儿养育津贴1718万元。举办儿童主任培训班4场次，督促全市511名儿童主任定期探访困境儿童、农村留守儿童，儿童主任实务能力得到提升。实施"益路有我 携爱童行"等16个公益创投项目，为儿童提供监护指导、权益维护、社会融入和家庭关系调适等专业服务，营造全社会关爱保护未成年人的良好氛围。推进殡葬事业发展。投入750万元，建成沙坡头区、海原县两个城乡公益性生态墓地。整治"活人墓"、超标准墓位、家族墓等突出问题，殡葬领域乱象得到遏制。规范婚姻登记管理。加快实施婚姻登记跨省通办和户籍人口电子婚姻档案补录。完成县级行政区域界线第四轮联检工作任务，对中卫工业园区21条道路规范命名。按照要求修改完善国家地名信息库中中卫市16869条地名信息。推进沙坡头区"深化乡村地名服务、点亮美好家园"全国首批试点工作。

【地名工作】 2022年,中卫市对中卫市市区内"中央大道"道路进行更名,对新建的3座桥梁进行命名。"中央大道"更名为"沙坡头大道",此路东西走向,东起美利纸业厂部约1.2千米,西止沙坡头,总长约28千米。以鼓楼南街为轴线,东侧为"沙坡头东大道",西侧为"沙坡头西大道"。命名桥梁3座。1.利民桥:南北走向,坐落于沙坡头大道景观水系,连接蔡桥街与利民街。2.文昌桥:南北走向,坐落于沙坡头大道景观水系,连接文昌南街与秀水街。3.新墩桥:南北走向,坐落于沙坡头大道景观水系,连接新墩南街与中关村大街。 (魏娇龙)

乡村振兴

【责任落实】 2022年,中卫市成立由书记和市长任双组长的实施乡村振兴战略工作领导小组,提请召开市委常委会会议、乡村全面振兴示范市推进会、农村工作领导小组会议,专题研究和听取巩固拓展脱贫攻坚成果同乡村振兴有效衔接重点工作推进情况。主要负责同志围绕脱贫群众增收、乡村产业发展、乡村建设等重点工作开展督导调研10余次。制定印发《关于做好2022年全面推进乡村振兴重点工作的实施意见》《中卫市乡村建设行动实施方案》《中卫市建立健全实施乡村振兴战略领导责任制的意见》,建立市委书记、县(区)委书记、乡镇(街道)党(工)委书记、村(社区)党组织书记、驻村第一书记抓乡村振兴责任清单机制,谋划组建由市级分管领导牵头的巩固拓展脱贫攻坚成果、产业振兴、人才振兴、文化振兴、生态振兴、组织振兴、文明素养提升行动、城乡面貌提升行动8个乡村振兴工作专班,形成书记带头抓、专班专责抓、职能部门深入抓、县乡村全力抓的责任体系,大力推动乡村振兴各项重点工作落地见效,乡村全面振兴示范市建设迈出坚实步伐。

【防返贫动态监测和帮扶】 2022年,中卫市开展两轮集中排查,共排查农户27.92万户,发现疑似致贫风险线索11785条,新纳入"三类监测对象"397户1613人,全年稳定消除返贫致贫风险116户442人。坚持将"四查四补"作为"三保障"和饮水安全问题动态清零的重要抓手,突出自查自补、边查边补,及时消除"三保障及饮水安全"等风险隐患。全年共建设抗震宜居农房2417户,改造危房830户,实现农村危房动态清零;全市未发生义务教育阶段学生辍学现象,九年义务教育巩固率达100%;全市脱贫人口和"三类监测对象"基本医疗保险参保率达100%;常住户自来水入户率达98%以上,集中供水率达99%,供水保证率达95%以上。

【移民致富提升】 2022年,中卫市印发《中卫市推进落实百万移民致富提升行动的实施意见》《关于进一步健全市县领导干部包抓移民村"四大提升行动"工作机制的通知》,进一步完善"领导干部+部门(单位)"包抓移民村机制,实现领导包抓、部门包保112个移民村全覆盖。围绕产业、就业、社会融入3件事,深入开展产业发展、就业帮扶等十大专项行动,在全区率先完成56个重点移民村"多规合一"村庄规划编制,推动56个重点移民村分村制定移民致富提升行动5年实施方案、年度计划、项目实施分布图和项目实施进度图。整合涉农资金4.5亿元,实施产业基础设施配套、道路硬化、环境综合整治等项目114个。聚焦枸杞、奶牛、肉牛、富硒果蔬和绿色食品等产业,因地制宜建设永康镇双达、彩达苹果示范园和交易市场;打造宁原、杞海绿色食品原料标准化生产基地;建设兴垦2.5万头奶牛场,高崖、马塘等10个肉牛出户入园项目,全市移民村肉牛、肉羊存栏分别达到4.95万头和20.5万只,同比增长5.5%和7.6%。开展就业技能培训3197人次,培育劳务经纪人403人,发放创业担保贷款552户6768万元,开发公益性岗位2000个,实现移民转移就业5.14万人,创收8.6亿元。

【产业培育】 全面实施特色农业倍增行动和绿色农产品加工业提升行动,制定《中卫市农业倍增行动实施方案》,分产业制订年度工作方案,实行专班包抓负责、清单动态管理责任制,着力打造枸杞、牛奶、肉牛(羊)、富硒果蔬4个百亿级产业集群。实施"六大工程",全力推动枸杞产业提质增效。以沙坡头区、中宁县沿黄灌区为重点,规划建设"一地六区"奶牛产业基地,沿清水河流域规划建设肉牛产业带,扎实推进海原县国家级肉牛标准化养殖示范县创建。持续发展壮大龙头企业、合作社、创业致富带头人等经营主体,完善联农带农机制,通过入股分红、带动就业等途径增加农民收入。

【就业帮扶】 2022年,中卫市充分发挥就业帮扶车间、公益性岗位、交通补贴等政策效应,培育就业帮扶车间53家,吸纳就业3228人,乡村公益性岗位安置2310人,全市脱贫人口(含监测对象)就业6.05万人,同比增长13.8%,收入达14049元,增长15.8%。

【金融支撑】 2022年,中卫市加大脱贫人口小额信贷支持力度,全市发放小额信贷18272户10.74万元,覆盖率为50.9%。推动"富民贷"在海原县试点,发放"富民贷"2450户1.34亿元。争取2022年中央彩票公益金5000万元,支持海原县实施乡村振兴示范区项目建设。

【资金监管】 2022年,中卫市开展扶贫项目资产后续管理"回头看",落实建管并重、建用并重的后续管护机制,确保现有的12893项63.95亿元的扶贫资产持续发挥效益。投入中央和自治区衔接资金8.84亿元,实施项目1518个,各级衔接资金支出进度达96.16%。

【闽宁协作】 2022年,中卫市争取闽宁协作资金7100万元,实施5类26个项目,中卫—漳州、海原—漳浦开展交流互访7批次74人次,漳浦县组织17个乡镇34个村、3家企业、2家社会组织与海原县17个乡镇39个村结对帮扶,投入帮扶资金1500万元。

【社会帮扶】 2022年,中卫市深化中央单位定点帮扶,争取华润集团帮扶资金2.84亿元,实施曹洼村希望乡村建设、壮大肉牛产业、开发新能源等项目,支持海原县巩固拓展脱贫攻坚成果。深入开展区内部门(单位)定点帮扶和"万企兴万村"行动,动员各部门(单位)、社会爱心企业与重点移民村、脱贫村结对帮扶,投入帮扶资金3015万元,加快推动脱贫地区实现整体提升。

(柳 鹏)

应急管理

· 综述 ·

【概况】 2022年,中卫市共发生生产安全事故22起,同比增加2起;死亡23人,同比增加1人;受伤7人,同比减少2人。沙坡头区发生生产安全事故9起,同比减少1起;死亡8人,同比减少1人;受伤3人,同比持平。中宁县发生生产安全事故5起,同比增加1起;死亡5人,同比减少2人;受伤4人,同比减少1人。海原县发生生产安全事故3起,同比增加2起;死亡3人,同比增加2人;受伤0人,同比持平。中卫工业园区发生生产安全事故5起,同比持平;死亡7人,同比增加2人;受伤0人,同比减少1人。海兴开发区未发生生产安全事故。全市生产安全事故亿元GDP死亡率为0.0408,安全生产形势总体趋稳,各项控制指标均控制在自治区下达控制指标以内。

【应急管理体制机制建设】 2022年,中卫市应急管理局理顺防灾减灾救灾指挥体系。完成市防汛抗旱指挥部、中卫市森林草原防灭火指挥办公室调整完善工作,编制《中卫市防汛抗旱指挥部办公室工作规则》《中卫市森林草原防灭火办公室工作规则》,进一步厘清防汛抗旱、森林草原防灭火"统和分""防和救"的职责。健全会商研判机制。每季度召开防灾减灾救灾会议,开展季度综合分析研判;重要节点、极端灾害天气来临前组织相关涉灾单位开展灾害分析研判会商。完善军地应急救援力量协调联动工作机制。联合驻卫军分区建立灾害救援协调联动机制,与驻卫军分区、武警中卫支队签订《应急救灾物资装备共享协议》,联系驻卫军分区建立以应急民兵排为主的防汛抗旱队伍,组织全市专业应急救援队伍、社会救援力量参加军分区联演联训。深入推进国家应急预案体系建设试点。印发《应急预案体系建设试点中卫市工作方案》《中卫市突发事件总体应急预案》,搭建起"1+75+10+N"应急预案体系,实现市、县(区)、乡镇(街道)、村(社区)四级应急预案体系建设。深入推进综合防灾减灾救灾工作。聚焦自然灾害防治重点工程建设,每季度汇总各县(区)、各行业部门重点工程建设情况,落实乡镇"六有"、村"三有"应急能力规范化建设标准,指导沙坡头区开展全国综合减灾示范县和县(区)示范社区创建工作,评估自治区应急能力规范化新堡镇试点建设情况。

【安全生产专项整治】 2022年,中卫市应急管理局推进专项整治三年行动巩固提升。对市级层面八大领域18类重大风险明确责任分工,三年行动592项主要任务全部完成;整治各类突出问题102项,整改重大隐患114处,对市本级各牵头部门排查的41项突出问题、46项重大隐患、41个制度措施清单以及工作进展情况实施月调度。

【安全生产能力建设】 2022年,中卫市应急管理局在中卫工业园区建成集安全、环保、能耗等六大功能为一体的智慧安全监管平台,采取高空瞭望点和厂区实时监控相结合的方式,对所有危化生产企业106处重点部位进行实时监控,将涉及重大危险源在内的液位、压力、温度等309个安全点位信息实时上传"智慧园区"系统,做到第一时间发现、第一时间研判处置。双预防体系建设。指导督促工矿企业开展安全风险辨识评估、分级管控、公示报告工作,在411家企业建立双预防体系,推动企业单位辨识各类风险点34889处,制定隐患排查清单3525个。所有涉及硝化、氯化等危险化工工艺的企业完成精细化工反应全流程安全风险评估。推进企业安全标准化达标创建,全市共创建三级以上标准化企业107家，其中规模以上金属冶炼、建材、机械等工贸企业达标率为90%。

【应急救援体系建设】 2022年，中卫市投入292.8万元采购卫星便携站、无线自组网、370 MHz窄带数字集群网、图传无人机等应急通信装备，定期开展应急通信演练，构建起灾害事故现场有线与无线相结合、宽带与窄带相结合、远程与近程相结合、重点区域与现场补盲相结合的通信网络，实现偏远地区、断网情况下区、市、县三级灾害事故现场音视频互联互通。做好应急救灾物资保障工作。做好应急救援队伍建设工作。摸清全市应急救援队伍信息，建立全市应急救援队伍信息台账，公布全市重点应急救援队伍。建立中卫市应急管理专家库，为全市应急管理提供科学决策支撑。

【地震监测及跟踪】 2022年，中卫市依据中卫地震监测中心站前兆观测数据的变化及宏观观测情况，及时对地震趋势进行分析研判，并将会商结果上报。2022年，形成周会商48份、月会商12份、半年会商1份。提升地震灾害防御能力。2022年办理沙坡头区建设工程抗震设防确认事项20件46.14万平方米，其中，一般建设工程抗震设防10件，乙类建设工程抗震设防10件。实施中卫市地震易发区房屋设施加固工程，完成加固工程及新建工程信息采集6307栋；完成中卫市沙坡头区活断层探测与地震危险性评价项目。

【自然灾害风险普查试点】 2022年，中卫市推进自治区普查办开展中卫市自然灾害综合风险普查中卫试点工作。录入8700多条普查数据，收集整理佐证材料1315份，建成自然灾害综合风险普查数据平台和中卫辅助决策系统，开展中卫市评估与区划工作，组织相关行业部门、各县（区）普查工作专家完成中卫市自然灾害综合风险评估与区划成果审核。发布低温冷冻、森林草原火灾、暴雨等预警信息9份，自然灾害事故预警通知4份，发布灾害性天气工作提示信息8条，覆盖27万人次。 （冯中兵）

· 消防救援 ·

【接警出动和火灾情况】 2022年，中卫市消防救援队伍共受理警情2212次，出动车辆6301辆次，出动指战员3.46万人次，抢救疏散人员697人，抢救和保护财产价值5642.93万元。其中，扑救各类火灾1301起。

【消防工作责任】 中卫市消防救援支队积极协调将中卫市消防事业发展"十四五"规划2022年重点任务纳入市政府政务督查内容，提请市政府在全区率先出台《火灾事故调查处理规定（试行）》。市、县两级党委政府主要领导多次听取汇报，带队开展专项检查，通过召开各类会议传达学习各级消防安全工作精神，常态化研究推动安全工作。联合市委党校推进全市党政领导干部消防培训教育工作。市消防安全委员会印发2022年度消防工作重点目标任务，推动各行业部门积极落实消防安全监管责任。持续加强微型消防站和"四个能力"建设，全市443家消防安全重点单位全面落实风险隐患"自知自查自改"和公示承诺制度。探索打造中宁县"一委一办一中心"基层消防治理试点，为全区基层消防安全治理工作提供中卫经验。

【消防安全治理】 对接掌握全市613个重点项目情况，开展技术帮扶指导。累计通过"智慧消防"远程服务指导380余次，微信、短信提醒320余次，电话问询180余次。邀请党的二十大代表姬秀花、宁夏非物质文化遗产山花传承人黄亚、一等功臣撒占才等优秀代表拍摄录制消防公益宣传广告。通过"周五有约"消防志愿服务活动，进家入户开展消防安全提示警示宣传，发放消防宣传资料12万余份，受教育群众6万余人。围绕消防安全专项整治三年行动和消防安全大检查，全年共检查各类单位6394家次，督促整改火灾隐患4210处，消防安全违法行为得到有效遏制。

【志愿服务保障】 2022年，中卫市消防救援支队举行"弘扬志愿精神 树'火焰蓝'竭诚为民新风尚"学雷锋志愿服务活动启动仪式，成立6个消防救援青年志愿服务队，开展"学雷锋 护春耕"、爱心献血等系列消防宣传志愿服务活动。

【执勤备战工作】 中卫市消防救援支队立足辖区灾害事故特点，广泛开展以智能、体能、技能为一体的实战化练兵比武活动。先后开展高层外立面火灾扑救专项演练10余次，森林草原火灾扑救专项调研学习3次、演练6次，形成水囊和森林泵两个三段式远距离供水灭火战法，革新研发水带辅助拖车、漫流水枪、新能源汽车火灾扑救喷射器具等6种装备器材。部署智能接处警系统，与市应急联动单位签订联勤联动协议，联合政府及相关部门开展全市抗洪、地震、交通实战演练和森林草原业务技能交流比武。抽调5车18人奔赴甘肃武威，高质量完成国家"应急使命·2022"高原高寒地区抗震救灾实战化演习。

【装备基础建设】 2022年，中卫市消防救援支队升级更新全市消防救援队伍车辆装备，配发装备器材3522件（套），配齐配足队伍山岳、水域、森林等专业编队器材装备，装备结构全面优化。科学编制《营房基础设施建设三年规划（2023—2025年）》，"十四五"规划建设消防站项目启动过半。迎水桥政府专职消防救援站、石空政府专职消防救援站投入使用，沙坡头景区消防救援站、李旺消防救援站、经一路消防救援站、兴仁消防救援站开工建设。

（王凯敏）

统计调查

【统计业务】 制作适用于浪潮麒麟V10系统住户ihaps汇总程序。分乡镇农民收入调查中首次尝试使用数据可视化进行数据评估，丰富评估方法。开发住户日记账，月、季度辅助审核"工具箱"。推进"跟班学习""协同入户""以案促学"，运用情景模拟方式，互相观摩点评，按月对调查员考核打分，促进工作质量。编印《调查员手册》，制作"劳动力调查之你知道吗"知识卡片，将问题详解与调查现场照片结合，实现常态化教学。围绕"菜篮子""米袋子"开展重点监测，购买无人机和慧飞调查系统开展春播面积遥感调查。按照制度要求做好消费价格初始化及工业生产者价格企业替换工作。企业回访做到"一企一策""入企必培训，入企必普法"。配合宁夏调查总队执法监督处开展2022年工业生产者价格统计执法检查工作。

【统计调查服务】 信息服务方面，共撰写各类统计分析信息358篇，其中，调查信息41篇，调查分析218篇，专题调研51篇，调查专报30篇。15篇专报被市领导批示，11篇专报被沙坡头区领导批示，38篇分析及散文诗歌被国家统计局工作信息网采用，11篇宣传稿件分别被中国信息报、"统计微讯"和宁夏调查微信公众号采用。开展系列深度分析报告29篇，全面客观反应中卫市十八大以来经济社会发展取得的变化和成就。社会服务方面，受中卫市政府委托，承担中卫市创建全国文明城市第三方测评，提出的建议受到市领导充分认可。受沙坡头区政府委托，对11个乡（镇）的农村居民可支配收入进行设点监测，完成沙坡头区分乡镇农村居民可支配收入调查工作。

（刘晓东）

【统计法治建设】 1.落实领导干部违规干预统计工作记录制度。2.推进法治宣传工作。在月度劳动力调查、畜禽调查、采购经理调查等集中业务培训会中培训统计法律法规知识。联合沙坡头区人民政府召开2022年住户大样本轮换工作培训会上，组织沙坡头区各镇（乡）主要负责人学习统计法律法规，推动党委政府及其部门学习《意见》《办法》《规定》《监督意见》。加大对基层统计人员和调查对象统计法律法规的宣传，做到统计普法全覆盖。年内，普法宣讲受训人数合计500余人次。"9·20"统计开放日、"12·4"宪法宣传日、"12·8"统计法颁布纪念日，以悬挂条幅、发放统计法律法规宣传资料和宣传品等多种宣传形式，普及统计调查知识。线上活动共发放各类宣传资料、宣传品400余份。3.依法调查。按照总队"互观互检""双随机"抽查、业务自查等工作的相关要求，对各专业进行经常性基础工作检查。由队领导带队组成检查组，监督检查各专业台账资料，保障统计资料的真实性和完整性。

（刘晓东）

【城镇居民可支配收入】 2022年中卫市城镇居民人均可支配收入34090.7元，同比增加1570.2元，增长4.8%。从收入来源看，四大项收入呈现三升一降趋势。第一，工资性收入稳步增长。中卫市城镇居民人均工资性收入26116.1元，同比增加1381.5元，增长5.6%，占可支配收入比重的76.6%。第二，经营净收入略降。中卫市城镇居民人均家庭经营净收入为2852.1元，同比减少96.2元，下降3.3%，占可支配收入比重的8.4%。其中，第一、二、三产业经营净收入人均分别为88.6元、189.8元、2573.7元，同比减少4.2元、34.0元、58.0元，下降4.5%、15.2%、2.2%。第三，财产净收入平稳增长。中卫市城镇居民人均财产净收入为944.9元，同比增加46.0元，增长5.1%，占可支配收入比重的2.8%。随着疫情影响减弱，二、三产业恢复经营，营业房、出租房屋需求增加，带动出租房屋财产性收入增长。第四，转移性净收入稳住增收底盘。中卫市城镇居民人均转移净收入为4177.7元，同比增加238.9元，增长6.1%，占可支配收入比重的12.3%。其中，养老金和离退休金人均5603.0元，同比增长7.4%。社会救济和补助人均163.0元，同比增加49.5%。

【农村居民可支配收入】 2022年中卫市农村居民人均可支配收入14397.8元，同比增加905.2元，增长6.7%。从收入来源看，四大项收入呈现全三升一降趋势。第一，工资性收入平稳增长。中卫市农村居民人均工资性收入6431.0元，同比增加369.1元，增长6.1%，占可支配收入比重的44.7%。第二，经营净收入明显增长。中卫市农村居民人均家庭经营净收入为5426.7元，同比增加332.1元，增长6.5%，占可支配收入比重的37.7%。其中，第一产业经营净收入人均为4303.9元，同比增加354.0元，增长9.0%。尤其是本地特色农牧业产品如肉牛、设施蔬菜、苹果等价格较往年上涨明显,带动居民增收,是农村居民经营净收入增长的主要原因。第三,财产净收入持平略降。中卫市农村居民人均财产净收入为196.8元,同比减少0.8元,下降0.4%,占可支配收入比重的1.4%。从财产净收入构成看,转让承包土地经营权租金净收入是当前农村居民财产净收入的主要来源,但由于近年来土地流转费用几乎没有上涨,导致财产性收入增速停滞不前。第四,转移性净收入持续增长。中卫市农村居民人均转移净收入为2343.2元,同比增加204.9元,增长9.6%,占可支配收入比重的16.3%。其中,养老金和离退休金人均1500.8元,同比增长11.6%。社会救济和补助人均406.6元,同比增加1.7%。政策性生活补贴人均46.9元,增加6.0%。 （朱　昊）

【粮食面积产量】　2022年中卫市粮食播种面积191.38万亩,同比增长0.4%,综合单产360公斤/亩,同比增长2.3%。受播种面积及单产上升影响,粮食总产量同比增长2.7%,为68.82万吨。分品种来看,四大主粮作物小麦播种面积17.07万亩,同比增长48.7%,总产2.98万吨,同比增长60.8%;水稻播种面积4.69万亩,同比下降19.4%,总产2.79万吨,同比下降20.6%;玉米播种面积96.64万亩,同比下降5.8%,总产53.09万吨,同比增长0.1%;马铃薯播种面积30.54万亩,同比下降12.6%,总产6.41万吨,同比增长2.0%。2022年中卫市夏粮播种面积17.82万亩,同比增加32.2%,秋粮播种面积173.57万亩,同比下降2.0%。夏粮在粮食作物中的占比从2021年的7.1%上升至2022年的9.3%。中卫市夏粮综合单产171公斤/亩,同比增长14.4%,秋粮综合单产379公斤/亩,同比增长3.3%。单产水平呈现夏粮增速高于秋粮的主要原因是受气候因素影响。在夏粮播种、生产的关键期有效降雨较往年同期偏多,土壤墒情好,夏粮长势喜人。然而进入7月份后,发生严重干旱,35℃的高温天气出现频繁,水稻单产同比下降1.6%。2022年中卫市杂粮面积42.45万亩,同比增长18.5%。主要原因是随着玉米大豆复合种植模式的推广应用,大豆种植面积增幅较大。 （雍　正）

【主要畜禽监测】　2022年,中卫市畜牧业主要畜禽养殖效益较好,肉、蛋、奶产量稳定。年末全市生猪存栏32.2万头,同比上升8.0%,季间存栏呈现先降后增趋势;全年生猪出栏43.7万头,同比增长1.2%;猪肉产量3.6万吨,增长2.0%。全年生猪价格持续上升,一季度生猪收购价格为13.9元/公斤,同比下降57.1%;二季度为13.7元/公斤,同比下降27.5%;三季度为21.8元/公斤,同比上涨56.6%;四季度为23.3元/公斤,同比上涨77.7%。一、二季生猪养殖效益远低于17元/公斤的生产成本,下半年扭亏为盈。年末全市牛存栏36.2万头,同比增长11.8%,其中,奶牛存栏12.7万头,同比增长24.7%;牛出栏10.9万头,同比增长11.1%;牛肉产量1.8万吨,同比增长11.4%;牛奶产量48.1万吨,同比增长12.0%。2022年肉牛毛重价格基本维持在38元/公斤;牛奶价格从一季度的4.0元/公斤微降至四季度的3.9元/公斤。年末全市羊存栏125.0万只,同比增长10.0%;羊出栏95.6万只,同比增长10.6%;羊肉产量1.7万吨,同比增长11.5%。肉羊收购价从年初的31元/公斤降至年末的24元/公斤。年末全市家禽存栏428.4万只,同比增长27.4%,其中,蛋禽存栏373.7万只,同比增长43.6%;家禽出栏227.3万只,同比下降3.7%;禽肉产量0.5万吨,同比下降4.2%;禽蛋产量3.9万吨,同比下降8.2%。2022年活鸡收购价格从一季度的14.6元/公斤上涨到四季度的16.5元/公斤。一季度鸡蛋平均收购价格8.4元/公斤,同比上涨1.0%;二季度鸡蛋平均收购价格9.5元/公斤,同比上涨10.2%;三季度鸡蛋平均收购价格9.3元/公斤,同比下降3.2%;四季度鸡蛋平均收购价格11.3元/公斤,同比上涨17.6%。生产每公斤鸡蛋的成本在8.0~8.4元/公斤,下半年开始家禽养殖效益提升较大。 （朱　元）

【居民消费价格】　2022年中卫市居民消费价格总指数(CPI)累计上涨2.1%,较上年相比涨幅扩大0.2个百分点,其中食品价格上涨1.1%,非食品价格上涨2.3%;服务价格指数上涨0.7%,工业品价格指数上涨3.7%。CPI走势主要特征:1.食品拉动CPI上涨作用减弱。食品价格全年总体保持平稳,累计上涨1.1%,带动CPI上涨0.21个百分点,CPI上涨动能发生变化,从食品端转换到非食品端。2.工业品价格成为拉动CPI价格上涨的主要因素。工业品生产成本增加对市场消费品价格的传导有所显现,受上游原油、天然气、有色金属、木材、煤炭等国际大宗商品价格上涨影响,工业品原材料价格持续高位运行,加之流通成本增加,带动终端消费市场价格上涨3.7%,影响CPI总指数上涨1.46个百分点。3.服务价格低位运行。随着居民消费趋于谨慎,刚性消费占比增大,服务类消费量下滑,导致服务价格上涨动力不足,全年累计上涨0.7%,拉动居民消费价格总水平上涨0.24个百分点。 （王汗清）

人物　荣誉

个人荣誉简介

马永庆　男，中共党员。1964年出生，1984年入伍，1989年退役，宁夏回族自治区中卫市建莹水果种植专业合作社法人。马永庆胸怀报国之志，参军入伍、保家卫国，在战场上浴血奋战、英勇战斗。战斗中被炸断左腿，荣立二等功，评定为三级伤残军人。退役后，成立水果种植专业合作社，开发荒地1200亩，种植枣树、香山硒砂瓜等特色农产品，吸纳8名退役军人共同就业。他传承红色基因，先后开展战斗故事宣讲50余次；他扶贫济困、奉献爱心，先后帮助34名下岗员工、残疾人员就业创业，资助两名家庭困难学生完成学业。马永庆2016年获"全区自强模范"称号；2019年获"自治区优秀退役军人"称号；2022年中共中央宣传部、退役军人事务部、中央军委政治工作部授予其"全国最美退役军人"称号。

马小平　男，中共党员。1989年出生，宁夏消防救援总队中卫支队文昌特勤站站长助理。2007年参加消防救援工作，先后参与处置"9·22"明炬电石爆炸、"6·26"宏远矿难、"8·23"三雅化工爆炸、"9·27"天然气泄漏重大灾害事故等多个重大火灾扑救任务。参加2600多起灭火救援任务，累计疏散被困群众460余人，抢救财产价值8300余万元，用实际行动践行"敢于赴汤蹈火、永远竭诚为民"的赤胆忠诚。马小平2022年9月20日，被共青团中央、人力资源社会保障部授予"全国青年岗位能手"称号。

赵　丹　女，中共党员。1990年出生，现任中卫市审批服务管理局办公室主任。从事家庭工作8年，制定实施《中卫市指导推进家庭教育的五年规划（2016—2020年）》，推动中卫市在各中小学校建立家长学校，城市社区建立家庭教育站点100%全覆盖，农村社区（村）家庭教育站点建成率80%。执行"护航春蕾"等项目，惠及困境妇女儿童7万余人。负责实施的"恒爱行动·百万家庭亲情一线牵"项目得到国务院妇儿工委、全国妇联的肯定。建立首个中卫市家风公园、带头成立中卫首支女童保护队伍。培树市级以上"最美家庭"268个，创建"美丽庭院"示范户3500个。打造沙坡头区迎水桥镇河滩村等一批家庭文明建设示范点47个。2016年被自治区妇联授予"自治区巾帼建功标兵"称号、自治区文明办授予"自治区精神文明建设信息工作优秀信息员"称号；2020年被自治区妇联授予"自治区家庭工作先进个人"称号；2022年被全国妇联授予"第十三届全国家庭工作先进个人"称号。

马　涛　男，中共党员。1989年出生，现任中卫市公安局宣和派出所所长。近年来，由马涛主侦破获各类重大刑事案件600余起，抓获各类违法犯罪嫌疑人900余名，查获涉案车辆、手机、现金等大批赃物，为国家和群众挽回直接经济损失700余万元，打击犯罪分子的嚣张气焰。尤其是在侦破手段恶劣、危害严重、社会影响大的刑事案件中，他熟练运用多种侦查手段，关键时刻总能为案件侦破工作打开突破口，他被同事们称为警队里的"尖刀"。参加工作以来，先后荣立个人三等功3次，个人嘉奖2次，多次获得"优秀人民警察""执法能手""优秀公务员"等荣誉称号。2019年7月被宁夏回族自治区党委、政府授予第五届全区"人民满意的公务员"荣誉称号；2022年被公安部授予"全国优秀人民警察"称号。

郭美玉　女，中共党员，现任中卫市沙坡头区人民检察院党组成员、副检察长,一级检察官。从检13年,始终坚守在办案一线,用真心爱心传递司法温度,锲而不舍推进提升检察工作质效。在守护未成年人的道路上,潜心提炼出"521"未成年人检察工作法(以"爱"字出发、"情"字为重、"教"字着眼、"帮"字入手、"育"字为标,坚持惩治与保护的两面,坚守司法为民的初心,促进源头治理的"5字2面1初心"),打造"美玉工作室"未成年人检察文化品牌,获评自治区人民检察院"优秀检察文化"品牌。提出建立中卫地区未成年人罪错分级干预体系,建成宁夏首个未成年人社会观护帮教中心、宁夏首个在医院设立的未成年人"一站式"保护中心、宁夏首个检律协助开展的未成年人保护联络点等。创新建立集观护帮教、联合保护、法律监督、犯罪预防四大功能于一体的未成年人综合保护信息化平台,研发"美玉护航"App,探索构建起"中心+平台"智慧未检工作模式。带领开展的涉案未成年人社会化帮教保护项目被最高人民检察院确定为全国首批未检创新实践基地实践项目。创新建立"检察+社区+企业+社工"四位一体的立体观护帮教模式。探索构建的"中心+平台"智慧未检工作模式先后6次在全国、宁夏未检工作会议上交流推广,宁夏未检工作现场观摩推进会两次在沙坡头区人民检察院召开。策划建立"美玉家庭教育指导工作总站",联合各有关职能部门开展涉案未成年人家庭教育指导工作,助推家庭、社会、学校、网络、政府、司法"六大保护"融通发力。从事未检工作以来,先后帮助51名触法未成年人走向新生,其中45人重新回到课堂,复学率达88.2%,再犯罪率为0。积极延伸未成年人检察职能,探索建立起"1+2+5"法治宣传工作模式,作为主讲人率先开展"法治进校园"3年全覆盖活动,将预防校园暴力欺凌和预防留守儿童受侵害等作为法治宣传重点。作为法治副校长,持续多年组织干警深入校园、社区、农村等地开展法治宣讲200余场次。在7万多名学生、家长心中播撒法治的种子,连续3年策划举办"美玉杯"法治教育大赛,助力提升师生法治意识和自我保护能力。在她的带领下,沙坡头区人民检察院未成年人工作经验先后多次在全国、全区未成年人检察工作会议上交流推广,"美玉工作室"先后获评"全国青少年维权岗""全国维护妇女儿童权益先进集体""全国首批未成年人检察创新实践基地""全国法治进校园巡讲活动突出单位""全区关心下一代先进集体"等荣誉称号,记集体二等功两次、集体三等功一次、集体嘉奖一次。郭美玉先后获"全区政法百名先进典型""宁夏回族自治区维护妇女儿童权益先进个人""宁夏青年检察人才"等荣誉称号;2022年,被中央政法委授予"双百政法英模"。

乔 栋 女,中共党员,现任沙坡头区人民检察院第二检察部负责人,一级检察官。自从检以来,始终奋战在办案一线,共办理各类刑事案件700余件,其中污染环境、非法占用农用地等破坏环境资源保护类案件17件,均被法院作出有罪判决,无一错案。承办朱某某污染环境案时,针对罪与非罪,多方查阅资料,围绕案件造成的财产损失、对倾倒的废物系危险废物的主观明知等问题提出侦查意见10余条,引导补证后改变公安机关认定的事实,最终认定朱某某行为造成公私财产损失达到情节严重的标准,构成污染环境罪。面对拒不认罪的朱某某,通过释法说理,帮助朱某某认识错误,促使朱某某认罪认罚,自愿签署认罪认罚具结书。综合案件情况提出的定刑量刑建议,被法院采纳,判决后,朱某某未提出上诉,节约司法资源,实现办案质量和效率有机统一。在办理案件的过程中,积极践行打击犯罪并修复生态并重的恢复性司法理念,主动移送公益诉讼线索,以强有力的手段挽回国家损失。乔栋2022年被生态环境部、最高人民检察院、公安部授予"打击危险废物环境违法犯罪和重点排污单位自动监测数据弄虚作假违法犯罪专项行动表现突出个人"称号。

集体荣誉简介

宁夏科豪陶瓷有限公司第六生产线 宁夏科豪陶瓷有限公司第六生产线组建于2016年,有员工150人,其中男性90人,女性60人。全班团结一致,齐心协力,从抓好班组建设出发,建立班前班后会和交接班制度,强调安全生产第一位,坚持预防为主的方针,领会公司的安全理念。及时有效分析生产中出现的问题,提高分析和解决问题的工作能力,走生产高标准、服务高质量的精益化路线。服务管理精益化,在生产过程中,做到下道工序就是上道工序的客户,要以对待客户的精神对待工作,实行人性化的管理。宁夏科豪陶瓷有限公司第六生产线2020年获全国"安康杯"竞赛优胜班组;2022年被全国总工会授予"全国工人先锋号"称号。

顺丰速运(宁夏)有限公司中宁中转场 顺丰速运(宁夏)有限公司中宁中转场依托乐家城乡共享冷链物流仓储配送中心建设,总投资707万元,于2021年10月25日正式运营,在职职工32人,其中35周岁以下青年职工22人,青年占比69%。使用仓储面积4600平方米,分拨中心以中宁县为核心,覆盖中卫市、红寺堡区、海原县、同心县等区域,解决所覆盖区域内快件的分拣和中转工作。每天通过3个集货班次和3个散货班次对到达分拨中心的快件进行分拨,快件时效提升0.5天,日均中转件量达1.8万件。中转场按照"六个一活动"方案,严抓安全生产,开展以"安全责任,重在落实"为主题的安全生产团日活动。按照邮件快件处理场所"四个全覆盖、五个必须、六个严禁"要求,集中整治"四不"突出问题,对中转场场地进行全环节流程分析,人行通道、车行通道、叉车通道画线并做物理隔离,张贴倒车停车区域"禁止停留"、月台上"禁止跳下"等标识牌,为员工在场地内工作提供安全保障。中转场于2022年被国家邮政局授予"全国邮政快递业青年安全生产示范岗"称号。

人物名录

荣誉级别	姓名	单位和职务	获奖名称
国家级	王爱玲	中宁县发展和改革局四级主任科员	全国农产品成本调查工作先进个人
	尹洁	中卫市发展和改革委员会价格认定中心九级职员	
	高洁	海原县曹洼乡曹洼小学少先队员	全国优秀少先队员
	范欣怡	中宁县第五小学少先队员	
	魏淑玲	中卫市第九小学少先中队辅导员	全国优秀少先辅导员
	王瑞萍	中卫市沙坡头区司法党组成员、副局长,社区矫正管理局局长	全国人民满意的公务员
	刘卫华	港中旅(宁夏)沙坡头旅游景区有限责任公司导游演艺部主管	全国文化和旅游系统劳动模范
	刘磐龙	国网中卫供电公司电力调度控制中心调度班值班员	电力行业技术能手
	段永军	民盟市委会副主委、沙坡头区教育局局长	社会服务先进个人
	王媛	中卫市旅游和文化体育广电局广播电视科副科长	2021年度基层广播电视统计工作考核优秀个人
	王俊	中卫市科学技术局工业科技科科长	全国科技管理系统先进工作者
	李姣姣	中卫市健康教育所所长	爱国卫生运动70周年先进个人
	乔栋	沙坡头区人民检察院第二检察部负责人	打击危险废物环境违法犯罪和重点排污单位自动监测数据弄虚作假违法犯罪专项行动表现突出个人
自治区级	李震宏	中宁县大战场镇红宝村农民合唱团辅导员	2021年度自治区学雷锋志愿服务志愿者个人
	张连和	中卫市第一中学副校长	自治区"五一"劳动奖章
	洪明子	宁夏中化锂电池材料有限公司总经理	
	张文平	港中旅(宁夏)沙坡头旅游景区有限责任公司总经理助理	
	王瑞萍	中卫市沙坡头区司法局党组成员、副局长,社区矫正局局长	第13届宁夏青年"五四"奖章个人
	贺苗	中卫市中医院护士	优秀共青团员
	赵蕾	中卫中学团委书记	优秀共青团干部
	邱婧	中卫市中宁县农业农村局办公室副主任	自治区"三八"红旗手、标兵
	王雪	中卫市农业技术推广与培训中心干部	自治区"三八"红旗手
	雍玉梅	宁夏雨润农业节水灌溉制造有限公司总经理	
	张红玲	中卫市第三中学副校长	
	乔祯	中卫市公安局滨河派出所副所长	
	范倩玉	宁夏紫光天化蛋氨酸有限责任公司总工程师	
	白春霞	中卫市沙坡头区东园镇党委书记	
	牛树静	中卫市沙坡头区迎水桥镇沙坡头村党支部书记	
	曾美静	中卫市沙坡头区人民法院立案庭负责人	
	寇艳萍	中卫市中宁县喊叫水乡党委副书记	

续表

荣誉级别	姓名	单位和职务	获奖名称
	肖 芬	中卫市中宁县第二中学教师	自治区"三八"红旗手
	刘凤娟	中卫市中宁县委政法委副书记	
	李 燕	中卫市海原县人民法院综合审判庭庭长	
	马会珍	中卫市海原县统计局党组成员、副局长	
	马月芳	中卫市海原县三河镇党委副书记、镇长	
	李 红	中卫市海原县第一小学教师	
	章玉玲	中卫中学教师	
	张 燕	中卫市中宁县人民医院检验科主任	
	魏云莉	中卫市沙坡头区人民医院儿科主任	
	张生琴	中卫市温馨一家托养院院长	
	魏 艳	宁夏水投中卫水务有限公司副总经理	
	高誉桐	中卫市第二中学八年级(10)班	2022年度自治区新时代好少年
自治区级	汪楷杰	中卫市第四小学四(5)中队	表现突出少先队员
	王语茈	中卫市第二中学七(9)中队	
	杨嘉雯	中卫市第五中学七(1)中队	
	马媛丽	沙坡头区凯歌学校七年级中队	
	张瑜萱	沙坡头区兴仁小学二(1)中队	
	卢 甜	郭滩学校六年级中队	
	王嘉怡	海原县甘城乡九年一贯制学校四年级中队	
	田嘉雨	海原县第六小学四(1)中队	
	赵丽丽	海原县史店乡中心小学五(1)中队	
	高 洁	海原县曹洼乡中心小学五(2)中队	
	穆鹏花	海原县李俊乡中心小学五(1)中队	
	霍佰琪	海原县西安镇中心小学五(2)中队	
	马学凤	海原县三河中学七(1)中队	
	闫君睿	海原县第三中学七(14)中队	
	贺 阳	海原县海城镇山门小学三(1)中队	
	李浩然	海原县第二小学五(2)中队	
	田敏珊	海原县李旺镇新源小学六(1)中队	
	雷佳辉	海原县红羊乡中心小学五(1)中队	
	马子鹏	海原县第二中学七(16)中队	
	海李明慧	中宁县大战场镇西沙梁完全小学四(2)中队	
	李金婷	中宁县石喇叭完小四(1)中队	
	穆雅楠	中宁县宽口井九年制学校六(1)中队	
	刘 昱	中宁县喊叫水九年制学校六年级中队	
	马志花	中宁县大战场完小五(2)中队	
	马鹏强	中宁县大战场初级中学八(1)中队	
	张佳怡	中宁县第二小学五(1)中队	
	谭舒文	中宁县第一小学五(4)中队	
	张家澍	中宁县第九小学四(7)中队	
	吴瑞梓	中宁县第六中学七(7)中队	
	马静恩	中宁县第四中学七(4)中队	
	张淇航	中卫市第三中学七(1)中队	

续表

荣誉级别	姓名	单位和职务	获奖名称
自治区级	李豫宁	中卫市第七中学七(1)中队	表现突出少先队员
	郭丽华	中卫市第六中学四(1)中队辅导员	表现突出的少先队辅导员
	李 茜	中卫市第二小学四(1)中队辅导员	
	王雁茹	中卫市第五小学少先队中队辅导员	
	李颖颖	中卫市镇罗中学少先队中队辅导员	
	虎小鹏	海原县关桥乡马湾小学少先队中队辅导员	
	张淑翠	海原县红羊乡中心小学少先队中队辅导员	
	沙宁平	海原县甘城乡九年一贯制学校少先队中队辅导员	
	罗晓娟	海原县第一小学少先队中队辅导员	
	周 华	海原县海城镇中心小学少先队中队辅导员	
	田进旭	海原县史店乡中心小学六(2)中队辅导员	
	王 华	中宁县第五小学少先队中队辅导员	
	刘志娟	中宁县新堡镇宋营完小少先队中队辅导员	
	毛 芳	中宁县第九小学少先队中队辅导员	
	夏 茹	中宁县第三中学少先队中队辅导员	
	张晓莉	中卫市第三小学少先队中队辅导员	
	赵慧霞	中卫市第七中学少先队中队辅导员	
	林晓静	中卫市第五小学少先队大队辅导员	表现突出的少先中队辅导员
	王 英	中卫市第四中学少先队大队辅导员	
	闵彩环	海原县三河镇中心小学少先队大队辅导员	
	王云涛	海原县第五小学少先队大队辅导员	
	马廷智	海原县九彩乡九年一贯制学校少先队大队辅导员	
	张静芳	中宁县第五小学少先队大队辅导员	
	童 珍	中宁县大战场镇西沙梁完全小学少先队大队辅导员	
	陈 丽	中卫市第六小学少先队大队辅导员	
	姜 江	中卫市新闻传媒中心新闻中心副主任	全区优秀新闻工作者
	邵 云	中卫市新闻传媒中心传输发射部主任	
	张长春	中卫市新闻传媒中心创作中心主任	
	穆苗苗	中宁县融媒体中心记者	
	马耀国	海原县融媒体中心记者	
	林永冀	中国邮政集团有限公司中卫市沙坡头区分公司	宁夏首届塞上江南最美"骑士"
	冯玉方	中国邮政集团有限公司中卫市沙坡头区分公司	
	金福荣	中国邮政集团有限公司中宁县分公司	
	何 鑫	中卫市圆诺达快运有限公司(圆通速递网点)	
	张曹力	中卫市神风快运有限公司(美团外卖)	
	柳 磊	中卫市神风快运有限公司(美团外卖)	
	李燕宜	中宁县诚捷申通快递有限公司	
	康小燕	宁夏奥斯特电子商务有限公司	
	钟艳波	中宁县诚捷申通快递有限公司	
	马义学	中国邮政集团有限公司海原县分公司	
	马志虎	海原县贾塘乡贾塘新村党支部书记、村委会主任	宁夏最美退役军人
	马仲保	宁夏公路管理中心中卫分中心九彩公路养护站站长	交通运输工作先进个人
	马建斌	海原县公安局树台派出所所长	最美基层民警

续表

荣誉级别	姓名	单位和职务	获奖名称
自治区级	田 方	中卫市正通农牧科技有限公司总经理	非公经济优秀建设者
	熊昌武	利安隆（中卫）新材料有限公司总经理	
	严玉华	民盟市委会主委、市政协副主席	优秀政协委员
	祝 丹	民盟中卫市委会秘书长	参政议政工作先进个人
	冯克国	中卫市第六中学教师	
	王文华	市委会副主委、市工商联主席	反映社情民意信息工作先进个人
	王新慧	宁夏丰安律师事务所主任	
	丁文华	中卫市市场监管局	
	马 震	中卫市委统战部副部长	2019—2020年度平安宁夏建设先进个人
	张永华	中卫市委政法委副书记	
	张建斌	中卫市民政局社会事务科科长	
	赵国胜	中卫中学分校副校长	
	吕学武	中卫市中医医院党委副书记、院长	
	田彦虎	中卫市沙坡头区柔远镇党委副书记、宣传委员	
	张 斌	中卫市沙坡头区人民检察院党组书记、检察长	
	陈红霞	中卫市沙坡头区永康镇人民政府综治中心主任	
	孙自永	中卫市沙坡头区东园镇红武村党支部书记	
	苏军平	中宁县纪委副书记、监委副主任	
	马 超	中宁县公安局新堡派出所所长	
	蒋永刚	中宁县教育体育局副局长	
	胡学梅	中宁县新堡镇人民政府人大主席	
	马 嫒	海原县委政法委办公室主任	
	贺小平	海原县人民法院副院长	
	白山丹	海原县人民检察院检委会委员第一检察部主任	
	覃记朵	中卫市生态环境综合执法支队四级主任科员	生态环境保护执法大练兵突出个人
	张宏霞	中宁县残疾人联合会三级主任科员	人民满意的公务员
	黎恩生	海原县海城街道党工委书记	
	景学杰	中卫市发展和改革委员会党组成员、副主任	
	党晓伟	中卫市公安局沙坡头区分局经济犯罪侦查大队大队长、四级警长	
	鲁志成	中卫市劳动保障监察支队支队长、一级主任科员	
	董 瑶	中级人民法院民三庭庭长	2021年度全区法院先进个人
	王小勇	沙坡头区人民法院民二庭庭长	
	周飞鹏	沙坡头区人民法院司法警察大队四级警长	
	马卫谦	中宁县人民法院执行局局长	
	李 燕	海原县人民法院综合审判庭庭长	
	刘 敏	中卫市人民检察院第一检察部主任	全区检察机关扫黑除恶专项斗争个人三等功
	刘雪梅	中卫市人民检察院第二检察部副主任	
	朱晓鹏	中宁县人民检察院党组成员、副检察长	
	陈 蓦	中宁县人民检察院一级检察官	
	李梦迪	中卫市人民检察院第二检察部副主任	全区检察机关扫黑除恶专项斗争个人嘉奖
	王舜坤	沙坡头区人民检察院第一检察部主任	
	马静洁	沙坡头区人民检察院三级检察官	
	谭艳玲	中宁县人民检察院第五检察部主任	

续表

荣誉级别	姓名	单位和职务	获奖名称
自治区级	王俊艳	中宁县人民检察院第五检察部主任	
	白山丹	海原县人民检察院第一检察部主任	
市级	康翔	市委办公室干部	民族团结进步先进个人
	赫阳	市纪委监委干部	
	陈思旭	市委组织部干部一科科长、一级主任科员	
	张华	市委宣传部宣传教育科科长、四级调研员	
	王中宏	市委政法委副书记	
	李正甫	市直机关工委副书记兼市纪委监委派出市直属机关工作委员会纪检监察工作委员会书记、三级调研员	
	张泽明	市公安局政治安全保卫支队政委	
	张越	市民政局党组成员、副局长	
	宋卫东	市文化馆干部	
	梁国宝	市市场监督管理局沙坡头区分局文昌市场监管所所长	
	马永福	市新闻传媒集团全媒体指挥调度中心主任	
	陈慧芬	中卫市第六小学副校长	
	李桂有	沙坡头区委办公室干部	
	摆文亮	沙坡头区委组织部干部	
	杨艳丽	沙坡头区委统战部四级主任科员	
	何佳风	沙坡头区财政局党组成员、副局长、三级主任科员	
	徐雅芬	沙坡头区滨河镇党委副书记、二级主任科员	
	黄振全	沙坡头区宣和镇党委书记、一级主任科员	
	王茜	沙坡头区常乐镇党委委员、副镇长	
	田学红	沙坡头区文昌镇黄河花园社区党支部书记、居委会主任	
	杨艳	沙坡头区滨河镇光明社区党总支书记、居委会主任	
	门玉燕	沙坡头区柔远镇渡口村党支部书记、村委会主任	
	孙玉芹	中卫市第二小学党支部书记、校长	
	刘成业	中卫市第九小学党支部书记、校长	
	马永福	市新闻传媒集团全媒体指挥调度中心主任	
	汪霏	中卫市第十二小学政教副主任	
	利兵财	宁夏夏华肉食品股份有限公司总经理	
	刘斌	中卫市金帝冷冻食品有限责任公司总经理	
	李琼	中宁县文化旅游广电局党委委员、副局长	
	周旭	中宁县公安局政保大队大队长	
	于娟娟	中宁县市场监督管理局太阳梁市场监管所所长	
	李亮	中宁县大战场镇党委书记、四级调研员	
	马琪宸	中宁县恩和镇党委副书记	
	马小梅	中宁县新堡镇干部	
	李艳	中宁县石空镇丰安社区党支部书记、居委会主任	
	李学文	中宁县鸣沙镇鸣沙村党支部书记、村委会主任	
	王仲琪	中宁县舟塔乡潘营村党支部书记、村委会主任	
	杨春虎	中宁县喊叫水乡五丰台村党支部书记、村委会主任	
	季小煜	中宁县第三小学党支部书记、校长	
	尚军	中宁县第十小学党支部书记、校长	
	李艳	中宁县石空镇丰安社区党支部书记、居委会主任	

续表

荣誉级别	姓名	单位和职务	获奖名称
市级	张 旭	玺赞庄园枸杞有限公司副总经理	民族团结进步先进个人
	何 虎	宁夏天元锰业集团有限公司金属锰二厂党支部书记、副经理	
	张中林	中宁县余丁基督教堂堂管会主任	
	罗尚东	海原县委统战部副部长、一级主任科员	
	李 博	海原县住房和城乡建设局干部	
	马忠玉	海原县卫生健康局党委委员、副局长、三级主任科员	
	邹德强	海原县农业农村局党委委员、副局长	
	田 地	海原县曹洼乡党委书记、一级主任科员	
	王春梅	海原县李俊乡党委副书记、二级主任科员	
	杨 静	海原县西安镇干部	
	许万祥	海原县李旺镇团庄村党支部书记	
	张占阳	海原县关桥乡关桥村党支部书记、村委会主任	
	李德福	海原县郑旗乡吴湾村党支部副书记	
	贺 瑞	海原县红羊乡红羊村党支部书记、村委会主任	
	吴 鑫	海原县第三中学教师	
	罗 军	海原县第四中学党支部书记、校长	
	马翠萍	海原县李旺镇中心小学教师	
	刘 静	邮政储蓄银行海原县支行党支部书记、行长	
	田大奇	海原县海城街道西关清真寺教职人员	
	马 浩	宁夏润夏能源化工有限公司纪检员	
	徐 杰	港中旅(宁夏)沙坡头旅游景区有限责任公司副总经理	
	马 娟	中卫市人民政府办公室	市直机关最美党务工作者
	王 华	中卫市科学技术局	
	曾明红	中卫市工业和信息化局	
	张 楠	中卫市公共资源交易中心	
	庞婷婷	中卫市气象局	
	许亚雄	中卫市烟草专卖局(公司)	
	莫 颖	中共中卫市纪律检查委员会、中卫市监察委员会	
	陈学锋	国家税务总局中卫市税务局	
	詹 莉	中卫市总工会	
	宋家轩	中卫市信访局	
	王海燕	海原县海城镇畜牧兽医站农业技术推广研究员	第二批"中卫英才"
	刘 平	宁夏中化锂电池材料有限公司党支部书记、总经理	
	刘 娟	中宁县枸杞产业发展服务中心副主任	
	吴高峰	中卫市第一中学党委书记、校长	
	张万昌	中宁县中医医院针灸主任医师	
	张志山	中国科学院西北生态环境资源研究院沙坡头沙漠研究试验站副站长	
	张翠红	沙坡头区林业技术推广服务中心主任	
	赵 磊	宁夏驭星属陈航天科技有限公司董事长	
	韩忠胜	港中旅(宁夏)沙坡头旅游景区有限责任公司总经理	

集体名录

荣誉级别	获奖集体	荣誉名称
国家级	沙坡头区滨河镇中山社区	全国示范性老年友好型社区
	中宁县宁安镇振兴社区	
	中卫市发展和改革委员会	2019—2021年度全国农产品成本调查工作先进集体
	中卫市中宁县余丁乡黄羊村	2022年中国美丽休闲乡村
	沙坡头区驼铃声声客栈	全国休闲农业与乡村旅游四星级企业
	聚龙湾生态旅游有限公司	
	中国科学院沙坡头沙漠研究试验站（宁夏沙坡头沙漠生态系统国家野外科学观测研究站）	2021—2025年度第一批全国科普教育示范基地
	中宁县第十小学六(4)中队	全国优秀少先队
	宁夏科豪陶瓷有限公司六号生产线	全国工人先锋号
	中卫市云计算和大数据发展局	全国人民满意的公务员集体
	中卫市文化市场综合执法支队	全国文化和旅游系统先进集体
	中旅(宁夏)沙坡头旅游景区	第一批国家级文明旅游示范单位
	马黎娟家庭	全国最美家庭
	孙保兰家庭	
	周海生家庭	
	殷玉鑫家庭	第十三届全国"五好"家庭
	马小平家庭	
	沙坡头区文昌镇黄河花园社区	第十批全国民族团结进步示范单位
	中宁县宁安镇古城村	
	中卫市第九小学	
	海原县人民武装部	
	中卫市科协	2021年度全国科技工作者状况调查优秀调查站点
	中宁县文化馆	县级文化馆、图书馆、乡镇(街道)综合文化站、村(社区)综合性文化服务中心先进集体
	海原县花儿艺术演艺有限公司	基层文艺院团先进集体
	中卫市歌舞团(有限公司)	
	海原县电影服务中心	
	沙坡头区滨河镇新墩花园社区	第九批全国民主法治示范村(社区)
	海原县关桥乡关桥村	
	中卫市市场监督管理局	表现突出的药品不良反应监测评价单位
	中卫市委宣传部	《党建》《学习活页文选》学刊用刊工作先进集体
	民盟中卫市委会	社会服务先进集体
	中卫市委组织部	2022年度百个两新党建创新案例
	中卫市劳动保障监察支队	2022年清理整顿人力资源市场秩序专项行动取得突出成绩单位
	中卫市劳动人事争议人民调解委员会	2021年度工作突出基层劳动人事争议调解组织
	中卫市司法局	"复议为民促和谐"专项行动表现突出单位
	中宁县公安局政治安全保卫大队	全国优秀公安基层单位
	中卫市财政局	全国首批基层财政新闻宣传工作示范点
	中卫市财政局	全国节约型机关
	中卫市财政局	政府采购先进监管单位
	民盟中卫市委会	庆祝民盟80周年微视频宣传工作优秀集体
	海原县公安局李旺派出所	全国公安机关爱民模范集体

续表

荣誉级别	获奖集体	荣誉名称
自治区级	中卫市公益慈善基金会"爱心助学"项目	第三届宁夏慈善奖慈善项目
	华润慈善基金会助力海原经济社会全面发展慈善项目	
	海原县阳光社会工作服务中心	2021年度自治区学雷锋志愿服务组织
	中宁县义工协会	
	海原县留守妇女手工假发编织计划	2021年度自治区学雷锋志愿服务项目
	中卫市沙坡头区光明社区	2021年度自治区学雷锋志愿服务社区
	中卫市中宁县红苑社区	
	中卫市中宁县宁安镇振兴社区	
	中宁县太阳梁乡	第十一批全区民族团结进步示范区
	海原县李旺镇	
	海原县海城街道黎明社区	第十一批全区民族团结进步示范单位
	中卫市沙坡头区滨河镇新墩花园社区	
	中卫市第十二小学	
	中宁县第十小学	
	中卫市第二小学	
	中卫市民政局	
	利安隆(中卫)新材料有限公司	自治区"五一"劳动奖状
	中卫市中卫中学	首批普通高中多样化有特色发展试点学校
	国家税务局中卫市海兴开发区税务局	第13届宁夏青年"五四"奖章(集体)
	海原县高级中学团委	"五四"红旗团(工)委
	中宁县新堡镇团委	
	中卫市人民检察院团支部	"五四"红旗团支部(总支)
	中卫市疾病预防控制中心团支部	
	中卫中学	首批自治区普通高中多样化有特色发展试点学校、科技创新试点学校
	中卫市新闻传媒集团全媒体新闻中心	自治区"三八"红旗集体
	国家税务局中卫市海兴开发区税务局	
	中卫市第七小学	
	中卫市中宁县市场监督管理局新堡市场监督管理所	
	中卫市中宁县人民医院儿科	
	中卫市海原县人民医院	
	国家税务总局中卫市税务局第一稽查局	
	中卫市第七小学少先队大队	表现突出的少先大队
	中卫市第六小学少先队大队	
	中卫市第九小学少先队大队	
	海原县第一小学少先队大队	
	海原县高崖乡九年一贯制学校中心小学少先队大队	
	海原县第四小学少先队大队	
	中宁县第三小学少先大队	
	中宁县第五小学少先大队	
	中卫市第一小学五(3)中队	
	中卫市第十二小学二(6)中队	
	中卫市第十一小学三(3)中队	
	中卫市第八中学四(1)中队	

续表

荣誉级别	获奖集体	荣誉名称
自治区级	海原县第十小学五(3)中队	表现突出的少先中队
	海原县第三小学三(3)中队	
	海原县第二小学五(2)中队	
	海原县七营镇中心小学五(1)中队	
	海原县海兴开发区第二小学五(2)中队	
	海原县郑旗乡中心小学五(2)中队	
	中宁县第十小学六(4)中队	
	中宁县大战场完小二(4)中队	
	中宁县太阳梁一小五(1)中队	
	中宁县第一小学四(2)中队	
	中卫市第三中学八(14)中队	
	中卫市第三小学四(5)中队	
	宁夏诺航环保科技有限公司	自治区科技"小巨人"企业
	中卫市金康铸造有限公司	
	中卫市宏基新型建材有限公司	
	宁夏裕隆冶金制品有限公司	
	宁夏北星精工陶瓷技术有限公司	
	银川新华百货连锁超市有限公司中卫店	绿色商场(超市)
	中宁县鸿福楼杞商府邸店	自治区级绿色饭店(餐厅)
	中卫市工业和信息化局	
	中宁县工业和信息化局	
	中卫市海兴开发区管委会	
	沙坡头区工业信息化和商务局	工业技改投资突出贡献单位
	中卫市工业和信息化局	工业降能耗突出贡献单位
	沙坡头区工业信息化和商务局	
	宁夏中车新能源有限公司	工业稳增长突出贡献企业
	宁夏瑞泰科技有限公司	
	沙坡头区迎水桥镇	第二批宁夏特色旅游村镇
	沙坡头区迎水桥镇鸣钟村	
	中宁县新堡镇创业村	
	海原县关桥乡方堡村	
	中卫市委宣传部	自治区健康机关示范点
	中卫市应理城乡市政产业(集团)有限公司	自治区和谐劳动关系创建示范企业
	民盟中卫市委会	盟务工作优秀集体
	沙坡头区人民法院宣和人民法庭	"塞上枫桥"人民法庭
	中宁县人民法院鸣沙人民法庭	
	中宁县人民法院长山头人民法庭	
	海原县人民法院海兴开发区人民法庭	
	海原县人民法院西安人民法庭	
	中卫市第六小学	四星级智慧校园
	中卫市第三中学	
	中卫市生态环境局	第一批自治区健康细胞示范点(户)
	中卫市生态环境局海原县分局	自治区生态环境系统工作成绩优胜单位

续表

荣誉级别	获奖集体	荣誉名称
自治区级	中卫市农业农村局	农业综合行政执法大比武第二名
	中卫市农业农村局	家畜繁殖员职业工种技能决赛团体第一名
	中卫市农业农村局	动物检疫检验员工种技能决赛团体第一名
	中卫市农业农村局	动物疫病防治员工种技能竞赛团体第二名
	中卫市农业技术推广与培训中心	科学技术进步奖三等奖
	中卫市公安局治安管理局治安支队	银行业金融机构安全防范工作成绩突出集体
	中卫市沙坡头区工业信息化和商务局	人民满意的公务员集体
	中卫市人民检察院第五检察部	人民满意的公务员集体
	中卫市公安局	集体二等功
	中卫市公安局沙坡头区分局	
	海原县公安局	
	中卫市人民检察院扫黑办	全区检察机关扫黑除恶专项斗争集体二等功
	中卫市沙坡头区人民检察院扫黑办	
	中宁县人民检察院白银等人黑恶势力案件办案组	
	中卫市财政局	自治区国家贫困地区重大专项普查先进集体
	中卫市财政局	政府采购监管先进集体
	中卫工业园区中小企业公共服务平台	2022年度中小企业公共服务体系能力提升项目奖励
	宁夏中卫工业园区管委会	
	宁夏中关村西部云基地	首批自治区数字经济示范园区
	中卫市总工会	第五届全国农业行业职业技能大赛宁夏赛区优秀团体奖
	中宁县人武部	练兵备战先进单位
市级	市纪委监委第二党支部	2022年度五星级党组织
	市委办公室党支部	
	市委宣传部党支部	
	市委统战部党支部	
	市委政研室党支部	
	市委编办党支部	
	市政府办公室党支部	
	市检察院第二党支部	
	市科技局党支部	
	市商务局党支部	
	市审计局党支部	
	市就业创业和人才服务中心党支部	
	市审批服务局党支部	
	市粮食和储备局机关党支部	
	市总工会党支部	
	国家税务总局中卫市税务局第一稽查局党支部	
	中卫市气象局党支部	
	中卫市烟草专卖局沙坡头区分局党支部	
	中卫市烟草专卖局海原县分局党支部	
	中卫市人民政府办公室	
	中卫市委统战部	

续表

荣誉级别	获奖集体	荣誉名称
市级	中卫市财政局	民族团结先进集体
	中卫市第三中学	
	沙坡头区民政和社会保障局	
	沙坡头区教育局	
	沙坡头区文昌镇人民政府	
	沙坡头区文昌镇杞香苑社区	
	沙坡头区滨河镇新墩花园社区	
	沙坡头区迎水桥镇鸣沙村	
	沙坡头区宣和镇东台学校	
	高庙保安寺	
	中宁县委统战部	
	中宁县审批服务管理局	
	中宁县白马乡人民政府	
	中宁县太阳梁乡人民政府	
	中宁县宁安镇红苑社区	
	中宁县徐套乡徐套村	
	中宁县第四中学	
	宁夏宁创新材料科技有限公司	
	海原县人民检察院	
	国家税务总局海原县税务局	
	海原县七营镇人民政府	
	海原县三河镇人民政府	
	海原县海城街道东城社区	
	海原县贾塘乡后塘村	
	海原县职业技术学校	
	海原县闽宁纺织制品有限公司	
	宁夏协鑫晶体科技发展有限公司	
	中卫市沙坡头区消防救援大队	
	长安社区	五星级和谐社区
	中山社区	
	黄河花园社区	
	蔡桥路社区	
	光明社区	
	东花园社区	
	新墩花园社区	
	裕民社区	
	丰宁社区	
	宁新社区	
	丰安社区	
	柳青社区	
	东城社区	

续表

荣誉级别	获奖集体	荣誉名称
市级	建设社区	复检复评农村生活垃圾分类和资源化利用三级示范村
	何滩村	
	枣林村	
	白桥村	
	中卫市鸿聚农业种植农民专业合作社	农民专业合作社示范社
	中卫市压砂地金银花种植专业合作社	
	中卫市春旺果品流通专业合作社	
	中卫市宏爱利德养殖农民专业合作社	
	中卫市恒盛农业种植农民专业合作社	
	中卫市红根韭菜流通专业合作社	
	中宁县吉广益果蔬专业合作社	
	中宁县昌达硒砂瓜专业合作社	
	中宁县云鹏瓜果专业合作社	
	海原县关桥香水梨专业合作社	
	海原县康家庄种养殖专业合作社	
	海原县为民农牧科技专业合作社	
	海原县海华种养殖专业合作社	
	宁夏海原县佳园绿林农专业合作社	
	海原县博亿种养殖专业合作社	
	中卫市曜华家庭农场	三星级示范家庭农场
	中卫市永康镇海娟家庭农场	
	中卫市恒泰粮食种植家庭农场	
	中卫市兆丰年家庭农场	
	中卫市宣和镇马昀家庭农场	
	中卫市朱家桥家庭农场	
	中宁县欣芮种植家庭农场	
	中宁县宏博玉米种植家庭农场	
	中宁县白马乡军跃家庭农场	
	中宁县桂莲家庭农场	
	海原县彦虎家庭农牧场	
	海原县高崖乡荣祥家庭农场	
	海原县宏旺种养殖家庭农场	
	海原县民丰家庭养殖场	
	海原县海城镇谨精旭家庭农场	
	海原县关桥香水梨专业合作社	第二批中卫老字号
	沙坡恋(宁夏)醋业有限公司	
	中宁县菜根香饭馆	
	宁夏印象中卫餐饮管理有限公司	
	中卫市文化旅游广场(有限公司)	

附　录

重要文献

市委常委会工作报告

——2022年12月12日在中共中卫市委五届六次全体会议上

今年是五届市委全面履职的开局之年，也是极不平凡、极不寻常、极为不易的一年。面对错综复杂的外部环境和交织叠加的风险挑战，市委常委会坚持以习近平新时代中国特色社会主义思想为指导，深入贯彻党中央决策部署和自治区党委工作要求，紧扣迎接和学习宣传贯彻党的二十大精神这条主线，大力弘扬伟大建党精神，坚持稳中求进工作总基调，完整、准确、全面贯彻新发展理念，高效统筹疫情防控和经济社会发展，统筹发展和安全，团结带领全市各级党组织和广大党员干部群众心往一处想、劲往一处使，打赢一场又一场硬仗、攻克一道又一道难关，着力营造平稳健康的经济环境、国泰民安的社会环境、风清气正的政治环境，全面建设社会主义现代化美丽新宁夏中卫篇章扎实起步、开局良好。

一、旗帜鲜明讲政治，坚决做到"两个维护"

坚持把党的政治建设摆在首要位置，严把政治方向、严明政治纪律、严守政治责任，引领各级党组织和广大党员干部深刻领悟"两个确立"的决定性意义，增强"四个意识"、坚定"四个自信"、做到"两个维护"。

加强党的全面领导。坚决维护党中央权威和集中统一领导，严格执行新形势下党内政治生活若干准则，严格遵守重大事项请示报告制度，始终在思想上政治上行动上同以习近平同志为核心的党中央保持高度一致，坚决做到"总书记怎么说、我们就怎么做，不仅要做到、而且要做好"。充分发挥市委总揽全局、协调各方的领导作用，统筹推进"五位一体"总体布局，协调推进"四个全面"战略布局，健全市委领导各项工作的体制机制，不断增强把方向、管大局、作决策、保落实的能力，确保党的领导落实到经济建设、政治建设、文化建设、社会建设、生态文明建设各领域各方面各环节。发挥市委议事协调机构职能作用，全面加强重大决策重点工作的调查研究、科学论证和风险评估，谋大事、议大事、抓大事的能力水平显著提高，各方面工作实现有机衔接、协调联动。

持续强化理论武装。坚持把学习宣传贯彻党的二十大精神、习近平总书记视察宁夏重要讲话和重要指示批示精神作为首要政治任务，作为中卫工作的主题主线、引领发展的方向指引、统揽事业的根本遵循，着力在学懂弄通做实上下功夫，不断用党的创新理论武装头脑、指导实践、推动工作，确保全市各项事业沿着正确方向前进。党的二十大隆重召开后，第一时间召开会议传达贯彻大会精神，全面开展辅导解读工作。

市委常委会坚持学在前、做在前，带头分专题、分领域、分阶段学习研讨，班子成员带头深入市直机关、包抓镇村、园区企业开展宣讲，带动全市上下迅速掀起学习宣传贯彻热潮。深入开展党的二十大和习近平总书记视察宁夏重要讲话和重要指示批示精神"大学习、大讨论、大宣传、大实践"活动，扎实开展党的二十大精神进机关、进企事业单位、进城乡社区、进校园、进军营、进各类新经济组织和新社会组织、进网站，引导全市党员干部群众把思想和行动统一到党的二十大精神上来，把智慧和力量凝聚到党的二十大确定的各项目标任务上来。

科学系统全面谋划。对习近平总书记发表的重要讲话、作出的重要指示批示，党中央和自治区党委召开的重要会议、出台的重要文件、部署的重要工作，市委常委会及时传达学习，不折不扣抓好贯彻落实。召开市委五届四次、五次全会，研究出台《关于学习宣传贯彻党的二十大精神的实施意见》《关于深入学习宣传贯彻自治区第十三次党代会精神奋力谱写全面建设社会主义现代化美丽新宁夏中卫篇章的实施意见》《关于贯彻落实自治区第十三次党代会精神建设大数据产业中心市的实施意见》，统一思想、统一意志、统一行动，推动党中央决策部署和自治区党委工作要求在中卫落地生根。围绕自治区"12345"战略部署，构建全面建设社会主义现代化美丽新宁夏中卫市工作落实体系，按照"五年有规划蓝图、三年有行动方案、当年有计划安排"的思路，扎实推进大数据产业中心市和产业升级示范市、铸牢中华民族共同体意识示范市、生态环境保护示范市、宜居宜业宜游示范市、乡村全面振兴示范市建设，更好把"路线图"变为"施工图"，把"时间表"变为"里程表"。深入开展"学习二十大、勇担新使命，建设先行区、奋进新征程"活动，引导全市各级党员干部履职尽责、主动作为，在新征程中展示新形象、彰显新作为、交出新答卷。

二、铆足干劲促发展，综合实力稳步提升

坚持以高质量发展为主题，自觉站位新发展阶段，坚决贯彻新发展理念，主动融入新发展格局，全面落实"疫情要防住、经济要稳住、发展要安全"重要要求，高效统筹疫情防控和经济社会发展，经济实现质的有效提升和量的合理增长。

疫情防控科学精准。坚持人民至上、生命至上，主动识变应变，因时因势优化完善防控措施，科学防治、精准施策，顶住了一轮又一轮疫情的冲击。特别是面对下半年多轮突发疫情，全市各级党组织坚决扛起政治责任，广大党员干部闻令而动、挺身而出，医护工作者和公安干警舍生忘死、逆行出征，社区工作者、下沉干部、志愿者日夜值守、连续奋战，社会各界捐款捐物、鼎力相助，全市107万人民群众识大体、顾大局，克服困难、坚持到底，全市上下众志成城、共克时艰，确保了社会稳、人心稳、大局稳。坚决贯彻党中央决策部署和自治区党委工作要求，全面落实国家和自治区优化措施，创新建立"1+N"服务群众机制，建成启用中卫市方舱医院，不断提升科学精准防控水平，防止简单化、"一刀切"和层层加码，最大程度保护人民生命安全和身体健康，最大限度减少疫情对经济社会发展的影响。

经济运行稳中向好。建立市级领导包抓重点工作、特色产业和重点项目机制，每季度举行1次重大项目集中开工，每月召开1次先行区建设和重点工作推进会，每月第1次常委会会议开展1次"晒比促"，激励全市上下抓项目、争资金，推动形成大抓发展、抓大发展、抓高质量发展的浓厚氛围。扎实开展"扩大有效投资攻坚年"活动，全年开工建设项目523个，预计完成投资301亿元，落实招商引资项目282个，实际到位资金300亿元，成为拉动经济增长的主要力量。坚决贯彻中央和自治区关于稳经济、保增长、促发展部署要求，精准制定促进旅游业回暖10条、支持扩大消费22条、促进房地产平稳健康发展11条、保障困难群体基本生活15条、扩大城乡劳务就业覆盖面提升质量23条等一揽子政策措施，全面落实减税降费各项惠企利企政策，坚决打好稳保促"七大战役"，全市经济保持总体平稳、稳中有进的良好态势。预计全年地区生产总值增长7%、规模以上工业增加值增长10%、固定资产投资增长15%、社会消费品零售总额增长2%、一般公共预算收入同口径增长5%。

产业转型步伐加快。大力实施产业兴市战略，扎实推进工业倍增、农业倍增和服务业提质增效等行动，着力发展云计算和大数据、交通和物流、文化和旅游、新能源和新材料、冶金制造和精细化工、现代农业六个特色产业。全市粮食产能稳定提升，预计总产量70万吨，优势产业规模持续壮大，新型经营主体提档升级，枸杞、肉牛、奶牛、果蔬4个百亿级产业集群正在加快形成。瑞泰尼龙66、协鑫光伏科技5GW颗粒硅N型单晶示范、朗利硫化黑等项目建成投运，宁创科技年产5万吨高纯度铝板带箔、晨光年产30万吨硅基及气凝胶新材料等项目加快推进，一体化算力中心、宁电入湘等项目正在加快落地，"四大改造"蹄疾步稳,"能耗双控"成效明显,6个百亿级工业产业集群、1个千亿级工业园区正在加快培育。抢抓东数西算战略机遇,围绕宁夏枢纽建设"1357"总体思路,聚力打造大数据产业中心市,美团、中国移动二期等项目加快建设,国家(中卫)新型互联网交换中心建成运营,深圳—中卫直连网络实现互通,西部云基地安装标准机架4.4万个,成功举办首届西部数谷算力产业大会暨第五届"云天大会",大数据产业突破性发展并保持强劲态势。持续推进全域旅游创建,成功举办2022丝绸之路城市文化和旅游发展国际论坛等系列活动,中卫国际旅游知名度和影响力不断提升。实施铁路物流畅通、航空物流提质、保税物流平台建设"三大工程",积极融入"一带一路"、西部陆海新通道,物流业增势持续向好,对外开放水平不断提升。

创新能力不断增强。大力实施创新强市战略,扎实开展科技"双倍增"行动,加快培育科技创新主体,全面激发企业创新活力,全市184家企业入库国家科技型中小企业、19家企业成功获批国家高新技术企业、14家企业成功入围自治区科技"小巨人"和农业高新技术企业,科技型企业数量快速增长,科技创新生态更加优化。紧盯六个特色产业重点领域和关键环节,集中人财物联合攻关,一批科技成果加速转化应用,科技创新"关键变量"成为高质量发展的"最大增量"。

重点改革持续深化。大力实施改革赋能行动,国有企业改革全面完成,19项国家和自治区级改革试点完成年度目标任务,用水权、土地权、排污权、山林权"四权"改革取得突破性进展、阶段性成效,用能权和碳排放权"两权"改革全面启动、有序推进。持续深化"放管服"改革,一窗受理率、网上可办率分别达到91%、94%,政务服务便捷高效,营商环境持续优化。深化纪检监察体制改革,稳步提升"三不一体"监督质效的经验做法被中央纪委国家监委宣传推广。文化体制改革持续发力,"星星的故乡"文旅IP成功入选国家和文化旅游领域改革创新优秀案例。

三、坚定不移抓治理,生态环境持续向好

自觉践行习近平生态文明思想,大力实施生态立市战略,坚持全地域加强生态保护、全领域推动绿色发展转型,统筹推进山水林田湖草沙一体化保护和系统治理,协同推进降碳、减污、扩绿、增长,天蓝地绿水清的生态环境成为普遍常态。

生态保护纵深推进。统筹发展和安全、保护和发展、当前和长远、整体和局部的关系,完成"三区三线"划定工作,加强生态保护红线管控,全面守好生态安全底线。坚持以自然恢复为主,大力实施禁牧封育、退耕还林、湿地保护、矿山修复治理、退化草原修复治理等生态工程,全面提升生态系统多样性、稳定性、持续性。稳步推进压砂地退出和生态修复,跟进实施骨干水利工程、高标准农田和清砂区域产业示范园区建设,促进生态修复与产业发展相得益彰。成功争取黄河上游风沙区(中卫)历史遗留废弃矿山生态修复示范工程项目,修复治理320公顷。

污染治理成效显著。坚持精准治污、科学治污、依法治污,保持战略定力,落实最严格制度,持续深入打好污染防治攻坚战,成功争取并推进实施北方地区冬季清洁取暖项目,全市空气质量优良天数达到83%,同比增长1.7个百分点;全面落实河(湖)长制,4个国控断面全部达到考核目标,8个区控断面和4个城市集中式饮用水水源地水质均达到自治区考核目标;耕地和建设用地土壤环境质量状况整体安全稳定,建设用地土壤环境质量得到有效保障。坚决扛起环保督察反馈问题整改的政治责任,科学制定整改方案,健全闭环管理机制,中央和自治区党委环保督察反馈问题整改取得实质性进展。按照自治区党委部署要求,深入开展以污水排放为重点的生态环保问题排查整治专项行动,一批群众反映强烈的生态环境突出问题得到解决,人民群众幸福指数显著提升。

国土绿化扩面增效。坚持以水定绿、宜林则林、宜草则草、宜荒则荒,科学谋划实施国土绿化,统筹实施荒山造林、城乡绿化、草原改良等项目,完成植绿增绿44.7万亩,林草资源总量质量稳步提升。突出枸杞、苹果、红枣、葡萄等优势品牌,大力发展经济林产业,成功举办第五届枸杞产业博览会,促进生态、文旅融合发展,绿色低碳成为中卫高质量发展的亮丽底色。

四、倾心尽力惠民生,群众福祉持续增进

坚持把人民群众的利益放在第一位,牢固树立以人民为中心的发展思想,坚持尽力而为、量力而行,聚焦群众急难愁盼问题,深入实施"六大提升行动",加大民生投入力度,补齐民生领域短板,扎实推动共同富裕。

脱贫成果有效巩固。坚持把巩固拓展脱贫攻坚成果作为"三农"工作的首要任务,持续弘扬脱贫攻坚精神,聚焦责任落实、政策落实、工作落实、巩固成效"四个方面",严格落实"四个不摘"要求,健全完善防止返贫动态监测和帮扶机制,紧盯"两个高于"目标,常态化开展"四查四补",全面巩固"两不愁三保障"和饮水

安全成果，继续支持脱贫群众发展壮大产业，脱贫群众人均纯收入增长15.8%，脱贫基础更加稳固、成效更可持续，守住了不发生规模性返贫底线。持续深化闽宁协作、央企定点帮扶，深入推进移民致富提升行动，集中资源和力量支持重点帮扶县海原县发展，脱贫地区自我发展能力不断增强。坚持以问题为导向，统筹各级各类反馈问题，研究制定整改方案，建立整改工作台账，挂图作战、对账销号，一体推进整改工作，推动脱贫成果质量更高、成色更足。

乡村振兴纵深推进。深刻把握新时代乡村振兴的使命任务，建立市、县、乡、村党组织书记和驻村第一书记责任清单，组建工作专班，统筹实施"十大工程"，全面推进"五大振兴"，扎实开展乡村建设行动，乡村全面振兴示范市建设迈出新步伐。大力发展乡村特色产业，完善联农带农富农机制，成功举办云上展销、直播促销等系列活动，创新产业发展业态，拓宽农民增收渠道。深入实施农村"两个带头人"工程、高素质农民培训工程，选优配强驻村第一书记和工作队员，储备村级后备力量，形成了相对稳定的"三农"工作队伍。接续实施"一村一年一事"，全市村级集体经济收入达到2亿元，收益超过10万元的村达到85%。深入开展农村人居环境整治提升行动，全面推进示范村、提升村、整治村建设，创新建立"月督查通报排名、季度观摩评促、年度考评奖补"机制，乡村环境面貌显著提升。实施文明素养提升行动，全面推行"网格化"治理模式，大力推广乡村治理"积分制"，新时代文明实践阵地实现全覆盖，陈规陋习悄然隐去，文明乡风更加彰显。

公共服务不断拓展。坚持小财政、大民生，财政支出的80%以上用于保障和改善民生。不断完善就业政策体系，实施职业技能提升行动，支持创新创业带动就业，全市就业形势总体稳定，城乡居民收入持续增长。接续实施教育基础设施和基本装备"补短板"三年行动，学校办学条件持续改善，纵深推进"互联网+教育"，教育教学质量稳中有进。深入实施健康水平提升"十大工程"，扎实推进"互联网+医疗健康"，全面启动公立医院改革与高质量发展示范项目，全方位全周期维护和保障人民生命健康。大力实施文化惠民工程，常态化举办群众文化体育活动，更好满足群众精神文化需求。创新实施以"守护黄河根脉"为主题的传承黄河文化基因、延续中华历史文脉推进工程，推出《手艺中卫》《故事中卫》等黄河根脉系列丛书，打造了道情戏《金沙梦》和《三个女红军》等样板节目，培育了沙漠大客厅、沙漠图书馆、黄河文化博物馆等文化旅游IP。启动城乡面貌提升行动，深入开展城市更新，补齐城乡基础设施短板，城乡居民生活环境持续改善。扎实推进社会保险参保扩面，全市基本养老保险、失业保险、工伤保险基本实现法定人群全覆盖。完善困难群众基本生活保障政策，精准高效实施社会救助，兜住兜牢基本民生保障底线。

五、齐抓共管保稳定，市域治理全面加强

坚持党的领导、人民当家作主、依法治国有机统一，认真贯彻落实总体国家安全观，大力推进民主政治和依法治市建设，加快推进社会治理体系和治理能力现代化，全面防范化解风险隐患，保持社会大局和谐稳定。

民主政治建设扎实推进。坚定不移走中国特色社会主义政治发展道路，发展全过程人民民主，支持人大、政府、政协和监委、法院、检察院依法依章程履行职能、开展工作。加强人大建议、政协提案督办力度，更好保障人大代表、政协委员履职尽责。完善大统战工作格局，各民主党派、工商联围绕大局献计出力，群团组织联系群众的桥梁纽带作用充分发挥，巩固发展了大团结大联合的生动局面。坚持党管武装，国防动员和后备力量建设不断加强，军民融合深度发展，退役军人工作和双拥共建成效显著。

依法治市水平明显提升。认真贯彻落实习近平法治思想，坚持法治中卫、法治政府、法治社会一体建设，大力实施依法治市战略，扎实开展"八五"普法，持续深化法律服务惠民工程，群众法治获得感日益增强。推行行政执法"三项制度"，加强行政争议实质性化解，强化行政复议监督职能，严格规范公正文明执法。严格落实司法责任制，完善执法司法制约监督体系，努力让人民群众在每一项法律制度、每一个执法决定、每一宗司法案件中都感受到公平正义。深入推行"人民调解+仲裁+信访"纠纷治理模式，基本形成了办事依法、遇事找法、解决问题用法、化解矛盾靠法的法治环境。

民族宗教大局和顺和睦。全面贯彻党的民族政策，以"5585"创建模式为牵引，扎实开展铸牢中华民族共同体意识示范市建设，先行打造示范村（社区）70个，推荐全国、全区民族团结进步示范单位25个，持续深化"沙漠水城一家亲、云天中卫共圆梦"品牌内涵。深入开展"民族团结进步月"活动，讲好"石榴籽"系列故事，传播民族团结正能量，促进民族广泛交往、全面交流、深度交融，使"四个与共""五个认同"的思想理念深深扎根各族群众的心中。坚持我国宗教中国化方向，依法加强宗教事务管理，宗教领域持续和谐稳定。

社会治理体系不断健全。坚持以市域社会治理现代化试点为抓手，认真落实社会治理"1+6+1"政策措施，扎实开展维护社会稳定风险隐患大排查大化解大整治行动，妥善解决了一批群众反映强烈的突出问题，治理重复信访取得明显成效。全面开展打击整治养老诈骗专项行动，老年人合法权益得到有效维护。常态化推进扫黑除恶斗争，严厉打击"黄赌毒""食药环""盗抢骗"等违法犯罪行为，"平安中卫"建设扎实推进，刑事案件和电信网络诈骗案件大幅下降。全面开展安全生产隐患大排查大整治和自建房安全专项整治，深入推进食品药品安全区创建，全市安全形势总体平稳，实现高质量发展和高水平安全的良性互动。

六、强基铸魂抓党建，全面从严治党向纵深推进

牢记全面从严治党永远在路上、党的自我革命永远在路上，全面贯彻新时代党的建设总要求，深入推进党的建设新的伟大工程，着力营造干部清正、政府清廉、政治清明、社会清朗的良好政治生态，为各项事业发展提供了坚强保证。

宣传思想工作有力有效。深入实施习近平新时代中国特色社会主义思想铸魂工程，用好"沙坡头大讲堂""铸牢中华民族共同体意识干部教育基地"等平台，常态化开展干部思想教育和基层理论宣讲，推动党的创新理论成果深入基层、深入人心；创新开设"黄河之声"专栏，推出学习宣传贯彻党的二十大精神系列评论员文章、"云宣讲"视频200余期，被自治区媒体多次转载刊发。完善网络综合治理体系，有效提升用网管网治网能力，网络空间更加清朗。深入实施公民道德建设行动和精神文明创建工程，推动社会主义核心价值观更加深入人心，全国文明城市创建取得显著成效。大力实施外宣提升拓展工程，在中央和自治区主要媒体平台刊发新闻稿件4500余篇（条），是近五年来外宣用稿数量最多、质量最优的一年。

基层党组织全面进步全面过硬。以实施基层党组织建设提质增效工程为总抓手，紧扣增强政治功能和组织功能，坚持抓党建促乡村振兴，深入实施农村党建"一抓两整"行动，整顿提升软弱涣散村党组织14个，全市三星级以上党建示范村达到88%。提升党建引领基层治理效能，健全完善社区大网格、小区微网格"双网融合"治理机制，构建六级党员干部包保责任体系，形成反应迅速、平稳转换、扁平管理、全域覆盖的治理新格局。扎实推进模范机关创建，全市模范机关创建率达到80%以上。持续实施"五强五促"行动，全市非公经济组织和社会组织党组织覆盖率分别达到90.3%和94.7%，位居全区前列。主动揭榜新业态新就业群体党建工作，外卖行业、货运行业和主播群体党建工作在全区率先破题。激励党员发挥先锋模范作用，454个临时党组织矗立"疫"线，1.6万名干部职工下沉一线，3.6万名党员坚守一线，有效构筑起党建引领下的联防联控红色堡垒，使党旗在基层一线高高飘扬。

干部人才素质显著提升。深入实施干部队伍建设"增信赋能"工程，扎实推进"三个培训计划"，举办各类培训班20期，干部队伍政治能力和专业能力不断提升。树立鲜明的选人用人正确导向，坚持把政治标准放在首位，注重在疫情防控、项目建设、产业发展、乡村振兴、社会稳定等重大任务中考察识别培养干部，提拔晋级干部118名。健全培养选拔优秀年轻干部常态化工作机制，摸排储备优秀年轻干部108名。严格落实领导干部能上能下和"三个区分开来"要求，对8名工作不在状态或不适宜现职的干部予以调整免职，对13名处分期满且表现优秀的干部重新提拔使用或晋升职级。坚持党对人才工作的全面领导，围绕聚才兴业工程，制定出台人才新政11条，创新举办"中（忠）爱人才、卫（未）来可期"线上招聘会和职业教育"院校合作、推动共赢"人才发展论坛，评选奖励第二批"中卫英才"10名，柔性引进高端专家70名，招聘录用硕士研究生140名，吸引1524名中卫籍青年人才回卫就业，人才活力和创新能力明显增强。

党风廉政建设持续强化。坚持严的基调不动摇，锲而不舍执行中央八项规定及其实施细则精神，严格执行自治区加强作风建设"八条禁令"，持之以恒纠治"四风"，着力整治形式主义、官僚主义，坚决破除特权思想和特权行为。市委常委会带头召开党史学习教育、涉粮问题整改、违规收送红包礼金和不当收益及违规借转贷或高额放贷专项整治、以案促改专题民主生活会，加强和规范党内政治生活。扎实开展严重违纪违法案警示教育，引导党员干部吸取教训、筑牢底线。聚焦重点领域，严肃查处侵害群众利益问题，扎实开展矿山治理和水利工程整治专项监督，群众满意度持续提升。一体推进不敢腐、不能腐、不想腐，严肃查处一批违纪违法案件，反腐败斗争压倒性态势全面巩固。建成启用全面从严治党教育基地，常态化开展廉政警示教育，推动廉洁文化建设走深走实。持续强化纪检监督、审计监督，完成五届市委两轮巡察任务，监督利剑作用充分彰显。

一年来，市委常委会高度重视并大力加强自身建设，始终胸怀"国之大者"，带头提升政治能力，带头深化理论武装，带头强化担当精神，带头深入转变作风，带头搞好团结协作；始终坚持把党的政治建设摆在首位，不断提高政治判断力、政治领悟力、政治执行力，不折不扣贯彻落实党中央决策部署和自治区党委工作要求，推动各项工作掷地有声、落地见效，为全市党员干部树立标杆、作出表率。

即将过去的一年，困难比预料得多，结果比预想得好，成绩来之不易。这些成绩的取得，得益于习近平新时代中国特色社会主义思想的科学指引，得益于党中央和自治区党委的坚强领导，得益于全市各级党组织和广大党员干部群众的团结奋斗，得益于区属驻卫各单位及社会各界人士的鼎力支持。在此，我代表市委常委会，向各位委员、社会各界和广大干部群众，表示衷心的感谢和崇高的敬意！

在肯定成绩的同时，我们也清醒地看到，中卫发展还面临着不少困难和问题，工作中还有许多不足，主要是：经济总量小、人均水平还比较低；产业基础薄弱，科技创新能力还不够强；民生保障还存在短板，基本公共服务能力与群众需求还有一定差距，巩固拓展脱贫攻坚成果任务依然繁重；治理体系和治理能力还需持续提升，公共安全和应急管理体系还需进一步健全；生态环境治理还需持续用力，生态文明建设任务依然艰巨；管党治党还有薄弱环节，个别党员干部思想观念、能力水平、工作作风与高质量发展的要求还不相适应，等等。我们要保持清醒头脑，直面问题，不畏挑战，以担当实干的作风努力把各项工作做得更好。

2023年是深入学习贯彻党的二十大精神的开局起步之年，是贯彻落实自治区第十三次党代会和市第五次党代会部署的关键发力之年。我们要坚持以习近平新时代中国特色社会主义思想为指导，深入学习宣传贯彻党的二十大精神，坚决贯彻党中央决策部署，按照自治区第十三次党代会和市第五次党代会部署要求，坚持稳中求进工作总基调，更好统筹疫情防控和经济社会发展，更好统筹发展和安全，坚定信心、同心同德，埋头苦干、勇毅前行，按照全面建设社会主义现代化美丽新宁夏中卫市工作落实体系，深入实施创新强市、产业兴市、乡村振兴、生态立市、文化活市、依法治市、惠民富市战略，扎实推进农业倍增、工业倍增、服务业提质增效等行动计划，加快建设大数据产业中心市和产业升级示范市、铸牢中华民族共同体意识示范市、生态环境保护示范市、宜居宜业宜游示范市、乡村全面振兴示范市，大抓发展、抓大发展、抓高质量发展，接续谱写全面建设社会主义现代化美丽新宁夏中卫篇章。

政府工作报告

——2022年12月16日在中卫市第五届人民代表大会第二次会议上

一、2022年工作回顾

今年是党和国家历史上具有里程碑意义的一年。举世瞩目的党的二十大胜利召开，擘画了以中国式现代化全面推进中华民族伟大复兴的宏伟蓝图，发出了为全面建设社会主义现代化国家、全面推进中华民族伟大复兴而团结奋斗的伟大号召。自治区第十三次党代会作出"12345"的重大部署，明确了全面建设社会主义现代化美丽新宁夏的奋斗目标。市委五届四次全会提出全面建设社会主义现代化美丽新宁夏中卫市工作落实体系，激励全市上下奋力谱写全面建设社会主义现代化美丽新宁夏中卫篇章。

即将过去的2022年，是中卫发展极不寻常、极不平凡、极为不易的一年。在自治区党委、政府和市委的坚强领导下，全市上下坚持以习近平新时代中国特色社会主义思想为指导，认真学习贯彻党的二十大精神，深入学习贯彻习近平总书记视察宁夏重要讲话和重要指示批示精神，全面落实自治区第十三次党代会和市第五次党代会部署要求，坚持稳中求进工作总基调，坚决落实"疫情要防住、经济要稳住、发展要安全"的重要要求，高效统筹疫情防控和经济社会发展，更好统筹发展和安全，坚定维护政治安全、社会安定、人民安宁。加快构建现代化产业体系，着力扩大投资激活消费，不断加强生态保护治理，尽心竭力增进民生福祉，全力促进社会大局和谐稳定，持续加强政府自身建设，较好完成市五届人大一次会议确定的目标任务。

——经济运行稳中有进。预计实现地区生产总值580亿元，增长7%左右。规上工业增加值增长10%以上。固定资产投资增长15%。社会消费品零售总额135亿元，增长2%。地方一般公共预算收入22.3亿元，同口径增长5%。主要经济指标总体平稳、稳中有进。全力保企业运行，精准打好"1+7+1+N"政策"组合拳"，退税减税降费26.1亿元、减缓社保费3.4亿元，清欠民营企业账款1788万元，稳住了市场预期、稳定了企业生产。持续抓有效投资，523个重大项目加快推进，完成投资301亿元。总投资152.5亿元的3GW沙漠光伏基地、投资7亿元的海原县西安供水水源工程、投资13亿元的沙坡头区香山兴仁片区生态修复供水工程等项目开工建设。协鑫科技5GW颗粒硅N型单晶等14个项目当年开工、当年投产。"两大任务"实现新突破，招商引资实际到位资金320亿元，增长41.6%；上争项目资金200亿元，增长24.1%。通过全国竞争性评审争取到中央财政支持公立医院改革与高质量发展、北方地区冬季清洁取暖、历史遗留废弃矿山生态修复等示范项目。着力促消费回暖，发放消费券7300万元，带动消费20亿元。网络零售总额60亿元，增长10%。全市社会物流总额增长21%。中卫市获批全国县域商业体系建设试点。

——疫情防控科学精准。坚决贯彻习近平总书记关于疫情防控工作的重要指示批示精神，完整、准确、全面贯彻"三个坚定不移"，落实落细第九版防控方案、二十条优化措施和"新十条"要求，众志成城打好疫情防控阻击战。面对下半年多轮突发疫情，坚持核酸检测打头阵、流调溯源判形势、快速转运严隔离、挖根追阳"三清零"、政府主导抓保供、保障民生促稳定，累计投入防疫资金9亿元，用20天时间建成10645间集中健康监测点，改建启用方舱医院，创新建立"1+N"群众诉求排忧解难机制。挖根追阳"三清零""1+N"机制得到国务院联防联控机制充分肯定，并在区内外推广。

——产业转型步伐加快。聚焦"六新六特六优"产业，持续用力强创新、抓产业、促转型，以生产端优化提升带动经济企稳回升。加快工业转型升级，瑞泰尼龙66、朗利硫化黑等12个项目建成投运，新材料产业产值达到150亿元。新能源装机总量突破1000万千瓦。制造业、战略性新兴产业占规上工业增加值比重达65.4%和21.6%。新增规上工业企业16家。全社会能源消费量、单位GDP能耗分别下降5%和4.5%,降幅位居全区第一。中宁县入选中国产业创新转型升级典型城市案例。特色农业高质高效,集中要素育龙头、建基地、创品牌,枸杞、牛奶、肉牛(羊)、果蔬4个百亿级产业链全面推进。建设高标准农田22万亩,粮食种植面积211万亩,产量70万吨,增长3%。"中宁枸杞"综合产值150亿元,品牌价值192亿元,成功申报国家现代农业(枸杞)产业园。奶牛存栏13万头,增长27.5%。肉牛饲养量53万头,增长3.1%。服务业负重前行,推进文化旅游、大数据等新兴产业发展壮大。着力打造"沙漠大客厅""星星的故乡",接待游客890万人,实现旅游收入53亿元。丰安屯景区成功创建自治区级旅游度假区。漠贝酒庄、黄羊古落创评国家3A级旅游景区。迎水桥镇、关桥村等4个乡村获批全国乡村旅游重点村镇。黄河文化体验展示项目进入国家文化产业扶持项目库。"点亮大漠星空·打造星星的故乡"文旅IP入选全国文化旅游领域改革创新优秀案例。大数据产业中心市建设迈出新步伐,加快建设全国一体化算力网络宁夏枢纽,建成运营国家(中卫)新型互联网交换中心,打通深圳—中卫直连网络。新增标准机架1.2万个,增长132.7%。实现营业收入42亿元,增长62%。规模以上信息传输软件和信息技术服务业营业收入增长36%。突出创新驱动发展,新增国家高新技术企业15家、自治区科技"小巨人"和农高企14家、科技创新平台18个,增强了经济发展新动能。

——城乡品质不断提升。共创共建全国文明城市。更大力度推进城市更新,实施海绵型市政道路、老旧排水管网改造、排水防涝、城市绿化等基础设施项目54个,着力解决交通拥堵、城市内涝等问题。新改扩建市政道路22条52千米,建成新墩桥、文昌桥、利民桥,新老城区交通更畅通,群众出行更便捷、生活更舒适。更新供排水管道87千米,铺设燃气管网125千米。建成小微公园9个,新增城市绿化面积68.7万平方米。香山湖湿地公园获批"国家级湿地公园"。开工建设沙坡头黄河大桥、黑山峡黄河大桥,中卫至兰州高铁即将通车。启动乡村全面振兴示范市建设,以乡村人居环境综合整治为切入点,兴产业、抓治理、夯基础,培育重点小城镇两个、高质量美丽宜居村庄7个。建设"四好农村路"194千米,建成抗震宜居农房2377户,改造卫生厕所4264户。建制村自来水、动力电、光纤网、标准化卫生室实现全覆盖。沙坡头区荣获"中国乡村振兴十大示范县市"称号。

——改革开放深入推进。434项中央和自治区改革任务全面落实。"六权"改革取得阶段性进展,完成农业用水权确权。新增土地承包经营权登记确权2万亩,农村产权抵押贷款7.2亿元。开展排污权交易25笔23.5万元。林权抵押登记1.9万亩。农村"房地一体"确权登记经验全国推广。纵深推进"放管服"改革,101项审批事项"零材料"办理,85项事项"一证(照)通办",162项高频事项"跨省(域)通办",新增市场主体1.1万户。国企三年改革行动、市辖区城市公交国有化改革全面完成。成功举办"云天大会"、大漠黄河国际文化旅游节、枸杞产业博览会,"沙漠水城·杞乡锰都·云天中卫"品牌影响力、知名度不断提升。沙坡头机场新开通4个航点、3个地区旅游包机业务。开行西部陆海新通道、"公铁水"多式联运班列749列。进出口总额29.2亿元,增长44%。天元锰业锰产业链多式联运入选国家第四批示范工程创建项目。

——生态环境稳步改善。坚持生态优先、绿色发展,中央、自治区生态环保督察反馈问题全面整改,中央第二轮生态环保督察反馈28个问题整改扎实推进,7项年度整改任务全面完成。深入打好污染防治攻坚战,空气质量优良天数比例达到83%以上,比去年提高1.7个百分点。黄河过境段水质连续7年保持Ⅱ类进Ⅱ类出。土壤环境质量保持总体稳定。修复治理矿山340个3.15万亩。实施营造林44.7万亩,完成自治区目标任务的131%。修复草原3.8万亩,治理水土流失29.4万亩、荒漠化土地34万亩。中卫的天更蓝、地更绿、水更清。

——民生福祉持续增进。预计城乡居民人均可支配收入分别增长7%和10%。民生支出153.6亿元,占比达到80%以上。10件民生实事全面完成,解决了一大批群众急难愁盼问题。抓紧抓好抓实脱贫攻坚成果巩固拓展,脱贫群众收入增长15.8%。城镇新增就业1.2万人、农村劳动力转移就业22万人,分别完成自治区目标任务的110%和157.5%。严格落实"双减"政策,学生课业负担有效减轻。新改扩建中小学、幼儿园21所,新增学位7380个,有效缓解"大班额""大校额""入园难"问题。深入推进公立医院改革,城市医联体、紧密型县域医共体实现全覆盖。建成社区卫生服务中心1个、标准化村卫生室6个。中卫中学等4个集体荣获全国红十字模范单位称号。创新开展"千名文艺志愿者进基层"主题实践活动,培育"大战场农民合唱团"等基层文艺品牌。成功创建自治区级文化生态保护区。新改建运动广场、射击馆等场馆(地)18个,建成健身场地42个。累计发放保障金6.6亿元、临时救助金6317万元。改造老旧小区56个34万平方米,人民群众的获得感幸福感持续增强。

——社会治理成效显著。全面落实"1+6+1"市域社会治理政策措施,中宁县基层治理创新模式入选全国典型案例。开展自建房、燃气、危化品等15个领域专项整治,安全生产形势总体稳定。民族团结、宗教和顺、社会和谐良好局面持续巩固。加大退役军人工作力度,"双拥"创建有序推进。深化矛盾纠纷排查调处,集中治理重复信访、化解信访积案专项工作成效明显。海原县荣获首批"全国信访工作示范县"称号。常态化开展扫黑除恶,纵深推进禁毒和反诈人民战争,持续加强未成年人保护,刑事案件发案数下降21.3%,公众安全感测评全区第一。沙坡头区被命名为"平安宁夏建设示范县"。

国家安全、国防动员、人民防空、民兵预备役等工作全面加强,工会、共青团、妇联、科协、文联、工商联、残联、伊协、红十字会等群团组织桥梁纽带作用充分发挥,行政执法、调查统计、防震减灾、慈善老龄、史志档案等工作取得新成效。

——政府自身建设全面加强。认真学习贯彻党的二十大精神,深入开展习近平总书记视察宁夏重要讲话和重要指示批示精神"大学习、大讨论、大宣传、大实践"活动,坚决落实市委重大决策部署,始终做到思想同心、目标同向、行动同步。严格执行重大事项报告制度,提请市委研究重大事项97件。自觉接受市人大法律监督、工作监督和市政协民主监督,提请市人大常委会制定地方性法规和法规性决定3件,制定政府规章1件。办理人大代表建议28件、政协委员提案119件,办复率100%。深入实施"八五"普法。"复议为民促和谐"专项行动获司法部通报表扬。严格落实中央八项规定及其实施细则精神、自治区"八条禁令","三公"经费压缩5%。发扬"严细深实勤俭廉+快"的工作作风,务实担当、干净干事的氛围更加浓厚。

各位代表!大战大考显本色,越是艰险越向前。面对复杂多变的新冠疫情,广大医护人员、公安民警、社区工作者、志愿者、党员干部职工闻令而动、冲锋陷阵,科学精准、同心战"疫",与人民群众团结一致,共同谱写了与疫情作战、与病毒赛跑的动人华章,绘就了团结才能胜利、奋斗才会成功的时代画卷,伟大的抗疫精神在中卫大地得到生动实践!面对复杂严峻的发展环境和交织叠加的风险挑战,各县(区)、各部门主动担当、尽职尽责,苦干实干、攻坚克难,高效统筹疫情防控和经济社会发展,坚决打好稳保促"七大战役",抓产业稳经济、抓投资保增长、扩内需促消费、补短板挖潜力,始终保持"拼、抢、实"的状态和作风,稳住了经济基本盘,守住了民生保障和社会和谐稳定底线,高质量发展有了新进展,诠释了新时代中卫力量、中卫担当!

各位代表!今年我们遇到的困难挑战前所未有、斗争艰苦卓绝、成效好于预期。全市发展道路上取得的每一点成绩、每一项进步、每一分收获都浸透着汗水、凝聚着心血,都是拼出来、干出来、奋斗出来的!这些成绩的取得,根本在于习近平总书记掌舵领航,在于习近平新时代中国特色社会主义思想科学指引,在于自治区党委和政府坚强领导,在于市委团结带领全市各族干部群众拼搏奋斗。在此,我代表市人民政府,向全市广大干部群众,向人大代表、政协委员,向各民主党派、工商联、无党派人士、党外知识分子、社会各界人士和老领导老干部,向驻卫部队、武警官兵、公安干警和消防救援指战员,向所有关心、支持、推动中卫发展的各位领导、企业家、同志们、朋友们,向帮助支持中卫疫情防控的自治区各厅(局)、兄弟市(县),表示衷心感谢和崇高敬意!

各位代表!行之愈笃,知之益明。一年来,我们始终用系统观念谋划发展,用科学办法破解难题,用实干担当推动落实,谱写了守正创新、踔厉奋发的精彩华章。在推动中卫高质量发展的生动实践中,最深刻的体会是:党的领导是核心。坚持把党的全面领导贯穿政府工作各领域全过程,坚定捍卫"两个确立",坚决做到"两个维护",让"总书记怎么说、我们就怎么做,不仅要做到、而且要做好"成为政府系统最鲜明的政治底色。高质量发展是主题。紧紧扭住高质量发展首要任务不放松,完整、准确、全面贯彻新发展理念,在主动融入新发展格局中推进供给质量、消费升级、投资结构变革,推动经济实现质的有效提升和量的合理增长。人民至上是根本。牢记"江山就是人民,人民就是江山",坚持群众路线,探索富民之路,寻求富民之策,与人民群众风雨同舟、甘苦与共,尽心竭力解好"急难愁盼"题,用心用情办好"烦心揪心"事,形成了心齐气顺、共谋发展的强大合力,凝聚了干群一心、逐梦前行新征程的磅礴力量。改革开放是关键。弘扬伟大的改革精神、保持开放胸襟,在行政审批、"六权"改革、国资国企等重点领域改革推陈出新。在建好开放平台、畅通开放通道、营造开放环境上持续用力，推动有效市场和有为政府协同发力，打造高效便捷的政务环境、宽松务实的政策环境、公正透明的法治环境、亲商安商的人文环境。系统观念是方法。坚持"两点论"和"重点论"辩证统一，树牢底线思维、极限思维，增强忧患意识、风险意识，围绕加快"三区建设"、紧盯"四新任务"、实施"五大战略"部署要求，以重点突破带动整体提升。团结奋斗是保障。牢牢把握团结奋斗的时代要求，进一步激发"不到长城非好汉"的革命精神、"走好新时代长征路"的奋斗精神、"社会主义是干出来"的实干精神，牢固树立"小市也能办大事"的理念，把不可能变成可能，把可能变成现实，把现实变得更好，用我们的"辛苦指数"换取发展的"上升指数"、群众的"幸福指数"。

各位代表！事非经过不知难，成如容易却艰辛。在肯定成绩的同时，我们也清醒地认识到，中卫最基本的市情是经济总量小，人均水平低，综合实力弱，财政自给率低，市域经济整体不强。最主要的矛盾是发展不平衡不充分，突出表现在城乡区域发展不够平衡，新型城镇化进程较慢，县域经济活力不强；巩固拓展脱贫攻坚成果任务艰巨，乡村振兴任重道远。最突出的短板是生态保护和环境建设还需持续用力，城乡基础设施和基本公共服务水平还需持续提升，在幼有所育、学有所教、劳有所得、病有所医、老有所养、住有所居、弱有所扶上还需久久为功，不断满足人民对美好生活向往的奋斗目标还需倍加努力。最根本的制约是创新能力不强、人才支撑不足、要素流通不畅，深化改革开放、优化营商环境的任务依然繁重。同时，一些干部思想观念、能力素质还不完全适应新形势新任务新要求。特别需要说明的是，虽经不懈努力，但社会消费品零售总额等指标与预期目标还有差距，对此，诚恳接受人民代表的批评。我们必须正视问题，不遮掩、不回避，敢于较真碰硬，在发现问题中直面矛盾，在解决问题中勇毅前进。只要我们奋发向上、敢闯敢干，就没有攀不上的山，没有干不成的事！

二、2023年主要目标和重点任务

2023年是全面贯彻党的二十大精神、全面建设社会主义现代化国家的开局之年，是全面落实自治区第十三次党代会和市第五次党代会部署的重要一年，是深入实施"十四五"规划承上启下的关键一年。做好明年工作意义重大、责任重大。当前，我市正处于千载难逢的战略机遇期、政策叠加的红利释放期、发展动能的加速转换期、产业升级的转型关键期、风险化解的重要窗口期。机遇与挑战并存，希望与困难同在。我们要坚定发展信心、保持战略定力，坚持用辩证的联系的发展的全面的中国化时代化马克思主义立场观点方法，准确把握中卫发展比较优势、阶段特征和短板瓶颈，顺应大势、发挥优势，在危机中育先机、于变局中开新局，在全面建设社会主义现代化美丽新宁夏中展现中卫担当、作出中卫贡献。

2023年政府工作总体要求是：坚持以习近平新时代中国特色社会主义思想为指导，全面贯彻落实党的二十大精神，深入贯彻落实习近平总书记视察宁夏重要讲话和重要指示批示精神，按照自治区第十三次党代会和市第五次党代会部署要求，坚持稳中求进工作总基调，完整、准确、全面贯彻新发展理念，加快构建新发展格局，着力推动高质量发展，更好统筹疫情防控和经济社会发展，更好统筹发展和安全，全面深化改革开放，大力提振市场信心，把实施扩大内需战略同深化供给侧结构性改革有机结合起来，扎实推进"五个示范市"建设，大力实施"七个战略"，突出做好稳增长、稳就业、稳物价工作，有效防范化解重大风险，推动经济运行整体向好，实现质的有效提升和量的合理增长，奋力谱写全面建设社会主义现代化美丽新宁夏中卫篇章。

经济社会发展主要预期目标是：地区生产总值增长7%左右，固定资产投资增长15%左右，地方一般公共预算收入增长5%，社会消费品零售总额增长5%，城镇、农村居民人均可支配收入分别增长7%和10%，城镇调查失业率控制在5.5%以内，空气质量优良天数比例达到83%以上，主要污染物排放控制在自治区下达目标之内。

确立7%左右经济增长目标，符合中央和自治区精神，体现了稳字当头、稳中求进，把稳增长放在更加突出位置，展现了主动作为、奋发有为，彰显了政治担当、责任担当。符合中卫实际，我市经济总量小，但后发优势强，唯有真抓实干，化优势为胜势，潜性增长就能变为显性发展。唯有以快制快，才能做优存量、做大增量、做强变量。唯有增强经济发展后劲，才能既做大蛋糕又分好蛋糕，在推动共同富裕上迈出坚实步伐。符合人民期待，人民对美好生活的向往，就是我们的奋斗目标。全力解决群众"柴米油盐"的烦恼、"衣食住行"的需求、"酸甜苦辣"的倾诉，增强人民群众幸福感获得感安全感。

实现上述目标，无论困难挑战有多大，我们都要坚决贯彻市委决策部署，保持再出发的心态、冲锋者的姿态、加油干的状态，大抓发展、抓大发展、抓高质量发展，培育新的增长点、打造新的增长极。

（一）坚定不移推进产业转型，增强高质量发展动能。坚持产业兴市不动摇，围绕"六新六特六优"产业调结构促升级、稳链条强集群、补短板固优势，推动产业向高端化、智能化、绿色化、融合化方向发展。

提速壮大新型工业。持续推进工业倍增行动，做大产业规模、做高产业能级、做强产业竞争力，规上工业增加值增长10%以上。围绕新型材料、清洁能源、装备制造、现代化工等"六新"产业，深入开展延链补链强链壮链，加快建设晨光30万吨硅基及气溶胶等41个新型工业项目。新材料产业产值达到350亿元。全力推进"绿电园区"试点建设，新能源装机总量达到1200万千瓦。开展"上云用数赋智"行动，建成工业互联网平台两个，高新技术制造业和战略性新兴产业增速分别达到20%和15%。持续推进"四大改造"，实施利安隆自动化改造等重点技改项目15个，技改投资增长15%以上。开展企业梯次培育行动，新增规上工业企业10家。支持卫宁工业园区、海兴开发区联动发展，打造千亿元高新技术产业园区。推动镇罗、常乐、宣和工业集中区规范发展。大力实施园区基础设施升级工程，加快推进智慧园区监管平台等21个项目，实现产业耦合、基础配套协同、交通物流融合，打造园区建设"升级版"。

提质发展特色农业。持续推进农业倍增行动，大力发展枸杞、牛奶、肉牛（羊）、果蔬等"六特"产业，特色农业产值比重达到90%以上，农业增加值增长6%左右。加快建设中宁国家现代农业（枸杞）产业园，新种植枸杞1万亩，建成千亩标准化种植基地6个，创建自治区千亩绿色丰产示范基地10个，枸杞深加工转化率达到35%。加快"一地六区"奶牛产业基地建设，推行肉牛养殖"出户入园"新模式，建成万头奶牛、肉牛养殖场3个，奶牛存栏达到16万头、肉牛饲养量达到56万头。建设优质苹果基地1万亩，新增蔬菜基地2万亩。每个县（区）建设大型粮油加工厂两家、标准化屠宰场1个、农业特色仓储物流基地3个，培育自治区级以上农业产业化龙头企业10家、家庭农场30家，形成集研发、种植、加工、营销、生态为一体的现代化农业全产业链，把"枸杞之乡""马铃薯之乡"品牌擦得更亮。

提质增效现代服务业。持续推进服务业提质增效行动，推动生产性服务业增容扩量、生活性服务业提质升级、新兴服务业发展壮大，规模以上服务业增加值增长8%以上。高标准创建全域旅游示范市，支持中宁县、海原县创建国家全域旅游示范县。实施沙漠主题度假中心等28个旅游项目，办好大漠黄河国际文化旅游节系列节事活动，力争游客人数、旅游收入均增长20%以上。深入实施消费扩容提质工程，改造城市商圈5个，打造特色街区3条，引进品牌首店10家以上。加快贯通县乡村三级电子商务服务和寄递物流配送体系，建成便民市场8个、乡镇商贸中心20个、乡镇寄递物流示范站20个以上，培育A级以上物流企业3家，社会物流总额增长10%。建设电商直播基地，促进线上线下消费融合，建成电商兴农超市30个，网络零售额增长10%以上。

提升数字信息产业水平。加快推动数字经济和实体经济深度融合发展，以建设"双节点"城市、"三大基地"为牵引，着力推进大数据产业中心市建设。积极争创绿色数据中心集群示范，建成中国联通二期等数据中心10个，标准机架达到10万个。支持建设闽宁云、苏宁云等跨区域云平台，引进互联网、云计算等企业20家，加快算力调度和大数据汇集，数字信息产业产值达到100亿元。高标准运营国家（中卫）新型互联网交换中心，争取国家增值电信业务开放试点。新增5G基站900座，实现千兆光网全覆盖。规划建设数字经济生态示范园。加强数字政府建设，深化智慧政务、数字化平安中卫、智慧医疗建设。办好云天大会，持续提升云天中卫城市品牌。

（二）坚定不移实施创新驱动，塑造高质量发展优势。坚持创新驱动不懈怠，深入推进创新强市、科教兴市和人才强市，让科技是第一生产力、人才是第一资源、创新是第一动力在中卫落地落细。

办好人民满意教育。落实立德树人根本任务，培养德智体美劳全面发展的社会主义建设者和接班人。巩固提升学前教育"5080"成果，新建公办幼儿园4所、增加学位1500个，普惠性幼儿园覆盖率稳定在85%以上。推进义务教育优质均衡发展，实施中卫十四小、海兴开发区二中等14个项目，深入推进"互联网+教育"建设，实施卫银教育合作"三项行动"。坚持普通高中多样化特色化发展，有序有力落实高中新课程改革。建设职业技术学校产教融合实训基地，创建"一校三区"办学模式，申办中卫云天职业技术学院。支持宁夏大学中卫校区办好特色专业。强化师德师风建设，持续实施教师梯队攀升计划，打造高素质教师队伍。

实施创新强市战略。以实施科技创新"四大工程"为抓手,持续推进科技双倍增行动,全社会研究与试验发展经费增长20%。强化企业创新主体地位,培育国家高新技术企业5家、"专精特新"企业5家、自治区创新型示范企业2家、科技"小巨人"和农高企8家。围绕产业链布局创新链,聚焦云计算大数据、新型材料、装备制造、精细化工等重点产业,加强科技攻关,实施科技项目60个。推进东西部科技合作,落实企业科技创新后补助政策,支持企业牵头组建创新联合体,争取建设国家工程技术研究中心、自治区重点实验室,培育科技创新平台20个。

强化人才引领驱动。实施人才"四大工程",开展"智创卫(未)来"人才培养计划,推动高层次人才"师带徒"培养模式,开展订单式培养、套餐式培训,培养技术技能人才1000名以上。加强创新、产业技能、企业领军人才3支队伍建设,柔性引进高层次人才100名以上,培育创新创业团队5个。健全以创新质量、绩效、贡献为核心的评价体系,重"赋权"、激"活力"、破"四唯",打造"中(忠)爱人才、卫(未)来可期"人才品牌,营造真心爱才、悉心育才、倾心引才、精心用才的发展环境,让更多"千里马"来卫发展、在卫成长、为卫贡献。

(三)坚定不移改善生态环境,厚植高质量发展底色。坚持"两山"理念,深入推进山水林田湖草沙系统治理,坚决落实中央第二轮环保督察反馈问题整改,高质量完成11项年度整改任务。协同推进降碳、减污、扩绿、增长,推进生态优先、节约集约、绿色低碳发展。

抓好生态保护修复。完善国土空间规划体系,严格落实"三区三线"。实施生物多样性保护工程,加快建设香山寺、西华山国家草原自然公园。深入推进生态保护修复工程,完成非确权压砂地生态修复12万亩,实施小流域综合治理项目3个,开展沙坡头区陈水矿区、中宁县喊叫水矿区等11个废弃矿山修复治理,创建绿色矿山6个,治理生态2.8万亩、水土流失170平方千米。持续开展大规模国土绿化行动,加快实施宁夏南部生态保护和修复、"蚂蚁森林"造林项目,完成国土绿化17.6万亩。积极推进国家生态文明建设示范区创建工作。

推动绿色低碳发展。严格"三线一单"管控,调整优化产业、能源、土地和交通运输结构。大力发展新能源,非化石能源消费占比达18%以上。实施"碳达峰八大行动",完善"能耗双控"激励约束机制,坚决遏制"两高"项目盲目发展,"能耗双控"、建设用地强度等指标完成自治区下达任务。推广应用先进节能环保技术、工艺和装备,重点行业达到标杆水平的产能比例超过20%,一般工业固废综合利用率达到50%。实施绿色交通一体化项目建设,更新新能源公交车50辆,建成充电桩200个以上。倡导绿色生活新风,推动绿色机关、绿色家庭、绿色社区、绿色学校等"绿色细胞"建设,引导绿色消费、绿色出行。

加强黄河保护治理。协同抓好黄河大保护大治理,提升黄河中卫段治理标准,改造堤防6.6千米。积极推进黄河黑山峡水利枢纽工程前期准备工作。健全河湖"清四乱"长效机制,保障母亲河健康安澜。推进清水河河道治理等6个项目,完成4座病险水库加固、4条山洪沟道治理,实施"互联网+城乡供水"工程。全方位贯彻"四水四定"原则,开展深度节水行动,推动农业节水增效、工业节水减排、城镇节水降损,单位GDP用水量下降9.6%,万元工业增加值用水量下降6%,再生水利用率不低于35%。争创自治区节水型社会示范市。

推进环境污染治理。持续强化"四尘"同治、"五水"共治、"六废"联治,深入打好蓝天、碧水、净土保卫战。加强噪声污染协同治理。建设宁钢超低排放改造等5个项目,完成热源清洁化改造751万平方米。实施饮用水水源保护、工业废水治理、入黄排水沟整治工程,加强地下水超采治理和污染防治,黄河中卫段水质稳定Ⅱ类进Ⅱ类出。强化建设用地准入管理,深入推进农业面源、涉重金属企业等污染治理,推行生活垃圾分类处理,农村生活污水治理率达到36%,危险废物安全处置率达到100%。

(四)坚定不移落实"两大任务",做强高质量发展支撑。坚持发展为要、项目为王,充分发挥投资的关键作用,提速推进建项目,主动作为引项目,科学谋划争项目,以"两大任务"带动项目投资高质量增长,引领产业规模结构高水平提升。

加大项目建设力度。以"六个一百"重大项目为抓手,计划安排重点项目513个,概算投资1800亿元,年度完成投资350亿元以上。实施中国广电数据中心等210个重大产业项目,城市集中供热节能降碳等210个基础设施项目,中宁县第十二小学等60个社会民生项目,第四污水处理厂扩建等33个生态环保项目。重点项目上半年时序进度达到50%以上、三季度达到85%以上、四季度达到100%。优化调整投资结构,产业类项目投资占总投资的60%以上。深入开展扩大有效投资巩固提升年和冬比储备、春比开工、夏比进度、秋比成果、全年比质效的"五比"活动，开辟绿色通道，推行并联审批，提升项目开工率、资金到位率、竣工投产率，以大抓项目、抓大项目、抓高质量项目推动中卫高质量发展。

加大招商引资力度。以千山万水、千言万语、千辛万苦、千方百计的"四千"精神，聚焦大数据、新材料、新能源等重点产业，深化以商招商、以情招商、全民招商、产业链招商，引进产业链链主两家以上，投资超10亿元项目不低于10个，各园区落地延链补链强链壮链项目5个以上。加强与京津冀、长三角、粤港澳大湾区等区域合作，创新招商引资机制和模式，实施"国际知名企业入卫""央企入卫"计划，全年招商引资项目200个以上，到位资金400亿元以上。

加大上争政策资金力度。以跳起来摘桃子的勇气，从国家所给、自治区所有、中卫所能的结合上找准契合点，吃透中央和自治区政策导向、产业导向、投资导向，抢抓政策机遇，聚焦关键领域，做实做优做准市县（区）两级项目库，谋准谋实谋好一批现代化产业升级型、网络型基础设施和科技创新、生态文明、能源革命等领域项目，力争2023年再谋划预备开工项目和前期重点项目100个，形成覆盖全面、结构合理、梯次分明、质量优良的项目储备库。加强与国家部委对接，主动与自治区厅局衔接，千方百计争政策、争项目、争资金、争示范，形成一批能进入国家和自治区"大盘子"、能实实在在抓在手上的大项目好项目，年内争取资金220亿元以上。

（五）坚定不移深化改革开放，激发高质量发展活力。坚持改革的精神、创新的思维，以改革增动力、以开放添活力、以环境强引力，以改革开放"关键一招"激活中卫经济"一池春水"。

更大力度推进改革。深入开展改革赋能行动，全面衔接落实国家和自治区改革任务。扎实推进"六权"改革，力争用水权入市交易、建设用地使用权二级市场交易、排污权交易、山林地"三权分置"改革任务取得重要成果，稳妥推进初始用能权确权、有偿使用和交易工作，探索开展冶金、化工等行业碳排放权交易。推行园区"管委会+公司"机制，推广"1232""零跑腿"模式，将更多高频行政审批事项下放园区企业服务站，实现园区事园内办、企业事园区办。巩固拓展国企改革三年行动成果，做强做优做大国有企业。深化农村综合改革，推进沙坡头区全国农业社会化服务创新、海原县国家级农民合作社质量提升整县试点改革，落实沙坡头区第二轮土地承包到期后再延长30年试点工作。深化财税改革，优化市本级与沙坡头区权责关系。持续深化财税金融、综合执法、医疗保障、统计等领域改革。

更高水平扩大开放。积极融入"一带一路"、西部陆海新通道，强化与川渝、陕甘蒙青区域协作，实施铁路物流畅通、航空物流提质、保税物流平台建设"三大工程"。拓展航空客货运市场，引进发展"通航+旅游"业务。力促宁钢集团中卫热电铁路专用线、华夏特钢铁路专用线建成投运，推进沙坡头机场二期、天元锰业5000万吨保税仓等26个项目建设，争取银川—中卫国家综合货运枢纽补链强链示范项目。深化与乌力吉、霍尔果斯等口岸合作，常态化开行国际班列、疆煤入卫班列。进出口总额增长20%以上。

更实举措优化营商环境。持续推进"放管服"改革迭代升级，实行行政许可事项清单管理，推行"一业一证"改革，实现"一证准营"。深化"互联网+政务服务"应用，加快"一件事一次办"改革，加大"跨省通办""零跑路"代办服务，实现更多事项"免证办""零材料办""最多跑一次"。弘扬企业家精神，毫不动摇鼓励支持引导民营企业健康发展和民营企业家健康成长。依法平等保护民营企业产权和企业家权益，构建亲清政商关系。进一步落实减税降费、援企稳岗等纾困解难政策措施，促进金融更好服务实体经济发展，全力支持中小微企业发展，让国企敢干、民企敢闯、外企敢投。

（六）坚定不移加快城乡融合，拓展高质量发展空间。坚持产城融合、城乡互动、协调共生，一体推进乡村振兴和新型城镇化，打造颜值更高、功能更优、设施更全、环境更美的新型城镇。

建设宜居宜业和美乡村。坚持农业农村优先发展，推动乡村"五大振兴"，加快建设乡村全面振兴示范市。全面落实粮食安全党政同责，坚决遏制耕地"非农化"、基本农田"非粮化"，建设高标准农田18万亩，发展高效节水农业11万亩，粮食面积稳定在210万亩，产量超过70万吨。巩固拓展脱贫攻坚成果，严格落实"四个不摘"要求，常态化开展"四查四补"，健全防止返贫动态监测和帮扶、脱贫群众稳定增收长效机制。全力支持海原县打造国家乡村振兴重点帮扶示范县。深化拓展闽宁协作、央企定点帮扶、社会帮扶，加大生态移民后续扶持力度，突出解决好产业、就业和社会融入3件事，坚决守住不发生规模性返贫底线。扎实稳妥推进乡村发展、乡村建设和乡村治理，统筹实施"十大工程",加快建设沙坡头区、中宁县水系连通及水美乡村试点县项目,建设美丽宜居村庄6个、特色传统村落两个,改造农村户厕3000座,新改建农村公路120千米,实现农业强、农村美、农民富,绘就塞上"富春山居图"。

打造宜居韧性智慧城市。坚持人民城市人民建、人民城市为人民,持续推进城市更新三年行动,增强城市功能,树立"精明增长""紧凑城市"理念,统筹新区老城、地上地下,新改建迎湖路、中沟路等城市道路9条28.8千米,建设城区排水防涝主管网22千米,实施城市生命线普查改造工程,改造"四类管线"130千米。推进城市"疏堵提畅""市容靓化""物业提标"工程,加固改造中卫黄河大桥。建设市区智慧停车云平台。改造提升小微公园8个,新增城市绿地49万平方米。下足"绣花功夫",做实精细管理,打造"15分钟便民生活圈",让城市舒适度更高、烟火气更足、生活味更浓。

推进以县城为重要载体的城镇化建设。科学规划城镇规模、人口密度、空间结构和功能定位,支持沙坡头区建设产业转型示范区、中宁县建设"杞乡锰都"、海原县建设绿色生态特色县,打造重点小城镇两个、特色小镇两个,实现特色化、差异化、融合化发展。加快实施产业配套、市政公用、公共服务、环境基础设施工程,增强县域综合服务和承载能力。统筹城乡、山川协调发展,推动城乡基础设施、产业发展、公共服务一体化,构建便捷高效的交通网、市政网、信息网、服务网,促进县、乡、村功能互补、产业互融、发展互促。

(七)坚定不移增进民生福祉,共享高质量发展成果。坚持在发展中保障和改善民生,大力实施共同富裕战略,深入实施居民收入、移民致富、教育质量、健康水平、文明素养、城乡面貌"六大提升行动"。安排28.3亿元,办好10件民生实事,兜牢民生底线,打造人民生活福地。

着力促进就业创业。推进创业服务提升工程,切实做好高校毕业生、农民工、退役军人、城镇特困家庭等重点群体就业,加强残疾人、零就业家庭等困难群体就业兜底帮扶,购买公益性岗位1300个,城镇新增就业1.2万人以上、农村劳动力有序转移就业20万人。培育劳务中介组织10家,培养劳务经纪人300名,乡村覆盖率达到50%以上。推动创业带动就业,支持和规范电商从业者、快递小哥等新就业形态,开展职业技能培训8000人次,发放创业贷款4亿元。实施"扩中提低"行动,完善工资合理增长、支付保障和最低工资标准调整机制,提升城乡居民工资性收入,稳住转移性收入,增加财产性、经营性收入,让人民群众享有更殷实的生活。

织密兜牢民生保障网。巩固拓展全民参保计划成果,提高城乡居民基础养老金标准。实施困难老人居家适老化改造,提升养老机构服务能力,建成海原县中心敬老院养护楼。更加关注"一老一小"群体。全力保障低保、特困、优抚等困难群众基本生活,加强妇女儿童、未成年人关心关爱和权益保护。统筹做好重要民生商品保供稳价和煤电油气运保障供应,全面抓好"米袋子""菜篮子"。实施棚户区安置房办证惠民工程,分期分批为市区28个小区2.17万套居民住房办理不动产权证。改造老旧小区2339户、棚户区1120套,保障好中低收入家庭、新市民公租房住房需求,实现应保尽保。

推进"健康中卫"建设。深化公立医院改革,实施中央财政支持公立医院改革与高质量发展示范项目。建成城市医疗集团"五大管理中心",实体化运行县域医共体。深入推进分级诊疗,实现基层诊疗量达到50%以上,县域内住院量达到75%以上,就诊率达到90%以上。加快发展"互联网+医疗健康",完善区、市、县、乡、村五级远程医疗服务体系。迁建沙坡头区人民医院,建设社区卫生服务中心两个。提升市医院传染病救治能力,强化县(区)综合医院感染性疾病科建设。落实三孩生育政策配套措施。深入开展爱国卫生运动,创建五类"健康细胞"85个。坚决落实第九版防控方案、二十条优化措施、"新十条"要求,持续科学精准做好疫情防控工作,抓好重点人群、重点部位、重点环节风险防控。加快推进老年人新冠病毒疫苗接种,实施三类重点人群第二剂次加强免疫接种,持续加强医疗救助能力建设,保障社会正常运转和基本医疗服务,坚决守护好人民群众生命安全和身体健康。

繁荣城乡文化事业。积极培育和践行社会主义核心价值观,加强爱国主义教育基地建设,大力实施文明素养提升行动,深入推进全国文明城市创建。深化实施以"守护黄河根脉"为主题的传承黄河文化基因、延续中华历史文脉推进工程。推进文化惠民工程,开展送戏下乡、文化演出等活动800场次以上,提升文化馆、图书馆、博物馆服务功能。加强大麦地岩画、高庙等文化遗产保护,推进长城、长征、黄河文化公园建设。扶持文化企业发展,培育发展新型文化业态。开展全民健身活动,完善全民健身公共服务体系,建设体育公园 1 个、多功能运动场 3 个。简约、高质办好自治区第十六届运动会。

（八）坚定不移创新社会治理，强化高质量发展保障。坚持总体国家安全观，筑牢防线，守住底线，保持"时时放心不下"的责任感，以"瞪大眼睛"的警觉防风险、保安全，巩固政通人和、社会和谐稳定的良好局面。

深化民族团结进步创建。全面贯彻落实党的民族政策，以铸牢中华民族共同体意识为主线，以"5585"创建模式为牵引，全面推进铸牢中华民族共同体意识示范市建设。坚持我国宗教中国化方向，依法加强宗教事务治理，引导宗教同中华优秀传统文化相融合、同社会主义社会相适应，巩固发展民族团结、宗教和顺的大好局面。

加强和创新社会治理。深入推进市域社会治理现代化试点。加强和改进信访工作，深化网上信访制度改革。持续推行"人民调解+仲裁+信访""警格+网格"社会治理新模式，切实把矛盾化解在基层、消除在萌芽。加快社会治安防控体系建设，常态化开展扫黑除恶斗争，依法严厉打击各类违法犯罪活动。健全完善大安全大应急机制，深入开展安全生产专项整治，强化煤矿、危险化学品、城市燃气、道路交通、城乡自建房等领域安全监管，坚决遏制重特大事故发生。提升应急救援实战能力，抓好防汛抗旱、抢险救灾等工作。支持国防和军队建设，做好国防动员、退役军人、人民防空工作。坚决落实食品安全"两个责任"，巩固食品药品安全区创建成果，让群众吃得更放心、用药更安全。

坚决防范化解风险。加快实施"八个一批"化债方案，稳妥化解债务存量，坚决遏制债务增量，确保政府债务风险总体可控。压实地方属地、金融监管、企业自救责任，有效化解部分金融机构经营风险，妥善处置企业债务风险，守住不发生系统性风险底线。持续开展非法集资、网络借贷等非法金融问题专项整治，着力营造安全健康的金融生态。支持刚性和改善性住房需求，实施公积金贷款"一人购房全家帮"等惠民政策，促进房地产健康平稳发展。

三、切实加强政府自身建设

各位代表，征途漫漫，惟有奋斗；大道至简，实干为要。全市政府系统将始终坚持和加强党的全面领导，落实新时代党的建设总要求，牢记"三个务必"，始终坚守为民执政、为民用权、为民谋利的清醒坚定，恪尽政府之责、提升政府之效、彰显政府之能，创新创新再创新、落实落实再落实、实干实干再实干，努力建设人民满意的服务型政府。

绝对忠诚担当干。坚持不懈用习近平新时代中国特色社会主义思想凝心铸魂，全面学习、把握、落实党的二十大精神，深入贯彻习近平总书记视察宁夏重要讲话和重要指示批示精神，着力抓实大学习把稳思想之舵、抓好大讨论厚植信念之基、抓深大宣传凝聚团结之力、抓紧大实践彰显实干之效。深刻领悟"两个确立"的决定性意义，增强"四个意识"、坚定"四个自信"、做到"两个维护"，不断提高政治判断力、政治领悟力、政治执行力，始终做到市委有部署、政府见行动、落实有成效。

坚守法治依法干。深学笃行习近平法治思想，紧扣法治之"重"，严格依照法定权限和程序履行职责，带头依法行政、依法办事。凸显法治之"要"，用法治思维和法治方式推动工作，坚决落实好人大决议和政协协商民主计划。自觉接受人大法律监督、工作监督，政协民主监督和社会舆论监督，高质量办理人大代表建议和政协委员提案。夯实法治之"基"，深入推进政务公开，以公开促落实强监管。广大公职人员特别是领导干部，都要身体力行、以上率下，让尊法学法守法用法蔚然成风。

勇毅前行务实干。时刻牢记人民政府为人民，坚持尽力而为、量力而行，深入群众、深入基层，采取更多惠民生、暖民心举措，真心实意为群众谋发展、办实事、解难题。大力发扬"严细深实勤俭廉+快"的工作作风，开展政府系统"作风提升年"活动，健全领导包抓、专班推进、暗访调研、跟踪督办机制，推行集中办公、现场办公、部门联动一线工作法，实现工作项目化、项目清单化、清单责任化、责任落实化。加强思想淬炼、理论训练、政治历练、实践锻炼，增强机遇捕捉、项目谋划、政策把握、市场谈判、攻关制胜、工作制胜"六个能力"，提升推动高质量发展、服务群众、防范化解风险"三种本领"，让干部敢为、地方敢闯、企业敢干、群众敢首创。

团结奋斗扎实干。力量生于团结，事业成于奋斗。坚持团结一心、凝聚合力，相互补台、相互配合、相互协调，实现"1+1>2"的效果。坚持团结奋斗、实干苦干，保持永不懈怠的精神状态和一往无前的奋斗姿态，拿出咬定青山不放松的韧劲、不达目的不罢休的拼劲，心往一处想、劲往一处使，撸起袖子加油干、风雨无阻向前行，尽职尽责抓落实、千方百计稳经济，团结奋斗开新局。坚持发扬斗争精神,敢于斗争、善于斗争,增强志气、骨气、底气,战胜各种困难和挑战,依靠顽强斗争打开事业发展新天地。

廉洁从政干净干。进一步增强坚定不移全面从严治党政治定力,认真履行党风廉政建设主体责任和"一岗双责",把严的基调、严的措施、严的氛围长期坚持下去。锲而不舍落实中央八项规定及其实施细则精神,严格执行自治区"八条禁令",持续深化纠治"四风"。树牢"过紧日子"思想,严格预算绩效管理,把有限的财力投在促进发展的关键处、用在增进福祉的紧要处、花在为民服务的"最后一千米"。强化财政、审计、统计监督,有效防范重大工程、重点领域、重要岗位廉政风险。自觉遵守廉洁从政各项规定,带头加强家庭家教家风建设,切实做到干部清正、政府清廉、政治清明、社会清朗。

各位代表!领袖指引航向,实干成就梦想。让我们更加紧密地团结在以习近平同志为核心的党中央周围,深入学习贯彻习近平总书记视察宁夏重要讲话和重要指示批示精神,在自治区党委、政府和市委的坚强领导下,牢记领袖嘱托,担当使命任务,踔厉奋发、笃行不怠,埋头苦干、勇毅前行,为奋力谱写全面建设社会主义现代化美丽新宁夏中卫篇章而团结奋斗!

中卫市 2022 年国民经济和社会发展统计公报

中卫市统计局　国家统计局中卫调查队

（2023 年 4 月 18 日）

2022 年，是坚定信心、迎难而上的一年。面对多重超预期因素冲击，在市委、市政府的坚强领导下，全市认真学习贯彻党的二十大精神，全面落实习近平总书记视察宁夏重要讲话和重要指示批示精神，坚持稳中求进工作总基调，坚决落实"疫情要防住、经济要稳住、发展要安全"的重要要求，高效统筹疫情防控和经济社会发展，完整、准确、全面贯彻新发展理念，加快构建新发展格局，稳经济一揽子政策措施和接续措施落地见效，国民经济保持恢复态势，高质量发展基础巩固向好。

一、综合

初步核算，2022 年全市实现生产总值 563.89 亿元，按不变价格计算，比上年增长 3.8%。其中，第一产业增加值 79.81 亿元，增长 4.0%；第二产业增加值 262.88 亿元，增长 6.1%；第三产业增加值 221.19 亿元，增长 1.5%。第一产业增加值占地区生产总值的比重为 14.2%，第二产业增加值的比重为 46.6%，第三产业增加值的比重为 39.2%。按常住人口计算，人均地区生产总值 52323 元，比上年增长 3.3%。

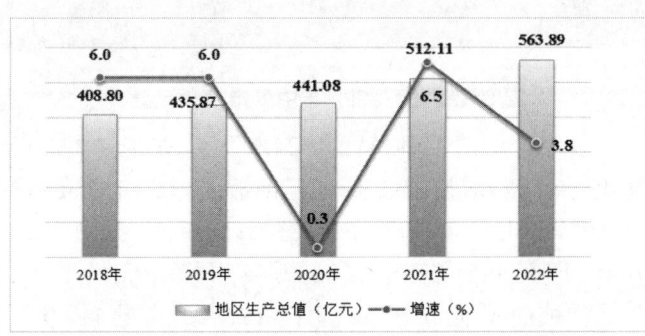

图 1　2018—2022 年中卫市生产总值及其增长速度

年末全市户籍总户数 39.16 万户，户籍总人口 122.15 万人。年末全市常住人口 108.04 万人，比上年末增加 0.54 万人，其中城镇常住人口 54.92 万人，占常住人口的比重（常住人口城镇化率）为 50.83%，比上年末提高 0.32 个百分点。全年出生人口 1.33 万人，出生率为 12.34‰；死亡人口 0.75 万人，死亡率为 6.96‰；自然增长率为 5.38‰。

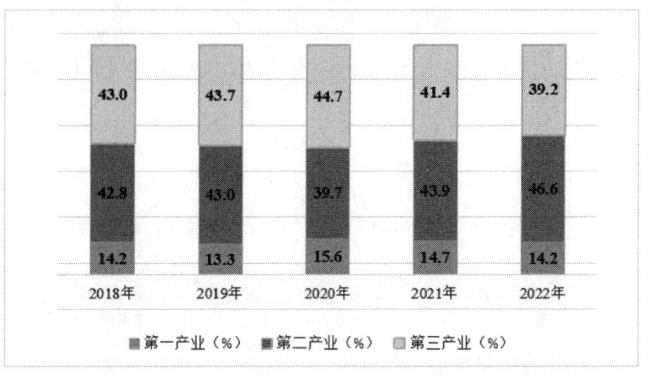

图 2　2018—2022 年中卫市三次产业增加值占地区生产总值比重

表 1　2022 年末中卫市人口数及其构成

指标	年末数（万人）	比重（%）
常住人口	108.04	100.0
其中：城镇	54.92	50.83
乡村	53.12	49.17
其中：男性	56.65	52.43
女性	51.39	47.57

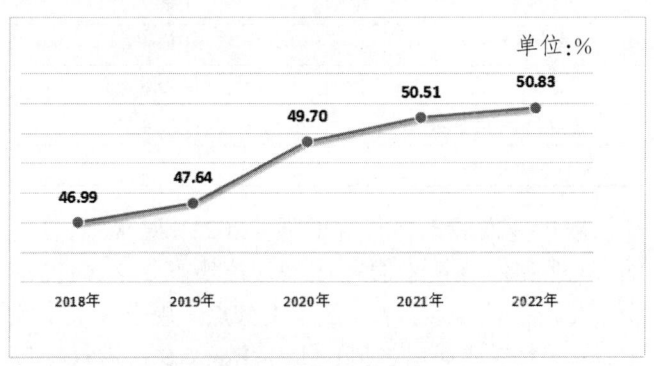

图 3　2018—2022 年中卫市城镇化率

2022 年全市城镇新增就业人员 12078 人，比上年增加 1587 人。全市农村劳动力转移就业 22.05 万人，比上年增加 5.0 万人。

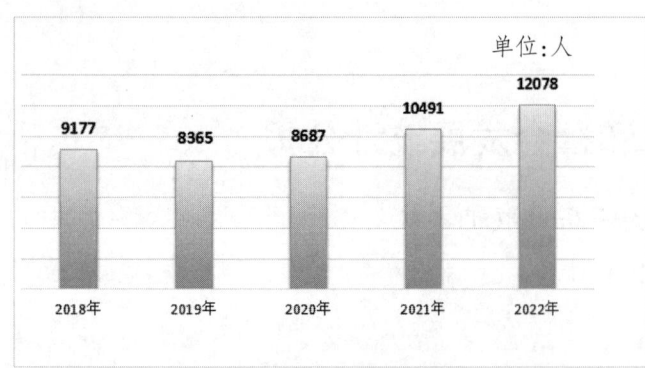

图4 2018—2022年全市城镇新增就业人数

2022年,全市居民消费价格比上年上涨2.1%。商品零售价格指数上涨2.3%,服务项目价格上涨0.7%。

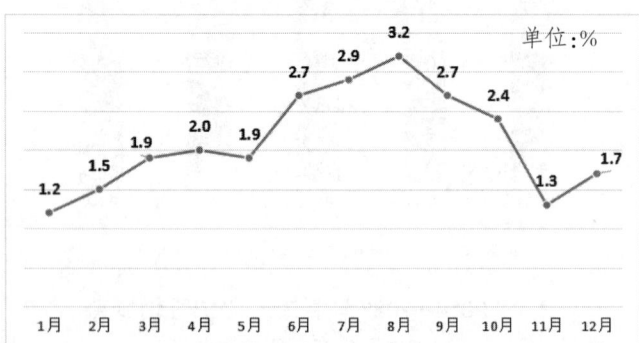

图5 2022年中卫市居民消费价格当月同比涨跌图

表2 2022年全市居民消费价格比上年涨跌幅度

指标	上年价格=100
一、居民消费价格总指数	102.1
#服务项目价格指数	100.7
#食品烟酒	100.5
衣着	100.7
居住	101.4
生活用品及服务	101.6
交通通信	106.9
教育文化娱乐	100.9
医疗保健	100.6
其他用品及服务	101.4
二、商品零售价格总指数	102.3

新产业发展动能日益增强。2022年全市信息传输、软件和信息技术服务业增加值增长20.1%,拉动全市生产总值增速提高0.5个百分点。规模以上工业中,高技术制造业增加值比上年增长8.9%,占规模以上工业增加值的比重为10.5%;装备制造业增加值比上年增长16.1%,占规模以上工业增加值的比重为11.9%。全市水电、风电、太阳能发电等清洁能源发电量136.6亿千瓦时,增长9.8%。全市工业技术改造投资增长58.8%。全年新登记市场主体11138户,日均新登记企业7户。年末在业市场主体总数达85261户,其中个体工商户63347户。

二、农业

2022年全市实现农林牧渔业增加值82.75亿元,比上年增长4.1%(按可比价计算,下同),完成农林牧渔业总产值162.13亿元,比上年增长4.1%。其中,农业产值98.65亿元,增长0.4%;林业产值1.36亿元,下降3.2%;畜牧业产值54.72亿元,增长12.1%;渔业产值2.86亿元,增长6.4%;农林牧渔服务业产值4.54亿元,增长6.3%。

全年粮食种植面积191.4万亩,比上年增加0.8万亩,增长0.4%。其中,小麦种植面积17.1万亩,增加5.6万亩;水稻种植面积4.7万亩,减少1.1万亩;玉米种植面积96.6万亩,减少5.9万亩;薯类种植面积30.5万亩,减少4.4万亩。

全年粮食总产量68.8万吨,比上年增加1.8万吨,增产2.7%。其中,夏粮产量3.0万吨,增产51.3%;秋粮产量65.8万吨,增产1.2%。全年全市小麦产量3.0万吨,增产60.8%;水稻产量2.8万吨,减产20.6%;玉米产量53.1万吨,增产0.1%;马铃薯(已折粮)产量6.4万吨,增产2.0%。

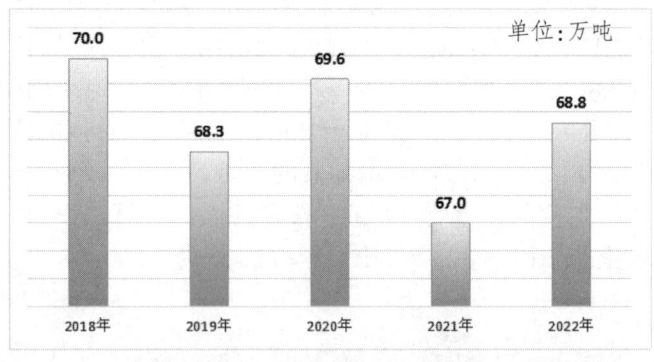

图6 2018—2022年中卫市粮食产量

全年全市蔬菜种植面积24.3万亩,增长4.1%,产量45.8万吨,增长10.2%;枸杞种植面积24.7万亩,增长0.3%,产量4.7万吨,下降1.9%;瓜果种植面积52.5万亩,下降20.6%,产量120.3万吨,下降10.6%。其中,西瓜种植面积50.5万亩,下降19.9%,产量117.0万吨,下降10.3%。

全年全市肉类总产量7.6万吨,比上年增长5.7%。其中,猪肉产量3.6万吨,增长2.0%;牛肉产量1.8万吨,增长11.4%;羊肉产量1.7万吨,增长11.5%;禽肉产量0.5万吨,下降4.2%。禽蛋产量3.9万吨,下降6.5%。牛奶产量48.1万吨,增长12.0%。年末全市生猪存栏32.2万头，比上年末增长8.0%；牛存栏36.2万头，增长11.8%，其中奶牛存栏12.7万头，增长24.7%；羊存栏125.0万只，增长10.0%；家禽存栏428.4万只，增长27.4%。全年生猪出栏43.7万头，增长1.2%；牛出栏10.9万头，增长11.1%；羊出栏95.6万只，增长10.6%；家禽出栏227.3万只，下降3.7%。

三、工业和建筑业

2022年全市实现工业增加值228.91亿元，比上年增长7.0%，占地区生产总值比重为40.6%。其中，规模以上工业增加值增长9.1%。分轻重工业看：重工业增长9.1%，占规上工业增加值比重为95.2%；轻工业增长9.8%，占规上工业增加值比重为4.8%。分经济类型看：国有控股企业增加值下降0.3%，股份制企业增长9.9%，外商及港澳台商投资企业下降22.9%。私营企业增长15.6%，非公有制工业增长12.5%。分门类看，采矿业增加值增长1.4倍，制造业下降2.8%，电力、热力、燃气及水生产和供应业下降9.4%。

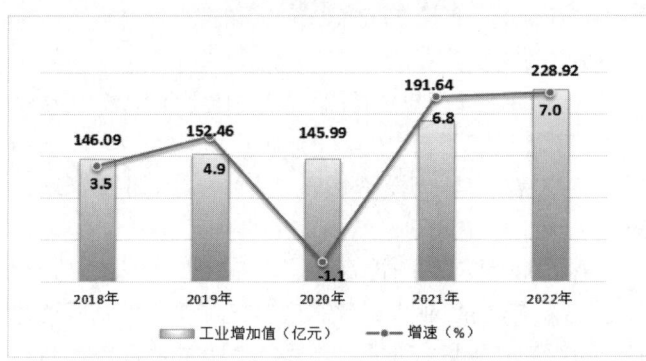

图7　2018—2022年中卫市工业增加值及其增长速度

规模以上工业中，有色金属冶炼及压延加工业增加值增长24.8%，农副食品加工业增长12.0%，食品制造业增长11.1%，计算机、通信和其他电子设备制造业增长6.4%，石油、煤炭及其他燃料加工业增长0.5%，黑色金属冶炼和压延加工业增加值下降19.1%，造纸和纸制品业下降16.2%，电力、热力生产和供应业下降10.4%，化学原料和化学制品制造业下降4.9%，非金属矿物制品业下降3.7%。

规模以上工业企业利润亏损7.16亿元，盈转亏40.65亿元。分经济类型看，国有控股企业利润11.74亿元，比上年增长52.6%；股份制企业利润亏损13.61亿元，盈转亏42.59亿元；外商及港澳台商投资企业利润5.71亿元，增长37.3%；私营企业利润亏损29.40亿元，盈转亏41.76亿元。分门类看，采矿业利润亏损1092.4万元，盈转亏1094.2万元；制造业利润亏损25.84亿元，盈转亏46.67亿元；电力、热力、燃气及水生产和供应业利润18.80亿元，增长48.3%。规模以上工业企业每百元营业收入中的成本为90.56元，比上年增加6.48元。年末规模以上工业企业资产负债率为63.8%，比上年末下降0.6个百分点。

年末全市发电装机容量1125万千瓦，比上年末增长11.5%。其中，火电装机容量232万千瓦，增长36.8%；水电装机容量12万千瓦，与上年末持平；并网风电装机容量355万千瓦，增长0.6%；并网太阳能发电装机容量526万千瓦，增长10.8%。

表3　2022年中卫市规模以上工业主要产品产量及其增长速度

产品名称	单位	产量	比上年增长(%)
电石	万吨	37.2	-10.1
合成氨	万吨	15.1	-21.0
单晶硅	吨	16026.8	2.9
水泥	万吨	285.1	-42.9
钢材	万吨	163.7	-5.5
铁合金	万吨	101.2	-3.9
十种有色金属	万吨	25.3	22.4
发电量	亿千瓦小时	218.6	12.1
其中：火力发电量	亿千瓦小时	81.9	16.3
风力发电量	亿千瓦小时	68.1	2.1
太阳能发电量	亿千瓦小时	62.3	21.8

全市建筑业实现增加值34.02亿元，比上年增长2.0%。全市具有资质等级的总承包和专业承包建筑业企业有93家，完成建筑业总产值40.41亿元，增长8.9%。其中，国有及国有控股企业完成产值5.53亿元，增长135.0%；私营企业完成产值34.88亿元，增长0.3%。

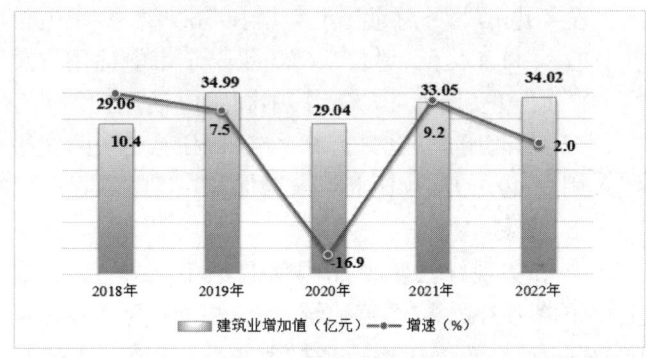

图8　2018—2022年中卫市建筑业增加值及其增长速度

四、服务业

全市服务业实现增加值221.19亿元，比上年增长1.5%，占地区生产总值的比重为39.2%。分行业看：批发和零售业实现增加值22.91亿元，比上年下降2.2%；交通运输、仓储和邮政业实现增加值26.48亿元，增长2.4%；住宿和餐饮业实现增加值6.08亿元，下降1.5%；

金融业实现增加值24.29亿元,增长2.9%;房地产业实现增加值17.89亿元,下降1.2%;其他服务业实现增加值120.35亿元,增长2.3%,其中,营利性服务业实现增加值32.53亿元,增长5.5%;非营利性服务业实现增加值87.82亿元,增长1.2%。全年规模以上服务业企业实现营业收入76.23亿元,比上年增长3.5%。

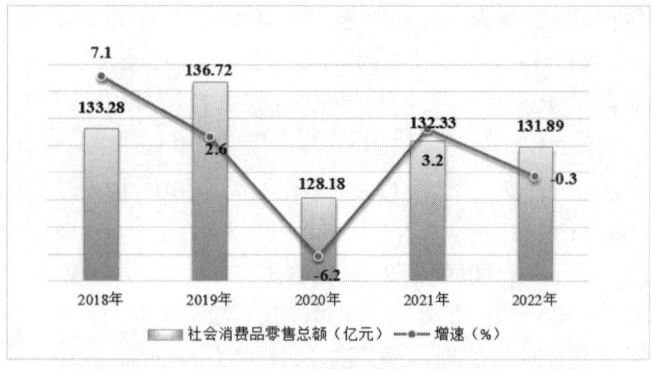

图10 2018—2022年全市社会消费品零售总额及其增长速度

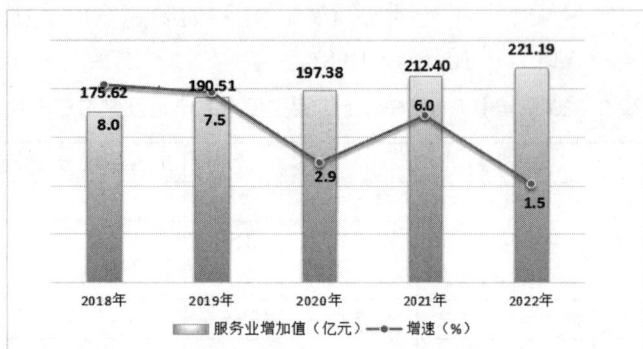

图9 2018—2022年中卫市服务业增加值及其增长速度

年末全市民用汽车保有量19.90万辆,比上年末增长2.9%,其中私人汽车保有量17.86万辆,增长2.8%。全市民用轿车保有量6.30万辆,增长2.6%,其中私人轿车6.05万辆,增长2.6%。全年民航旅客吞吐量4.25万人次,货邮周转量7.6万吨千米。

全年完成邮政行业业务总量1.61亿元,按2020年不变单价计算,比上年下降10.7%。完成邮政业务收入1.70亿元,下降7.4%。全年邮政业完成函件业务14.61万件,增长3.14倍;邮政包裹业务0.71万件,增长1.4%;快递业务量1020.29万件,下降19.4%。

全年电信业务总量比上年增长36.7%。实现电信业务收入11.4亿元,增长9.6%。年末全市电话用户总数127.2万户,增长1.8%。其中固定电话用户7.4万户,移动电话用户119.8万户。年末固定互联网宽带接入用户49.1万户,比上年末增加4.1万户。

五、贸易

全市实现社会消费品零售总额131.89亿元,比上年下降0.3%。按经营地统计,城镇消费品零售额99.03亿元,增长0.2%;乡村消费品零售额32.86亿元,下降1.8%。按行业分,批发零售业零售额115.41亿元,下降0.4%;住宿餐饮业零售额16.48亿元,增长0.3%。按消费类型统计,商品零售额115.41亿元,下降0.4%;餐饮收入16.48亿元,增长0.3%。

在限额以上单位(法人)商品零售额中,粮油、食品类零售额比上年增长29.6%,饮料类下降9.3%,烟酒类增长20.9%,服装、鞋帽、针纺织品类下降3%,化妆品类下降24.3%,日用品类下降49.6%,家用电器和音像器材类下降34.5%,中西药品类下降9.5%,文化办公用品类增长71%,通信器材类增长29.3%,汽车类增长1%,石油及制品类下降3.3%。

全年实现进出口总额36.53亿元,比上年增长25.2%。其中,出口总额19.27亿元,增长0.7%;进口总额16.36亿元,增长77.2%。

六、固定资产投资

全年固定资产投资(不含农户)比上年增长16.1%。其中,区属投资下降10.4%,县属投资增长24.5%。分投资主体看,国有投资增长11.9%,民间投资增长31.8%。

在县属固定资产投资中,第一产业投资比上年增长53.3%,第二产业投资增长23.3%,第三产业投资增长22.0%。工业投资增长23.3%,占县属固定资产投资的55.4%。新能源投资增长6.9%,占工业投资的49.4%。高耗能投资(不含电力、热力生产和供应业)增长0.6%,占工业投资的18.5%。工业改建和技术改造投资增长58.8%,占工业投资的19.0%。县属基础设施投资增长97.4%。

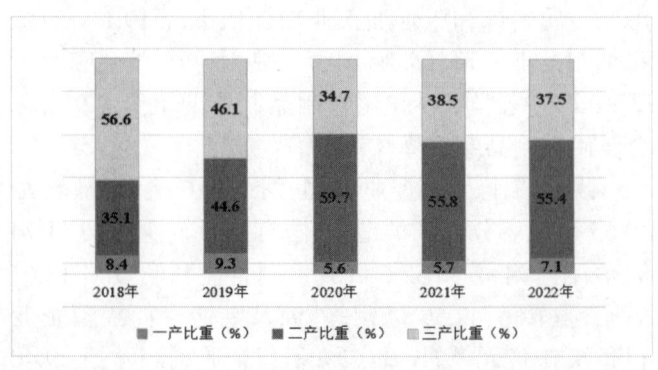

图11 2018—2022年中卫市县属固定资产投资(不含农户)三次产业比重

表4 2022年分行业县属固定资产投资（不含农户）增长速度

行业	比上年增长(%)
农、林、牧、渔业	56.5
采矿业	—
制造业	12.6
电力、热力、燃气及水生产和供应业	28.2
建筑业	12.4
批发和零售业	1.2
交通运输、仓储和邮政业	164.9
住宿和餐饮业	−32.2
信息传输、软件和信息技术服务业	68.5
金融业	—
房地产业	−17.8
租赁和商务服务业	67.6
科学研究和技术服务业	174.6
水利、环境和公共设施管理业	43.1
居民服务、修理和其他服务业	—
教育	7.6
卫生和社会工作	428.6
文化、体育和娱乐业	2.9
公共管理、社会保障和社会组织	−35.9

表5 2022年中卫市房地产开发和销售主要指标及其增长速度

指标	单位	绝对额	比上年增长(%)
投资额	亿元	31.39	−14.8
其中：住宅	亿元	23.33	−17.6
房屋施工面积	万平方米	362.11	−19.1
其中：住宅	万平方米	266.63	−15.0
房屋新开工面积	万平方米	62.39	−54.4
其中：住宅	万平方米	51.67	−48.5
房屋竣工面积	万平方米	41.67	−55.2
其中：住宅	万平方米	31.58	−51.4
商品房销售面积	万平方米	57.86	−37.0
其中：住宅	万平方米	50.68	−36.9
商品房销售额	亿元	29.78	−32.8
其中：住宅	亿元	25.97	−32.3

全年完成房地产开发投资31.39亿元，比上年下降14.8%。其中，住宅投资23.33亿元，下降17.6%；办公楼投资0.04亿元，下降50.1%；商业营业用房投资3.78亿元，下降14.3%。年末全市商品房待售面积90.50万平方米，下降12.1%。其中，住宅待售面积31.63万平方米，增长1.4%。

七、财政和金融

全市完成地方财政收入28.46亿元，比上年下降13.9%。其中，一般公共预算收入21.86亿元，下降4.3%。在地方一般公共预算收入中，税收收入13.92亿元，下降9.1%，占地方一般公共预算收入的63.7%。主体税种中，增值税3.79亿元，下降28.9%；企业所得税1.83亿元，增长18.2%；个人所得税0.43亿元，下降14.9%。全年财政支出203.57亿元，比上年增长6.0%。其中，一般公共预算支出195.55亿元，增长6.2%。在一般公共预算支出中，一般公共服务支出9.96亿元，增长12.7%；教育支出28.52亿元，下降0.3%；社会保障和就业支出29.27亿元，增长19.9%；卫生健康支出22.91亿元，增长37.6%。全年新增减税降费25.88亿元。其中，新增减税24.73亿元，新增降费1.15亿元。

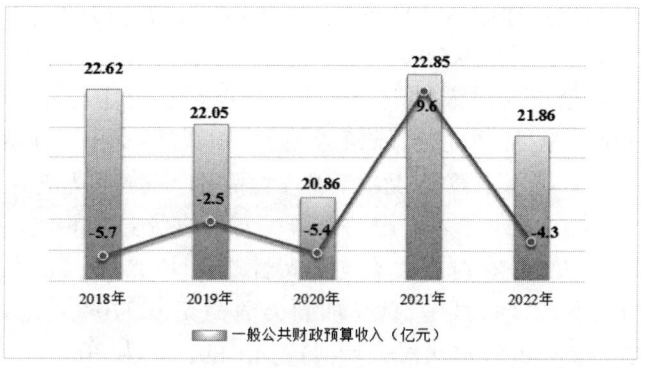

图12 2018—2022年中卫市一般公共财政预算收入及其增长速度

年末全市金融机构本外币各项存款余额718.23亿元，比年初增长10.1%。其中，人民币各项存款余额717.99亿元，比年初增长10.1%。金融机构本外币各项贷款余额558.49亿元，比年初增长4.7%。其中，人民币各项贷款余额558.49亿元，比年初增长4.7%。

表6 2022年年末中卫市金融机构人民币存贷款余额及其增长速度

指标	年末数(万元)	比上年末增长(%)
各项存款	7179934	10.1
其中：住户存款	5037864	15.3
非金融企业存款	764560	−8.5
各项贷款	5584869	4.7
其中：住户贷款	3037803	4.6
企（事）业单位贷款	2547066	4.9

全市原保险保费收入19.98亿元，比上年增长0.9%。其中，财产险业务保险保费收入8.73亿元，增长6.8%；寿险业务保险保费收入11.25亿元，下降3.3%。支付各类赔款及给付7.31亿元，下降1.3%。其中，财产险业务赔款及给付支出5.67亿元，下降2.2%；寿险

业务给付支出1.64亿元,增长1.9%。

八、居民收入消费和社会保障

全市居民人均可支配收入20413.1元,比上年增长5.3%,扣除价格因素,实际增长3.1%。按常住地分,全市城镇居民人均可支配收入34091元,比上年增长4.8%,扣除价格因素,实际增长2.6%。其中,人均工资性收入26116元,增长5.6%;人均经营净收入2852元,下降3.3%;人均财产净收入945元,增长5.1%;人均转移净收入4178元,增长6.1%。全市农村居民人均可支配收入14398元,比上年增长6.7%,扣除价格因素,实际增长4.5%。其中,人均工资性收入6431元,增长6.1%;人均经营净收入5427元,增长6.5%;人均财产净收入197元,下降0.4%;人均转移净收入2343元,增长9.6%。

全市居民人均消费支出14197元,比上年下降4.0%。按常住地分,城镇居民人均消费性支出19138元,比上年下降5.4%,其中,食品烟酒类消费支出5293元,增长3.4%,占城镇居民人均消费支出的比重为27.7%。农村居民人均消费性支出12024元,比上年下降2.7%,其中,食品烟酒类消费支出3704元,增长6.2%,占农村居民人均消费支出的比重为30.8%。

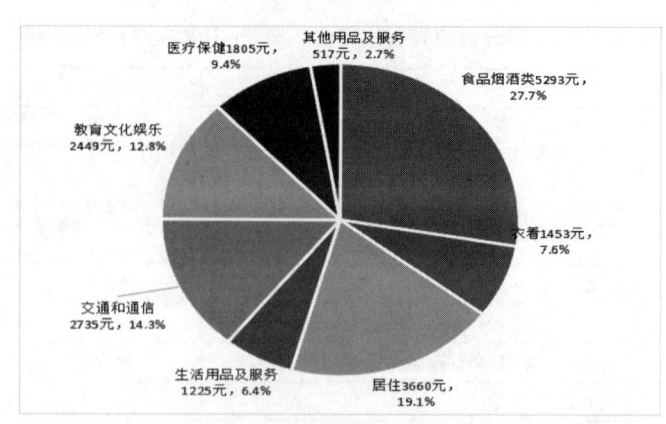

图15　2022年中卫市城镇居民人均消费支出及其构成

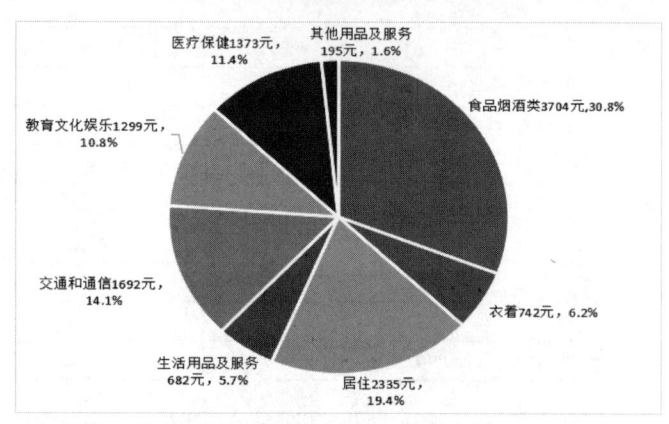

图16　2022年中卫市农村居民人均消费支出及其构成

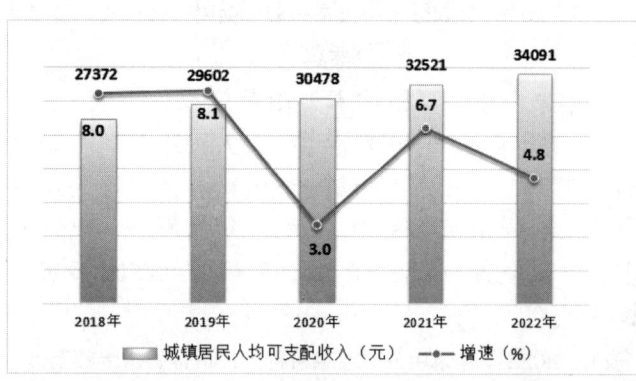

图13　2018—2022年中卫市城镇居民人均可支配收入及其增长速度

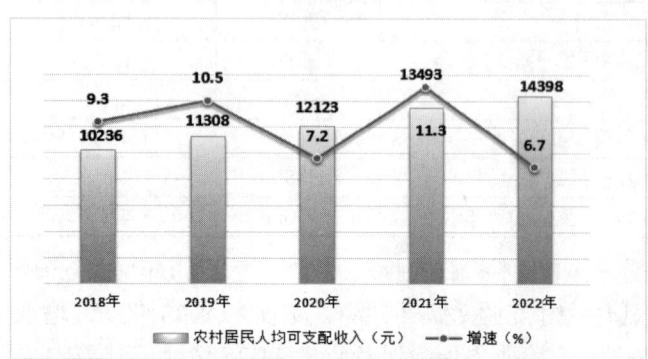

图14　2018—2022年中卫市农村居民人均可支配收入及其增长速度

年末全市参加基本养老保险人数30.58万人,比上年末增加2.43万人。参加城乡居民基本养老保险人数47.80万人,比上年末减少0.34万人。参加基本医疗保险人数111.60万人,减少1.1万人。其中,参加职工基本医疗保险人数13.98万人,增加1945人;参加城乡居民基本医疗保险人数97.62万人,减少1.30万人。参加失业保险人数9.15万人,增加1.83万人。年末全市领取失业保险金人数1693人。参加工伤保险人数16.49万人,增加3151人,其中参加工伤保险的农民工6.62万人,减少3.08万人。参加生育保险人数10.88万人,增加881人。年末全市共有1.53万人享受城市最低生活保障,发放保障金8687万元;7.21万人享受农村最低生活保障,发放保障金28672万元,1593人享受农村特困人员救助供养。全年临时救助3.76万人次,全年抚恤、补助退役军人和其他优抚对象3885人。

年末全市拥有养老机构25个,其中农村敬老院12个、社会福利院1个、民办养老机构12个,共有床位5599张,入住老人845人。儿童福利院1个,共有床位50张,入住儿童18人。城乡建立各类社区服务站511个。

九、科学技术和教育

全年共争取上级科技项目122个,到位资金1.41亿元。全年专利授权数1050件,其中,获得授权发明专利55件。年末,全市共有国家级高新技术企业15家,自治区科技"小巨人"企业5家,自治区科技型中小企业74家。每万人有效发明专利拥有量3.43件。

年末全市有质检中心7家,全年制造业产品合格率为98.3%。

年末全市各级各类学校524所,教职工17084人,其中专任教师14375人。全市小学学龄人口入学率为100.0%,初中阶段毛入学率为115.9%,高中阶段毛入学率为94.3%,小学六年巩固率为100%,初中三年巩固率为100%。

表7 2022年中卫市教育机构学生情况

类别	校数(所)	招生数(人)	在校学生数(人)	毕业学生数(人)
普通高等学校	1	502	2280	715
中等职业教育学院	3	2950	9254	2674
普通高中	8	9449	27631	8701
普通初中	44	15603	46064	17311
普通小学	268	15879	95982	16283
幼儿园	197	17537	38046	19967
特殊教育学校	3	50	323	82

十、文化旅游、卫生健康和体育

年末全市拥有专业艺术表演团体6个,业余文艺团体292个,文化馆3个,公共图书馆3个,剧场、影剧院7个,文化站28个,全市已建成大型公共文化服务场所10个、村级文化室448个、社区文化室69个。

全市共有A级旅游景区11家(5A级1家,4A级2家,3A级8家)、自治区(省)级旅游度假区3家、旅行社55家,各类住宿酒店宾馆456家,床位27564个;星级酒店9家(四星级酒店5家,三星级酒店4家);农家乐269家,其中星级农家乐46家(五星级农家乐2家,四星级农家乐8家,3星级农家乐26家)。

年末全市共有医疗卫生机构682个。其中,医院21个,基层医疗卫生机构646个,专业公共卫生机构14个。年末全市有卫生技术人员6757个。其中,执业医师(助理)2286人,注册护士2913人。医疗卫生机构实有床位4598张。其中,医院3731张,基层医疗卫生机构752张,专业公共卫生机构83张。全年总诊疗人次535.83万人次,出院人数10.03万人次。

年末全市共有体育场馆22个,体育场地面积290万平方米。全年举办体育运动竞技48场次,举办大型职工群众运动会7次,培训二级体育指导员1045人。

十一、资源、环境和应急管理

全年全市城市现状建设用地70.65平方千米。其中,居住用地26.08平方千米,工业用地3.23平方千米,公共管理和公共服务用地6.11平方千米,商业服务业设施用地6.46平方千米,物流仓储用地3.87平方千米,道路交通设施用地12.92平方千米,公共设施用地2.14平方千米,绿地与广场用地9.84平方千米。全市城市道路长度560.95千米。全市有公园43个,公园面积971.27公顷,人均公园绿地面积为17.01平方米。年末全市建成区面积达到79.5平方千米。建成区绿化覆盖率达41.1%,绿地率为37.4%。

全年空气质量优良天数299天,优良天数比例为81.9%,细微颗粒($PM_{2.5}$)平均浓度为30微克/米^3,可吸入颗粒物(PM_{10})平均浓度为66微克/米^3,环境空气质量综合指数为3.58。全年全市降水量168.35毫米。全年平均气温为10.4℃,比上年上升0.2℃。

全市规上工业能源消费量比上年下降5.2%,单位工业增加值能耗比上年下降13.1%。

全年全市发生各类生产安全事故22起。其中,道路交通7起,工矿商贸13起,金属非金属矿1起,建筑施工6起,工矿商贸其他6起,危险化学品2起。死亡23人。其中,道路交通死亡6人,工矿商贸死亡14人,金属非金属矿死亡2人,建筑施工死亡6人,工矿贸其他死亡6人,危险化学品死亡3人。经济损失1921.6万元。全市亿元GDP生产安全事故死亡0.0408人。

注释:

[1]本公报中数据均为初步统计数。正式数据以《中卫统计年鉴2023》为准。部分数据因四舍五入的原因,存在总计与分项合计不等的情况。

[2]地区生产总值、三次产业及相关行业增加值绝对数按现价计算,增长速度按不变价格计算。

[3]第四次全国经济普查后,对地区生产总值、社会消费品零售总额等历史数据进行了修订。

[4]根据第七次全国人口普查结果,对2017—2019年年末常住人口城镇化率数据进行了修订。

[5]①规模以上工业:年主营业务收入2000万元及以上的工业法人单位。②有资质的建筑业:有总承包、专业承包资质的建筑业法人单位。③限额以上批发和零售业:年主营业务收入2000万元及以上的批发业、年主营业务收入500万元及以上的零售业法人单位。④限额以上住宿和餐饮业:年主营业务收入

200万元及以上的住宿和餐饮业法人单位。⑤房地产开发经营业：有开发经营活动的全部房地产开发经营业法人单位。⑥规模以上服务业：年营业收入2000万元及以上服务业法人单位，包括交通运输、仓储和邮政业，信息传输、软件和信息技术服务业，水利、环境和公共设施管理业3个门类和卫生行业大类；年营业收入1000万元及以上服务业法人单位，包括租赁和商务服务业、科学研究和技术服务业、教育3个门类，以及物业管理、房地产中介服务、房地产租赁经营和其他房地产业4个行业小类；年营业收入500万元及以上服务业法人单位，包括居民服务、修理和其他服务业，文化、体育和娱乐业两个门类，以及社会工作行业大类。

[6]火电装机容量包括燃煤、燃油、燃气、余热、余压、余气、垃圾焚烧及生物质发电装机容量。

[7]邮政行业业务总量按2020年价格计算，邮政行业业务收入不包括邮政储蓄银行直接营业收入。

[8]城镇职工基本养老保险人数、收缴和发放范围为企业职工和机关事业单位人员。

[9]养老机构数和儿童福利院数包含非运营机构数。幼儿园人数包含学前班人数。

[10]体育场地调查对象不包括军队、铁路系统所属体育场地。

[11]资料来源：本公报中就业、养老保险、失业保险、工伤保险数据来自市人社局；户籍人口数据来自市公安局；市场主体、专利、质检中心数据来自市市场监督管理局；发电装机容量数据来自国网中卫供电公司；进出口数据来自中卫海关；汽车保有量来自市车管所；民航数据来自西部机场集团宁夏机场有限公司中卫分公司；邮政数据来自市邮政管理局；电信数据来自市工信局；财政数据来自市财政局；金融数据来自人民银行中卫支行；保险业数据来自中卫银保监分局；医疗保险、生育保险数据来自市医保局；社会福利数据来自市民政局；优抚对象数据来自市退役军人事务局；科学技术数据来自市科技局；教育数据来自市教育局和宁夏大学中卫校区；文化、旅游和体育数据来自市旅游文体广电局；城市建设数据来自市住建局；环境数据来自市生态环境局；气象数据来自市气象局；生产安全数据来自市应急管理局；其余数据均来自市统计局和国家统计局中卫调查队。

组织机构和领导人

（2022年1月1日至12月31日）

中国共产党中卫市委员会

书　记	张　利
副书记	马洪海（回族）
	佘瑞东（2022.02任职）
	杨青龙（回族,任至2022.02）
常　委	佘瑞东（任至2022.02）
	高　鹏（女）
	万学道
	郑明亮
	刘凯华
	于建文（2022.02任职）
	郭爱迪（2022.02任职）
	许洪波（挂职,2022.06任职）
	朱利军（任至2022.02）
	肖汉华（挂职,任至2022.06）
	苏发坤（任至2022.08）
秘书长	金　忱
副秘书长	田海福（回族）
	黄飞虎
	孙学全
	郭振华（2022.04任职）
	张永华（2022.08任职）
	徐　洁（任至2022.06）

中卫市人民代表大会常务委员会

党组书记	张　利
主任、党组副书记	
	崔　昆
副主任	郭爱迪（任至2022.03）
	万克军
	韩秉文
	何建勃
	田凤才（回族）
	陈自强
	景兆珍
	马　丽（女,回族）
	金　忱（2022.12任职）
秘书长	何太成（2022.11任职）
	刘辛彧（任至2022.05）
副秘书长	龙海生
办公室主任	张广军（任至2022.11）
办公室副主任	马仲元（回族,2022.08任职）
	张宏清（任至2022.08）

法制工作委员会

主　任	陆宝明
副主任	刘树飞

财政经济工作委员会

主　任	刘金保
副主任	杨金保

农业与环境资源保护工作委员会

主　任	魏建雄
副主任	常　军

教育科学文化卫生民族宗教工作委员会

主　任	童　颢
副主任	叶建成

人事代表联络与选举工作委员会

主　任	陈玉茂
副主任	孙玉祥

监察和司法工作委员会

主　任	严　静（女,2022.08任职）
	任自勇（任至2022.08）

中卫市人民政府

市长、党组书记	马洪海（回族，2021.04 任职）
副市长	佘瑞东（任至 2022.03）
	郭爱迪（2022.03 任职）
	许洪波（挂职，2022.06 任职）
	康俊杰（2022.08 任职）
	张　虎
	马自忠（回族）
	杨照明（回族）
	陈贵贞（女）
	李　斌（任至 2022.04）
	肖汉华（挂职，任至 2022.06）
秘书长	孙尚金
副秘书长	王秀娟（女）
	雍跃斌
	田　力（回族）
	马宏全（2022.01 任职）
	刘　明（挂职，2022.01 任职）
	陆　升（2022.02 任职）
	贺伟龙（2022.09 任职）
	李伏荣（任至 2022.01）
	巩中升（任至 2022.01）
	金钟河（回族，任至 2022.05）
	李长海（回族，任至 2022.08）

中国人民政治协商会议中卫市委员会

党组书记、主席	杨文生（回族）
党组副书记	万学道
	姜守清（任至 2022.07）
党组副书记、副主席	
	盛建宁（2022.11 任党组副书记）
副主席	穆风梧（回族，不驻会）
	吕玉兰（女）
	张　鹏
	杨树春（回族）
	冯忠铁
	严玉华
	孙尚金（2022.12 任职）
	姜守清（任至 2022.06）
秘书长	孙志刚
办公室主任	潘志华
办公室副主任	詹卫明（2022.05 任职）
	何太民（任至 2022.05）

提案委员会

主　任	范金祥
副主任	王存栋

经济委员会

主　任	俞正荣
副主任	雍正嘉

教科卫体委员会

主　任	李　诚
副主任	彭浩平

社会和法制委员会

主　任	唐兴武
副主任	詹树楷

民族宗教和港澳台侨委员会

主　任	杨树春（回族）
副主任	王燕玲（女）

文化文史和学习委员会

主　任	吕玉兰（女）
副主任	张江涛
	孙素香（女）

农业与农村委员会

主　任	盛建宁

中国共产党中卫市纪律检查委员会

书　记	刘凯华
副书记	杨智龙（回族）
	周自军
	拓晓明
常　委	刘　慧（女）
	詹伟斌
	陈学森
	赵文胜
	马星河（回族，任至 2022.04）

派驻纪检监察组组长

第一派驻纪检监察组	朱　樱（女）
第二派驻纪检监察组	禹淑贤（女）
第三派驻纪检监察组	董兴华
第四派驻纪检监察组	吴　鹏（任至 2022.11）
第五派驻纪检监察组	刘险峰（2022.11 任职）
	常伟海（任至 2022.05）

第六派驻纪检监察组　　贾廷虎
第七派驻纪检监察组　　张春山
第八派驻纪检监察组　　李　波(回族,2022.08 任职)
　　　　　　　　　　　张信繁(任至 2022.07)
第九派驻纪检监察组　　雍　清
第十派驻纪检监察组　　马福俊
第十一派驻纪检监察组　张　力
第十二派驻纪检监察组　罗永国

中卫市监察委员会

主　任　　　刘凯华
副主任　　　杨智龙(回族)
　　　　　　周自军
　　　　　　拓晓明
委　员　　　赵文胜
　　　　　　刘　慧(女)
　　　　　　詹伟斌
　　　　　　陈学森
　　　　　　何少龙(2022.11 任职)
　　　　　　宋云明(任至 2022.04)

中卫市法检两院

市中级人民法院
院长、党组书记　　何　莉(女,回族)
副院长、党组副书记
　　　　　　高永生(2022.04 任职)
　　　　　　高立柱(任至 2022.04)
副院长　　　雍振海
　　　　　　彭吉文
纪检监察组组长　　雍　清
政治处主任　　赵雪兰(女)
审委会专职委员　　陈文普
　　　　　　薛鹏飞(2022.08 任职)
市人民检察院
检察长、党组书记
　　　　　　赵红香(女,任至 2022.03)
　　　　　　李晓军(2022.04 任职)
党组副书记、副检察长(正处级)
　　　　　　强吉鸿(回族,2022.08 任职)
　　　　　　史天忠(任至 2022.08)
副检察长　　强吉鸿(回族,任至 2022.08)

　　　　　　李彤宇
纪检监察组组长　　马福俊
政治部主任　　万晓红
检委会专职委员　　徐青山(任至 2022.01)
　　　　　　沈　璐(女)

中卫市委工作部门

市委办公室
主　任　　　金　忱
副主任　　　丁　娟(女,回族)
　　　　　　田　平(回族,2022.04 任职)
　　　　　　贺学军(回族,2022.08 任职)
　　　　　　何永忠(任至 2022.08)
市委督查室主任　　田海福(回族)
市委组织部
部　长　　　于建文(2022.03 任职)
　　　　　　朱利军(任至 2022.03)
副部长　　　刘淑芳(女,正处级,分管日常工作,
　　　　　　2022.02 任职)
　　　　　　何太成(正处级,分管日常工作,
　　　　　　任至 2022.01)
　　　　　　钱建平
　　　　　　赵得坤(兼,2022.01 任职)
　　　　　　康晓伟(2022.05 任职,任至 2022.11)
　　　　　　吴　鹏(2022.11 任职)
　　　　　　倪祝新(任至 2022.01)
部务委员　　赵志栋(任至 2022.10)
　　　　　　李玉晴(女)
市非公有制经济组织和社会组织党工委
书　记　　　钱建平
专职副书记　　康晓伟(任至 2022.05)
市委宣传部
部　长　　　高　鹏(女)
副部长　　　李金星(正处级,分管日常工作,
　　　　　　2022.01 任职)
　　　　　　王越宏(正处级,分管日常工作,
　　　　　　任至 2022.01)
　　　　　　孙艳琳(女,任至 2022.01)
　　　　　　胡立华
　　　　　　刘乙龙(2022.08 任职)
市文明办专职副主任
　　　　　　刘资华(2022.08 任职)

市委统战部
部　长　　万学道
　　　　　刘乙龙(任至2022.08)
副部长　　倪祝新(分管日常工作，2022.01任职)
　　　　　李伟善(分管日常工作，任至2022.01)
　　　　　邹建萍(女,任至2022.01)
　　　　　马　震(回族)
　　　　　俞正国
　　　　　张学海(2022.08任职)

市委政法委
书　记　　苏发坤(任至2022.09)
副书记　　孙家骥(正处级,分管日常工作2022.05任职)
　　　　　高永生(任至2022.04)
　　　　　李　斌
　　　　　王中宏
　　　　　宋学强(2022.08任职)
　　　　　张永华(任至2022.08)

市委政策研究室
主　任　　黄飞虎
副主任　　徐元才
　　　　　郭吉鹏(2022.05任职)
　　　　　张晓辉(任至2022.05)

市委网络安全和信息化委员会办公室
主　任　　孙艳琳(女,2022.01任职)
　　　　　李金星(任至2022.01)
副主任　　周向军
　　　　　郭彦涛(2022.04任职)
　　　　　潘　霞(女,任至2022.04)
　　　　　郭振华(任至2022.04)

市委机构编制委员会办公室
主　任　　赵得坤
副主任　　焦海珍
　　　　　胡德海

市直属机关工作委员会
书　记　　于建文(2022.03任职)
　　　　　朱利军(任至2022.03)
副书记　　张志军(正处级,分管日常工作)
　　　　　李正甫(回族)
　　　　　汪金文

市委巡察工作领导小组办公室、巡察组
主　任　　赵文胜
副主任　　王国强(回族)
巡察组副组长　赵爱民
　　　　　杨卫华
　　　　　李　峰

市委老干部局
局　长　　吴金柱(2022.04任职)
　　　　　杨成忠(回族,任至2022.04)
副局长　　赵艳芳(女)
　　　　　张玉芬(女,任至2022.07)

中卫市委及部门直属事业单位

市委党校
校　长　　于建文(2022.03任职)
　　　　　朱利军(任至2022.03)
常务副校长　王越宏(2022.01任职)
　　　　　袁海清(任至2022.01)
副校长　　张巧荣
　　　　　王文红

市新闻传媒中心
党委书记、主任　马文君(任至2022.12)
党委副书记、副主任、总编辑
　　　　　冯晓莺(女,挂职,任至2022.12)
纪检监察组组长　罗永国
副主任兼副总编辑
　　　　　谢亚东
财务总监　唐银喜
副总编辑　保永琴(女)

市档案馆
馆　长　　孙学全
副馆长　　陈智勇

中卫市政府工作部门

市政府办公室(挂市政府外事办公室牌子)
党组书记、主任　孙尚金
副主任　　王立明
　　　　　靳　军(任至2022.02)

市发展和改革委员会
主　任　　张俊华
副主任　　徐志鹏

	吴洪国	刑事侦查局政委	姚富祥
	景学杰(2022.04任职)	交通警察局局长	郑 华
	陆 升(任至2022.02)	交通警察局政委	王建军
	尚富华(挂职)	特警支队支队长	王学新

市教育局
局　　长　　孙自文(2022.02任职)
　　　　　　冯忠铁(任至2022.02)
副 局 长　　姚宏愿
　　　　　　景兆栋
　　　　　　张 红(女,任至2022.09)

市委教育工委
书　　记　　孙自文(2022.02任职)
　　　　　　冯忠铁(任至2022.02)
副 书 记　　闫自立
委　　员　　张春山
　　　　　　姚宏愿
　　　　　　景兆栋
　　　　　　张 红(女,任至2022.09)
　　　　　　孙 毅

市科学技术局
局　　长　　雍平华
副 局 长　　李红文
　　　　　　李建杰

市工业和信息化局
局　　长　　张志刚(2022.02任职)
　　　　　　刘辛彧(任至2022.01)
副 局 长　　俞军平(2022.05任职)
　　　　　　莫岩峰
　　　　　　孙占宏(2022.05任职)
　　　　　　陶鸿波(任至2022.04)
　　　　　　杨宝翟(任至2022.01)

市公安局
党委书记、局长、督察长
　　　　　　张 虎
政　　委　　高 军
副 局 长　　马天华
　　　　　　李满洲
　　　　　　于 涛
　　　　　　杨学军(挂职,2022.02任职)
纪检监察组组长　张 力
政治部主任　张淑芬(女)
指挥部主任　李全国
刑事侦查局局长　李 芳

看守所所长　　郭 鹏
看守所政委　　刘振海

沙坡头区公安分局
局　　长　　张海涛

市民政局
局　　长　　袁海清(2022.01任职)
　　　　　　杨智龙(回族,任至2022.01)
副 局 长　　张 越(女)
　　　　　　张卫洲
　　　　　　王 军

市司法局
局　　长　　李 斌
副 局 长　　俞 敏(女)
　　　　　　陈健壮
　　　　　　李树田

市财政局(挂市政府国有资产监督管理委员会牌子)
党组书记、局长　杨树春(回族)
副 局 长　　张秀兰(女)
　　　　　　白卫东
　　　　　　李金凯
市政府国有资产监督管理委员会党工委书记
　　　　　　杨树春(回族)
市政府国有资产监督管理委员会专职副主任
　　　　　　李红瑛(女)

市人力资源和社会保障局
局　　长　　张广军(2022.11任职)
　　　　　　孙尚金(任至2022.01)
　　　　　　何太成(2022.01任职,任至2022.11)
副 局 长　　刘晓燕(女)
　　　　　　万伟中
　　　　　　李松龄

市自然资源局
党组书记、局长　刘天平
副 局 长　　李 创
　　　　　　汪文奎
　　　　　　祁少波(任至2022.08)

市生态环境局
局　　长　　陈正刚

副局长	于　鑫		张　波（挂职，任至2022.10）
	沈　军	**市卫生健康委员会**	
	李玉明	党委书记、主任	姜鹏飞（2022.01任职）

市住房和城乡建设局（挂城市管理综合执法监督局牌子）

			尹鹏睿（女，任至2022.01）
局　长	邱　斌	副主任	杜永山（2022.09任职）
副局长	高全军		卢俊福（回族，2022.02任职）
	王　琳		王耀玺
	徐　斌		王子湄（女，任至2022.09）

市交通运输局　　　　　　　　　　　　**市退役军人事务局**

			赵殿龙（任至2022.01）
局　长	冯建军	局　长	马　斌（女，回族，2022.02任职）
副局长	黄秀芬（女）		孙志刚（任至2022.01）
	宋志鹏（回族）	副局长	万振林
	罗晓军（挂职，2022.07任职）		何永忠（2022.08任职）
	郭永超（任至2022.04）		高喜军（兼，2022.04任职）

市水务局

			李文才（回族，任至2022.07）
局　长	刘宏阳	**市应急管理局**	
副局长	田建文	局　长	马建才
	胡文礼	副局长	冯进强
	丁全保		张巨宏

市农业农村局

			冯玉彦
党委书记、局长	李伏荣（2022.02任职）	**市审计局**	
	景兆珍（任至2022.01）	局　长	张海涛
副书记	汪万文（兼，2022.02任职）	副局长	张　军
副局长	任　勤（女）		雍　军
	刘德祥		温旭茹（女）
	陆和建	**市统计局**	

市商务局

		党组书记	黄玉华
局　长	冯　旭（回族，2022.02任职）	局　长	周　红（女，2022.02任职）
	陈贵贞（女，任至2022.01）	副局长	薛　梅（女）
副局长	李存斌（回族）		方振荣
	赵　楠	**市市场监督管理局**（挂知识产权局牌子）	
	崔海菊（女）	党委书记、局长	赵凤山
投资促进服务中心副主任		局　长	马　丽（女，回族，任至2022.01）
	王爱强（2022.12任职）	副局长	张学斌

市旅游和文化体育广电局（挂文物局牌子）

			马　辉
党组书记、局长	李伟善（2022.02任职）		张　伟
	范家宏（任至2022.01）	**市乡村振兴局**	
副局长	王立军（2022.04任职）	局　长	汪万文
	张　强	副主任	范永伟
	崔春杰		穆　华（回族）
	雍志存（挂职，2022.10任职）		马其龙
	王世东（任至2022.04）		

市医疗保障局
局　　长　　　李新忠
副局长　　　　杜永山（任至 2022.09）
　　　　　　　王　勇

市审批服务管理局
局　　长　　　巩中升（2022.01 任职）
　　　　　　　马宏全（任至 2022.01）
副局长　　　　高秀英（女）
　　　　　　　万富春

市粮食和物资储备局
局　　长　　　吕永军
副局长　　　　张海燕（女）
　　　　　　　彭大成

市人民防空办公室
主　　任　　　赵吉文
副主任　　　　李明善
　　　　　　　李宏然

市信访局
局　　长　　　马宏全（2022.01 任职）
　　　　　　　李伏荣（任至 2022.01）
副局长　　　　董志荣
　　　　　　　周立祖（回族）

市云计算和大数据发展局
局　　长　　　薛军勇（2022.02 任职）
　　　　　　　冯　旭（回族,任至 2022.01）
党组副书记　　施永贵
副局长　　　　李　彬
　　　　　　　拓守辉
　　　　　　　庞　娜（女）
　　　　　　　马振钧（挂职）
　　　　　　　侯永刚（挂职,2022.05 任职）

市金融工作局
局　　长　　　王　铁
副局长　　　　田晓育（回族）
　　　　　　　万荣福

市口岸和投资促进办公室
主　　任　　　李崇新
副主任　　　　罗清明
　　　　　　　蒋文韬（任至 2022.05）

中卫市政府及其部门直属事业单位

市住房公积金管理中心
主　　任　　　李长海（回族,2022.08 任职）
　　　　　　　严　静（女,任至 2022.08）
副主任　　　　赵炳学
　　　　　　　朱　斌

市机关事务服务中心
主　　任　　　郭永超（2022.04 任职）
　　　　　　　姜鹏飞（任至 2022.02）
副主任　　　　曹玉强
　　　　　　　吴金柱（任至 2022.04）

市公共资源交易中心
主　　任　　　张学兵（回族,2022.09 任职）
　　　　　　　俞　斌（任至 2022.09）
副主任　　　　李再能
　　　　　　　李进渊（回族）

军民融合产业服务中心
主　　任　　　施永贵
副主任　　　　王爱强
　　　　　　　陆向上（挂职）
　　　　　　　贾　辉（挂职,任至 2022.05）

海原甘盐池种羊场
场　　长　　　任进文
副场长　　　　邢连平
　　　　　　　刘凤武（回族）

市职业技术学校
党委书记　　　张晓华（2022.04 任职）
　　　　　　　刘淑梅（女,任至 2022.04）
校　　长　　　张　红（女,2022.09 任职）
　　　　　　　赵炳东（任至 2022.09）
副校长　　　　李　斌
　　　　　　　吴文铭
　　　　　　　何玉琦

中卫中学
党委书记　　　赵炳东（2022.09 任职）
校　　长　　　李新华（2022.09 任职）
　　　　　　　陈少峰（任至 2022.09）
副校长　　　　刘志军（2022.09 任职）
　　　　　　　李新华（任至 2022.09）
　　　　　　　施彦恒（任至 2022.09）
　　　　　　　杨正宏（任至 2022.09）

中卫一中
校　长　　　　吴高峰
第三产业服务中心
主任（副处级）　马晓宏（任至 2022.11）
市就业创业和人才服务中心
主　任　　　　冯国虎（回族）
市社会保险事业管理中心
主　任　　　　王福才
市卫生监督所
所　长　　　　徐国文
市人民医院
党委书记　　　魏海玲（女）
党委副书记、院长
　　　　　　　陈志宏（2022.03 任职）
　　　　　　　雍春华（任至 2022.03）
副院长　　　　黄录宁
市中医医院
党委书记　　　俞　阳
院　长　　　　吕学武（2022.02 任职）
市地震局
局　长　　　　高春花（女）

中卫市属国有企业

市供销集团有限公司（市供销合作社联合社）
党组书记、董事长、主任
　　　　　　　谭政平（2022.04 任职）
　　　　　　　黄玉华（任至 2022.01）
党组副书记、总经理、副主任
　　　　　　　马星河（回族，2022.04 任职）
　　　　　　　谭政平（任至 2022.04）
副总经理、副主任　王　平
　　　　　　　王　英（女）
监事会主席、监事会主任
　　　　　　　彭吉忠
市建设投资有限责任公司（宁夏沙坡头旅游产业集团有限责任公司）
党委书记、董事长
　　　　　　　宋大千
党委副书记、总经理
　　　　　　　谭河清
党委副书记　　李志国（2022.03 任职）
副总经理　　　张　立
　　　　　　　李志晔（女）
　　　　　　　王立军（任至 2022.04）
财务总监　　　梁鑫裕
监事会主席　　赵冬梅（女）
市应理城乡市政产业（集团）有限公司
党委书记、董事长　蒋建明
党委副书记、总经理
　　　　　　　俞　斌（2022.09 任职）
副总经理　　　姬作收
　　　　　　　孙健宾
　　　　　　　刘学财
　　　　　　　李建存
工会主席　　　刘学财
财务总监　　　姬永萍（女）
监事会主席　　殷秀玲（女）
高新技术产业开发集团有限公司
党委书记、董事长
　　　　　　　金钟河（回族，2022.05 任职）
党委副书记、总经理
　　　　　　　鲁擎飞
副总经理　　　崔　涛
　　　　　　　张建全
　　　　　　　肖　博
监事会主席　　周智贤
财务总监　　　马丽萍（女）
市林草集团股份有限公司
党委书记、董事长
　　　　　　　周保昱
副总经理　　　谢福才
　　　　　　　周兴忠
　　　　　　　李占海
财务总监　　　吴金凤

中卫市群团组织

市总工会
党组书记、主席　陈自强
常务副主席　　王朝升
副主席　　　　吴春玲（女）
经费审查委员会主任
　　　　　　　祝海荣（任至 2022.04）
共青团中卫市委员会
书　记　　　　靳　军（2022.02 任职）

副书记　　　　　王　洋（2022.09 任职）
　　　　　　　　马立芹（女，回族，2022.02 任职）
　　　　　　　　贺小军（回族，任至 2022.04）

市妇女联合会
主　席　　　　　刘淑梅（女，2022.04 任职）
　　　　　　　　刘淑芳（女，任至 2022.02）
副主席　　　　　金　芳（女，回族）
　　　　　　　　陈淑兰（女）

市文学艺术界联合会
主　席　　　　　王世东（2022.04 任职）
　　　　　　　　谈　柱（任至 2022.04）
副主席　　　　　李玉华（女，回族）

市残疾人联合会
理事长　　　　　邹建萍（女，2022.01 任职）
　　　　　　　　马　斌（女，回族，任至 2022.01）
副理事长　　　　徐　刚（回族）
　　　　　　　　梁启军（挂职，任至 2022.07）

市科学技术协会
主　席　　　　　马宏伟（回族）
副主席　　　　　谭政华（2021.02 任职）
　　　　　　　　雍春华（挂职，2022.03 任职）

市伊斯兰教协会
会　长　　　　　穆风梧（回族）
副会长　　　　　白　旭（回族，正处级）
　　　　　　　　马林成（回族，2022.08 任职）
　　　　　　　　马学忠（回族，任至 2022.05）

市红十字会
常务副会长　　　崔文萍（女）

市工商业联合会
党组书记　　　　张　斌
主　席　　　　　王文华（2022.04 任职）
　　　　　　　　周　红（女，回族，任至 2022.02）
副主席　　　　　刘险峰（任至 2022.11）

沙坡头区四套班子及法检两院

沙坡头区委
书　记　　　　　宗立冬（2022.02 任职）
　　　　　　　　郭爱迪（任至 2022.02）
副书记　　　　　宗立冬（任至 2022.02）
　　　　　　　　丁志军（2022.03 任职）
　　　　　　　　张振宇
常　委　　　　　穆怀中（回族）
　　　　　　　　李华锋
　　　　　　　　宋传江
　　　　　　　　祁　洋（2022.02 任职）
　　　　　　　　马立明
　　　　　　　　沈红菊（女）
　　　　　　　　龚　涛
　　　　　　　　张赞军（2022.08 任职）
　　　　　　　　徐郑应（2022.11 任职）
　　　　　　　　孙家骥（任至 2022.05）
　　　　　　　　彭小沛（任至 2022.01）
纪委书记、监委主任
　　　　　　　　李华锋

沙坡头区人大常委会
主　任　　　　　张冠华
副主任　　　　　赵艳忠
　　　　　　　　马晓东（女，回族）
　　　　　　　　韩进军
　　　　　　　　武建国

沙坡头区政府
区　长　　　　　丁志军（2022.05 任职）
　　　　　　　　宗立冬（任至 2022.02）
副区长　　　　　张海涛
　　　　　　　　周晓梅（女，回族）
　　　　　　　　高怀雷
　　　　　　　　王文忠
　　　　　　　　马立明
　　　　　　　　龚　涛
　　　　　　　　徐郑应（2022.11 任职）

沙坡头区政协
主　席　　　　　冯玉森
副主席　　　　　梁清江
　　　　　　　　何建忠
　　　　　　　　张艳霞（女）

沙坡头区人民法院
院　长　　　　　刘伟

沙坡头区人民检察院
检察长　　　　　张　斌

中宁县四套班子及法检两院

中宁县委
书　记　　　　　何建勃
副书记　　　　　周永根

常　委	杨正权（回族）
	罗永珍（回族）
	杨　军
	黄宗浩
	王建虎
	吴金玲（女）
	彭小沛（2022.01 任职）
	张晓辉（2022.05 任职）
	王子湄（女，2022.09 任职）
	张志刚（任至 2022.01）
	祁　洋（任至 2022.02）
	贺伟龙（任至 2022.09）
纪委书记、监委主任	
	黄宗浩

中宁县人大常委会

党组书记、主任	巫　磊
副主任	张泽军
	俞雪峰
	刘宁远
	张　锐

中宁县政府

县　长	周永根
副县长	彭小沛（2022.02 任职）
	王子湄（女，2022.11 任职）
	蒋昊良
	杨宝翟（2022.02 任职）
	花　铎
	伏　刚（2022.12 任职）
	卢俊福（回族，任至 2022.01）
	康　玲（女，任至 2022.09）
	张志刚（任至 2022.01）
	贺伟龙（任至 2022.09）

中宁县政协

党组书记、主席	妥大君（回族）
副主席	张光旭
	黎　萍（女）
	赵洪武（2022.12 任职）
	王文华（任至 2022.04）

中宁县人民法院

院　长	张广平

中宁县人民检察院

检察长	张月玲（女）
	杨　莉（女）

宁夏中宁工业园区党工委、管委会

党工委书记	何建勃
管委会主任	杨晓东（2022.11 任职）
	伏　刚（任至 2022.12）

海原县四套班子及法检两院

海原县委

书　记	佘瑞东（2022.02 任职）
	杨青龙（任至 2022.02）
副书记	张　鹏
	李雪峰（2022.11 任职）
	李　明（挂职，2022.03 任职）
	薛军勇（任至 2022.02）
常　委	于建涛
	田凤明（回族）
	刘文杰
	丁　芳（女，回族）
	采澎涛
	常伟海（2022.05 任职）
	冯　磊（2022.05 任职）
	康晓伟（2022.11 任职）
	李雪峰（任至 2022.11）
	张晓华（任至 2022.04）
	强　斌（回族，任至 2022.05）
	曾小明（挂职）
纪委书记、监委主任	
	常伟海（2022.05 任职）
	张晓华（任至 2022.04）

海原县人大常委会

主　任	杨　和（回族）
副主任	杨常林（回族）
	马光智（回族）
	马晓宏（2022.12 任职）
	冯　帆（女）
	薛鹏飞（任至 2022.08）

海原县政府

县　长	张　鹏
副县长	冯　磊
	刘福林
	贾治林
	王银军
	马海燕（女，回族）

　　　　　　　刘文杰
　　　　　　　吴佳伟(2022.12 任职)
　　　　　　　强　斌(回族,任至 2022.05)
　　　　　　　王金中(挂职)
　　　　　　　曾小明(挂职)

海原县政协
主　席　　　丁志爱
副主席　　　田凤梅(女,回族)
　　　　　　　王建平
　　　　　　　麻德明(回族)

海原县人民法院
院　长　　　徐青山(2022.12 任职)
　　　　　　　李明琮(任至 2022.01)

海原县人民检察院
检察长　　　郭孟强

市委、市政府管理、派出机构

宁夏中卫工业园区党工委、管委会
党工委书记　郭爱迪(2022.04 任职)
　　　　　　　佘瑞东(任至 2022.02)
常务副主任　强　斌(回族,2022.05 任职)
党工委副书记　强　斌(回族,2022.05 任职)
　　　　　　　丁志军(2022.05 任职)
　　　　　　　蒋文韬(2022.05 任职)
　　　　　　　宗立冬(任至 2022.03)
　　　　　　　蔡国龙(任至 2022.05)
纪工委书记　王中华
副主任　　　张建华
　　　　　　　文铭旌
　　　　　　　吴　楠(挂职,2022.04 任职)
　　　　　　　朱　锐(任至 2022.05)

海兴开发区党工委、管委会
党工委书记　佘瑞东(2022.01 任职)
　　　　　　　杨青龙(回族,任至 2022.02)
管委会主任　张　鹏
　　　　　　　张振红(任至 2022.01)
党工委副书记、常务副主任
　　　　　　　陶鸿波(2022.04 任职)
　　　　　　　薛军勇(任至 2022.02)
管委会副主任　糟会杰(回族)
　　　　　　　杨宝银
　　　　　　　孙占宏(任至 2022.05)

纪委监委派出海兴开发区纪检监察工作委员会书记
　　　　　　　李耀邦(回族)

中央、自治区驻卫单位

中华人民共和国中卫海关
党委书记、关长　王静波(任至 2022.02)
　　　　　　　赵立冬(2022.05 任职)
党委委员、副关长
　　　　　　　马　君(回族)
　　　　　　　罗智强

国家税务总局中卫市税务局
党委书记、局长　曹雪峰
党委副书记、副局长
　　　　　　　郑建华(任至 2022.08)
党委委员、副局长
　　　　　　　刘　冰
　　　　　　　徐少华
　　　　　　　鲁雅仙(女)
党委委员、纪检组组长
　　　　　　　陈申然
党委委员、总经济师
　　　　　　　张艺杰
党委委员、总会计师
　　　　　　　邓小东(回族)

国网宁夏电力有限公司中卫供电公司
总经理、党委副书记
　　　　　　　冯国瑞
党委书记、副总经理
　　　　　　　王　庆
副总经理、党委委员
　　　　　　　陆彦虎(任至 2022.10)
总会计师、党委委员
　　　　　　　王　文
副总经理、党委委员
　　　　　　　韩　涛
　　　　　　　何建剑(任至 2022.04)
　　　　　　　丁　立(回,2022.07 任职)
　　　　　　　杨熠鑫(西藏公司挂职,
　　　　　　　　任至 2022.08)
　　　　　　　张旭宁(2022.10 任职)
　　　　　　　田　炯(河南省电力公司挂职)
党委委员、纪委书记、工会主席

田　玮(银川市工业和信息化局挂职)
中宁县供电公司经理、党委副书记
　　　　　　　房耀华
中宁县供电公司党委书记、副总经理
　　　　　　　刘晓忠(2022.08 任职)
宁夏天源电力有限公司董事、党总支书记
　　　　　　　汪　华

中卫市气象局
党组书记、局长　　孙振夏(任至 2022.12)
党组成员、副局长、三级调研员、主持工作
　　　　　　　官景得(2022.12 任职)
党组成员、党组纪检组组长、副局长
　　　　　　　禹卓英(女,回族)
党组成员、副局长
　　　　　　　李国兴
　　　　　　　谭　华(苗族,任至 2022.08)
　　　　　　　张德卫(2022.08 任职)

国家统计局中卫调查队
党组书记、队长　　施明辉
党组成员、副队长
　　　　　　　徐丽娟
　　　　　　　马晓庆(2022.06 任职)
党组成员、纪检组组长
　　　　　　　董　博(任至 2022.03)
　　　　　　　杜正龙(2022.03 任职)

中卫市邮政管理局
局　　长　　　　张照辉
副局长　　　　　赵　亮

中国人民银行中卫市分行
党委书记、行长　　杨爱云(女,任至 2022.03)
　　　　　　　陈义俊(2022.03 任职)
党委委员、副行长
　　　　　　　康彦华
　　　　　　　韩银莹(女)
　　　　　　　杨建升(任至 2022.01)
　　　　　　　杨　军
党委委员、纪委书记
　　　　　　　赵　力(任至 2022.05)
　　　　　　　罗永军(2022.05 任职)
调研员　　　　　王　捷(任至 2022.08)

国家金融监管总局中卫分局
局　　长　　　　邹　斌(任至 2022.04)
　　　　　　　余铂鹏(2022.04 任职)

副局长　　　　　周江宁
　　　　　　　刘雪花(女)
　　　　　　　黄浏祥(挂职,2022.05 任职)

中卫市消防救援支队
支队党委书记、政治委员
　　　　　　　逯　恒
支队党委副书记、支队长
　　　　　　　武秀宏
支队党委委员、副支队长
　　　　　　　张继东
支队党委委员、副支队长
　　　　　　　雍彦峰
支队党委委员、副政治委员
　　　　　　　刘小康
支队党委委员、政治部主任
　　　　　　　岳光福

农发行中卫支行
党支部书记、行长
　　　　　　　刘国华

工商银行中卫支行
党总支书记、行长
　　　　　　　白晓毅(蒙古族)
党总支委员、纪检书记
　　　　　　　陈全胜(满族)
党总支委员、副行长
　　　　　　　李俊英
　　　　　　　高梦卡
　　　　　　　李鸿元(2022.08 任职)

农业银行中卫分行
行　　长　　　　杨　华
副行长　　　　　白向华
　　　　　　　张立群(2022.09 任职)
　　　　　　　邹伟明(2022.12 任职)
纪委书记　　　　文佐东

中国银行中卫分行
行　　长　　　　丁　峰
副行长　　　　　秦福华(任至 2022.10)
　　　　　　　郑　南(2022.08 任职)
　　　　　　　张京宁(2022.12 任职)
纪委书记　　　　关　瑜(任至 2022.05)
　　　　　　　张全方(2022.05 任职)

建设银行中卫分行
党委书记、行长　　张建国

副行长	崔　莉（女，任至 2022.06）
	丁艳娟（女，2022.06 任职）
党委委员、派驻纪检组组长	
	朱东升（任至 2022.03）
	李　青（2022.03 任职）
党委委员、副行长	
	冯华祯（任至 2022.02）
	罗清平（2022.02 任职）
	吴丽萍（女）

邮储银行中卫分行

党委书记、行长	严传亮（任至 2022.10）
	赵向宇（2022.10 任职）
副行长	罗宗霞（女）

宁夏银行中卫分行

行　长	舒建军
副行长	魏晋悌（任至 2022.03）
	张世海（2022.06 任职）
党总支委员、纪检员	
	赵　东
行长助理	刘　琦

中卫农村商业银行

董事长	顾义军（回族）
行　长	万福军
纪委书记	谭　策
副行长	张　军
	李学勇
	徐玉印

中卫香山村镇银行

党总支书记、董事长	
	李陶全
党总支副书记、行长	
	范仲成（土家族）
党总支纪检委员	吴永宁
党总支委员、副行长	
	肖　琳
副行长	杜振江

石嘴山银行中卫分行

行　长	陈　龙（满族）

中国电信中卫分公司

党委书记、总经理	
	王　璞
副总经理、工会主席	
	严海军

中国移动中卫分公司

党委书记、总经理	
	唐红涛
党委委员、副总经理、纪委书记、工会主席	
	郭文社
党委委员、副总经理	
	王海洋（回族）
	段　明
	邹　超

中国联通中卫分公司

总经理	陈志鹏
副总经理	刘卫宁
	邵　鑫
	马振钧
	訾少强（2022.12 任职）

中国铁塔中卫分公司

党支部书记、总经理	
	刘全清
纪检委员、副总经理	
	陈永强（任至 2022.03）
	金彩荣（女，回族 2022.03 任职）
组织委员、副总经理	
	邹业东（2022.03 任职）

中国人保财险中卫分公司

党委书记、总经理	
	张建宁
纪委书记、副总经理	
	王玉泽（2022.09 任职）

中国人寿保险中卫分公司

总经理	王军宏
副总经理	刘　杰（任至 2022.04）
	汪文平（2022.04 任职）

中盐宁夏盐业有限公司中卫市分公司

经理、书记	李晓东
副经理	王　拓
副书记	刘海龙

中油宁夏中卫销售公司

党委书记、副经理	
	关克军（2022.01 任职）
执行董事、党委书记	
	关克军（2022.06 任职）
党委副书记、经理	
	于　彬（2022.06 任职）

总会计师　　　　陈昶江
党委副书记、纪委书记、工会主席、副经理
　　　　　　　　周　德(任至 2022.01)
　　　　　　　　王　英(2022.01 任职)
副经理、安全总监
　　　　　　　　张建宏
中卫市烟草专卖局
宁夏回族自治区烟草公司中卫市公司
党组书记、局长、经理
　　　　　　　　张宝林
党组成员、纪检组组长
　　　　　　　　陈殿华
党组成员、副局长
　　　　　　　　马国智(回族)
党组成员、副经理
　　　　　　　　罗芳伟(女)
副调研员　　　　王曙光
　　　　　　　　郭天久
沙坡头国家级自然保护区管理局
局　长　　　　　尤万学

副局长　　　　　刘荣国
　　　　　　　　秦伟春
中国科学院沙坡头沙漠研究试验站
站　长　　　　　李新荣
副站长　　　　　张志山
　　　　　　　　贾荣亮
中国广电中卫分公司
总经理　　　　　陶占海
副总经理　　　　曹　明
　　　　　　　　柳大虎
宁夏公路管理中心中卫分中心
党委书记　　　　张东升(任至 2022.12)
主　任　　　　　李　罡(任至 2022.06)
党委书记、主任　丁玉录(回族,2022.12 任职)
党委委员、纪委书记
　　　　　　　　夏玉乾
党委委员、副主任
　　　　　　　　张建宁
　　　　　　　　张玉晖

文献辑录

中卫市人民政府工作规则

第一章 总 则

第一条 根据《中华人民共和国宪法》《中华人民共和国地方各级人民代表大会和地方各级人民政府组织法》《宁夏回族自治区人民政府工作规则》,结合中卫市人民政府工作实际,制定本规则。

第二条 市人民政府工作的指导思想是:高举中国特色社会主义伟大旗帜,以习近平新时代中国特色社会主义思想为指导,全面贯彻落实党的十九大和十九届历次全会精神,深入学习贯彻习近平总书记视察宁夏重要讲话和重要指示批示精神,全面落实中央、自治区和市委各项决策部署,切实把党的领导贯穿政府工作全过程和各方面,弘扬伟大建党精神,完整、准确、全面贯彻新发展理念,主动融入新发展格局,坚持稳中求进工作总基调,坚持以供给侧结构性改革为主线,统筹发展和安全,保持经济平稳较快增长,保持社会大局和谐稳定,保持同心协力团结局面,为加快建设黄河流域生态保护和高质量发展先行市,继续建设经济繁荣民族团结环境优美人民富裕的美丽新中卫而努力奋斗。

第三条 市人民政府坚持执政为民、依法行政、实事求是、民主公开、务实清廉工作准则,建设人民满意的忠诚政府、法治政府、服务政府、实干政府、廉洁政府。

第二章 组成人员

第四条 市人民政府由下列人员组成:市长、副市长、秘书长和各委员会(办公室)主任、各局局长。

第五条 市人民政府组成人员要旗帜鲜明讲政治,增强"四个意识"、坚定"四个自信"、做到"两个维护",捍卫"两个确立",牢记"国之大者",不断提高政治判断力、政治领悟力、政治执行力。要模范遵守宪法和法律,认真履行职责,为民务实,严守规矩和纪律,勤勉廉洁。市人民政府各部门必须依照法律、法规和规章行使职权,贯彻政府各项工作部署,转变政府职能,改进工作作风,创新管理方式,增强执行能力,提高行政效能。

第六条 市人民政府实行市长负责制,市长领导市人民政府的工作,副市长协助市长工作。其中负责常务工作的副市长协助市长处理政府日常工作。

第七条 副市长按分工负责处理分管工作;受市长委托,负责其他方面的工作或专项任务,并可代表市人民政府进行外事活动。对于重要情况,要及时向市长报告;对于重大事项,要在认真调查研究和充分论证的基础上,向市长提出解决问题的建议。涉及其他副市长分管的工作,要同有关副市长商量决定。

第八条 秘书长在市长领导下,协助负责常务工作的副市长处理市人民政府的日常工作,领导政府办公室的工作。

第九条 市长离卫期间,受市长委托,由负责常务工作的副市长主持政府工作。如负责常务工作的副市长在此期间也不在卫,按任职排序确定一名副市长主持政府工作。

第十条 市人民政府各委员会(办公室)主任、各局局长负责本部门的工作,并根据法律法规和市人民政府规章、决定,在本部门职权范围内履行职责。

市人民政府各部门要各司其职,各负其责,顾全大局,协调配合,切实维护团结统一、政令畅通,坚决贯彻落实党中央、国务院和自治区党委、政府决策部署和市委、市政府各项工作部署。

第三章 行政职能

第十一条 市人民政府及各部门要坚决维护政令统一，深入贯彻落实党中央、国务院和自治区党委、政府决策部署，完整准确全面贯彻新发展理念，围绕推动高质量发展，建设现代化经济体系，加强和完善经济调节、市场监管、社会管理、公共服务、生态环境保护等职能，厘清政府和市场、政府和社会关系，深化简政放权、放管结合、优化服务，深化行政审批制度改革，形成权界清晰、分工合理、权责一致、高效运转、法治保障的机构职能体系，创造良好发展环境，提供基本均等公共服务，维护社会公平正义，加快推进政府治理体系和治理能力现代化。

第十二条 认真履行经济调节职能，完善宏观调控体系，加强经济形势研判，科学研究调控目标和政策取向，有效实施区间调控、定向调控、相机调控、精准调控，主要运用经济、法律手段并辅之以必要的行政手段引导和调控经济运行，稳增长、促改革、调结构、惠民生、防风险、保稳定，促进经济持续健康发展。

第十三条 认真履行市场监管职能，推进公平准入，积极创造公平、公正、公开和正义的法治环境，完善行政执法、行业自律、舆论监督、群众参与相结合的市场监管体系。建立健全社会信用体系，完善信用监督和失信惩戒制度，整顿和规范市场秩序，促进大众创业、万众创新，激发市场活力和社会创造力，形成统一开放、竞争有序、制度完备、治理完善的高标准市场体系。

第十四条 加强和创新社会治理，进一步完善党委领导、政府主导、社会协同、公众参与、法治保障的市域社会治理体制，全面落实"1+6+1"政策文件，建设人人有责、人人尽责、人人享有的社会治理共同体。坚持标本兼治、系统治理、依法治理、源头治理、综合治理，构建统一领导、权责一致、权威高效的应急能力体系，防范化解重大安全风险，及时应对处置各类灾害事故，保障人民群众生命财产安全。

第十五条 认真履行公共服务职能，完善公共政策，健全政府主导、社会参与、覆盖城乡、可持续的基本公共服务体系，增强公共服务能力，促进基本公共服务均等化。

第十六条 认真履行环境保护职能，坚持人与自然和谐共生的基本方略，践行绿水青山就是金山银山的理念，实行最严格的生态环境保护制度，构建政府为主导、企业为主体、社会组织和公众共同参与的环境治理体系，统筹推进山水林田湖草沙综合治理、系统治理、源头治理，建设天蓝、地绿、水美的美丽新中卫。

第十七条 加快转变政府职能，持续深化"放管服"改革，建设职责明确、依法行政的政府治理体系，提高政府治理效能，优化营商环境。加强数字政府建设，推动公共数据开放共享，推进政务信息化共建共用，提升数字化政务服务效能，实现更多政务服务事项网上办、掌上办、一次办和跨区域通办、跨省通办。

第四章 依法行政

第十八条 市人民政府及各部门要强化法律思维和责任思维，带头维护宪法和法律权威，按照职能科学、权责法定、执法严明、公开公正、廉洁高效、守法诚信的目标要求，坚决履行法治政府建设主体责任，深入推进依法行政，把政府各方面工作纳入法治化轨道，不断提高依法行政的能力和水平。

第十九条 市人民政府根据需要，适时向市人民代表大会及其常务委员会提出地方性法规议案，制定政府规章和行政规范性文件，修改或者废止不相适应的政府规章、行政规范性文件和其他政策性文件、决定。起草地方性法规和规章草案，要坚持从实际出发，及时准确反映经济社会发展要求，充分反映人民意愿，使确定的制度能够切实解决问题。

第二十条 市人民政府各部门制定的行政规范性文件，必须符合宪法、法律、法规和国家的方针、政策及市人民政府的规章、决定，严格遵守法定权限和程序。涉及两个以上部门职权范围的事项，要充分听取相关部门的意见，并由市人民政府制定行政规范性文件或其他政策文件，或由有关部门联合制定行政规范性文件。其中，涉及公众利益、社会关注度高的事项及重要涉外、涉港澳台侨的事项，应事先请示市人民政府。部门制定的行政规范性文件必须依法报市人民政府备案，由司法行政部门审查并定期向政府报告。

第二十一条　提请市人民政府讨论的地方性法规草案和审议的政府规章草案,由司法行政部门审查或组织起草,政府规章的解释工作由司法行政部门提出意见,报请市人民政府批准后公布。政府规章、行政规范性文件应定期清理,确保与经济社会发展相适应,有效维护法治统一。

第二十二条　按照行政执法与经济利益脱钩、与责任挂钩的原则,理顺行政执法体制,加强行政执法队伍建设,依法科学设定行政执法机关的职责和权限,相对集中行政处罚权和行政许可权,推行综合执法,促进行政执法透明规范、合法公正。

第五章　政务公开

第二十三条　市人民政府及各部门要认真贯彻《中华人民共和国政府信息公开条例》,坚持以公开为常态、不公开为例外,围绕权力运行全流程、政务服务全过程,全面推进决策公开、执行公开、管理公开、服务公开、结果公开。

第二十四条　完善重大决策预公开制度,涉及群众切身利益、需要社会广泛知晓的重要改革方案、重大政策措施、重点工程项目和地方性法规、政府规章、行政规范性文件等,除依法应当保密的外,决策前应当采取便于社会公众参与的方式,广泛听取公众意见,并以适当方式公布意见收集和采纳情况。

第二十五条　完善政策解读机制,按照"谁起草、谁解读"的原则,推进政策性文件与解读方案、解读材料同步组织、同步审签、同步部署。完善政务舆情收集、研判、回应和处置机制,对涉及本地区的政务舆情、媒体关切、突发事件等热点问题,及时发布权威信息,认真回应关切,正确引导舆论。

第二十六条　建立健全利益相关方、公众代表、专家、媒体等列席市人民政府有关会议等制度,增强决策透明度。对涉及公众利益、需要社会广泛知晓的会议和事项,应通过新闻发布会、广播电视、网络和新媒体等形式向社会公开。

第二十七条　高度重视政务舆情回应工作,完善政府新闻发言人制度,切实增强舆情意识,落实回应责任,对涉及特别重大、重大突发事件的政务舆情及时举行新闻发布会。

第六章　监督制度

第二十八条　市人民政府自觉接受市人民代表大会及其常务委员会的监督,认真负责地报告工作,接受询问和质询,依法备案政府规章和行政规范性文件。自觉接受市政协的民主监督,虚心听取意见和建议。

第二十九条　市人民政府及各部门要加强同市人大代表和政协委员的联系,认真办理人大代表建议和政协委员提案,定期向市人民代表大会常务委员会报告和向市政协通报办理情况,主动公开办理结果。

第三十条　市人民政府及各部门要严格执行行政复议法,加强行政复议指导监督,纠正违法或不当的行政行为,依法及时化解行政争议;要强化对行政执法活动的监督,严格实行行政执法责任制、评议考核制和行政执法过错责任追究制,切实做到严格、规范、公正、文明执法。

第三十一条　市人民政府及各部门要自觉接受社会公众和新闻舆论的监督,重视群众反映和新闻媒体报道的问题,认真调查核实有关情况,及时依法处理和改进工作,重大问题要向社会公布处理结果。重视群众和其他组织通过网络等多种方式对行政行为实施的监督。

第三十二条　市人民政府及各部门要重视人民群众来信来访和网上信访,定期召开会议研究解决信访工作中的重要问题,健全、完善和落实好督查、考核等工作制度。进一步完善信访工作制度,畅通和规范群众诉求表达、利益协调、权益保障渠道,维护信访秩序。市人民政府领导同志及各部门负责同志要亲自阅批重要的群众来信和网上信访、定期接待群众来访,协调处理疑难复杂信访问题。

第三十三条　市人民政府及各部门公职人员要依照有关法律的规定自觉接受国家监察机关的监督。市人民政府及各部门要依照有关法律的规定接受人民法院依法实施的监督,做好行政应诉工作,尊重并自觉履行人民法院的生效判决、裁定,同时要自觉接受审计等部门的监督。对监督中发现的问题,要认真查处、整改并向市人民政府报告。

第三十四条 市人民政府及各部门要加强行政系统内部监督,严格执行政府规章、行政规范性文件备案审查制度,依法履行行政复议职责,及时发现并纠正行政机关违法或者不当的行政行为,依法及时化解行政争议。加大政府行政执法监督平台建设力度,充分发挥其监督作用。主动征询和认真听取各县(区)人民政府及其部门的意见和建议。

第三十五条 市人民政府及各部门要严格执行工作责任制,严格绩效管理,加强对重大决策部署落实、部门职责履行、重点工作推进以及自身建设等方面的考核评估,健全激励约束、容错纠错机制,进一步激励新时代新担当新作为,提高政府公信力和执行力。

第七章 决策机制

第三十六条 市人民政府及各部门应当坚持科学决策、民主决策和依法决策原则,完善公众参与、专家论证、风险评估、合法性审查和集体讨论决定的重大决策机制,健全重大决策的规则和程序,增强公共政策制定透明度和公众参与度。凡直接关系人民群众切身利益且对社会稳定、公共安全等方面可能造成较大影响的重大决策事项,须把社会稳定风险评估作为必经程序,决策前均应进行评估。

第三十七条 市人民政府及各部门在重大决策过程中,要充分发挥智囊机构和专家学者的咨询参谋作用,自觉运用前期预测、效益评估、公开招标、比选择优等决策手段,确保决策理念的先进性、导向的正确性、内容的系统性、操作的可行性。

第三十八条 凡涉及国务院《重大行政决策程序暂行条例》和《宁夏回族自治区重大行政决策规定》的内容以及地方性法规草案和政府规章等,由市人民政府全体会议或常务会议讨论决定。

第三十九条 市人民政府各部门提请政府讨论决定的重大决策建议,必须符合国家、自治区和全市有关法律、法规、规章、政策规定和发展规划,进行充分调查研究,并经研究、咨询机构等进行必要性、科学性、可行性和可控性论证评估及合法性审查;涉及相关部门的,应充分协商;涉及县(区)的,应事先征求意见;涉及重大公共利益和公众权益、容易引发社会稳定问题的,要进行社会稳定风险评估,通过社会公示或举行听证会等多种形式听取各方面意见。

第四十条 市人民政府作出重大决策前,要及时向市委报告。对依法应由市人民代表大会及其常务委员会讨论决定的事项,要及时提请市人民代表大会及其常务委员会审议。对全局性的工作和政协委员普遍关心的重要问题,主动与市政协协商。根据需要,通过召开座谈会等形式,听取民主党派、社会团体、专家学者、社会公众等方面的意见和建议。

第四十一条 市人民政府及各部门应当结合实际,确定年度决策事项目录,并向社会公布;应当建立健全决策信息反馈机制和决策后评估机制,及时跟踪和反馈重大决策执行情况,为决策的不断完善和优化提供客观依据。

第八章 会议制度

第四十二条 市人民政府会议包括全体会议、党组会议、常务会议、市长办公会议和专题会议。市人民政府工作中的重大事项,必须经全体会议或常务会议讨论决定。对紧急和突发性重大事件,来不及召开会议而又必须及时处理的,分管副市长协调处理后,向市长报告。

第四十三条 市人民政府全体会议由市长、副市长、秘书长和各委员会(办公室)主任、各局局长组成。

根据需要可安排各县(区)人民政府主要负责同志,市政府派出机构、直属事业单位、区属驻卫有关单位主要负责同志列席。必要时,可邀请市委、人大常委会、政协,监察委员会,市中级人民法院、检察院,各民主党派、工商联、人民团体负责同志和无党派人士列席。

市人民政府全体会议一般每半年召开一次,由市长召集和主持。主要任务是:

(一)传达贯彻党中央、国务院以及自治区党委、政府和市委的指示、决定和会议精神;

(二)讨论和决定市人民政府工作中的重大事项;
(三)部署市人民政府的重要工作;
(四)通报全市经济社会形势。

第四十四条　市人民政府党组会议由市人民政府党组书记或党组书记委托党组副书记召集并主持,市人民政府党组成员出席,邀请非中共党员副市长列席。会议召集人可根据需要指定有关人员列席会议。

市人民政府党组会议应有半数以上党组成员出席方能召开,一般每月召开2次,遇有重要情况可随时召开。主要任务是:

(一)传达贯彻习近平新时代中国特色社会主义思想、习近平总书记重要讲话和重要指示批示精神;
(二)贯彻落实党中央、国务院及自治区党委、政府和市委重大决策部署;
(三)研究部署政府工作中的发展战略、重要工作和重大事项;
(四)研究政府党组建设和政府系统党的建设重大事项;
(五)审议政府工作人员任免;
(六)其他应当由党组会议讨论和决定的重大问题。

第四十五条　市人民政府常务会议由市长、副市长和秘书长组成,应有半数以上组成人员出席方能召开。

市人民政府副秘书长、市政府办公室副主任;市发展和改革委员会、司法局、财政局、审计局及政府督查室、政务公开服务中心主要负责同志固定列席常务会议;根据会议内容需要,可安排县(区)人民政府、有关部门(单位)主要负责同志列席会议。

市人民政府常务会议一般每月召开2次,如有需要可临时召开。由市长或市长委托常务副市长召集并主持。主要任务是:

(一)传达贯彻党中央、国务院及自治区党委、政府和市委的指示、决定和会议精神;
(二)研究向自治区请示、报告的重大事项和提请市委审议的重大事项;
(三)贯彻落实市人民代表大会及其常委会的决议、决定,审议需提请市人民代表大会及其常务委员会审议的议案、地方性法规草案、重要的工作报告草案和讨论决定的重大事项;
(四)落实政府常务会议定期学法制度,审议政府规章、重要的行政规范性文件;
(五)审议中卫市国民经济和社会发展长远规划、年度计划、财政预决算及年度审计报告等;定期分析研判全市经济运行情况,研究事关经济社会发展、风险防范、乡村振兴、环境保护、改革创新、社会管理、改善民生等方面的重大政策措施;
(六)审议政府重大投资、重大建设、重要资源配置、社会分配调节、国有资产监督管理等方面的重大事项,民生工作和关系公众切身利益或者社会关注度高的其他重大事项;
(七)审议预算外追加资金超过100万元(含100万元)以上事项,涉及财税政策、500万元以上的国有资产处置事项;
(八)审议以市人民政府名义授予的先进集体、先进个人荣誉称号和表彰决定;
(九)审议政府部门和县(区)人民政府的重要请示事项;
(十)审议奖惩等事项;
(十一)审议其他重大事项。

第四十六条　市长办公会议由市长召集并主持,有关副市长和秘书长参加。市长办公会议不定期召开。根据需要安排有关部门、单位负责同志参加会议。主要任务是:

(一)研究处理政府日常工作中的重要事项;
(二)分管副市长职权范围内难以决定、需提请市长研究决定的重要事项;
(三)涉及两位及以上副市长的分管工作范围、需提请市长研究决定的重要事项;
(四)市长认为应当由市长办公会议审议的其他事项。

第四十七条　市人民政府专题会议由市长、副市长和秘书长按照分工主持召开,可根据需要安排有关县(区)、部门(单位)负责同志参加会议。副秘书长可以受市人民政府领导委托,主持召开市人民政府专题会议,研究、协调和处理政府日常工作中的具体问题。主要任务是：

（一）研究处理属于市人民政府既定工作安排、需要组织实施的具体事项；

（二）研究处理属于副市长分管职责范围、需要统筹协调的工作事项；

（三）研究处理需要提交市人民政府常务会议、市长办公会议审议的行政规范性文件和重大事项等；

（四）研究预算追加事项。严格预算管理，如确需追加的由分管副市长研究并就具体事项提出明确意见，涉及资金50万元（不含50万元）以下的，依据分管副市长审签意见或会议纪要及财政部门审核意见，由分管财政副市长审定；50万元以上的，须先经分管副市长专题会议研究，其中：50万元至100万元（不含100万元）的由分管财政副市长专题会议审定，100万元以上的经研究后，提请市人民政府常务会议审定。

第四十八条　市人民政府全体会议议题由市长确定。党组会议议题由党组书记提出，或由党组副书记、政府党组成员提出建议，报党组书记确定。常务会议议题由分管副秘书长严格审核把关，报请分管副市长审签；政府办公室根据分管副市长批示意见，汇总后按程序报秘书长核签，报市长、常务副市长审定；尚未协调一致的议题，原则上不提交会议审议。市长办公会议、专题会议议题由分管副秘书长审核提出，报会议召集人审定；市长主持召开的会议议题须经秘书长审核。

第四十九条　市人民政府全体会议、党组会议、常务会议、市长办公会议和专题会议的组织工作，由市人民政府办公室负责。

第五十条　市人民政府组成人员应提前做好工作安排，确保按时参加会议。副市长、秘书长不能出席会议的，应在会前向市长请假；其他参会人员因故不能参加的，应在会前向主持会议的市长、副市长或秘书长请假，并委托本部门（单位）分管负责同志参加，由市人民政府办公室汇总后报告。

政府党组会议、常务会议、市长办公会议、专题会议议题，如分管副市长或提请部门（单位）主要负责同志不能参加会议，原则上不予列会。

第五十一条　市人民政府全体会议、党组会议、常务会议和市长办公会议纪要，经分管副秘书长、秘书长审核后，由市长或主持会议的常务副市长签发；会议讨论决定的事项，宜于公开的，应及时报道。新闻稿须经市人民政府相关副秘书长（副主任）、秘书长审核，如有需要报市长或常务副市长审定。市人民政府专题会议纪要，经分管副秘书长（副主任）、秘书长审核后，由主持会议的市长或副市长签发。秘书长召开的市人民政府专题会议，纪要由秘书长签发，如有需要，报市长或常务副市长签发；受政府领导委托，由副秘书长主持召开的市人民政府专题会议，纪要由委托的政府领导签发。副市长、秘书长召开的专题会议，如涉及全局的重大事项等，应在会前或会议纪要签发前报告市长同意。

第五十二条　严格落实基层减负、精简会议有关要求，实行会议计划管理，严格控制以市人民政府名义召开的全市性会议，确需召开的要列入年度计划，未列入计划的严格按程序报批。市人民政府各部门召开的全市性会议，人数不超过200人，时间不超过半天；市长出席的会议，可根据工作需要安排与会议主题密切相关的县（区）和政府各部门主要负责同志参加；副市长出席的会议，原则上不要求县（区）和政府各部门主要负责同志参加，确需参加的，报市长批准。应由部门召开的全市性会议，不以市人民政府或市人民政府办公室名义召开，不邀请县（区）人民政府负责同志出席，每年不超过1次，特殊情况按程序审批。可采取小范围、小规模研究问题、协调解决问题的专题会议，不开泛泛部署工作和提要求的会议；能用电话、文件等形式部署的不再开会，能召开视频会议的不召开现场会议，视频会议一般不要求沙坡头区以外地区的同志到市主会场参会。从严把控副市长参会规格，副市长集中出席重要会议，由市人民政府办公室统一安排；一般性工作会议只安排分管副市长出席，其他副市长不陪会；副市长一般不出席政府各部门召开的部门工作性会议（兼任部门主要负责同志的除外）。要精简会议规模、压缩参会范围，带头开短会、讲短话，在全市性会议上主讲，时间一般控制在1小时以内。除有重要审议事项的会议外，一般不安排分组讨论。

第九章　公文审批

第五十三条　各县（区）、各部门报送市人民政府的公文，应符合《党政机关公文处理工作条例》和《党政机关公文格式》的规定。除市人民政府领导同志交办事项和必须直接报送的绝密事项外,一般不得直接向市人民政府领导个人报送公文。

市人民政府各部门和各县(区)人民政府报送市人民政府的公文,应按上行文的要求,由该单位主要负责同志签发。市人民政府部门管理机构(事业单位)、县(区)所辖乡镇、管委会不得直接向市人民政府报送公文。

第五十四条　各县(区)、各部门报送市人民政府审批的公文,市政府办公室按照来文处理工作制度和市人民政府领导分工呈批,分管副市长可根据需要转请其他副市长核批,重大事项报市长审批。

第五十五条　市人民政府公布的规章、决定、命令(令)、提请市人民代表大会及其常务委员会审议的人事任免、地方性法规草案等议案,由市长签署。

第五十六条　以市人民政府名义制发的上行文,经秘书长、分管副市长审核后,由市长或常务副市长签发,重大事项必须报市长签发。以市人民政府名义制发的平行文和下行文,经秘书长审核后,由分管副市长签发;如有需要,报市长签发。

以市人民政府办公室名义发文,一般事务性的,经副秘书长(副主任)审核后,由秘书长签发;涉及重点工作、重要任务、重大事项的,由分管副市长或市长签发。

以市人民政府名义签署的合作协议,由承办部门(单位)结合工作实际草拟文本,在广泛征求相关方面意见建议和司法行政部门合法性审查的基础上,按程序由分管副市长和常务副市长审核、报市长审定后签署。

第五十七条　市人民政府及各部门要按有关规定,进一步精简公文和简报。部门职权范围内的事务,由部门自行发文或联合发文,不得要求市人民政府批转或政府办公室转发。凡法律、行政法规已作出明确规定的,一律不再制发文件。没有实质内容、可发可不发的文件简报,一律不发。

属市人民政府主管部门负责的事项,其他部门或各县(区)人民政府应当直接报送有关主管部门处理;市人民政府及政府办公室接到各单位报送此类事项,直接转送有关主管部门处理,需要时要求有关主管部门反馈处理情况和结果。

第十章　执行落实

第五十八条　市人民政府及各部门要加强工作的计划性、系统性和预见性,及时对年度工作进行安排部署,并根据形势和任务变化适时进行调整。

第五十九条　市人民政府及各部门要建立责任明确、协调有序、运行高效的工作机制。市人民政府的日常工作,属于副市长分管范围内的,由分管副市长负责处理;涉及跨分管范围的重点工作,原则上明确一位副市长牵头负责,相关副市长配合。涉及多个部门职责范围的事项,明确由一个综合部门或主管部门牵头负责,相关部门配合。

第六十条　市人民政府对既定的工作目标、措施和确定的事项,实行目标责任考核制度,考核结果作为市效能目标管理考核的主要内容以及市人民政府奖惩和推荐使用干部的重要依据。

第六十一条　市人民政府组成人员应当带头执行政府决策,

所有行政机关、公务员以及其他有关单位和人员应当认真执行政府决策。未经市人民政府同意,任何单位和个人不得擅自变更或停止执行政府决定。

第六十二条　负责市人民政府决定事项落实的部门和单位,要以保证质量为前提,在规定期限内将落实情况向市人民政府报告;未能按要求落实的,必须书面递交详细的情况说明。市人民政府对有关部门和单位落实决定事项不符合要求的,要提出改进的意见和建议;对存在较大问题的,责成承办部门限期整改。同时,由政府督察室负责,对决定事项的落实情况定期或不定期进行督查和分析,及时向市人民政府报告,并视情向各县(区)、各部门通报。

第六十三条　市人民政府要认真贯彻落实国务院《政府督查工作条例》《宁夏回族自治区人民政府督查工作规则》,加强和规范政府督查,提高督查实效。下列事项应当纳入政府督查范围,由政府督查室全程督查、及时催办,保证按要求时限落实到位:

（一）党中央、国务院和国家各部委以及自治区党委、政府和自治区各厅局统一安排部署或者下发公文、签订责任书，要求市人民政府及各部门落实的事项；

（二）《政府工作报告》确定的工作任务和政策措施；

（三）全市重大决策和工作部署；

（四）市人民政府全体会、党组会、常务会、市长办公会和专题会议决定的事项；

（五）人大代表建议、政协提案及民生实事落实情况；

（六）全市重大项目建设及重点工作落实情况；

（七）"市长信箱"、人民网地方留言板、"互联网+督查"、政府网站等网民留言办理情况；

（八）市人民政府领导交办的事项。

通过对政府重要决策的督办检查，随时了解和解决决策实施中出现的新情况、新问题，对决策实施过程中出现的重要问题及解决建议，要及时报告市人民政府。

第六十四条　分管副市长和秘书长负有督促检查有关责任单位落实政府决策的职责，应当定期过问决策执行情况，及时协调解决执行过程中出现的问题；涉及多位副市长分管且问题复杂的，可以提请市长或者常务副市长召开会议，研究解决存在的问题，完善落实决策的措施。

第六十五条　市人民政府应加强政府内部对决策执行情况的监督，对不执行或者推诿、拖延执行政府决策的单位及有关责任人给予通报。

审计部门要将政府专项资金使用等决策的执行情况纳入跟踪审计或者效益审计范围，加强经济责任审计工作，并将审计报告报市人民政府。

第六十六条　市人民政府决策及执行各环节的行为主体均应纳入过错责任追究的范围。对违反有关规定作出的错误决策或者不执行、延误执行、擅自改变政府决策，造成重大损失或者严重不良影响的，有关责任人员应当承担相应责任。

第十一章　应急管理

第六十七条　坚持底线思维，完善应急预案，加强应急演练，健全应急值守联动机制，构建统一指挥、专常兼备、反应灵敏、上下联动的应急管理体制。

第六十八条　市人民政府各部门和各县（区）人民政府是向市人民政府报告重要紧急情况（含突发事件信息）的责任主体。要全面落实值班值守责任，严格按照节假日值班带班分类要求，认真执行24小时专人值班和领导干部在岗带班、外出报备等制度，遇有重要紧急情况第一时间请示报告并采取应对处置措施。加强值班管理和督促检查，强化信息报告时效性和主动性，对发生迟报、谎报、瞒报、漏报行为的，严肃追究责任。

第十二章　纪律作风

第六十九条　市人民政府组成人员在调查研究、会议活动、改进文风、请示报告、公务接待、新闻报道、待遇管理等方面，严格执行《中共中央政治局贯彻落实中央八项规定实施细则》精神，自治区党委《关于深入贯彻中央八项规定精神进一步加强和改进自治区党委常委会作风建设的若干意见》和"八条禁令"精神，以及中卫市委《关于深入贯彻中央八项规定精神进一步加强和改进市委常委会作风建设的实施意见》，严守政治纪律和政治规矩，带头贯彻执行，力戒形式主义、官僚主义、享乐主义和奢靡之风，做到有令必行、有禁必止。

第七十条　市人民政府组成人员必须坚决执行政府决定，如有不同意见可在内部提出，在政府没有重新做出决定前，个人不得有任何与政府决定相违背的言论和行为。市人民政府各部门发布涉及政府重要工作部署、经济社会发展重要问题、与群众利益密切相关事项的信息，要经过严格审定，重大情况要事先向市人民政府请示。

第七十一条　市人民政府组成人员要严格遵守保密纪律和外事纪律，严禁泄漏国家秘密、工作秘密或者因履行职责掌握的商业秘密等,坚决维护国家的安全、荣誉和利益。

第七十二条　市人民政府组成人员必须严格遵守请假报备纪律,市长与常务副市长一般不同时外出。市长出访、出差和休假,按照相关规定,需提前3天向自治区党委办公厅、政府办公厅报备;副市长和秘书长出访、出差和休假,需事先向市委书记、市长请假。市人民政府各部门主要负责同志出访、出差和休假,需事先按程序向市委书记、市长和分管副市长请假,并报市委办公室、政府办公室备案。

第七十三条　市人民政府组成人员要认真贯彻全面从严治党要求,严格执行领导干部廉洁从政各项规定,不得利用职权和职务影响或特定关系人谋取不正当利益,不得违反规定干预或插手市场经济活动,不断增强拒腐防变能力。加强对亲属和身边工作人员的教育和约束,决不允许搞特权。

市人民政府及各部门要严格执行财经纪律,艰苦奋斗、勤俭节约,坚决制止奢侈浪费,严格执行住房、办公用房、车辆配备等方面的规定,严格控制差旅、会议经费等一般性支出,严格控制因公出国(境)团组数量和规模。

第七十四条　市人民政府及各部门对职权范围内的事项要按程序和时限积极主动地办理,对不符合规定的事项要坚持原则不得办理;对因推诿、拖延等官僚作风及失职、渎职造成影响和损失的,要追究责任;对越权办事、以权谋私等违规、违纪、违法行为,要严肃查处。

第十三章　附　则

第七十五条　本规则适用于市人民政府派出机构、直属机构、直属事业单位、部门管理机构。

第七十六条　本规则自公布之日起执行。2018年11月12日市人民政府印发的《中卫市人民政府工作规则》(卫政发〔2018〕74号)同时废止。以往制定的相关规则与本规则不一致的,以本规则为准。

发文目录

2022年中共中卫市委发文目录

序号	文件名称	发文号
1	关于印发《中卫市推荐出席党的二十大代表候选人推荐人选工作方案》《中卫市推荐选举出席自治区第十三次党代表大会代表工作方案》等事宜的通知	卫党发〔2022〕1号
2	关于印发《中卫市委常委会2022年工作要点》的通知	卫党发〔2022〕3号
3	印发《关于做好2022年全面推进乡村振兴重点工作的实施意见》的通知	卫党发〔2022〕4号
4	关于对中卫市出席自治区第十三次党代会代表候选人初步人选进行党内公示的通知	卫党发〔2022〕5号
5	关于印发《中共中卫市委员会巡察工作规划(2022—2026年)》的通知	卫党发〔2022〕6号
6	关于给予王海燕等同志第二批"中卫英才"奖励的决定	卫党发〔2022〕7号
7	关于表扬2021年度民兵工作先进单位和先进个人的通报	卫党发〔2022〕8号
8	关于同意设立中卫工业园区人民武装部的批复	卫党发〔2022〕9号
9	关于同意设立中宁工业园区人民武装部的批复	卫党发〔2022〕10号
10	关于同意设立海兴开发区人民武装部的批复	卫党发〔2022〕11号
11	关于深入学习宣传贯彻自治区第十三次党代会精神的通知	卫党发〔2022〕12号
12	关于印发《中卫市落实自治区第十三次党代会报告任务分工方案》的通知	卫党发〔2022〕13号
13	关于印发《中卫市广泛开展习近平总书记视察宁夏重要讲话和重要指示批示精神"大学习、大讨论、大宣传、大实践"活动的实施方案》的通知	卫党发〔2022〕14号
14	关于废止和宣布失效涉计划生育市委文件的决定	卫党发〔2022〕15号
15	关于深入学习宣传贯彻自治区第十三次党代会精神奋力谱写全面建设社会主义现代化美丽新宁夏中卫篇章的实施意见	卫党发〔2022〕16号

续表

序号	文件名称	发文号
16	印发《关于进一步加强作风建设提升工作质效的实施意见》的通知	卫党发〔2022〕17号
17	印发《关于贯彻落实自治区第十三次党代会精神建设大数据产业中心市的实施意见》的通知	卫党发〔2022〕18号
18	关于表彰全市民族团结进步先进集体和先进个人的决定	卫党发〔2022〕19号
19	关于印发《中卫市贯彻落实自治区党委、人民政府、宁夏军区〈关于加强和改进新时代全民国防教育工作的实施意见〉分工方案》的通知	卫党发〔2022〕20号
20	关于学习宣传贯彻党的二十大精神的实施意见	卫党发〔2022〕21号
21	关于撤销涉不规范表彰项目的通知	卫党发〔2022〕22号
22	印发《关于服务和融入新发展格局的实施方案》的通知	卫党发〔2022〕23号
23	关于印发《中卫市领导干部配偶、子女及其配偶经商办企业禁业范围》的通知	卫党发〔2022〕24号

2022年中共中卫市委办公室发文目录

序号	文件名称	发文号
1	关于印发《中共中卫市委常委会讨论决定任免干部票决办法(试行)》的通知	卫党办发〔2022〕1号
2	关于印发《市第五次党代会报告任务分工方案》的通知	卫党办发〔2022〕2号
3	关于印发《中卫市全面推行林长制的实施方案》的通知	卫党办发〔2022〕3号
4	关于印发《关于推动高质量发展做好压砂地退出和生态修复的实施方案》的通知	卫党办发〔2022〕4号
5	关于印发《中卫市深化市辖区跨领域跨部门综合执法改革实施方案》的通知	卫党办发〔2022〕5号
6	印发《关于进一步加强金融服务支持全市经济高质量发展的意见》的通知	卫党办发〔2022〕6号
7	关于印发《中卫市2022年深入推进"四大提升行动"力促乡村振兴的实施意见》的通知	卫党办发〔2022〕7号
8	关于印发《中卫市农村人居环境整治提升五年行动实施方案(2021—2025年)》的通知	卫党办发〔2022〕8号
9	关于印发《中卫市深化应急管理综合行政执法改革实施方案》的通知	卫党办发〔2022〕9号
10	印发《关于加强社会主义法治文化建设的实施意见》的通知	卫党办发〔2022〕10号
11	关于印发中卫市"扩大有效投资攻坚年"活动实施方案的通知	卫党办发〔2022〕11号
12	印发《关于进一步加强黄河中卫段治理保护的实施意见》的通知	卫党办发〔2022〕12号
13	关于2021年度全市效能目标管理考核结果的通报	卫党办发〔2022〕13号
14	印发《关于推动能源转型发展高水平建设新能源示范基地的实施意见》的通知	卫党办发〔2022〕14号
15	关于市委书记、副书记和常委工作分工的通知	卫党办发〔2022〕15号
16	印发《关于巩固拓展党史学习教育成果推动党史学习教育常态化长效化的实施方案》的通知	卫党办发〔2022〕16号
17	关于印发《中卫市贯彻落实自治区第十三次党代会精神推动新时代组织工作高质量发展行动计划》的通知	卫党办发〔2022〕17号
18	关于印发《巩固全市政法队伍教育整顿成果推进全面从严管党治警的实施方案》的通知	卫党办发〔2022〕18号
19	关于印发《2022年度中卫市效能目标管理考核实施方案》的通知	卫党办发〔2022〕19号
20	关于印发《中卫市落实黄河流域生态保护和高质量发展先行区建设任务2022年工作要点》的通知	卫党办发〔2022〕20号
21	印发《关于贯彻落实自治区第十三次党代会精神继续推进全面深化改革的意见的落实方案》的通知	卫党办发〔2022〕21号
22	关于印发《中卫市开展县乡综合执法联动改革试点工作实施方案》的通知	卫党办发〔2022〕22号
23	关于印发《中卫市构建现代环境治理体系实施方案》的通知	卫党办发〔2022〕23号
24	关于印发《中卫市贯彻落实第二轮中央生态环境保护督察反馈意见整改方案》的通知	卫党办发〔2022〕24号
25	印发《关于加强新时代廉洁文化建设的实施方案》的通知	卫党办发〔2022〕25号
26	印发《关于加强新时代网上信访工作的实施方案》的通知	卫党办发〔2022〕26号
27	关于印发《加快推进中卫市新闻传媒中心深度融合发展实施方案》的通知	卫党办发〔2022〕27号
28	印发《关于深入开展党的二十大和习近平总书记视察宁夏重要讲话和重要指示批示精神"大学习、大讨论、大宣传、大实践"活动的实施方案》的通知	卫党办发〔2022〕28号
29	关于印发《中卫市粮食节约行动实施方案》的通知	卫党办发〔2022〕29号
30	关于印发《中卫市级领导干部新闻报道工作实施细则》的通知	卫党办发〔2022〕30号

2022年中卫市政府发文目录

序号	文件名	发文号
1	关于印发《2022年市本级财政收支预算》的通知	卫政发〔2022〕1号
2	关于中宁县余丁乡金沙村生活污水处理站有关问题的说明及调整整改措施的请示	卫政发〔2022〕2号
3	关于印发《中卫市人民政府工作规则》的通知	卫政发〔2022〕3号
4	关于邀请出席绿色交通及换电重卡产业设施建设等项目投资合作签约仪式的请示	卫政发〔2022〕4号
5	关于宁夏中卫工业园区调位的请示	卫政发〔2022〕6号
6	关于恳请协调调整腾格里沙漠东南部6GW光伏基地土地现状的请示	卫政发〔2022〕7号
7	关于开展国家食品安全示范城市创建工作的请示	卫政发〔2022〕8号
8	关于变更中卫市沙坡头景区附近有关道路名称及增设出入口的请示	卫政发〔2022〕9号
9	关于支持宁夏西部云基地发展有限公司建设数据中心算力自主可控服务平台(一期)项目的请示	卫政发〔2022〕10号
10	关于对中卫市茂业冶金有限责任公司和宁夏中卫市银河冶炼有限公司两个暂缓建设"两高"项目进行分类处置的请示	卫政发〔2022〕11号
11	关于国道338线中宁至中卫段公路工程建设用地的请示	卫政发〔2022〕12号
12	关于中卫下河沿黄河公路大桥工程建设用地的请示	卫政发〔2022〕13号
13	关于中卫市沙坡头区2022年第一批次城镇建设用地请示	卫政发〔2022〕14号
14	关于印发《中卫市2022年度重大行政决策事项目录》的通知	卫政发〔2022〕15号
15	关于中卫市沙坡头区2022年第一批次集体农用地转为集体建设用地请示	卫政发〔2022〕16号
16	关于中卫市沙坡头区2022年第二批次城镇建设用地请示	卫政发〔2022〕17号
17	关于自治区第十六届运动会有关情况的报告	卫政发〔2022〕18号
18	关于清水河流域城乡供水工程(沙坡头区段)项目建设用地的请示	卫政发〔2022〕19号
19	关于审定中卫市地上附着物和青苗补偿标准的请示	卫政发〔2022〕20号
20	关于宁夏钢铁集团中卫垫电铁路专用线项目建设用地的请示	卫政发〔2022〕22号
21	关于支持宁夏枢纽中卫数据中心集群建设执行优惠电价政策的请示	卫政发〔2022〕23号
22	关于中卫市2021年生态环境保护工作情况报告	卫政发〔2022〕24号
23	关于沙坡头区2022年第二批次城镇建设用地报批有关事宜的请示	卫政发〔2022〕25号
24	关于中卫市沙坡头区2022年第三批次城镇建设用地的请示	卫政发〔2022〕26号
25	关于同意宁夏天元锰业集团有限公司采取国电投临河电厂运行模式降低用电成本的请示	卫政发〔2022〕27号
26	关于印发《中卫市突发事件总体应急预案》的通知	卫政发〔2022〕28号
27	关于争取中央财政支持冬季清洁取暖和公立医院改革示范项目情况的报告	卫政发〔2022〕29号
28	关于调整中卫市沙坡头区城市饮用水水源地保护区的请示	卫政发〔2022〕30号
29	关于宁夏兴尔泰新型材料有限公司年产10万吨氮化硅、50万吨碳化硅及其尾气发电项目恢复试生产的请示	卫政发〔2022〕31号
30	关于中卫市沙坡头区2022年第二批次集体农用地转为集体建设用地的请示	卫政发〔2022〕32号
31	关于中卫市沙坡头区2022年第四批次城镇建设用地的请示	卫政发〔2022〕33号
32	关于邀请参加2022中国宁夏(沙坡头区)第十二届丝绸之路大漠黄河国际文化旅游节开幕式的请示	卫政发〔2022〕34号
33	关于黄河流域生态保护和高质量发展先行区建设——中部干旱带沙坡头香山兴仁片区生态修复及灌区(一期)供水工程建设工地的请示	卫政发〔2022〕35号
34	关于审查《中卫市河北地区城乡供水工程饮用水水源保护区划分方案》的请示	卫政发〔2022〕36号
35	关于印发《市长副市长和秘书长等工作分工》的通知	卫政发〔2022〕37号
36	关于国道338线中卫至孟家湾段公路工程项目建设用地的请示	卫政发〔2022〕38号
37	关于印发《中卫市全民健身实施计划(2021—2025年)》的通知	卫政发〔2022〕41号
38	关于恳请同意建设中卫工业园区"绿电园区"的请示	卫政发〔2022〕42号
39	关于中卫市沙坡头区2022年第五批次城镇建设用地的请示	卫政发〔2022〕43号
40	关于恳请解决我市交通运输集团有限公司拖欠职工工资社保等问题的请示	卫政发〔2022〕44号
41	关于对中卫市茂业冶金有限责任公司等7个暂缓建设"两高"项目进行分类处置的请示	卫政发〔2022〕45号

续表

序号	文件名	发文号
42	关于恳请民营企业风险补偿专项资金的请示	卫政发〔2022〕46号
43	关于印发《市长副市长和秘书长等工作分工》的通知	卫政发〔2022〕47号
44	关于邀请自治区人民政府领导出席"首届中卫房·车文化节"开幕式的请示	卫政发〔2022〕49号
45	关于聘任张焕祯、陈鸿汉两名专家为中卫市特聘专家的通知	卫政发〔2022〕50号
46	关于印发《中卫市国家生态文明建设示范区规划(2022—2025年)》的通知	卫政发〔2022〕51号
47	关于为宁夏钢铁集团有限公司调配粗钢产量配额的请示	卫政发〔2022〕53号
48	关于西气东输三线中段(中卫—吉安)项目(宁夏段)建设用地的请示	卫政发〔2022〕56号
49	关于中卫市沙坡头区2022年第三批次集体农用地转为集体建设用地的请示	卫政发〔2022〕57号
50	关于恳请批准中卫市沙坡头区中心城区土地级别与基准地价更新成果的请示	卫政发〔2022〕58号
51	关于中卫市沙坡头区2022年第六批次城镇建设用地的请示	卫政发〔2022〕59号
52	关于宁湘直流配套新能源基地中卫300万千瓦光伏复合项目储能项目建设用地的请示	卫政发〔2022〕60号
53	关于中卫0810工程及交流干部生活基地项目超概算投资等问题整改情况的报告	卫政发〔2022〕61号
54	关于公布《第五批市级非物质文化遗产代表性项目名录》的通知	卫政发〔2022〕62号
55	关于恳请同意支持中宁电厂采用"临河电厂"模式运行的请示	卫政发〔2022〕64号
56	关于履行安全生产责任情况的报告	卫政发〔2022〕65号
57	关于恳请协调国网宁夏电力公司同意中宁电厂1号机组为宁夏天元锰业集团临时供电的请示	卫政发〔2022〕66号
58	关于协调自治区第十六届运动会赛事活动经费缺口的请示	卫政发〔2022〕67号
59	中卫市2022年生态环境保护工作情况的报告	卫政发〔2022〕68号

2022年中卫市政府办公室发文目录

序号	文件名	发文号
1	关于印发《中卫市人民政府常务会议工作规则》《中卫市人民政府专题会议工作规则》的通知	卫政办发〔2022〕1号
2	关于印发《中卫市科技创新"十四五"规划》的通知	卫政办发〔2022〕3号
3	关于印发《宁夏中卫国家农业科技园区建设规划(2020—2025年)(修订版)》和《宁夏中卫国家农业科技园区建设实施方案(修订版)》的通知	卫政办发〔2022〕4号
4	关于印发《中卫市水资源集约高效利用实施方案》的通知	卫政办发〔2022〕5号
5	关于印发《中卫市"两高"项目突出问题排查整治工作方案》的通知	卫政办发〔2022〕6号
6	关于印发《2022年中卫市扩大春小麦种植暨推广玉米大豆带状复合种植实施方案》的通知	卫政办发〔2022〕7号
7	关于印发《中卫市自然资源"十四五"规划》的通知	卫政办发〔2022〕8号
8	关于印发《中卫市文化旅游"十四五"发展规划》的通知	卫政办发〔2022〕9号
9	关于印发《中卫市贯彻落实自然资源部支持宁夏建设黄河流域生态保护和高质量发展先行区意见重点领域突破工作方案》的通知	卫政办发〔2022〕10号
10	关于印发《2022年自治区及市政府工作报告重点工作的任务分工方案》的通知	卫政办发〔2022〕11号
11	关于印发《中卫市加快推进企业上市"十四五"行动计划》的通知	卫政办发〔2022〕12号
12	关于印发《马洪海同志在市人民政府第一次全体(扩大)会议上的讲话》的通知	卫政办发〔2022〕13号
13	关于印发《中卫市教育事业发展"十四五"规划》的通知	卫政办发〔2022〕14号
14	关于印发《中卫市市本级与沙坡头区生态环境、自然资源领域财政事权和支出责任划分改革实施方案》的通知	卫政办发〔2022〕15号
15	关于印发《中卫市粮食和物资储备"十四五"发展规划》的通知	卫政办发〔2022〕16号
16	关于成立黄河上游风沙区(中卫)历史遗留废弃矿山生态修复示范工程项目工作领导小组等3个领导小组的通知	卫政办发〔2022〕17号
17	关于加快推进建制镇及中心村规划建设工作的通知	卫政办发〔2022〕18号
18	关于印发《中卫市水资源超载治理方案》的通知	卫政办发〔2022〕19号
19	关于印发《中卫市现代服务业发展"十四五"规划》的通知	卫政办发〔2022〕20号

续表

序号	文件名	发文号
20	关于印发《"一枚印章管数据"改革工作实施方案》的通知	卫政办发〔2022〕22号
21	关于印发《中卫市招商引资项目和重点项目"零跑路"代办服务实施方案》的通知	卫政办发〔2022〕23号
22	关于印发《2022年中卫市法治政府建设工作要点》的通知	卫政办发〔2022〕24号
23	关于认真做好市五届人大一次会议代表建议和市政协五届一次会议提案办理工作的通知	卫政办发〔2022〕25号
24	关于印发《中共中卫市人民政府党组党史学习教育专题民主生活会整改落实方案》的通知	卫政办发〔2022〕26号
25	关于印发《中卫市铁路沿线安全环境治理"双段长"制实施方案》的通知	卫政办发〔2022〕27号
26	关于印发《中卫市公立医院综合改革国家级示范市建设工作实施方案》的通知	卫政办发〔2022〕28号
27	关于印发《在全市推广福建省三明市医改经验进一步深化医药卫生体制改革的实施方案》的通知	卫政办发〔2022〕29号
28	关于市人民政府秘书长副秘书长等工作分工的通知	卫政办发〔2022〕30号
29	关于印发《中卫市"十四五"综合交通运输体系发展规划》的通知	卫政办发〔2022〕31号
30	关于印发《关于全面加强药品监管能力建设的实施方案》的通知	卫政办发〔2022〕32号
31	关于印发《中卫市电子商务发展规划(2021—2025年)》的通知	卫政办发〔2022〕33号
32	关于印发《中卫市人民政府2022年立法工作计划》的通知	卫政办发〔2022〕34号
33	关于印发《中卫市人民政府重大行政决策咨询论证工作规则(试行)》的通知	卫政办发〔2022〕35号
34	关于加强养老服务综合监管的实施意见	卫政办发〔2022〕36号
35	关于印发《中卫市工业倍增行动实施方案(2022—2025年)》的通知	卫政办发〔2022〕37号
36	关于印发《中卫市制造业高质量发展"十四五"规划》的通知	卫政办发〔2022〕38号
37	关于印发《中卫市市场监督管理"十四五"规划》的通知	卫政办发〔2022〕40号
38	关于印发《中卫市抗旱应急预案、中卫市防汛应急预案和中卫市黄河防凌应急预案》的通知	卫政办发〔2022〕41号
39	关于印发《中卫市就业促进"十四五"规划》的通知	卫政办发〔2022〕42号
40	关于印发《中卫枸杞产业高质量发展"十四五"规划(20221—2025年)》的通知	卫政办发〔2022〕43号
41	关于印发《中卫市矿产资源开采治理整顿工作方案》和《中卫市水利工程质量安全大检查大整治行动方案》的通知	卫政办发〔2022〕44号
42	关于印发《中卫市人力资源和社会保障事业发展"十四五"规划》的通知	卫政办发〔2022〕45号
43	关于印发《中卫市养老服务体系"十四五"规划》的通知	卫政办发〔2022〕46号
44	关于印发《中卫市国有资本"十四五"规划》的通知	卫政办发〔2022〕47号
45	关于印发《中卫市建立健全政务数据共享协调机制加快推进数据有序共享分工方案》的通知	卫政办发〔2022〕48号
46	关于印发《中卫市2022年政务公开工作要点》的通知	卫政办发〔2022〕49号
47	关于印发《中卫市知识产权保护和运用"十四五"规划》的通知	卫政办发〔2022〕50号
48	关于印发《中卫市落实宁夏回族自治区推动高质量发展标准体系建设方案(2021年—2025年)任务清单》的通知	卫政办发〔2022〕51号
49	关于印发《中卫市城市更新三年行动实施方案(2022—2024年)》的通知	卫政办发〔2022〕52号
50	关于印发《中卫市残疾人保障和发展"十四五"规划》的通知	卫政办发〔2022〕53号
51	关于印发《中卫市妇女发展规划(2021—2030年)》和《中卫市儿童发展规划(2021—2030年)》的通知	卫政办发〔2022〕54号
52	关于印发《中卫市深入推进退税减税降费工作实施方案》的通知	卫政办发〔2022〕55号
53	关于印发《中卫市稳经济保增长促发展"八保一促"的政策措施》的通知	卫政办发〔2022〕56号
54	关于印发《中卫市打好七大战役工作方案》的通知	卫政办发〔2022〕57号
55	关于印发《中卫市科技"双倍增"行动实施方案(2022—2025年)》的通知	卫政办发〔2022〕58号
56	关于印发《中卫市农业倍增行动实施方案(2022—2025年)》的通知	卫政办发〔2022〕59号
57	印发《关于明确城镇电力接入工程投资界面持续优化营商环境》的通知	卫政办发〔2022〕60号
58	关于印发《中卫市粮食应急预案、中卫市突发事件基础救灾物资保障方案》的通知	卫政办发〔2022〕61号
59	关于印发《中卫市推动公立医院高质量发展实施方案》的通知	卫政办发〔2022〕62号
60	关于印发《中卫市农村人居环境整治提升行动三年推进计划(2022—2024年)》《中卫市金融服务提质增效行动计划(2022—2025年》的通知	卫政办发〔2022〕63号

续表

序号	文件名	发文号
61	关于印发《中卫市文化旅游产业提质增效行动计划(2022—2024年)》《中卫市云计算和大数据产业提质增效实施方案(2022—2024年)》的通知	卫政办发〔2022〕65号
62	关于印发《中卫市矿产资源总体规划(2021—2025年)》的通知	卫政办发〔2022〕66号
63	关于中卫市金融支持地方经济社会发展"十四五"规划的通知	卫政办发〔2022〕67号
64	关于中卫市医疗卫生服务体系建设"十四五"规划的通知	卫政办发〔2022〕68号
65	关于印发《中卫市水安全保障"十四五"规划(2021—2025年)》的通知	卫政办发〔2022〕69号
66	关于印发《中卫市公共服务发展"十四五"规划》的通知	卫政办发〔2022〕70号
67	关于印发《中卫市财政"十四五"规划》的通知	卫政办发〔2022〕71号
68	关于印发《中卫市保障粮食安全三年行动方案(2022—2024年)》等四个文件的通知	卫政办发〔2022〕72号
69	关于印发《中卫市口岸物流业发展"十四五"规划》的通知	卫政办发〔2022〕73号
70	关于印发《中卫市推动物流业提质增效三年行动计划(2022—2024年)》的通知	卫政办发〔2022〕74号
71	印发《关于贯彻落实国务院稳经济大盘相关工作部署的任务分工》的通知	卫政办发〔2022〕75号
72	关于印发《全国一体化算力网络国家枢纽节点宁夏枢纽中卫数据中心集群建设2022年推进方案》的通知	卫政办发〔2022〕76号
73	关于印发《中卫市加快推进政务服务标准化规范化便利化实施方案》的通知	卫政办发〔2022〕77号
74	关于印发《中卫市行政许可事项清单(2022年版)》的通知	卫政办发〔2022〕78号
75	关于印发《中卫市贯彻落实气象高质量发展纲要(2022—2035年)的实施意见》《中卫市气象灾害应急预案(修订稿)》的通知	卫政办发〔2022〕79号
76	关于印发《中卫市贯彻落实〈自治区贯彻落实国务院办公厅关于进一步优化营商环境降低市场主体制度性交易成本的意见任务分工方案〉的实施方案》的通知	卫政办发〔2022〕80号
77	关于中卫市交流干部生活基地及0810工程资产调拨的请示	卫政办发〔2022〕81号
78	关于印发《中卫市地下水取水井专项治理行动工作方案》和《中卫市"罗山、六盘山"关联区地下水取水井专项治理行动工作方案》的通知	卫政办发〔2022〕83号
79	关于印发《中卫市冬季清洁取暖项目实施方案(2022—2024年)》的通知	卫政办发〔2022〕84号
80	关于印发《中卫市贯彻落实第十次全国深化"放管服"改革电视电话会议暨自治区深化"放管服"改革持续优化营商环境电视电话会议重点任务分工方案工作台账》的通知	卫政办发〔2022〕85号
81	关于中卫工业园区部分道路命名的通知	卫政办发〔2022〕87号
82	关于印发《中卫市强化危险废物监管和利用处置能力改革实施方案》的通知	卫政办发〔2022〕88号
83	关于印发《中卫市落实〈全区稳经济保民生政策措施〉的实施方案》的通知	卫政办发〔2022〕90号
84	关于印发《中卫市化工产业高质量发展"十四五"规划》的通知	卫政办发〔2022〕91号
85	关于印发《中卫市开展推进解决公共资源闲置问题工作方案》的通知	卫政办发〔2022〕92号
86	关于印发《中卫市应对气候变化"十四五"规划》的通知	卫政办发〔2022〕93号
87	关于2023年部分节假日安排的通知	卫政办发〔2022〕94号
88	关于印发《黄河流域中卫段文化生态保护区规划(2023—2025年)》《黄河流域中卫段文化生态保护区建设实施方案(2023—2025年)》的通知	卫政办发〔2022〕95号